W0217080

LES GRANDS LIVRES
DU ZODIAQUE

Collection dirigée par Joanne Esner

LE GRAND LIVRE DES POISSONS

© SE Tchou, éditeur, 1981.

ANNIE LACHÈROY
née sous le signe des Poissons

Le Grand Livre des Poissons

avec la participation technique de
ROBERT MALZAC

TCHOU
6, rue du Mail, Paris 2e

Cet ouvrage comporte des tableaux vous permettant de saisir immédiatement :

Dans chaque Grand Livre du Zodiaque, *les parties « Comment interpréter les Planètes dans les Signes » et « Comment interpréter les Signes dans les Maisons » ont été écrites par les auteurs suivants :*

Bélier, Arnold Waldstein ; Taureau, Jean-Pierre Nicola ; Gémeaux, Paul Colombet ; Cancer, Sara Sand ; Lion, Jean-Pierre Vezien ; Vierge, Béatrice Guénin ; Balance, Henri Latou ; Scorpion, Marguerite de Bizemont ; Sagittaire, Solange Dessagne et Jacques Halbronn ; Capricorne, Joëlle de Gravelaine ; Verseau, Denise Perret-Lagrange ; Poissons, Annie Lachèroy.

SOMMAIRE

Comment passer de votre heure solaire de naissance
à l'heure universelle de Greenwich

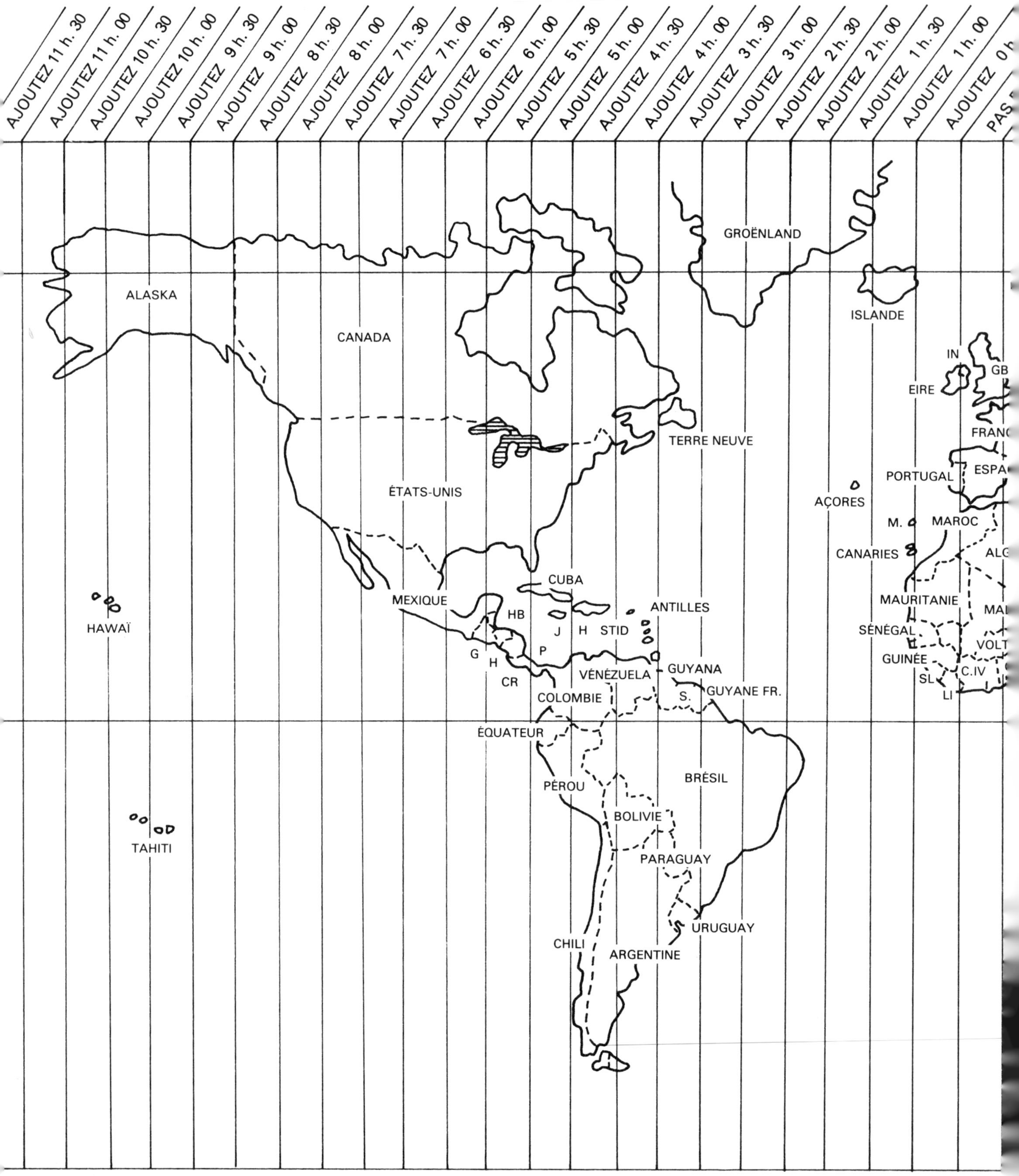

Comment passer de votre heure solaire de naissance
à l'heure universelle de Greenwich

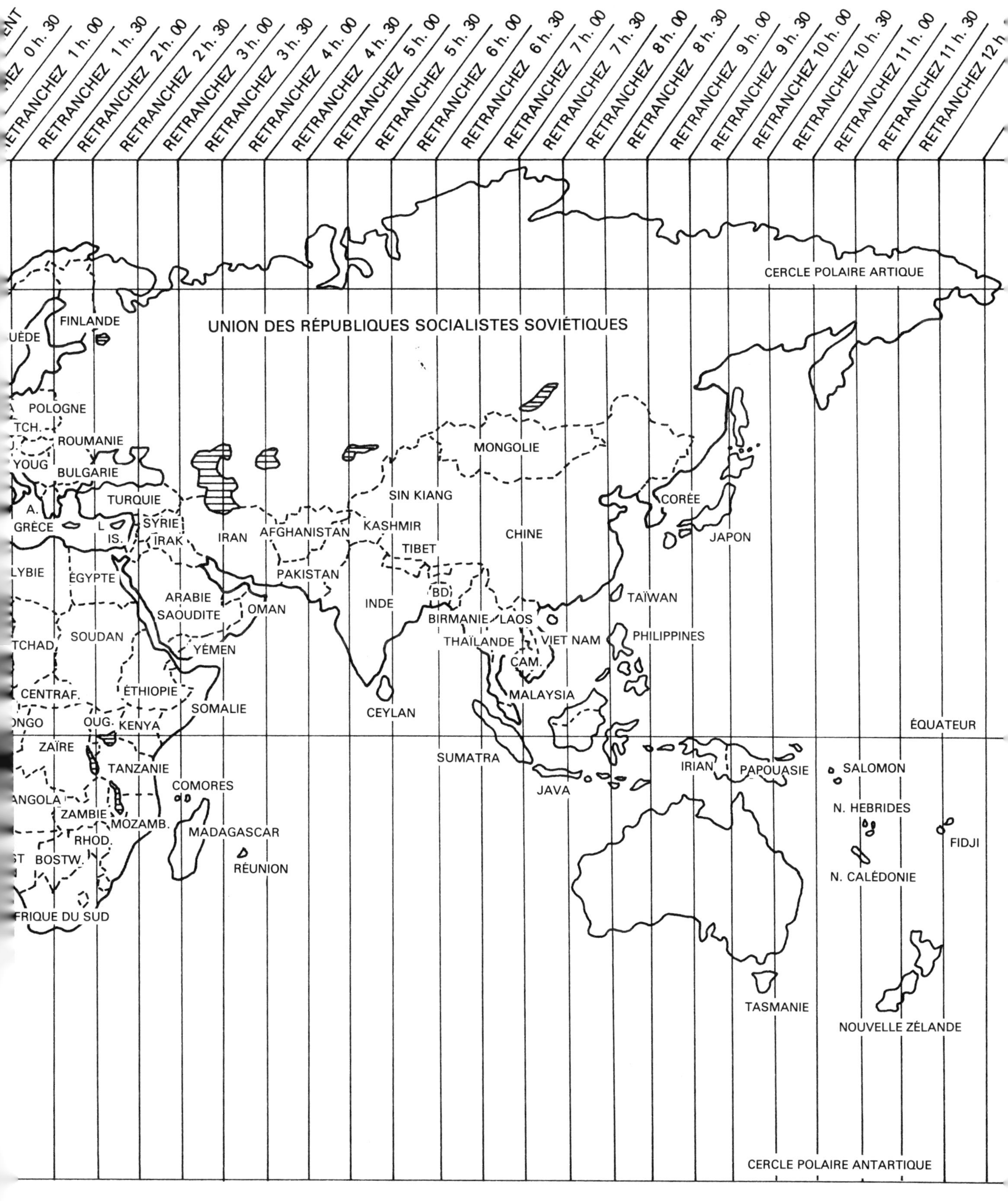

Introduction

Chacun de nous regarde le monde à travers sa propre nature. Un jour, Courbet et Renoir, rivalisant amicalement entre eux, décidèrent de peindre le même site : l'étang de Ville-d'Avray. Ils étaient convenus de faire cette expérience le même jour, en même temps, et de peindre ce décor sans se concerter. Le soir venu, Courbet, qui aimait à dire, en réaliste Taureau : « Je peins ce que je vois », s'exclama en regardant la toile de Renoir : « Mais pourquoi ces nymphes ? Nous étions pourtant convenus de peindre ce que nous verrions. » Et le Poissons Renoir lui répondit : « Mais je les ai vues ! »

De même qu'un paysage varie à l'infini selon celui qui le peint, de même les situations sont ressenties différemment par les êtres.

Dans le monde des eaux, il n'est pas un battement de nageoire qui ne déclenche une onde imperceptible. Signe des profondeurs marines, par où tout commence et où tout aboutit, le signe des Poissons est celui des résonances infinies. Aux Poissons, c'est un foisonnement d'idées qui naissent constamment, ce sont de multiples réflexions qui surgissent de la moindre pensée. Une idée en appelle une autre, tout aussi importante que la première. Le chemin de la réflexion est plein de détours mystérieux. Mais c'est peut-être ainsi que jaillissent les fameuses « intuitions Poissons »... C'est dans cet esprit que j'ai écrit ce livre.

C'est ce qui en expliquera au lecteur la forme et le style. Aussi ne devra-t-il pas s'étonner des digressions nombreuses, des exemples variés, de l'abondance des citations et des thèmes qu'il trouvera dans ce volume. Ils manifestent ce souci essentiel qui est le mien : coller à la vie pour mieux la cerner. Car je pense que la vie est aussi riche que l'âme humaine et qu'elle est faite de multiples facettes qui la rendent infiniment complexe, voire contradictoire. C'est pourquoi, à travers les détours de ce livre, vous retrouverez le souci constant que j'ai de représenter le réel sous toutes ses formes et, par conséquent, de ne rien négliger. J'ai toujours pensé qu'un entretien astrologique ne devait pas se dérouler de façon tranchante et traumatisante pour le consultant : il faut du temps pour accepter « qui » l'on est ; il faut du temps pour se comprendre. Aussi l'astrologue doit-il éviter de tirer trop rapidement une conclusion.

Bien que je tienne l'étude de la carte du ciel comme le meilleur moyen de tracer le profil psychologique d'un être, ce n'est pourtant pas par une analyse minutieuse du thème que je commence mon exposé. Je trace certes, brièvement, un portrait de celui qui est en face de moi et je lui indique évidemment quelques-unes des grandes tendances qui sont les siennes ; mais je ne cherche absolument pas à faire une analyse en profondeur, dans le plein sens du terme. En effet, si à un moment donné on souhaite rencontrer un astrologue, c'est généralement en raison d'un problème que l'on ne sait pas résoudre et qui se pose de façon plus ou moins cruciale à ce moment-là ; on souhaite, tout du moins, « faire le point ». C'est pourquoi je tiens le fait vécu, le détail de la vie quotidienne sur lequel je me penche, et, par conséquent, la prévision, pour essentielle. D'ailleurs, n'est-ce pas en partant des événements de sa vie que l'on peut faire prendre graduellement conscience à un être de son comportement et de ses erreurs d'appréciation, sources de toutes ses difficultés intérieures ou extérieures ? Mais avant d'être prêt à s'assumer, toute une évolution est parfois nécessaire. La vie prend des détours que je m'efforce de suivre pour mieux la pénétrer. J'ai personnellement mis des années pour comprendre les contradictions de ma nature

Poissons marquée par le Bélier. Pourquoi imposer d'emblée aux autres cette connaissance de soi qui ne s'acquiert que par degrés ? Je pense sincèrement que l'astrologie, « revalorisée » du fait des découvertes psychologiques et psychanalytiques actuelles et sortant ainsi de son isolement, ne doit pas pour autant oublier qu'elle est aussi une méthode remarquable de prévision dans le temps. N'admettre qu'une seule facette de l'astrologie serait une erreur grave. Certes la vie d'un être, son destin et sa personnalité sont étroitement liés. C'est « ce qu'il est » qui façonne son destin. Mais à travers les rythmes et les cycles des planètes, l'astrologie permet de donner des échéances précises. Il est dans le destin d'un être de grands rendez-vous : il doit alors faire face. Et l'astrologie, qui nous montre le chemin de la vie, est un élément libératoire. Elle n'est pas un détachement mais un engagement. Elle dit seulement qu'il faudra, à d'autres moments, passer sous ses « fourches caudines » tandis qu'à d'autres moments le destin sera envers nous plus généreux, fera preuve de plus de largesses, nous fera même certains cadeaux : ce sera à nous alors de savoir les recevoir et de les accueillir, de ne pas gaspiller nos chances. Le problème n'est-il pas pour l'astrologue non de faire étalage de ses capacités d'analyste, mais avant tout d'être utile à ceux qui s'adressent à lui ? Est-ce mon côté Bélier qui a insufflé à ma nature Poissons un goût de l'action ? C'est sans doute en lui que j'ai puisé un potentiel d'énergie qui m'a mise à l'abri des démissions où sombrent parfois les natifs de mon signe et fait refuser les solutions de facilité. Mais c'est à ma nature Poissons que je dois, par ailleurs, une confiance très grande dans les ressources infinies de l'âme humaine. La vie est faite de contradictions. A travers ses méandres et ses imperfections, il nous appartient d'en découvrir les richesses. Ainsi me suis-je efforcée dans ce livre de suivre toutes les pistes, tous les chemins qui pourront conduire le lecteur, dans quelque situation qu'il se trouve, vers une réalisation satisfaisante. Que le lecteur ne pense donc pas que j'ai cherché à faire étalage d'une science inutile : rien n'est plus éloigné de mon esprit !

Ma passion — et le mot n'est pas trop fort car c'en est une — pour l'astrologie remonte à mon enfance, à mon adolescence tout du moins... Ma mère, médecin, était elle-même native des Poissons. Elle s'intéressait à l'astrologie ; j'avais quinze ans lorsque pour la première fois j'eus un réel contact avec cette science mystérieuse. Une de ses amies qui venait souvent partager notre dîner était astrologue. Un soir, elle me proposa de me faire mon thème. Elle déploya devant moi un croquis mystérieux et se mit à me parler. Ce soir-là, j'ai su que, moi aussi, un jour, je saurai lire cet étrange graphique qui lui permettait, en partant des étoiles, de me dire qui j'étais et ce que j'allais devenir. Ce soir-là, je crois, ma vocation est née. Cette astrologue s'appelait alors G. Creusat et devint, plus tard, Madame Lefèvre. Mais si je lui dois beaucoup, c'est à mes parents, à ma mère surtout, que je dois cette vérité pour moi essentielle : « L'important n'est pas d'être brillant mais d'être efficace. » Sans doute, pour cette raison, l'astrologie m'a t-elle passionnée tout de suite.Car plus qu'aucune autre science humaine elle permet de donner une solution à l'interlocuteur. Si je me méfie des analyses qui conduisent un être à nier tout ce qu'il est mais ne mettent rien à la place que des pans de personnalité détruite, l'astrologie, elle, me fascine parce qu'elle permet de surmonter les problèmes du moment ; compte tenu de la personnalité de l'individu, du trajet parcouru depuis sa naissance, des répercussions des aspects qui ont frappé son thème et des événements — que l'on situe ainsi dans le temps —, elle offre aussi la possibilité, à travers les cycles des planètes, d'anticiper sur l'avenir. Elle n'est pas faite seulement pour étudier les événements *a posteriori* pour analyser leur genèse et comprendre pourquoi ils se sont produits à tel ou tel moment ; elle est faite, certes, pour éclairer l'âme, mais aussi pour montrer dans quel sens notre vie va pouvoir, partant de notre acquis, évoluer.

Prévoir, c'est être libre de prendre une décision en toute connaissance de cause. La fatalité ne nous emprisonne que si nous la subissons passivement. Aussi, à travers les méandres de ce livre, ai-je tenté surtout de ne jamais enfermer l'être dans une prison. Il y a presque toujours une porte de sortie qui débouche sur une autre voie, même s'il faut revenir en arrière. Puisse donc ce livre apporter, comme je le souhaite, aux lecteurs natifs des Poissons des raisons d'espérer dans leur destin. Certes « aucun homme ne peut rien vous révéler sinon ce qui repose déjà à demi endormi dans l'aube de votre connaissance ». Comme l'a dit à juste titre Khalil Gibran dans *le Prophète* : « Le maître qui marche à l'ombre du temple, parmi ses disciples, ne donne pas de sa sagesse mais plutôt de sa foi et de son amour. S'il est vraiment sage, il ne vous invite pas à entrer dans la maison de sa sagesse, mais vous conduit au seuil de votre propre esprit. »

Aussi, le seul vœu que je formulerai au moment où vous allez vous plonger dans la lecture de cet ouvrage est que vous le receviez, comme il a été écrit, avec cœur.

De quel côté penche votre personnalité Poissons ?

Les deux listes d'adjectifs ci-dessous décrivent les aspects positifs et négatifs de la personnalité Poissons. Vous lisez chaque mot et, le plus honnêtement possible, vous évaluez si ce mot vous concerne ou non. Chaque fois que votre réponse est « Oui, ce mot me concerne », vous cochez la case correspondante dans la colonne 1 (maintenant).

Totalisez maintenant le nombre de croix de la colonne de gauche et inscrivez ce nombre dans la case Total ; faites de même pour la colonne de droite. Si votre total de gauche est supérieur de 8 points ou plus à votre total de droite, vous êtes actuellement dominé(e) par les excès et les contradictions de votre signe. Si votre total de droite est supérieur à votre total de gauche de 8 points ou plus, vous réalisez pleinement le potentiel des Poissons.

Refaites cette exploration dans un an puis dans deux ans ; chaque fois que vous pourrez honnêtement supprimer une croix dans la colonne de gauche et ajouter une croix dans la colonne de droite, vous avancerez sur la voie de votre heureux accomplissement personnel.

	main-tenant	dans 1 an	dans 2 ans		main-tenant	dans 1 an	dans 2 ans
IMPRESSIONNABLE				ÉMOTIF	X		
NÉBULEUX	X			INTUITIF	X		
SENTIMENTAL	X			SENSIBLE	X		
FAIBLE				SERVIABLE	X		
ROMANESQUE				IMAGINATIF	X		
TROP PERMÉABLE				RÉCEPTIF	X		
DÉNUÉ DE SENS PRATIQUE				POÈTE			
INDÉCIS	X			ADAPTABLE	X		
DISSIMULÉ	X			SECRET	X		
DÉSORDONNÉ	X			HOSPITALIER	X		
DÉTACHÉ DU RÉEL	X			RELIGIEUX			
HYPERSENSIBLE				BON	X		
DOUBLE	X			COMPATISSANT	X		
INORGANISÉ				DOUÉ POUR GUÉRIR	X		
DROGUÉ				DOUÉ POUR L'ART DRAMATIQUE			
ÉVASIF	X			DOUX	X		
ALCOOLIQUE				MYSTIQUE	X		
INCAPABLE DE DISCIPLINE				DOUÉ POUR LE COMMERCE	X		
FATALISTE				DOUÉ POUR LES ASSURANCES			
ANGOISSÉ				MEDIUM	X		
NÉGLIGENT				DÉVOUÉ	X		
DILAPIDATEUR	X			GÉNÉREUX	X		
CONFUS	X			INSPIRÉ	X		
MASOCHISTE				HUMBLE			
FUYANT				TRANSCENDANT			
Total	10			**Total**	19		

Chapitre Premier

Mythologie et Symbolique du Signe

L'une des représentations de la naissance de Vénus, ici se détachant d'une conque nacrée, fondue dans la légèreté des brumes marines (aquarelle d'Odilon Redon).

La Mythologie du Signe

Mythes et légendes de l'eau et des poissons

« Connaître les mythes, c'est apprendre l'origine des choses », dit Mircea Eliade. Dans toutes les mythologies, la symbolique des poissons est double, et le poisson est le symbole de l'évolution de l'âme humaine qui prend de plus en plus d'importance au cours de son développement. Il est associé à la naissance ou à la restauration cyclique aussi bien dans la mythologie hindoue que dans les mythologies occidentales.

Dans la mythologie hindoue, Manou vit un jour un petit poisson qui frétillait au bord du rivage. Il le saisit. Celui-ci le pria de lui laisser la vie. Il le mit dans un vase mais le poisson grandit dans la nuit. Il dut le porter dans un lac, mais le poisson grandit encore. Alors Manou le rejeta dans la mer. Ce poisson, qui était en fait l'avatar de Vichnou, dieu de la Lumière, offrit un bateau à Manou. C'est ainsi que celui-ci put sauver, lors du Déluge, toutes les sortes d'espèces vivantes de la Terre. Manou, dont le nom signifie homme, engendra par la suite toute l'humanité. Vichnou lui remit les Védas et il devint le grand législateur du nouveau cycle, le fondateur de l'ordre social et moral. Nous voyons là le symbole du poisson sauveur qui, après des épreuves, rachète l'humanité. Le poisson est aussi, en effet, le symbole de l'épreuve que l'homme doit traverser (tel Jonas dans le ventre de la baleine) pour passer de la contingence corporelle à l'éternité spirituelle ; et il est, bien entendu, le symbole du rachat.

Dans la légende hindoue, le poisson, seul survivant dans l'eau, apparut à Manou tout en or avec une corne ; et si l'or évoque le Soleil dans sa royauté diurne, la corne fait songer à la licorne, cet animal étrange que l'on voit sur les tapisseries du Moyen Age, accompagnant la Vierge. La Vierge, signe opposé et complémentaire des Poissons, est donc en étroite relation avec ce signe. Il faut noter l'importance qu'a eue dans la religion chrétienne le culte de Marie, mère du Christ, vierge et mère ; là encore, nous retrouvons l'opposition Vierge-Poissons, le Christ étant, lui, Dieu Sauveur, *(ichtus,* en grec) avec le poisson comme symbole.

Dans les légendes grecques, les dauphins transportaient également les morts dans les îles de la vie éternelle et on peut noter que deux dauphins accompagnent Poséidon, le dieu de la Mer, symboles de la dualité existentielle et des deux pôles de la manifestation. Le mot dauphin comporte d'ailleurs la racine grecque *delph* qui signifie utérus, matrice, et cela nous rappelle la relation entre le poisson et l'eau, matrice du monde. Dans l'Ancien Régime, le dauphin était le roi en puissance, le futur souverain...

En Egypte, en Phénicie, où il s'appelle le Dagon, en Mésopotamie, où il porte le nom d'Oannes, le symbole est le même.

En effet, selon Oswald Wirth, les poissons sont les enfants d'Oannes qui avait pris la forme d'un dieu poisson pour instruire les premiers habitants de la Babylonie. Bérose, qui, au IIIe siècle avant notre ère, révéla aux Grecs les légendes babyloniennes, montre cette divinité surgissant de l'onde, au lever du jour, pour converser avec les hommes jusqu'au coucher du Soleil, « leur ensei-

Le prophète Jonas fut rejeté par le monstre marin, préfigurant ainsi la Résurrection après l'épreuve menant au Salut (Gustave Doré, Jonas rejeté par la baleine*).*

gnant la pratique des lettres, des sciences et des arts, les règles concernant la fondation des villes et la construction des temples, enfin les principes des lois et jusqu'à la géométrie, sans oublier les préceptes relatifs à la culture de la terre, semailles, moissons, etc. ».

On le voit, dans toutes ces légendes mythiques c'est un poisson qui apporte la Révélation, quel que soit le nom qu'il porte. Comme l'a dit Jung, le poisson est vraiment « le premier grand sacrificateur et le premier prêtre ». Ne retrouve-t-on pas d'ailleurs, dans toute la Grèce, le mythe du dauphin sauveur, ce dauphin qui est aussi l'animal familier des légendes grecques ? On ne peut pas ne pas évoquer ici la fameuse légende d'Antion, menacé par des marins prêts à le tuer. Plutarque nous raconte que, devant un tel danger, Antion s'était jeté à la mer : « Les vagues le précipitèrent, le soulevèrent, l'emplissant d'inquiètude et d'effroi. » C'est alors qu'apparurent les dauphins qui sauvèrent Antion et l'escortèrent jusqu'au rivage. Le passage de l'excitation et des terreurs de l'imaginaire à la sérénité, grâce à la médiation de la bonté, est là encore un symbole Poissons. Grâce à l'intervention de l'amour et du dévouement, Antion va survivre : c'est un mythe Poissons par excellence.

Associé au culte du dauphin, qui va donner son nom à Delphes, le poisson, dans l'iconographie des peuples indo-européens, est un symbole de sagesse, un symbole de bonté et de fécondité. En sanscrit, le dieu de l'Amour ne se nomme-t-il pas « Celui qui a le poisson pour symbole » ?

Le Christ a été souvent représenté sous la forme d'un dauphin. Ne nous en étonnons pas : il fut celui qui aima les hommes au point de se sacrifier pour eux sur la croix. Il fut celui qui prêcha l'amour du prochain. L'amour au sens d'*agapê*, mot que nous avons bien appauvri en le traduisant par *caritas* dont nous avons fait *charité*. Ce terme, qui évoque plutôt une sorte d'aumône, n'a plus grand-chose à voir avec l'*agapê* de saint Paul *(Epître aux Corinthiens)* : beaucoup plus près du terme sanscrit, il faisait du Christ ce Dieu d'Amour dont le symbole est le poisson.

Ainsi commença réellement l'ère des Poissons.

Le mythe universel du dauphin, animal protecteur et bénéfique, chargé de sauver l'homme des flots, ici représenté à Delos (mosaïque des dauphins).

Des dieux et des planètes

Sur l'univers marin des Poissons régnait autrefois Jupiter, le maître des dieux ; sortie de l'onde, Vénus, la déesse de la Beauté et de l'Amour, avait sa place chez les Poissons ; quant à Neptune, il était tout indiqué comme vrai maître du signe : n'avait-il pas reçu en partage de son frère Jupiter le vaste empire de la mer ?

Ces trois divinités ont donné leur nom aux trois planètes que la Tradition attribuait au signe des Poissons.

Jupiter

Dieu architecte de l'Univers, Jupiter est le fils de Cronos. Débonnaire, généreux, paternel et jovial, entouré de ses vingt-trois maîtresses... et de son épouse, Jupiter réunit tous les éléments de dilatation, de pléthore et d'abondance, ainsi que le sentiment de l'immensité, de l'infini et une certaine démesure qui caractérisent bien le signe des Poissons. Jusqu'à la découverte de Neptune en 1948 par Le Verrier, la planète Jupiter détenait la maîtrise du signe des Poissons, qu'elle partage aujourd'hui avec Neptune.

Le symbole de Jupiter, comme tous les graphismes planétaires, part du cercle et de la croix. Le cercle représente l'esprit qui plane au-dessus des eaux, le serpent : l'Ouroboros. C'est le symbole du Tout, de l'Univers. La croix symbolise l'incarnation qui s'est faite dans le temps et l'espace (verticalité et horizontalité). Ouvert, le cercle ne représente plus la totalité de l'Univers, et c'est le cas dans le symbole de Jupiter : le demi-cercle forme alors une coupe reliée à l'axe horizontal de la croix qui est l'espace. Nous voyons donc ici Jupiter se dilatant dans l'espace et s'ouvrant au monde. Ce Jupiter est fécond, abondant, c'est un Jupiter qui s'impose, s'étend, se répand et, en cela, il correspond bien au signe des Poissons qui est un signe de dilatation et d'expansion.

Il ne fait aucun doute que Jupiter est une planète existentielle, mais il est intéressant de signaler que les écritures hindoues parlent du progrès spirituel, en rapport avec des cycles de douze années. Or, c'est le laps de temps nécessaire à Jupiter pour accomplir sa révolution complète autour du Zodiaque et, par conséquent, dans l'horoscope individuel à travers les douze signes et les douze Maisons du thème. Notons enfin que cette influence expansive de Jupiter, dieu suprême qui règne sur l'Olympe, peut, en effet, intervenir sur le plan matériel et sur le plan spirituel : n'est-ce pas lui qui, seul, enfanta Minerve – la Sagesse – sortie tout armée de son cerveau ? Si, dans les légendes transmises par les Anciens, on trouve le récit de ses débordements amoureux, il n'en apparaît pas moins comme le maître qui préside au destin de l'Univers... N'oublions pas qu'il pardonna d'abord à son père (qui voulait tout de même le dévorer !) avant de le chasser de l'Olympe – générosité qui lui attira bien des ennuis et qui ne l'empêcha pas, plus tard, de se garder le ciel et la terre comme empire (donnant néanmoins à ses frères la mer et les enfers). Dieu tout-puissant, il utilisa son pouvoir pour satisfaire ses instincts, se métamorphosant de mille manières pour arriver à ses fins. Ainsi, pour séduire Danae, il prit la forme d'une pluie d'or ; pour conquérir Leda, il choisit le cygne ! et pour enlever Europe, il prit l'apparence d'un taureau ! Epoux de Junon, sa sœur, il n'en eut pas moins quantité de maîtresses : Io-Sémélé (mère de Bacchus), Cérès (mère de Proserpine), Mnémosyne (mère des Muses), Latone (mère d'Apollon et de Diane), Maia (mère de Mercure), Alcmène (mère d'Hercule).

Mais Jupiter était aussi le dieu qui lançait la foudre. Selon Swami Kriyananda, « l'expansion de la conscience est l'essence même du développement » ; mais « la plupart des écrivains occidentaux, évidemment ignorants de cette vérité, associent Jupiter à la seule expansion de l'égo : acquisition de richesses, de pouvoir et de bonheurs terrestres. C'est là une explication très restreinte de l'influence de Jupiter. »

Voici l'interprétation de Swani Kriyananda : « Dans la Tradition, Jupiter est avant tout la planète du développement spirituel. Dans l'astrologie indienne, le nom de cette planète est Guru. Un vrai Guru est beaucoup plus qu'un enseignant... Il est plutôt celui qui, par l'influence subtile de sa conscience libérée, élève ses disciples réceptifs hors de l'illusion... ».

De toute façon, Jupiter, ancien gouverneur des Poissons, devait effectivement posséder ces deux sens. La réaction à l'influence expansive de Jupiter sera différente selon le thème individuel, la sensibilité, le pouvoir d'accueil et la réceptivité du natif : et là, Neptune interviendra...

Vénus

La planète Vénus est « exaltée » dans le signe des Poissons.

Vénus, déesse de la Beauté d'origine orientale, célébrée dans de nombreux sanctuaires grecs et principalement à Cythère, incarne l'Amour sous sa forme physique la plus violente, le désir passionné et le plaisir des sens.

Ouranos, dieu du Ciel, fut châtré par son fils Cronos ; il perdit son sang dans la mer et de cette union naquit Vénus, au creux d'une vague. D'où son nom grec : Aphrodite, celle qui est « née de l'écume ». On la représente nue, jeune, souriante, belle, debout sur les flots ou sur une conque marine, parfois sur une tortue de mer.

Elle épousa le boiteux Vulcain, le plus laid des dieux. On ne peut donner la liste complète de ses amants, tant ses infidélités furent nombreuses : Jupiter, bien entendu, Bacchus, Mars, Apollon, Adonis, Mercure, Hermès, Anchise, Arès... Sa descendance fut évidemment importante : Eros, Harmonie, Hermaphrodite, Enée, Priape...

La légende de Vénus et d'Adonis illustre la renaissance par l'amour. Vénus s'éprit d'Adonis alors qu'il chassait sur les pentes boisées du mont Liban. Mars, jaloux, se métamorphosa en sanglier, s'élança sur Adonis et le blessa mortellement. Accourue trop tard, Vénus embauma le corps de son bien-aimé, mais du sang de la blessure jaillit un rosier. Notons que dans les anciens zodiaques le sanglier figure parfois à la place aujourd'hui occupée par le signe des Poissons. Adonis portait en lui le germe du renouveau : sa mort, grâce à l'éclosion du rosier, symbolise la résurrection triomphante du printemps qui fait suite à l'hiver. Ainsi, l'amour est source de toutes les renaissances ; c'est l'amour de Vénus qui permit de vaincre le désespoir et la mort.

En hébreu, *Adonaï* signifie « mon Seigneur » ; venu de Chypre (*cyprin* : poisson), on surnomma Adonis « Adonis-Piscis ». Les analogies entre le Christ oint par les saintes femmes et Adonis embaumé par Vénus ont été soulignées par certains ésotéristes.

Jupiter, maître de l'Univers, détenteur de la foudre, accompagné de l'aigle romaine, symbole de l'empire (gravure de P. Valck).

La constellation des Poissons nous rappelle que Vénus et Eros furent sauvés grâce à deux poissons envoyés par Neptune. Surpris par Typhon, génie du Mal, et prince des Ténèbres, ils avaient plongé dans l'Euphrate, fleuve dont le nom signifie «splendeur, flux de la lumière céleste et originelle ». Vénus, en se jetant dans le fleuve avec Eros et sacrifiant ainsi la manifestation sensible de l'amour, pouvait être sauvée par la « sublimation de son amour dans la lumière ». Aux Poissons, l'amour est sacrifice et rédemption. Fils du désir, Éros vécut auprès de Vénus l'amour-passion, puis l'amour héroïque ; ce sera grâce à son union avec elle dans la lumière originelle que son amour passera du limité à l'illimité, ne sera plus désir pur et avide mais amour sauveur. C'est « l'intuition amoureuse » née de la lumière céleste (le feu d'Uranus) qui retourne à la lumière (l'Euphrate, cette « eau de lumière »). « L'intuition de l'amour vient de la Lumière et guide vers la Lumière » (Marcelle Sénard). Aux Poissons, l'amour sera toujours une possibilité de salut.

La présence permanente des dauphins à la surface de l'océan, leur évolution dans le sillage des navires, ont été interprétées par les marins comme un message de sécurité et de protection.

Platon, dans *le Banquet,* a exposé l'évolution du « principe vénusien » : le désir se transmue en amour en même temps qu'en intelligence et en beauté pure. « La vraie voie de l'amour, qu'on s'y engage soi-même ou qu'on s'y laisse conduire, c'est de partir des beautés sensibles et de monter sans cesse vers cette beauté naturelle en passant comme par échelon d'un beau corps à deux, de deux à tous, puis des beaux corps aux belles actions, puis des belles actions aux belles sciences, pour aboutir des sciences à cette science absolue et pour connaître enfin le Beau tel qu'il est en soi. » Le Beau et le Bien – notions que nous avons relativement perdues – étaient une seule et même chose pour les Grecs et pour Platon, notamment.

Quel que soit son degré d'évolution, quel que soit le niveau auquel un Poissons vit l'amour, c'est presque toujours l'essentiel de sa vie (cela sur des modes évidemment très différents selon les thèmes et ce que l'on peut appeler le « niveau d'incarnation »). Mais c'est la porte ouverte vers l'évolution de l'être – surtout, bien entendu, si Vénus est importante dans son ciel. L'amour n'est-il pas source de toutes les évolutions ?

Neptune

Quant à la planète Neptune, si elle fut découverte à la suite de calculs très rationnels, son baptême ne le fut pas du tout ! Le Verrier voulait qu'on donne son nom à la planète qu'il avait découverte, mais il fit un rêve : un savant lui proposait de baptiser la planète Neptune et cela le rendait furieux... Néanmoins, il lança lui-même le nom... qui fut retenu! Et c'est ainsi que la planète porte aujourd'hui (par un hasard qui n'en est peut-être pas un) le nom du dieu de la Mer.

Mais qui était donc Neptune-Poséidon ? Il était le frère de Jupiter-Zeus, et de Pluton-Hadès. Les trois frères s'étant partagé l'Univers, c'est lui qui avait reçu le vaste empire de la mer. Il eut de nombreuses querelles avec les déesses pour agrandir son empire et c'est ainsi que sa rivalité

Neptune conduit ses chevaux sur les flots en brandissant son trident : c'est le dieu qui affronte les forces animales de l'inconscient (Walter Crane, les Chevaux de Poséidon*).*

avec Minerve-Athéna, la déesse Vierge, est devenue légendaire. On peut remarquer encore une fois que l'on retrouve ici l'opposition Vierge-Poissons.

Neptune était l'époux d'Amphitrite, une néréide qu'il avait enlevée à l'aide d'un dauphin, mais il ne fut pas (lui non plus !) un mari des plus fidèles. Pour séduire les nymphes, il adoptait généralement la forme d'un cheval ; c'est ainsi qu'il poursuivit Déméter, transformée en cavale, et conçut avec elle le cheval Arion ; celui-ci, doué de parole, est un autre symbole de l'âme humaine provisoirement enfermée dans une enveloppe animale. Neptune avait offert aux Athéniens le cheval qu'il avait fait naître d'un coup de trident dans l'océan et qui avait jailli des flots ; mais Minerve leur avait offert l'olivier de la paix et c'est elle qui l'emporta dans la rivalité qui l'opposait à Neptune... Le cheval est l'animal de prédilection de Neptune et c'est encore sous cette forme qu'il séduira sa vieille ennemie, Méduse, et cela devant l'autel de Minerve ! Celle-ci, pour se venger, fit tuer Méduse par Persée ; mais Neptune n'en continua pas moins à séduire toutes les nymphes et les jeunes femmes de son entourage. Toujours sous la forme d'un cheval, il réussit à être aimé de Cérès. Quant à la belle Théophane, dont le nom signifie « d'apparence divine », et fort justement réputée pour sa beauté, il l'enleva dans l'île de Crinissa. Comme les soupirants de la jeune femme, jaloux, se lançaient à sa poursuite, Neptune, pour leur échapper, prit la forme d'un bélier et, comme il se doit, transforma Théophane en brebis. Ce bélier, symbolisant l'achèvement de l'épreuve et de la quête humaine, réapparaîtra dans le mythe de la Toison d'or au signe suivant, celui du Bélier. Et pour séduire Cybèle qui le fuyait, métamorphosée en cavale, il se fit, bien entendu, étalon. Neptune eut plusieurs fois l'occasion de s'affronter à Typhon, ennemi héréditaire des dieux, qui eut de son union avec Echidna des monstres épouvantables : Cerbère, le Sphinx, la Chimère, l'Hydre de Lerne, le Lion de Némée... Ces monstres représentent toutes les aberrations de l'inconscient et sont autant de combats que l'être doit livrer pour se dégager de son enveloppe humaine et libérer son âme.

Neptune, armé de son trident, est représenté sur un char en forme de conque que traînent des chevaux marins, entourés de tritons et de nymphes. Nombreux sont les monstres dans la descendance de Neptune. Les animaux qui l'entourent symbolisent toutes ces formes obscures et intérieures que la psychanalyse tente aujourd'hui de maîtriser en cherchant à dénouer les nœuds psychiques de l'inconscient dont ces animaux monstrueux symbolisaient déjà dans l'Antiquité l'affrontement et les difficultés. C'est la face inquiétante du monde neptunien. L'autre face apparaît dans une histoire plus souriante : celle qui raconte comment Aphrodite et Eros, alors qu'ils étaient poursuivis par Typhon, se sauvèrent dans les eaux où ils rencontrèrent deux dauphins envoyés par Neptune à leur secours. Là encore, nous voyons s'affronter le Bien et le Mal. Typhon est le symbole du Mal ; les deux dauphins symbolisent la sagesse, la prudence mais aussi la bonté et l'amour universel, permettant à l'homme d'échapper aux excès de la violence aveugle : autre symbole bien Poissons.

La légende de Derceto est édifiante pour les natifs des Poissons. Derceto était une jeune femme qui, enceinte, se jeta à la mer pour dissimuler sa grossesse ; Neptune la métamorphosa en sirène, moitié poisson, moitié femme. Les Poissons n'oublient-ils pas souvent que la fuite devant les responsabilités peut les amener à se « noyer », et que la survie exige parfois certains sacrifices ?

C'est Neptune qui permet à l'être de sentir les choses et de se fondre au milieu ambiant, dans ce domaine sans frontières où il fait percevoir les vibrations venant de l'infini. C'est pourquoi on peut dire que Neptune capte la musique des sphères (et nous verrons qu'il accorde, en général, lorsqu'il est bien aspecté dans le thème, des dons pour la musique, notamment). Parce qu'il fait pénétrer dans l'infini, parce qu'il transforme le réel et fait plonger l'être dans l'inconscient et dans l'invisible, Neptune, en tant qu'antenne captatrice du monde, peut aussi entraîner l'être aux pires noyades. Et nous verrons que si le Moi n'est pas très structuré, il peut être entraîné dans ce dialogue avec l'invisible au risque de se perdre. Ce fut le cas du danseur Vatslav Nijinski, pour donner un exemple d'un thème Poissons « neptunisé », submergé par les forces de l'inconscient. Si le Poissons est tout d'abord un signe réceptif, avec Neptune, le natif, qui capte l'environnement au maximum, devient plus influençable. Il adhère au milieu, l'embrasse mais risque aussi de se laisser envahir par lui. Il sera comme entraîné au rythme de la vague, au sommet puis au creux de son destin, sans possibilité de réaction. Il pourra alors sombrer dans un monde de chimères, qui n'aura plus aucun lien avec le réel s'il se laisse envahir par les vagues de l'inconscient contre lesquelles il ne lutte plus. Prisme déformant, captant certes tout, mais captant parfois trop. Neptune est capable aussi bien d'ouvrir aux plus grandes extases mystiques que de faire sombrer l'être dans l'illusion et l'entraîner vers les rivages des épreuves de sa Maison XII. L'être peut se laisser aller aux plus terribles confusions comme il peut accéder à la plus haute préhension du monde.

Que le visage du natif des Poissons soit donc celui de Jupiter, planète plutôt existentielle, et que sa vie prenne alors une note plus matérialiste, ou que ce soit Neptune qui l'emporte dans le thème et l'amène à vivre au-delà des portes de l'infini, le grand problème du Poissons sera de ne pas rester dans l'informe et dans l'incréé mais de s'assumer, de « s'accepter » et... de vivre cette évolution intérieure quelle que soit la mise à l'épreuve de sa vie. Mais sera-t-il la victime ou prendra-t-il son destin en main ? C'est là tout le dilemme du Poissons !

Amymone, enlevée par un satyre, fut sauvée par Poséidon. Trois sources jaillirent du rocher frappé par le trident du dieu (Dürer, Enlèvement d'Amymone*).*

Michel-Ange, peintre du signe, a représenté les hommes fuyant les eaux lors du Déluge, punition de Dieu (détail de la chapelle Sixtine, Rome).

La Symbolique du Signe

> « Le symbole exhale sa magie et, par son action dynamique filtrée par la conscience de l'homme, induit les forces psychiques qui débouchent sur une compréhension supramentale. »
>
> FRÉDÉRIC LIONEL
> *Présence de la Grande Tradition*

Avec le signe des Poissons, douzième et dernier signe du Zodiaque, notre champ de vision s'élargit.

Nous entrons dans l'univers aquatique, immense, profond, mystérieux, des océans, où tout se fond et se confond, se mêle sans fin : le connu et l'inconnu, le fini et l'infini semblent ne plus faire qu'un, tandis qu'à l'horizon ciel et mer se rejoignent ; notre vision n'est plus seulement humaine. C'est à une vision plus vaste, à une véritable vision cosmique que nous parvenons. Il semble que, dans ce murmure incessant des vagues et des marées au rythme sans fin, l'homme prend conscience d'une ordonnance rythmique et musicale de l'univers. En même temps, il prend conscience de l'infini devant le grand étalement de l'océan...

Dans ce flux et ce reflux perpétuel de la vague, sorte de « lente respiration de la mer », nous sommes face à un monde sans frontière, un monde sans limite apparente. C'est un univers multiforme que les légendes et les récits mythiques évoquent ; monde que les récits anciens peuplent de divinités étranges tour à tour généreuses et terrifiantes. Reflet de cette dualité étrange, celle-là même qui a frappé depuis toujours l'homme et qui s'est inscrite dans l'inconscient collectif : l'Eau des Poissons est celle de l'océan des origines.

Avant tout, la mer est la plus grande matrice du monde d'où toute vie surgit. Et, pour cette raison, elle est le symbole de toute création en germe.

L'Eau des Poissons

Cette eau océane qu'est l'Eau des Poissons dans le triangle zodiacal de cet élément (Cancer – Scorpion – Poissons) n'est ni l'eau claire des fontaines (l'eau du Cancer), ni l'eau glauque des étangs (celle du Scorpion). C'est vraiment la *Materia Prima,* l'« eau primordiale », la « matrice cosmique », l'océan qui contient donc tous les germes de la vie. Ce n'est d'ailleurs pas l'eau de la pluie mais l'eau salée (le sel associé au principe même de la vie et participant, notamment dans le rite du baptême, à la symbolique de purification qui, elle aussi, appartient aux Poissons). C'est l'eau qui contient tous les éléments pour que renaisse la vie, éléments dissous, encore non manifestés. Ce sont les eaux « au-dessus desquelles se penche l'esprit de Dieu » selon le deuxième verset de la Genèse...

« Cette eau, écrit Jacob Boehme dans *Aurore naissante,* dans cet état [...] est bleue comme le ciel, mais quand la lumière de l'éclair s'y allume, elle ressemble à du jaspe précieux ou, pour parler mon langage, à un océan de verre, serein et clair, où brille le Soleil. » Maldoror lui fait écho : « Vieil Océan, quand tu parcours la solitude solennelle de tes royaumes flegmatiques [...], tu déroules, au milieu d'un sombre mystère, sur toute ta surface sublime tes vagues incomparables, avec le sentiment calme de ta puissance éternelle [...]. Tu es plus beau que la nuit. Réponds-moi, Océan, veux-tu être mon frère ? »

Ce retour à la communion totale, dans l'éternité, par l'élément liquide, Novalis l'exprime plus intensément encore dans le cinquième *Hymne à la Nuit :* « L'amour est libéré. Plus de séparation. La vie, dans sa plénitude, roule les flots d'une mer infinie. »

En véritable matrice cosmique, l'eau dont il est question est en rapport avec « les puissances

Le double aspect de la mer : en surface, le déferlement des vagues, sans cesse renouvelé, symbole des affrontements quotidiens...

élémentaires antérieures à la forme [1] » : c'est le « principe féminin » par excellence. Il faut entendre par là que cette Eau primordiale est, en quelque sorte, le « pur Yin » — pour reprendre l'expression du Yi king —, c'est-à-dire « la substance de la féminité absolue »...

Dans le Yi king, texte fondamental de toute la tradition chinoise, ce grand principe des deux pôles de l'univers — le pôle positif, actif, masculin, et le pôle réceptif, passif, féminin — est présenté comme la clé de toutes les situations essentielles que la réalité peut présenter. « Tous les phénomènes, les formes, les êtres et les changements sont considérés à l'échelle de rencontres et de combinaisons variées du Yang et du Yin. » Le Yang est le principe masculin. Le Yin est le principe féminin. Dans ce sens, le signe des Poissons, signe réceptif et féminin, est un signe Yin. La tradition chinoise voit dans le jeu pluriforme du Yang et du Yin unis l'origine de toutes choses.

Dans la tradition hindoue, le thème fondamental est le même. C'est l'étreinte amoureuse de Çiva (principe mâle primordial, pure lumière véritable, *noûs* hellénique, *purusha* hindou) avec Çakti (énergie primordiale, substance primordiale de tout devenir et de toute vie, de tout mouvement, *prakti,* que provient le monde. En fécondant la substance primordiale *prakti*, il rompt l'équilibre des puissances *(gunas)* et donne lieu au monde manifesté. Mais en fait, Çiva ne fait qu'éveiller Çakti et « ce n'est que cette dernière qui agit véritablement, qui se meut et enfante » : là encore nous retrouvons le jeu, la combinaison variée des deux grandes énergies, des deux grands principes d'où naît la vie.

Nous reviendrons sur ces mythes de la création du monde. Mais, d'ores et déjà, dans cette double polarité du monde exprimée dans toutes les traditions, nous retrouvons la double polarité du Zodiaque : chaque signe est actif ou « masculin », réceptif ou « féminin ». Par l'eau, élément féminin, source de toute vie, les Poissons sont un signe essentiellement réceptif, fécond, féminin. Comme l'a dit le poète :

« Tout est né de l'eau,
Tout est conservé par l'eau,
Océan, prête-nous ton éternelle action...
C'est de toi que découle la fraîcheur de la vie [2]. »

1. Julius Evola, *Métaphysique du sexe.*
2. Goethe, second *Faust*, acte II.

Dans les profondeurs marines, le calme et la force tranquille des eaux génératrices de toute vie.

Origine du terme Poissons

« Nomen est mumen » avaient coutume de dire les Latins : le nom est un signe. A plus forte raison, si ce nom est un symbole...

C'est dans le sanscrit, langue sacrée de l'Inde, source de tous les alphabets et de toutes les langues indo-européennes, qu'il faut chercher le sens profond du terme Poissons. Disons tout d'abord que, bien qu'à une époque il y ait eu coïncidence de la constellation et du signe des Poissons, il convient de les distinguer. En 1881, l'astrologue et occultiste hindou Subba Rao s'était expliqué clairement à ce sujet : ce n'est pas dans les constellations qu'il faut chercher une explication, mais dans l'origine du mot lui-même ; il faut trouver dans le sanscrit la signification profonde. En effet, chaque mot avait alors une valeur numérique et symbolique. L'équivalent numérique du mot *Mima* (les poissons) est 5. Il vise évidemment à exprimer on ne peut plus clairement une notion essentielle : celle de ce cinquième élément qui est la matrice du monde. L'eau dont il va s'agir n'est pas l'eau ordinaire. Elle est le « solvant universel », celle que les Anciens vont appeler l'*Akasha,* c'est-à-dire l'eau « primordiale », l'eau « première » : c'est une eau de vie, une eau alchimique, l'élément « alchimique » par excellence qui va permettre à la vie de naître, ce « cinquième élément » constituant la vie elle-même. Cette Eau des Poissons est la matrice des origines, l'océan d'où est née toute vie...

Nous le verrons, le graphisme des Poissons dans le Zodiaque circulaire de Denterah (Zodiaque égyptien très ancien provenant du temple de Hathor, déesse du Ciel, actuellement au Louvre) est différent du graphisme traditionnel mais évoque les mêmes symboles, à savoir ceux de l'eau matricielle d'où va renaître la vie...

C'est là le vrai sens du mot, son origine profonde, ce qui explique sa remarquable fécondité comme l'étonnante multiplicité de ces facettes mouvantes, mobiles, fuyantes, insaisissables comme la mer. Les sens symboliques du terme Poissons sont bien, en effet, dualité, fécondité, immensité, multiplicité.

L'eau dont jaillit toute vie

« A l'époque de l'âge d'or, nous vivions comme des vagues ; au sein de nuages diasprès [ces mers flottantes, sources primitives de toute vie sur Terre] s'aimaient et s'engendraient les générations humaines en des lieux éternels. Elles furent visitées par les enfants du Ciel, et ce n'est que lors de ce grand événement, que les saintes légendes appellent le Déluge, que ce monde florissant fut englouti. » Novalis, qui transcenda l'enseignement de son maître Werner et exprima une mystique de l'eau, nous offre ici une vision « neptuniste » : l'Eau-Mère est le noyau et le cœur de toutes choses. Rien n'existe qui ne soit issu de l'eau : l'animal comme le végétal et le minéral. Ce poète allemand du XVIIIe siècle fait baigner toute son œuvre dans la magie des eaux qu'il faut, dit-il, « vénérer comme quelque chose de divin ».

Cette notion d'eau primordiale, océan des origines, est quasi-universelle et apparaît dans toutes les cosmogonies. C'est en effet de ces eaux, berceau du monde, qu'émergea l'humanité.

En Grèce, Thalès, s'il fut le premier philosophe à affirmer que tout avait pris naissance dans la mer, ne faisait en fait que répéter ce qu'avait dit Homère lui-même, qui voyait dans *Okeanos* l'origine de l'univers *(Iliade, XIV)*. Anaximandre, un peu plus tard, écrivit : « L'eau donna origine à la terre et à toute une série d'êtres vivants semblables aux poissons. Ces animaux contenaient des hommes qui restèrent dans cette position jusqu'à leur puberté. A ce moment-là seulement, les poissons s'ouvrirent en laissant sortir les hommes qui étaient capables de se nourrir.» Mais des cosmogonies très anciennes le disaient aussi.

Dans la cosmogonie babylonienne (sources orientales), il est dit qu'au commencement — alors qu'il n'y avait encore ni ciel ni terre — seule une matière indifférenciée s'étendait de toute éternité : les « eaux primordiales ». De leurs masses légères se dégagèrent les deux principes élémentaires, *Apsou* et *Tiamat*. Apsou, le principe masculin ; Tiamat, le principe féminin : la mer, cette eau salée d'où vont sortir toutes les créatures. Nous retrouvons bien là l'esprit (principe masculin) fécondant les eaux (l'éternel féminin : la Grande-Mère cosmique)...

Cent ans avant la montée des eaux destinée à laver la Terre des péchés des hommes, Dieu permit à Noé de construire une arche salvatrice.

La Complainte du vieux marin *de Coleridge, illustrée par Gustave Doré : océan maléfique, rivages inquiétants, marins prisonniers des forces de la nature.*

La même image apparaît dans la mythologie égyptienne où la vie émerge des eaux sous la forme d'une crête de limon. De l'univers encore increé — en gestation —, de cette eau océane, la vie tout entière va naître.

Cette notion d'« eau primordiale » se retrouve également en Chine. Pour les Chinois, l'eau est *Wou ki,* c'est-à-dire, encore une fois, le « chaos » : l'indistinction première...

Ainsi, dans toutes les mythologies, cette eau qui, pensait-on, entourait le monde, était vraiment le grand réservoir des forces : la « matrice universelle » contenant tous les germes de la vie à venir.

Et, de Boehm à Paracelse, la même mystique de l'eau s'exprime... L'*Aquaster* est, selon Paracelse, l'eau du « plan astral », matrice de toute créature. « L'eau forme, disait-il, le manteau brut des corps sans rendre compte de leur spécificité » (dans *l'Aurore naissante*).

Aujourd'hui, la connaissance scientifique rejoint l'intuition primordiale : c'est de la mer que la vie est née. Nous sortons de cette matrice océane qu'est le ventre de la « mer » qui fut notre « mère » à tous. Ajoutons que sans la mer nous n'existerions probablement pas : notre histoire ne peut se concevoir sans elle, dans la direction qu'elle a prise du moins ; et l'océan, enfin, origine de notre vie, ne contient-il pas aussi les trésors de l'avenir ?

Calmes ou agitées, les étendues océanes ont toujours évoqué des visions fantastiques ; dans cet univers aux limites imprécises, rêves et réalité se confondent... Il existe des liens mystérieux entre la mer et les profondeurs insoupçonnables de notre Moi. Dans ce monde jamais vraiment immobile, la peur est née sans doute de ce sentiment d'impuissance que ressent l'homme au cœur de la tourmente. Le Déluge relate la terrible montée des eaux engloutissant toute vie.

La mer et ses fureurs

« Les événements sont l'écume des choses ; c'est la mer qui m'intéresse. » (Paul Valéry.)

La mer, les uns s'y noient, les autres la franchissent...

Traverser la mer, c'est surmonter un certain nombre de difficultés qu'il va falloir affronter pour parvenir au but que l'on s'est fixé. Les vagues, soulevées par la tempête, symbolisent l'irruption soudaine des forces de l'inconscient qui succèdent à l'inertie trompeuse (au calme qui précède la tempête)... L'immensité mouvante de la mer peut engloutir l'âme comme elle engloutit les vaisseaux qui font naufrage, ne rejetant sur la grève que des carcasses disloquées et éventrées.

« La vraie conscience est la connaissance de l'inconscient. » (Richard Wagner.)

Aux Poissons, signe d'Eau, cette richesse de l'inconscient est ouverture sur l'infini ; abandon à ces forces inconscientes qui vont nous entraîner vers cette destruction mortelle ; autodestruction que représente un désir chimérique, fondé non pas sur une action réalisable mais sur un rêve insensé qui n'appartient qu'à l'imaginaire...

Mouvant, capable de changer de forme et de couleur à l'infini, le monde des vagues correspond de très près à cet univers fluide, impalpable, de l'imagination où les visions se superposent l'une à l'autre dans un mouvement continuel... Les images mythiques et les légendes sont innombrables.

Génies de la mort et de la musique funèbre, les sirènes personnifiaient les séductions et les dangers de la mer, entraînant par leurs chants les marins vers la mort.

Chaque samedi, Mélusine avait le pouvoir de se transformer en femme-poisson-serpent ; elle est l'œuvre des créations légendaires liées au symbolisme de l'eau.

Les eaux légendaires

Mirage des illusions dans les légendes grecques, les « Néréides » petites filles de l'Océan, personnifiaient les vagues innombrables de la mer. Elles étaient d'une grande beauté et nageaient avec les dauphins en laissant flotter leur chevelure. Les Néréides ne jouent d'ailleurs aucun rôle actif dans la mythologie, mais, telles les vagues, elles symbolisent l'attitude passive de l'être qui se laisse porter au gré des flots ; leur passivité étant aussi dangereuse que l'action incontrôlée, elles représentent en quelque sorte la puissance de l'inertie. Lorsque les vagues se soulèvent avec la tempête, on les compare au «dragon des profondeurs » et elles symbolisent alors, avec l'irruption soudaine des forces de l'inconscient, toutes les pulsions instinctives qui se lancent à l'assaut de l'esprit et peuvent le submerger.

Lorsque le christianisme se développa en Egypte, l'art copte associa la croix et le poisson dans les reliefs sur pierre.

De même que Mélusine, personnage mythique des « gesta » celtiques, règne sur le domaine des eaux et plonge ainsi dans l'inconscient abyssal (moitié poisson, moitié femme), de même les sirènes symbolisent les profondeurs de l'inconscient et sont des symboles « Poissons ». Monstres de la mer, à tête et poitrine de femme dont le corps était celui d'un oiseau, puis, dans les légendes plus tardives, celui d'un poisson, elles séduisaient les navigateurs par la beauté de leur visage et par la mélodie de leurs chants, et les entraînaient dans la mort. On sait qu'Ulysse dut se faire attacher au mât de son navire pour ne pas céder à la séduction de leurs appels. Les sirènes figurent dans le voyage, symbole de la vie, les embûches nées du désir et des passions. Engendrées par un élément indéterminé, ce sont des créations de l'inconscient, des rêves fascinants et terrifiants où se dessinent les pulsions les plus primitives et les plus obscures de l'homme. Elles symbolisent « l'autodestruction du désir quand il n'est qu'un rêve insensé ». Il faut alors, comme Ulysse, « s'accrocher » à la dure réalité du mât qui est le centre du navire (axe vital de l'esprit), pour fuir des illusions mortelles...

Comme Ulysse, le natif des Poissons devra parfois, lui aussi, s'accrocher à la dure réalité pour ne pas succomber à ses propres illusions...

Les mythes et légendes relatant le Déluge évoquent l'arche naviguant sur les eaux et contenant tous les germes nécessaires au recommencement. Il est évident que ce symbole de l'arche participe lui aussi à cette grande symbolique de la renaissance du monde après l'invasion des eaux ; le Déluge reste l'une des grandes énigmes de l'univers bien qu'il soit un fait géologique et historique reconnu.

La semence a été enfermée dans l'urne du Verseau. L'Eau des Poissons — qui est la « matrice universelle » — la conservera et la protégera jusqu'à l'aurore du nouveau cycle symbolisé par le Bélier.

Le christianisme et le symbolisme des Poissons

Enfin, c'est aux Poissons que l'eau va fertiliser la terre et permettre à la vie de renaître...

La terre, qui s'est cristallisée au Capricorne et durcie pendant l'hiver, se liquéfie aux Poissons. Dans ce processus de transformation de la matière (que chercheront à découvrir ensuite les alchimistes) se trouve la clé de la transformation vitale. Dans cette conception « sacrée » de l'univers s'insère le rite du baptême (rite très ancien repris par les premiers chrétiens) qui symbolise également la purification par l'eau, nécessaire pour accéder à la régénération. En cela le baptême chrétien se rattache à tous les anciens rites de purification. Lors des cérémonies d'Eleusis, les initiés de baignaient en effet dans la mer. C'est un bain purificateur qui nous ramène donc au cœur des rites magiques nés de cet élément. En devenant symbole de rédemption, de rachat, de ralliement au Christ, le baptême prend alors pour Paul (épître aux Colossiens), et pour les premiers chrétiens, un véritable sens de résurrection « mystique ». La plongée dans l'eau et la sortie de l'eau sont la réalisation sacramentelle de la mort et de la résurrection du Christ qui est à la base de toute la pensée chrétienne. Faut-il ajouter ici que le poisson fut d'ailleurs l'emblême des premiers

La Cène, représentée sur une mosaïque de Ravennes. Le Christ et les douze apôtres sont réunis autour du premier symbole de ralliement des chrétiens.

chrétiens ? Le mot *icthus,* signifiant en grec poisson, est formé par les initiales de la phrase *Iesou Christos Theou Uos Sauter :* Jésus-Christ Fils de Dieu, Sauveur. Il était le signe de ralliement et de reconnaissance des premiers chrétiens. On a retrouvé ces figures symboliques dans les catacombes et dans de nombreux monuments funéraires datant des premiers siècles de la chrétienté. Ainsi fut marquée dans la pierre la naissance d'une ère nouvelle.

L'ère des Poissons

Il nous faut évoquer ici le phénomène de la précession des équinoxes, c'est-à-dire de l'avance de l'équinoxe de printemps. L'axe de la Terre tourne très lentement « à reculons » dans le ciel, et ainsi, suivant le mouvement de l'étoile polaire, il change de signe tous les deux mille ans environ. Ce mouvement, extérieur à notre système solaire de par ses rapports avec les constellations, concerne l'humanité tout entière : c'est en quelque sorte l'Ascendant de l'humanité.

L'ère du Taureau (époque babylonienne) a vu lui succéder celle du Bélier (Moïse luttant contre le culte du Veau d'or) ; puis ce fut l'avènement des Poissons, dont le Christ est l'élément principal. Les premiers chrétiens célébraient la résurrection de Jésus au moment de l'équinoxe de printemps, le quatorzième jour de la Lune de mars ; cette célébration avait donc lieu sous le signe des Poissons. C'est seulement au IVe siècle que l'Église la fixa le premier dimanche après la pleine Lune suivant le 20 mars, c'est-à-dire dans le signe du Bélier. Jusqu'à nos jours, le poisson est resté l'aliment consacré du vendredi, jour de la mort du Christ.

La période du signe des Poissons correspond donc pour nous au mois du Carême ; c'est le signe du renoncement, du dépouillement. Mais si, le jour des Cendres, l'homme doit se rappeler que « poussière, poussière il retournera », il ne faut pas oublier que sous la cendre couve la braise : c'est d'elle que renaîtra la flamme, comme renaît le cycle des saisons.

Aujourd'hui s'annonce une ère nouvelle, celle du Verseau. Il s'agira peut-être d'une ère de sagesse et d'harmonie si l'homme n'est pas atteint par la « démesure » ; en effet, le signe du Verseau est sous la maîtrise de Saturne et d'Uranus et cette dernière planète se rattache au mythe de Prométhée qui « ravit le feu des dieux » pour devenir leur égal. Sa fin est le symbole du risque que court l'humanité à l'aube de l'ère du Verseau : aube d'un monde nouveau au prix d'un difficile « passage ». C'est bien là le sens profond du signe des Poissons et de l'ère qui s'achève.

La Maison XII : Maison symbolique du signe

Douzième signe du Zodiaque, le signe des Poissons est en analogie avec la douzième Maison du thème.

Douze est le nombre qui symbolise le déroulement spatio-temporel de l'Univers. Il est le produit des quatre éléments (Terre, Air, Feu, Eau) par les trois phases de leur évolutions (les trois « guna »). Mais c'est surtout dans la mesure où il apparaît comme le nombre des épreuves que l'homme doit affronter pour se libérer qu'il se rattache vraiment au signe des Poissons. Douze est le nombre des travaux que dut entreprendre Hercule pour accéder à la divinité. C'est donc le nombre des épreuves que l'homme devra surmonter pour accéder à sa propre réalisation. Notons l'analogie entre le signe christique des Poissons, douzième signe, avec les douze apôtres.

C'est dans cette perspective que les mystiques du Moyen Age ont porté à douze les degrés de l'échelle qui symbolise la montée vers les béatitudes. Saint Benoît les cite dans le chapitre VII de sa règle. On pourrait évoquer également les stations du chemin de la Croix. Cette échelle n'équivaut-elle pas, d'ailleurs, à une sorte de pèlerinage semé d'écueils : à une lente montée semée d'embûches, symbole de la montée que l'homme doit entreprendre avant de parvenir au royaume de Dieu ? Telle est notamment la perspective chrétienne médiévale qui rejoint la symbolique de la Maison VII : celle des épreuves par lesquelles l'homme doit passer pour renaître ; renaissance contenue tout entière dans la purification que représente le baptême qui donne l'étincelle divine de la grâce que le chrétien devra développer ensuite au cours de sa vie : lumière d'espérance...

Lame XII du tarot : le Pendu, lame Poissons

Dans cette antique sagesse qui nous a été transmise à travers le brassage des civilisations par les imagiers du Moyen Age, la douzième lame du tarot — qui bien plus qu'un simple jeu, comme certains le croient, est un véritable traité de philosophie caché derrière ses figures naïves — est en relation avec la symbolique du signe des Poissons.

La lame représente un homme pendu par les pieds. Nous retrouvons le même symbole d'impuissance ou de défaite apparente — qui n'est, en fait, qu'un renversement des valeurs nécessaire pour accéder à la sagesse. Le pendu, attaché par le pied gauche, tourne néanmoins ses regards vers le ciel. Telle est bien la position yogi qui, par cette attitude, manifeste le désir d'entrer en rapport avec le divin. Selon Oswald Wirth, la douzième lame est le passage de la voie active (maîtrise du monde extérieur) à la voie passive (réceptivité au divin). Ainsi le Pendu opère en lui une transmutation : celle, en langage « alchimique », de la *materia prima* en or.

La lame XII autrefois appelée également « le Sacrifice », est bien celle du renoncement et du dévouement : expiation et rachat, selon Ely Star. L'aphorisme de cette carte est : « Le dévouement n'est pas un suicide, c'est l'apothéose sublime d'une volonté qui voit le monde, non à l'envers, mais les yeux tournés vers le ciel. » On peut noter que le Pendu, qui perd ses deniers, montre ainsi qu'il ne s'intéresse plus aux biens matériels. Cette façon d'agir le fait souvent passer pour « fou » aux yeux du monde ! Il marche sur la tête, dira-t-on. Cela tend à prouver, comme l'a exprimé avec humour Kierkegaard, que si l'on n'est pas un homme qui s'intéresse à l'argent, « on n'est pas un homme sérieux ». Mais voici la citation intégrale qui introduit le premier chapitre de *les Yeux d'Ezechiel sont ouverts* de Raymond Abellio :

« L'apôtre Paul avait-il un emploi officiel ?
— Paul n'avait pas un emploi officiel.
— Avait-il une autre manière de gagner beaucoup d'argent ?
— Non, il ne gagnait en aucune manière de l'argent.
— Était-il au moins marié ?
— Non, il n'était pas marié.
— Mais alors Paul n'était pas un homme sérieux ?
— Eh non, Paul n'était pas un homme sérieux... »

Oui, le sage est bien souvent incompris. Il n'est pas passif au sens courant du terme. C'est un homme qui a renoncé et qui, par ce renoncement, accède à la sagesse (tel le moine bouddhiste, qui tente d'échapper à la toute-puissance de la maya, à l'illusion morale)...

Quant au pied par lequel le pendu est sacrifié, il rappelle l'importance du pied dans la symbolique du signe des Poissons. Tourné vers le ciel, il est ici le symbole du contact entre l'homme et le divin. On peut dire que le Pendu a, en quelque sorte, un pied dans « l'éternité du firmament ». Faut-il rappeler que, lorsque Dieu créa Adam, c'est par les pieds qu'il lui insuffla la vie ?

Cette correspondance physique du pied avec le signe des Poissons apparaît également dans l'*Adam Kadmon* (homme initial, archétype du premier homme), modèle et reflet du cosmos (prototype céleste de la création humaine et synthèse de cette création figurant dans la tradition juive cabalistique). Cette tradition attribue à chaque partie du corps humain un signe qui va de la tête (Bélier) aux pieds (Poissons).

Dans la théosophie juive, chaque membre correspond à un *Sephiroth,* dans l'arbre de la cabale : les trois grandes divisions de l'arbre se font autour de *Keter* (couronne, transcendance, tête : Bélier), *Malcouth* (royauté, immanence, qui correspond aux pieds, et donc au signe des Poissons), et *Téphireth* (cœur, beauté : signe du Lion, qui en assure l'équilibre). Notons également que le lavement des pieds, geste symbolique de Marie-Madeleine dans les Évangiles, est celui de l'humilité et de l'expiation qui amènent le pardon... Notons enfin que dans certaines fresques, particulièrement les fresques romanes du IIe siècle après Jésus-Christ, le dieu de la mer, Neptune, gouverneur des Poissons, est représenté la tête couronnée d'algues, semblant ainsi évoquer le rayonnement d'un soleil divin.

Pour Papus, la lame XIX du tarot, celle du Soleil, correspondrait en fait au signe des Poissons. Cette carte qui figure dans les tarots un Soleil (illumination) représente également un couple et, rappelle, selon Delcamp *(Tarot initiatique)* que « la vie initiatique ne peut être entière que pour un couple, tel celui que nous montre l'arcane XIX ; la grande leçon du Soleil étant bien que la totalité de l'initiation, la perfection de l'initiation n'est possible que pour le couple ». Ici on peut évoquer le couple alchimiste (car chaque alchimiste doit avoir sa compagne) et l'on trouve là toute la symbolique de l'*animus* et de l'*anima* complémentaires, sans lequel le Grand Œuvre ne peut être accompli. Peut-on dire qu'il y a là une « explication de la quête amoureuse » sans fin du

Madeleine personnifie la rédemption après une vie d'épreuves et de péché, acquise grâce au renoncement, thème essentiellement Poissons (Giotto, Jésus apparaît à la Madeleine*).*

Poissons ? La Tradition, qui attribue à ce signe l'exaltation de Vénus, ne va-t-elle pas dans ce sens, à savoir qu'il n'y a d'accomplissement que dans l'amour et que, à travers la Vénus charnelle ou la Vénus spirituelle, la quête du Poissons sera la même ; aspirations vécues différemment selon le niveau d'incarnation de l'être, mais qui traduiront toujours la recherche de la fusion amoureuse avec le grand tout et l'infini.

Le monde des épreuves

Nous voyons donc que l'accession à cette libération intérieure passera nécessairement par une phase de renoncement toujours difficile à vivre. « Connaître les autres, c'est sagesse. Se connaître soi-même, c'est sagesse supérieure. Imposer sa volonté aux autres, c'est force. Se l'imposer à soi-même, c'est force supérieure », disait Lao Tseu.

Oui, par sa Maison XII, l'homme est livré aux embûches, aux échecs et aux difficultés de toutes sortes. « Maison occulte par excellence, c'est le test de l'homme », dit Jacques Berton. Mais c'est la Maison où le Soleil se lève ; et après la nuit de l'inconscient, la lumière ne demande qu'à émerger. Le monde s'ouvre à qui sait surmonter les épreuves ; à qui sait que le bonheur est un apprentissage difficile et qu'il ne se trouve pas, comme on le croit souvent, à l'extérieur mais à l'intérieur de chacun de nous.

La Maison XII est le tremplin de notre évolution. Elle permet d'accéder à une véritable nouvelle « vision du monde » ; à ce stade, les frontières sont abolies, l'univers éclate ; c'est, comme l'a dit Jean Carteret, « l'invisible qui se répand dans le visible et le visible qui se résorbe au sein de l'invisible, c'est la révélation, celle du Verbe, et c'est l'illumination ».

Bien peu de gens, c'est certain, savent utiliser leur Maison XII ; et beaucoup voient en elle une Maison d'empêchements et d'échecs. Mais « ce n'est pas la Maison XII qu'il faut accuser, c'est ce que l'homme fait de sa Maison XII », a écrit Jacques Berthon. Vivre sa Maison XII, c'est utiliser les forces obscures intérieures que chacun ressent au fond de soi et les canaliser dans une construction « positive » : plus question, ici, de mater ou de discipliner ses forces instinctives. Il s'agit là d'une véritable évolution dans le sens de la verticalité.

Yogananda disait : « La malchance n'existe pas. Il n'y a que des occasions manquées. » Occasions de se réaliser, évolution difficile ; l'épreuve, comme beaucoup de sages l'ont dit, n'est-elle pas le chemin de l'évolution ? La Maison XII est une Maison difficile. Mais écoutons ce qu'en dit Jacques Berthon : « Ce peut être aussi bien la descente aux Enfers que la montée aux cimes ; si l'on s'obstine à considérer la Maison XII comme une prison, disons que le natif a le choix : il peut être le détenu ou le geôlier. Ce n'est qu'une affaire de clé... Et l'astrologie — à laquelle revient le Secteur XII — qu'est-ce sinon une affaire de clé ? » Quand il disait : « La malchance n'existe pas, il n'y a que des occasions manquées », Yogananda évoquait ainsi les occasions qui n'ont pu se concrétiser... L'épreuve, bien des philosophes l'ont expliqué, est le chemin de la réalisation, de l'évolution. Mais, cette évolution est difficile. La Maison XII nous en raconte les détours. Comme l'a dit le poète :

« L'homme est un apprenti, la douleur est son maître
Et nul ne se connaît tant qu'il n'a pas souffert... »

Dans *Nuit d'octobre,* Musset exprime ainsi sa lassitude et explique sa philosophie. Faut-il dire que Musset avait une cicatrice Poissons profonde en son thème ? Pluton, planète des crises et des métamorphoses était dans ce signe. Et Vénus, planète de l'amour — et qui mieux que lui pouvait peindre ce sentiment ? —, planète de la chair, du désir, était en Secteur XII, Secteur qui le laissa meurtri et fit son génie.

S'il existe un « yoga de la connaissance », aux Poissons apparaît ce qu'on a appelé le « yoga des larmes ».

Cette initiation dispensée par les larmes n'a aucun cachet d'aristocratie. Elle n'appartient pas comme certains types de yoga (indiens) à une élite intellectuelle. Elle s'offrira une fois au moins dans la vie de chacun. Ainsi le quotidien est-il le tremplin de notre existence. C'est pourquoi finalement, comme l'a dit J. Ribière, « il arrive en fait à un homme non ce qu'il mérite, mais ce qui lui ressemble ».

Par-delà mythes et symboles, nous commençons à entrevoir « l'univers des Poissons », difficile à circonscrire (mais peut-on circonscrire l'infini ?), univers teinté de magie et d'envoûtement, univers irrationnel, surréel, qui va donner un être aux ressources inépuisables mais aux contours parfois flous, imprécis, mystérieux, dont la vie paraîtra baigner dans une atmosphère d'irréalité. C'est un monde fluidique, aux frontières indéterminées : le monde des Poissons.

Le graphisme du signe

Les deux hyperboles représentent les deux Poissons du signe. Celui de droite symbolise la vie involutive, l'esprit qui descend dans la matière telle qu'elle s'est manifestée dans la première partie du Zodiaque ; celui de gauche symbolise la vie évolutive, c'est-à-dire l'homme se dépouillant peu à peu de son enveloppe pour réintégrer le cosmos.

Selon Madame Mertens-Stienon, ce gaphisme représente, dans sa courbe de droite, le monde ancien désagrégé et, dans sa courbe de gauche, le monde nouveau ; le lien unissant les deux Poissons est le symbole du pont reliant ces deux mondes.

On doit aussi remarquer que les deux Poissons sont placés en sens inverse : c'est le symbole du choix que le natif devra effectuer. Ira-t-il vers la lumière ou s'enfoncera-t-il dans les ténèbres ? Le lien horizontal symbolise alors la possibilité pour tout homme de parvenir à l'harmonie, « harmonie en laquelle s'accomplit la fusion des deux pôles [1] ».

1. Frédéric Lionel, *Présence de la Grande Tradition.*

Le graphisme des planètes

Le cercle, symbole de l'Univers, de l'Ouroboros.

La coupe de Neptune, signe de réceptivité.

La coupe de Jupiter branchée sur la croix de l'incarnation.

La croix dont la barre horizontale symbolise l'espace (barre sur laquelle se branche la coupe dans le symbole de Jupiter). l'expansion.

Il faut noter que, dans le symbolisme de la croix, la barre verticale est le symbole du temps. Symbole de l'incarnation de l'être, la croix marque les limites de notre champ de conscience.

Le symbolisme de Jupiter, planète d'expansion (dans l'espace), et celui de Saturne s'inversent : la « restriction de Saturne », c'est le temps ; c'est aussi son « mode d'expression » : la croix repose alors sur la coupe et c'est la barre verticale qui en est l'appui.

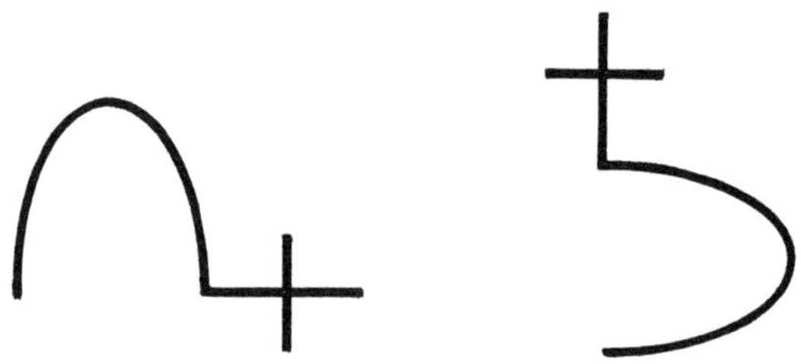

Jupiter Saturne

Le graphisme de Neptune

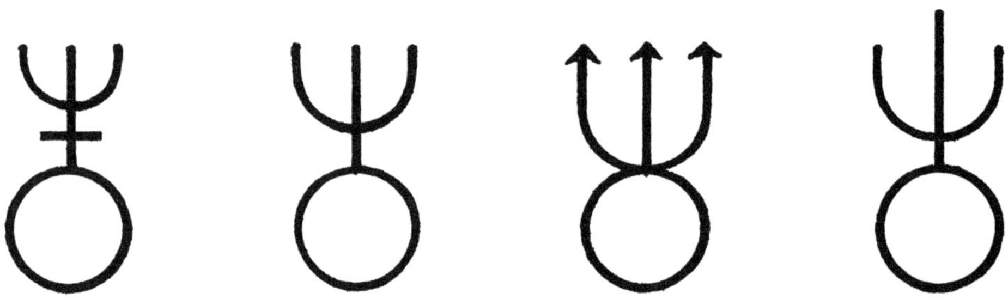

Le graphisme de Neptune repose tout entier sur le cercle parfait, symbole de l'Univers, et sur la coupe, posée sur ce cercle. Selon Marcelle Sénard, « cette coupe est une hyperbole et symbolise la réceptivité à l'illimité, l'énergie-conscience s'évadant de la limitation formelle » ; dirigée vers le haut, elle est indubitablement un signe de réceptivité.

La barre verticale partant du cercle traverse la coupe et forme ainsi l'axe central du trident, véritable antenne sur le monde, radar captant les messages de l'infini. Cette « antenne » de Neptune permet aux natifs des Poissons de percevoir les messages de l'inconnu et leur donne parfois un véritable don de prescience ou de médiumnité.

Chapitre II

Caractérologie générale du Signe

Quai des Brumes, Remorques, Marguerite de la nuit... *A travers ses films, Michèle Morgan a su faire passer le pathétique et les passions intérieures de la femme Poissons, masqués par une apparence de douce sérénité.*

Le Poissons dans la Vie

Depuis l'origine des temps, les hommes ont tenté de se connaître car il leur est apparu qu'ils détiendraient ainsi non seulement la clé de toute évolution personnelle mais aussi celle de la compréhension des autres et de l'Univers. De nombreux systèmes pour définir le caractère existent, mais l'astrologie est sans conteste le plus ancien. Partant du ciel, l'astrologie mène à la connaissance psychologique de l'individu. Les grands comportements de chaque être, reflets des symboles éternels, sont inscrits dans la « carte du ciel ». Ce sont ces conduites psychologiques qui justifient certaines de nos attitudes face aux événements et, en fin de compte, les déterminent.

Un signe double

Le signe des Poissons est un signe double et, pour cette raison, il est difficile à comprendre. Il semble qu'il « glisse entre les doigts », qu'il disparaisse au moment même où on va le saisir. Est-il possible de le cerner vraiment ? Cet écartèlement, ces aspirations contradictoires, diffuses, qui tirent le Poissons « à hue et à dia », nous allons les retrouver chez tous les natifs du signe.

Dans le graphisme du signe, les deux poissons nagent toujours en sens inverse l'un par rapport à l'autre, mais sont placés soit horizontalement, soit verticalement. Dans le premier cas, l'un va de l'avant, l'autre nage vers l'arrière : audace et recul ; dans le second cas, l'un monte, l'autre descend : remontée vers la lumière et abandon, inachèvement. Ces deux représentations graphiques manifestent l'extrême cyclothymie du natif, toujours tiré dans un sens puis dans un autre.

A la charnière de deux saisons

Cette particularité du signe correspond à sa place dans l'année, au moment où l'hiver va devenir le printemps. Saison intermédiaire, saison charnière. Tout fond, se dilue et se noie dans cette attente du renouveau printanier. Il y a donc dans le signe une ambiance d'attente et d'espérance ; mais le recul, l'intériorisation, le retrait propres aux signes d'hiver subsistent encore. Nous retrouvons là les notions d'introversion et d'extraversion face à la vie définies par Jung. Les forces du jour qui, depuis le solstice d'hiver, se sont mises à croître et vont finalement l'emporter sur les forces de la nuit, traduisent ce conflit de l'âme du natif partagée entre les forces de son subconscient et celles de son Moi conscient.

L'astrologue J. Berthon a insisté sur l'opposition entre l'apparente dissolution des choses et la fécondation qui se prépare : dissolution et fécondation, retrait et élan, fin et recommencement, telles sont les alternatives qui vont se poser aux natifs des Poissons. Ne soyons donc pas étonnés qu'entre des solutions aussi contradictoires le Poissons hésite, reste indécis, car son désarroi profond se reflète dans sa vie.

Signe d'Eau féminin

Dans la tradition alchimique, l'eau appartient aux quatre éléments qui constituent le monde (terre, air, feu, eau). C'est l'élément féminin par excellence et, en cela, les Poissons sont un signe de réceptivité (principe Yin). Réceptivité extrême qui ne peut que rendre la sélection plus difficile entre la multitude de sollicitations que le natif reçoit grâce au « radar » de Neptune.

Dans un principe féminin tel que l'eau en perpétuel mouvement, apparaissent les notions d'instabilité et de changement, de fertilité et de fécondité. C'est un principe « non agissant » mais qui représente la « puissance antérieure à la forme ». La force Yin représente l'élément fluide de la vie. Elle s'oppose à la force Yang (masculine) « aux formes précises et lumineuses, apolliniennes – mais souvent arides – du *nous* et du *logos,* c'est-à-dire du principe intellectuel masculin » (Julius Evola). La contrepartie de cette plasticité et de cette fluidité est que ce type d'être « pratique le mensonge au point d'en faire une vérité », d'une façon « simple et naturelle et sans affectation », pour reprendre l'expression de Barbey d'Aurevilly à propos de l'une de ses héroïnes, très Poissons en cela. Le natif des Poissons ne perçoit d'ailleurs pas le mensonge comme une faute, mais comme un accommodement.

Peut-être est-ce du fait de cette féminité extrême, de ce côté fluide et par conséquent insaisissable, de cette réceptivité – autant force que faiblesse –, de cette grande perméabilité qui confine parfois à la versatilité, du manque de rigueur « logique », que le signe des Poissons est mal compris et mal accepté ?

Il semble que le signe soit mieux vécu par une femme que par un homme, sans doute plus à l'aise que dans un signe « masculin », cela hors de toute considération « moderniste » et d'un point de vue purement métaphysique.

L'affirmation courante – qui laisse souvent le natif désemparé, ne sachant que répondre, se défendant comme il peut – est que le signe des Poissons est un « mauvais signe ». C'est oublier, comme le dit un proverbe hindou, qu'« on ne conduit pas tout le monde avec le même bâton ». Les êtres, et par conséquent les natifs de signes différents, ne réagissent pas de la même façon ; les points forts d'un signe ne sont pas ceux d'un autre signe. Un « rêveur » ne demande pas à la vie ce qui sera essentiel à un « bon vivant » plongé de plain-pied dans le concret et le quotidien. Il s'agit donc pour les natifs de chaque signe de rechercher leur propre formule de vie, de savoir tirer le meilleur parti de ce qui leur est donné au départ, afin de ne pas passer à côté de leur vraie voie. Et, dans cette optique, les natifs des Poissons sont sur un pied d'égalité avec ceux des autres signes car, comme l'a dit Camus : « Qu'est-ce que le bonheur sinon l'accord vrai entre un homme et l'existence qu'il mène ? »

Un tempérament lymphatique

Ici apparaît une notion fondamentale : celle de tempérament. Notre tempérament est la toile de fond de notre vie, il nous imprime sa marque, c'est en fonction de lui que nous aurons telle ou telle personnalité et donc telle ou telle destinée. Nous pouvons laisser inexploitées nos possibilités ou, au contraire, les développer et nous épanouir dans la ligne fixée par notre tempérament ; mais nous ne pouvons pas le renier car il s'agit là de notre constitution physiologique de base.

Si l'on se réfère à la notion de tempérament définie par Hippocrate, le signe des Poissons correspond au tempérament lymphatique. On en distingue trois types principaux selon la dominante planétaire.

Dominante de Neptune. C'est alors un lymphatique aux réactions lentes qui paraît souvent apathique. Indolent, il règne passivement sur les choses. Ce n'est ni un impulsif ni un violent, mais un calme et un pacifiste ; pour qu'il réagisse, il faut qu'il soit profondément motivé.

Le natif ne paraît pas être concerné par le quotidien, il vit sur un mode bien à lui, dans un monde à part. Il peut adhérer à un idéal, accéder à une révélation spirituelle ou vivre simplement de mirages et d'illusions. Sa réussite sera surtout intérieure, il essayera d'acquérir une sagesse personnelle, sans ambition sociale ou professionnelle.

Dans ce type de Poissons, on rencontre des rêveurs, des bohêmes (Jean-Paul Clébert), des sages, des mystiques (Ramakrisna), des idéalistes parfois peu réalistes mais profondément sincères (Aristide Briand), des poètes, des artistes de génie que la vie risque de blesser (Nijinski, Hölderlin). Einstein faisait bien partie de ces Poissons neptuniens lorsqu'il disait : « Je me sens tellement une partie de tout ce qui vit que je ne suis pas du tout concerné par le commencement ou la fin de l'existence de qui que ce soit, dans ce flux éternel. »

Dominante de Jupiter. Il s'agit là d'un Poissons de type lymphatique sanguin. Par rapport au Neptunien des Poissons, c'est un être aux réactions plus vives, au rythme de vie plus rapide.

D'une nature expansive, chaleureuse, il plonge bien plus allègrement dans la vie. Souriant, plein de vitalité, jouisseur, raffiné, optimiste et généreux, il cultive un certain art de vivre. C'est un être en symbiose avec son milieu, dans lequel il s'intègre parfaitement. Selon la planète qui l'emporte, il mettra l'accent sur la vie affective (note vénusienne importante) ou sur une réussite matérielle plus effective (note jupitérienne). Citons Sacha Guitry, Marcel Pagnol, Rossini, Emile Coué, Alain.

Dominante de Saturne et de la Maison XII. C'est un lymphatique nerveux, très intériorisé, qui n'a aucun sens des réalités quotidiennes. Il orientera sa vie vers le dépouillement, s'isolera, s'enfermera dans son mal de vivre. D'un naturel inquiet, il oscillera entre l'hypersensibilité (Chopin) et une insensibilité plus apparente que profonde (Schopenhauer, Mallarmé) pouvant l'entraîner vers le désespoir. L'univers de sa Maison XII sera alors sa retraite volontaire ou sa prison, mais, toujours, manifestera un certain repli.

Nous voyons ainsi que si le tempérament lymphatique est un trait commun à tous les natifs des Poissons, il sera modulé selon les dominantes planétaires de chaque thème. Et surtout, il ne faut jamais oublier que Vénus brille dans le ciel des Poissons d'un éclat particulier, procurant à chaque natif une source infinie de richesse : c'est toute la symbolique amoureuse du signe dont nous reparlerons en abordant l'attitude du natif face à l'amour.

Signe de perception

Le natif des Poissons a souvent une réputation de passivité car il n'affronte pas les problèmes de face mais les contourne. Très réceptif, il capte tout, il reçoit tout ; il « sent » les choses plus qu'il ne les analyse. Il vibre intensément, en profondeur, mais réagit rarement sur l'instant. Sollicité de toutes parts, il court le risque de voir son centre d'intérêt se déplacer et de ne pas achever ce qu'il avait entrepris. Si vous êtes sur un radeau perdu au milieu de l'océan, votre seul repère ne sera-t-il pas l'horizon ? Il vous sera alors difficile de vous maintenir en ligne droite. Ainsi va le raisonnement du Poissons, qui, les yeux tournés vers le lointain, l'infini, ne voit pas toujours la ligne directrice à suivre pour l'atteindre. L'idéal est pour lui de se mettre en « état de grâce » afin de recevoir tous les messages du monde et d'être toujours disponible. Il y a perpétuellement en lui, à un degré plus ou moins important, cette sorte de « volupté de l'anéantissement » qui l'entraînera vers toutes les évasions. Et ce Poissons de l'errance, ce Poissons vagabond, aurait du mal à dire ce qu'il va chercher là-bas : il ne le sait pas très bien lui-même.

Il ne sera pas rare qu'au cours de sa vie le Poissons change complètement d'existence, de travail, de pays. Ces aspirations l'emporteront constamment vers de nouveaux horizons, des centres d'intérêt inconnus, des personnes étrangères, et lui donneront un grand pouvoir de communication par une sorte d'osmose avec son entourage. Doué de « sympathie universelle », il exerce son influence sur les autres et, en retour, a grand besoin de contacts humains. Il vivra ce don de communication de deux façons différentes : soit il l'utilisera pour gagner la sympathie d'autrui, soit il se laissera envahir par les autres. Mais, s'il doit y avoir affrontement, il préférera s'éloigner par peur de peiner, par refus de se disculper ou par crainte de discuter.

Les Poissons comprennent les choses par « une profonde affection, jamais par une puissante analyse », comme l'a dit Kriyananda. Ils n'ont pas toujours une conscience claire de leurs motivations profondes et ressentent souvent « les deux côtés » des événements (Marcelle Sénard). D'où leurs réactions parfois surprenantes et une aptitude à passer brusquement d'une attitude joyeuse à un abattement total, et cela sans raison apparente... En fait, cela s'explique parce que les Poissons sentent les liens mystérieux entre les choses ; ils arrivent ainsi à une sorte de « perception via-inconsciente à partir d'une foule de perceptions minimes qui ont cheminé en eux presque à leur insu et qui atteignent ainsi la sphère du conscient » (Carl Jung).

On peut dire qu'ils possèdent un sixième sens qu'ils utilisent fréquemment pour se tirer de situations complexes dans lesquelles, par crédulité, ils se sont laissé entraîner. Grâce à leurs intuitions, ils retombent presque toujours sur leurs pieds. Mais si jamais ces intuitions leur font momentanément défaut ou s'ils se laissent trop emporter par elles, les Poissons sombrent alors dans une attitude confuse et brouillonne.

Le natif a du mal à hiérarchiser les événements, à les insérer dans une quelconque échelle de valeurs, et ainsi il considérera comme essentiel un fait sans importance et comme primordial un événement banal, ce qui risque de lui jouer des tours.

Crédule, confiant, naïf même, il court souvent après une chimère ; il peut s'illusionner, que ce soit dans la vie affective (s'il est vénusien), dans la vie matérielle (s'il est jupitérien) ou sur le plan des aspirations mystiques ou religieuses (s'il est neptunien). Et, d'ailleurs, il se complaît dans ce halo d'imprécision ; n'est-ce pas sa façon d'être libre ? A chaque instant sur le point d'être submergé par le flot de ses émotions, il peut se réfugier dans le monde de l'irréel et du rêve, là où n'existe aucun risque de désillusion. Ou alors il s'enfermera dans un mutisme complet, attendant que « l'autre » agisse et le tire de son inaction. Il trouvera parfois une solution en menant une existence double : double vie, existence parallèle, recherche du surnaturel. Le Poissons Einstein a bien situé cette attirance : « La plus belle chose que nous puissions éprouver, c'est le côté mystérieux de la vie. »

Le signe et la Maison XII

Le Poissons n'est pas très bien armé dans la lutte pour la vie ; le quotidien l'ennuie, il ne peut l'affronter. Mais Jupiter, le « Grand Bénéfique » dans la Tradition, veille et lui apportera sa part de chance. Saura-t-il l'utiliser ? Il risque, au faîte de la réussite, de tout abandonner. Mais alors, en pleine adversité, le Poissons saura faire preuve d'un courage extraordinaire et parviendra grâce à lui à se sortir d'épreuves que d'aucuns jugeaient insurmontables.

C'est là que la Maison XII (correspondant au douzième signe, donc aux Poissons) apparaît finalement comme le « grand révélateur » de la puissance du Poissons.

Traditionnellement, la Maison XII est celle des épreuves, de la souffrance, du monde clos des monastères, des prisons. Et c'est dans ce monde que le Poissons choisira souvent d'exercer son dévouement qu'il érigera alors en vocation. Le goût du sacrifice est le propre du Poissons et si, souvent, cela semble une option quelque peu masochiste, c'est pourtant en se dévouant, en se sacrifiant, que le Poissons sera vraiment lui-même. Pour cette raison, il aura besoin de se donner à une cause qui le dépasse ou de consacrer toute son existence à un être auquel il s'est attaché.

Symbole des monstres de l'inconscient qui menacent la lucidité de l'être, la Maison XII peut être vécue de façon différente. Le natif risque alors d'être happé, entraîné vers des profondeurs insondables dont il ne pourra plus remonter. La planète Neptune, qui donne des pressentiments mais aussi des obsessions, ouvrira les portes de ce monde mystérieux auquel il est parfois difficile d'échapper. Le Poissons sera à l'aise dans cet étange royaume de la nuit et, s'il n'y prend garde, il pourra, guidé par ses aspirations vers l'infini, plonger dans l'univers des paradis artificiels au risque de s'y perdre. Mais n'oublions pas que le natif peut changer de route à chaque instant et, au moment voulu, Vénus et Jupiter — les planètes bénéfiques — seront là pour lui tendre la main.

Mysticisme ou dissolution

Deux grandes tendances se distinguent donc dans la vie du natif des Poissons. La première est celle qui redescend le courant et l'entraîne dans une « grande dissolution ». C'est alors le naufrage de l'âme, avec Neptune, celui de l'existence, avec Jupiter, ou l'échec affectif, avec Vénus. Influençable, l'être court le risque de se laisser aller aux plus sombres aventures (avec Neptune : drogue, alcool, prostitution...), par crédulité ou faiblesse. Les amours sont inconsistantes, frisent parfois la débauche. Mais à travers toutes les épreuves de sa Maison XII, le Poissons pourra se révéler et commencer à remonter le courant. C'est la seconde tendance du signe, qui permet au natif de regagner la lumière. Le Poissons qui choisit cette voie devra affronter les tempêtes, mais finalement atteindra une plus grande cohésion, une harmonie plus profonde dans sa vie, selon ses aspirations. Quelle que soit la voie choisie, il faudra que le Poissons ait trouvé une « raison supérieure » qui le pousse à agir.

Dans tous les cas, c'est l'amour qui donnera aux Poissons sa vraie dimension, le poussant à se dévouer, à s'oublier totalement. Ainsi en fut-il de Juliette Drouet, la maîtresse de Victor Hugo, qui toute sa vie vécut dans l'ombre et se sacrifia pour l'être aimé. Ce peut être aussi la mère, tout entière tournée vers ses enfants et ne vivant que pour eux, le médecin de campagne se consacrant à ses malades, le prêtre tout à son sacerdoce...

C'est à travers ses multiples expériences que le natif des Poissons trouvera sa voie et non par le raisonnement. Au fil de ses divagations, de son intuition, il découvrira la force qui le fait vivre et qui le mènera à sa vocation propre.

Les ambiances Poissons

Le Poissons a le sens de l'hospitalité. Il a l'art de créer autour de lui une ambiance agréable. Son appartement est souvent en désordre, mais il y règne une atmosphère sympathique. Il y vit entouré d'animaux, de chats notamment, qui sont ses amis. Il reçoit avec générosité et spontanéité ceux et celles qui frappent à sa porte. Il le fait sans façon. Vous rencontrerez chez lui des êtres étranges qui vivent un peu à la frontière de l'invisible. Ne vous étonnez pas si, au dessert, la maîtresse de maison Poissons se lève pour faire tourner les tables, ou pour vous tirer les cartes. Rien de plus naturel que cet univers marginal dans lequel le Poissons est à l'aise « comme un poisson dans l'eau »...

« Les parfums, les couleurs et les sons se répondent », a écrit le poète Baudelaire, qui avait deux planètes en Poissons.

Le Poissons est l'un des signes les plus sensibles aux parfums. Il aimera les parfums frais, naturels. Colette, qui avait Vénus aux Poissons, adorait l'odeur des citrons. La menthe, la mirthe et le réséda sont aussi des parfums Poissons. Le Poissons adore marcher lentement au bord de la mer et le parfum des aiguilles de pin lui convient. L'iris, fleur bleue, le bleu étant une couleur Poissons, fleur de printemps, est un porte-bonheur pour les natifs. On a souvent évoqué le langage des fleurs. Il est certain qu'un bouquet composé avec ses fleurs de prédilection ne laissera pas insensible la femme Poissons. Comme l'a dit Valentin Bresle : « Un bouquet ordonné, en plus de sa valeur symbolique et de sa valeur esthétique visuelle, possède par l'odeur un potentiel magique et sensuel réel. » Le Poissons se parfume abondamment. Il y a là un geste rituel magique (neptunien) et un besoin de confort ; un désir pléthorique de jouissances, un besoin d'abondance (jupitérien).

La symbolique des pierres et des couleurs, qui nous paraît aujourd'hui étrange, est fort ancienne. Pour les Anciens, une correspondance existait entre la pierre, le métal, la planète et l'homme. Telle était la conception de l'alchimiste Ramon Lull : c'est en partant du métal et du minéral que l'homme peut s'élever jusqu'à Dieu.

Avec le bleu, la plus profonde des couleurs, on évoque l'eau de mer. Transparente comme l'azur lointain qui se dérobe à nos yeux, c'est la couleur de l'inaccessible, de l'infini. Promesse de bonheur spirituel, promesse d'amour, et couleur d'amour. Elle est aussi la couleur de la Vierge Marie. Poétique et irréel, le bleu est signe d'illusion. Lorsqu'on aime, on est un peu « fleur bleue ». Bleu des rêves, bleu de la sagesse, c'est bien la couleur des Poissons.

Symbole de l'éternel retour des cycles de la nature, le vert est une couleur neptunienne. C'est la couleur de la vie, de l'espérance. C'est sur une pierre verte que fut gravée la Table d'Émeraude. Verte est la matière philosophale. « Vertes sont les eaux primordiales d'où tout est issu, verte est la jeunesse, verts sont les pâturages au Paradis des Élus » (Frédéric Lionel). Transparente et régénératrice, cette couleur de Neptune était utilisée dans l'Antiquité pour peindre les Néréides et les Nymphes. Comme l'a fait remarquer Winkermann dans le *Dictionnaire des symboles,* « tout ce qui avait rapport aux dieux marins, jusqu'aux animaux qu'on leur sacrifiait, portait des bandelettes d'un vert de mer ». Union du bleu, couleur de l'amour et du bonheur spirituel, et du jaune, couleur solaire, le vert est chargé d'une signification occulte. Il évoque comment « au-delà de la vie et de la mort physique, luit la lumière de l'Esprit qui a fécondé, au début des temps, les eaux primordiales jusque-là enveloppées de ténèbres », et rappelle aussi que « la lumière connaissance ne peut percevoir que par le cœur, non par la raison [1] ».

Les pierres Poissons sont donc vertes et bleues : émeraude et turquoise. L'aigue-marine — dont le nom provençal *aiga-marina* signifie eau de mer — est en analogie évidente avec le signe des Poissons. Le corail, selon la légende, est né des gouttes de sang de la tête de Méduse, tranchée par Persée, et qui se pétrifièrent en tombant dans la mer ; c'est donc une matière mystérieuse qui participe à la fois des trois règnes, minéral, animal et végétal, et correspond ainsi à l'univers informe des Poissons.

1. Frédéric Lionel, *l'Accessible au Merveilleux.*

Ursula Andress, au regard lointain et passionné, symbole de la féminité pleine de sex-appeal de la femme Poissons (influencée par le Bélier).

Le Poissons et l'Amour

« L'enfer, c'est de ne pas aimer. »
BERNANOS

A travers les douze signes du Zodiaque, le cœur conjugue de douze façons différentes le verbe aimer. La multiplicité des réactions amoureuses échappe bien sûr à tout classement. Mais pourtant, à travers les galeries d'amoureux et d'amoureuses que la littérature, l'art et l'histoire nous révèlent, on peut voir un grand fil conducteur, une trame générale, un canevas grossier qui se renouvelle. L'âme humaine est riche, la psyché mal définissable, ses contours sont imprécis mais, cependant, un certain nombre d'influences se mêlent pour donner à ces amoureux et amoureuses des traits communs.

Il y a entre les natifs d'un même signe un petit air de famille qui ne trompe pas. Réactions amoureuses totalement différentes au Bélier où l'amour est conquête ; au Taureau où il est aventure voluptueuse et charnelle ; aux Gémeaux où il est un jeu instable et éphémère ; au Cancer où il est la quête de l'âme-sœur et la recherche d'une seconde mère ; au Lion où il est aspiration amoureuse, passion élevée, totale et rayonnante ; à la Vierge où c'est l'amour fidèle qui triomphe dans le bonheur domestique ; à la Balance où il est hésitation, raffinement, tolérance et retenue ; au Scorpion où il est fureur, passions brûlantes et impérieuses, érotisme débridé ; au Sagittaire où l'amour-rébellion, vécu comme une aventure sportive, apporte une émancipation de l'être ; au Capricorne où il est discipliné, sage, stable ; au Verseau où il est auréolé de merveilleux et s'achève souvent dans une union libre quand il n'aboutit pas tout simplement à une grande amitié amoureuse qui durera, fondée sur une communion d'idées et un échange intellectuel profond.

Une communion infinie de deux âmes

Aux Poissons, l'amour va prendre une valeur d'infini et d'éternité. C'est un don frémissant de l'être qui se « fond » dans l'autre. C'est un amour sans fin et sans limites où l'âme et le corps se donnent totalement ; et c'est alors une véritable communion amoureuse qui peut entraîner l'être jusqu'à l'extase à travers le don de soi, l'amour étant alors une éblouissante révélation, rêve sans fin qui, prenant une dimension mystérieuse, a valeur d'envoûtement. Par l'amour, le Poissons, une fois de plus, entre en communion avec le monde. A travers l'être qu'il aime, il découvre une autre dimension à la vie. L'être se fond dans son partenaire ; l'âme épouse l'âme, elle se donne, s'abandonne, s'oublie, voire se sacrifie ! C'est une véritable mystique de l'amour que l'on découvre avec l'amour des Poissons.

Le destin affectif d'un être marqué par ce signe passe toujours par des circonstances mystérieuses et commence par une relation ambiguë qui va peu à peu s'édifier dans un univers insolite, dans une attirance invincible, dans une sympathie étrange et mystérieuse comme si tout à coup les deux êtres étaient aimantés, attirés l'un par l'autre, comme s'il s'agissait alors d'un destin fatal. Aux Poissons, toute l'existence amoureuse repose sur ces bases irrationnelles. C'est un amour en quelque sorte prédestiné auquel l'être ne va plus échapper. Et toute la vie amoureuse du Poissons s'édifie autour de cette foi qu'il a dans la vie affective et de cette certitude qu'il peut atteindre, par là, à cette communion vers laquelle il tend. Dans cet univers incréé où chaque instant il se recrée, il échappe à la médiocrité d'une vie qui ne peut jamais lui donner tout à fait satisfaction parce qu'il aspire à l'invisible, parce qu'il aspire à l'infini. Aussi, il n'est pas de situation qui fasse peur au Poissons ; il n'est pas de circonstance qui lui paraisse insurmontable ; il n'est pas de sacrifice qui soit trop grand pour lui. L'amour est un acte salvateur : il va lui permettre de s'épurer, et de toute façon, quelles que soient les épreuves à traverser, il le grandira. Enigme pour l'entourage que cet amour qui ne pose aucun problème au natif mais que les autres ne comprennent pas toujours !

Amour fatal et prédestiné

Pourquoi Van Gogh (conjonction Vénus-Mars en Poissons) s'éprit-il d'une prostituée qui était alors enceinte ? Pourquoi l'emmena-t-il avec lui et lui donna-t-il pendant deux ans tout l'amour dont est capable un homme ? Comment Edgar Poe (conjonction Lune-Vénus-Jupiter en Poissons) put-il s'éprendre de Virginia, atteinte de phtisie à une époque où cette maladie était inguérissable ? Pourquoi Victor Hugo resta-t-il toujours l'amant de Juliette Drouet, cette femme que d'aucuns disaient égarée, couverte de dettes ? Autant d'enigmes pour ceux qui ne comprennent pas qu'en amour il n'est pas de loi et que, pour un Poissons, l'amour est rédemption, élévation vers le sublime. L'amour qui pénètre en secret le cœur du Poissons, le gagne insidieusement sans qu'il en ait parfois conscience, auquel il se donne et qui ensuite l'emporte dans son halo de mystère, est un amour impalpable, enivrant, indéfinissable : difficile de résister au pouvoir de contagion d'un tel amour. Il n'est, en effet, pas toujours compris, car se repliant sur lui-même lorsqu'il est blessé, il reste dans une sorte de silence douloureux ; il s'évade dc la réalité ; il entre alors dans le monde de l'illusion, des rêves insensés. L'amour des Poissons doit toujours rester poétique, un peu mystérieux.

Amour inaccessible, imaginaire ou impossible

La réalité n'est pas toujours si belle, mais l'on peut craindre qu'aux Poissons l'objet idéalisé devienne inaccessible et que l'être se contente d'un rêve. C'est alors ces amours à distance, ces amours « au loin » qui enchaînent le cœur et où l'être n'étreint plus que le vide. C'est le sable mouvant des amours chimériques et l'être s'enfonce dans cette erreur d'appréciation, construisant sur ses illusions des châteaux de cartes qui s'effondrent. Vivant dans un dédale de tromperies et d'illusions, le Poissons s'abandonne alors aux sortilèges de la passion, se livre avec une indolence passive à tous les excès d'une sensualité incontrôlée ; passions déraisonnables qui correspondent chez lui à une sorte de fuite. Il cherche dans l'érotisme ce que d'autres Poissons chercheront dans les paradis artificiels. Pour échapper à ce désordre, à ce chaos, pour mettre un terme à ces aventures sans consistance, il faudra parfois au Poissons une grande épreuve, qui soudain le confrontera à lui-même, le remettra en question et pourra dissiper les brouillards du rêve et le ramener vers une réalité qu'il n'acceptera peut-être pas, mais à laquelle du moins il se heurtera: il dépendra alors de lui que sa vie, par l'amour, devienne un enfer ou un paradis...

Que ce soit un Poissons, en l'occurrence Ovide, qui ait défini dans l'Antiquité *l'art d'aimer,* que ce soit à la Renaissance un Ronsard (conjonction Lune-Neptune-Saturne aux Poissons) qui ait célébré l'amour *à Cassandre et à Hélène,* n'est pas pour nous étonner. De même, quoi de plus naturel que l'amour soit intimiste dans les poèmes de Paul Géraldy (Soleil, Mercure, Vénus, Mars en Poissons), l'auteur de *Toi et Moi* ; que de nombreux poètes aient une note Poissons dans leur thème : Baudelaire (Mercure en Poissons), Mallarmé, natif des Poissons, Tirso de Molina, auteur dramatique madrilène qui le premier raconta la vie de Don Juan, Don Juan qui cherchait peut-être dans l'amour une évasion, Sacha Guitry, Victor Hugo, natifs des Poissons, la liste serait longue. Mais il est normal aussi que l'on trouve aux Poissons des amours n'ayant plus rien à voir avec l'amour humain, des amours qui sont une évasion mystique vers le ciel, une communion avec le divin.

Don de soi, amour mystique et rédempteur

De sainte Thérèse de Lisieux (Lune en Poissons) à sainte Thérèse d'Avila (Vénus en Poissons), en passant par saint Vincent de Paul (Lune en Poissons), saint François de Sales (Lune en Poissons), la démarche est la même. Et c'est ce même désir de se fondre avec l'infini, c'est-à-dire avec le divin, comme de se noyer dans cette communion avec l'humanité tout entière et de se pencher sur la misère des autres. Communion mystique, fusion avec le monde, c'est toujours la même démarche ; et c'est l'amour, source de sainteté, don de soi au sens le plus parfait du terme, qui faisait dire à sainte Thérèse de Lisieux, reprenant les paroles de saint Jean de la Croix : « Qu'elle est douce la voix de l'amour ! » Le sacrifice de l'être qui s'offre en holocauste à l'amour miséricordieux et divin n'est plus masochiste : c'est un amour rédempteur, sans mesure ; c'est un amour qui pénètre et qui environne l'âme : « Avec l'amour non seulement j'avance mais je vole. Sans l'amour, toutes les œuvres ne sont que néant » (sainte Thérèse de Lisieux).

On le voit, il y a vraiment place pour toutes les concrétisations sentimentales dans une nature aussi riche que celle du Poissons. Tous les Poissons ne peuvent pas accéder à ce haut niveau de sublimation, pour reprendre un terme psychanalytique. Les aventures multiples ne sont pas rares, de même que les changements, car dans le signe deux poissons nagent à contre-courant, ne l'oublions pas, et le destin de l'être peut être souvent double. De l'amour masochiste à l'amour oblatif, de l'amour morbide à l'amour rédempteur, il n'y a souvent qu'un pas, et il suffit de très peu de choses pour que le Poissons le franchisse et change ainsi de vie.

Destin à deux faces, deux directions

Destin double, mobile, mouvant, sujet à des revirements. Mais destin qui s'enlise aussi parfois dans d'inaccessibles chimères... Telle est bien « la lutte, caractéristique chez le natif du signe, entre une nature infiniment sensuelle, faible devant les tentations, et une nature mystique, assoiffée de sacrifices et de vie spirituelle ». C'est dans sa façon de vivre que le Poissons incarnera le plus souvent, de la façon la plus authentique et la plus vraie, son destin.

Et, pour l'illustrer, une anecdote : les ermites avaient l'habitude de raconter à ceux qui venaient les voir des histoires concrètes qui s'offraient à la méditation de leurs interlocuteurs, à la façon des récits présentés par les yogis de l'Inde ou par les moines bouddhistes du Zen.

Avant de quitter un ancien, le disciple ou le passant venu le voir lui demandait une parole de salut. Certaines de ces paroles, exprimées sous la forme de brèves sentences, ont été recueillies et nous sont parvenues. Conservées dans les *Apophtegmes,* elles étaient une réponse brève, parfois une clé. Celle de ce vieillard disant à un novice : « Si tu as du cœur, tu peux être sauvé » pourrait être celle qu'il convient de donner aux natifs des Poissons.

L'amour n'est pas seulement pour le Poissons une planche de salut. C'est vraiment dans l'amour, et par les sacrifices qu'il s'impose en son nom, qu'il faut chercher la source de toutes ses évolutions.

L'amour Poissons au féminin et au masculin

Il nous faut noter tout d'abord qu'on ne peut pas avoir les mêmes réactions amoureuses et, donc, le même destin dans un thème masculin et dans un thème féminin. En effet, le Soleil représente l'*animus* : il incarnera dans le thème d'une femme l'homme qu'elle recherche, alors que dans le thème d'un homme, il est l'incarnation de son être profond, c'est-à-dire de ce qu'il « est » vraiment en tant qu'homme.

Dans le thème d'une femme, c'est la Lune qui prendra plus d'importance puisqu'elle est le symbole de son *anima* (alors que pour l'homme, la Lune sera justement cette anima qu'il recherche à travers la femme ou les femmes qu'il va aimer). Ainsi donc, il faut distinguer le thème d'un homme Poissons et le thème d'une femme Poissons si l'on veut examiner leurs réactions face à l'amour...

Aux Poissons, il y a dans l'univers amoureux, chez l'homme comme chez la femme, la recherche d'une communion amoureuse intense et profonde : une « quête » au sens antique, presque mystique du terme. Aimer, pour un Poissons, c'est entrer dans un univers magique, aspirer à la relation fusionnelle. Rêves sans fin et sans limite quand le cœur jette l'amarre. Irrésistiblement envahi par un flot d'émotions multiples, le Poissons s'abandonne tout entier à son amour. Mais le risque que court le Poissons est de se laisser emporter par son rêve et de construire son amour sur le sable : la première vague l'emporte. Et l'être reste seul avec ses chimères. Amours illusoires, imaginaires, qui sont autant de châteaux de cartes qui s'effondrent soudain et dont il ne reste plus rien.

Il refuse aussi, bien souvent, de trancher sur le vif. Il ne répondra pas, par exemple, à ce qu'il considérera comme un « interrogatoire ». Et, souvent, il vit à la limite de la rupture, sans pour autant rompre vraiment. De même qu'il s'éprend et se déprend, pourrait-on dire, avec une égale facilité, sans jamais songer à se justifier ; « noyant en quelque sorte le poisson », souvent d'ailleurs tout simplement par peur de faire de la peine...

Mais alors que la femme Poissons va s'abandonner avec tout son être aux élans de son amour, que l'amour sera, en quelque sorte, son état naturel, celui dans lequel elle baignera, celui qui la fera vivre dans un rêve enchanteur, et qu'il n'y aura de sa part ni retenue, ni barrière d'aucune sorte, ni d'obstacle insurmontable, en revanche, dans le thème d'un homme Poissons, il y aura cette espèce de hantise d'être pris au piège : « Il y a des hommes, écrivait Sacha Guitry, qui n'ont que ce qu'ils méritent. Les autres sont célibataires. » Sacha Guitry était, bien entendu, avec tout son charme et son amour de la femme, et sa crainte qu'on lui mette un fil à la patte, un homme Poissons. Conception et approche de l'amour très différentes, on le voit.

Comment se comporte donc une femme Poissons amoureuse ? La femme Poissons cherche à s'amarrer dans un port : elle espère trouver auprès de l'homme tendresse, douceur et compréhension. Si elle ne trouve pas cet homme (qui doit la combler aussi bien affectivement que sensuellement, car c'est une grande sensuelle), elle va d'errance en errance, d'amour en amour, courant de bras en bras, cherchant toujours l'amour parfait. Si elle parvient à trouver son équilibre près d'un homme, c'est une épouse dévouée, fidèle, compréhensive, qui adore son mari, qu'elle idéalise et qu'elle pare de toutes les qualités, dévouée à son foyer et à ses enfants. C'est la femme ne vivant que pour sa famille.

Mais si elle est malheureuse, alors elle s'enferme dans l'univers clos de la Maison XII. C'est alors la liaison parallèle qui peut durer des années (et que d'ailleurs souvent l'entourage ignore) : c'est son jardin secret... Car il ne faut pas s'attendre à beaucoup de moralité chez une femme Poissons. La femme Poissons a des aspirations infinies mais elle n'a aucun sens de la « morale » dans le sens traditionnel où on l'entend généralement. Elle est même, à la limite, peut-être tout simplement « amorale ». Certaines femmes Poissons cherchent dans le tabac, l'alcool (ou la drogue), ce paradis artificiel qui ne leur est pas donné dans la vie ; et pour d'autres, c'est (lorsque Vénus est importante dans leur thème) dans les bras d'un homme qu'elles vont chercher cet oubli de la médiocrité de la vie, parfois de leur propre vie ; d'où le risque, souvent, d'être cruellement déçue...

Que cette créature de rêve ne coïncide pas avec la réalité et que le Poissons amoureux idéalise trop l'être aimé, c'est en effet ce qui risque, bien souvent, d'arriver. C'est toujours le risque que l'on court dans un amour Poissons ; amour qui peut être utopique, insensé, chimérique... L'amour est alors en déphasage complet avec le réel. Ce fut le cas, par exemple, d'une héroïne typiquement Poissons, Emma Bovary (Gustave Flaubert, d'ailleurs, n'a-t-il pas dit : « Madame Bovary, c'est moi » ? Il n'avait qu'une planète aux Poissons, mais maîtresse de l'Ascendant).

Comment tombe-t-on amoureux d'une femme Poissons ? La femme Poissons passe souvent inaperçue. Elle n'accaparera pas immédiatement votre attention. Elle ne s'imposera pas avec l'autorité (voire l'agressivité) d'une femme Bélier. Mais elle s'insinuera dans votre vie. Et, sirène pleine de charme, c'est elle qui vous prendra dans ses filets.

Quant à l'homme Poissons, il va vivre sur plusieurs modes cette quête amoureuse. Il sera ou bien cet éternel Casanova, ce don Juan (Don Juan Tenorio naquit un 3 mars) coureur impénitent, en quête d'émotions fortes, ou bien un père de famille tranquille, chaleureux, rassurant, cela suivant qu'il sera plutôt neptunien ou jupitérien, les deux extrêmes cœxistant quelquefois chez un même Poissons. Si sa vie vient à se désagréger, si son couple se démantèle, il est rare qu'il prenne vraiment une décision, si ce n'est parfois la fuite. Comptant en quelque sorte sur l'improbable pour que les choses s'arrangent, il vit ainsi entre deux chaises, s'en accommodant et se refusant à trancher. Ces tergiversations le rendent ainsi, malgré lui, cruel.

Cet amoureux fervent suscite de violentes passions. On se laisse prendre à son charme, on n'oublie pas son regard, on guérit mal de ces amours aux contours un peu flous, où rien n'est dit, où tout est suggéré et dans lesquelles on se noie.

Nous verrons dans les Astromariages de la femme et de l'homme Poissons ce qu'il en résulte concrètement.

Dirk Bogarde, interprète de Losey dans The Servant, *homme Poissons au charme flou et secret, présence étrange et inoubliable qui se situe dans un monde hors du commun.*

Isabelle Huppert : son signe des Poissons lui a légué cette aptitude exceptionnelle à se mettre à la place des autres. D'où ses prestations, saluées par la presse internationale, dans la Dentellière *ou* Violette Nozières, *ou encore* les Héritières, *qui l'ont sacrée si jeune monstre prodige du cinéma.*

Le Poissons et l'Amitié

Un être rayonnant et magnétique

Le Poissons exerce comme tous les signes d'Eau, mais peut-être d'une manière plus impalpable que le Cancer et le Scorpion, un certain magnétisme sur son entourage ; il devient donc assez facilement un centre de rayonnement autour duquel gravitent ses proches, ses amis. Parce qu'il a une vision « double » et des attaches à la fois avec le monde spirituel et le monde matériel, et qu'ainsi il perçoit en quelque sorte les deux côtés des choses, il est souvent celui vers lequel on va. Parce qu'il est sensible aux problèmes des autres, on se confie à lui.

Comme l'a dit Swami Kriyananda, le Poissons est sympathie universelle. La préhension et la compréhension affectives l'emportent sur l'analyse lucide et froide. Ne nous étonnons donc pas qu'il sache écouter, encourager et soutenir ceux qui viennent à lui.

Fondamentalement désintéressé, il cultive mieux que quiconque cette pensée des Actes des apôtres : « Il y a plus de bonheur à donner qu'à recevoir. » Le philosophe Alain, natif des Poissons, n'a-t-il pas écrit : « On peut être plus sensible aux maux d'autrui qu'à ses propres maux, et sans hypocrisie. » Un fait est certain, le Poissons agit sans rien attendre en retour, de façon totalement désintéressée. Et, d'ailleurs, le blesse-t-on qu'apparemment il ne réagit pas. Il semble même parfois à son entourage que les choses ne l'atteignent pas, qu'elles glissent rapidement sur lui. Aussi oublie-t-il aisément. Pour cette raison, il est parfois considéré comme une trop « bonne pâte » par son entourage... Mais il sait aussi se rebiffer, mais à contre-courant. Qu'il donne trop, sans discernement, que sa générosité lui joue souvent des tours, c'est vrai. Certains yogis se plongent dans une rivière jusqu'au cou et se concentrent sur les courants frôlant leur corps, tandis que, petit à petit, leur mental commence à perdre son attachement à l'ego et flotte librement avec les courants de la vie ; parfois ils se couchent sur le dos dans l'eau – posture dite du poisson – et se laissent porter sans résister aux vagues : cet abandon aux vagues symbolise l'abandon à la grâce divine ; telle est souvent l'attitude des Poissons...

Acceptation passive de la souffrance ou amour infini ?

Est-ce passivité ou don parfait de soi dans l'océan de l'amour infini ? Le Poissons n'est pas toujours un sage yogi... Mais une chose est certaine, c'est qu'il s'attend rarement à être payé en retour. Il peut se tromper, mal discerner l'autre et se faire « gruger », escroquer, tout cela passera loin de lui grâce à sa faculté d'oubli. Aussi, même s'il reconnaît s'être trompé, il affirmera ne rien regretter.

Parce qu'il a besoin de se sacrifier, le Poissons sera toujours là quand vous aurez besoin de lui.

Un être d'amour plus que d'amitié

S'il est tolérant pour les autres, s'il a tendance à excuser son entourage, il a une propension à s'excuser lui-même de tout. C'est peut-être sa force, c'est aussi sa faiblesse. Influençable, car trop sensible à l'atmosphère, il s'intègre à tous les milieux, avec une égale aisance — ou inconscience. Il est faible, mais ne le sait pas toujours. Sa curiosité, son goût pour le mystère l'amèneront souvent à tout essayer.

L'amitié d'un homme Poissons et celle d'une femme Poissons est-elle semblable ? Il existe des points communs entre ces deux types d'amitié mais aussi des différences...

La femme Poissons se lie facilement d'amitié mais peut paraître la reprendre aussi vite : elle ne donne plus signe de vie. A-t-elle pour autant oublié l'autre ? Il est sorti de son sillage ; mais au détour de la vie et de ses cheminements, leurs destins se recroiseront peut-être...

L'homme Poissons est un ami compréhensif avec lequel les rapports sont étranges et fluctuants. Il lie avec les femmes des liens très forts dans la mesure où sa nature sensible et « féminine » le rend plus accessible à l'univers féminin que les hommes des signes « masculins ». Les rapports des natifs des Poissons entre eux sont mystérieux pour l'entourage, mais durables. A travers des périodes où l'un et l'autre disparaissent puis se retrouvent, il demeure des liens impalpables qui semblent défaits et pourtant existent toujours entre eux. Leur entente est faite de compréhension et d'indulgence : ils se connaissent bien et leurs défauts sont si semblables qu'ils en rient ensemble... Ils se comprennent à demi-mot.

Isabelle Mir, trois fois médaille d'or de la Coupe du monde de descente. L'Ascendant Vierge assure la ténacité, Jupiter, planète attribuée aux Poissons, en Capricorne manifeste l'attachement à la montagne, et Mars en Poissons donne l'énergie nécessaire pour vaincre.

Evadé de son univers protégé, l'enfant Poissons saura-t-il affronter la réalité, ou bien sera-t-il à la merci du vide comme cette marionnette ?

Le Poissons et son Education

Votre enfant est du signe des Poissons : c'est un enfant calme, plutôt timide, doux, rêveur, très affectueux. Mais d'ores et déjà apparaît dans son comportement un halo d'imprécision qui flotte autour de lui, une impression d'inachèvement qui risque de s'aggraver lorsqu'il grandira et de peser alors lourdement sur sa vie.

Comment y remédier, sans aller contre ses tendances naturelles généreuses, rêveuses quoique un peu confuses, floues, et éviter qu'elles se transforment en hésitation, en indécision, en ballottement perpétuel, en velléités, en dispersion ? Comment faire pour que sa vie ne soit pas un éternel « flottement » ; pour qu'il ne se laisse pas entraîner par n'importe quel courant ?

N'en fait qu'à sa tête

Très malléable, votre enfant ne posera pas les problèmes que posent à leurs parents les enfants des signes fixes, souvent têtus, voire « tête de mule » ! C'est un enfant gentil assurément . Mais ne vous y trompez pas : il ne vous prendra pas de front, il ne vous dira pas non ; il ne se heurtera pas à vous – apparemment, il sera même extrêmement docile ; mais si vous l'observez bien, vous remarquerez qu'il n'en fait le plus souvent qu'« à sa tête ».

Si vous le heurtez, si vous vous montrez très autoritaire, il ne dira rien, mais vos remarques n'auront aucune portée... Elles couleront littéralement sur lui (il est probable qu'il ne vous écoutera même pas !), et vous vous apercevrez que cela ne sert à rien...

Lui apprendre l'effort

Il est sensible, affectueux : faites appel à son cœur ! Il ne vous décevra pas. Mais ne le blessez jamais, ne criez surtout pas. Il repartirait alors dans ses rêves et s'isolerait dans un monde dont vous ne parviendriez plus à le faire sortir.Très ouvert parce que réceptif, il s'intéresse à tout ; mais il ne retiendra que ce qui frappe sa sensibilité. Et il aura des choses une vision plus globale que précise : il a la mémoire de ce qu'il ressent, sa façon d'appréhender le monde n'est pas toujours logique mais il s'y retrouve.

Néanmoins, il est nécessaire de lui faire acquérir deux choses qui lui font défaut : un minimum d'organisation et le sens de la compétition, de la lutte, de l'effort, disons de l'effort persévérant, à long terme. Il va donc falloir lui apprendre à s'organiser afin de ne pas le laisser se noyer dans un verre d'eau, lui apprendre l'ordre – et ce sera sans doute le plus difficile, car il n'en a guère ! Vous devez lui montrer comment régler ses problèmes avec un minimum de méthode (à ne pas commencer un livre par la fin, un devoir par la conclusion, par exemple). Mais, surtout, poussez-le à aller au bout de tout ce qu'il entreprend, à ne pas s'arrêter en chemin, afin qu'il ne prenne pas l'habitude de rester dans l'informe, dans l'increé. Aux Poissons, ce ne sont pas les idées qui manquent, mais les seuls Poissons qui réussissent sont ceux qui vont au bout de leurs idées, quel que soit le domaine choisi. Donc, lorsque votre enfant a pris une décision, par exemple faire de la danse ou de la peinture, faites en sorte qu'il s'y tienne ! Bref, qu'il ne change surtout pas constamment d'avis. En cela soyez ferme. Dites-vous bien que s'il ne prend pas l'habitude, maintenant, d'aller jusqu'au bout de ses actes, cette tendance à l'inachèvement ne fera que s'accentuer avec l'âge. Apprenez-lui aussi à prendre *seul* ses décisions : sinon il fera partie de ces gens qui ne peuvent rien faire sans demander l'avis de tous — et qui finalement ne prennent aucune décision. Il y a chez les Poissons un refus de l'engagement, une fuite devant les responsabilités contre lesquels il faut lutter.

Il est certain que votre enfant n'est pas un « bagarreur » ; il faut pourtant lui apprendre à se battre dans la vie : il en aura besoin... Pour cela, même si au départ il n'est pas très porté sur les activités physiques, faites-lui faire un peu de sport, les meilleurs étant pour lui la marche et, bien entendu, la natation. Mais trouvez-lui des jeux où s'exerce une certaine « compétition » ; car il est aussi très important pour lui d'acquérir la notion essentielle d'affrontement avec les autres, d'affrontement avec la vie. Dans notre monde, il y sera contraint, et notre monde ne lui fera pas de cadeau. C'est un problème qu'il faut résoudre dès l'enfance chez le Poissons. Il faut en effet lui apprendre à livrer la bataille de la vie car, d'instinct, le Poissons est plutôt passif et a tendance à se laisser vivre, voire à dormir sa vie...

L'enfant Poissons est souvent un dilettante

Enfin, soyez ferme mais patient : ne faites pas un drame pour un mauvais livret scolaire, par exemple. Dites-vous que votre petit Poissons a son rythme à lui. Il peut très bien démarrer brusquement. Voyez s'il n'a pas un problème de fatigue ou de santé : c'est fréquent chez un Poissons. Finalement, votre enfant progressera selon sa nature. Tout ce qu'il « capte », il l'enregistre, et il en tirera profit par la suite. Il ira alors probablement au-delà de ce que vous attendiez de lui. Mais il aura toujours un côté « dilettante », car, en fait, reconnaissons-le, le Poissons n'est pas toujours très ambitieux. Et si votre enfant appartient à ce signe, essayez de comprendre ses désirs au lieu de lui imposer vos propres volontés. On connaît la fameuse boutade d'Einstein : « J'aurais préféré être plombier ! » Elle traduit peut-être un désarroi qui existe chez tout Poissons ; et si l'on peut se féliciter qu'Einstein n'ait pas été plombier, on peut penser qu'il est pourtant des enfants qui sont des Poissons rêveurs et charmants auxquels on demande peut-être trop, surtout dans notre enseignement actuel, et que l'on va en quelque sorte écraser. Une chose est sûre : ne brisez pas, ne bridez pas son imagination... Une activité artistique permet souvent aux Poissons d'exprimer leur sensibilité et par là même de s'extérioriser.

Et puis, ne soyez pas trop inquiet pour votre Poissons. Bien sûr, il a son univers à lui mais au moment où vous vous y attendez le moins, à un tournant de sa vie (peut-être tout simplement lors d'un transit de Jupiter ou de Saturne), d'un coup de nageoire rapide, il rattrapera les autres. Les antennes qu'il a sur le monde grâce à Neptune lui permettent de capter tout. Il saisit les choses, bien sûr de façon parfois un peu floue parce que globale ; il n'entre pas dans le détail ; mais il va plus loin, au-delà de la compréhension courante... Et il vous étonnera sûrement.

Dans la vie, parfois contre toute attente et alors que le départ n'aura pas été fulgurant, vous verrez qu'il s'en tirera beaucoup mieux que l'on aurait pu le penser. Citons le cas d'un enfant qui fut loin d'être un « surdoué » ! Il mis des années pour apprendre à lire ; c'était un élève médiocre ; il fut recalé à l'École Polytechnique de Zurich : cet enfant s'appelait Albert Einstein ! Mais une chose est certaine, c'est que s'il est aux Poissons de grandes réussites, le natif ne se prendra pas au sérieux pour autant ! C'est d'ailleurs souvent un des signes les plus « bohèmes » qui soient. Si le natif parvient au succès (Jupiter, gouverneur traditionnel des Poissons, est significateur de la chance), le problème pour lui consiste plus à « réussir sa vie » qu'à « réussir dans la vie » ! Et n'est-ce pas l'essentiel ?

Amour et dévouement pour les enfants, caractéristiques des natives du signe. Malgré une vie mouvementée, Elisabeth Taylor a conservé cette relation privilégiée avec sa fille.

Madeleine Renaud : son talent, sa présence, le charme de sa voix, lui ont permis d'interpréter les rôles les plus divers. Son Ascendant Vierge lui a donné ténacité et goût du travail.

Le Poissons et son Travail

« Fasse le ciel que chacun exerce le métier qu'il connaît. »
ARISTOPHANE

Dans le travail, le Poissons a les défauts de ses qualités. Il crée selon ses vues, qui sont parfois démesurées ; il travaille au rythme qui lui est propre, et qui n'a souvent rien à voir avec le rythme imposé dans une entreprise ; il a le sens de l'humain et il a besoin d'être utile aux autres. Il s'infiltre dans un milieu ; il se fond dans une ambiance quand elle est favorable ; il s'éloigne et prend la fuite quand il s'y sent mal à l'aise. C'est pourquoi il se tirera d'affaire dans des situations très embrouillées, car il saura « nager entre deux eaux ». Mais son destin professionnel n'est pas toujours très stable ! Il changera plusieurs fois de travail jusqu'à ce qu'il ait trouvé vraiment sa voie, et souvent il ne la trouvera qu'après plusieurs détours, plusieurs expériences. En outre, sa manière de travailler est très personnelle. Il travaille par à-coups ; en apparence il s'organise mal mais, finalement, son travail se révèle positif.

Comment trouve-t-il sa voie ?

Très souvent, c'est en ne suivant pas les sentiers battus que le Poissons trouve sa vraie voie. Bien des Poissons ne paraissent pas faire le travail qui leur convient. Il ne faut pas confondre la situation matérielle avec la réalisation personnelle... On peut très bien ne pas avoir trouvé sa voie professionnelle et travailler dans un cadre qui ne convient pas toujours parfaitement, ou dans une ambiance que l'on ne trouve pas idéale. Mais on le fait pour gagner sa vie.

Certains Poissons ne vont pas reconnaître leur profession dans la liste qui va suivre, mais peut-être parce qu'ils se placent, tout simplement, non pas au niveau de l'intérêt professionnel mais à celui de la subsistance ; parfois, dans ce cas, le travail est un instrument mais n'est pas vraiment un engagement. La solution Poissons est d'ailleurs souvent d'avoir une activité parallèle, ce que les Anglais appellent tout simplement un *hobby*. Alors, si le travail ne correspond pas à ses aspirations profondes, le Poissons vivra autrement son besoin de donner, son altruisme, son aspiration à l'infini. Et c'est ainsi que l'on trouvera des Poissons qui s'occuperont d'une œuvre sociale, qui s'intéresseront à la psychologie, à l'essence de l'homme ou tout simplement à l'astrologie. La Maison XII est d'ailleurs celle des astrologues, des médecins, des mystiques et des prêtres.

Les vocations du signe

Si on examine le destin d'hommes qui se sont vraiment réalisés et qui ont pu faire coïncider leur vie avec leurs aspirations, c'est-à-dire vivre ce qu'on appelle une « vocation », on trouvera d'abord dans les Poissons ceux qui, pour reprendre une expression de Jacques Berthon, sont en « conversation avec l'immensité du ciel ». Et ce seront alors, dans cette communion avec l'infini, les astronomes, les savants qui explorent les mondes inconnus, scrutent l'immensité du ciel pour y trouver la réponse à leurs aspirations. Et nous trouvons beaucoup d'astronomes parmi les natifs des Poissons : Flammarion, Galilée (Soleil, Mercure, Vénus en Poissons), Newton (Lune, Saturne en Poissons), Copernic (Soleil, Lune, Mercure en Poissons), Herschel (Soleil et Mercure en Poissons), Le Verrier (Soleil en Poissons), pour n'en citer que quelques-uns. On trouvera aussi de grands savants qu'aucune conception audacieuse n'effraiera, tel Einstein.

Il y a chez les Poissons un côté plus intuitif que logique ou analytique. C'est donc par des chemins et des voies qui n'appartiennent qu'à lui que le natif « arrive ». Qu'il y ait eu aussi de grands inventeurs marqués par le signe n'étonnera pas. Citons Gustave Eiffel, ingénieur (Jupiter en Poissons).

Tout ce qui vibre est transmis aux Poissons

La Maison XII est une Maison « occulte ». On peut dire, comme l'a fait Jean Carteret, que si beaucoup d'astrologues sont Poissons ou ont les Poissons en Maison XII, il n'y a, hélas, pas beaucoup d'astrologues qui *ont* une Maison XII. Comme le signe, elle fait des astrologues humains. Des astrologues qui sont en mesure de comprendre les autres parce qu'ils ont eux-mêmes souffert, parce qu'ils sont ouverts, totalement et infiniment disponibles aux autres ; parce que, tout simplement, leur compréhension de l'autre est affective et non intellectuelle. Citons, dans le passé : Regiomontanus, auteur de Tables, Morin de Villefranche (Soleil, Vénus, Jupiter, Saturne, Lune en Poissons), Julievno, astrologue du siècle dernier. Et, à notre époque : Henri Gouchon, auteur notamment d'un ouvrage synthétique sur l'astrologie : *le Dictionnaire astrologique ;* Jacques Berthon, astrologue-psychanalyste. Pour ce dernier, « les sciences occultes [...] semblent constituer en quelque sorte un talisman contre l'envoûtement de l'invisible. C'est le cas de Morin de Villefranche avec cinq planètes en Maison XII ».

Les Poissons perçoivent les ambiances de plein fouet, sont totalement sensibles à ce qu'ils « ressentent », vivent en communion avec le monde ; il n'est donc pas étonnant de trouver parmi eux un nombre impressionnant d'artistes et d'écrivains.

Écrivains ouverts aux autres, en véritable symbiose avec le monde, tels furent Victor Hugo, Bernanos, tous deux natifs des Poissons ; Gilbert Cesbron (Lune et Vénus en Poissons) ; Zola (Vénus et Uranus en Poissons). D'autres s'ouvriront à l'infini, au divin, tel Paul Claudel (Lune en Poissons).

Aux Poissons nous trouvons tous ces voyageurs sans but défini – cherchant l'évasion, l'oubli –, tels ces jeunes qui, sac au dos, parcourent le monde. Leur recherche n'est-elle pas une véritable quête... mystique ? Oui, certains iront se perdre sur les chemins de Katmandou. Mais leur quête, au départ, est sincère...

On a d'ailleurs parlé d'une véritable « mystique hippie », celle de ces jeunes qui rejettent le mode de vie et les valeurs matérialistes d'un système social fondé sur la volonté de puissance, la violence et la guerre. Guidés par de véritables « chefs spirituels » à l'origine (hippie viendrait de « hip » qui signifie : celui qui sait, celui qui comprend, donc initié), ce mouvement voulait « réveiller et faire renaître la tendresse dans le cœur de l'homme », comme le déclara un *boo-hoo,* sorte de prêtre hippie, à Michel Lancelot : « Nous cherchions la joie dans la beauté, les couleurs et les fleurs. Enfin, et surtout bien sûr, nous voulions connaître Dieu. »

Ce besoin d'atteindre Dieu par la simplicité de l'âme, le dépouillement de la vie et l'amour pour les autres n'est-il pas à l'origine de tous les mouvements spirituels et à la source de toutes les évolutions ?

Désirant atteindre l'extase sans passer par les épreuves de l'ascèse et de la mortification, le mouvement chercha l'expérience « psychédélique » (qui exalte l'esprit) dans la drogue, destinée à faire naître une « prise de conscience cosmique ». Mais, du fait que, depuis 1968, les hippies ont été rejoints par de jeunes fugueurs : les « runaways », du fait que le mouvement a connu une certaine décadence, les hippies ne s'abreuvent plus, comme à l'origine, à des sources spirituelles (mystique de Diogène vivant dans son tonneau, ou des premiers chrétiens, mettant leurs biens en communauté, partageant le goût aussi de saint François d'Assise pour la pauvreté, ou mystique orientale dans une sorte de vaste Panthéon où l'on trouve côte à côte Bouddha, Gandhi, Tagore et les maîtres Zen, etc.) ; ils préfèrent à une recherche spirituelle personnelle la facilité apparente qu'offre le « trip ». Certains, pourtant, après avoir chanté le L.S.D., l'ont abandonné pour une discipline personnelle : le yoga, par exemple.

Nous avons rencontré de nombreux Poissons qui sont passés par de telles expériences : il y a là une recherche « mystique » réelle. Mais il faut noter que si les drogués psychédéliques partagent la même intensité de conscience, la même acuité de l'esprit et des sens (comme l'a exprimé A.

Huxley), et emploient des métaphores mystiques identiques, cette approche de la drogue semble être celle de ceux qui ont auparavant eu connaissance des traditions mystiques, et non le contraire... Il n'y a là aucune trace d'ascétisme : l'état de communion et de plénitude passagère est créé artificiellement. Et les risques d'accoutumance menacent l'équilibre psychique, et la santé. Ces drogues, médicinales à l'origine, étaient appelées psychomimétiques, selon une théorie qui voulait qu'elles produisent un état de schizophrénie modèle. Il importe de souligner dans cette utilisation des drogues l'absence de toute suggestion de valeur religieuse ou de possibilité mystique... Mais c'est un chemin qui a tenté bien des Poissons ; en effet, il y a au cœur de l'expérience mystique et de l'expérience psychédélique une ressemblance : elle réside dans l'écroulement des limites normales, des catégories et des règles qui guident l'esprit diront les uns, qui l'emprisonnent pensent les autres ; là réside l'attirance des Poissons, là est le risque aussi pour eux (du fait de leur extrême fragilité nerveuse)...

Démesure, médiumnité, télépathie

L'œuvre des natifs des Poissons sera toujours empreinte d'une certaine démesure, marquée par une imagination féconde, une création touffue. Citons Michel-Ange, qui peignit le Déluge dans la chapelle Sixtine, Daumier (Soleil, Mercure, Mars en Poissons), Auguste Renoir (Soleil, Neptune, Ascendant, Lune, Mercure, Jupiter en Poissons !), Léonard de Vinci (Lune en Poissons).

Les musiciens du signe sont aussi féconds et leur production est également marquée par l'ampleur caractéristique du signe : Honegger, Rimski-Korsakoff, Rossini, Chopin, natifs des Poissons, Bach (Neptune, Vénus, Mercure dans le signe).

Que la création, l'imaginaire, la poésie, la musique, l'art soient des domaines où le Poissons est à l'aise n'est pas pour nous étonner. Mais il est aussi des Poissons philosophes et, parmi eux, il faut citer Hölderlin (Soleil, Mercure, Vénus dans le signe), Montaigne, Alain, natifs des Poissons, Schopenhauer (dominante Poissons). Avec Rudolf Steiner, nous pénétrons dans le monde de l'occultisme : il écrivit une centaine d'ouvrage théosophiques, créativité bien prolifique des Poissons.

Le signe est celui de toutes les professions qui se rattachent à la Maison XII, c'est-à-dire aux univers « clos » dans lesquels le natif pourra développer ses sentiments de compassion, d'aide à autrui. Psychologues, psychanalystes, psychiatres, médecins, prêtres, astrologues, voyants, médiums sont bien souvent des Poissons ou possèdent dans leur thème une note Poissons dominante. Toutes les professions paramédicales, du magnétisme à la guérison psychique, en passant par la médecine philosophale sans oublier les rebouteux et les guérisseurs, sont des vocations propres aux Poissons.

Les natifs du signe se retrouvent aussi aujourd'hui dans les grands organismes internationaux qui mettent l'accent sur les problèmes humains à l'échelle mondiale.

Quant aux hommes politiques, ils sont rares aux Poissons ; ceux qui ont réussi se sont engagés pour défendre les grandes causes universelles : Washington, célèbre président des États-Unis, Aristide Briand qui soutint les travaux de la Société des Nations, René Coty. Sans oublier Charles-Quint qui réunissait les qualités d'un grand homme d'État et d'un sage puisqu'il décida de finir sa vie dans un monastère – dualité typiquement Poissons.

C'est aux Poissons que l'on trouve la plupart des mystiques car le signe est, dans son essence même, empreint de mysticisme. Citons Ramakrishna, Pie XII ; des saints, des ascètes, des sages, tournés vers l'humain et cherchant à soulager la souffrance des hommes, étaient marqués par le signe : saint François de Sales (Lune en Poissons), sainte Thérèse d'Avila (Lune en Poissons avec un Soleil « ardent » en Bélier).

Nous voyons ainsi que le natif des Poissons préférera souvent « se réaliser » plutôt que « réussir » à tout prix, bien que cette attitude soit souvent considérée comme étrange. Et pourtant, n'est-ce pas là l'essentiel, comme le notait dans son *Journal* Anaïs Nin, native des Poissons ? « De même, dit-elle, que le plongeur sous-marin transporte des bouteilles d'oxygène, de même nous devons transporter le noyau de notre développement individuel, pour résister aux pressions, aux pressions destructrices du monde extérieur. »

Luis Buñuel (Poissons Ascendant Taureau) lors du tournage de la Voie lactée. *Rêve, violence, sensibilité, se mêlent dans ses films porteurs de son message surréaliste.*

Le Poissons et l'Argent

« Les richesses qui ne sont pas dans l'âme ne nous appartiennent pas. »
DÉMOPHILE

Quelle est l'attitude des Poissons vis-à-vis de l'argent ? Là encore il est difficile de généraliser. Disons que les Poissons ont une attitude très contradictoire sur ce problème. La fortune peut tenter le natif mais ne le retient pas ; les honneurs ne l'intéressent qu'à moitié... On le dit désintéressé, ce n'est pas toujours vrai. On trouve de grands industriels, de gros spéculateurs dans le monde des Poissons mais, si la réussite peut être exceptionnelle et si l'on assiste alors à la construction d'édifices grandioses, la fortune peut être instable, voire éphémère ; et accidentelle.

Si, dans le thème, existe une dissonance au niveau matériel, on trouve une attitude qui oscille entre un désintéressement complet et un côté totalement « chimérique »... C'est d'ailleurs souvent l'attitude du Poissons face à l'argent. Il y a dans de tels thèmes des rêves qui ne se réalisent pas, des spéculations qui tournent en quenouille ! C'est alors un monde d'utopie, de mirages où la pêche est parfois miraculeuse, inattendue, soudaine, comme elle peut n'apporter rien du tout ; et le bateau finira par faire naufrage ! Cela arrive aussi. Les fortunes s'édifient, puis s'effondrent tout aussi vite. Or, malgré tout, le Poissons n'est pas sans rechercher une sécurité matérielle, dans le cas, notamment, où Jupiter est important dans son thème. Mais ce n'est pas tellement pour l'argent en soi que le Poissons veut alors « avoir », mais parce qu'il a horreur d'une vie médiocre et qu'il fait preuve là aussi d'une certaine démesure. Et c'est ainsi que l'on rencontre aussi bien des Poissons totalement démunis et qui s'en moquent complètement (ils ont généralement une Maison XII importante et vivent « chez eux » dans leur univers clos, retirés, isolés du monde et du bruit) que des Poissons très riches mais qui, finalement, restent toujours égaux à eux-mêmes et ne font pas grand cas de leur fortune. Et bien souvent, même, cela les aide tout simplement à rendre les gens heureux autour d'eux, à les combler de cadeaux et à répandre leur générosité de façon tellement « prolifique » que leurs finances sont très vite menacées, quand ils ne finissent pas par sombrer dans la faillite et dans la ruine (ce qui, avec un transit de Saturne, planète de restriction et de difficultés, peut les menacer un jour ou l'autre). Car ils ne sont ni très prévoyants, ni très intéressés. Et surtout pas avares ou économes. Ce sont généralement de vrais « paniers percés ».

De coups de chance en revers de fortune

Ils vivent au jour le jour sans compter. Ils peuvent, du jour au lendemain, après avoir connu la fortune, se retrouver sans le sou, et s'en accommoder. Leur gestion n'est guère rationnelle...

Il est des Poissons « requins » mais ils sont rares. Il est des Poissons qui réussissent par des chemins tortueux. Il est des Poissons « brasseurs de rêves impuissants » qui ne feront jamais fortune mais vivront toute leur vie dans ce mirage, véritable miroir aux alouettes... Mais, disons-le bien, pour la majorité des Poissons, là n'est pas l'essentiel. L'essentiel, c'est le rêve, le mirage, l'inaccesible, l'infini. Alors pourquoi pas l'argent ? Mais le Poissons n'est pas à l'aise dans le concret. Il s'évade alors ; il pense à autre chose. Se concentrer sur un problème matériel ne l'intéresse qu'un moment. Cela n'exclut pas la chance. Il peut avoir une veine insolente. Mais le faste, le décorum, le cérémonial l'ennuient. Ainsi, Boris Kouznetsov nous raconte comment Einstein, lors d'une soirée importante où les « membres de la commission se retrouvèrent à dîner », paraissait absent : « Une musique accompagnait en sourdine le repas. Brusquement, il se leva, demanda au violoniste de lui prêter son instrument et commença à jouer. Le sourire revint alors sur ses lèvres, ses traits se détendirent comme s'il s'abandonnait à un rêve [et le rêve est tellement important pour le Poissons !]. Il ne paraissait guère songer qu'il se donnait ainsi en spectacle sur l'estrade d'un restaurant mondain devant tant d'yeux rivés sur lui. Et il semblait croire qu'il était seul, et il jouait comme s'il lavait toute l'amertume accumulée du monde. »

Il est certain que les Poissons agacent souvent leur entourage dans la mesure où on ne peut pas les cataloguer. Or, notre monde aime mettre une étiquette sur chacun : avec les Poissons, mieux vaut y renoncer... Ils vivent dans le monde du frémissement et de l'intuition fugace, dans une sorte de rêve permanent, prêts à tout recevoir, à tout accueillir, non sans une pointe de naïveté qui peut surprendre leurs proches. La vie quotidienne les terrifie bien davantage que l'extraordinaire, l'imprévisible, l'irréel auxquels ils s'adaptent merveilleusement...

L'essentiel est ailleurs

Dans ce monde étrange où le détail prend une importance extrême, le drame sera surmonté avec un courage inébranlable. Son besoin d'être aimé ne rend pas toujours le Poissons très perspicace. Aussi aura-t-il du mal à se sortir de certaines situations où il s'est fourvoyé lui-même par inconscience : il peut baigner dans une atmosphère floue et vague qui charme les autres mais le désespère lui-même...

On ne comprend pas le Poissons, la plupart du temps, parce qu'il s'inscrit mal dans la réalité du monde actuel « matérialiste », parce qu'il n'est jamais ce que l'on appelle de nos jours un « spécialiste », parce qu'il « s'éparpille ». Pour lui, il s'agit seulement de s'ouvrir aux sollicitations multiples du monde... Peut-être pour toutes ces raisons la réussite du Poissons sera-t-elle pour son entourage quelque peu mystérieuse, indéfinissable. Elle sera toujours fragile, en tout cas. Car il n'est pas certain qu'une fois parvenu au sommet d'une réussite le Poissons n'en sera pas lassé, et ne laissera pas brusquement, un beau jour, tout tomber. Les autres ne comprendront pas : pour lui ce sera normal, puisque l'essentiel est finalement « ailleurs »...

Sacha Guitry incarne parfaitement le Jupitérien des Poissons : acteur, auteur à succès, metteur en scène, éternel amoureux, il en a le côté prolifique et séduisant.

Louison Bobet, Poissons Ascendant Scorpion. Sportif et homme d'affaires, il se tourna vers une activité typiquement Poissons : la thalassothérapie.

Le Poissons et sa Santé

« On ne peut pas marcher en regardant les étoiles
quand on a une pierre dans son soulier. »
Sagesse chinoise

« Le trop de quelque chose est un manque de quelque chose. »
Sagesse arabe

Le signe étant en analogie avec la douzième Maison qui est celle des épreuves et des grandes maladies, il est bien évident que les natifs des Poissons auront souvent des problèmes de santé et qu'ils ne seront pas toujours dotés d'une constitution très robuste. Pourtant, ils seront plus résistants que leur entourage ne le pense généralement. Néanmoins, la maladie est souvent difficile à déceler, car l'influence de Neptune – qui nous conduit au seuil de notre propre inconnu et est, en soi, la planète du mystère et de l'insondable – va donner aux maladies Poissons une forme mystérieuse. Le diagnostic sera souvent difficile à faire. Avec Neptune, tout est flou, mouvant, souvent déformé, et c'est à travers ce miroitement neptunien que le natif des Poissons vivra son malaise.

Très réceptif à l'ambiance, le Poissons risque d'être immédiatement contaminé s'il côtoie une personne atteinte d'une maladie infectieuse et l'influence jupitérienne pléthorique alliée à l'influence neptunienne dissolvante auront évidemment tendance à permettre à la maladie de se développer très rapidement. Le natif des Poissons envisagera tout de suite le pire. C'est ainsi que dans une lettre à l'abbé Lagrange en mars 1905, Bernanos, natif des Poissons écrivait : « Depuis longtemps – à cause de ma jeunesse maladive et des précautions qu'on me faisait prendre –, je crains la mort et par malheur, peut-être mon ange gardien dirait par bonheur, j'y pense toujours. La plus petite indisposition me semble le prélude de cette dernière maladie dont j'ai si peur. Et ce sont des mélancolies sans fin, contre lesquelles je n'avais pendant longtemps et encore l'année dernière qu'un seul remède, m'étourdir. »

Il est certain que le natif des Poissons, surtout lorsque Neptune est important, se sent prisonnier de forces obscures contre lesquelles il ne peut lutter et qu'il risque, si le thème est particulièrement dissonant, de s'enfermer dans cet aspect maladif qui lui permet de fuir certaines responsabilités et de se complaire dans ce rôle d'éternel malade... Il est bien entendu que c'est là un cas extrême. Une hypothèse doit pourtant toujours être faite lorsqu'on est en face d'un malade natif des Poissons – ou dont le thème comporte des valeurs Poissons très valorisées : un Poissons mal aimé peut vraiment tomber malade pour qu'on s'occupe de lui, et l'on a alors affaire à des troubles d'autant plus confus qu'ils sont d'ordre psychosomatique. Le Poissons mal aimé, ou qui croit l'être, espère ainsi attirer l'attention de son entourage – souvent d'ailleurs inconsciemment ! Il ne faut donc jamais, notamment dans le cas d'un enfant Poissons, écarter cette hypothèse. La maladie va souvent avoir sur le Poissons des résonances importantes car s'il est des malades qui savent se soigner, ce n'est pas son cas. La maladie va le décourager, et il risque de s'y enfoncer sans savoir comment s'en sortir. Il consulte en général beaucoup de médecins mais change constamment de traitement, ce qui bien entendu ne favorise pas son rétablissement rapide. Il y a aussi parfois dans la maladie une fuite des responsabilités, la maladie étant alors ce qui lui permet d'échapper au quotidien de la vie..

Soigner un malade Poissons, c'est d'abord soigner son psychisme car le Neptunien, qui vit au seuil de l'inconnu, a un psychisme fragile. Même s'il connaît sa fragilité, il ne peut pas toujours lutter contre elle. Sa sensibilité est parfois morbide, et l'errance de l'âme le conduit vers les enlisements les plus obscurs du psychisme. Dans ce climat de noyade, nous trouvons aux Poissons des êtres qui se sont engloutis dans l'alcool, ou cherchent dans l'ivresse des stupéfiants l'oubli et quelques paradis chimériques où ils vont échouer ; et, naufragés de la vie, écrasés par des désirs immenses qu'ils ne peuvent satisfaire, ils fuient ainsi leurs responsabilités et cherchent de cette façon un abri qu'ils n'ont pas su se bâtir.

Le Poissons est, selon Rudyar, le signe du courage et de la foi ; car il lui en faut beaucoup pour lutter chaque jour contre vents et marées et ne pas se laisser happer par cet inconscient qui menace toujours de l'engloutir. Le Poissons, s'il n'a pas trouvé un but exaltant, perd l'espérance et use ses forces vitales dans cet état qui est celui de l'intoxiqué où il s'étale, se complaît, car il a le sentiment d'échapper au monde dans tout ce qu'il reflète pour lui de médiocre... Il est certain que de tels Poissons ne pourront s'en sortir que s'ils trouvent autour d'eux des idéaux à la mesure de leurs aspirations (religieuses, artistiques ou mystiques), qui leur permettront de se forger un abri intérieur et d'utiliser alors Neptune non plus de façon négative mais positive. N'oublions pas que le revirement des Poissons est toujours imprévisible, dans le bon sens, comme dans le mauvais.

Neurasthénie et délire de persécution

Le Poissons est souvent attiré par l'occultisme, par le spiritisme, mais il doit s'en méfier. Boris Pâque cite l'exemple de cet écrivain occultiste, Stanislas de Guaita : « Ses expériences avec les forces obscures finirent par lui coûter la vie ; né le 6 avril 1861 à 5 heures, il avait au signe des Poissons la Lune, Mercure et Neptune qui était en même temps le maître de l'Ascendant. »

Aux confins du monde, comme sa nébuleuse planète, le Poissons peut perdre pied avec le réel et s'enfoncer dans la folie. Ce fut le cas du célèbre danseur Vatslav Nijinski qui, né le 28 février 1890 à Kiev, finit sa vie dans un asile psychiatrique. Il peut sombrer également dans la neurasthénie ou souffrir d'asthénie. Mais il ne faut jamais négliger un état dépressif chez un Poissons car il peut très vite s'enfermer dans une espèce de délire de persécution.

Il est certain que le psychisme d'un Poissons est un psychisme qu'il faut éduquer : la relation des glandes endocrines avec le système nerveux n'est plus à démontrer.

Lymphatisme et consomption

En général, on peut rattacher à Neptune les problèmes glandulaires : là encore ce sont souvent des maladies difficiles à cerner et délicates à traiter. De tempérament lymphatique, le Neptunien pur a tendance à manquer un peu d'énergie ; et l'on a avec Neptune ces natures languides et anémiques qui, autrefois, se mouraient de « consomption ». N'oublions pas que les voies respiratoires, et les bronches principalement, sont particulièrement fragiles chez le Poissons car ce signe est en croix avec l'axe Gémeaux-Sagittaire et, pour peu qu'une dissonance importante existe dans le thème, nous rencontrons les Poissons que l'on disait autrefois « poitrinaires ». Tel fut le cas notamment de Chopin.

L'axe Vierge-Poissons est l'axe des consomptions et aussi celui des maladies intestinales ; par opposition avec le signe de la Vierge qui lui fait face, on a souvent aux Poissons une mauvaise assimilation, des troubles digestifs. Mais surtout, notamment si l'on a affaire à un Poissons jupitérien de type sanguin, le foie est paresseux et malmené, engorgé ; alors, tous les troubles hépatiques menacent le Poissons. Si Neptune correspond en général aux états chaotiques, et gouverne plutôt les maladies psychologiques, Jupiter, avec sa tendance pléthorique, entraîne évidemment les troubles du foie. Aux Poissons apparaissent également les problèmes de poids. Le natif ou la native des Poissons, à dominante jupitérienne, doit se battre pour ne pas grossir ! Les maladies de la nutrition sont alors fréquentes, notamment les maladies biliaires et le Poissons jupitérien devra surveiller sa vésicule biliaire. Alors que le Neptunien est un lymphatique, le Jupitérien est un hypertendu. Il mange beaucoup trop, et devra subir des tendances congestives du foie, des débordements biliaires, des coliques hépatiques ; s'il a des poussées de sang à la tête, la circulation sera à surveiller. Avec une sous-dominante vénusienne, on peut voir apparaître, outre les troubles nutritionnels (avec obésité et cellulite), des œdèmes et toutes les éruptions et maladies de peau (Saturne sera alors dissonant).

Boris Pâque a noté à juste titre que les manifestations rhumatismales étaient fréquentes chez les natifs des Poissons, et qu'elles pouvaient entraîner des déformations. Dans la symbolique traditionnelle, les extrémités correspondant au signe des Poissons, ce sont les pieds et les mains qui pourront souffrir plus particulièrement de ces déformations rhumatismales. Les Poissons vont très souvent être amenés à consulter un pédicure ou, en cas d'accident, ils seront plus fréquemment atteints aux pieds que les natifs des autres signes.

Se soigner par la plante des pieds

Selon les psychanalystes, le pied aurait une signification phallique. En tout cas, aux Poissons et surtout aux Poissons à dominante vénusienne (Vénus-Neptune notamment), certains astrologues attribuent une prédisposition mentale au « délire érotico-mystique ». Boris Pâque évoque à cet égard « les Poissons et les poisons de volupté »... On peut aussi parler ici de fétichisme. La plante des pieds n'est-elle pas en quelque sorte une projection en miniature de chacun des organes de notre corps. Ce que redécouvre aujourd'hui la médecine, les Chinois ne l'ignoraient pas. On peut, selon ces nouvelles méthodes thérapeutiques, soigner et soulager certains maux en massant l'organe correspondant sous la plante du pied (cette méthode de massage des zones dites réflexes est appelée « réflexologie »). Il convient aussi de noter que ces massages des pieds sont extrêmement recommandés, de toutes façons, aux Poissons auxquels ils apportent une impression de détente et de relaxation. Ces massages sont très en vogue aux États-Unis notamment, où la méthode connaît un vif succès.

« Ce qui trouble les hommes, ce ne sont pas les choses, ce sont les jugements qu'ils portent sur les choses », disait déjà Épictète.

Que peut faire un Poissons pour bien se porter ? Tout d'abord, marcher beaucoup et s'aérer. Il doit aussi, pour retrouver son tonus, se nourrir avec des aliments contenant de l'iode ; les fruits de mer sont particulièrement bons pour sa santé. En cas d'anémie, c'est le phosphate de calcium qui lui est conseillé, mais aux Poissons correspond le phosphate de fer. Selon le docteur Schussler, le sel, et notamment le sel marin, est excellent pour lui ; le chlorure de magnésium, selon André Barbault, « peut protéger des tumeurs à caractère diffusant correspondant au signe ».

Il faut remarquer que l'importance de Neptune et de Jupiter apparaît dans la prolifération anormale de cellules, en particulier dans les kystes, les maladies de la peau, etc., et que la prise en considération des facteurs psychiques dans l'étude des tumeurs malignes a été notée, notamment par le professeur Bahnson en Allemagne ; fréquemment elles se manifestent dans un système hormonal défaillant. Nous savons que les dérèglements hormonaux et glandulaires relèvent souvent de Neptune. C'est donc un symptôme à ne pas négliger.

Nous constatons également que des épreuves répétées finissent par miner un être et que le Poissons, dont la sensibilité est extrême, ressent très fortement les chocs moraux et les chocs physiques, dont d'ailleurs il risque parfois de ne jamais se remettre complètement. Ajoutons que le Poissons est très sensible à ce que l'on appelle dans la vie moderne le « stress ». Son extrême émotivité le rend nerveusement assez vulnérable. Il a par bonheur une manière de s'absenter qui lui permet de ne pas toujours être là quand l'événement est trop dur à supporter. De toute façon, c'est en s'évadant — cette fois, au vrai sens du terme — que le Poissons retrouvera son équilibre. Le bord de mer est alors l'endroit idéal. La mer le fait replonger littéralement dans son élément, d'où « exaltation de ses réactions de défense », comme le dit André Barbault. Notons que la Tradition a de tout temps attribué certaines contrées à chaque signe. Aux Poissons elle attribue les régions voisines des rivages maritimes : la Normandie, le Portugal, la Galice, régions auxquelles on peut ajouter toutes les îles — terres « Poissons » par excellence.

Partir, l'appel du large, est d'ailleurs un leitmotiv cher au Poissons. « Fuir ! là-bas fuir », lançait Mallarmé dans un poème célèbre *(Brise marine).* Et Mallarmé était bien sûr Poissons.

Raphaële Billetdoux : ce jeune écrivain de talent s'est fait connaître du grand public avec Prends garde à la douceur des choses, *roman de facture sentimentale où sont très bien analysés les méandres et les folies du cœur.*

Le Poissons et son Apparence

Comment peut-on reconnaître un Poissons ? C'est incontestablement une chose difficile, car s'il y a un certain « air de famille » entre deux Poissons, la symbolique même du signe est celle du flou, de l'insaisissable. Le Poissons est difficile à cerner. Néanmoins, si sa rencontre reste un peu mystérieuse, c'est peut-être à ce mélange d'indolence et d'énergie voilée qu'on le reconnaît. Démarche étrange de cet être qui semble souvent perdu dans les brouillards de ses rêves. Air évanescent, regard perdu dans le lointain, quelque peu absent, voilà un être qui se laisse porter au fil de l'eau. Un charme naturel, une douceur certaine se dégagent de cet être à la démarche ondoyante, un peu traînante. Ses gestes sont inachevés, rarement violents. Il avance sans heurt. Il flotte autour de lui une sensualité vague qui n'est pas sans charmer. Mais le fait est que, s'il s'agit d'un homme, cela n'accentue pas sa virilité. Aux Poissons, nous avons le type même du « héros romantique ». Voilà bien un personnage qui n'a rien à voir avec un héros du Far-West. Ce n'est pas le cow-boy qui s'avance l'air assuré ; ce n'est pas non plus le superman des bandes dessinées. Encore moins le « gros dur » qui règle ses comptes à coups de poing.

Notre Poissons, mystérieux, étrange, est un être un peu irréel. Il est certain qu'il y a chez le Jupitérien beaucoup plus de fermeté que chez le Neptunien. C'est à leur silhouette que nous allons les distinguer.

La silhouette du Jupitérien apparaît comme beaucoup plus rassurante. Son allure est empreinte d'une bonhomie calme. Il est « arrondi », bien dans sa peau. Le Neptunien, au contraire, est beaucoup plus inquiétant. On le sent mal à l'aise, on sent chez lui une certaine langueur. Mais on ne trouve pas cette lourdeur propre au Jupitérien. En général, avec Jupiter, le Poissons est plus robuste. Il est « enrobé », « ramassé » et il se dégage de lui une certaine autorité, même si elle est alliée à beaucoup de gentillesse !

La silhouette du Poissons neptunien est mince, élancée. C'est un Poissons longiligne (Alain Chamfort). En cela, il s'oppose nettement au Jupitérien. Mais, comme lui, avec l'âge, il se laisse facilement envahir par l'embonpoint. La femme Poissons jupitérienne, sirène dans sa jeunesse, perd souvent complètement ses formes sveltes avec l'âge. Elle prend une allure imposante et respectable. Et pour cause... Dans les deux cas, la gourmandise n'est pas leur moindre défaut et l'inflation jupitérienne, les débordements de Neptune n'arrangent rien...

Le Poissons ne s'impose jamais. S'il entre dans une pièce, il ne le fait pas brutalement. On le remarque à peine. Il n'accroche pas immédiatement le regard, mais il le retient et, ensuite, il trouble. Il étonne par son mystère : on baigne avec lui dans un climat d'étrangeté qui surprend. De type neptunien ou jupitérien, il y a toute une gamme de Poissons.

Le type neptunien

Le Neptunien des Poissons appartient au type rétracté défini par le docteur Corman. C'est un rétracté idéaliste. Il fait partie de ceux qui « refusent la réalité dans l'apparence concrète où elle se présente à eux et lui substituent l'idée qu'ils s'en font ». En fait, type mixte par sa réceptivité et sa sensibilité, c'est un type « réagissant ». Les récepteurs sont ouverts, notamment les yeux. Le cadre du visage est mince. Sa sensibilité est des plus vives et il l'extériorise sans retenue.

Chopin, natif des Poissons, incarne parfaitement ce type de Neptunien. Ce n'est pas un être actif puisqu'il s'agit, en effet, d'une nature rêveuse. C'est un être qui manque de sens pratique ; le quotidien l'ennuie. Il est attiré par le mystère ; ses facultés d'intuition sont largement avantagées, mais il ne sait pas toujours en tirer parti. Comment réagit-il aux stimulations du milieu ? Ce « rétracté », de structure « gracile », se laisse pénétrer par toutes les influences du milieu (récepteurs ouverts). S'il manque d'efficacité pratique, c'est que c'est un affectif. L'étage affectif, partie médiane du visage, est important. L'expansion se fait essentiellement dans ce domaine. Souvent apparaît chez ce type neptunien une sous-dominante vénusienne. Pour cette raison, André Barbault a fait morphologiquement du Neptunien un dilaté. Mais ce n'est pas toujours le cas. Lorsqu'à Neptune vient s'ajouter une note saturnienne qui s'inscrit dans le « resserrement » de la Maison XII, nous avons affaire à un Poissons nettement allongé. Les angles sont prononcés, l'ossature est saillante, le cadre étroit. La bouche est fine, les lèvres, parfois même, sont rentrées. Le nez est osseux, sec. Les yeux sont enfoncés. C'est une nature spéculative, s'isolant facilement, menant une vie assez retirée, ayant souvent un travail indépendant. Cest quelqu'un qui se spécialise dans un domaine souvent occulte et qui s'attache. C'est là son choix : son « domaine d'élection ». Il s'apparente au type sentimental, mais d'une façon plus « introvertie ».

Dans cette catégorie de Poissons souvent marqués, répétons-le, par Saturne, on peut classer un Poissons exemplaire : Charles-Quint, Ascendant Capricorne, donc Saturnien. Son visage est celui d'un ascète. Le poète allemand Johann Christian Friedrich Hölderlin qui, meurtri par la réalité de la vie, hanté par le vide divin, se réfugia dans le monde de l'imaginaire, et écrivit entre deux éclairs de lucidité ses merveilleux poèmes métaphysiques, était un Poissons saturnien. Rappelons que la maladie, nous l'avons déjà dit, est souvent un refuge Poissons. L'être s'enferme alors dans sa Maison XII, Maison de la réclusion, maison de l'hôpital selon la Tradition. Il fuit alors la vie. Dans ces composantes saturniennes, la note neptunienne, mystique, oriente la vie vers une ascèse, vers la solitude. Hölderlin était, lui aussi, une longiligne comme Chopin.

Lorsque Vénus s'unit à Neptune la silhouette change. Cette dominante adoucit les formes, les arrondit, tout en conservant au corps une certaine finesse , notamment au niveau des attaches.

Avec Vénus en Poissons apparaît un visage plus rond. Les courbes aussi sont plus douces. Au « dilaté », ce type emprunte certains traits : mâchoires arrondies avec un angle mandibulaire estompé. Menton arrondi, souvent porteur d'une fossette, la bouche est grande (récepteurs ouverts). Avec des « lèvres épaisses et vermeilles, tendres et volontiers entrouvertes dans un sourire qui découvre les dents », le natif des Poissons a souvent ce qu'on appelle les « dents du bonheur », c'est-à-dire des dents légèrement écartées. Son nez, de taille moyenne, est bien proportionné. Son profil est droit, le front, d'une seule venue, est arrondi. Les yeux sont grands, largement ouverts, d'expression douce. Les sourcils dessinent, à une certaine distance, un arc régulier et sont séparés l'un de l'autre par une zone calme, sans bosse et sans rides. Telle est la description que donne du Vénusien le docteur Corman, et elle correspond bien au type du Poissons vénusien. Être qui ne cherche pas à maîtriser le monde, mais à s'y adapter. Doué d'une grande réceptivité, d'une aptitude particulière à vibrer aux impressions, à sympathiser, à communier avec l'entourage, tel est ce type de Poissons.

Natures profondément vénusiennes, célèbres pour leur beauté, quelques très belles femmes du monde du cinéma illustrent parfaitement ce type vénusien des Poissons : Liz Taylor, Pascale Petit, Valérie Lagrange, Michèle Morgan, et la fougueuse Ursula Andress, pour n'en citer que quelques-unes. Parmi les hommes, Boris Vian, André Pieyre de Mandiargues répondent au type neptunien, plus mince, plus inquiétant, plus romantique, à l'allure fragile et mystérieuse. La bonté se lit sur le visage du Poissons Einstein. Le pouvoir d'accueil, la compréhension des autres, sur celui de René Coty, président de la République, qui céda le pouvoir au général de Gaulle en 1958. C'était un natif des Poissons : Jupiter se profile, à l'arrière-plan de Neptune.

Le type jupitérien

Morphologiquement, le Poissons jupitérien, plus massif, moins osseux, est doté d'un certain embonpoint. Son visage est large, enveloppé. La mâchoire est solide, les joues pleines. Les angles sont bien marqués, mais arrondis. Le menton est parfois... double. Les récepteurs sont larges et très ouverts, notamment la bouche et les yeux. L'expression du visage est souriante. Le modelé est arrondi mais avec de légères rétractations : c'est là un homme bien adapté à la vie en société, bienveillant, enjoué, un être souriant, à la poignée de main chaude.

Optimiste, nous avons vu que c'était un « sanguin », dans le classement d'Hippocrate. Le visage de la Jupitérienne des Poissons perd un peu de sa finesse. Il est plus carré : Svetlana Staline illustre ce type de Poissons.

Mais c'est peut-être à son regard qu'on reconnaît le Poissons. Qu'il soit de type neptunien ou jupitérien, ses yeux transparents, troublants, frappent. Ils sont parfois légèrement globuleux. Le regard est étrange, perdu dans le lointain, noyé dans un rêve ; un regard qu'on n'oublie pas. Maurice Privat a dit : « Le regard du Poissons a la transparence glauque de la mer. » C'est celui de Michèle Morgan, de Liz Taylor ; transparent, paraissant noyé dans la brume, troublant, émouvant, à travers des cils immenses qui le font paraître encore plus mystérieux, il est une invitation au rêve, au voyage, un appel, le reflet d'une âme : charme du Poissons qui s'insinue lentement mais dont on garde la mémoire. Comme sa voie, tendre et douce, qui n'a pas les accents rauques du Scorpion, mais qui envoûte. On se laisse prendre à la magie de la voix, à ses accents, musique qui transparaît dans les phrases les plus banales. Comme l'a noté Joëlle de Gravelaine, le film *Hiroshima mon amour* a dû sans doute une partie de son succès à la voix d'Emmanuelle Riva. On se laisse prendre au chant des sirènes...

Le signe et sa présentation

Il existe un Poissons raffiné, à l'élégance faussement décontractée : celle des romantiques du XIXe siècle, par exemple. C'est un Poissons neptunien auquel nous avons alors à faire. Mais en général, le Poissons se moque de son habillement. Ce qui lui importe, c'est d'être bien dans ses vêtements. Il ne s'intéresse pas tellement à la mode, il suit son goût. Ce qui « se fait » lui importe peu. Si un vêtement lui plaît, il l'adopte. Pour cette raison, le Poissons n'a pas une élégance stricte. Il n'a peut-être pas le bon goût de la Vierge. Il mélange les couleurs, s'habille avec moins de sobriété. L'élégance vestimentaire d'une femme Poissons n'a rien à voir avec l'excentricité d'une femme Verseau. Elle s'habille « hippy » par décontraction, non par principe. Elle change d'ailleurs souvent de style. La mode actuelle lui sied bien. Ses vêtements sont généralement flous, amples. Elle attache plus d'importance à la couleur, au tissu qu'à la forme. Elle aimera les colliers et les colifichets, les breloques. Mais il n'y a pas chez elle la simplicité vestimentaire d'une Capricorne.

Les hommes Poissons s'habillent comme bon leur semble, d'une façon extrêmement décontractée, eux aussi. Ils adoptent le plus souvent le style « pull-over ». Ils ont horreur de la cravate, et se soucient d'ailleurs peu de leur mise. Mais n'oublions pas qu'« un beau désordre, a dit le poète, est un effet de l'art ». Ce laisser-aller est souvent apparent ; ne nous méprenons pas, le Poissons reste un homme de goût. Et pour peu qu'une influence vénusienne intervienne, c'est un raffiné qui se cache sous cette apparente simplicité.

Il existe des dominantes qui varient avec l'Ascendant, nous l'avons vu précédemment, et la tenue vestimentaire du Poissons n'échappe pas à cette règle.

Ascendant en signe de Feu : Nous aurons un Poissons à l'allure quelque peu virilisé, aux vêtements plus sportifs. Avec l'Ascendant Bélier, tenue vestimentaire audacieuse. Avec l'Ascendant dans le signe du Lion, nous aurons un habillement raffiné, plus strict. Avec l'Ascendant dans le signe du Sagittaire, le ton général sera désinvolte et l'allure résolument « naturelle ».

Ascendant en signe de Terre : Le Poissons sera, au Taureau, beaucoup plus enclin à surveiller sa ligne. Épanoui, il s'habillera en mettant en valeur son corps. Sa tenue vestimentaire sera colorée, chatoyante. Et la femme Poissons-Taureau aimera les bijoux, les fourrures, et voudra mettre en valeur sa glorieuse féminité, usant, abusant de tous les artifices que la mode permet. Avec l'Ascendant dans le signe de la Vierge, la tenue vestimentaire sera beaucoup plus « chaste », plus modeste, mais toujours harmonieuse. Avec un Poissons-Vierge on n'aura à craindre ni l'excentricité, ni le mauvais goût. Classicisme et sobriété. Avec un Ascendant Capricorne, sobriété accrue. L'essentiel sera d'avoir de la classe. La tenue vestimentaire sera plus sévère, mais elle gardera un certain charme. Les fautes de goût seront évitées, la tenue sera extrêmement soignée.

Ascendant en signe d'Air : La tenue s'aère, elle est plus « floue ». Les vêtements bougent avec le corps. Avec l'Ascendant dans le signe des Gémeaux, décontraction, jeunesse. Avec l'Ascendant dans le signe de la Balance, le natif sera plus « coquet ». La silhouette sera souple, élégante, la démarche aérienne. Les reins seront bien cambrés. La justesse du geste, l'élégance de la démarche donneront à ce natif des Poissons une sorte de distinction naturelle. Avec l'Ascendant dans le signe du Verseau, le Poissons sera assez excentrique. Sa démarche sera nerveuse, un peu sautillante. Il avancera dans la vie l'air naïf, étonné. Les gestes seront un peu plus brusques. Il arrivera à ce Poissons de marmonner tout seul. Les pommettes hautes et saillantes, le nez presque parfait, la bouche bien dessinée, le corps mince, il portera, avec audace, des bijoux extravagants, exotiques ou barbares, sans se départir d'un air « angélique ». Le corps restera d'apparence gracile, fragile.

Ascendant en signe d'Eau : Ascendant Cancer, notre Poissons aura tendance à grossir et sera très gourmand. Sa silhouette tendra à s'empâter rapidement. Il somnolera facilement le soir devant la télévision. Il s'achètera des gourmandises, des bonbons, des gâteaux qu'il grignotera, et se lèvera la nuit pour prendre quelque chose dans le réfrigérateur. Il est évident qu'il se souciera peu de sa silhouette. La femme Poissons-Cancer sera beaucoup plus fragile, beaucoup plus menue. Elle aura un air de femme-enfant. A moins que, bien en chair, mère heureuse, épanouie, elle ne prenne des allures de « matrone »... Avec l'Ascendant dans le signe du Scorpion, le Poissons sera plus rablé, plus musclé. Allure un peu inquiète, mais ne manquant pas d'assurance. C'est un être d'un magnétisme certain. Qui plaît et le sait. Regard sombre. Il exerce une sorte de fascination sur son entourage. La femme Poissons Ascendant Scorpion aura un grand impact de séduction. Même si elle est laide, elle est de celles que l'on dit belles. On dira d'elle qu'elle a « du chien ». Le Poissons Ascendant Poissons, qu'il soit maigre et neptunien ou « gros », c'est-à-dire jupitérien, évoluera avec mystère : il sera déroutant et fuyant. Même s'il n'est n'est pas toujours d'une élégance parfaite, on sera indulgent pour ses faiblesses. Mais il traversera la vie un peu sans vous voir. Il sera, souvent, à « mille lieues » de vous lorsque vous lui parlerez. Perdu dans son univers intérieur, ses absences le font s'arrêter en plein mouvement. Il pourra très bien mettre son chandail à l'envers, et ne vous étonnez pas s'il porte un jour des chaussettes de couleur différente. La femme Poissons sera, elle, plus raffinée car elle désire plaire. Mais il y aura dans ses gestes un côté inachevé, une hésitation perpétuelle. Jeune, elle aura des allures de sirène. Plus tard, si elle prend quelques kilos, elle n'en sera pas moins attirante malgré une certaine placidité.

Chapitre III

L'entente du Poissons avec les autres Signes

Pascale Petit, au beau visage caractéristique d'une native du signe, s'illustra comme comédienne dans les Tricheurs *de Marcel Carné.*

Comment vous accordez-vous avec les autres Signes

Il est possible d'explorer vos affinités et vos incompatibilités d'humeur avec les autres en partant des caractéristiques de votre signe solaire.

Ce signe exerce en effet une action particulièrement puissante sur vos goûts et sur vos buts dans la vie.

Dans le tableau qui suit, vous découvrirez sous la forme de plusieurs mots clés la manière dont chaque signe zodiacal perçoit les onze autres signes, en termes d'accord, de conflit ou d'indifférence.

Votre personnalité est certes plus vaste que votre seul signe solaire, c'est pourquoi, pour en explorer un autre aspect, vous pouvez utiliser le même tableau mais en partant cette fois de votre signe ascendant.

Votre Ascendant influence en effet directement votre comportement social spontané.

Si cette deuxième exploration recoupe la première, vous possédez une personnalité dont les affinités et les antipathies sont nettement tranchées ; si, en revanche, les deux résultats sont différents, votre capacité de contacts constructifs est très large.

Votre signe solaire	Perçoit les autres signes comme ci-dessous					
	BÉLIER	TAUREAU	GÉMEAUX	CANCER	LION	VIERGE
BELIER		Routinier Possessif Lent	Vif, rapide Intelligent Stimulant	Trop sensible Susceptible Nostalgique Rêveur	Organisateur Puissant Juste Créatif	Critique Pointilleuse Timorée Inquiète
TAUREAU	Impulsif Brusque Égoïste Imprudent		Inconstant Dilettante Bavard Trompeur	Maternel Économe Aimant le foyer	Autoritaire Théâtral Dépensier Dogmatique	Pratique Méthodique Serviable Perspicace
GÉMEAUX	Audacieux Entraînant Libre Décidé	Lourd Entêté Avide Rigide		Craintif Paresseux Peu ambitieux Désordonné	Chaleureux Large d'esprit Solide Plein d'autorité	Anxieuse Maniaque Trop attach aux détails
CANCER	Agressif Indiscret Précipité Avide de nouveau	Fidèle Aimant Patient Solide	Nerveux Trop cérébral Insouciant Sceptique		Tumultueux Arriviste Snob Écrasant	Efficiente Réservée Concrète Honnête
LION	Enthousiaste Entreprenant Efficace Rapide	Fruste Obstiné Matérialiste Jaloux	Adaptable Talentueux Charmeur Habile	Capricieux Rancunier Faible Plaintif		Petite Étroite Craintive Critique
VIERGE	Aventureux Imprévoyant Irréfléchi	Doué pour gagner de l'argent Concret Travailleur	Joueur Insouciant Comédien Théoricien	Aimant l'intimité Délicat Prudent	Mégalomane Surmené Prétentieux Dépensier	
BALANCE	Ardent Actif Novateur Remuant	Grossier Instinctif Utilitaire Exclusif	Cultivé Brillant Diplomate Sociable	Replié sur soi Casanier Timide Paresseux	Rayonnant Esthète Courtois Loyal	Trop réserv Critique Timide Égoïste
SCORPION	Imprudent Versatile Précipité Hâbleur	Pratique Stable Affectueux Digne de confiance	Superficiel Dispersé Bavard Comédien	Fécond Compréhensif Tenace Profond	Despotique Orgueilleux Théâtral Conformiste	Précise Perspicace Ponctuelle Pratique
SAGITTAIRE	Énergique Disponible Dynamique Animateur	Limité Terre à terre Enraciné Intéressé	Juvénile Curieux Communicatif Mobile	Fantasque Casanier Désordonné Morose	Optimiste Organisateur Ambitieux Loyal	Manquant d'envergur Anxieuse Refroidissa
CAPRICORNE	Impulsif Fiévreux Révolutionnaire Changeant	Réalisateur Persévérant Gai, fidèle Sincère	Léger Distrait Bavard Superficiel	Pratique Aisé dans ses contacts Maternel Prudent	Théâtral Dépensier Fixé dans ses idées Autoritaire	Disciplinée Méthodiqu Rationnelle Pratique
VERSEAU	Inventif Progressiste Persuasif Militant	Matérialiste Rétrograde Épais Fatigant	Tolérant Intelligent Curieux de nouveauté Sociable	Passéiste Vulnérable Replié sur soi Infantile	Rayonnant Large d'esprit Maître de soi Efficace	Restrictive Froide Matérialiste Limitée
POISSONS	Agressif Violent Précipité Égoïste	Sécurisant Sensuel Calme Affectueux	Agité Verbeux Trompeur	Compréhensif Profond Idéaliste Maternel	Hautain Agressif Tumultueux Égoïste	Précise Serviable Pratique Conscienc

Perçoit les autres signes comme ci-dessous

.ANCE	SCORPION	SAGITTAIRE	CAPRICORNE	VERSEAU	POISSONS	Votre signe Ascendant
librée inée ciliante uisante	Secret Vindicatif Obstiné Destructeur	Jovial, sincère Large d'esprit Philosophe Sportif	Décourageant Froid Mesquin Rigide	Indécis Ouvert, amical Progressive Sincère	Impressionnable Fuyant Sentimental	**BÉLIER**
iste le lante ente	Fascinant Fécond Instinctif Persévérant	Trop optimiste Risque-tout Joueur Tendu	Solide Ambitieux Patient Doué d'humour	Utopiste Excentrique Révolté Brusque	Hospitalier Généreux Compatissant Intuitif	**TAUREAU**
e de charme table daine ctueuse	Critique Tortueux Jaloux Brutal	Optimiste Large d'esprit Sportif Explorateur	Pessimiste Mesquin Rigoriste Rancunier	Fraternel Libre Intensif Humain	Romanesque Vague, secret Indécis Abandonné	**GÉMEAUX**
ngeante re erficielle ouverte	Profond Mystique Perspicace Tenace	Aventureux Exagéré Imprudent Peu délicat	Intériorisé Responsable Maître de soi Intègre	Imprévisible Inconstant Intellectuel Trop vaste	Bon, sensible Détaché Mystique Inspiré	**CANCER**
née able nte brée	Envieux Arrogant Extrêmiste Violent	Large, vital Entreprenant Compétent Clairvoyant	Isolé, froid Trop ambitieux Rigide Concentré	Humanitaire Complaisant Loyal Idéaliste Inventif	Impressionnable Dissimulé Morbide Faible	**LION**
e ste rsée ise	Énergique Bénéfique Scrupuleux Passionné	Trop extériorisé Aventureux Joueur Trop habile	Économe Persévérant Voyant loin	Idéaliste Révolté Tendu	Ayant le sens du sacrifice Intuitif Bénéfique	**VIERGE**
	Tyrannique Brutal Instinctif Entier	Riche Talentueux Organisé Large d'esprit Enthousiaste	Décourageant Solitaire Calculateur Froid	Altruiste Fidèle Amical Intelligent	Replié sur soi Timide Secret, mou Négligent	**BALANCE**
délicate ste orisée ue		Extériorisé Changeant Trop optimiste Diffus	Ambitieux Résolu Solide Perspicace	Excentrique Irréaliste Théorique Trop confiant	Mystique Inspiré Compréhensif Persuasif	**SCORPION**
ble sentative du ent	Destructeur Révolté Secret Dangereux		Casanier Routinier Pessimiste Rancunier	Humain Libre, inventif Disponible Sincère	Empêtré dans son émotivité Confus, passif Fuyant	**SAGITTAIRE**
ersévérance use nentale ficielle	Tenace Volontaire Fidèle Perspicace	Superficiel Aventureux Joueur Peu rigoureux		Rebelle Trop tendu Utopiste Imprévisible	Compatissant Hospitalier Intuitif Bon	**CAPRICORNE**
le vivante te nate	Caustique Antisocial Jaloux Méfiant	Ouvert, sincère Mondialiste Explorateur Indépendant	Trop centré sur soi, froid Calculateur Pessimiste		Trop émotif Désordonné Fluctuant Flou	**VERSEAU**
orisée aine aine	Mystique Passionné Profond Énergique	Trop extériorisé Excessif Turbulent	Solide, calme Prévoyant Concret Supérieur	Excentrique Brusque Révolté Prométhéen		**POISSONS**

Miou-Miou a formé avec Julien Clerc (Ascendant Poissons) un couple discret, uni. Là encore, son talent de comédienne qui lui fait littéralement « crever l'écran » à chacun de ses rôles est celui de la femme Poissons profondément imprégnée de « l'autre ».

Les Astromariages de la Femme Poissons

Femme Poissons et homme Bélier

Voilà l'extrême féminité, l'infinie douceur de la dame Poissons pliant devant l'impulsivité dominatrice et fougueuse du Bélier : comment vont-ils s'accorder ? Très bien. Encore le mystère des extrêmes qui se touchent... Bien que l'Eau soit réputée ne pas convenir au Feu, notre actif et impatient Bélier trouve son équilibre dans le climat enveloppant et passionnel de cette sirène.

Mais elle ? Qu'il n'oublie jamais, cet homme sportif et combatif que la femme Poissons est une femme romanesque. Si l'ennui se glisse dans ce couple, elle s'enfuira. Rien ne la retiendra. La liaison fracassante de la belle Ursula Andress (Poissons) avec Jean-Paul Belmondo (Bélier), et leur rupture qui le fut tout autant, signale à ce couple passionné les écueils à éviter !

Femme Poissons et homme Taureau

C'est un couple très harmonieux car ils sont liés tous les deux par Vénus, planète de la chair. L'attirance physique est en général très grande entre eux. Par ailleurs, la vision du Taureau étant une vision matérialiste tandis que la vision du Poissons est une vision floue et trouble, ils s'appuient donc forcément l'un sur l'autre ; leur couple peut être une réussite totale. C'est le cas pour une femme Poissons qui rencontre un homme Taureau. Il la décharge de tout le côté pratique et prosaïque de la vie qui ne lui plaît guère. Son mari est alors un compagnon fidèle et rassurant dont elle ne saurait plus se passer. Telle est le cas du couple de Michèle Morgan, femme Poissons, et de Gérard Oury marqué par le signe du Taureau. C'est une union solide, ferme, qui repose sur des valeurs sûres et a de fortes chances de résister aux tempêtes de la vie.

Femme Poissons et homme Gémeaux

La femme Poissons est une énigme pour Monsieur Gémeaux. Leurs sensibilités se heurtent, l'un et l'autre s'égratignent mutuellement. L'humeur changeante des Gémeaux parvient-elle à saisir l'ambiance mystérieuse, floue, incertaine, dans laquelle vit la femme Poissons ? Ce n'est pas certain ; et tout cela peut conduire le couple à une désagrégation, d'autant plus que la tendresse du Poissons est débordante, envahissante, alors que celle du Gémeaux est toujours réservée, retenue, pudique, et qu'il livre difficilement son cœur. On voit que ce sont là, vraiment, deux univers très difficiles à concilier... Il faudra pour ce faire beaucoup d'amour et de patience... à tous deux !

Femme Poissons et homme Cancer

L'amour d'une femme Poissons et d'un homme Cancer, c'est peut-être l'amour idéal ; si tant est qu'il y ait un amour idéal ! C'est, en tout cas, un amour d'une qualité rare, et une entente presque parfaite, à la fois physique et spirituelle. Et l'on peut évoquer ici le couple inoubliable et parfaitement uni que formèrent quelque temps, car ensuite la mort les sépara, Liz Taylor et Mike Todd. Si la vie les sépare, elle ne l'oubliera jamais. Il restera pour elle l'homme idéal, tendre, et l'amant dont elle avait rêvé.

Femme Poissons et homme Lion

Le couple femme Poissons et homme Lion se forme brutalement. Le Lion, lorsqu'il rencontre la femme Poissons, s'enflamme et n'a de cesse de la conquérir. Mais dans cet amour, cette fois, c'est la femme qui est subjuguée et elle va tout faire pour, littéralement, l'envoûter et l'ensorceler. Union peut-être aussi plus facile à harmoniser que celle du couple inverse. Toutefois, là encore, le côté « carré », autoritaire, de son compagnon restera toujours un peu hermétique à la nature ondoyante et mystérieuse de la femme Poissons.

Dans un tel couple, nous retrouvons l'alliance de l'Eau et du Feu, de la fixité et de l'extrême réceptivité, de l'extrême adaptabilité : ce sont là incontestablement deux personnalités très différentes.

Le Poissons et le Lion peuvent arriver à une entente véritable mais il leur faudra beaucoup de patience et d'amour. Ils formeront alors un couple qui se complétera admirablement. Qu'il y ait un certain goût pour le sacrifice masochiste chez la femme Poissons, et que le Lion sache particulièrement bien l'exploiter, c'est possible... En tout cas, on ne peut pas ne pas évoquer ici la tragédie de Mayerling, où la petite baronne Marie Vetsera (native des Poissons, avec une sous-dominante Scorpion) suivit son amant l'archiduc Rodolphe jusque dans la mort. Les amours, tout aussi dramatiques, de Claretta Petacci et de Mussolini illustrent le drame du sacrifice et du dévouement de la femme Poissons qui, lorsqu'elle appartient à un homme, se donne totalement et le suit dans tout ce qu'il entreprend [1].

Femme Poissons et homme Vierge

Madame Poissons sera souvent excédée par sa froideur, par son manque de tendresse, par ses critiques permanentes et blessantes et aura beaucoup de mal à le supporter, c'est certain.

C'est un couple dont les failles sont probables, mais qui peut s'unir dans une passion commune, dans une réalisation partagée. Ce fut le cas de Valentina Terechkova qui, après avoir tourné quarante-neuf fois autour de la Terre dans un Vostok VI, se maria deux ans plus tard avec le colonel Nicolaev, cosmonaute soviétique. Mais il faut noter que c'est grâce à un Poissons, Youri Gagarine, qu'elle vécut réellement la grande expérience cosmique du premier vol dans l'espace sidéral. Passion commune, telle est peut être la solution pour deux signes dont les univers sont si différents. Pourtant, comme l'a fait remarqué André Barbault, « leur unité serait un accomplissement transcendant » !

Femme Poissons et homme Balance

Leur couple peut manquer de consistance. Ils vivent ensemble sans se dire l'essentiel. Le désir de ne pas peiner l'autre, la peur des affrontements, leur font fuir les discussions. Leur liaison (ou leur union) peut durer dans un climat imprécis, vague, où tout reste un peu flou, jamais dit... Si elle apprécie son tact, elle ne peut s'empêcher de le trouver un peu trop hésitant. Ce n'est pas elle qui le brusquera, mais ils risquent, s'ils n'y prennent garde, de se retrouver un jour face à face, parfaitement étrangers l'un à l'autre.

Femme Poissons et homme Scorpion

C'est un amour toujours insolite, souvent pervers, parfois étrange, qui débouche sur un monde érotique plein de sensations fortes où deux êtres vont se déchirer, dramatiser, se blesser, et faire de leur amour un tourment commun et de leur couple une union au bord de la démesure, de la passion. Lorsqu'une femme Poissons rencontre un homme Scorpion, ils s'enfoncent ensemble dans un univers étrange et trouble qui les lie chaque jour davantage : l'univers sadomasochiste. S'aiment-ils, se haïssent-ils ? La passion les tenaille jusqu'aux entrailles ; et, en général, c'est au lit qu'ils se retrouvent vraiment ! Couple torturé et torturant, souvent destructeur, tel celui de Liz Taylor, Poissons, et de Richard Burton, Scorpion. Passion dévorante, liaison, amour... toujours vécus avec une certaine démesure.

Femme Poissons et homme Sagittaire

Lorsqu'une femme Poissons rencontre un homme Sagittaire, elle est vulnérable à ses élans et elle entre dans le climat de ferveur où il l'entraîne aussitôt. Là encore, d'un côté, il y a ardeur, feu ; de l'autre, c'est le flou, l'indécision ; il ne manquera pas de se produire des frictions entre

1. La mère de l'auteur, née en 1901, Poissons, médecin-gynécologue, chef de clinique, suivit en Indochine puis en Afrique son mari officier, tout en continuant là-bas à exercer.

deux êtres à la sensibilité aussi différente. C'est un couple qui peut s'unir pourtant pour défendre une cause, pour réaliser un programme ; et la femme Poissons acceptera d'être un peu bousculée dans sa sensibilité si elle se rend en quelque sorte utile à son mari. Mais c'est généralement un couple qui a du mal à se maintenir : ils se fatiguent mutuellement et refont souvent leur vie chacun de leur côté.

S'ils se rencontrent après 35 ans, passé l'ivresse des découvertes, le Sagittaire assagi, calmé, est devenu un être jovial et alors peut s'accommoder d'une femme Poissons, finalement assez souple, plutôt soumise, qui lui apporte la sérénité à laquelle il aspire enfin. Disons donc qu'en général ces unions sont plus solides à l'âge de Jupiter, c'est-à-dire à l'âge de la maturité (troisième boucle de Jupiter : 35-36 ans).

Femme Poissons et homme Capricorne

La femme Poissons, lorsqu'elle rencontre un Capricorne, l'épouse en général assez vite car il lui paraît solide et rassurant, mais elle se sent souvent un peu seule auprès de ce compagnon renfermé, avec lequel elle communique mal. Peu démonstratif, le Capricorne refoule sa sensibilité et offre à sa femme une vie assez monotone, sans grandes sorties, sans grandes réjouissances, où les soirées sont silencieuses et où l'on vit dans une atmosphère sérieuse, un peu rigide même, mais finalement sécurisante pour la femme Poissons.

Le couple est en général stable, et la sécurité que lui apporte Monsieur Capricorne n'est peut-être pas tout à fait étrangère à la solidité de ce couple qui divorce rarement et qui vit, entouré de ses enfants, de façon assez paisible ; mais ce n'est peut-être pas toujours un couple très épanoui sensuellement. Les risques d'infidélité de la femme Poissons ne sont, alors, pas exclus.

Femme Poissons et homme Verseau

Lorsqu'une femme Poissons rencontre un homme Verseau, elle sait respecter son côté indépendant et comprend assez facilement qu'il a horreur de se sentir « oiseau captif », aussi belle et aussi dorée que soit la cage dans laquelle on l'emprisonne. Et puis, leur union est toujours auréolée de merveilleux, et le Verseau sait par là entraîner son épouse dans l'univers magique qui lui convient. Ce n'est pas un être routinier et terne et, de plus, ce qui ne gâche rien, elle aime en lui cette intelligence et cette vivacité d'esprit qui lui attirent toutes les sympathies.

Elle partagera avec lui ses occupations, ses rêves, ses amitiés. Elle sait, tout en étant présente, préserver sa part d'indépendance. Leur vie restera pourtant souvent instable, trop saccadée pour elle. Bref, angoissante pour une femme Poissons qui a par-dessus tout besoin d'être sécurisée... Mais ça peut durer, si leur accord est charnel d'abord, mais aussi spirituel. Les partenaires finiront par communier de façon spontanée surtout s'ils collaborent ensemble à quelque cause, s'ils s'épaulent mutuellement.

Femme Poissons et homme Poissons

Il y a aux Poissons cette valeur d'infini et d'éternité, ce don de soi qui favorisent la perception de l'amour comme une éblouissante révélation que deux âmes vont se faire l'une à l'autre. Mais il est non moins certain que deux natures profondément émotives, romanesques, qui vivent dans ce monde de l'inflation sentimentale, ne sont pas faites pour la vie quotidienne et qu'on retrouve là le risque de s'abandonner aux chimères, à l'illusion, aux songes, et de ne pas faire face de façon positive aux réalités de la vie.

Un tel couple, s'il se réalise (car bien souvent l'un des deux Poissons prend la fuite et s'en va à l'autre bout du monde), peut finalement n'avoir réellement aucun sens pratique. Couple bohème, étrange, qui vit entouré de sa nombreuse famille (le Poissons adore les enfants) dans un univers mystérieux pour son entourage. Vie à deux, aux contours imprécis d'ailleurs, formule énigmatique pour leurs proches, dans laquelle nos deux Poissons sont, eux, parfaitement à l'aise et où, finalement, ils se retrouvent. Peut-on conclure : vivre à deux est toujours une entreprise difficile ? Nous avons tous des sensibilités différentes. Il faut pour qu'un couple dure (ne parlons pas d'un « ménage », un « couple » c'est autre chose), beaucoup d'amour. Mais c'est un saint qui nous donne peut-être la meilleure recette : « Dans le régime des âmes, disait saint François de Sales, il faut une tasse de science, un baril de prudence et un océan de patience... »

André Pieyre de Mandiargues et sa femme. Trouble, fantastique, érotisme, créent l'étrange climat de son œuvre écrite comme sous l'emprise du rêve.

Les Astromariages de l'Homme Poissons

Homme Poissons et femme Bélier

C'est un couple que l'on rencontre fréquemment, comme l'inverse. La nature fougueuse, passionnée et, en même temps, inconditionnelle de la dame Bélier convient à l'idéaliste homme des Poissons qui recherche une communion très profonde, presque mystique avec la femme qu'il aime. Mystérieusement, l'Eau des Poissons et le Feu du Bélier s'accordent ici dans un échange dynamisant, peut-être parce que la femme du Bélier, conquérante et séductrice, est à la fois soumise, violente et peut être l'esclave de l'homme qu'elle aime s'il répond à son enthousiasme. Leurs rapports sont romanesques souvent, intenses toujours... et peuvent durer. Ce fut le cas de la liaison de Victor Hugo (Poissons) avec Juliette Drouet (Bélier, Vénus en Poissons). Une rencontre amoureuse exceptionnelle, de toute façon.

Homme Poissons et femme Taureau

L'alliage parfait est ici plus difficile : l'homme des Poissons vit dans le flou, le non-dit, la femme du Taureau est plus matérialiste. Elle a besoin de savoir de quoi seront faits ses lendemains. Ferme, décidée, tenace, voire têtue, elle pourra aider le Poissons à se fixer et à se stabiliser, mais il lui faudra beaucoup de diplomatie car leurs caractères sont vraiment très différents ; et c'est probablement elle qui prendra en main les rênes du foyer... L'homme Poissons appréciera l'univers sécurisant qu'elle sait créer autour d'elle. L'attirance physique sera très forte entre eux.

Homme Poissons et femme Gémeaux

C'est un amour un peu difficile car le Poissons et le Gémeaux sont sur deux longueurs d'ondes différentes. L'un trouve l'autre un peu ridicule : leurs sensibilités se heurtent. S'ils n'ont pas un rapport de complicité très grand, leur couple sera des plus fragiles. Le Gémeaux n'est pas toujours compris par le Poissons qui est beaucoup moins cérébral. L'un et l'autre risquent très vite de s'ennuyer... L'un adore le bruit, l'autre préfère le silence. Il est certain que l'intimité, dans un tel couple, n'est pas toujours très réussie.

L'homme Poissons qui rencontre une femme Gémeaux peut avoir la tête qui tourne rapidement car, plutôt réservé, il se trouve en face d'une femme qui le fascine. Mais le couple ne s'équilibrera pas pour autant facilement ; à moins qu'ils ne parviennent à faire régner entre eux un climat d'amitié qui satisfera peut-être dame Gémeaux mais pas pour autant Monsieur Poissons... Vie trépidante, vie intérieure, voilà vraiment deux univers difficiles à unir. L'aventure matrimoniale de Françoise Sagan, Gémeaux, avec Bob Westloff, natif des Poissons, illustre les difficultés de ce couple qui joue souvent un peu à « cache-cache ».

Homme Poissons et femme Cancer

C'est l'une des plus belles constellations amoureuses du Zodiaque et c'est, pour le Poissons, l'entente merveilleuse, quasi miraculeuse, la communion charnelle et spirituelle, l'indulgence réciproque, la sensibilité en commun. La chaude affection, la douceur maternelle de la femme Cancer sied à l'homme Poissons. Elle crée autour de lui une ambiance tendre et chaude. Ils se comprennent à demi mot. Souvent, la femme Cancer joue alors un rôle quelque peu maternel. Ce fut le cas de l'amour de George Sand, Cancer, pour son « petit Chopin », Poissons. Elle disait en parlant de lui : « Mon chippe, ma chipette », et elle associait dans une même tendresse ceux qu'elle appelait « ses enfants », c'est-à-dire son amant et ses enfants.

Homme Poissons et femme Lion

C'est l'amour entre deux êtres très différents et l'univers flou du Poissons comprend mal le côté fixe et rayonnant du Lion, mais aussi un peu tranchant, manquant de nuances ! Le Poissons paraîtra également au Lion trouble, bizarre, voire très incompréhensible, car il lui semblera souvent qu'il ment, alors que pour ce dernier il ne s'agit que d'arranger la vérité, de la travestir pour en oublier le côté parfois irritant, agaçant, pénible, trop brutal. Et pourtant, le Lion va fasciner le Poissons, il va l'ensorceler et le Poissons cédera à cette attirance irrésistible. Le Poissons admirera le Lion. Mais jusqu'où cette admiration l'emportera-t-il ? Parfois, le Poissons sera en quelque sorte « choisi » par la femme Lion. De toute façon, le moins qu'on puisse dire est, qu'en général, dans ce couple, il y a des rapports de force et de soumission que le Poissons accepte assez bien. Mais il n'est pas certain pour autant que ce soit le Lion qui commande vraiment...

Disons que, bien souvent, le Poissons s'organise alors une petite vie très agréable, à l'ombre de dame Lion. Mais ne concluons pas que le Poissons ne fait pas ce qu'il veut dans ce genre de couple. Celui de Sacha Guitry, natif des Poissons, et d'Yvonne Printemps, Lion, démontre bien, si besoin est, qu'il existe aussi des Poissons tyranniques... Faut-il rappeler que Sacha Guitry, séducteur, casanova, n'eut pas moins de cinq épouses...

Homme Poissons et femme Vierge

Avec la Vierge, nous sommes là dans des amours très différentes, dans des amours beaucoup plus méthodiques, beaucoup plus organisées, où la passion ne paraît pas tenir toujours une grande place, où tout est classé, ordonné. C'est ce cadre peut-être un peu « étriqué » qui va emprisonner un homme Poissons amoureux d'une femme Vierge, mais il appréciera son efficacité et il saura reconnaître ses qualités incontestables de maîtresse de maison. C'est pourquoi finalement le couple sera stable ; car si la femme Vierge l'agace par ses menues critiques, il s'en accommodera, trouvant finalement que cette vie est, somme toute, assez confortable... Mais nulle trace ici de passion !

Homme Poissons et femme Balance

C'est un amour tout en demi-teintes et tout en harmonie ; fait d'attentions, de discrétion, de retenue. Un amour, qui, pourtant, est parfois trop hésitant, qui flotte ; il faut, en général, pour qu'il se concrétise vraiment, quelque chose d'autre entre de tels être, que des valeurs de Feu ou des valeurs de Terre viennent appuyer leur thème. Sinon, la vie amoureuse risque de flotter dans une espèce de climat tendre et charmant mais où aucune résolution ne sera finalement prise ! S'ils parviennent à concrétiser leurs rapports, leur vie peut être un modèle d'équilibre, d'harmonie, d'entente.

Homme Poissons et femme Scorpion

Les amours d'un homme Poissons avec une femme Scorpion sont peut-être apparemment plus calmes que celles d'un Scorpion et d'une dame Poissons, mais elles ne sont pas pour autant sereines (Renato Salvatori, Poissons, et Annie Girardot, Scorpion). L'univers aquatique, mouvant et trouble dans lequel ils vivent, reste très sadomasochiste. C'est certain, mais ils ont énormément de points communs et c'est souvent un couple uni qui recherche en permanence les situations paroxystiques, les climats passionnels et déchirants, les conflits torturés et douloureux. Ils se réunissent et se retrouvent vraiment dans la relation physique qui joue un rôle très puissant entre eux. Malgré les orages qu'ils semblent avoir plaisir à provoquer, ils sont très profondément complices. Face au monde extérieur, leur union est fortement cimentée par des liens secrets qui les attachent mystérieusement, charnellement, l'un à l'autre.

Homme Poissons et femme Sagittaire

C'est un amour généreux, enthousiaste et si Jupiter les réunit parfois dans un idéal commun, celui des voyages, celui du dépaysement, celui de l'évasion, il n'en reste pas moins que la vie d'un homme Poissons près d'une femme Sagittaire n'est pas de tout repos. Elle n'accepte pas ce qu'elle considère comme une certaine mollesse. Elle aime les choses claires, nettes, et ne comprend pas toujours l'univers nébuleux dans lequel vit son mari, qui lui paraît d'ailleurs un peu casanier. Les nuances sont pour elle des dérobades !

Homme Poissons et femme Capricorne

Lorsqu'un Poissons rencontre une femme Capricorne, il trouve en elle une compagne silencieuse, réservée, mais qui pour lui manque peut-être un peu de passion. C'est d'ailleurs un couple assez sévère qui peut trouver son équilibre dans ce calme. Union un peu taciturne quand même pour un Poissons. La femme Capricorne est ferme, lucide, réaliste et le Poissons sait qu'il a besoin d'elle. Il se fie à elle ; c'est elle qui finira par gérer tout dans la maison. Il sera le poète, elle sera la « gardienne du foyer », sécurisante et « maternante ». Union un peu grave mais qui a des chances de durer.

Homme Poissons et femme Verseau

Le couple Poissons-Verseau est plein de fantaisie, a des idéaux communs, et se retrouve dans un certain désir d'œuvrer dans une même direction. C'est un couple qui vit entouré d'amis, un couple très jeune et très gai. L'amour d'un homme Poissons pour une femme Verseau risque de le faire un peu souffrir car c'est une femme affranchie, indépendante, décidée, et le ménage n'est pas de tout repos. Philippe Lemaire et Juliette Gréco illustrent ce type de couple Poissons-Verseau qui parfois ne tient pas longtemps.

Homme Poissons et femme Poissons

Deux Poissons ensemble ? Est-ce concrètement possible ? Incontestablement, voilà deux êtres qui sont faits pour vivre ensemble dans la mesure où ils vivent réellement dans les mêmes sphères. Mais est-ce réalisable sur le plan de la vie commune ? Ce sont deux êtres qui trouvent ensemble, au sein de leur foyer, un refuge et la paix. Mais les étrangers qui entrent dans un tel univers sont surpris par leur manière de vivre. On a vu parfois des Poissons faire ensemble un travail indépendant, par exemple des artisans, des commerçants, des gens qui travaillent chez eux. Ce peut être une excellente solution de toute façon.

Mais il leur restera toujours une part de rêve ; ce pouvoir poétique, cette ferveur qui est en eux leur permettra de ne pas toujours voir les difficultés, de même que leurs « absences » peuvent leur permettre de conserver chacun un monde à eux, ce dont ils ont besoin. C'est un couple qui ne s'étouffe pas, qui peut réussir à trouver l'harmonie et qui communie souvent dans un même idéal, avec d'ailleurs un même regard sur la vie.

Goût du faste, des couleurs, sombres intrigues psychologiques, passions exacerbées : ce sont quelques aspects des films de Vincente Minelli. Ici avec sa fille Liza lors d'un tournage.

Comment trouver votre Ascendant

Je vous suppose assez averti des notions de base de l'Astrologie pour ne pas confondre votre Ascendant horoscopique avec vos ascendants juridiques : l'Ascendant qui nous intéresse, vous le savez, n'a rien à voir avec vos chers parents, grands-parents et arrière-grands-parents. Il n'est cependant pas mauvais de rappeler brièvement quelques définitions avant d'entrer dans le vif du sujet.

Vous qui avez acheté ce livre parce qu'il vous concernait, votre anniversaire se situe forcément entre le 19 février et le 20 mars, période annuelle durant laquelle le Soleil occupe le secteur zodiacal appelé Poissons. Vous savez donc que vous êtes natif des Poissons, ou encore que les Poissons sont votre signe solaire. Le jour où vous êtes né, quand le Soleil s'est levé, le signe des Poissons qu'il occupait se levait donc en même temps. Puis, ce Soleil en Poissons est monté dans le ciel hivernal, et un peu plus tard dans la matinée, le signe du Bélier s'est levé à son tour. Ce furent ensuite, au cours de la journée, les levers successifs du Taureau, des Gémeaux, du Cancer, et tutti quanti. C'est ainsi qu'en une période de vingt-quatre heures, du fait de la rotation de la Terre, les douze signes du Zodiaque se lèvent tour à tour. Moyennant la connaissance de votre heure et de votre lieu de naissance, il est possible de déterminer lequel des douze se levait à l'instant précis de votre venue au monde : vous connaîtrez alors votre signe Ascendant. Les pages techniques de ce livre vous fourniront tous les moyens de trouver vous-même si vous êtes Poissons Ascendant Bélier, Poissons Ascendant Verseau ou Poissons – autre chose encore.

Pour trouver tout de suite votre Ascendant vous avez besoin de connaître votre heure de naissance

Pour connaître votre heure de naissance, vous interrogez vos parents, ou bien, dans de nombreux pays, vous pouvez également l'obtenir auprès de votre mairie, en demandant un extrait d'acte de naissance.

Toutefois, l'heure que vos parents ou la mairie vous indiquent est une heure officielle qui ne coïncide pas forcément avec l'heure solaire.

Souvenez-vous qu'à la campagne, certaines personnes ne désirent pas vivre à l'heure officielle et préfèrent suivre l'heure du Soleil.

De même, un enfant né à 14 heures officiellement serait, en fait, né à midi solaire.

Pour que vous puissiez facilement transformer votre heure officielle de naissance en heure solaire, nous avons établi un tableau par pays.

Vous recherchez, dans les pages suivantes, le tableau concernant votre pays de naissance et vous lisez ce que vous avez à faire.

Si le tableau vous demande « Retranchez une heure », cela veut dire que vous devez retrancher une heure de votre heure de naissance officielle pour trouver l'heure solaire.

Si le tableau vous demande « Ajoutez 0 h 30 », c'est l'inverse.

Si enfin, le tableau indique « Aucun changement », c'est que l'heure officielle est la même que l'heure solaire.

Pourquoi est-il nécessaire que vous retrouviez l'heure solaire de votre naissance ?

Tout simplement parce que, si vous utilisiez directement votre heure officielle de naissance, vous trouveriez un Ascendant inexact chaque fois que cette heure aurait une avance ou un retard notable sur l'heure du Soleil.

Si vous avez bien noté votre heure de naissance, vous pouvez passer maintenant à la page 98 où vous lirez comment trouver votre Ascendant sans aucun calcul.

AFRIQUE

AFFARS ET ISSAS (Djibouti)
Depuis 1910 aucun changement

AFRIQUE DU SUD
Ouest
Province du Cap occidentale
De 1910 à 1942 retranchez 0 h 45
Du 19 fév. au 20 mars 1943 retranchez 1 h 45
Le 21 mars 1943 retranchez 0 h 45
Du 19 fév. au 18 mars 1944 retranchez 1 h 45
Du 19 au 21 mars 1944 retranchez 0 h 45
Depuis 1945 retranchez 0 h 45
Est
Orange, Transvaal, Natal, province du Cap orientale
De 1910 à 1942 aucun changement
Du 19 fév. au 20 mars 1943 retranchez 1 h
Le 21 mars 1943 aucun changement
Du 19 fév. au 18 mars 1944 retranchez 1 h
Du 19 au 21 mars 1944 aucun changement
Depuis 1945 aucun changement

ALGÉRIE
En 1910 aucun changement
Du 19 fév. au 10 mars 1911 aucun changt
Du 11 au 21 mars 1911 ajoutez 0 h 10
De 1912 à 1917 ajoutez 0 h 10
Du 19 fév. au 9 mars 1918 ajoutez 0 h 10
Du 10 au 21 mars 1918 retranchez 0 h 50
Du 19 février au 1er mars 1919 ajoutez 0 h 10
Du 2 au 21 mars 1919 retranchez 0 h 50
En 1920 retranchez 0 h 50
Du 19 fév. au 14 mars 1921 ajoutez 0 h 10
Du 15 au 21 mars 1921 retranchez 0 h 50
De 1922 au 24 fév. 1940 ajoutez 0 h 10
Du 25 fév. 1940 au 21 mars 1946 retranchez 0 h 50
De 1947 à 1955 ajoutez 0 h 10
De 1956 à 1963 retranchez 0 h 50
Depuis 1964 ajoutez 0 h 10

ANGOLA
Occidental
Depuis 1910 aucun changement
Oriental
Depuis 1910 ajoutez 0 h 20

BOSTWANA
De 1910 à 1943 retranchez 0 h 20
Du 19 fév. au 18 mars 1944 retranchez 1 h 20
Depuis le 19 mars 1944 retranchez 0 h 20

BURUNDI
Depuis 1910 aucun changement

CAMEROUN
En 1910 et 1911 aucun changement
Depuis 1912 retranchez 0 h 10

CENTRAFRIQUE (RÉP.)
En 1910 et 1911 aucun changement
Depuis 1912 ajoutez 0 h 20

COMORES (ILES)
Depuis 1910 aucun changement

BENIN (DAHOMEY)
De 1910 au 25 fév. 1934 aucun changement
Depuis le 26 fév. 1934 retranchez 0 h 50

CONGO
Depuis 1910 aucun changement

CÔTES D'IVOIRE
En 1910 et 1911 aucun changement
Depuis 1912 retranchez 0 h 20

ÉGYPTE
Depuis 1910 aucun changement

ÉTHIOPIE (sauf Erythrée)
De 1910 à 1936 aucun changement
Depuis 1937 retranchez 0 h 25

ÉRYTHRÉE
De 1910 à 1930 aucun changement
Depuis 1931 retranchez 0 h 20

GABON
En 1910 et 1911 aucun changement
Depuis 1912 retranchez 0 h 15

GAMBIE
De 1910 à 1963 aucun changement
Depuis 1964 retranchez 1 h

GHANA
Depuis 1910 aucun changement

GUINÉE
En 1910 et 1911 aucun changement
De 1912 au 25 fév. 1934 retranchez 0 h 45
Du 26 fév. 1934 à 1959 ajoutez 0 h 15
Depuis 1960 retranchez 0 h 45

GUINÉE BISSAU
Depuis 1910 aucun changement

GUINÉE ÉQUATORIALE
En 1910 et 1911 aucun changement

HAUTE-VOLTA
Depuis 1910 aucun changement

KÉNYA
De 1910 à 1928 aucun changement
En 1929 retranchez 0 h 30
De 1930 à 1939 aucun changement
De 1940 à 1959 retranchez 0 h 15
Depuis 1960 retranchez 0 h 30

LESOTHO
Depuis 1910 aucun changement

LIBÉRIA
Depuis 1910 aucun changement

LIBYE
Cyrénaïque
De 1910 à 1919 aucun changement
De 1920 à 1963 ajoutez 0 h 30
Depuis 1964 retranchez 0 h 30
Tripolitaine, Syrte
De 1910 à 1963 aucun changement
Depuis 1964 retranchez 1 h

MADAGASCAR
Depuis 1910 aucun changement

MALAWI
Depuis 1910 ajoutez 0 h 15

MALI
Oriental (Tombouctou-Gao)
En 1910 et 1911 aucun changement
De 1912 au 25 fév. 1934 retranchez 0 h 10
Du 26 fév. 1934 à 1960 ajoutez 0 h 50
Depuis 1961 retranchez 0 h 10
Occidental (Bamako)
En 1910 et 1911 aucun changement
De 1912 au 25 fév. 1934 retranchez 0 h 30
Du 26 fév. 1934 à 1960 ajoutez 0 h 30
Depuis 1961 retranchez 0 h 30

MAROC
De 1910 à 1913 aucun changement
De 1914 à 1939 retranchez 0 h 30
Du 19 au 24 fév. 1940 retranchez 0 h 30
Du 25 fév. 1940 à 1945 retranchez 1 h 30
Depuis 1946 retranchez 0 h 30

MAURICE (ILE)
Depuis 1910 aucun changement

MAURITANIE
En 1910 et 1911 aucun changement
De 1912 au 25 fév. 1934 retranchez 0 h 55
Du 26 fév. 1934 à 1959 aucun changement
Depuis 1960 retranchez 0 h 55

MOZAMBIQUE
Depuis 1910 retranchez 0 h 25

NIGER
Occidental (Niamey)
En 1910 et 1911 aucun changement
De 1912 au 25 fév. 1934 ajoutez 1 h 10
Du 26 fév. 1934 à 1959 ajoutez 0 h 10
Depuis 1960 retranchez 0 h 50
Central (Tahoua, Nkoni, Ingall, Maradi)
En 1910 et 1911 aucun changement
De 1912 à 1959 ajoutez 0 h 25
Depuis 1960 retranchez 0 h 35

Oriental
(Agadez, Bilma, Zinder, Nguigmi)
En 1910 et 1911 aucun changement
Depuis 1912 retranchez 0 h 20

NIGERIA
De 1910 à 1919 aucun changement
Depuis 1920 retranchez 0 h 30 (1)

OUGANDA
De 1910 à 1919 aucun changement
De 1920 à 1928 retranchez 0 h 20
En 1929 retranchez 0 h 50
De 1930 à 1947 retranchez 0 h 20
De 1948 à 1963 retranchez 0 h 35
Depuis 1964 retranchez 0 h 50

RÉUNION (ILE DE LA)
En 1910 et 1911 aucun changement
Depuis 1912 retranchez 0 h 20

RHODÉSIE
Depuis 1910 aucun changement

RWANDA
Depuis 1910 aucun changement

SÉNÉGAL
De 1910 à 1941 aucun changement
Depuis 1942 retranchez 1 h

SIERRA LEONE
De 1910 à 1913 aucun changement
De 1914 à 1963 ajoutez 0 h 15
Depuis 1964 retranchez 0 h 45

SOMALIE
ex-française et italienne
Depuis 1910 aucun changement
ex-anglaise
De 1910 à 1965 ajoutez 0 h 30
Depuis 1966 aucun changement

SOUDAN
Depuis 1910 aucun changement

SWAZILAND
Depuis 1910 aucun changement

TANZANIE
Tanganyika
De 1910 à 1930 aucun changement
De 1931 à 1947 retranchez 0 h 30
De 1948 à 1960 retranchez 0 h 15
Depuis 1961 retranchez 0 h 30
Zanzibar
De 1910 à 1930 aucun changement
De 1931 à 1939 ajoutez 0 h 10
Depuis 1940 retranchez 0 h 20

TCHAD
En 1910 et 1911 aucun changement
Depuis 1912 ajoutez 0 h 10

TOGO
Depuis 1910 aucun changement

TUNISIE
En 1910 ajoutez 0 h 30
Du 19 fév. au 8 mars 1911 ajoutez 0 h 30
Du 9 mars 1911 au 24 fév. 1940 retranchez 0 h 20
Du 25 fév. 1940 à 1941 retranchez 1 h 20
Du 19 fév. au 7 mars 1942 retranchez 0 h 20
Du 8 au 21 mars 1943 retranchez 1 h 20
Depuis 1943 retranchez 0 h 20

ZAÏRE
Province de Kinshasa (Léopoldville) et Mbandaka (Coquilhatville)
De 1910 à 1920 aucun changement
De 1921 à 1935 retranchez 1 h
Depuis 1936 aucun changement
Provinces orientales Kasaï et Katanga
De 1910 à 1920 ajoutez 0 h 45 (2)
Depuis 1921 retranchez 0 h 15

ZAMBIE
Depuis 1910 aucun changement

(1) Sauf région du lac Tchad aucun changement
(2) Ainsi que de 1921 à 1935 pour le Kasaï.

AMÉRIQUE DU NORD
ALASKA *
Région de Wrangel
Depuis 1910 retranchez 1 h
Région de Juneau
Depuis 1910 retranchez 0 h 15
Central et Occidental
Depuis 1910 aucun changement
CANADA *
Alberta retranchez 0 h 40
Colombie aucun changement
Manitora retranchez 0 h 30
N. Brunswick retranchez 0 h 30
N.F. Labrador retranchez 0 h 40
N. Écosse aucun changement
Ontario est retranchez 0 h 20
Ontario ouest retranchez 1 h
Québec ouest de Port-Cartier ajoutez 0 h 15
Québec Port-Cartier et est retranchez 0 h 20
Saskatchewan aucun changement
ÉTATS-UNIS *
Alabama ajoutez 0 h 15
Arizona retranchez 0 h 25
Arkansas retranchez 0 h 10
Californie aucun changement
Caroline du Nord retranchez 0 h 20
Caroline du Sud retranchez 0 h 25
Colorado aucun changement
Connecticut ajoutez 0 h 10
Dakota Nord (est) retranchez 0 h 40
Dakota Nord (ouest) aucun changement
Dakota Sud (est) retranchez 0 h 35
Dakota sud (ouest) ajoutez 0 h 10
Delaware aucun changement
District Féd. aucun changement
Floride retranchez 0 h 30
sauf Panama, Pensacola ajoutez 0 h 20
Georgie retranchez 0 h 35
Idaho (est) retranchez 0 h 30
Idaho (ouest) ajoutez 0 h 15
Illinois aucun changement
Indiana ajoutez 0 h 15
Iowa retranchez 0 h 15
Kansas retranchez 0 h 30
sauf Dodge City et Ouest ajoutez 0 h 20
Kentucky Centre et Est retranchez 0 h 40
Kentucky Ouest ajoutez 0 h 10
Louisiane aucun changement
Maine ajoutez 0 h 20
Maryland retranchez 0 h 15
Massachusetts ajoutez 0 h 15
Michigan retranchez 0 h 45
Minnesota retranchez 0 h 15
Mississippi aucun changement
Missouri retranchez 0 h 10
Montana retranchez 0 h 20
Nebraska Est retranchez 0 h 30
Nebraska Ouest ajoutez 0 h 10
Nevada ajoutez 0 h 15
N. Hampshire ajoutez 0 h 15
N. Jersey aucun changement
N. York aucun changement
N. Mexique aucun changement
Ohio retranchez 0 h 30
Oklahoma retranchez 0 h 30
Oregon aucun changement
Pennsylvanie retranchez 0 h 15
Rhode Island aucun changement
Tennessee Est retranchez 0 h 35
Tennessee Ouest et Centre ajoutez 0 h 10
Texas Est retranchez 0 h 25
Texas Ouest retranchez 0 h 45
Utah Est retranchez 0 h 20
Utah Ouest ajoutez 0 h 30
Vermont aucun changement
Virginie retranchez 0 h 15
Virginie occid. retranchez 0 h 25

* Pour les pays suivis du * voir le tableau spécial de l'heure d'été page 96 et l'appliquer en fonction de vos informations personnelles.

Washington (DC) aucun changement
Washington (État) aucun changement
Wisconsin aucun changement
Wyoming retranchez 0 h 10
Hawaï retranchez 0 h 20
TERRE NEUVE (ILE)
Retranchez 0 h 15

AMÉRIQUE CENTRALE
BAHAMAS (ILES) *
Depuis 1910 aucun changement
COSTA RICA
De 1910 à 1920 aucun changement
Depuis 1921 ajoutez 0 h 25
CUBA
De 1910 à 1925 ajoutez 0 h 15
Depuis 1926 retranchez 0 h 15
RÉP. DOMINICAINE *
De 1900 à 1933 aucun changement
Depuis 1934 ajoutez 0 h 20
GUADELOUPE
Depuis 1910 aucun changement
GUATEMALA
Depuis 1910 aucun changement
HAÏTI
Depuis 1910 aucun changement
HONDURAS
Depuis 1910 aucun changement
HONDURAS BRITANNIQUE *
Depuis 1910 aucun changement
JAMAÏQUE
Depuis 1910 aucun changement
MARTINIQUE
Depuis 1910 aucun changement
MEXIQUE
Oriental
Provinces de Yucatan, Campeche, Chiapas, Oaxaca, Tabasco, Tamaucidas, Vera-Cruz
En 1910 et 1911 aucun changement
De 1912 à 1921 ajoutez 0 h 15
De 1922 à 1931 ajoutez 0 h 50
Depuis 1932 retranchez 0 h 10
Occidental
Provinces de Californie Nord et Sud
En 1910 et 1911 aucun changement
De 1912 à 1921 retranchez 1 h 05
De 1922 à 1931 retranchez 0 h 30
Depuis 1932 Californie Nord ajoutez 0 h 20
Californie Sud retranchez 0 h 30
Central
Toutes les autres provinces
En 1910 et 1911 aucun changement
De 1912 à 1921 retranchez 0 h 25
De 1922 à 1931 ajoutez 0 h 10
Depuis 1932 retranchez 0 h 50
NICARAGUA
De 1900 à 1934 aucun changement
Depuis 1935 ajoutez 0 h 20
PANAMA
Depuis 1910 retranchez 0 h 20
PETITES-ANTILLES (ILES)
Depuis 1910 aucun changement
PORTO-RICO
Depuis 1910 retranchez 0 h 25
SAN SALVADOR
Depuis 1910 aucun changement

AMÉRIQUE DU SUD
ARGENTINE *
Est
Régions de Santa Fé, Cordoba, Buenos Aires, Bahia Blanca
De 1910 à 1920 ajoutez 0 h 10
Depuis 1921 aucun changement
Ouest
Régions de Tucuman, Mendoza et Patagonie
De 1910 à 1920 retranchez 0 h 20
Depuis 1921 retranchez 0 h 40
BOLIVIE
De 1910 à 1932 ajoutez 0 h 10
Depuis 1933 retranchez 0 h 25
BRÉSIL * (sauf Accre)
Depuis 1910 aucun changement
ACCRE *
De 1910 à 1913 aucun changement
Depuis 1914 ajoutez 0 h 20
CHILI *
De 1910 à 1932 ajoutez 0 h 15
Depuis 1933 retranchez 0 h 45
COLOMBIE
Depuis 1910 aucun changement
ÉQUATEUR
Depuis 1910 aucun changement
GUYANA
Depuis 1910 aucun changement
GUYANE FRANÇAISE
En 1910 et 1911 aucun changement
Depuis 1912 ajoutez 0 h 30
PARAGUAY
De 1900 à 1931 retranchez 0 h 15
Depuis 1932 ajoutez 0 h 10
PÉROU
Depuis 1910 aucun changement
SURINAM
Depuis 1910 aucun changement
URUGUAY *
De 1910 à 1920 ajoutez 0 h 15
Depuis 1921 retranchez 0 h 15
VENEZUELA
En 1910 et 1911 ajoutez 0 h 20
Depuis 1912 retranchez 0 h 15

MOYEN ORIENT
ARABIE SAOUDITE (1)
Ouest
Retranchez 0 h 20
Est (dont Er Riad)
Retranchez 0 h 50
ÉMIRATS ARABES (1)
Retranchez 0 h 20
IRAK
Aucun changement
ISRAËL
Ajoutez 0 h 20
JORDANIE
Ajoutez 0 h 25
KOWEIT
Aucun changement
LIBAN *
Ajoutez 0 h 20
SYRIE *
Ajoutez 0 h 30
YÉMEN
Nord et Sud
Aucun changement

ASIE
AFGHANISTAN
Aucun changement
BIRMANIE
Aucun changement
CEYLAN
Aucun changement
CHINE
Pour Pékin et toute la côte est aucun changt
Pour le reste de la Chine se reporter à l'heure locale sans aucun changement
CORÉE (1)
Retranchez 0 h 30

(1) Ces informations concernent la période récente. Se renseigner pour l'heure officielle avant 1960.

CAMBODGE
Aucun changement

INDE
Assam ajoutez 0 h 40
Côte et partie orientale aucun changement
Côte et partie occidentale retranchez 0 h 30

INDONÉSIE
Sumatra retranchez 0 h 15
Java Bali Sumatra ajoutez 0 h 20
Bornéo retranchez 0 h 25
Célèbes, Timor, Flores aucun changement
Irian (N. Guinée) aucun changement
Moluques retranchez 0 h 25

JAPON
Kiousiou retranchez 0 h 10
Sikok, Hondo ouest de Tokyo aucun changt.
Hondo nord de Tokyo et Yeso ajoutez 0 h 30

LAOS
Aucun changement

MALAYSIA (FÉD.)
Péninsule malaise
Retranchez 0 h 15
Sabah, Sarawak (1)
Aucun changement

MANDCHOURIE
De 1910 à 1927 retranchez 0 h 30
De 1928 à 1932 aucun changement
Depuis 1933 se renseigner

PAKISTAN
Oriental
Aucun changement
Occidental (1)
Retranchez 0 h 30

PHILIPPINES (ILES)
Aucun changement

THAÏLANDE
De 1900 à 1920 aucun changement
Depuis 1921 retranchez 0 h 15

VIETNAM
Aucun changement sauf Vietnam du sud de 1956 à 1975 retranchez 0 h 50

TAÏWAN (Formose)
Aucun changement

U.R.S.S.
Sibérie
Kazakhstan oriental, Kirghizistan, Tajdikistan
Région de Omsk
De 1910 à 1930 retranchez 2 h
De 1931 à 1963 aucun changement
Depuis 1964 retranchez 1 h
Altaï, régions de Tomsk, Novossibirsk, Krasnoïarsk
De 1910 à 1930 retranchez 1 h
De 1931 à 1963 aucun changement
Depuis 1967 retranchez 1 h
Région lac Baïkal, Irkoustk
De 1910 à 1963 aucun changement
Depuis 1964 retranchez 1 h
Région de Tchita-Mogotcha
De 1910 à 1930 ajoutez 1 h
De 1931 à 1963 aucun changement
Depuis 1964 retranchez 1 h
Régions de Vladivostok, Komsomolsk, Okhotsk
De 1910 à 1963 aucun changement
Depuis 1964 retranchez 1 h
Régions de Magadan, Kamtchatka
De 1910 à 1930 ajoutez 1 h
De 1931 à 1963 aucun changement
Depuis 1964 retranchez 1 h

OCÉANIE

AUSTRALIE
Provinces de Canberra, Victoria, N. Galles du Sud, Papouasie (N. Guinée), Queensland, Tasmanie
Aucun changement
Territoires du Nord et Australie méridionale
Retranchez 0 h 30
Australie occidentale
Aucun changement

NOUVELLE-ZÉLANDE
Aucun changement

TOUTES ILES DE L'OCÉANIE
Pratiquement aucun changement

EUROPE

ALBANIE
De 1910 à 1914 aucun changement
De 1915 à 1940 ajoutez 0 h 20
En 1941 et 1942 retranchez 0 h 40
Depuis 1943 ajoutez 0 h 20

ALLEMAGNE DE L'EST (RDA)
De 1910 à 1940 retranchez 0 h 10
En 1941 et 1942 retranchez 1 h 10
Depuis 1943 retranchez 0 h 10

ALLEMAGNE DE L'OUEST (RFA)
De 1910 à 1940 retranchez 0 h 20
En 1941 et 1942 retranchez 1 h 20
Depuis 1943 retranchez 0 h 20

ANGLETERRE (sauf Cornouailles)
De 1910 à 1939 aucun changement
Du 19 au 24 février 1940 aucun changement
Du 25 fév. au 21 mars 1940 retranchez 1 h
De 1941 à 1945 retranchez 1 h
En 1946 aucun changement
Du 19 fév. au 15 mars 1947 aucun changt
Du 16 au 21 mars 1947 retranchez 1 h
Du 19 fév. au 13 mars 1948 aucun changt
Du 14 au 21 mars 1948 retranchez 1 h
De 1949 à 1965 aucun changement
Du 19 fév. au 19 mars 1966 aucun changt
Les 20 et 21 mars 1966 retranchez 1 h
Du 19 fév. au 18 mars 1967 aucun changt
Du 19 au 21 mars 1967 retranchez 1 h
Du 19 fév. au 16 mars 1968 retranchez 1 h
Du 17 au 20 mars 1968 retranchez 2 h
De 1969 à 1971 aucun changement
Du 19 fév. au 18 mars 1972 aucun changt
Du 19 au 21 mars 1972 retranchez 1 h
Du 18 fév. au 17 mars 1973 aucun changt
Du 18 au 21 mars 1973 retranchez 1 h
Du 19 fév. au 16 mars 1974 aucun changt
Du 17 au 21 mars 1974 retranchez 1 h
Du 19 fév. au 15 mars 1975 aucun changt
Du 16 au 21 mars 1975 retranchez 1 h
En 1976 et 1977 aucun changement
Du 19 fév. au 18 mars 1978 aucun changt
Du 19 au 21 mars 1978 retranchez 1 h
Du 19 fév. au 17 mars 1979 aucun changt
Du 18 au 21 mars 1979 retranchez 1 h

CORNOUAILLES, ÉCOSSE, GALLES
De 1910 à 1939 retranchez 0 h 15
Du 19 au 24 février 1940 retranchez 0 h 15
Du 25 fév. au 21 mars 1940 retranchez 1 h 15
De 1941 à 1945 retranchez 1 h 15
En 1946 retranchez 0 h 15
Du 19 fév. au 15 mars 1947 retranchez 0 h 15
Du 16 au 21 mars 1947 retranchez 1 h 15
Du 19 fév. au 13 mars 1948 retranchez 0 h 15
Du 14 au 21 mars 1948 retranchez 1 h 15
De 1949 à 1965 retranchez 0 h 15
Du 19 fév. au 19 mars 1966 retranchez 0 h 15
Les 20 et 21 mars 1966 retranchez 1 h 15
Du 19 fév. au 18 mars 1967 retranchez 0 h 15
Du 19 au 21 mars 1967 retranchez 1 h 15
Du 19 fév. au 16 mars 1968 retranchez 1 h 15
Du 17 au 20 mars 1968 retranchez 2 h 15
De 1969 à 1971 retranchez 0 h 15
Du 19 fév. au 18 mars 1972 retranchez 0 h 15
Du 19 au 21 mars 1972 retranchez 1 h 15
Du 18 fév. au 17 mars 1973 retranchez 0 h 15
Du 19 au 21 mars 1973 retranchez 1 h 15
Du 19 fév. au 16 mars 1974 retranchez 0 h 15
Du 17 au 21 mars 1974 retranchez 1 h 15
Du 19 fév. au 15 mars 1975 retranchez 0 h 15
Du 16 au 21 mars 1975 retranchez 1 h 15
En 1976 et 1977 retranchez 0 h 15
Du 19 fév. au 18 mars 1978 retranchez 0 h 15
Du 19 au 21 mars 1978 retranchez 1 h 15
Du 19 fév. au 17 mars 1979 retranchez 0 h 15
Du 18 au 21 mars 1979 retranchez 1 h 15

AUTRICHE
De 1910 à 1940 aucun changement
En 1941 et 1942 retranchez 1 h
Depuis 1943 aucun changement

BELGIQUE
De 1910 à 1914 ajoutez 0 h 20
De 1915 à 1920 retranchez 0 h 40
Du 19 fév. au 14 mars 1921 ajoutez 0 h 20
Du 15 au 21 mars 1921 retranchez 0 h 40
De 1922 à 1939 ajoutez 0 h 20
Du 19 au 24 fév. 1940 ajoutez 0 h 20
Du 25 fév. au 21 mars 1940 retranchez 0 h 40
En 1941 et 1942 retranchez 1 h 40
Depuis 1943 retranchez 0 h 40

BULGARIE
De 1910 à 1942 retranchez 0 h 20
De 1943 à 1945 retranchez 1 h 20
Depuis 1946 retranchez 0 h 20

CHYPRE
De 1910 à 1921 aucun changement
Depuis 1922 ajoutez 0 h 15

DANEMARK
De 1910 à 1940 retranchez 0 h 15
En 1941 et 1942 retranchez 1 h 15
Depuis 1943 retranchez 0 h 15

ESPAGNE
F. = Franquistes
R. = Républicains
Aragon, Baléares, Catalogne, Murcie, Navarre, Valence
De 1910 à 1938 aucun changement
En 1939 (F) aucun changement
En 1939 (R) retranchez 1 h
Du 19 fév. au 16 mars 1940 aucun changt
Du 17 au 21 mars 1940 retranchez 1 h
Depuis 1941 retranchez 1 h
Andalousie, Basque, Léon, Castille, Galice, Estrémadure
De 1910 à 1938 retranchez 0 h 20
En 1939 (F) retranchez 0 h 20
En 1939 (R) retranchez 1 h 20
Du 19 fév. au 16 mars 1940 retranchez 0 h 20
Du 17 au 21 mars 1940 retranchez 1 h 20
Depuis 1941 retranchez 1 h 20

ESTONIE
De 1910 à 1921 aucun changement
De 1922 à 1963 retranchez 0 h 20
Depuis 1964 retranchez 1 h 20

FINLANDE
De 1910 à 1921 aucun changement
Depuis 1922 retranchez 0 h 20

FRANCE
ZO = Zone occupée
ZNO = Zone non occupée
Aquitaine, Bretagne, Centre, Ile-de-France, Midi-Pyrénées, Nord, Normandie, Limousin, Pays de Loire, Poitou, Charente, Picardie
En 1910 retranchez 0 h 10
Du 19 fév. au 10 mars 1911 retranchez 0 h 10
Du 11 mars 1911 à 1917 aucun changt
Du 19 fév. au 9 mars 1918 aucun changt
Du 10 au 21 mars 1918 retranchez 1 h
Du 19 fév. au 1er mars 1919 aucun changt
Du 2 au 21 mars 1919 retranchez 1 h
En 1920 retranchez 1 h
Du 19 fév. au 14 mars 1921 aucun changt
Du 15 au 21 mars 1921 retranchez 1 h
Du 15 au 21 mars 1921 retranchez 1 h
De 1922 à 1939 aucun changement
Du 19 au 24 fév. 1940 aucun changement
Du 25 fév. au 21 mars 1940 retranchez 1 h

(1) Ces informations concernent la période récente. Se renseigner pour l'heure officielle avant 1960.

En 1941 (ZO) retranchez 2 h
En 1941 (ZNO) retranchez 1 h
En 1942 (ZO) retranchez 2 h
Du 19 fév. au 8 mars 1942 (ZNO) retr. 1 h
Du 9 au 21 mars 1942 (ZNO) retranchez 2 h
Depuis 1943 retranchez 1 h
Alsace, Auvergne, Bourgogne, Champagne, Ardennes, Franche-Comté, Languedoc, Roussillon, Lorraine, Rhône-Alpes, Provence, Côte d'Azur, Corse, Monaco
En 1910 ajoutez 0 h 10
Du 19 fév. au 10 mars 1911 ajoutez 0 h 10
Du 11 mars 1911 à 1917 ajoutez 0 h 20
Du 19 fév. au 9 mars 1918 ajoutez 0 h 20
Du 10 au 21 mars 1918 retranchez 0 h 40
Du 19 fév. au 1er mars 1919 ajoutez 0 h 20
Du 2 au 21 mars 1919 retranchez 0 h 40
En 1920 retranchez 0 h 40
Du 19 fév. au 14 mars 1921 ajoutez 0 h 20
Du 15 au 21 mars 1921 retranchez 0 h 40
De 1922 à 1939 ajoutez 0 h 20
Du 19 au 24 fév. 1940 ajoutez 0 h 20
Du 25 fév. au 21 mars 1940 retranchez 0 h 40
En 1941 (ZO) retranchez 1 h 40
En 1941 (ZNO) retranchez 0 h 40
En 1942 (ZO) retranchez 1 h 40
Du 19 fév. au 8 mars 1942 (ZNO) retr. 0 h 40
Du 9 au 21 mars 1942 (ZNO) retr. 1 h 40
Depuis 1943 retranchez 0 h 40

GRÈCE
De 1910 à 1916 aucun changement
De 1917 à 1942 retranchez 0 h 30
En 1943 et 1944 ajoutez 0 h 30
Depuis 1945 retranchez 0 h 30

GROENLAND
Depuis 1910 aucun changement

HOLLANDE
De 1910 à 1940 aucun changement
En 1941 et 1942 retranchez 1 h 40
Depuis 1943 retranchez 0 h 40

HONGRIE
De 1910 à 1940 ajoutez 0 h 15
En 1941 et 1942 retranchez 0 h 45
Depuis 1943 ajoutez 0 h 15

IRLANDE (EIRE)
De 1910 à 1916 aucun changement
De 1917 à 1939 retranchez 0 h 30
A partir de 1940 voir GALLES en remplaçant retranchez 0 h 15 par retranchez 0 h 30, en remplaçant retranchez 1 h 15 par retranchez 1 h 30 et retranchez 2 h 15 par 2 h 30

IRLANDE DU NORD
De 1910 à 1916 aucun changement
De 1917 à 1939 retranchez 0 h 25
Du 19 au 24 fév. 1940 retranchez 0 h 25
Du 25 fév. au 21 mars 1940 retranchez 1 h 25
De 1941 à 1945 retranchez 1 h 25
A partir de 1946 comme Cornouailles en remplaçant retranchez 0 h 15 par 0 h 25, retranchez 1 h 15 par 1 h 25 et retranchez 2 h 15 par 2 h 25

ISLANDE
De 1910 à 1916 retranchez 0 h 25
Le 19 fév. 1917 retranchez 0 h 25
Du 20 fév. au 21 mars 1917 retranchez 1 h 25
Le 19 fév. 1918 retranchez 0 h 25
Du 20 fév. au 21 mars 1918 retranchez 1 h 25
En 1919 retranchez 1 h 25
En 1920 retranchez 0 h 25
Du 19 fév. au 18 mars 1921 retranchez 0 h 25
Du 19 au 21 mars 1921 retranchez 1 h 25
De 1922 à 1940 retranchez 0 h 25
Du 19 fév. au 1er mars 1941 retr. 0 h 25
Du 2 au 21 mars 1941 retranchez 1 h 25
Du 19 fév. au 6 mars 1942 et 1943 retr. 0 h 25
Du 6 au 21 mars 1942 et 1943 retr. 1 h 25
Du 19 fév. au 4 mars 1944 retranchez 0 h 25
Du 5 au 21 mars 1944 retranchez 1 h 25
Du 19 fév. au 3 mars 1945 retranchez 0 h 25
Du 4 au 21 mars 1945 retranchez 1 h 25
Du 19 fév. au 2 mars 1946 retranchez 0 h 25
Du 3 au 21 mars 1946 retranchez 1 h 25
De 1947 à 1967 retranchez 0 h 25
Depuis 1968 retranchez 1 h 25

ITALIE
Emilie, Ligurie, Lombardie, Piémont, Toscane, Sardaigne
De 1910 à 1917 retranchez 0 h 20
Du 19 fév. au 9 mars 1918 retranchez 0 h 20
Du 10 au 21 mars 1918 retranchez 1 h 20
Du 19 fév. au 1er mars 1919 retranchez 0 h 20
Du 2 au 21 mars 1919 retranchez 1 h 20
De 1920 à 1940 retranchez 0 h 20
En 1941 et 1942 retranchez 1 h 20
De 1943 à 1945 retranchez 0 h 20
Du 19 fév. au 16 mars 1946 retranchez 0 h 20
Du 17 au 21 mars 1946 retranchez 1 h 20
Du 19 fév. au 15 mars 1947 retranchez 0 h 20
Du 16 au 21 mars 1947 retranchez 1 h 20
Du 19 au 28 fév. 1948 retranchez 0 h 20
Du 29 fév. au 21 mars 1948 retranchez 1 h 20
Depuis 1949 retranchez 0 h 20
Abbruzes, Calabre, Campanie, Latium, Marches, Ombrie, Pouilles, San Marino, Sicile, Vénétie
De 1910 à 1917 aucun changement
Du 19 fév. au 9 mars 1918 aucun changt
Du 10 au 21 mars 1918 retranchez 1 h
Du 19 fév. au 1er mars 1919 aucun changt
Du 2 au 21 mars 1919 retranchez 1 h
De 1920 à 1940 aucun changement
En 1941 et 1942 retranchez 1 h
De 1943 à 1945 aucun changement
Du 19 fév. au 16 mars 1946 aucun changt
Du 17 au 21 mars 1946 retranchez 1 h
Du 19 fév. au 15 mars 1947 aucun changt
Du 16 au 21 mars 1947 retranchez 1 h
Du 19 au 28 fév. 1948 aucun changt
Du 29 fév. au 21 mars 1948 retranchez 1 h
Depuis 1949 aucun changement

LETTONIE
De 1910 à 1917 retranchez 0 h 25
De 1918 à 1926 aucun changement
De 1927 à 1963 retranchez 0 h 25
Depuis 1964 retranchez 1 h 25

LITHUANIE
De 1910 à 1919 aucun changement
De 1920 à 1940 ajoutez 0 h 30
De 1941 à 1963 retranchez 0 h 30
Depuis 1964 retranchez 1 h 30

LUXEMBOURG
De 1910 à 1918 retranchez 0 h 35
Du 19 fév. au 1er mars 1919 retranchez 0 h 35
Du 2 au 21 mars 1919 retranchez 1 h 35
En 1920 retranchez 1 h 35
Du 19 fév. au 14 mars 1921 retranchez 0 h 35
Du 15 au 21 mars 1921 retranchez 1 h 35
De 1922 à 1940 retranchez 0 h 35
En 1941 et 1942 retranchez 1 h 35
Depuis 1943 retranchez 0 h 35

MALTE
De 1910 à 1979 voir Sicile

NORVEGE
De 1910 à 1940 retranchez 0 h 20
En 1941 et 1942 retranchez 1 h 20
De 1943 à 1958 retranchez 0 h 20
Du 19 fév. au 14 mars 1959 retranchez 0 h 20
Du 15 au 21 mars 1959 retranchez 1 h 20
En 1960 retranchez 0 h 20
Du 18 fév. au 18 mars 1961 retranchez 0 h 20
Du 19 au 21 mars 1961 retranchez 1 h 20
Du 19 fév. au 17 mars 1962 retranchez 0 h 20
Du 18 au 21 mars 1962 retranchez 1 h 20
Du 19 fév. au 16 mars 1963 retranchez 0 h 20
Du 17 au 21 mars 1963 retranchez 1 h 20
Du 19 fév. au 14 mars 1964 retranchez 0 h 20
Du 15 au 21 mars 1964 retranchez 1 h 20
Depuis 1965 retranchez 0 h 20

POLOGNE
De 1910 à 1919 :
Pour les territoires sous contrôle allemand voir Allemagne Est
Pour les territoires sous contrôle autrichien voir Autriche.
Pour les territoires sous contrôle russe, heure sans aucun changement
De 1920 à 1922 retranchez 0 h 45
De 1923 à 1940 ajoutez 0 h 15
En 1941 et 1942 retranchez 0 h 45
Depuis 1943 ajoutez 0 h 15

PORTUGAL
En 1910 et 1911 aucun changement
De 1912 à 1916 retranchez 0 h 30
Du 19 au 28 fév. 1917 retranchez 0 h 30
Du 1er au 21 mars 1917 retranchez 1 h 30
Du 19 fév. au 1er mars 1918 retr. 0 h 30
Du 2 au 21 mars 1918 retranchez 1 h 30
Du 19 au 28 fév. 1919 retranchez 0 h 30
Du 1er au 21 mars 1919 retranchez 1 h 30
Du 19 au 29 fév. 1920 retranchez 0 h 30
Du 1er au 21 mars 1920 retranchez 1 h 30
Du 19 au 28 fév. 1921 retranchez 0 h 30
Du 1er au 21 mars 1921 retranchez 1 h 30
De 1922 à 1939 retranchez 0 h 30
Du 19 au 24 fév. 1940 retranchez 0 h 30
Du 25 fév. au 21 mars 1940 retranchez 1 h 30
En 1941 retranchez 0 h 30
Du 19 fév. au 14 mars 1942 retranchez 0 h 30
Du 15 au 21 mars 1942 retranchez 1 h 30
Du 19 fév. au 13 mars 1943 retranchez 0 h 30
Du 14 au 21 mars 1943 retranchez 1 h 30
Du 19 fév. au 11 mars 1944 retr. 0 h 30
Du 12 au 21 mars 1944 retranchez 1 h 30
Du 19 fév. au 10 mars 1945 retr. 0 h 30
Du 11 au 21 mars 1945 retranchez 1 h 30
De 1946 à 1966 retranchez 0 h 30
De 1967 à 1976 retranchez 1 h 30
Depuis 1977 retranchez 0 h 30

ROUMANIE
De 1910 à 1931 aucun changement
De 1932 à 1940 retranchez 0 h 15
Depuis 1940 retranchez 0 h 15

SUÈDE
Depuis 1910 ajoutez 0 h 10

SUISSE
Depuis 1910 retranchez 0 h 25

TCHÉCOSLOVAQUIE
De 1910 à 1940 ajoutez 0 h 10
En 1941 et 1942 retranchez 0 h 50
Depuis 1943 ajoutez 0 h 10

TURQUIE
Occidentale
Depuis 1910 aucun changement
Orientale
Depuis 1910 ajoutez 0 h 40

U.R.S.S.
Biélorussie, Carélie, Crimée, Moldavie, Ukraine, régions de Léningrad, Moscou, Orel
De 1910 à 1930 ajoutez 1 h
De 1931 à 1963 aucun changement
Depuis 1964 retranchez 1 h
Arménie, Azerbaïdjan, Géorgie, régions du Caucase, de la Volga centrale et méridionale et de Kirov
De 1910 à 1930 ajoutez 1 h (1)
De 1931 à 1963 aucun changement
Depuis 1964 retranchez 1 h
Versant occidental et oriental de l'Oural, Kazakhstan occidental, Turkmenistan, Ouzbekistan
De 1910 à 1930 ajoutez 2 h
De 1931 à 1963 aucun changement
Depuis 1964 retranchez 1 h

YOUGOSLAVIE
De 1910 à 1941 ajoutez 0 h 15
En 1942 retranchez 0 h 45
Depuis 1943 ajoutez 0 h 15

(1) Sauf Géorgie aucun changement.

Tableau spécial de l'heure d'été pour certains pays

Pour les pays marqués d'un * nous savons qu'ils pratiquent l'heure d'été mais les dates précises de début et de fin de période ne nous sont pas connues, ainsi que les années.

Le tableau suivant vous indique comment passer directement d'une heure officielle d'été à l'heure solaire de naissance correspondante.

Vous devez utiliser ce tableau spécial si vous êtes certain(e) que votre naissance a eu lieu pendant la période officielle d'application de l'heure d'été *pour l'année de votre naissance.*

Par exemple, pour les États-Unis, cette période va du dernier dimanche d'avril à 2 heures du matin jusqu'au dernier dimanche d'octobre à 2 heures du matin.

AMERIQUE DU NORD

ALASKA

Région de Wrangel retranchez 2 h.
Région de Juneau retranchez 1 h. 15
Alaska central retranchez 1 h.
Alaska occid. retranchez 1 h.

CANADA sauf Alberta, Nouv.-Brunswick, Nouvelle-Écosse

Colombie retranchez 1 h.
Manitoba retranchez 1 h. 30
NF.Labrador retranchez 1 h. 40
Ontario Est retranchez 1 h. 20
Ontario Ouest retranchez 2 h
Québec Est retranchez 1 h. 20
Québec Ouest retranchez 0 h 45
Saskatchewan retranchez 1 h.

ETATS–UNIS

Alabama retranchez 0 h. 45
Arizona pas d'heure d'été
Arkansas retranchez 1 h. 10
Californie retranchez 1 h.
Caroline Nord retranchez 1 h. 20
Caroline Sud retranchez 1 h. 25
Colorado retranchez 1 h.
Connecticut retranchez 0 h. 50
Dakota Nord (Est) retranchez 1 h. 40
Dakota Nord (Ouest) retranchez 1 h.
Dakota Sud (Est) retranchez 1 h. 35
Dakota Sud (Ouest) retranchez 0 h. 50
Delaware retranchez 1 h.
District Fedéral retranchez 1 h.
Floride retranchez 1 h. 30
S.F. Panama Pensacola retranchez 0 h. 40
Géorgie retranchez 1 h. 35
Idaho Est retranchez 1 h. 30
Idaho Ouest retranchez 0 h. 45
Illinois retranchez 1 h.
Indiana retranchez 0 h. 45
Iowa retranchez 0 h. 45
Kansas retranchez 1 h. 30
S.F. Dodge city et Ouest retranchez 0 h. 40
Kentucky Centre et Est retranchez 1 h. 40
Kentucky Ouest retranchez 0 h. 50
Louisiane retranchez 1 h.
Maine retranchez 0 h. 40
Maryland retranchez 1 h. 10
Massachussets retranchez 0 h.45
Michigan retranchez 1 h. 45
Minnesota retranchez 1 h. 15
Mississipi retranchez 1 h.
Missouri retranchez 1 h. 10
Montana retranchez 1 h. 20
Nebraska Est retranchez 1 h. 30
Nebraska Ouest retranchez 0 h. 50
Nevada retranchez 0 h. 45
N. Hampshire retranchez 0 h. 45
N. Jersey retranchez 1 h.
New York retranchez 1 h.
N. Mexique retranchez 1 h.
Ohio retranchez 1 h. 30
Oklahoma retranchez 1 h. 30
Oregon retranchez 1 h.
Pennsylvanie retranchez 1 h. 15
Rhode Island retranchez 1 h.
Tennessee Est retranchez 1 h. 35
Tennessee Ouest retranchez 0 h. 50
Texas Est retranchez 1 h. 25
Texas Ouest retranchez 1 h. 45
Utah Est retranchez 1 h. 20
Utah Ouest retranchez 0 h. 30
Vermont retranchez 1 h.
Virginie Occidentale retranchez 1 h. 25
Washington (D.C.) retranchez 1 h.
Washington (état) retranchez 1 h.
Wisconsin retranchez 1 h.
Wyoming retranchez 1 h. 10
Hawaï pas d'heure d'été.

AMERIQUE CENTRALE

BAHAMAS (Iles) retranchez 1 h.
REP. DOMINICAINE retranchez 0 h. 40

AMERIQUE DU SUD

ARGENTINE (après 1920)
Est retranchez 1 h.
Ouest retranchez 1 h. 40
BRESIL
Sauf Accre retranchez 1 h.
Accre retranchez 0 h. 40

URUGUAY (après 1920) retranchez 1 h. 15

MOYEN ORIENT

LIBAN retranchez 0 h. 40
SYRIE retranchez 0 h. 30

Kemal Atatürk, surnommé « le Victorieux », devint le premier président de la République turque, animé du désir invincible (dominante Bélier) d'unifier son peuple (Soleil en Poissons).

Comment découvrir votre Ascendant sans aucun calcul

Votre Ascendant est le signe zodiacal qui se levait à l'horizon Est au moment de votre naissance.

Il dépend étroitement de votre heure et de votre lieu de naissance, éléments dont nous avons déjà tenu compte dans la transformation de votre heure officielle en heure solaire de naissance.

Sans effectuer de calcul, vous pouvez dès maintenant découvrir votre Signe Ascendant dans la Table des Ascendants qui vous concerne.

Pour savoir quelle Table consulter, il vous suffit de regarder à la page suivante le numéro de la Table correspondant à votre pays de naissance.

Vous consultez alors votre Table, en recherchant la colonne de votre jour de naissance, puis la ligne de votre heure solaire de naissance qui vous donne votre signe Ascendant.

Si ce signe est le dernier d'une série, vous pouvez considérer que vous êtes également influencé(e) par le signe suivant.

Exemple :		
	Scorpion	
	Scorpion	
	Scorpion	
Ligne de votre heure	**Scorpion**	vous êtes **Scorpion** mais
	Sagittaire	vous êtes également **Sagittaire**
	Sagittaire	

En effet, en raison de la rotation de la Terre sur elle-même en 24 heures, chaque signe zodiacal se lève à son tour à l'horizon Est d'un lieu terrestre déterminé.

Ainsi dans l'ordre des signes, lorsque le **Scorpion** a fini de se lever, c'est au tour du **Sagittaire** d'apparaître, si bien que le début du **Sagittaire** se lève quelques minutes après la fin du **Scorpion** : voilà qui explique l'influence de ces deux signes Ascendants sur une personne.

Le signe Ascendant exerce une influence prépondérante sur votre tempérament, sur votre morphologie et votre comportement.

Etant l'élément le plus individualisé de votre configuration astrologique natale, votre Ascendant caractérise votre mode d'adaptation au monde extérieur aussi bien sur les plans biologique, social que professionnel.

L'analyse concernant votre signe Ascendant s'applique donc essentiellement à votre façon d'être avec les autres et, par conséquent, à la manière dont les autres vous perçoivent.

Si vous ne connaissez votre heure de naissance que de façon approximative, par exemple « dans la matinée », « en fin d'après-midi », vous pouvez vous reporter aux descriptions et juger, à la lecture de leur analyse, du signe qui correspond le mieux à votre comportement spontané.

Vous pouvez contrôler le résultat avec un de vos proches.

Numéro de la Table des Ascendants à consulter pour chaque pays

PAYS	TABLE N° 1	2	3	4	5	6
AFRIQUE						
AFFARS ET ISSAS	1					
AFRIQUE DU SUD		2				
ALGÉRIE			3			
SAHARA ALGÉRIEN		2				
ANGOLA	1					
BENIN (DAHOMEY)	1					
BOTSWANA		2				
CAMEROUN	1					
CAP VERT (ÎLES)	1					
CENTRAFRIQUE Rép.	1					
COMORES (ÎLES)	1					
CONGO	1					
CÔTE D'IVOIRE	1					
ÉGYPTE		2				
ÉTHIOPIE	1					
GABON	1					
GAMBIE	1					
GHANA	1					
GUINÉE	1					
GUINÉE BISSAU	1					
GUINÉE ÉQUAT.	1					
HAUTE VOLTA	1					
KENYA	1					
LESOTHO		2				
LIBÉRIA	1					
LIBYE		2				
MADAGASCAR		2				
MALAWI	1					
MAROC NORD			3			
MAURICE (ÎLE)		2				
MAURITANIE		2				
MOZAMBIQUE NORD	1					
MOZAMBIQUE SUD		2				
NIGER	1					
NIGÉRIA	1					
OUGANDA	1					
RÉUNION (ÎLE)		2				
RHODÉSIE		2				
RWANDA	1					
SAOTOME (ÎLE)	1					
SÉNÉGAL	1					
SEYCHELLES (ÎLES)	1					
SIERRA LÉONE	1					
SOMALIE	1					
SOUDAN	1					
SUD-OUEST AFRICAIN		2				
SWAZILAND		2				
TANGER			3			
TANZANIE	1					
TCHAD	1					
TOGO	1					
TUNISIE NORD			3			
TUNISIE SUD		2				
ZAÏRE	1					
ZAMBIE	1					
AMÉRIQUE DU NORD						
CANADA						
ALBERTA SUD					5	
ALBERTA NORD						6
BRITISH COLUMBIA SUD					5	
BRITISH COLUMBIA NORD						6
MANITOBA SUD					5	
MANITOBA NORD						6
NEW BRUNSWICK				4		
NEW F. LABRADOR						6
NOUVELLE ÉCOSSE				4		
ONTARIO SUD				4		
ONTARIO NORD					5	
QUÉBEC SUD				4		
QUÉBEC NORD					5	
SASKATCHEWAN SUD					5	
SASKATCHEWAN NORD						6
TERRIT. NORD-OUEST						6
St PIERRE ET MIQUELON				4		
ETATS-UNIS						
ALABAMA			3			
ALASKA						6
ARIZONA			3			
ARKANSAS			3			
CALIFORNIE			3			
CAROLINE NORD			3			
CAROLINE SUD			3			
COLORADO			3			
CONNECTICUT				4		
DAKOTA NORD				4		
DAKOTA SUD				4		
DELAWARE			3			
FLORIDE		2				
GÉORGIE			3			
IDAHO				4		
ILLINOIS			3			
INDIANA			3			
IOWA			3			
KANSAS			3			
KENTUCKY			3			
LOUISIANE		2				
MAINE				4		
MARYLAND			3			
MASSACHUSETTS				4		
MICHIGAN				4		
MINNESOTA				4		
MISSISSIPI			3			
MISSOURI			3			
MONTANA				4		
NEBRASKA			3			
NEVADA			3			
NEW HAMPSHIRE				4		
NEW JERSEY			3			
NEW YORK				4		
NOUVEAU MEXIQUE			3			
OHIO			3			
OKLAHOMA			3			
ORÉGON				4		
PENNSYLVANIE			3			
RHODE-ISLAND			3			
TENNESSEE			3			
TEXAS		2				
UTAH			3			
VERMONT				4		
VIRGINIE			3			
VIRGINIE OCCID.			3			
WASHINGTON			3			
WASHINGTON ÉTAT				4		
WISCONSIN				4		
WYOMING				4		
HAWAÏ		2				
BERMUDES DES (ÎLE)			3			
TERRE NEUVE (ÎLE)				4		
AMERIQUE CENTRALE						
BAHAMAS (ÎLES)		2				
BARBADE (ÎLES)	1					
COSTA-RICA	1					
CUBA		2				
CURAÇAO	1					
DOMINICAINE Rép.		2				
GUADELOUPE		2				
GUATÉMALA	1					
HAÏTI		2				
HONDURAS	1					
HONDURAS BOIT.		2				
JAMAÏQUE		2				
MARTINIQUE	1					
MEXIQUE		2				
NICARAGUA	1					
PANAMA	1					
PETITES ANTILLES (ÎLES)	1					
PORTO-RICO		2				
SAN SALVADOR	1					
AMÉRIQUE DU SUD						
ARGENTINE NORD		2				
ARGENTINE CENTRE			3			
ARGENTINE SUD				4		
BOLIVIE NORD	1					
BOLIVIE SUD		2				
BRÉSIL NORD	1					
BRÉSIL SUD soit :						
MINAS GERAIS		2				
SAO PAULO-RIO		2				
CHILI NORD		2				
CHILI CENTRE			3			
CHILI SUD				4		
COLOMBIE	1					
ÉQUATEUR	1					
GUYANA	1					
GUYANE FRANÇAISE	1					
PARAGUAY		2				
PÉROU	1					
SURINAM	1					
URUGUAY			3			
VÉNÉZUELA	1					
ASIE						
AFGHANISTAN			3			
BIRMANIE		2				
BHOUTAN		2				
CACHEMIRE			3			
CAMBODGE	1					
CEYLAN (SRILANKA)	1					
CHINE DU NORD			3			
(SINKIANG, LIAO MING,						
HOPEH, CHANSI, CHENSI						
MANDCHOURIE, KANSOU						
KIANG-SOU, NAN CHAN)						
CHINE CENTRALE		2				
(YANG TSE KIANG)						
CHINE DU SUD		2				
CORÉE DU NORD			3			
CORÉE DU SUD			3			
INDE SUD	1					
INDE CENTRE		2				
INDE NORD		2				
INDONÉSIE	1					
JAPON			3			
JAPON (YESO)				4		
LAOS		2				
MALAYSIA (FÉD.)	1					
MONGOLIE EXT.				4		
NÉPAL		2				

PAYS	1	2	3	4	5	6
PAKISTAN OR. OCC.		2				
PHILIPPINES (ÎLES)	1					
THAÏLANDE	1					
U.R.S.S.						
KAZAKHSTAN				4		
KIRGHIZISTAN			3			
OUZBEKISTAN			3			
SIBÉRIE SUD					5	
(OMSK, NOVOSSIBIRSK						
IRKOUTSK)						
RESTE SIBÉRIE						6
TADJIKISTAN			3			
TURKMENISTAN			3			
VLADIVOSTOK (PROV.)				4		
VIETNAM (NORD)		2				
VIETNAM (SUD)	1					
EUROPE						
ALBANIE			3			
NORD ÉCOSSE						6
ALLEMAGNE DE L'EST					5	
ALLEMAGNE OUEST						
NORD-CENTRE					5	
BAVIÈRE-BADE				4		
ANGLETERRE					5	
AUTRICHE				4		
BELGIQUE					5	
BULGARIE				4		
CHYPRE (ÎLE)			3			
DANEMARK						6
ESPAGNE NORD				4		
ESPAGNE CENTRE			3			
ESPAGNE SUD			3			
BALÉARES (ÎLES)			3			
ESTONIE						6
FINLANDE						6
FRANCE				4		
GRÈCE			3			
GROËNLAND						6
HOLLALNDE					5	
HONGRIE				4		
IRLANDE (EIRE)					5	

PAYS	1	2	3	4	5	6
IRLANDE DU NORD					5	
ISLANDE						6
ITALIE NORD CENTRE				4		
ITALIE SUD			3			
SARDAIGNE-SICILE			3			
LETTONIE						6
LITHUANIE						6
LUXEMBOURG					5	
MALTE			3			
NORVÈGE						6
POLOGNE					5	
PORTUGAL			3			
ROUMANIE				4		
SUÈDE						6
SUISSE				4		
TCHÉCOSLOVAQUIE					5	
TURQUIE			3			
U.R.S.S.						
AZERBAÏDJAN				4		
ARMÉNIE				4		
BIELORUSSIE					5	
GÉORGIE				4		
UKRAINE				4		
U.R.S.S. NORD LIGNE						
SMOLENSK-MOSCOU-						
KAZAN						6
U.R.S.S.-SUD					5	
YOUGOSLAVIE				4		
MOYEN ORIENT						
ARABIE SAOUDITE		2				
ÉMIRATS ARABES		2				
IRAK			3			
IRAN NORD			3			
IRAN SUD		2				
ISRAËL		2				
JORDANIE		2				
KOWEIT		2				
LIBAN			3			
SAMOA		2				
SYRIE			3			

PAYS	1	2	3	4	5	6
YEMEN NORD	1					
YEMEN SUD	1					
OCÉANIE						
AUSTRALIE						
AUSTRALIE MÉRIDIONALE			3			
AUSTRALIE OCCIDENTALE		2				
NOUVELLES–GALLES DU SUD			3			
QUEEN'S LAND		2				
SAUF PÉNINSULE D'YORK	1					
TERRIT. DU NORD (NORD)	1					
TERRIT. DU NORD (SUD)		2				
VICTORIA			3			
TASMANIE				4		
NOUVELLE–CALÉDONIE		2				
NOUVELLE–GUINÉE	1					
NOUVELLE–ZÉLANDE						
NORD ÎLE FUMANTE			3			
SUD ÎLE DE JADE				4		
AUTRES ÎLES						
CAROLINES	1					
CHATHAM				4		
CHESTERFIELD		2				
ELLICE	1					
FIDJI	1					
GILBERT	1					
HÉBRIDES	1					
KERMADEC			3			
LOYAUTÉ		2				
MARIANNES	1					
MARQUISES	1					
MARSHALL	1					
MIDWAY		2				
SALOMON	1					
SAOA	1					
SOCIÉTÉ	1					
TONGA		2				
TOUAMOTOU	1					
TUBUAÏ		2				

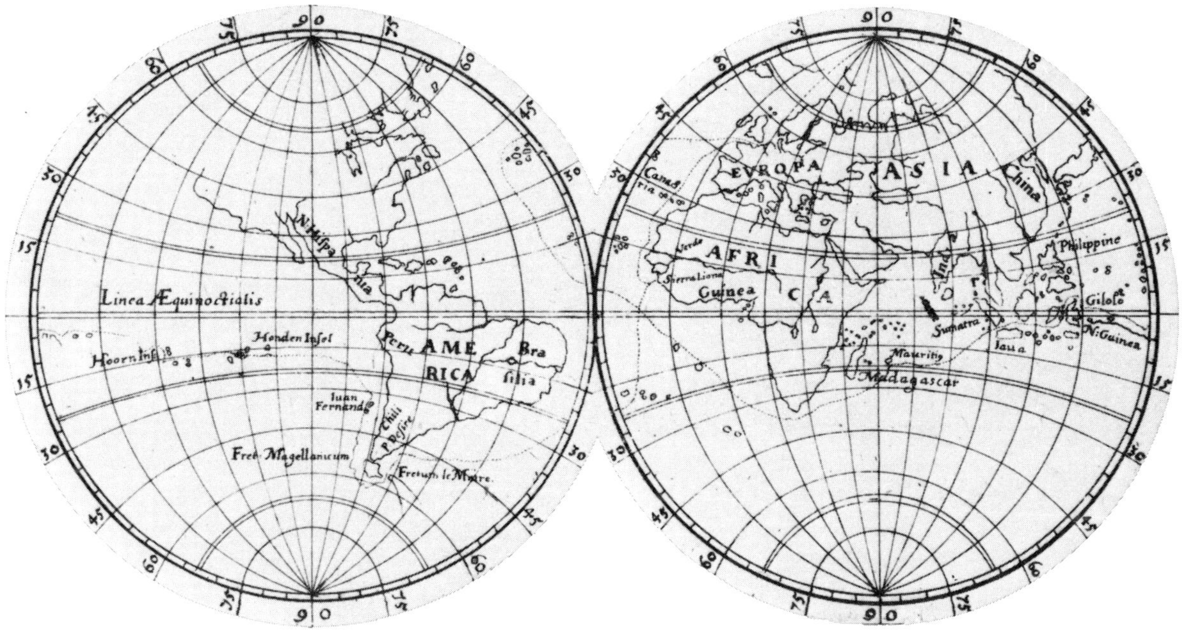

Comment découvrir votre Ascendant si vous êtes né(e) dans l'hémisphère Sud

Par rapport au Zodiaque, l'horizon Est dans l'hémisphère Sud n'est pas le même que dans l'hémisphère Nord.

Pour tenir compte de ce fait, vous ajoutez simplement 12 heures à votre heure solaire de naissance.

Si le total est supérieur à 24 heures, vous retranchez 24 heures : par exemple, 20 h 30 + 12 h = 32 h 30 − 24 h = 8 h 30.

En prenant la nouvelle heure obtenue, 8 h 30 dans notre exemple, vous recherchez votre signe Ascendant exactement comme pour une naissance dans l'hémisphère Nord.

Vous obtenez le nom d'un signe zodiacal.

Celui-ci n'est pas encore votre Ascendant.

En effet, vous savez que les saisons australes sont inversées par rapport aux saisons boréales ; l'été en Australie correspond à l'hiver en Europe.

De même, le signe du Bélier de l'hémisphère Nord, c'est-à-dire le début du printemps, correspond au signe de la Balance qui marque le début du printemps dans l'hémisphère Sud.

C'est donc le signe zodiacal opposé au signe que vous avez trouvé précédemment qui est votre signe Ascendant final, et le tableau ci-dessous vous permet de trouver immédiatement ce signe.

Votre signe Ascendant lu dans la Table ▼	Votre signe Ascendant final ▼
Bélier	Balance
Taureau	Scorpion
Gémeaux	Sagittaire
Cancer	Capricorne
Lion	Verseau
Vierge	Poissons
Balance	Bélier
Scorpion	Taureau
Sagittaire	Gémeaux
Capricorne	Cancer
Verseau	Lion
Poissons	Vierge

DECOUVREZ VOTRE ASCENDANT SANS AUCUN CALCUL : TABLE N° 1

VOTRE HEURE DE NAISSANCE	18 FEVRIER	19 FEVRIER	20 FEVRIER	21 FEVRIER	22 FEVRIER	23 FEVRIER	24 FEVRIER	25 FEVRIER
0 h 00	SCORPION	SCORPION	SAGITTAIRE	SAGITTAIRE	SAGITTAIRE	SAGITTAIRE	SAGITTAIRE	SAGITTAIRE
0 h 30	SAGITTAIRE	SAGITTAIRE	SAGITTAIRE	SAGITTAIRE	SAGITTAIRE	SAGITTAIRE	SAGITTAIRE	SAGITTAIRE
1 h 00	SAGITTAIRE	SAGITTAIRE	SAGITTAIRE	SAGITTAIRE	SAGITTAIRE	SAGITTAIRE	SAGITTAIRE	SAGITTAIRE
1 h 30	SAGITTAIRE	SAGITTAIRE	SAGITTAIRE	SAGITTAIRE	SAGITTAIRE	SAGITTAIRE	SAGITTAIRE	SAGITTAIRE
2 h 00	SAGITTAIRE	SAGITTAIRE	SAGITTAIRE	SAGITTAIRE	CAPRICORNE	CAPRICORNE	CAPRICORNE	CAPRICORNE
2 h 30	CAPRICORNE	CAPRICORNE	CAPRICORNE	CAPRICORNE	CAPRICORNE	CAPRICORNE	CAPRICORNE	CAPRICORNE
3 h 00	CAPRICORNE	CAPRICORNE	CAPRICORNE	CAPRICORNE	CAPRICORNE	CAPRICORNE	CAPRICORNE	CAPRICORNE
3 h 30	CAPRICORNE	CAPRICORNE	CAPRICORNE	CAPRICORNE	CAPRICORNE	CAPRICORNE	CAPRICORNE	CAPRICORNE
4 h 00	CAPRICORNE	CAPRICORNE	CAPRICORNE	CAPRICORNE	CAPRICORNE	CAPRICORNE	VERSEAU	VERSEAU
4 h 30	VERSEAU	VERSEAU	VERSEAU	VERSEAU	VERSEAU	VERSEAU	VERSEAU	VERSEAU
5 h 00	VERSEAU	VERSEAU	VERSEAU	VERSEAU	VERSEAU	VERSEAU	VERSEAU	VERSEAU
5 h 30	VERSEAU	VERSEAU	VERSEAU	VERSEAU	VERSEAU	VERSEAU	VERSEAU	VERSEAU
6 h 00	VERSEAU	VERSEAU	VERSEAU	VERSEAU	VERSEAU	POISSONS	POISSONS	POISSONS
6 h 30	POISSONS	POISSONS	POISSONS	POISSONS	POISSONS	POISSONS	POISSONS	POISSONS
7 h 00	POISSONS	POISSONS	POISSONS	POISSONS	POISSONS	POISSONS	POISSONS	POISSONS
7 h 30	POISSONS	POISSONS	POISSONS	POISSONS	POISSONS	POISSONS	POISSONS	POISSONS
8 h 00	POISSONS	POISSONS	BELIER	BELIER	BELIER	BELIER	BELIER	BELIER
8 h 30	BELIER	BELIER	BELIER	BELIER	BELIER	BELIER	BELIER	BELIER
9 h 00	BELIER	BELIER	BELIER	BELIER	BELIER	BELIER	BELIER	BELIER
9 h 30	BELIER	BELIER	BELIER	BELIER	BELIER	BELIER	TAUREAU	TAUREAU
10 h 00	TAUREAU	TAUREAU	TAUREAU	TAUREAU	TAUREAU	TAUREAU	TAUREAU	TAUREAU
10 h 30	TAUREAU	TAUREAU	TAUREAU	TAUREAU	TAUREAU	TAUREAU	TAUREAU	TAUREAU
11 h 00	TAUREAU	TAUREAU	TAUREAU	TAUREAU	TAUREAU	TAUREAU	TAUREAU	TAUREAU
11 h 30	TAUREAU	TAUREAU	TAUREAU	TAUREAU	GEMEAUX	GEMEAUX	GEMEAUX	GEMEAUX
MIDI	GEMEAUX	GEMEAUX	GEMEAUX	GEMEAUX	GEMEAUX	GEMEAUX	GEMEAUX	GEMEAUX
12 h 30	GEMEAUX	GEMEAUX	GEMEAUX	GEMEAUX	GEMEAUX	GEMEAUX	GEMEAUX	GEMEAUX
13 h 00	GEMEAUX	GEMEAUX	GEMEAUX	GEMEAUX	GEMEAUX	GEMEAUX	GEMEAUX	GEMEAUX
13 h 30	GEMEAUX	GEMEAUX	GEMEAUX	GEMEAUX	GEMEAUX	GEMEAUX	CANCER	CANCER
14 h 00	CANCER	CANCER	CANCER	CANCER	CANCER	CANCER	CANCER	CANCER
14 h 30	CANCER	CANCER	CANCER	CANCER	CANCER	CANCER	CANCER	CANCER
15 h 00	CANCER	CANCER	CANCER	CANCER	CANCER	CANCER	CANCER	CANCER
15 h 30	CANCER	CANCER	CANCER	CANCER	CANCER	CANCER	CANCER	CANCER
16 h 00	CANCER	LION	LION	LION	LION	LION	LION	LION
16 h 30	LION	LION	LION	LION	LION	LION	LION	LION
17 h 00	LION	LION	LION	LION	LION	LION	LION	LION
17 h 30	LION	LION	LION	LION	LION	LION	LION	LION
18 h 00	LION	LION	VIERGE	VIERGE	VIERGE	VIERGE	VIERGE	VIERGE
18 h 30	VIERGE	VIERGE	VIERGE	VIERGE	VIERGE	VIERGE	VIERGE	VIERGE
19 h 00	VIERGE	VIERGE	VIERGE	VIERGE	VIERGE	VIERGE	VIERGE	VIERGE
19 h 30	VIERGE	VIERGE	VIERGE	VIERGE	VIERGE	VIERGE	VIERGE	VIERGE
20 h 00	VIERGE	VIERGE	BALANCE	BALANCE	BALANCE	BALANCE	BALANCE	BALANCE
20 h 30	BALANCE	BALANCE	BALANCE	BALANCE	BALANCE	BALANCE	BALANCE	BALANCE
21 h 00	BALANCE	BALANCE	BALANCE	BALANCE	BALANCE	BALANCE	BALANCE	BALANCE
21 h 30	BALANCE	BALANCE	BALANCE	BALANCE	BALANCE	BALANCE	BALANCE	BALANCE
22 h 00	BALANCE	SCORPION	SCORPION	SCORPION	SCORPION	SCORPION	SCORPION	SCORPION
22 h 30	SCORPION	SCORPION	SCORPION	SCORPION	SCORPION	SCORPION	SCORPION	SCORPION
23 h 00	SCORPION	SCORPION	SCORPION	SCORPION	SCORPION	SCORPION	SCORPION	SCORPION
23 h 30	SCORPION	SCORPION	SCORPION	SCORPION	SCORPION	SCORPION	SCORPION	SCORPION

DECOUVREZ VOTRE ASCENDANT SANS AUCUN CALCUL : TABLE N° 1

VOTRE HEURE DE NAISSANCE	26 FEVRIER	27 FEVRIER	28 FEVRIER	29 FEVRIER	1 MARS	2 MARS	3 MARS	4 MARS
0 h 00	SAGITTAIRE	SAGITTAIRE	SAGITTAIRE	SAGITTAIRE	SAGITTAIRE	SAGITTAIRE	SAGITTAIRE	SAGITTAIRE
0 h 30	SAGITTAIRE	SAGITTAIRE	SAGITTAIRE	SAGITTAIRE	SAGITTAIRE	SAGITTAIRE	SAGITTAIRE	SAGITTAIRE
1 h 00	SAGITTAIRE	SAGITTAIRE	SAGITTAIRE	SAGITTAIRE	SAGITTAIRE	SAGITTAIRE	SAGITTAIRE	SAGITTAIRE
1 h 30	SAGITTAIRE	SAGITTAIRE	SAGITTAIRE	SAGITTAIRE	SAGITTAIRE	CAPRICORNE	CAPRICORNE	CAPRICORNE
2 h 00	CAPRICORNE	CAPRICORNE	CAPRICORNE	CAPRICORNE	CAPRICORNE	CAPRICORNE	CAPRICORNE	CAPRICORNE
2 h 30	CAPRICORNE	CAPRICORNE	CAPRICORNE	CAPRICORNE	CAPRICORNE	CAPRICORNE	CAPRICORNE	CAPRICORNE
3 h 00	CAPRICORNE	CAPRICORNE	CAPRICORNE	CAPRICORNE	CAPRICORNE	CAPRICORNE	CAPRICORNE	CAPRICORNE
3 h 30	CAPRICORNE	CAPRICORNE	CAPRICORNE	CAPRICORNE	CAPRICORNE	CAPRICORNE	CAPRICORNE	VERSEAU
4 h 00	VERSEAU	VERSEAU	VERSEAU	VERSEAU	VERSEAU	VERSEAU	VERSEAU	VERSEAU
4 h 30	VERSEAU	VERSEAU	VERSEAU	VERSEAU	VERSEAU	VERSEAU	VERSEAU	VERSEAU
5 h 00	VERSEAU	VERSEAU	VERSEAU	VERSEAU	VERSEAU	VERSEAU	VERSEAU	VERSEAU
5 h 30	VERSEAU	VERSEAU	VERSEAU	VERSEAU	VERSEAU	VERSEAU	POISSONS	POISSONS
6 h 00	POISSONS	POISSONS	POISSONS	POISSONS	POISSONS	POISSONS	POISSONS	POISSONS
6 h 30	POISSONS	POISSONS	POISSONS	POISSONS	POISSONS	POISSONS	POISSONS	POISSONS
7 h 00	POISSONS	POISSONS	POISSONS	POISSONS	POISSONS	POISSONS	POISSONS	POISSONS
7 h 30	POISSONS	POISSONS	BELIER	BELIER	BELIER	BELIER	BELIER	BELIER
8 h 00	BELIER	BELIER	BELIER	BELIER	BELIER	BELIER	BELIER	BELIER
8 h 30	BELIER	BELIER	BELIER	BELIER	BELIER	BELIER	BELIER	BELIER
9 h 00	BELIER	BELIER	BELIER	BELIER	BELIER	BELIER	TAUREAU	TAUREAU
9 h 30	TAUREAU	TAUREAU	TAUREAU	TAUREAU	TAUREAU	TAUREAU	TAUREAU	TAUREAU
10 h 00	TAUREAU	TAUREAU	TAUREAU	TAUREAU	TAUREAU	TAUREAU	TAUREAU	TAUREAU
10 h 30	TAUREAU	TAUREAU	TAUREAU	TAUREAU	TAUREAU	TAUREAU	TAUREAU	TAUREAU
11 h 00	TAUREAU	TAUREAU	TAUREAU	TAUREAU	TAUREAU	GEMEAUX	GEMEAUX	GEMEAUX
11 h 30	GEMEAUX	GEMEAUX	GEMEAUX	GEMEAUX	GEMEAUX	GEMEAUX	GEMEAUX	GEMEAUX
MIDI	GEMEAUX	GEMEAUX	GEMEAUX	GEMEAUX	GEMEAUX	GEMEAUX	GEMEAUX	GEMEAUX
12 h 30	GEMEAUX	GEMEAUX	GEMEAUX	GEMEAUX	GEMEAUX	GEMEAUX	GEMEAUX	GEMEAUX
13 h 00	GEMEAUX	GEMEAUX	GEMEAUX	GEMEAUX	GEMEAUX	GEMEAUX	CANCER	CANCER
13 h 30	CANCER	CANCER	CANCER	CANCER	CANCER	CANCER	CANCER	CANCER
14 h 00	CANCER	CANCER	CANCER	CANCER	CANCER	CANCER	CANCER	CANCER
14 h 30	CANCER	CANCER	CANCER	CANCER	CANCER	CANCER	CANCER	CANCER
15 h 00	CANCER	CANCER	CANCER	CANCER	CANCER	CANCER	CANCER	CANCER
15 h 30	CANCER	LION	LION	LION	LION	LION	LION	LION
16 h 00	LION	LION	LION	LION	LION	LION	LION	LION
16 h 30	LION	LION	LION	LION	LION	LION	LION	LION
17 h 00	LION	LION	LION	LION	LION	LION	LION	LION
17 h 30	LION	LION	VIERGE	VIERGE	VIERGE	VIERGE	VIERGE	VIERGE
18 h 00	VIERGE	VIERGE	VIERGE	VIERGE	VIERGE	VIERGE	VIERGE	VIERGE
18 h 30	VIERGE	VIERGE	VIERGE	VIERGE	VIERGE	VIERGE	VIERGE	VIERGE
19 h 00	VIERGE	VIERGE	VIERGE	VIERGE	VIERGE	VIERGE	VIERGE	VIERGE
19 h 30	VIERGE	VIERGE	BALANCE	BALANCE	BALANCE	BALANCE	BALANCE	BALANCE
20 h 00	BALANCE	BALANCE	BALANCE	BALANCE	BALANCE	BALANCE	BALANCE	BALANCE
20 h 30	BALANCE	BALANCE	BALANCE	BALANCE	BALANCE	BALANCE	BALANCE	BALANCE
21 h 00	BALANCE	BALANCE	BALANCE	BALANCE	BALANCE	BALANCE	BALANCE	BALANCE
21 h 30	SCORPION	SCORPION	SCORPION	SCORPION	SCORPION	SCORPION	SCORPION	SCORPION
22 h 00	SCORPION	SCORPION	SCORPION	SCORPION	SCORPION	SCORPION	SCORPION	SCORPION
22 h 30	SCORPION	SCORPION	SCORPION	SCORPION	SCORPION	SCORPION	SCORPION	SCORPION
23 h 00	SCORPION	SCORPION	SCORPION	SCORPION	SCORPION	SCORPION	SCORPION	SCORPION
23 h 30	SCORPION	SCORPION	SAGITTAIRE	SAGITTAIRE	SAGITTAIRE	SAGITTAIRE	SAGITTAIRE	SAGITTAIRE

DECOUVREZ VOTRE ASCENDANT SANS AUCUN CALCUL : TABLE N° 1

VOTRE HEURE DE NAISSANCE	5 MARS	6 MARS	7 MARS	8 MARS	9 MARS	10 MARS	11 MARS	12 MARS
0 h 00	SAGITTAIRE	SAGITTAIRE	SAGITTAIRE	SAGITTAIRE	SAGITTAIRE	SAGITTAIRE	SAGITTAIRE	SAGITTAIRE
0 h 30	SAGITTAIRE	SAGITTAIRE	SAGITTAIRE	SAGITTAIRE	SAGITTAIRE	SAGITTAIRE	SAGITTAIRE	SAGITTAIRE
1 h 00	SAGITTAIRE	SAGITTAIRE	SAGITTAIRE	SAGITTAIRE	SAGITTAIRE	CAPRICORNE	CAPRICORNE	CAPRICORNE
1 h 30	CAPRICORNE	CAPRICORNE	CAPRICORNE	CAPRICORNE	CAPRICORNE	CAPRICORNE	CAPRICORNE	CAPRICORNE
2 h 00	CAPRICORNE	CAPRICORNE	CAPRICORNE	CAPRICORNE	CAPRICORNE	CAPRICORNE	CAPRICORNE	CAPRICORNE
2 h 30	CAPRICORNE	CAPRICORNE	CAPRICORNE	CAPRICORNE	CAPRICORNE	CAPRICORNE	CAPRICORNE	CAPRICORNE
3 h 00	CAPRICORNE	CAPRICORNE	CAPRICORNE	CAPRICORNE	CAPRICORNE	CAPRICORNE	VERSEAU	VERSEAU
3 h 30	VERSEAU	VERSEAU	VERSEAU	VERSEAU	VERSEAU	VERSEAU	VERSEAU	VERSEAU
4 h 00	VERSEAU	VERSEAU	VERSEAU	VERSEAU	VERSEAU	VERSEAU	VERSEAU	VERSEAU
4 h 30	VERSEAU	VERSEAU	VERSEAU	VERSEAU	VERSEAU	VERSEAU	VERSEAU	VERSEAU
5 h 00	VERSEAU	VERSEAU	VERSEAU	VERSEAU	VERSEAU	POISSONS	POISSONS	POISSONS
5 h 30	POISSONS	POISSONS	POISSONS	POISSONS	POISSONS	POISSONS	POISSONS	POISSONS
6 h 00	POISSONS	POISSONS	POISSONS	POISSONS	POISSONS	POISSONS	POISSONS	POISSONS
6 h 30	POISSONS	POISSONS	POISSONS	POISSONS	POISSONS	POISSONS	POISSONS	POISSONS
7 h 00	POISSONS	POISSONS	BELIER	BELIER	BELIER	BELIER	BELIER	BELIER
7 h 30	BELIER	BELIER	BELIER	BELIER	BELIER	BELIER	BELIER	BELIER
8 h 00	BELIER	BELIER	BELIER	BELIER	BELIER	BELIER	BELIER	BELIER
8 h 30	BELIER	BELIER	BELIER	BELIER	BELIER	BELIER	TAUREAU	TAUREAU
9 h 00	TAUREAU	TAUREAU	TAUREAU	TAUREAU	TAUREAU	TAUREAU	TAUREAU	TAUREAU
9 h 30	TAUREAU	TAUREAU	TAUREAU	TAUREAU	TAUREAU	TAUREAU	TAUREAU	TAUREAU
10 h 00	TAUREAU	TAUREAU	TAUREAU	TAUREAU	TAUREAU	TAUREAU	TAUREAU	TAUREAU
10 h 30	TAUREAU	TAUREAU	TAUREAU	TAUREAU	GEMEAUX	GEMEAUX	GEMEAUX	GEMEAUX
11 h 00	GEMEAUX	GEMEAUX	GEMEAUX	GEMEAUX	GEMEAUX	GEMEAUX	GEMEAUX	GEMEAUX
11 h 30	GEMEAUX	GEMEAUX	GEMEAUX	GEMEAUX	GEMEAUX	GEMEAUX	GEMEAUX	GEMEAUX
MIDI	GEMEAUX	GEMEAUX	GEMEAUX	GEMEAUX	GEMEAUX	GEMEAUX	GEMEAUX	GEMEAUX
12 h 30	GEMEAUX	GEMEAUX	GEMEAUX	GEMEAUX	GEMEAUX	GEMEAUX	CANCER	CANCER
13 h 00	CANCER	CANCER	CANCER	CANCER	CANCER	CANCER	CANCER	CANCER
13 h 30	CANCER	CANCER	CANCER	CANCER	CANCER	CANCER	CANCER	CANCER
14 h 00	CANCER	CANCER	CANCER	CANCER	CANCER	CANCER	CANCER	CANCER
14 h 30	CANCER	CANCER	CANCER	CANCER	CANCER	CANCER	CANCER	CANCER
15 h 00	CANCER	LION	LION	LION	LION	LION	LION	LION
15 h 30	LION	LION	LION	LION	LION	LION	LION	LION
16 h 00	LION	LION	LION	LION	LION	LION	LION	LION
16 h 30	LION	LION	LION	LION	LION	LION	LION	LION
17 h 00	LION	LION	VIERGE	VIERGE	VIERGE	VIERGE	VIERGE	VIERGE
17 h 30	VIERGE	VIERGE	VIERGE	VIERGE	VIERGE	VIERGE	VIERGE	VIERGE
18 h 00	VIERGE	VIERGE	VIERGE	VIERGE	VIERGE	VIERGE	VIERGE	VIERGE
18 h 30	VIERGE	VIERGE	VIERGE	VIERGE	VIERGE	VIERGE	VIERGE	VIERGE
19 h 00	VIERGE	VIERGE	BALANCE	BALANCE	BALANCE	BALANCE	BALANCE	BALANCE
19 h 30	BALANCE	BALANCE	BALANCE	BALANCE	BALANCE	BALANCE	BALANCE	BALANCE
20 h 00	BALANCE	BALANCE	BALANCE	BALANCE	BALANCE	BALANCE	BALANCE	BALANCE
20 h 30	BALANCE	BALANCE	BALANCE	BALANCE	BALANCE	BALANCE	BALANCE	BALANCE
21 h 00	BALANCE	SCORPION	SCORPION	SCORPION	SCORPION	SCORPION	SCORPION	SCORPION
21 h 30	SCORPION	SCORPION	SCORPION	SCORPION	SCORPION	SCORPION	SCORPION	SCORPION
22 h 00	SCORPION	SCORPION	SCORPION	SCORPION	SCORPION	SCORPION	SCORPION	SCORPION
22 h 30	SCORPION	SCORPION	SCORPION	SCORPION	SCORPION	SCORPION	SCORPION	SCORPION
23 h 00	SCORPION	SCORPION	SAGITTAIRE	SAGITTAIRE	SAGITTAIRE	SAGITTAIRE	SAGITTAIRE	SAGITTAIRE
23 h 30	SAGITTAIRE	SAGITTAIRE	SAGITTAIRE	SAGITTAIRE	SAGITTAIRE	SAGITTAIRE	SAGITTAIRE	SAGITTAIRE

DECOUVREZ VOTRE ASCENDANT SANS AUCUN CALCUL : TABLE N° 1

VOTRE HEURE DE NAISSANCE	13 MARS	14 MARS	15 MARS	16 MARS	17 MARS	18 MARS	19 MARS	20 MARS	21 MARS
0 h 00	SAGITTAIRE	SAGITTAIRE	SAGITTAIRE	SAGITTAIRE	SAGITTAIRE	SAGITTAIRE	SAGITTAIRE	SAGITTAIRE	SAGITTAIRE
0 h 30	SAGITTAIRE	SAGITTAIRE	SAGITTAIRE	SAGITTAIRE	SAGITTAIRE	SAGITTAIRE	SAGITTAIRE	SAGITTAIRE	SAGITTAIRE
1 h 00	SAGITTAIRE	SAGITTAIRE	SAGITTAIRE	SAGITTAIRE	SAGITTAIRE	SAGITTAIRE	SAGITTAIRE	SAGITTAIRE	SAGITTAIRE
1 h 30	SAGITTAIRE	SAGITTAIRE	SAGITTAIRE	SAGITTAIRE	SAGITTAIRE	SAGITTAIRE	CAPRICORNE	CAPRICORNE	CAPRICORNE
2 h 00	CAPRICORNE	CAPRICORNE	CAPRICORNE	CAPRICORNE	CAPRICORNE	CAPRICORNE	CAPRICORNE	CAPRICORNE	CAPRICORNE
2 h 30	CAPRICORNE	CAPRICORNE	CAPRICORNE	CAPRICORNE	CAPRICORNE	CAPRICORNE	CAPRICORNE	CAPRICORNE	CAPRICORNE
3 h 00	CAPRICORNE	CAPRICORNE	CAPRICORNE	CAPRICORNE	CAPRICORNE	CAPRICORNE	CAPRICORNE	CAPRICORNE	CAPRICORNE
3 h 30	CAPRICORNE	CAPRICORNE	CAPRICORNE	CAPRICORNE	CAPRICORNE	VERSEAU	VERSEAU	VERSEAU	VERSEAU
4 h 00	VERSEAU	VERSEAU	VERSEAU	VERSEAU	VERSEAU	VERSEAU	VERSEAU	VERSEAU	VERSEAU
4 h 30	VERSEAU	VERSEAU	VERSEAU	VERSEAU	VERSEAU	POISSONS	POISSONS	POISSONS	POISSONS
5 h 00	POISSONS	POISSONS	POISSONS	POISSONS	POISSONS	POISSONS	POISSONS	POISSONS	POISSONS
5 h 30	POISSONS	POISSONS	POISSONS	POISSONS	POISSONS	POISSONS	POISSONS	POISSONS	POISSONS
6 h 00	POISSONS	POISSONS	POISSONS	POISSONS	POISSONS	POISSONS	POISSONS	POISSONS	POISSONS
6 h 30	POISSONS	POISSONS	BELIER	BELIER	BELIER	BELIER	BELIER	BELIER	BELIER
7 h 00	BELIER	BELIER	BELIER	BELIER	BELIER	BELIER	BELIER	BELIER	BELIER
7 h 30	BELIER	BELIER	BELIER	BELIER	BELIER	BELIER	BELIER	BELIER	BELIER
8 h 00	BELIER	BELIER	BELIER	BELIER	BELIER	TAUREAU	TAUREAU	TAUREAU	TAUREAU
8 h 30	TAUREAU	TAUREAU	TAUREAU	TAUREAU	TAUREAU	TAUREAU	TAUREAU	TAUREAU	TAUREAU
9 h 00	TAUREAU	TAUREAU	TAUREAU	TAUREAU	TAUREAU	TAUREAU	TAUREAU	TAUREAU	TAUREAU
9 h 30	TAUREAU	TAUREAU	TAUREAU	TAUREAU	TAUREAU	TAUREAU	TAUREAU	TAUREAU	TAUREAU
10 h 00	TAUREAU	TAUREAU	TAUREAU	TAUREAU	GEMEAUX	GEMEAUX	GEMEAUX	GEMEAUX	GEMEAUX
10 h 30	GEMEAUX	GEMEAUX	GEMEAUX	GEMEAUX	GEMEAUX	GEMEAUX	GEMEAUX	GEMEAUX	GEMEAUX
11 h 00	GEMEAUX	GEMEAUX	GEMEAUX	GEMEAUX	GEMEAUX	GEMEAUX	GEMEAUX	GEMEAUX	GEMEAUX
11 h 30	GEMEAUX	GEMEAUX	GEMEAUX	GEMEAUX	GEMEAUX	GEMEAUX	GEMEAUX	GEMEAUX	GEMEAUX
MIDI	GEMEAUX	GEMEAUX	GEMEAUX	GEMEAUX	GEMEAUX	CANCER	CANCER	CANCER	CANCER
12 h 30	CANCER	CANCER	CANCER	CANCER	CANCER	CANCER	CANCER	CANCER	CANCER
13 h 00	CANCER	CANCER	CANCER	CANCER	CANCER	CANCER	CANCER	CANCER	CANCER
13 h 30	CANCER	CANCER	CANCER	CANCER	CANCER	CANCER	CANCER	CANCER	CANCER
14 h 00	CANCER	CANCER	CANCER	CANCER	CANCER	CANCER	CANCER	CANCER	LION
14 h 30	LION	LION	LION	LION	LION	LION	LION	LION	LION
15 h 00	LION	LION	LION	LION	LION	LION	LION	LION	LION
15 h 30	LION	LION	LION	LION	LION	LION	LION	LION	LION
16 h 00	LION	LION	LION	LION	LION	LION	LION	LION	LION
16 h 30	LION	LION	VIERGE	VIERGE	VIERGE	VIERGE	VIERGE	VIERGE	VIERGE
17 h 00	VIERGE	VIERGE	VIERGE	VIERGE	VIERGE	VIERGE	VIERGE	VIERGE	VIERGE
17 h 30	VIERGE	VIERGE	VIERGE	VIERGE	VIERGE	VIERGE	VIERGE	VIERGE	VIERGE
18 h 00	VIERGE	VIERGE	VIERGE	VIERGE	VIERGE	VIERGE	VIERGE	VIERGE	VIERGE
18 h 30	VIERGE	VIERGE	BALANCE	BALANCE	BALANCE	BALANCE	BALANCE	BALANCE	BALANCE
19 h 00	BALANCE	BALANCE	BALANCE	BALANCE	BALANCE	BALANCE	BALANCE	BALANCE	BALANCE
19 h 30	BALANCE	BALANCE	BALANCE	BALANCE	BALANCE	BALANCE	BALANCE	BALANCE	BALANCE
20 h 00	BALANCE	BALANCE	BALANCE	BALANCE	BALANCE	BALANCE	BALANCE	BALANCE	SCORPION
20 h 30	SCORPION	SCORPION	SCORPION	SCORPION	SCORPION	SCORPION	SCORPION	SCORPION	SCORPION
21 h 00	SCORPION	SCORPION	SCORPION	SCORPION	SCORPION	SCORPION	SCORPION	SCORPION	SCORPION
21 h 30	SCORPION	SCORPION	SCORPION	SCORPION	SCORPION	SCORPION	SCORPION	SCORPION	SCORPION
22 h 00	SCORPION	SCORPION	SCORPION	SCORPION	SCORPION	SCORPION	SCORPION	SCORPION	SCORPION
22 h 30	SCORPION	SCORPION	SAGITTAIRE	SAGITTAIRE	SAGITTAIRE	SAGITTAIRE	SAGITTAIRE	SAGITTAIRE	SAGITTAIRE
23 h 00	SAGITTAIRE	SAGITTAIRE	SAGITTAIRE	SAGITTAIRE	SAGITTAIRE	SAGITTAIRE	SAGITTAIRE	SAGITTAIRE	SAGITTAIRE
23 h 30	SAGITTAIRE	SAGITTAIRE	SAGITTAIRE	SAGITTAIRE	SAGITTAIRE	SAGITTAIRE	SAGITTAIRE	SAGITTAIRE	SAGITTAIRE

DECOUVREZ VOTRE ASCENDANT SANS AUCUN CALCUL : TABLE N° 2

VOTRE HEURE DE NAISSANCE	18 FEVRIER	19 FEVRIER	20 FEVRIER	21 FEVRIER	22 FEVRIER	23 FEVRIER	24 FEVRIER	25 FEVRIER
0 h 00	SCORPION	SCORPION	SCORPION	SCORPION	SCORPION	SCORPION	SCORPION	SCORPION
0 h 30	SCORPION	SCORPION	SCORPION	SAGITTAIRE	SAGITTAIRE	SAGITTAIRE	SAGITTAIRE	SAGITTAIRE
1 h 00	SAGITTAIRE	SAGITTAIRE	SAGITTAIRE	SAGITTAIRE	SAGITTAIRE	SAGITTAIRE	SAGITTAIRE	SAGITTAIRE
1 h 30	SAGITTAIRE	SAGITTAIRE	SAGITTAIRE	SAGITTAIRE	SAGITTAIRE	SAGITTAIRE	SAGITTAIRE	SAGITTAIRE
2 h 00	SAGITTAIRE	SAGITTAIRE	SAGITTAIRE	SAGITTAIRE	SAGITTAIRE	SAGITTAIRE	SAGITTAIRE	SAGITTAIRE
2 h 30	SAGITTAIRE	SAGITTAIRE	SAGITTAIRE	SAGITTAIRE	SAGITTAIRE	SAGITTAIRE	SAGITTAIRE	SAGITTAIRE
3 h 00	CAPRICORNE	CAPRICORNE	CAPRICORNE	CAPRICORNE	CAPRICORNE	CAPRICORNE	CAPRICORNE	CAPRICORNE
3 h 30	CAPRICORNE	CAPRICORNE	CAPRICORNE	CAPRICORNE	CAPRICORNE	CAPRICORNE	CAPRICORNE	CAPRICORNE
4 h 00	CAPRICORNE	CAPRICORNE	CAPRICORNE	CAPRICORNE	CAPRICORNE	CAPRICORNE	CAPRICORNE	CAPRICORNE
4 h 30	CAPRICORNE	CAPRICORNE	CAPRICORNE	CAPRICORNE	CAPRICORNE	CAPRICORNE	CAPRICORNE	CAPRICORNE
5 h 00	VERSEAU	VERSEAU	VERSEAU	VERSEAU	VERSEAU	VERSEAU	VERSEAU	VERSEAU
5 h 30	VERSEAU	VERSEAU	VERSEAU	VERSEAU	VERSEAU	VERSEAU	VERSEAU	VERSEAU
6 h 00	VERSEAU	VERSEAU	VERSEAU	VERSEAU	VERSEAU	VERSEAU	VERSEAU	VERSEAU
6 h 30	VERSEAU	VERSEAU	POISSONS	POISSONS	POISSONS	POISSONS	POISSONS	POISSONS
7 h 00	POISSONS	POISSONS	POISSONS	POISSONS	POISSONS	POISSONS	POISSONS	POISSONS
7 h 30	POISSONS	POISSONS	POISSONS	POISSONS	POISSONS	POISSONS	POISSONS	POISSONS
8 h 00	POISSONS	POISSONS	BELIER	BELIER	BELIER	BELIER	BELIER	BELIER
8 h 30	BELIER	BELIER	BELIER	BELIER	BELIER	BELIER	BELIER	BELIER
9 h 00	BELIER	BELIER	BELIER	BELIER	BELIER	BELIER	BELIER	BELIER
9 h 30	BELIER	TAUREAU	TAUREAU	TAUREAU	TAUREAU	TAUREAU	TAUREAU	TAUREAU
10 h 00	TAUREAU	TAUREAU	TAUREAU	TAUREAU	TAUREAU	TAUREAU	TAUREAU	TAUREAU
10 h 30	TAUREAU	TAUREAU	TAUREAU	TAUREAU	TAUREAU	TAUREAU	TAUREAU	TAUREAU
11 h 00	TAUREAU	TAUREAU	TAUREAU	GEMEAUX	GEMEAUX	GEMEAUX	GEMEAUX	GEMEAUX
11 h 30	GEMEAUX	GEMEAUX	GEMEAUX	GEMEAUX	GEMEAUX	GEMEAUX	GEMEAUX	GEMEAUX
MIDI	GEMEAUX	GEMEAUX	GEMEAUX	GEMEAUX	GEMEAUX	GEMEAUX	GEMEAUX	GEMEAUX
12 h 30	GEMEAUX	GEMEAUX	GEMEAUX	GEMEAUX	GEMEAUX	GEMEAUX	GEMEAUX	GEMEAUX
13 h 00	GEMEAUX	GEMEAUX	GEMEAUX	CANCER	CANCER	CANCER	CANCER	CANCER
13 h 30	CANCER	CANCER	CANCER	CANCER	CANCER	CANCER	CANCER	CANCER
14 h 00	CANCER	CANCER	CANCER	CANCER	CANCER	CANCER	CANCER	CANCER
14 h 30	CANCER	CANCER	CANCER	CANCER	CANCER	CANCER	CANCER	CANCER
15 h 00	CANCER	CANCER	CANCER	CANCER	CANCER	CANCER	CANCER	LION
15 h 30	LION	LION	LION	LION	LION	LION	LION	LION
16 h 00	LION	LION	LION	LION	LION	LION	LION	LION
16 h 30	LION	LION	LION	LION	LION	LION	LION	LION
17 h 00	LION	LION	LION	LION	LION	LION	LION	LION
17 h 30	LION	LION	LION	LION	VIERGE	VIERGE	VIERGE	VIERGE
18 h 00	VIERGE	VIERGE	VIERGE	VIERGE	VIERGE	VIERGE	VIERGE	VIERGE
18 h 30	VIERGE	VIERGE	VIERGE	VIERGE	VIERGE	VIERGE	VIERGE	VIERGE
19 h 00	VIERGE	VIERGE	VIERGE	VIERGE	VIERGE	VIERGE	VIERGE	VIERGE
19 h 30	VIERGE	VIERGE	VIERGE	VIERGE	VIERGE	VIERGE	VIERGE	VIERGE
20 h 00	VIERGE	VIERGE	BALANCE	BALANCE	BALANCE	BALANCE	BALANCE	BALANCE
20 h 30	BALANCE	BALANCE	BALANCE	BALANCE	BALANCE	BALANCE	BALANCE	BALANCE
21 h 00	BALANCE	BALANCE	BALANCE	BALANCE	BALANCE	BALANCE	BALANCE	BALANCE
21 h 30	BALANCE	BALANCE	BALANCE	BALANCE	BALANCE	BALANCE	BALANCE	BALANCE
22 h 00	BALANCE	BALANCE	BALANCE	BALANCE	BALANCE	BALANCE	SCORPION	SCORPION
22 h 30	SCORPION	SCORPION	SCORPION	SCORPION	SCORPION	SCORPION	SCORPION	SCORPION
23 h 00	SCORPION	SCORPION	SCORPION	SCORPION	SCORPION	SCORPION	SCORPION	SCORPION
23 h 30	SCORPION	SCORPION	SCORPION	SCORPION	SCORPION	SCORPION	SCORPION	SCORPION

DECOUVREZ VOTRE ASCENDANT SANS AUCUN CALCUL : TABLE N° 2

VOTRE HEURE DE NAISSANCE	26 FEVRIER	27 FEVRIER	28 FEVRIER	29 FEVRIER	1 MARS	2 MARS	3 MARS	4 MARS
0 h 00	SCORPION	SCORPION	SCORPION	SAGITTAIRE	SAGITTAIRE	SAGITTAIRE	SAGITTAIRE	SAGITTAIRE
0 h 30	SAGITTAIRE	SAGITTAIRE	SAGITTAIRE	SAGITTAIRE	SAGITTAIRE	SAGITTAIRE	SAGITTAIRE	SAGITTAIRE
1 h 00	SAGITTAIRE	SAGITTAIRE	SAGITTAIRE	SAGITTAIRE	SAGITTAIRE	SAGITTAIRE	SAGITTAIRE	SAGITTAIRE
1 h 30	SAGITTAIRE	SAGITTAIRE	SAGITTAIRE	SAGITTAIRE	SAGITTAIRE	SAGITTAIRE	SAGITTAIRE	SAGITTAIRE
2 h 00	SAGITTAIRE	SAGITTAIRE	SAGITTAIRE	SAGITTAIRE	SAGITTAIRE	SAGITTAIRE	SAGITTAIRE	SAGITTAIRE
2 h 30	CAPRICORNE	CAPRICORNE	CAPRICORNE	CAPRICORNE	CAPRICORNE	CAPRICORNE	CAPRICORNE	CAPRICORNE
3 h 00	CAPRICORNE	CAPRICORNE	CAPRICORNE	CAPRICORNE	CAPRICORNE	CAPRICORNE	CAPRICORNE	CAPRICORNE
3 h 30	CAPRICORNE	CAPRICORNE	CAPRICORNE	CAPRICORNE	CAPRICORNE	CAPRICORNE	CAPRICORNE	CAPRICORNE
4 h 00	CAPRICORNE	CAPRICORNE	CAPRICORNE	CAPRICORNE	CAPRICORNE	CAPRICORNE	CAPRICORNE	CAPRICORNE
4 h 30	VERSEAU	VERSEAU	VERSEAU	VERSEAU	VERSEAU	VERSEAU	VERSEAU	VERSEAU
5 h 00	VERSEAU	VERSEAU	VERSEAU	VERSEAU	VERSEAU	VERSEAU	VERSEAU	VERSEAU
5 h 30	VERSEAU	VERSEAU	VERSEAU	VERSEAU	VERSEAU	VERSEAU	VERSEAU	VERSEAU
6 h 00	VERSEAU	VERSEAU	POISSONS	POISSONS	POISSONS	POISSONS	POISSONS	POISSONS
6 h 30	POISSONS	POISSONS	POISSONS	POISSONS	POISSONS	POISSONS	POISSONS	POISSONS
7 h 00	POISSONS	POISSONS	POISSONS	POISSONS	POISSONS	POISSONS	POISSONS	POISSONS
7 h 30	POISSONS	POISSONS	BELIER	BELIER	BELIER	BELIER	BELIER	BELIER
8 h 00	BELIER	BELIER	BELIER	BELIER	BELIER	BELIER	BELIER	BELIER
8 h 30	BELIER	BELIER	BELIER	BELIER	BELIER	BELIER	BELIER	BELIER
9 h 00	TAUREAU	TAUREAU	TAUREAU	TAUREAU	TAUREAU	TAUREAU	TAUREAU	TAUREAU
9 h 30	TAUREAU	TAUREAU	TAUREAU	TAUREAU	TAUREAU	TAUREAU	TAUREAU	TAUREAU
10 h 00	TAUREAU	TAUREAU	TAUREAU	TAUREAU	TAUREAU	TAUREAU	TAUREAU	TAUREAU
10 h 30	TAUREAU	TAUREAU	TAUREAU	GEMEAUX	GEMEAUX	GEMEAUX	GEMEAUX	GEMEAUX
11 h 00	GEMEAUX	GEMEAUX	GEMEAUX	GEMEAUX	GEMEAUX	GEMEAUX	GEMEAUX	GEMEAUX
11 h 30	GEMEAUX	GEMEAUX	GEMEAUX	GEMEAUX	GEMEAUX	GEMEAUX	GEMEAUX	GEMEAUX
MIDI	GEMEAUX	GEMEAUX	GEMEAUX	GEMEAUX	GEMEAUX	GEMEAUX	GEMEAUX	GEMEAUX
12 h 30	GEMEAUX	GEMEAUX	GEMEAUX	CANCER	CANCER	CANCER	CANCER	CANCER
13 h 00	CANCER	CANCER	CANCER	CANCER	CANCER	CANCER	CANCER	CANCER
13 h 30	CANCER	CANCER	CANCER	CANCER	CANCER	CANCER	CANCER	CANCER
14 h 00	CANCER	CANCER	CANCER	CANCER	CANCER	CANCER	CANCER	CANCER
14 h 30	CANCER	CANCER	CANCER	CANCER	CANCER	CANCER	CANCER	CANCER
15 h 00	LION	LION	LION	LION	LION	LION	LION	LION
15 h 30	LION	LION	LION	LION	LION	LION	LION	LION
16 h 00	LION	LION	LION	LION	LION	LION	LION	LION
16 h 30	LION	LION	LION	LION	LION	LION	LION	LION
17 h 00	LION	LION	LION	LION	LION	VIERGE	VIERGE	VIERGE
17 h 30	VIERGE	VIERGE	VIERGE	VIERGE	VIERGE	VIERGE	VIERGE	VIERGE
18 h 00	VIERGE	VIERGE	VIERGE	VIERGE	VIERGE	VIERGE	VIERGE	VIERGE
18 h 30	VIERGE	VIERGE	VIERGE	VIERGE	VIERGE	VIERGE	VIERGE	VIERGE
19 h 00	VIERGE	VIERGE	VIERGE	VIERGE	VIERGE	VIERGE	VIERGE	VIERGE
19 h 30	VIERGE	VIERGE	BALANCE	BALANCE	BALANCE	BALANCE	BALANCE	BALANCE
20 h 00	BALANCE	BALANCE	BALANCE	BALANCE	BALANCE	BALANCE	BALANCE	BALANCE
20 h 30	BALANCE	BALANCE	BALANCE	BALANCE	BALANCE	BALANCE	BALANCE	BALANCE
21 h 00	BALANCE	BALANCE	BALANCE	BALANCE	BALANCE	BALANCE	BALANCE	BALANCE
21 h 30	BALANCE	BALANCE	BALANCE	BALANCE	BALANCE	BALANCE	SCORPION	SCORPION
22 h 00	SCORPION	SCORPION	SCORPION	SCORPION	SCORPION	SCORPION	SCORPION	SCORPION
22 h 30	SCORPION	SCORPION	SCORPION	SCORPION	SCORPION	SCORPION	SCORPION	SCORPION
23 h 00	SCORPION	SCORPION	SCORPION	SCORPION	SCORPION	SCORPION	SCORPION	SCORPION
23 h 30	SCORPION	SCORPION	SCORPION	SCORPION	SCORPION	SCORPION	SCORPION	SCORPION

DECOUVREZ VOTRE ASCENDANT SANS AUCUN CALCUL : TABLE N° 2

VOTRE HEURE DE NAISSANCE	5 MARS	6 MARS	7 MARS	8 MARS	9 MARS	10 MARS	11 MARS	12 MARS
0 h 00	SAGITTAIRE	SAGITTAIRE	SAGITTAIRE	SAGITTAIRE	SAGITTAIRE	SAGITTAIRE	SAGITTAIRE	SAGITTAIRE
0 h 30	SAGITTAIRE	SAGITTAIRE	SAGITTAIRE	SAGITTAIRE	SAGITTAIRE	SAGITTAIRE	SAGITTAIRE	SAGITTAIRE
1 h 00	SAGITTAIRE	SAGITTAIRE	SAGITTAIRE	SAGITTAIRE	SAGITTAIRE	SAGITTAIRE	SAGITTAIRE	SAGITTAIRE
1 h 30	SAGITTAIRE	SAGITTAIRE	SAGITTAIRE	SAGITTAIRE	SAGITTAIRE	SAGITTAIRE	SAGITTAIRE	SAGITTAIRE
2 h 00	CAPRICORNE	CAPRICORNE	CAPRICORNE	CAPRICORNE	CAPRICORNE	CAPRICORNE	CAPRICORNE	CAPRICORNE
2 h 30	CAPRICORNE	CAPRICORNE	CAPRICORNE	CAPRICORNE	CAPRICORNE	CAPRICORNE	CAPRICORNE	CAPRICORNE
3 h 00	CAPRICORNE	CAPRICORNE	CAPRICORNE	CAPRICORNE	CAPRICORNE	CAPRICORNE	CAPRICORNE	CAPRICORNE
3 h 30	CAPRICORNE	CAPRICORNE	CAPRICORNE	CAPRICORNE	CAPRICORNE	CAPRICORNE	CAPRICORNE	CAPRICORNE
4 h 00	VERSEAU	VERSEAU	VERSEAU	VERSEAU	VERSEAU	VERSEAU	VERSEAU	VERSEAU
4 h 30	VERSEAU	VERSEAU	VERSEAU	VERSEAU	VERSEAU	VERSEAU	VERSEAU	VERSEAU
5 h 00	VERSEAU	VERSEAU	VERSEAU	VERSEAU	VERSEAU	VERSEAU	VERSEAU	VERSEAU
5 h 30	VERSEAU	VERSEAU	VERSEAU	POISSONS	POISSONS	POISSONS	POISSONS	POISSONS
6 h 00	POISSONS	POISSONS	POISSONS	POISSONS	POISSONS	POISSONS	POISSONS	POISSONS
6 h 30	POISSONS	POISSONS	POISSONS	POISSONS	POISSONS	POISSONS	POISSONS	POISSONS
7 h 00	POISSONS	POISSONS	BELIER	BELIER	BELIER	BELIER	BELIER	BELIER
7 h 30	BELIER	BELIER	BELIER	BELIER	BELIER	BELIER	BELIER	BELIER
8 h 00	BELIER	BELIER	BELIER	BELIER	BELIER	BELIER	BELIER	BELIER
8 h 30	BELIER	TAUREAU	TAUREAU	TAUREAU	TAUREAU	TAUREAU	TAUREAU	TAUREAU
9 h 00	TAUREAU	TAUREAU	TAUREAU	TAUREAU	TAUREAU	TAUREAU	TAUREAU	TAUREAU
9 h 30	TAUREAU	TAUREAU	TAUREAU	TAUREAU	TAUREAU	TAUREAU	TAUREAU	TAUREAU
10 h 00	TAUREAU	TAUREAU	TAUREAU	GEMEAUX	GEMEAUX	GEMEAUX	GEMEAUX	GEMEAUX
10 h 30	GEMEAUX	GEMEAUX	GEMEAUX	GEMEAUX	GEMEAUX	GEMEAUX	GEMEAUX	GEMEAUX
11 h 00	GEMEAUX	GEMEAUX	GEMEAUX	GEMEAUX	GEMEAUX	GEMEAUX	GEMEAUX	GEMEAUX
11 h 30	GEMEAUX	GEMEAUX	GEMEAUX	GEMEAUX	GEMEAUX	GEMEAUX	GEMEAUX	GEMEAUX
MIDI	GEMEAUX	GEMEAUX	GEMEAUX	CANCER	CANCER	CANCER	CANCER	CANCER
12 h 30	CANCER	CANCER	CANCER	CANCER	CANCER	CANCER	CANCER	CANCER
13 h 00	CANCER	CANCER	CANCER	CANCER	CANCER	CANCER	CANCER	CANCER
13 h 30	CANCER	CANCER	CANCER	CANCER	CANCER	CANCER	CANCER	CANCER
14 h 00	CANCER	CANCER	CANCER	CANCER	CANCER	CANCER	CANCER	CANCER
14 h 30	LION	LION	LION	LION	LION	LION	LION	LION
15 h 00	LION	LION	LION	LION	LION	LION	LION	LION
15 h 30	LION	LION	LION	LION	LION	LION	LION	LION
16 h 00	LION	LION	LION	LION	LION	LION	LION	LION
16 h 30	LION	LION	LION	LION	LION	VIERGE	VIERGE	VIERGE
17 h 00	VIERGE	VIERGE	VIERGE	VIERGE	VIERGE	VIERGE	VIERGE	VIERGE
17 h 30	VIERGE	VIERGE	VIERGE	VIERGE	VIERGE	VIERGE	VIERGE	VIERGE
18 h 00	VIERGE	VIERGE	VIERGE	VIERGE	VIERGE	VIERGE	VIERGE	VIERGE
18 h 30	VIERGE	VIERGE	VIERGE	VIERGE	VIERGE	VIERGE	VIERGE	VIERGE
19 h 00	VIERGE	VIERGE	BALANCE	BALANCE	BALANCE	BALANCE	BALANCE	BALANCE
19 h 30	BALANCE	BALANCE	BALANCE	BALANCE	BALANCE	BALANCE	BALANCE	BALANCE
20 h 00	BALANCE	BALANCE	BALANCE	BALANCE	BALANCE	BALANCE	BALANCE	BALANCE
20 h 30	BALANCE	BALANCE	BALANCE	BALANCE	BALANCE	BALANCE	BALANCE	BALANCE
21 h 00	BALANCE	BALANCE	BALANCE	BALANCE	BALANCE	BALANCE	SCORPION	SCORPION
21 h 30	SCORPION	SCORPION	SCORPION	SCORPION	SCORPION	SCORPION	SCORPION	SCORPION
22 h 00	SCORPION	SCORPION	SCORPION	SCORPION	SCORPION	SCORPION	SCORPION	SCORPION
22 h 30	SCORPION	SCORPION	SCORPION	SCORPION	SCORPION	SCORPION	SCORPION	SCORPION
23 h 00	SCORPION	SCORPION	SCORPION	SCORPION	SCORPION	SCORPION	SCORPION	SCORPION
23 h 30	SCORPION	SCORPION	SCORPION	SAGITTAIRE	SAGITTAIRE	SAGITTAIRE	SAGITTAIRE	SAGITTAIRE

DECOUVREZ VOTRE ASCENDANT SANS AUCUN CALCUL : TABLE N° 2

VOTRE HEURE DE NAISSANCE	13 MARS	14 MARS	15 MARS	16 MARS	17 MARS	18 MARS	19 MARS	20 MARS	21 MARS
0 h 00	SAGITTAIRE	SAGITTAIRE	SAGITTAIRE	SAGITTAIRE	SAGITTAIRE	SAGITTAIRE	SAGITTAIRE	SAGITTAIRE	SAGITTAIRE
0 h 30	SAGITTAIRE	SAGITTAIRE	SAGITTAIRE	SAGITTAIRE	SAGITTAIRE	SAGITTAIRE	SAGITTAIRE	SAGITTAIRE	SAGITTAIRE
1 h 00	SAGITTAIRE	SAGITTAIRE	SAGITTAIRE	SAGITTAIRE	SAGITTAIRE	SAGITTAIRE	SAGITTAIRE	CAPRICORNE	CAPRICORNE
1 h 30	CAPRICORNE	CAPRICORNE	CAPRICORNE	CAPRICORNE	CAPRICORNE	CAPRICORNE	CAPRICORNE	CAPRICORNE	CAPRICORNE
2 h 00	CAPRICORNE	CAPRICORNE	CAPRICORNE	CAPRICORNE	CAPRICORNE	CAPRICORNE	CAPRICORNE	CAPRICORNE	CAPRICORNE
2 h 30	CAPRICORNE	CAPRICORNE	CAPRICORNE	CAPRICORNE	CAPRICORNE	CAPRICORNE	CAPRICORNE	CAPRICORNE	CAPRICORNE
3 h 00	CAPRICORNE	CAPRICORNE	CAPRICORNE	CAPRICORNE	CAPRICORNE	CAPRICORNE	CAPRICORNE	VERSEAU	VERSEAU
3 h 30	VERSEAU	VERSEAU	VERSEAU	VERSEAU	VERSEAU	VERSEAU	VERSEAU	VERSEAU	VERSEAU
4 h 00	VERSEAU	VERSEAU	VERSEAU	VERSEAU	VERSEAU	VERSEAU	VERSEAU	VERSEAU	VERSEAU
4 h 30	VERSEAU	VERSEAU	VERSEAU	VERSEAU	VERSEAU	VERSEAU	VERSEAU	VERSEAU	VERSEAU
5 h 00	VERSEAU	VERSEAU	POISSONS	POISSONS	POISSONS	POISSONS	POISSONS	POISSONS	POISSONS
5 h 30	POISSONS	POISSONS	POISSONS	POISSONS	POISSONS	POISSONS	POISSONS	POISSONS	POISSONS
6 h 00	POISSONS	POISSONS	POISSONS	POISSONS	POISSONS	POISSONS	POISSONS	POISSONS	POISSONS
6 h 30	POISSONS	POISSONS	BELIER	BELIER	BELIER	BELIER	BELIER	BELIER	BELIER
7 h 00	BELIER	BELIER	BELIER	BELIER	BELIER	BELIER	BELIER	BELIER	BELIER
7 h 30	BELIER	BELIER	BELIER	BELIER	BELIER	BELIER	BELIER	BELIER	TAUREAU
8 h 00	TAUREAU	TAUREAU	TAUREAU	TAUREAU	TAUREAU	TAUREAU	TAUREAU	TAUREAU	TAUREAU
8 h 30	TAUREAU	TAUREAU	TAUREAU	TAUREAU	TAUREAU	TAUREAU	TAUREAU	TAUREAU	TAUREAU
9 h 00	TAUREAU	TAUREAU	TAUREAU	TAUREAU	TAUREAU	TAUREAU	TAUREAU	TAUREAU	TAUREAU
9 h 30	TAUREAU	TAUREAU	TAUREAU	GEMEAUX	GEMEAUX	GEMEAUX	GEMEAUX	GEMEAUX	GEMEAUX
10 h 00	GEMEAUX	GEMEAUX	GEMEAUX	GEMEAUX	GEMEAUX	GEMEAUX	GEMEAUX	GEMEAUX	GEMEAUX
10 h 30	GEMEAUX	GEMEAUX	GEMEAUX	GEMEAUX	GEMEAUX	GEMEAUX	GEMEAUX	GEMEAUX	GEMEAUX
11 h 00	GEMEAUX	GEMEAUX	GEMEAUX	GEMEAUX	GEMEAUX	GEMEAUX	GEMEAUX	GEMEAUX	GEMEAUX
11 h 30	GEMEAUX	GEMEAUX	CANCER	CANCER	CANCER	CANCER	CANCER	CANCER	CANCER
MIDI	CANCER	CANCER	CANCER	CANCER	CANCER	CANCER	CANCER	CANCER	CANCER
12 h 30	CANCER	CANCER	CANCER	CANCER	CANCER	CANCER	CANCER	CANCER	CANCER
13 h 00	CANCER	CANCER	CANCER	CANCER	CANCER	CANCER	CANCER	CANCER	CANCER
13 h 30	CANCER	CANCER	CANCER	CANCER	CANCER	CANCER	CANCER	LION	LION
14 h 00	LION	LION	LION	LION	LION	LION	LION	LION	LION
14 h 30	LION	LION	LION	LION	LION	LION	LION	LION	LION
15 h 00	LION	LION	LION	LION	LION	LION	LION	LION	LION
15 h 30	LION	LION	LION	LION	LION	LION	LION	LION	LION
16 h 00	LION	LION	LION	LION	VIERGE	VIERGE	VIERGE	VIERGE	VIERGE
16 h 30	VIERGE	VIERGE	VIERGE	VIERGE	VIERGE	VIERGE	VIERGE	VIERGE	VIERGE
17 h 00	VIERGE	VIERGE	VIERGE	VIERGE	VIERGE	VIERGE	VIERGE	VIERGE	VIERGE
17 h 30	VIERGE	VIERGE	VIERGE	VIERGE	VIERGE	VIERGE	VIERGE	VIERGE	VIERGE
18 h 00	VIERGE	VIERGE	VIERGE	VIERGE	VIERGE	VIERGE	VIERGE	VIERGE	VIERGE
18 h 30	VIERGE	VIERGE	BALANCE	BALANCE	BALANCE	BALANCE	BALANCE	BALANCE	BALANCE
19 h 00	BALANCE	BALANCE	BALANCE	BALANCE	BALANCE	BALANCE	BALANCE	BALANCE	BALANCE
19 h 30	BALANCE	BALANCE	BALANCE	BALANCE	BALANCE	BALANCE	BALANCE	BALANCE	BALANCE
20 h 00	BALANCE	BALANCE	BALANCE	BALANCE	BALANCE	BALANCE	BALANCE	BALANCE	BALANCE
20 h 30	BALANCE	BALANCE	BALANCE	BALANCE	BALANCE	SCORPION	SCORPION	SCORPION	SCORPION
21 h 00	SCORPION	SCORPION	SCORPION	SCORPION	SCORPION	SCORPION	SCORPION	SCORPION	SCORPION
21 h 30	SCORPION	SCORPION	SCORPION	SCORPION	SCORPION	SCORPION	SCORPION	SCORPION	SCORPION
22 h 00	SCORPION	SCORPION	SCORPION	SCORPION	SCORPION	SCORPION	SCORPION	SCORPION	SCORPION
22 h 30	SCORPION	SCORPION	SCORPION	SCORPION	SCORPION	SCORPION	SCORPION	SCORPION	SCORPION
23 h 00	SCORPION	SCORPION	SCORPION	SAGITTAIRE	SAGITTAIRE	SAGITTAIRE	SAGITTAIRE	SAGITTAIRE	SAGITTAIRE
23 h 30	SAGITTAIRE	SAGITTAIRE	SAGITTAIRE	SAGITTAIRE	SAGITTAIRE	SAGITTAIRE	SAGITTAIRE	SAGITTAIRE	SAGITTAIRE

DECOUVREZ VOTRE ASCENDANT SANS AUCUN CALCUL : TABLE N° 3

VOTRE HEURE DE NAISSANCE	18 FEVRIER	19 FEVRIER	20 FEVRIER	21 FEVRIER	22 FEVRIER	23 FEVRIER	24 FEVRIER	25 FEVRIER
0 h 00	SCORPION	SCORPION	SCORPION	SCORPION	SCORPION	SCORPION	SCORPION	SCORPION
0 h 30	SCORPION	SCORPION	SCORPION	SCORPION	SCORPION	SCORPION	SCORPION	SCORPION
1 h 00	SAGITTAIRE	SAGITTAIRE	SAGITTAIRE	SAGITTAIRE	SAGITTAIRE	SAGITTAIRE	SAGITTAIRE	SAGITTAIRE
1 h 30	SAGITTAIRE	SAGITTAIRE	SAGITTAIRE	SAGITTAIRE	SAGITTAIRE	SAGITTAIRE	SAGITTAIRE	SAGITTAIRE
2 h 00	SAGITTAIRE	SAGITTAIRE	SAGITTAIRE	SAGITTAIRE	SAGITTAIRE	SAGITTAIRE	SAGITTAIRE	SAGITTAIRE
2 h 30	SAGITTAIRE	SAGITTAIRE	SAGITTAIRE	SAGITTAIRE	SAGITTAIRE	SAGITTAIRE	SAGITTAIRE	SAGITTAIRE
3 h 00	SAGITTAIRE	SAGITTAIRE	SAGITTAIRE	SAGITTAIRE	SAGITTAIRE	SAGITTAIRE	CAPRICORNE	CAPRICORNE
3 h 30	CAPRICORNE	CAPRICORNE	CAPRICORNE	CAPRICORNE	CAPRICORNE	CAPRICORNE	CAPRICORNE	CAPRICORNE
4 h 00	CAPRICORNE	CAPRICORNE	CAPRICORNE	CAPRICORNE	CAPRICORNE	CAPRICORNE	CAPRICORNE	CAPRICORNE
4 h 30	CAPRICORNE	CAPRICORNE	CAPRICORNE	CAPRICORNE	CAPRICORNE	CAPRICORNE	CAPRICORNE	CAPRICORNE
5 h 00	CAPRICORNE	CAPRICORNE	CAPRICORNE	CAPRICORNE	CAPRICORNE	VERSEAU	VERSEAU	VERSEAU
5 h 30	VERSEAU	VERSEAU	VERSEAU	VERSEAU	VERSEAU	VERSEAU	VERSEAU	VERSEAU
6 h 00	VERSEAU	VERSEAU	VERSEAU	VERSEAU	VERSEAU	VERSEAU	VERSEAU	VERSEAU
6 h 30	VERSEAU	VERSEAU	VERSEAU	VERSEAU	VERSEAU	POISSONS	POISSONS	POISSONS
7 h 00	POISSONS	POISSONS	POISSONS	POISSONS	POISSONS	POISSONS	POISSONS	POISSONS
7 h 30	POISSONS	POISSONS	POISSONS	POISSONS	POISSONS	POISSONS	POISSONS	POISSONS
8 h 00	POISSONS	POISSONS	BELIER	BELIER	BELIER	BELIER	BELIER	BELIER
8 h 30	BELIER	BELIER	BELIER	BELIER	BELIER	BELIER	BELIER	BELIER
9 h 00	BELIER	BELIER	BELIER	BELIER	BELIER	BELIER	TAUREAU	TAUREAU
9 h 30	TAUREAU	TAUREAU	TAUREAU	TAUREAU	TAUREAU	TAUREAU	TAUREAU	TAUREAU
10 h 00	TAUREAU	TAUREAU	TAUREAU	TAUREAU	TAUREAU	TAUREAU	TAUREAU	TAUREAU
10 h 30	TAUREAU	TAUREAU	TAUREAU	TAUREAU	TAUREAU	GEMEAUX	GEMEAUX	GEMEAUX
11 h 00	GEMEAUX	GEMEAUX	GEMEAUX	GEMEAUX	GEMEAUX	GEMEAUX	GEMEAUX	GEMEAUX
11 h 30	GEMEAUX	GEMEAUX	GEMEAUX	GEMEAUX	GEMEAUX	GEMEAUX	GEMEAUX	GEMEAUX
MIDI	GEMEAUX	GEMEAUX	GEMEAUX	GEMEAUX	GEMEAUX	GEMEAUX	GEMEAUX	GEMEAUX
12 h 30	GEMEAUX	GEMEAUX	GEMEAUX	GEMEAUX	CANCER	CANCER	CANCER	CANCER
13 h 00	CANCER	CANCER	CANCER	CANCER	CANCER	CANCER	CANCER	CANCER
13 h 30	CANCER	CANCER	CANCER	CANCER	CANCER	CANCER	CANCER	CANCER
14 h 00	CANCER	CANCER	CANCER	CANCER	CANCER	CANCER	CANCER	CANCER
14 h 30	CANCER	CANCER	CANCER	CANCER	CANCER	CANCER	CANCER	CANCER
15 h 00	CANCER	CANCER	LION	LION	LION	LION	LION	LION
15 h 30	LION	LION	LION	LION	LION	LION	LION	LION
16 h 00	LION	LION	LION	LION	LION	LION	LION	LION
16 h 30	LION	LION	LION	LION	LION	LION	LION	LION
17 h 00	LION	LION	LION	LION	LION	LION	LION	LION
17 h 30	LION	VIERGE	VIERGE	VIERGE	VIERGE	VIERGE	VIERGE	VIERGE
18 h 00	VIERGE	VIERGE	VIERGE	VIERGE	VIERGE	VIERGE	VIERGE	VIERGE
18 h 30	VIERGE	VIERGE	VIERGE	VIERGE	VIERGE	VIERGE	VIERGE	VIERGE
19 h 00	VIERGE	VIERGE	VIERGE	VIERGE	VIERGE	VIERGE	VIERGE	VIERGE
19 h 30	VIERGE	VIERGE	VIERGE	VIERGE	VIERGE	VIERGE	VIERGE	VIERGE
20 h 00	VIERGE	VIERGE	BALANCE	BALANCE	BALANCE	BALANCE	BALANCE	BALANCE
20 h 30	BALANCE	BALANCE	BALANCE	BALANCE	BALANCE	BALANCE	BALANCE	BALANCE
21 h 00	BALANCE	BALANCE	BALANCE	BALANCE	BALANCE	BALANCE	BALANCE	BALANCE
21 h 30	BALANCE	BALANCE	BALANCE	BALANCE	BALANCE	BALANCE	BALANCE	BALANCE
22 h 00	BALANCE	BALANCE	BALANCE	BALANCE	BALANCE	BALANCE	BALANCE	BALANCE
22 h 30	BALANCE	SCORPION	SCORPION	SCORPION	SCORPION	SCORPION	SCORPION	SCORPION
23 h 00	SCORPION	SCORPION	SCORPION	SCORPION	SCORPION	SCORPION	SCORPION	SCORPION
23 h 30	SCORPION	SCORPION	SCORPION	SCORPION	SCORPION	SCORPION	SCORPION	SCORPION

DECOUVREZ VOTRE ASCENDANT SANS AUCUN CALCUL : TABLE N° 3

VOTRE HEURE DE NAISSANCE	26 FEVRIER	27 FEVRIER	28 FEVRIER	29 FEVRIER	1 MARS	2 MARS	3 MARS	4 MARS
0 h 00	SCORPION	SCORPION	SCORPION	SCORPION	SCORPION	SCORPION	SCORPION	SCORPION
0 h 30	SAGITTAIRE	SAGITTAIRE	SAGITTAIRE	SAGITTAIRE	SAGITTAIRE	SAGITTAIRE	SAGITTAIRE	SAGITTAIRE
1 h 00	SAGITTAIRE	SAGITTAIRE	SAGITTAIRE	SAGITTAIRE	SAGITTAIRE	SAGITTAIRE	SAGITTAIRE	SAGITTAIRE
1 h 30	SAGITTAIRE	SAGITTAIRE	SAGITTAIRE	SAGITTAIRE	SAGITTAIRE	SAGITTAIRE	SAGITTAIRE	SAGITTAIRE
2 h 00	SAGITTAIRE	SAGITTAIRE	SAGITTAIRE	SAGITTAIRE	SAGITTAIRE	SAGITTAIRE	SAGITTAIRE	SAGITTAIRE
2 h 30	SAGITTAIRE	SAGITTAIRE	SAGITTAIRE	SAGITTAIRE	SAGITTAIRE	SAGITTAIRE	SAGITTAIRE	CAPRICORNE
3 h 00	CAPRICORNE	CAPRICORNE	CAPRICORNE	CAPRICORNE	CAPRICORNE	CAPRICORNE	CAPRICORNE	CAPRICORNE
3 h 30	CAPRICORNE	CAPRICORNE	CAPRICORNE	CAPRICORNE	CAPRICORNE	CAPRICORNE	CAPRICORNE	CAPRICORNE
4 h 00	CAPRICORNE	CAPRICORNE	CAPRICORNE	CAPRICORNE	CAPRICORNE	CAPRICORNE	CAPRICORNE	CAPRICORNE
4 h 30	CAPRICORNE	CAPRICORNE	CAPRICORNE	CAPRICORNE	CAPRICORNE	CAPRICORNE	VERSEAU	VERSEAU
5 h 00	VERSEAU	VERSEAU	VERSEAU	VERSEAU	VERSEAU	VERSEAU	VERSEAU	VERSEAU
5 h 30	VERSEAU	VERSEAU	VERSEAU	VERSEAU	VERSEAU	VERSEAU	VERSEAU	VERSEAU
6 h 00	VERSEAU	VERSEAU	VERSEAU	VERSEAU	VERSEAU	VERSEAU	POISSONS	POISSONS
6 h 30	POISSONS	POISSONS	POISSONS	POISSONS	POISSONS	POISSONS	POISSONS	POISSONS
7 h 00	POISSONS	POISSONS	POISSONS	POISSONS	POISSONS	POISSONS	POISSONS	POISSONS
7 h 30	POISSONS	POISSONS	BELIER	BELIER	BELIER	BELIER	BELIER	BELIER
8 h 00	BELIER	BELIER	BELIER	BELIER	BELIER	BELIER	BELIER	BELIER
8 h 30	BELIER	BELIER	BELIER	BELIER	BELIER	BELIER	TAUREAU	TAUREAU
9 h 00	TAUREAU	TAUREAU	TAUREAU	TAUREAU	TAUREAU	TAUREAU	TAUREAU	TAUREAU
9 h 30	TAUREAU	TAUREAU	TAUREAU	TAUREAU	TAUREAU	TAUREAU	TAUREAU	TAUREAU
10 h 00	TAUREAU	TAUREAU	TAUREAU	TAUREAU	TAUREAU	TAUREAU	GEMEAUX	GEMEAUX
10 h 30	GEMEAUX	GEMEAUX	GEMEAUX	GEMEAUX	GEMEAUX	GEMEAUX	GEMEAUX	GEMEAUX
11 h 00	GEMEAUX	GEMEAUX	GEMEAUX	GEMEAUX	GEMEAUX	GEMEAUX	GEMEAUX	GEMEAUX
11 h 30	GEMEAUX	GEMEAUX	GEMEAUX	GEMEAUX	GEMEAUX	GEMEAUX	GEMEAUX	GEMEAUX
MIDI	GEMEAUX	GEMEAUX	GEMEAUX	GEMEAUX	GEMEAUX	CANCER	CANCER	CANCER
12 h 30	CANCER	CANCER	CANCER	CANCER	CANCER	CANCER	CANCER	CANCER
13 h 00	CANCER	CANCER	CANCER	CANCER	CANCER	CANCER	CANCER	CANCER
13 h 30	CANCER	CANCER	CANCER	CANCER	CANCER	CANCER	CANCER	CANCER
14 h 00	CANCER	CANCER	CANCER	CANCER	CANCER	CANCER	CANCER	CANCER
14 h 30	CANCER	CANCER	LION	LION	LION	LION	LION	LION
15 h 00	LION	LION	LION	LION	LION	LION	LION	LION
15 h 30	LION	LION	LION	LION	LION	LION	LION	LION
16 h 00	LION	LION	LION	LION	LION	LION	LION	LION
16 h 30	LION	LION	LION	LION	LION	LION	LION	LION
17 h 00	LION	VIERGE	VIERGE	VIERGE	VIERGE	VIERGE	VIERGE	VIERGE
17 h 30	VIERGE	VIERGE	VIERGE	VIERGE	VIERGE	VIERGE	VIERGE	VIERGE
18 h 00	VIERGE	VIERGE	VIERGE	VIERGE	VIERGE	VIERGE	VIERGE	VIERGE
18 h 30	VIERGE	VIERGE	VIERGE	VIERGE	VIERGE	VIERGE	VIERGE	VIERGE
19 h 00	VIERGE	VIERGE	VIERGE	VIERGE	VIERGE	VIERGE	VIERGE	VIERGE
19 h 30	VIERGE	VIERGE	BALANCE	BALANCE	BALANCE	BALANCE	BALANCE	BALANCE
20 h 00	BALANCE	BALANCE	BALANCE	BALANCE	BALANCE	BALANCE	BALANCE	BALANCE
20 h 30	BALANCE	BALANCE	BALANCE	BALANCE	BALANCE	BALANCE	BALANCE	BALANCE
21 h 00	BALANCE	BALANCE	BALANCE	BALANCE	BALANCE	BALANCE	BALANCE	BALANCE
21 h 30	BALANCE	BALANCE	BALANCE	BALANCE	BALANCE	BALANCE	BALANCE	BALANCE
22 h 00	BALANCE	SCORPION	SCORPION	SCORPION	SCORPION	SCORPION	SCORPION	SCORPION
22 h 30	SCORPION	SCORPION	SCORPION	SCORPION	SCORPION	SCORPION	SCORPION	SCORPION
23 h 00	SCORPION	SCORPION	SCORPION	SCORPION	SCORPION	SCORPION	SCORPION	SCORPION
23 h 30	SCORPION	SCORPION	SCORPION	SCORPION	SCORPION	SCORPION	SCORPION	SCORPION

DECOUVREZ VOTRE ASCENDANT SANS AUCUN CALCUL : TABLE N° 3

VOTRE HEURE DE NAISSANCE	5 MARS	6 MARS	7 MARS	8 MARS	9 MARS	10 MARS	11 MARS	12 MARS
0 h 00	SCORPION	SAGITTAIRE	SAGITTAIRE	SAGITTAIRE	SAGITTAIRE	SAGITTAIRE	SAGITTAIRE	SAGITTAIRE
0 h 30	SAGITTAIRE	SAGITTAIRE	SAGITTAIRE	SAGITTAIRE	SAGITTAIRE	SAGITTAIRE	SAGITTAIRE	SAGITTAIRE
1 h 00	SAGITTAIRE	SAGITTAIRE	SAGITTAIRE	SAGITTAIRE	SAGITTAIRE	SAGITTAIRE	SAGITTAIRE	SAGITTAIRE
1 h 30	SAGITTAIRE	SAGITTAIRE	SAGITTAIRE	SAGITTAIRE	SAGITTAIRE	SAGITTAIRE	SAGITTAIRE	SAGITTAIRE
2 h 00	SAGITTAIRE	SAGITTAIRE	SAGITTAIRE	SAGITTAIRE	SAGITTAIRE	SAGITTAIRE	CAPRICORNE	CAPRICORNE
2 h 30	CAPRICORNE	CAPRICORNE	CAPRICORNE	CAPRICORNE	CAPRICORNE	CAPRICORNE	CAPRICORNE	CAPRICORNE
3 h 00	CAPRICORNE	CAPRICORNE	CAPRICORNE	CAPRICORNE	CAPRICORNE	CAPRICORNE	CAPRICORNE	CAPRICORNE
3 h 30	CAPRICORNE	CAPRICORNE	CAPRICORNE	CAPRICORNE	CAPRICORNE	CAPRICORNE	CAPRICORNE	CAPRICORNE
4 h 00	CAPRICORNE	CAPRICORNE	CAPRICORNE	CAPRICORNE	CAPRICORNE	VERSEAU	VERSEAU	VERSEAU
4 h 30	VERSEAU	VERSEAU	VERSEAU	VERSEAU	VERSEAU	VERSEAU	VERSEAU	VERSEAU
5 h 00	VERSEAU	VERSEAU	VERSEAU	VERSEAU	VERSEAU	VERSEAU	VERSEAU	VERSEAU
5 h 30	VERSEAU	VERSEAU	VERSEAU	VERSEAU	VERSEAU	POISSONS	POISSONS	POISSONS
6 h 00	POISSONS	POISSONS	POISSONS	POISSONS	POISSONS	POISSONS	POISSONS	POISSONS
6 h 30	POISSONS	POISSONS	POISSONS	POISSONS	POISSONS	POISSONS	POISSONS	POISSONS
7 h 00	POISSONS	POISSONS	BELIER	BELIER	BELIER	BELIER	BELIER	BELIER
7 h 30	BELIER	BELIER	BELIER	BELIER	BELIER	BELIER	BELIER	BELIER
8 h 00	BELIER	BELIER	BELIER	BELIER	BELIER	TAUREAU	TAUREAU	TAUREAU
8 h 30	TAUREAU	TAUREAU	TAUREAU	TAUREAU	TAUREAU	TAUREAU	TAUREAU	TAUREAU
9 h 00	TAUREAU	TAUREAU	TAUREAU	TAUREAU	TAUREAU	TAUREAU	TAUREAU	TAUREAU
9 h 30	TAUREAU	TAUREAU	TAUREAU	TAUREAU	TAUREAU	GEMEAUX	GEMEAUX	GEMEAUX
10 h 00	GEMEAUX	GEMEAUX	GEMEAUX	GEMEAUX	GEMEAUX	GEMEAUX	GEMEAUX	GEMEAUX
10 h 30	GEMEAUX	GEMEAUX	GEMEAUX	GEMEAUX	GEMEAUX	GEMEAUX	GEMEAUX	GEMEAUX
11 h 00	GEMEAUX	GEMEAUX	GEMEAUX	GEMEAUX	GEMEAUX	GEMEAUX	GEMEAUX	GEMEAUX
11 h 30	GEMEAUX	GEMEAUX	GEMEAUX	GEMEAUX	CANCER	CANCER	CANCER	CANCER
MIDI	CANCER	CANCER	CANCER	CANCER	CANCER	CANCER	CANCER	CANCER
12 h 30	CANCER	CANCER	CANCER	CANCER	CANCER	CANCER	CANCER	CANCER
13 h 00	CANCER	CANCER	CANCER	CANCER	CANCER	CANCER	CANCER	CANCER
13 h 30	CANCER	CANCER	CANCER	CANCER	CANCER	CANCER	CANCER	CANCER
14 h 00	CANCER	CANCER	LION	LION	LION	LION	LION	LION
14 h 30	LION	LION	LION	LION	LION	LION	LION	LION
15 h 00	LION	LION	LION	LION	LION	LION	LION	LION
15 h 30	LION	LION	LION	LION	LION	LION	LION	LION
16 h 00	LION	LION	LION	LION	LION	LION	LION	LION
16 h 30	LION	LION	VIERGE	VIERGE	VIERGE	VIERGE	VIERGE	VIERGE
17 h 00	VIERGE	VIERGE	VIERGE	VIERGE	VIERGE	VIERGE	VIERGE	VIERGE
17 h 30	VIERGE	VIERGE	VIERGE	VIERGE	VIERGE	VIERGE	VIERGE	VIERGE
18 h 00	VIERGE	VIERGE	VIERGE	VIERGE	VIERGE	VIERGE	VIERGE	VIERGE
18 h 30	VIERGE	VIERGE	VIERGE	VIERGE	VIERGE	VIERGE	VIERGE	VIERGE
19 h 00	VIERGE	VIERGE	BALANCE	BALANCE	BALANCE	BALANCE	BALANCE	BALANCE
19 h 30	BALANCE	BALANCE	BALANCE	BALANCE	BALANCE	BALANCE	BALANCE	BALANCE
20 h 00	BALANCE	BALANCE	BALANCE	BALANCE	BALANCE	BALANCE	BALANCE	BALANCE
20 h 30	BALANCE	BALANCE	BALANCE	BALANCE	BALANCE	BALANCE	BALANCE	BALANCE
21 h 00	BALANCE	BALANCE	BALANCE	BALANCE	BALANCE	BALANCE	BALANCE	BALANCE
21 h 30	BALANCE	SCORPION	SCORPION	SCORPION	SCORPION	SCORPION	SCORPION	SCORPION
22 h 00	SCORPION	SCORPION	SCORPION	SCORPION	SCORPION	SCORPION	SCORPION	SCORPION
22 h 30	SCORPION	SCORPION	SCORPION	SCORPION	SCORPION	SCORPION	SCORPION	SCORPION
23 h 00	SCORPION	SCORPION	SCORPION	SCORPION	SCORPION	SCORPION	SCORPION	SCORPION
23 h 30	SCORPION	SCORPION	SCORPION	SCORPION	SCORPION	SCORPION	SCORPION	SCORPION

DECOUVREZ VOTRE ASCENDANT SANS AUCUN CALCUL : TABLE N° 3

VOTRE HEURE DE NAISSANCE	13 MARS	14 MARS	15 MARS	16 MARS	17 MARS	18 MARS	19 MARS	20 MARS	21 MARS
0 h 00	SAGITTAIRE	SAGITTAIRE	SAGITTAIRE	SAGITTAIRE	SAGITTAIRE	SAGITTAIRE	SAGITTAIRE	SAGITTAIRE	SAGITTAIRE
0 h 30	SAGITTAIRE	SAGITTAIRE	SAGITTAIRE	SAGITTAIRE	SAGITTAIRE	SAGITTAIRE	SAGITTAIRE	SAGITTAIRE	SAGITTAIRE
1 h 00	SAGITTAIRE	SAGITTAIRE	SAGITTAIRE	SAGITTAIRE	SAGITTAIRE	SAGITTAIRE	SAGITTAIRE	SAGITTAIRE	SAGITTAIRE
1 h 30	SAGITTAIRE	SAGITTAIRE	SAGITTAIRE	SAGITTAIRE	SAGITTAIRE	SAGITTAIRE	CAPRICORNE	CAPRICORNE	CAPRICORNE
2 h 00	CAPRICORNE	CAPRICORNE	CAPRICORNE	CAPRICORNE	CAPRICORNE	CAPRICORNE	CAPRICORNE	CAPRICORNE	CAPRICORNE
2 h 30	CAPRICORNE	CAPRICORNE	CAPRICORNE	CAPRICORNE	CAPRICORNE	CAPRICORNE	CAPRICORNE	CAPRICORNE	CAPRICORNE
3 h 00	CAPRICORNE	CAPRICORNE	CAPRICORNE	CAPRICORNE	CAPRICORNE	CAPRICORNE	CAPRICORNE	CAPRICORNE	CAPRICORNE
3 h 30	CAPRICORNE	CAPRICORNE	CAPRICORNE	CAPRICORNE	CAPRICORNE	VERSEAU	VERSEAU	VERSEAU	VERSEAU
4 h 00	VERSEAU	VERSEAU	VERSEAU	VERSEAU	VERSEAU	VERSEAU	VERSEAU	VERSEAU	VERSEAU
4 h 30	VERSEAU	VERSEAU	VERSEAU	VERSEAU	VERSEAU	VERSEAU	VERSEAU	VERSEAU	VERSEAU
5 h 00	VERSEAU	VERSEAU	VERSEAU	VERSEAU	VERSEAU	POISSONS	POISSONS	POISSONS	POISSONS
5 h 30	POISSONS	POISSONS	POISSONS	POISSONS	POISSONS	POISSONS	POISSONS	POISSONS	POISSONS
6 h 00	POISSONS	POISSONS	POISSONS	POISSONS	POISSONS	POISSONS	POISSONS	POISSONS	POISSONS
6 h 30	POISSONS	POISSONS	BELIER	BELIER	BELIER	BELIER	BELIER	BELIER	BELIER
7 h 00	BELIER	BELIER	BELIER	BELIER	BELIER	BELIER	BELIER	BELIER	BELIER
7 h 30	BELIER	BELIER	BELIER	BELIER	BELIER	TAUREAU	TAUREAU	TAUREAU	TAUREAU
8 h 00	TAUREAU	TAUREAU	TAUREAU	TAUREAU	TAUREAU	TAUREAU	TAUREAU	TAUREAU	TAUREAU
8 h 30	TAUREAU	TAUREAU	TAUREAU	TAUREAU	TAUREAU	TAUREAU	TAUREAU	TAUREAU	TAUREAU
9 h 00	TAUREAU	TAUREAU	TAUREAU	TAUREAU	TAUREAU	GEMEAUX	GEMEAUX	GEMEAUX	GEMEAUX
9 h 30	GEMEAUX	GEMEAUX	GEMEAUX	GEMEAUX	GEMEAUX	GEMEAUX	GEMEAUX	GEMEAUX	GEMEAUX
10 h 00	GEMEAUX	GEMEAUX	GEMEAUX	GEMEAUX	GEMEAUX	GEMEAUX	GEMEAUX	GEMEAUX	GEMEAUX
10 h 30	GEMEAUX	GEMEAUX	GEMEAUX	GEMEAUX	GEMEAUX	GEMEAUX	GEMEAUX	GEMEAUX	GEMEAUX
11 h 00	GEMEAUX	GEMEAUX	GEMEAUX	GEMEAUX	CANCER	CANCER	CANCER	CANCER	CANCER
11 h 30	CANCER	CANCER	CANCER	CANCER	CANCER	CANCER	CANCER	CANCER	CANCER
MIDI	CANCER	CANCER	CANCER	CANCER	CANCER	CANCER	CANCER	CANCER	CANCER
12 h 30	CANCER	CANCER	CANCER	CANCER	CANCER	CANCER	CANCER	CANCER	CANCER
13 h 00	CANCER	CANCER	CANCER	CANCER	CANCER	CANCER	CANCER	CANCER	CANCER
13 h 30	CANCER	CANCER	LION	LION	LION	LION	LION	LION	LION
14 h 00	LION	LION	LION	LION	LION	LION	LION	LION	LION
14 h 30	LION	LION	LION	LION	LION	LION	LION	LION	LION
15 h 00	LION	LION	LION	LION	LION	LION	LION	LION	LION
15 h 30	LION	LION	LION	LION	LION	LION	LION	LION	LION
16 h 00	LION	VIERGE	VIERGE	VIERGE	VIERGE	VIERGE	VIERGE	VIERGE	VIERGE
16 h 30	VIERGE	VIERGE	VIERGE	VIERGE	VIERGE	VIERGE	VIERGE	VIERGE	VIERGE
17 h 00	VIERGE	VIERGE	VIERGE	VIERGE	VIERGE	VIERGE	VIERGE	VIERGE	VIERGE
17 h 30	VIERGE	VIERGE	VIERGE	VIERGE	VIERGE	VIERGE	VIERGE	VIERGE	VIERGE
18 h 00	VIERGE	VIERGE	VIERGE	VIERGE	VIERGE	VIERGE	VIERGE	VIERGE	VIERGE
18 h 30	VIERGE	VIERGE	BALANCE	BALANCE	BALANCE	BALANCE	BALANCE	BALANCE	BALANCE
19 h 00	BALANCE	BALANCE	BALANCE	BALANCE	BALANCE	BALANCE	BALANCE	BALANCE	BALANCE
19 h 30	BALANCE	BALANCE	BALANCE	BALANCE	BALANCE	BALANCE	BALANCE	BALANCE	BALANCE
20 h 00	BALANCE	BALANCE	BALANCE	BALANCE	BALANCE	BALANCE	BALANCE	BALANCE	BALANCE
20 h 30	BALANCE	BALANCE	BALANCE	BALANCE	BALANCE	BALANCE	BALANCE	BALANCE	SCORPION
21 h 00	BALANCE	SCORPION	SCORPION	SCORPION	SCORPION	SCORPION	SCORPION	SCORPION	SCORPION
21 h 30	SCORPION	SCORPION	SCORPION	SCORPION	SCORPION	SCORPION	SCORPION	SCORPION	SCORPION
22 h 00	SCORPION	SCORPION	SCORPION	SCORPION	SCORPION	SCORPION	SCORPION	SCORPION	SCORPION
22 h 30	SCORPION	SCORPION	SCORPION	SCORPION	SCORPION	SCORPION	SCORPION	SCORPION	SCORPION
23 h 00	SCORPION	SCORPION	SCORPION	SCORPION	SCORPION	SCORPION	SCORPION	SCORPION	SAGITTAIRE
23 h 30	SAGITTAIRE	SAGITTAIRE	SAGITTAIRE	SAGITTAIRE	SAGITTAIRE	SAGITTAIRE	SAGITTAIRE	SAGITTAIRE	SAGITTAIRE

DECOUVREZ VOTRE ASCENDANT SANS AUCUN CALCUL : TABLE N° 4

VOTRE HEURE DE NAISSANCE	18 FEVRIER	19 FEVRIER	20 FEVRIER	21 FEVRIER	22 FEVRIER	23 FEVRIER	24 FEVRIER	25 FEVRIER
0 h 00	SCORPION	SCORPION	SCORPION	SCORPION	SCORPION	SCORPION	SCORPION	SCORPION
0 h 30	SCORPION	SCORPION	SCORPION	SCORPION	SCORPION	SCORPION	SCORPION	SCORPION
1 h 00	SCORPION	SCORPION	SCORPION	SCORPION	SCORPION	SCORPION	SAGITTAIRE	SAGITTAIRE
1 h 30	SAGITTAIRE	SAGITTAIRE	SAGITTAIRE	SAGITTAIRE	SAGITTAIRE	SAGITTAIRE	SAGITTAIRE	SAGITTAIRE
2 h 00	SAGITTAIRE	SAGITTAIRE	SAGITTAIRE	SAGITTAIRE	SAGITTAIRE	SAGITTAIRE	SAGITTAIRE	SAGITTAIRE
2 h 30	SAGITTAIRE	SAGITTAIRE	SAGITTAIRE	SAGITTAIRE	SAGITTAIRE	SAGITTAIRE	SAGITTAIRE	SAGITTAIRE
3 h 00	SAGITTAIRE	SAGITTAIRE	SAGITTAIRE	SAGITTAIRE	SAGITTAIRE	SAGITTAIRE	SAGITTAIRE	SAGITTAIRE
3 h 30	SAGITTAIRE	SAGITTAIRE	SAGITTAIRE	SAGITTAIRE	SAGITTAIRE	CAPRICORNE	CAPRICORNE	CAPRICORNE
4 h 00	CAPRICORNE	CAPRICORNE	CAPRICORNE	CAPRICORNE	CAPRICORNE	CAPRICORNE	CAPRICORNE	CAPRICORNE
4 h 30	CAPRICORNE	CAPRICORNE	CAPRICORNE	CAPRICORNE	CAPRICORNE	CAPRICORNE	CAPRICORNE	CAPRICORNE
5 h 00	CAPRICORNE	CAPRICORNE	CAPRICORNE	CAPRICORNE	CAPRICORNE	CAPRICORNE	CAPRICORNE	CAPRICORNE
5 h 30	CAPRICORNE	CAPRICORNE	CAPRICORNE	VERSEAU	VERSEAU	VERSEAU	VERSEAU	VERSEAU
6 h 00	VERSEAU	VERSEAU	VERSEAU	VERSEAU	VERSEAU	VERSEAU	VERSEAU	VERSEAU
6 h 30	VERSEAU	VERSEAU	VERSEAU	VERSEAU	VERSEAU	VERSEAU	VERSEAU	VERSEAU
7 h 00	VERSEAU	POISSONS	POISSONS	POISSONS	POISSONS	POISSONS	POISSONS	POISSONS
7 h 30	POISSONS	POISSONS	POISSONS	POISSONS	POISSONS	POISSONS	POISSONS	POISSONS
8 h 00	POISSONS	POISSONS	BELIER	BELIER	BELIER	BELIER	BELIER	BELIER
8 h 30	BELIER	BELIER	BELIER	BELIER	BELIER	BELIER	BELIER	BELIER
9 h 00	BELIER	BELIER	BELIER	TAUREAU	TAUREAU	TAUREAU	TAUREAU	TAUREAU
9 h 30	TAUREAU	TAUREAU	TAUREAU	TAUREAU	TAUREAU	TAUREAU	TAUREAU	TAUREAU
10 h 00	TAUREAU	TAUREAU	TAUREAU	TAUREAU	TAUREAU	TAUREAU	TAUREAU	TAUREAU
10 h 30	GEMEAUX	GEMEAUX	GEMEAUX	GEMEAUX	GEMEAUX	GEMEAUX	GEMEAUX	GEMEAUX
11 h 00	GEMEAUX	GEMEAUX	GEMEAUX	GEMEAUX	GEMEAUX	GEMEAUX	GEMEAUX	GEMEAUX
11 h 30	GEMEAUX	GEMEAUX	GEMEAUX	GEMEAUX	GEMEAUX	GEMEAUX	GEMEAUX	GEMEAUX
MIDI	GEMEAUX	GEMEAUX	GEMEAUX	GEMEAUX	GEMEAUX	CANCER	CANCER	CANCER
12 h 30	CANCER	CANCER	CANCER	CANCER	CANCER	CANCER	CANCER	CANCER
13 h 00	CANCER	CANCER	CANCER	CANCER	CANCER	CANCER	CANCER	CANCER
13 h 30	CANCER	CANCER	CANCER	CANCER	CANCER	CANCER	CANCER	CANCER
14 h 00	CANCER	CANCER	CANCER	CANCER	CANCER	CANCER	CANCER	CANCER
14 h 30	CANCER	CANCER	CANCER	CANCER	LION	LION	LION	LION
15 h 00	LION	LION	LION	LION	LION	LION	LION	LION
15 h 30	LION	LION	LION	LION	LION	LION	LION	LION
16 h 00	LION	LION	LION	LION	LION	LION	LION	LION
16 h 30	LION	LION	LION	LION	LION	LION	LION	LION
17 h 00	LION	LION	LION	LION	LION	LION	LION	VIERGE
17 h 30	VIERGE	VIERGE	VIERGE	VIERGE	VIERGE	VIERGE	VIERGE	VIERGE
18 h 00	VIERGE	VIERGE	VIERGE	VIERGE	VIERGE	VIERGE	VIERGE	VIERGE
18 h 30	VIERGE	VIERGE	VIERGE	VIERGE	VIERGE	VIERGE	VIERGE	VIERGE
19 h 00	VIERGE	VIERGE	VIERGE	VIERGE	VIERGE	VIERGE	VIERGE	VIERGE
19 h 30	VIERGE	VIERGE	VIERGE	VIERGE	VIERGE	VIERGE	VIERGE	VIERGE
20 h 00	VIERGE	VIERGE	BALANCE	BALANCE	BALANCE	BALANCE	BALANCE	BALANCE
20 h 30	BALANCE	BALANCE	BALANCE	BALANCE	BALANCE	BALANCE	BALANCE	BALANCE
21 h 00	BALANCE	BALANCE	BALANCE	BALANCE	BALANCE	BALANCE	BALANCE	BALANCE
21 h 30	BALANCE	BALANCE	BALANCE	BALANCE	BALANCE	BALANCE	BALANCE	BALANCE
22 h 00	BALANCE	BALANCE	BALANCE	BALANCE	BALANCE	BALANCE	BALANCE	BALANCE
22 h 30	BALANCE	BALANCE	BALANCE	BALANCE	SCORPION	SCORPION	SCORPION	SCORPION
23 h 00	SCORPION	SCORPION	SCORPION	SCORPION	SCORPION	SCORPION	SCORPION	SCORPION
23 h 30	SCORPION	SCORPION	SCORPION	SCORPION	SCORPION	SCORPION	SCORPION	SCORPION

DECOUVREZ VOTRE ASCENDANT SANS AUCUN CALCUL : TABLE N° 4

VOTRE HEURE DE NAISSANCE	26 FEVRIER	27 FEVRIER	28 FEVRIER	29 FEVRIER	1 MARS	2 MARS	3 MARS	4 MARS
0 h 00	SCORPION	SCORPION	SCORPION	SCORPION	SCORPION	SCORPION	SCORPION	SCORPION
0 h 30	SCORPION	SCORPION	SCORPION	SCORPION	SCORPION	SCORPION	SAGITTAIRE	SAGITTAIRE
1 h 00	SAGITTAIRE	SAGITTAIRE	SAGITTAIRE	SAGITTAIRE	SAGITTAIRE	SAGITTAIRE	SAGITTAIRE	SAGITTAIRE
1 h 30	SAGITTAIRE	SAGITTAIRE	SAGITTAIRE	SAGITTAIRE	SAGITTAIRE	SAGITTAIRE	SAGITTAIRE	SAGITTAIRE
2 h 00	SAGITTAIRE	SAGITTAIRE	SAGITTAIRE	SAGITTAIRE	SAGITTAIRE	SAGITTAIRE	SAGITTAIRE	SAGITTAIRE
2 h 30	SAGITTAIRE	SAGITTAIRE	SAGITTAIRE	SAGITTAIRE	SAGITTAIRE	SAGITTAIRE	SAGITTAIRE	SAGITTAIRE
3 h 00	SAGITTAIRE	SAGITTAIRE	SAGITTAIRE	SAGITTAIRE	SAGITTAIRE	SAGITTAIRE	CAPRICORNE	CAPRICORNE
3 h 30	CAPRICORNE	CAPRICORNE	CAPRICORNE	CAPRICORNE	CAPRICORNE	CAPRICORNE	CAPRICORNE	CAPRICORNE
4 h 00	CAPRICORNE	CAPRICORNE	CAPRICORNE	CAPRICORNE	CAPRICORNE	CAPRICORNE	CAPRICORNE	CAPRICORNE
4 h 30	CAPRICORNE	CAPRICORNE	CAPRICORNE	CAPRICORNE	CAPRICORNE	CAPRICORNE	CAPRICORNE	CAPRICORNE
5 h 00	CAPRICORNE	CAPRICORNE	CAPRICORNE	CAPRICORNE	VERSEAU	VERSEAU	VERSEAU	VERSEAU
5 h 30	VERSEAU	VERSEAU	VERSEAU	VERSEAU	VERSEAU	VERSEAU	VERSEAU	VERSEAU
6 h 00	VERSEAU	VERSEAU	VERSEAU	VERSEAU	VERSEAU	VERSEAU	VERSEAU	VERSEAU
6 h 30	POISSONS	POISSONS	POISSONS	POISSONS	POISSONS	POISSONS	POISSONS	POISSONS
7 h 00	POISSONS	POISSONS	POISSONS	POISSONS	POISSONS	POISSONS	POISSONS	POISSONS
7 h 30	POISSONS	POISSONS	BELIER	BELIER	BELIER	BELIER	BELIER	BELIER
8 h 00	BELIER	BELIER	BELIER	BELIER	BELIER	BELIER	BELIER	BELIER
8 h 30	BELIER	BELIER	BELIER	TAUREAU	TAUREAU	TAUREAU	TAUREAU	TAUREAU
9 h 00	TAUREAU	TAUREAU	TAUREAU	TAUREAU	TAUREAU	TAUREAU	TAUREAU	TAUREAU
9 h 30	TAUREAU	TAUREAU	TAUREAU	TAUREAU	TAUREAU	TAUREAU	TAUREAU	TAUREAU
10 h 00	GEMEAUX	GEMEAUX	GEMEAUX	GEMEAUX	GEMEAUX	GEMEAUX	GEMEAUX	GEMEAUX
10 h 30	GEMEAUX	GEMEAUX	GEMEAUX	GEMEAUX	GEMEAUX	GEMEAUX	GEMEAUX	GEMEAUX
11 h 00	GEMEAUX	GEMEAUX	GEMEAUX	GEMEAUX	GEMEAUX	GEMEAUX	GEMEAUX	GEMEAUX
11 h 30	GEMEAUX	GEMEAUX	GEMEAUX	GEMEAUX	GEMEAUX	GEMEAUX	CANCER	CANCER
MIDI	CANCER	CANCER	CANCER	CANCER	CANCER	CANCER	CANCER	CANCER
12 h 30	CANCER	CANCER	CANCER	CANCER	CANCER	CANCER	CANCER	CANCER
13 h 00	CANCER	CANCER	CANCER	CANCER	CANCER	CANCER	CANCER	CANCER
13 h 30	CANCER	CANCER	CANCER	CANCER	CANCER	CANCER	CANCER	CANCER
14 h 00	CANCER	CANCER	CANCER	CANCER	CANCER	LION	LION	LION
14 h 30	LION	LION	LION	LION	LION	LION	LION	LION
15 h 00	LION	LION	LION	LION	LION	LION	LION	LION
15 h 30	LION	LION	LION	LION	LION	LION	LION	LION
16 h 00	LION	LION	LION	LION	LION	LION	LION	LION
16 h 30	LION	LION	LION	LION	LION	LION	LION	VIERGE
17 h 00	VIERGE	VIERGE	VIERGE	VIERGE	VIERGE	VIERGE	VIERGE	VIERGE
17 h 30	VIERGE	VIERGE	VIERGE	VIERGE	VIERGE	VIERGE	VIERGE	VIERGE
18 h 00	VIERGE	VIERGE	VIERGE	VIERGE	VIERGE	VIERGE	VIERGE	VIERGE
18 h 30	VIERGE	VIERGE	VIERGE	VIERGE	VIERGE	VIERGE	VIERGE	VIERGE
19 h 00	VIERGE	VIERGE	VIERGE	VIERGE	VIERGE	VIERGE	VIERGE	VIERGE
19 h 30	VIERGE	VIERGE	BALANCE	BALANCE	BALANCE	BALANCE	BALANCE	BALANCE
20 h 00	BALANCE	BALANCE	BALANCE	BALANCE	BALANCE	BALANCE	BALANCE	BALANCE
20 h 30	BALANCE	BALANCE	BALANCE	BALANCE	BALANCE	BALANCE	BALANCE	BALANCE
21 h 00	BALANCE	BALANCE	BALANCE	BALANCE	BALANCE	BALANCE	BALANCE	BALANCE
21 h 30	BALANCE	BALANCE	BALANCE	BALANCE	BALANCE	BALANCE	BALANCE	BALANCE
22 h 00	BALANCE	BALANCE	BALANCE	BALANCE	BALANCE	SCORPION	SCORPION	SCORPION
22 h 30	SCORPION	SCORPION	SCORPION	SCORPION	SCORPION	SCORPION	SCORPION	SCORPION
23 h 00	SCORPION	SCORPION	SCORPION	SCORPION	SCORPION	SCORPION	SCORPION	SCORPION
23 h 30	SCORPION	SCORPION	SCORPION	SCORPION	SCORPION	SCORPION	SCORPION	SCORPION

DECOUVREZ VOTRE ASCENDANT SANS AUCUN CALCUL : TABLE N° 4

VOTRE HEURE DE NAISSANCE	5 MARS	6 MARS	7 MARS	8 MARS	9 MARS	10 MARS	11 MARS	12 MARS
0 h 00	SCORPION	SCORPION	SCORPION	SCORPION	SCORPION	SCORPION	SAGITTAIRE	SAGITTAIRE
0 h 30	SAGITTAIRE	SAGITTAIRE	SAGITTAIRE	SAGITTAIRE	SAGITTAIRE	SAGITTAIRE	SAGITTAIRE	SAGITTAIRE
1 h 00	SAGITTAIRE	SAGITTAIRE	SAGITTAIRE	SAGITTAIRE	SAGITTAIRE	SAGITTAIRE	SAGITTAIRE	SAGITTAIRE
1 h 30	SAGITTAIRE	SAGITTAIRE	SAGITTAIRE	SAGITTAIRE	SAGITTAIRE	SAGITTAIRE	SAGITTAIRE	SAGITTAIRE
2 h 00	SAGITTAIRE	SAGITTAIRE	SAGITTAIRE	SAGITTAIRE	SAGITTAIRE	SAGITTAIRE	SAGITTAIRE	SAGITTAIRE
2 h 30	SAGITTAIRE	SAGITTAIRE	SAGITTAIRE	SAGITTAIRE	SAGITTAIRE	CAPRICORNE	CAPRICORNE	CAPRICORNE
3 h 00	CAPRICORNE	CAPRICORNE	CAPRICORNE	CAPRICORNE	CAPRICORNE	CAPRICORNE	CAPRICORNE	CAPRICORNE
3 h 30	CAPRICORNE	CAPRICORNE	CAPRICORNE	CAPRICORNE	CAPRICORNE	CAPRICORNE	CAPRICORNE	CAPRICORNE
4 h 00	CAPRICORNE	CAPRICORNE	CAPRICORNE	CAPRICORNE	CAPRICORNE	CAPRICORNE	CAPRICORNE	CAPRICORNE
4 h 30	CAPRICORNE	CAPRICORNE	CAPRICORNE	VERSEAU	VERSEAU	VERSEAU	VERSEAU	VERSEAU
5 h 00	VERSEAU	VERSEAU	VERSEAU	VERSEAU	VERSEAU	VERSEAU	VERSEAU	VERSEAU
5 h 30	VERSEAU	VERSEAU	VERSEAU	VERSEAU	VERSEAU	VERSEAU	VERSEAU	VERSEAU
6 h 00	VERSEAU	POISSONS	POISSONS	POISSONS	POISSONS	POISSONS	POISSONS	POISSONS
6 h 30	POISSONS	POISSONS	POISSONS	POISSONS	POISSONS	POISSONS	POISSONS	POISSONS
7 h 00	POISSONS	POISSONS	BELIER	BELIER	BELIER	BELIER	BELIER	BELIER
7 h 30	BELIER	BELIER	BELIER	BELIER	BELIER	BELIER	BELIER	BELIER
8 h 00	BELIER	BELIER	BELIER	TAUREAU	TAUREAU	TAUREAU	TAUREAU	TAUREAU
8 h 30	TAUREAU	TAUREAU	TAUREAU	TAUREAU	TAUREAU	TAUREAU	TAUREAU	TAUREAU
9 h 00	TAUREAU	TAUREAU	TAUREAU	TAUREAU	TAUREAU	TAUREAU	TAUREAU	TAUREAU
9 h 30	GEMEAUX	GEMEAUX	GEMEAUX	GEMEAUX	GEMEAUX	GEMEAUX	GEMEAUX	GEMEAUX
10 h 00	GEMEAUX	GEMEAUX	GEMEAUX	GEMEAUX	GEMEAUX	GEMEAUX	GEMEAUX	GEMEAUX
10 h 30	GEMEAUX	GEMEAUX	GEMEAUX	GEMEAUX	GEMEAUX	GEMEAUX	GEMEAUX	GEMEAUX
11 h 00	GEMEAUX	GEMEAUX	GEMEAUX	GEMEAUX	GEMEAUX	CANCER	CANCER	CANCER
11 h 30	CANCER	CANCER	CANCER	CANCER	CANCER	CANCER	CANCER	CANCER
MIDI	CANCER	CANCER	CANCER	CANCER	CANCER	CANCER	CANCER	CANCER
12 h 30	CANCER	CANCER	CANCER	CANCER	CANCER	CANCER	CANCER	CANCER
13 h 00	CANCER	CANCER	CANCER	CANCER	CANCER	CANCER	CANCER	CANCER
13 h 30	CANCER	CANCER	CANCER	CANCER	LION	LION	LION	LION
14 h 00	LION	LION	LION	LION	LION	LION	LION	LION
14 h 30	LION	LION	LION	LION	LION	LION	LION	LION
15 h 00	LION	LION	LION	LION	LION	LION	LION	LION
15 h 30	LION	LION	LION	LION	LION	LION	LION	LION
16 h 00	LION	LION	LION	LION	LION	LION	LION	VIERGE
16 h 30	VIERGE	VIERGE	VIERGE	VIERGE	VIERGE	VIERGE	VIERGE	VIERGE
17 h 00	VIERGE	VIERGE	VIERGE	VIERGE	VIERGE	VIERGE	VIERGE	VIERGE
17 h 30	VIERGE	VIERGE	VIERGE	VIERGE	VIERGE	VIERGE	VIERGE	VIERGE
18 h 00	VIERGE	VIERGE	VIERGE	VIERGE	VIERGE	VIERGE	VIERGE	VIERGE
18 h 30	VIERGE	VIERGE	VIERGE	VIERGE	VIERGE	VIERGE	VIERGE	VIERGE
19 h 00	VIERGE	VIERGE	BALANCE	BALANCE	BALANCE	BALANCE	BALANCE	BALANCE
19 h 30	BALANCE	BALANCE	BALANCE	BALANCE	BALANCE	BALANCE	BALANCE	BALANCE
20 h 00	BALANCE	BALANCE	BALANCE	BALANCE	BALANCE	BALANCE	BALANCE	BALANCE
20 h 30	BALANCE	BALANCE	BALANCE	BALANCE	BALANCE	BALANCE	BALANCE	BALANCE
21 h 00	BALANCE	BALANCE	BALANCE	BALANCE	BALANCE	BALANCE	BALANCE	BALANCE
21 h 30	BALANCE	BALANCE	BALANCE	BALANCE	SCORPION	SCORPION	SCORPION	SCORPION
22 h 00	SCORPION	SCORPION	SCORPION	SCORPION	SCORPION	SCORPION	SCORPION	SCORPION
22 h 30	SCORPION	SCORPION	SCORPION	SCORPION	SCORPION	SCORPION	SCORPION	SCORPION
23 h 00	SCORPION	SCORPION	SCORPION	SCORPION	SCORPION	SCORPION	SCORPION	SCORPION
23 h 30	SCORPION	SCORPION	SCORPION	SCORPION	SCORPION	SCORPION	SCORPION	SCORPION

DECOUVREZ VOTRE ASCENDANT SANS AUCUN CALCUL : TABLE N° 4

VOTRE HEURE DE NAISSANCE	13 MARS	14 MARS	15 MARS	16 MARS	17 MARS	18 MARS	19 MARS	20 MARS	21 MARS
0 h 00	SAGITTAIRE	SAGITTAIRE	SAGITTAIRE	SAGITTAIRE	SAGITTAIRE	SAGITTAIRE	SAGITTAIRE	SAGITTAIRE	SAGITTAIRE
0 h 30	SAGITTAIRE	SAGITTAIRE	SAGITTAIRE	SAGITTAIRE	SAGITTAIRE	SAGITTAIRE	SAGITTAIRE	SAGITTAIRE	SAGITTAIRE
1 h 00	SAGITTAIRE	SAGITTAIRE	SAGITTAIRE	SAGITTAIRE	SAGITTAIRE	SAGITTAIRE	SAGITTAIRE	SAGITTAIRE	SAGITTAIRE
1 h 30	SAGITTAIRE	SAGITTAIRE	SAGITTAIRE	SAGITTAIRE	SAGITTAIRE	SAGITTAIRE	SAGITTAIRE	SAGITTAIRE	SAGITTAIRE
2 h 00	SAGITTAIRE	SAGITTAIRE	SAGITTAIRE	SAGITTAIRE	SAGITTAIRE	CAPRICORNE	CAPRICORNE	CAPRICORNE	CAPRICORNE
2 h 30	CAPRICORNE	CAPRICORNE	CAPRICORNE	CAPRICORNE	CAPRICORNE	CAPRICORNE	CAPRICORNE	CAPRICORNE	CAPRICORNE
3 h 00	CAPRICORNE	CAPRICORNE	CAPRICORNE	CAPRICORNE	CAPRICORNE	CAPRICORNE	CAPRICORNE	CAPRICORNE	CAPRICORNE
3 h 30	CAPRICORNE	CAPRICORNE	CAPRICORNE	CAPRICORNE	CAPRICORNE	CAPRICORNE	CAPRICORNE	CAPRICORNE	CAPRICORNE
4 h 00	CAPRICORNE	CAPRICORNE	CAPRICORNE	VERSEAU	VERSEAU	VERSEAU	VERSEAU	VERSEAU	VERSEAU
4 h 30	VERSEAU	VERSEAU	VERSEAU	VERSEAU	VERSEAU	VERSEAU	VERSEAU	VERSEAU	VERSEAU
5 h 00	VERSEAU	VERSEAU	VERSEAU	VERSEAU	VERSEAU	VERSEAU	VERSEAU	VERSEAU	POISSONS
5 h 30	POISSONS	POISSONS	POISSONS	POISSONS	POISSONS	POISSONS	POISSONS	POISSONS	POISSONS
6 h 00	POISSONS	POISSONS	POISSONS	POISSONS	POISSONS	POISSONS	POISSONS	POISSONS	POISSONS
6 h 30	POISSONS	POISSONS	BELIER	BELIER	BELIER	BELIER	BELIER	BELIER	BELIER
7 h 00	BELIER	BELIER	BELIER	BELIER	BELIER	BELIER	BELIER	BELIER	BELIER
7 h 30	BELIER	BELIER	TAUREAU	TAUREAU	TAUREAU	TAUREAU	TAUREAU	TAUREAU	TAUREAU
8 h 00	TAUREAU	TAUREAU	TAUREAU	TAUREAU	TAUREAU	TAUREAU	TAUREAU	TAUREAU	TAUREAU
8 h 30	TAUREAU	TAUREAU	TAUREAU	TAUREAU	TAUREAU	TAUREAU	TAUREAU	TAUREAU	GEMEAUX
9 h 00	GEMEAUX	GEMEAUX	GEMEAUX	GEMEAUX	GEMEAUX	GEMEAUX	GEMEAUX	GEMEAUX	GEMEAUX
9 h 30	GEMEAUX	GEMEAUX	GEMEAUX	GEMEAUX	GEMEAUX	GEMEAUX	GEMEAUX	GEMEAUX	GEMEAUX
10 h 00	GEMEAUX	GEMEAUX	GEMEAUX	GEMEAUX	GEMEAUX	GEMEAUX	GEMEAUX	GEMEAUX	GEMEAUX
10 h 30	GEMEAUX	GEMEAUX	GEMEAUX	GEMEAUX	GEMEAUX	CANCER	CANCER	CANCER	CANCER
11 h 00	CANCER	CANCER	CANCER	CANCER	CANCER	CANCER	CANCER	CANCER	CANCER
11 h 30	CANCER	CANCER	CANCER	CANCER	CANCER	CANCER	CANCER	CANCER	CANCER
MIDI	CANCER	CANCER	CANCER	CANCER	CANCER	CANCER	CANCER	CANCER	CANCER
12 h 30	CANCER	CANCER	CANCER	CANCER	CANCER	CANCER	CANCER	CANCER	CANCER
13 h 00	CANCER	CANCER	CANCER	CANCER	LION	LION	LION	LION	LION
13 h 30	LION	LION	LION	LION	LION	LION	LION	LION	LION
14 h 00	LION	LION	LION	LION	LION	LION	LION	LION	LION
14 h 30	LION	LION	LION	LION	LION	LION	LION	LION	LION
15 h 00	LION	LION	LION	LION	LION	LION	LION	LION	LION
15 h 30	LION	LION	LION	LION	LION	LION	VIERGE	VIERGE	VIERGE
16 h 00	VIERGE	VIERGE	VIERGE	VIERGE	VIERGE	VIERGE	VIERGE	VIERGE	VIERGE
16 h 30	VIERGE	VIERGE	VIERGE	VIERGE	VIERGE	VIERGE	VIERGE	VIERGE	VIERGE
17 h 00	VIERGE	VIERGE	VIERGE	VIERGE	VIERGE	VIERGE	VIERGE	VIERGE	VIERGE
17 h 30	VIERGE	VIERGE	VIERGE	VIERGE	VIERGE	VIERGE	VIERGE	VIERGE	VIERGE
18 h 00	VIERGE	VIERGE	VIERGE	VIERGE	VIERGE	VIERGE	VIERGE	VIERGE	VIERGE
18 h 30	VIERGE	VIERGE	BALANCE	BALANCE	BALANCE	BALANCE	BALANCE	BALANCE	BALANCE
19 h 00	BALANCE	BALANCE	BALANCE	BALANCE	BALANCE	BALANCE	BALANCE	BALANCE	BALANCE
19 h 30	BALANCE	BALANCE	BALANCE	BALANCE	BALANCE	BALANCE	BALANCE	BALANCE	BALANCE
20 h 00	BALANCE	BALANCE	BALANCE	BALANCE	BALANCE	BALANCE	BALANCE	BALANCE	BALANCE
20 h 30	BALANCE	BALANCE	BALANCE	BALANCE	BALANCE	BALANCE	BALANCE	BALANCE	BALANCE
21 h 00	BALANCE	BALANCE	BALANCE	BALANCE	SCORPION	SCORPION	SCORPION	SCORPION	SCORPION
21 h 30	SCORPION	SCORPION	SCORPION	SCORPION	SCORPION	SCORPION	SCORPION	SCORPION	SCORPION
22 h 00	SCORPION	SCORPION	SCORPION	SCORPION	SCORPION	SCORPION	SCORPION	SCORPION	SCORPION
22 h 30	SCORPION	SCORPION	SCORPION	SCORPION	SCORPION	SCORPION	SCORPION	SCORPION	SCORPION
23 h 00	SCORPION	SCORPION	SCORPION	SCORPION	SCORPION	SCORPION	SCORPION	SCORPION	SCORPION
23 h 30	SCORPION	SCORPION	SCORPION	SCORPION	SCORPION	SAGITTAIRE	SAGITTAIRE	SAGITTAIRE	SAGITTAIRE

DECOUVREZ VOTRE ASCENDANT SANS AUCUN CALCUL : TABLE N° 5

VOTRE HEURE DE NAISSANCE	18 FEVRIER	19 FEVRIER	20 FEVRIER	21 FEVRIER	22 FEVRIER	23 FEVRIER	24 FEVRIER	25 FEVRIER
0 h 00	SCORPION	SCORPION	SCORPION	SCORPION	SCORPION	SCORPION	SCORPION	SCORPION
0 h 30	SCORPION	SCORPION	SCORPION	SCORPION	SCORPION	SCORPION	SCORPION	SCORPION
1 h 00	SCORPION	SCORPION	SCORPION	SCORPION	SCORPION	SCORPION	SCORPION	SCORPION
1 h 30	SCORPION	SCORPION	SCORPION	SCORPION	SCORPION	SCORPION	SAGITTAIRE	SAGITTAIRE
2 h 00	SAGITTAIRE	SAGITTAIRE	SAGITTAIRE	SAGITTAIRE	SAGITTAIRE	SAGITTAIRE	SAGITTAIRE	SAGITTAIRE
2 h 30	SAGITTAIRE	SAGITTAIRE	SAGITTAIRE	SAGITTAIRE	SAGITTAIRE	SAGITTAIRE	SAGITTAIRE	SAGITTAIRE
3 h 00	SAGITTAIRE	SAGITTAIRE	SAGITTAIRE	SAGITTAIRE	SAGITTAIRE	SAGITTAIRE	SAGITTAIRE	SAGITTAIRE
3 h 30	SAGITTAIRE	SAGITTAIRE	SAGITTAIRE	SAGITTAIRE	SAGITTAIRE	SAGITTAIRE	SAGITTAIRE	SAGITTAIRE
4 h 00	SAGITTAIRE	SAGITTAIRE	SAGITTAIRE	SAGITTAIRE	SAGITTAIRE	SAGITTAIRE	CAPRICORNE	CAPRICORNE
4 h 30	CAPRICORNE	CAPRICORNE	CAPRICORNE	CAPRICORNE	CAPRICORNE	CAPRICORNE	CAPRICORNE	CAPRICORNE
5 h 00	CAPRICORNE	CAPRICORNE	CAPRICORNE	CAPRICORNE	CAPRICORNE	CAPRICORNE	CAPRICORNE	CAPRICORNE
5 h 30	CAPRICORNE	CAPRICORNE	CAPRICORNE	CAPRICORNE	CAPRICORNE	CAPRICORNE	CAPRICORNE	CAPRICORNE
6 h 00	CAPRICORNE	CAPRICORNE	CAPRICORNE	VERSEAU	VERSEAU	VERSEAU	VERSEAU	VERSEAU
6 h 30	VERSEAU	VERSEAU	VERSEAU	VERSEAU	VERSEAU	VERSEAU	VERSEAU	VERSEAU
7 h 00	VERSEAU	VERSEAU	VERSEAU	VERSEAU	POISSONS	POISSONS	POISSONS	POISSONS
7 h 30	POISSONS	POISSONS	POISSONS	POISSONS	POISSONS	POISSONS	POISSONS	POISSONS
8 h 00	POISSONS	POISSONS	BELIER	BELIER	BELIER	BELIER	BELIER	BELIER
8 h 30	BELIER	BELIER	BELIER	BELIER	BELIER	BELIER	BELIER	TAUREAU
9 h 00	TAUREAU	TAUREAU	TAUREAU	TAUREAU	TAUREAU	TAUREAU	TAUREAU	TAUREAU
9 h 30	TAUREAU	TAUREAU	TAUREAU	TAUREAU	TAUREAU	TAUREAU	TAUREAU	TAUREAU
10 h 00	TAUREAU	TAUREAU	GEMEAUX	GEMEAUX	GEMEAUX	GEMEAUX	GEMEAUX	GEMEAUX
10 h 30	GEMEAUX	GEMEAUX	GEMEAUX	GEMEAUX	GEMEAUX	GEMEAUX	GEMEAUX	GEMEAUX
11 h 00	GEMEAUX	GEMEAUX	GEMEAUX	GEMEAUX	GEMEAUX	GEMEAUX	GEMEAUX	GEMEAUX
11 h 30	GEMEAUX	GEMEAUX	GEMEAUX	GEMEAUX	GEMEAUX	GEMEAUX	CANCER	CANCER
MIDI	CANCER	CANCER	CANCER	CANCER	CANCER	CANCER	CANCER	CANCER
12 h 30	CANCER	CANCER	CANCER	CANCER	CANCER	CANCER	CANCER	CANCER
13 h 00	CANCER	CANCER	CANCER	CANCER	CANCER	CANCER	CANCER	CANCER
13 h 30	CANCER	CANCER	CANCER	CANCER	CANCER	CANCER	CANCER	CANCER
14 h 00	CANCER	CANCER	CANCER	CANCER	CANCER	CANCER	LION	LION
14 h 30	LION	LION	LION	LION	LION	LION	LION	LION
15 h 00	LION	LION	LION	LION	LION	LION	LION	LION
15 h 30	LION	LION	LION	LION	LION	LION	LION	LION
16 h 00	LION	LION	LION	LION	LION	LION	LION	LION
16 h 30	LION	LION	LION	LION	LION	LION	LION	LION
17 h 00	LION	LION	LION	VIERGE	VIERGE	VIERGE	VIERGE	VIERGE
17 h 30	VIERGE	VIERGE	VIERGE	VIERGE	VIERGE	VIERGE	VIERGE	VIERGE
18 h 00	VIERGE	VIERGE	VIERGE	VIERGE	VIERGE	VIERGE	VIERGE	VIERGE
18 h 30	VIERGE	VIERGE	VIERGE	VIERGE	VIERGE	VIERGE	VIERGE	VIERGE
19 h 00	VIERGE	VIERGE	VIERGE	VIERGE	VIERGE	VIERGE	VIERGE	VIERGE
19 h 30	VIERGE	VIERGE	VIERGE	VIERGE	VIERGE	VIERGE	VIERGE	VIERGE
20 h 00	VIERGE	VIERGE	BALANCE	BALANCE	BALANCE	BALANCE	BALANCE	BALANCE
20 h 30	BALANCE	BALANCE	BALANCE	BALANCE	BALANCE	BALANCE	BALANCE	BALANCE
21 h 00	BALANCE	BALANCE	BALANCE	BALANCE	BALANCE	BALANCE	BALANCE	BALANCE
21 h 30	BALANCE	BALANCE	BALANCE	BALANCE	BALANCE	BALANCE	BALANCE	BALANCE
22 h 00	BALANCE	BALANCE	BALANCE	BALANCE	BALANCE	BALANCE	BALANCE	BALANCE
22 h 30	BALANCE	BALANCE	BALANCE	BALANCE	BALANCE	BALANCE	BALANCE	SCORPION
23 h 00	SCORPION	SCORPION	SCORPION	SCORPION	SCORPION	SCORPION	SCORPION	SCORPION
23 h 30	SCORPION	SCORPION	SCORPION	SCORPION	SCORPION	SCORPION	SCORPION	SCORPION

DECOUVREZ VOTRE ASCENDANT SANS AUCUN CALCUL : TABLE N° 5

VOTRE HEURE DE NAISSANCE	26 FEVRIER	27 FEVRIER	28 FEVRIER	29 FEVRIER	1 MARS	2 MARS	3 MARS	4 MARS
0 h 00	SCORPION	SCORPION	SCORPION	SCORPION	SCORPION	SCORPION	SCORPION	SCORPION
0 h 30	SCORPION	SCORPION	SCORPION	SCORPION	SCORPION	SCORPION	SCORPION	SCORPION
1 h 00	SCORPION	SCORPION	SCORPION	SCORPION	SCORPION	SCORPION	SAGITTAIRE	SAGITTAIRE
1 h 30	SAGITTAIRE	SAGITTAIRE	SAGITTAIRE	SAGITTAIRE	SAGITTAIRE	SAGITTAIRE	SAGITTAIRE	SAGITTAIRE
2 h 00	SAGITTAIRE	SAGITTAIRE	SAGITTAIRE	SAGITTAIRE	SAGITTAIRE	SAGITTAIRE	SAGITTAIRE	SAGITTAIRE
2 h 30	SAGITTAIRE	SAGITTAIRE	SAGITTAIRE	SAGITTAIRE	SAGITTAIRE	SAGITTAIRE	SAGITTAIRE	SAGITTAIRE
3 h 00	SAGITTAIRE	SAGITTAIRE	SAGITTAIRE	SAGITTAIRE	SAGITTAIRE	SAGITTAIRE	SAGITTAIRE	SAGITTAIRE
3 h 30	SAGITTAIRE	SAGITTAIRE	SAGITTAIRE	SAGITTAIRE	SAGITTAIRE	SAGITTAIRE	CAPRICORNE	CAPRICORNE
4 h 00	CAPRICORNE	CAPRICORNE	CAPRICORNE	CAPRICORNE	CAPRICORNE	CAPRICORNE	CAPRICORNE	CAPRICORNE
4 h 30	CAPRICORNE	CAPRICORNE	CAPRICORNE	CAPRICORNE	CAPRICORNE	CAPRICORNE	CAPRICORNE	CAPRICORNE
5 h 00	CAPRICORNE	CAPRICORNE	CAPRICORNE	CAPRICORNE	CAPRICORNE	CAPRICORNE	CAPRICORNE	CAPRICORNE
5 h 30	CAPRICORNE	CAPRICORNE	CAPRICORNE	VERSEAU	VERSEAU	VERSEAU	VERSEAU	VERSEAU
6 h 00	VERSEAU	VERSEAU	VERSEAU	VERSEAU	VERSEAU	VERSEAU	VERSEAU	VERSEAU
6 h 30	VERSEAU	VERSEAU	VERSEAU	VERSEAU	VERSEAU	POISSONS	POISSONS	POISSONS
7 h 00	POISSONS	POISSONS	POISSONS	POISSONS	POISSONS	POISSONS	POISSONS	POISSONS
7 h 30	POISSONS	POISSONS	BELIER	BELIER	BELIER	BELIER	BELIER	BELIER
8 h 00	BELIER	BELIER	BELIER	BELIER	BELIER	BELIER	BELIER	BELIER
8 h 30	TAUREAU	TAUREAU	TAUREAU	TAUREAU	TAUREAU	TAUREAU	TAUREAU	TAUREAU
9 h 00	TAUREAU	TAUREAU	TAUREAU	TAUREAU	TAUREAU	TAUREAU	TAUREAU	TAUREAU
9 h 30	TAUREAU	TAUREAU	GEMEAUX	GEMEAUX	GEMEAUX	GEMEAUX	GEMEAUX	GEMEAUX
10 h 00	GEMEAUX	GEMEAUX	GEMEAUX	GEMEAUX	GEMEAUX	GEMEAUX	GEMEAUX	GEMEAUX
10 h 30	GEMEAUX	GEMEAUX	GEMEAUX	GEMEAUX	GEMEAUX	GEMEAUX	GEMEAUX	GEMEAUX
11 h 00	GEMEAUX	GEMEAUX	GEMEAUX	GEMEAUX	GEMEAUX	GEMEAUX	CANCER	CANCER
11 h 30	CANCER	CANCER	CANCER	CANCER	CANCER	CANCER	CANCER	CANCER
MIDI	CANCER	CANCER	CANCER	CANCER	CANCER	CANCER	CANCER	CANCER
12 h 30	CANCER	CANCER	CANCER	CANCER	CANCER	CANCER	CANCER	CANCER
13 h 00	CANCER	CANCER	CANCER	CANCER	CANCER	CANCER	CANCER	CANCER
13 h 30	CANCER	CANCER	CANCER	CANCER	CANCER	CANCER	CANCER	LION
14 h 00	LION	LION	LION	LION	LION	LION	LION	LION
14 h 30	LION	LION	LION	LION	LION	LION	LION	LION
15 h 00	LION	LION	LION	LION	LION	LION	LION	LION
15 h 30	LION	LION	LION	LION	LION	LION	LION	LION
16 h 00	LION	LION	LION	LION	LION	LION	LION	LION
16 h 30	LION	LION	LION	LION	VIERGE	VIERGE	VIERGE	VIERGE
17 h 00	VIERGE	VIERGE	VIERGE	VIERGE	VIERGE	VIERGE	VIERGE	VIERGE
17 h 30	VIERGE	VIERGE	VIERGE	VIERGE	VIERGE	VIERGE	VIERGE	VIERGE
18 h 00	VIERGE	VIERGE	VIERGE	VIERGE	VIERGE	VIERGE	VIERGE	VIERGE
18 h 30	VIERGE	VIERGE	VIERGE	VIERGE	VIERGE	VIERGE	VIERGE	VIERGE
19 h 00	VIERGE	VIERGE	VIERGE	VIERGE	VIERGE	VIERGE	VIERGE	VIERGE
19 h 30	VIERGE	VIERGE	BALANCE	BALANCE	BALANCE	BALANCE	BALANCE	BALANCE
20 h 00	BALANCE	BALANCE	BALANCE	BALANCE	BALANCE	BALANCE	BALANCE	BALANCE
20 h 30	BALANCE	BALANCE	BALANCE	BALANCE	BALANCE	BALANCE	BALANCE	BALANCE
21 h 00	BALANCE	BALANCE	BALANCE	BALANCE	BALANCE	BALANCE	BALANCE	BALANCE
21 h 30	BALANCE	BALANCE	BALANCE	BALANCE	BALANCE	BALANCE	BALANCE	BALANCE
22 h 00	BALANCE	BALANCE	BALANCE	BALANCE	BALANCE	BALANCE	BALANCE	BALANCE
22 h 30	SCORPION	SCORPION	SCORPION	SCORPION	SCORPION	SCORPION	SCORPION	SCORPION
23 h 00	SCORPION	SCORPION	SCORPION	SCORPION	SCORPION	SCORPION	SCORPION	SCORPION
23 h 30	SCORPION	SCORPION	SCORPION	SCORPION	SCORPION	SCORPION	SCORPION	SCORPION

DECOUVREZ VOTRE ASCENDANT SANS AUCUN CALCUL : TABLE N° 5

VOTRE HEURE DE NAISSANCE	5 MARS	6 MARS	7 MARS	8 MARS	9 MARS	10 MARS	11 MARS	12 MARS
0 h 00	SCORPION	SCORPION	SCORPION	SCORPION	SCORPION	SCORPION	SCORPION	SCORPION
0 h 30	SCORPION	SCORPION	SCORPION	SCORPION	SCORPION	SCORPION	SAGITTAIRE	SAGITTAIRE
1 h 00	SAGITTAIRE	SAGITTAIRE	SAGITTAIRE	SAGITTAIRE	SAGITTAIRE	SAGITTAIRE	SAGITTAIRE	SAGITTAIRE
1 h 30	SAGITTAIRE	SAGITTAIRE	SAGITTAIRE	SAGITTAIRE	SAGITTAIRE	SAGITTAIRE	SAGITTAIRE	SAGITTAIRE
2 h 00	SAGITTAIRE	SAGITTAIRE	SAGITTAIRE	SAGITTAIRE	SAGITTAIRE	SAGITTAIRE	SAGITTAIRE	SAGITTAIRE
2 h 30	SAGITTAIRE	SAGITTAIRE	SAGITTAIRE	SAGITTAIRE	SAGITTAIRE	SAGITTAIRE	SAGITTAIRE	SAGITTAIRE
3 h 00	SAGITTAIRE	SAGITTAIRE	SAGITTAIRE	SAGITTAIRE	SAGITTAIRE	SAGITTAIRE	CAPRICORNE	CAPRICORNE
3 h 30	CAPRICORNE	CAPRICORNE	CAPRICORNE	CAPRICORNE	CAPRICORNE	CAPRICORNE	CAPRICORNE	CAPRICORNE
4 h 00	CAPRICORNE	CAPRICORNE	CAPRICORNE	CAPRICORNE	CAPRICORNE	CAPRICORNE	CAPRICORNE	CAPRICORNE
4 h 30	CAPRICORNE	CAPRICORNE	CAPRICORNE	CAPRICORNE	CAPRICORNE	CAPRICORNE	CAPRICORNE	CAPRICORNE
5 h 00	CAPRICORNE	CAPRICORNE	CAPRICORNE	VERSEAU	VERSEAU	VERSEAU	VERSEAU	VERSEAU
5 h 30	VERSEAU	VERSEAU	VERSEAU	VERSEAU	VERSEAU	VERSEAU	VERSEAU	VERSEAU
6 h 00	VERSEAU	VERSEAU	VERSEAU	VERSEAU	VERSEAU	POISSONS	POISSONS	POISSONS
6 h 30	POISSONS	POISSONS	POISSONS	POISSONS	POISSONS	POISSONS	POISSONS	POISSONS
7 h 00	POISSONS	POISSONS	BELIER	BELIER	BELIER	BELIER	BELIER	BELIER
7 h 30	BELIER	BELIER	BELIER	BELIER	BELIER	BELIER	BELIER	TAUREAU
8 h 00	TAUREAU	TAUREAU	TAUREAU	TAUREAU	TAUREAU	TAUREAU	TAUREAU	TAUREAU
8 h 30	TAUREAU	TAUREAU	TAUREAU	TAUREAU	TAUREAU	TAUREAU	TAUREAU	TAUREAU
9 h 00	TAUREAU	TAUREAU	GEMEAUX	GEMEAUX	GEMEAUX	GEMEAUX	GEMEAUX	GEMEAUX
9 h 30	GEMEAUX	GEMEAUX	GEMEAUX	GEMEAUX	GEMEAUX	GEMEAUX	GEMEAUX	GEMEAUX
10 h 00	GEMEAUX	GEMEAUX	GEMEAUX	GEMEAUX	GEMEAUX	GEMEAUX	GEMEAUX	GEMEAUX
10 h 30	GEMEAUX	GEMEAUX	GEMEAUX	GEMEAUX	GEMEAUX	GEMEAUX	CANCER	CANCER
11 h 00	CANCER	CANCER	CANCER	CANCER	CANCER	CANCER	CANCER	CANCER
11 h 30	CANCER	CANCER	CANCER	CANCER	CANCER	CANCER	CANCER	CANCER
MIDI	CANCER	CANCER	CANCER	CANCER	CANCER	CANCER	CANCER	CANCER
12 h 30	CANCER	CANCER	CANCER	CANCER	CANCER	CANCER	CANCER	CANCER
13 h 00	CANCER	CANCER	CANCER	CANCER	CANCER	CANCER	LION	LION
13 h 30	LION	LION	LION	LION	LION	LION	LION	LION
14 h 00	LION	LION	LION	LION	LION	LION	LION	LION
14 h 30	LION	LION	LION	LION	LION	LION	LION	LION
15 h 00	LION	LION	LION	LION	LION	LION	LION	LION
15 h 30	LION	LION	LION	LION	LION	LION	LION	LION
16 h 00	LION	LION	LION	LION	VIERGE	VIERGE	VIERGE	VIERGE
16 h 30	VIERGE	VIERGE	VIERGE	VIERGE	VIERGE	VIERGE	VIERGE	VIERGE
17 h 00	VIERGE	VIERGE	VIERGE	VIERGE	VIERGE	VIERGE	VIERGE	VIERGE
17 h 30	VIERGE	VIERGE	VIERGE	VIERGE	VIERGE	VIERGE	VIERGE	VIERGE
18 h 00	VIERGE	VIERGE	VIERGE	VIERGE	VIERGE	VIERGE	VIERGE	VIERGE
18 h 30	VIERGE	VIERGE	VIERGE	VIERGE	VIERGE	VIERGE	VIERGE	VIERGE
19 h 00	VIERGE	VIERGE	BALANCE	BALANCE	BALANCE	BALANCE	BALANCE	BALANCE
19 h 30	BALANCE	BALANCE	BALANCE	BALANCE	BALANCE	BALANCE	BALANCE	BALANCE
20 h 00	BALANCE	BALANCE	BALANCE	BALANCE	BALANCE	BALANCE	BALANCE	BALANCE
20 h 30	BALANCE	BALANCE	BALANCE	BALANCE	BALANCE	BALANCE	BALANCE	BALANCE
21 h 00	BALANCE	BALANCE	BALANCE	BALANCE	BALANCE	BALANCE	BALANCE	BALANCE
21 h 30	BALANCE	BALANCE	BALANCE	BALANCE	BALANCE	BALANCE	BALANCE	SCORPION
22 h 00	SCORPION	SCORPION	SCORPION	SCORPION	SCORPION	SCORPION	SCORPION	SCORPION
22 h 30	SCORPION	SCORPION	SCORPION	SCORPION	SCORPION	SCORPION	SCORPION	SCORPION
23 h 00	SCORPION	SCORPION	SCORPION	SCORPION	SCORPION	SCORPION	SCORPION	SCORPION
23 h 30	SCORPION	SCORPION	SCORPION	SCORPION	SCORPION	SCORPION	SCORPION	SCORPION

DECOUVREZ VOTRE ASCENDANT SANS AUCUN CALCUL : TABLE N° 5

VOTRE HEURE DE NAISSANCE	13 MARS	14 MARS	15 MARS	16 MARS	17 MARS	18 MARS	19 MARS	20 MARS	21 MARS
0 h 00	SCORPION	SCORPION	SCORPION	SCORPION	SCORPION	SAGITTAIRE	SAGITTAIRE	SAGITTAIRE	SAGITTAIRE
0 h 30	SAGITTAIRE	SAGITTAIRE	SAGITTAIRE	SAGITTAIRE	SAGITTAIRE	SAGITTAIRE	SAGITTAIRE	SAGITTAIRE	SAGITTAIRE
1 h 00	SAGITTAIRE	SAGITTAIRE	SAGITTAIRE	SAGITTAIRE	SAGITTAIRE	SAGITTAIRE	SAGITTAIRE	SAGITTAIRE	SAGITTAIRE
1 h 30	SAGITTAIRE	SAGITTAIRE	SAGITTAIRE	SAGITTAIRE	SAGITTAIRE	SAGITTAIRE	SAGITTAIRE	SAGITTAIRE	SAGITTAIRE
2 h 00	SAGITTAIRE	SAGITTAIRE	SAGITTAIRE	SAGITTAIRE	SAGITTAIRE	SAGITTAIRE	SAGITTAIRE	SAGITTAIRE	SAGITTAIRE
2 h 30	SAGITTAIRE	SAGITTAIRE	SAGITTAIRE	SAGITTAIRE	SAGITTAIRE	CAPRICORNE	CAPRICORNE	CAPRICORNE	CAPRICORNE
3 h 00	CAPRICORNE	CAPRICORNE	CAPRICORNE	CAPRICORNE	CAPRICORNE	CAPRICORNE	CAPRICORNE	CAPRICORNE	CAPRICORNE
3 h 30	CAPRICORNE	CAPRICORNE	CAPRICORNE	CAPRICORNE	CAPRICORNE	CAPRICORNE	CAPRICORNE	CAPRICORNE	CAPRICORNE
4 h 00	CAPRICORNE	CAPRICORNE	CAPRICORNE	CAPRICORNE	CAPRICORNE	CAPRICORNE	CAPRICORNE	CAPRICORNE	CAPRICORNE
4 h 30	CAPRICORNE	CAPRICORNE	CAPRICORNE	VERSEAU	VERSEAU	VERSEAU	VERSEAU	VERSEAU	VERSEAU
5 h 00	VERSEAU	VERSEAU	VERSEAU	VERSEAU	VERSEAU	VERSEAU	VERSEAU	VERSEAU	VERSEAU
5 h 30	VERSEAU	VERSEAU	VERSEAU	VERSEAU	POISSONS	POISSONS	POISSONS	POISSONS	POISSONS
6 h 00	POISSONS	POISSONS	POISSONS	POISSONS	POISSONS	POISSONS	POISSONS	POISSONS	POISSONS
6 h 30	POISSONS	POISSONS	BELIER	BELIER	BELIER	BELIER	BELIER	BELIER	BELIER
7 h 00	BELIER	BELIER	BELIER	BELIER	BELIER	BELIER	BELIER	TAUREAU	TAUREAU
7 h 30	TAUREAU	TAUREAU	TAUREAU	TAUREAU	TAUREAU	TAUREAU	TAUREAU	TAUREAU	TAUREAU
8 h 00	TAUREAU	TAUREAU	TAUREAU	TAUREAU	TAUREAU	TAUREAU	TAUREAU	TAUREAU	TAUREAU
8 h 30	TAUREAU	TAUREAU	GEMEAUX	GEMEAUX	GEMEAUX	GEMEAUX	GEMEAUX	GEMEAUX	GEMEAUX
9 h 00	GEMEAUX	GEMEAUX	GEMEAUX	GEMEAUX	GEMEAUX	GEMEAUX	GEMEAUX	GEMEAUX	GEMEAUX
9 h 30	GEMEAUX	GEMEAUX	GEMEAUX	GEMEAUX	GEMEAUX	GEMEAUX	GEMEAUX	GEMEAUX	GEMEAUX
10 h 00	GEMEAUX	GEMEAUX	GEMEAUX	GEMEAUX	GEMEAUX	CANCER	CANCER	CANCER	CANCER
10 h 30	CANCER	CANCER	CANCER	CANCER	CANCER	CANCER	CANCER	CANCER	CANCER
11 h 00	CANCER	CANCER	CANCER	CANCER	CANCER	CANCER	CANCER	CANCER	CANCER
11 h 30	CANCER	CANCER	CANCER	CANCER	CANCER	CANCER	CANCER	CANCER	CANCER
MIDI	CANCER	CANCER	CANCER	CANCER	CANCER	CANCER	CANCER	CANCER	CANCER
12 h 30	CANCER	CANCER	CANCER	CANCER	CANCER	CANCER	LION	LION	LION
13 h 00	LION	LION	LION	LION	LION	LION	LION	LION	LION
13 h 30	LION	LION	LION	LION	LION	LION	LION	LION	LION
14 h 00	LION	LION	LION	LION	LION	LION	LION	LION	LION
14 h 30	LION	LION	LION	LION	LION	LION	LION	LION	LION
15 h 00	LION	LION	LION	LION	LION	LION	LION	LION	LION
15 h 30	LION	LION	LION	VIERGE	VIERGE	VIERGE	VIERGE	VIERGE	VIERGE
16 h 00	VIERGE	VIERGE	VIERGE	VIERGE	VIERGE	VIERGE	VIERGE	VIERGE	VIERGE
16 h 30	VIERGE	VIERGE	VIERGE	VIERGE	VIERGE	VIERGE	VIERGE	VIERGE	VIERGE
17 h 00	VIERGE	VIERGE	VIERGE	VIERGE	VIERGE	VIERGE	VIERGE	VIERGE	VIERGE
17 h 30	VIERGE	VIERGE	VIERGE	VIERGE	VIERGE	VIERGE	VIERGE	VIERGE	VIERGE
18 h 00	VIERGE	VIERGE	VIERGE	VIERGE	VIERGE	VIERGE	VIERGE	VIERGE	VIERGE
18 h 30	VIERGE	VIERGE	BALANCE	BALANCE	BALANCE	BALANCE	BALANCE	BALANCE	BALANCE
19 h 00	BALANCE	BALANCE	BALANCE	BALANCE	BALANCE	BALANCE	BALANCE	BALANCE	BALANCE
19 h 30	BALANCE	BALANCE	BALANCE	BALANCE	BALANCE	BALANCE	BALANCE	BALANCE	BALANCE
20 h 00	BALANCE	BALANCE	BALANCE	BALANCE	BALANCE	BALANCE	BALANCE	BALANCE	BALANCE
20 h 30	BALANCE	BALANCE	BALANCE	BALANCE	BALANCE	BALANCE	BALANCE	BALANCE	BALANCE
21 h 00	BALANCE	BALANCE	BALANCE	BALANCE	BALANCE	BALANCE	BALANCE	SCORPION	SCORPION
21 h 30	SCORPION	SCORPION	SCORPION	SCORPION	SCORPION	SCORPION	SCORPION	SCORPION	SCORPION
22 h 00	SCORPION	SCORPION	SCORPION	SCORPION	SCORPION	SCORPION	SCORPION	SCORPION	SCORPION
22 h 30	SCORPION	SCORPION	SCORPION	SCORPION	SCORPION	SCORPION	SCORPION	SCORPION	SCORPION
23 h 00	SCORPION	SCORPION	SCORPION	SCORPION	SCORPION	SCORPION	SCORPION	SCORPION	SCORPION
23 h 30	SCORPION	SCORPION	SCORPION	SCORPION	SCORPION	SCORPION	SCORPION	SCORPION	SCORPION

DECOUVREZ VOTRE ASCENDANT SANS AUCUN CALCUL : TABLE N° 6

VOTRE HEURE DE NAISSANCE	18 FEVRIER	19 FEVRIER	20 FEVRIER	21 FEVRIER	22 FEVRIER	23 FEVRIER	24 FEVRIER	25 FEVRIER
0 h 00	SCORPION	SCORPION	SCORPION	SCORPION	SCORPION	SCORPION	SCORPION	SCORPION
0 h 30	SCORPION	SCORPION	SCORPION	SCORPION	SCORPION	SCORPION	SCORPION	SCORPION
1 h 00	SCORPION	SCORPION	SCORPION	SCORPION	SCORPION	SCORPION	SCORPION	SCORPION
1 h 30	SCORPION	SCORPION	SCORPION	SCORPION	SCORPION	SCORPION	SCORPION	SCORPION
2 h 00	SCORPION	SCORPION	SCORPION	SCORPION	SCORPION	SCORPION	SCORPION	SAGITTAIRE
2 h 30	SAGITTAIRE	SAGITTAIRE	SAGITTAIRE	SAGITTAIRE	SAGITTAIRE	SAGITTAIRE	SAGITTAIRE	SAGITTAIRE
3 h 00	SAGITTAIRE	SAGITTAIRE	SAGITTAIRE	SAGITTAIRE	SAGITTAIRE	SAGITTAIRE	SAGITTAIRE	SAGITTAIRE
3 h 30	SAGITTAIRE	SAGITTAIRE	SAGITTAIRE	SAGITTAIRE	SAGITTAIRE	SAGITTAIRE	SAGITTAIRE	SAGITTAIRE
4 h 00	SAGITTAIRE	SAGITTAIRE	SAGITTAIRE	SAGITTAIRE	SAGITTAIRE	SAGITTAIRE	SAGITTAIRE	SAGITTAIRE
4 h 30	SAGITTAIRE	SAGITTAIRE	SAGITTAIRE	SAGITTAIRE	SAGITTAIRE	SAGITTAIRE	SAGITTAIRE	SAGITTAIRE
5 h 00	SAGITTAIRE	SAGITTAIRE	SAGITTAIRE	CAPRICORNE	CAPRICORNE	CAPRICORNE	CAPRICORNE	CAPRICORNE
5 h 30	CAPRICORNE	CAPRICORNE	CAPRICORNE	CAPRICORNE	CAPRICORNE	CAPRICORNE	CAPRICORNE	CAPRICORNE
6 h 00	CAPRICORNE	CAPRICORNE	CAPRICORNE	CAPRICORNE	CAPRICORNE	CAPRICORNE	CAPRICORNE	CAPRICORNE
6 h 30	CAPRICORNE	CAPRICORNE	CAPRICORNE	CAPRICORNE	VERSEAU	VERSEAU	VERSEAU	VERSEAU
7 h 00	VERSEAU	VERSEAU	VERSEAU	VERSEAU	VERSEAU	VERSEAU	VERSEAU	VERSEAU
7 h 30	VERSEAU	POISSONS	POISSONS	POISSONS	POISSONS	POISSONS	POISSONS	POISSONS
8 h 00	POISSONS	POISSONS	BELIER	BELIER	BELIER	BELIER	BELIER	BELIER
8 h 30	BELIER	BELIER	TAUREAU	TAUREAU	TAUREAU	TAUREAU	TAUREAU	TAUREAU
9 h 00	TAUREAU	TAUREAU	TAUREAU	TAUREAU	TAUREAU	TAUREAU	TAUREAU	GEMEAUX
9 h 30	GEMEAUX	GEMEAUX	GEMEAUX	GEMEAUX	GEMEAUX	GEMEAUX	GEMEAUX	GEMEAUX
10 h 00	GEMEAUX	GEMEAUX	GEMEAUX	GEMEAUX	GEMEAUX	GEMEAUX	GEMEAUX	GEMEAUX
10 h 30	GEMEAUX	GEMEAUX	GEMEAUX	GEMEAUX	GEMEAUX	GEMEAUX	GEMEAUX	GEMEAUX
11 h 00	CANCER	CANCER	CANCER	CANCER	CANCER	CANCER	CANCER	CANCER
11 h 30	CANCER	CANCER	CANCER	CANCER	CANCER	CANCER	CANCER	CANCER
MIDI	CANCER	CANCER	CANCER	CANCER	CANCER	CANCER	CANCER	CANCER
12 h 30	CANCER	CANCER	CANCER	CANCER	CANCER	CANCER	CANCER	CANCER
13 h 00	CANCER	CANCER	CANCER	CANCER	CANCER	CANCER	CANCER	CANCER
13 h 30	CANCER	CANCER	CANCER	LION	LION	LION	LION	LION
14 h 00	LION	LION	LION	LION	LION	LION	LION	LION
14 h 30	LION	LION	LION	LION	LION	LION	LION	LION
15 h 00	LION	LION	LION	LION	LION	LION	LION	LION
15 h 30	LION	LION	LION	LION	LION	LION	LION	LION
16 h 00	LION	LION	LION	LION	LION	LION	LION	LION
16 h 30	LION	LION	LION	LION	LION	LION	LION	VIERGE
17 h 00	VIERGE	VIERGE	VIERGE	VIERGE	VIERGE	VIERGE	VIERGE	VIERGE
17 h 30	VIERGE	VIERGE	VIERGE	VIERGE	VIERGE	VIERGE	VIERGE	VIERGE
18 h 00	VIERGE	VIERGE	VIERGE	VIERGE	VIERGE	VIERGE	VIERGE	VIERGE
18 h 30	VIERGE	VIERGE	VIERGE	VIERGE	VIERGE	VIERGE	VIERGE	VIERGE
19 h 00	VIERGE	VIERGE	VIERGE	VIERGE	VIERGE	VIERGE	VIERGE	VIERGE
19 h 30	VIERGE	VIERGE	VIERGE	VIERGE	VIERGE	VIERGE	VIERGE	VIERGE
20 h 00	VIERGE	VIERGE	BALANCE	BALANCE	BALANCE	BALANCE	BALANCE	BALANCE
20 h 30	BALANCE	BALANCE	BALANCE	BALANCE	BALANCE	BALANCE	BALANCE	BALANCE
21 h 00	BALANCE	BALANCE	BALANCE	BALANCE	BALANCE	BALANCE	BALANCE	BALANCE
21 h 30	BALANCE	BALANCE	BALANCE	BALANCE	BALANCE	BALANCE	BALANCE	BALANCE
22 h 00	BALANCE	BALANCE	BALANCE	BALANCE	BALANCE	BALANCE	BALANCE	BALANCE
22 h 30	BALANCE	BALANCE	BALANCE	BALANCE	BALANCE	BALANCE	BALANCE	BALANCE
23 h 00	BALANCE	BALANCE	BALANCE	BALANCE	SCORPION	SCORPION	SCORPION	SCORPION
23 h 30	SCORPION	SCORPION	SCORPION	SCORPION	SCORPION	SCORPION	SCORPION	SCORPION

DECOUVREZ VOTRE ASCENDANT SANS AUCUN CALCUL : TABLE N° 6

VOTRE HEURE DE NAISSANCE	26 FEVRIER	27 FEVRIER	28 FEVRIER	29 FEVRIER	1 MARS	2 MARS	3 MARS	4 MARS
0 h 00	SCORPION	SCORPION	SCORPION	SCORPION	SCORPION	SCORPION	SCORPION	SCORPION
0 h 30	SCORPION	SCORPION	SCORPION	SCORPION	SCORPION	SCORPION	SCORPION	SCORPION
1 h 00	SCORPION	SCORPION	SCORPION	SCORPION	SCORPION	SCORPION	SCORPION	SCORPION
1 h 30	SCORPION	SCORPION	SCORPION	SCORPION	SCORPION	SCORPION	SCORPION	SCORPION
2 h 00	SAGITTAIRE	SAGITTAIRE	SAGITTAIRE	SAGITTAIRE	SAGITTAIRE	SAGITTAIRE	SAGITTAIRE	SAGITTAIRE
2 h 30	SAGITTAIRE	SAGITTAIRE	SAGITTAIRE	SAGITTAIRE	SAGITTAIRE	SAGITTAIRE	SAGITTAIRE	SAGITTAIRE
3 h 00	SAGITTAIRE	SAGITTAIRE	SAGITTAIRE	SAGITTAIRE	SAGITTAIRE	SAGITTAIRE	SAGITTAIRE	SAGITTAIRE
3 h 30	SAGITTAIRE	SAGITTAIRE	SAGITTAIRE	SAGITTAIRE	SAGITTAIRE	SAGITTAIRE	SAGITTAIRE	SAGITTAIRE
4 h 00	SAGITTAIRE	SAGITTAIRE	SAGITTAIRE	SAGITTAIRE	SAGITTAIRE	SAGITTAIRE	SAGITTAIRE	SAGITTAIRE
4 h 30	SAGITTAIRE	SAGITTAIRE	CAPRICORNE	CAPRICORNE	CAPRICORNE	CAPRICORNE	CAPRICORNE	CAPRICORNE
5 h 00	CAPRICORNE	CAPRICORNE	CAPRICORNE	CAPRICORNE	CAPRICORNE	CAPRICORNE	CAPRICORNE	CAPRICORNE
5 h 30	CAPRICORNE	CAPRICORNE	CAPRICORNE	CAPRICORNE	CAPRICORNE	CAPRICORNE	CAPRICORNE	CAPRICORNE
6 h 00	CAPRICORNE	CAPRICORNE	CAPRICORNE	CAPRICORNE	CAPRICORNE	VERSEAU	VERSEAU	VERSEAU
6 h 30	VERSEAU	VERSEAU	VERSEAU	VERSEAU	VERSEAU	VERSEAU	VERSEAU	VERSEAU
7 h 00	VERSEAU	POISSONS	POISSONS	POISSONS	POISSONS	POISSONS	POISSONS	POISSONS
7 h 30	POISSONS	POISSONS	BELIER	BELIER	BELIER	BELIER	BELIER	BELIER
8 h 00	BELIER	BELIER	TAUREAU	TAUREAU	TAUREAU	TAUREAU	TAUREAU	TAUREAU
8 h 30	TAUREAU	TAUREAU	TAUREAU	TAUREAU	TAUREAU	TAUREAU	TAUREAU	TAUREAU
9 h 00	GEMEAUX	GEMEAUX	GEMEAUX	GEMEAUX	GEMEAUX	GEMEAUX	GEMEAUX	GEMEAUX
9 h 30	GEMEAUX	GEMEAUX	GEMEAUX	GEMEAUX	GEMEAUX	GEMEAUX	GEMEAUX	GEMEAUX
10 h 00	GEMEAUX	GEMEAUX	GEMEAUX	GEMEAUX	GEMEAUX	GEMEAUX	GEMEAUX	GEMEAUX
10 h 30	CANCER	CANCER	CANCER	CANCER	CANCER	CANCER	CANCER	CANCER
11 h 00	CANCER	CANCER	CANCER	CANCER	CANCER	CANCER	CANCER	CANCER
11 h 30	CANCER	CANCER	CANCER	CANCER	CANCER	CANCER	CANCER	CANCER
MIDI	CANCER	CANCER	CANCER	CANCER	CANCER	CANCER	CANCER	CANCER
12 h 30	CANCER	CANCER	CANCER	CANCER	CANCER	CANCER	CANCER	CANCER
13 h 00	CANCER	CANCER	CANCER	CANCER	LION	LION	LION	LION
13 h 30	LION	LION	LION	LION	LION	LION	LION	LION
14 h 00	LION	LION	LION	LION	LION	LION	LION	LION
14 h 30	LION	LION	LION	LION	LION	LION	LION	LION
15 h 00	LION	LION	LION	LION	LION	LION	LION	LION
15 h 30	LION	LION	LION	LION	LION	LION	LION	LION
16 h 00	LION	LION	LION	LION	LION	LION	LION	VIERGE
16 h 30	VIERGE	VIERGE	VIERGE	VIERGE	VIERGE	VIERGE	VIERGE	VIERGE
17 h 00	VIERGE	VIERGE	VIERGE	VIERGE	VIERGE	VIERGE	VIERGE	VIERGE
17 h 30	VIERGE	VIERGE	VIERGE	VIERGE	VIERGE	VIERGE	VIERGE	VIERGE
18 h 00	VIERGE	VIERGE	VIERGE	VIERGE	VIERGE	VIERGE	VIERGE	VIERGE
18 h 30	VIERGE	VIERGE	VIERGE	VIERGE	VIERGE	VIERGE	VIERGE	VIERGE
19 h 00	VIERGE	VIERGE	VIERGE	VIERGE	VIERGE	VIERGE	VIERGE	VIERGE
19 h 30	VIERGE	VIERGE	BALANCE	BALANCE	BALANCE	BALANCE	BALANCE	BALANCE
20 h 00	BALANCE	BALANCE	BALANCE	BALANCE	BALANCE	BALANCE	BALANCE	BALANCE
20 h 30	BALANCE	BALANCE	BALANCE	BALANCE	BALANCE	BALANCE	BALANCE	BALANCE
21 h 00	BALANCE	BALANCE	BALANCE	BALANCE	BALANCE	BALANCE	BALANCE	BALANCE
21 h 30	BALANCE	BALANCE	BALANCE	BALANCE	BALANCE	BALANCE	BALANCE	BALANCE
22 h 00	BALANCE	BALANCE	BALANCE	BALANCE	BALANCE	BALANCE	BALANCE	BALANCE
22 h 30	BALANCE	BALANCE	BALANCE	BALANCE	BALANCE	SCORPION	SCORPION	SCORPION
23 h 00	SCORPION	SCORPION	SCORPION	SCORPION	SCORPION	SCORPION	SCORPION	SCORPION
23 h 30	SCORPION	SCORPION	SCORPION	SCORPION	SCORPION	SCORPION	SCORPION	SCORPION

DECOUVREZ VOTRE ASCENDANT SANS AUCUN CALCUL : TABLE N° 6

VOTRE HEURE DE NAISSANCE	5 MARS	6 MARS	7 MARS	8 MARS	9 MARS	10 MARS	11 MARS	12 MARS
0 h 00	SCORPION	SCORPION	SCORPION	SCORPION	SCORPION	SCORPION	SCORPION	SCORPION
0 h 30	SCORPION	SCORPION	SCORPION	SCORPION	SCORPION	SCORPION	SCORPION	SCORPION
1 h 00	SCORPION	SCORPION	SCORPION	SCORPION	SCORPION	SCORPION	SCORPION	SAGITTAIRE
1 h 30	SAGITTAIRE	SAGITTAIRE	SAGITTAIRE	SAGITTAIRE	SAGITTAIRE	SAGITTAIRE	SAGITTAIRE	SAGITTAIRE
2 h 00	SAGITTAIRE	SAGITTAIRE	SAGITTAIRE	SAGITTAIRE	SAGITTAIRE	SAGITTAIRE	SAGITTAIRE	SAGITTAIRE
2 h 30	SAGITTAIRE	SAGITTAIRE	SAGITTAIRE	SAGITTAIRE	SAGITTAIRE	SAGITTAIRE	SAGITTAIRE	SAGITTAIRE
3 h 00	SAGITTAIRE	SAGITTAIRE	SAGITTAIRE	SAGITTAIRE	SAGITTAIRE	SAGITTAIRE	SAGITTAIRE	SAGITTAIRE
3 h 30	SAGITTAIRE	SAGITTAIRE	SAGITTAIRE	SAGITTAIRE	SAGITTAIRE	SAGITTAIRE	SAGITTAIRE	SAGITTAIRE
4 h 00	SAGITTAIRE	SAGITTAIRE	SAGITTAIRE	CAPRICORNE	CAPRICORNE	CAPRICORNE	CAPRICORNE	CAPRICORNE
4 h 30	CAPRICORNE	CAPRICORNE	CAPRICORNE	CAPRICORNE	CAPRICORNE	CAPRICORNE	CAPRICORNE	CAPRICORNE
5 h 00	CAPRICORNE	CAPRICORNE	CAPRICORNE	CAPRICORNE	CAPRICORNE	CAPRICORNE	CAPRICORNE	CAPRICORNE
5 h 30	CAPRICORNE	CAPRICORNE	CAPRICORNE	CAPRICORNE	VERSEAU	VERSEAU	VERSEAU	VERSEAU
6 h 00	VERSEAU	VERSEAU	VERSEAU	VERSEAU	VERSEAU	VERSEAU	VERSEAU	VERSEAU
6 h 30	VERSEAU	POISSONS	POISSONS	POISSONS	POISSONS	POISSONS	POISSONS	POISSONS
7 h 00	POISSONS	POISSONS	BELIER	BELIER	BELIER	BELIER	BELIER	BELIER
7 h 30	BELIER	BELIER	BELIER	TAUREAU	TAUREAU	TAUREAU	TAUREAU	TAUREAU
8 h 00	TAUREAU	TAUREAU	TAUREAU	TAUREAU	TAUREAU	TAUREAU	TAUREAU	GEMEAUX
8 h 30	GEMEAUX	GEMEAUX	GEMEAUX	GEMEAUX	GEMEAUX	GEMEAUX	GEMEAUX	GEMEAUX
9 h 00	GEMEAUX	GEMEAUX	GEMEAUX	GEMEAUX	GEMEAUX	GEMEAUX	GEMEAUX	GEMEAUX
9 h 30	GEMEAUX	GEMEAUX	GEMEAUX	GEMEAUX	GEMEAUX	GEMEAUX	GEMEAUX	GEMEAUX
10 h 00	CANCER	CANCER	CANCER	CANCER	CANCER	CANCER	CANCER	CANCER
10 h 30	CANCER	CANCER	CANCER	CANCER	CANCER	CANCER	CANCER	CANCER
11 h 00	CANCER	CANCER	CANCER	CANCER	CANCER	CANCER	CANCER	CANCER
11 h 30	CANCER	CANCER	CANCER	CANCER	CANCER	CANCER	CANCER	CANCER
MIDI	CANCER	CANCER	CANCER	CANCER	CANCER	CANCER	CANCER	CANCER
12 h 30	CANCER	CANCER	CANCER	CANCER	LION	LION	LION	LION
13 h 00	LION	LION	LION	LION	LION	LION	LION	LION
13 h 30	LION	LION	LION	LION	LION	LION	LION	LION
14 h 00	LION	LION	LION	LION	LION	LION	LION	LION
14 h 30	LION	LION	LION	LION	LION	LION	LION	LION
15 h 00	LION	LION	LION	LION	LION	LION	LION	LION
15 h 30	LION	LION	LION	LION	LION	LION	LION	VIERGE
16 h 00	VIERGE	VIERGE	VIERGE	VIERGE	VIERGE	VIERGE	VIERGE	VIERGE
16 h 30	VIERGE	VIERGE	VIERGE	VIERGE	VIERGE	VIERGE	VIERGE	VIERGE
17 h 00	VIERGE	VIERGE	VIERGE	VIERGE	VIERGE	VIERGE	VIERGE	VIERGE
17 h 30	VIERGE	VIERGE	VIERGE	VIERGE	VIERGE	VIERGE	VIERGE	VIERGE
18 h 00	VIERGE	VIERGE	VIERGE	VIERGE	VIERGE	VIERGE	VIERGE	VIERGE
18 h 30	VIERGE	VIERGE	VIERGE	VIERGE	VIERGE	VIERGE	VIERGE	VIERGE
19 h 00	VIERGE	VIERGE	BALANCE	BALANCE	BALANCE	BALANCE	BALANCE	BALANCE
19 h 30	BALANCE	BALANCE	BALANCE	BALANCE	BALANCE	BALANCE	BALANCE	BALANCE
20 h 00	BALANCE	BALANCE	BALANCE	BALANCE	BALANCE	BALANCE	BALANCE	BALANCE
20 h 30	BALANCE	BALANCE	BALANCE	BALANCE	BALANCE	BALANCE	BALANCE	BALANCE
21 h 00	BALANCE	BALANCE	BALANCE	BALANCE	BALANCE	BALANCE	BALANCE	BALANCE
21 h 30	BALANCE	BALANCE	BALANCE	BALANCE	BALANCE	BALANCE	BALANCE	BALANCE
22 h 00	BALANCE	BALANCE	BALANCE	BALANCE	SCORPION	SCORPION	SCORPION	SCORPION
22 h 30	SCORPION	SCORPION	SCORPION	SCORPION	SCORPION	SCORPION	SCORPION	SCORPION
23 h 00	SCORPION	SCORPION	SCORPION	SCORPION	SCORPION	SCORPION	SCORPION	SCORPION
23 h 30	SCORPION	SCORPION	SCORPION	SCORPION	SCORPION	SCORPION	SCORPION	SCORPION

DECOUVREZ VOTRE ASCENDANT SANS AUCUN CALCUL : TABLE N° 6

VOTRE HEURE DE NAISSANCE	13 MARS	14 MARS	15 MARS	16 MARS	17 MARS	18 MARS	19 MARS	20 MARS	21 MARS
0 h 00	SCORPION	SCORPION	SCORPION	SCORPION	SCORPION	SCORPION	SCORPION	SCORPION	SCORPION
0 h 30	SCORPION	SCORPION	SCORPION	SCORPION	SCORPION	SCORPION	SCORPION	SAGITTAIRE	SAGITTAIRE
1 h 00	SAGITTAIRE	SAGITTAIRE	SAGITTAIRE	SAGITTAIRE	SAGITTAIRE	SAGITTAIRE	SAGITTAIRE	SAGITTAIRE	SAGITTAIRE
1 h 30	SAGITTAIRE	SAGITTAIRE	SAGITTAIRE	SAGITTAIRE	SAGITTAIRE	SAGITTAIRE	SAGITTAIRE	SAGITTAIRE	SAGITTAIRE
2 h 00	SAGITTAIRE	SAGITTAIRE	SAGITTAIRE	SAGITTAIRE	SAGITTAIRE	SAGITTAIRE	SAGITTAIRE	SAGITTAIRE	SAGITTAIRE
2 h 30	SAGITTAIRE	SAGITTAIRE	SAGITTAIRE	SAGITTAIRE	SAGITTAIRE	SAGITTAIRE	SAGITTAIRE	SAGITTAIRE	SAGITTAIRE
3 h 00	SAGITTAIRE	SAGITTAIRE	SAGITTAIRE	SAGITTAIRE	SAGITTAIRE	SAGITTAIRE	SAGITTAIRE	SAGITTAIRE	SAGITTAIRE
3 h 30	SAGITTAIRE	SAGITTAIRE	CAPRICORNE	CAPRICORNE	CAPRICORNE	CAPRICORNE	CAPRICORNE	CAPRICORNE	CAPRICORNE
4 h 00	CAPRICORNE	CAPRICORNE	CAPRICORNE	CAPRICORNE	CAPRICORNE	CAPRICORNE	CAPRICORNE	CAPRICORNE	CAPRICORNE
4 h 30	CAPRICORNE	CAPRICORNE	CAPRICORNE	CAPRICORNE	CAPRICORNE	CAPRICORNE	CAPRICORNE	CAPRICORNE	CAPRICORNE
5 h 00	CAPRICORNE	CAPRICORNE	CAPRICORNE	CAPRICORNE	VERSEAU	VERSEAU	VERSEAU	VERSEAU	VERSEAU
5 h 30	VERSEAU	VERSEAU	VERSEAU	VERSEAU	VERSEAU	VERSEAU	VERSEAU	VERSEAU	VERSEAU
6 h 00	VERSEAU	POISSONS	POISSONS	POISSONS	POISSONS	POISSONS	POISSONS	POISSONS	POISSONS
6 h 30	POISSONS	POISSONS	BELIER	BELIER	BELIER	BELIER	BELIER	BELIER	BELIER
7 h 00	BELIER	BELIER	TAUREAU	TAUREAU	TAUREAU	TAUREAU	TAUREAU	TAUREAU	TAUREAU
7 h 30	TAUREAU	TAUREAU	TAUREAU	TAUREAU	TAUREAU	TAUREAU	TAUREAU	GEMEAUX	GEMEAUX
8 h 00	GEMEAUX	GEMEAUX	GEMEAUX	GEMEAUX	GEMEAUX	GEMEAUX	GEMEAUX	GEMEAUX	GEMEAUX
8 h 30	GEMEAUX	GEMEAUX	GEMEAUX	GEMEAUX	GEMEAUX	GEMEAUX	GEMEAUX	GEMEAUX	GEMEAUX
9 h 00	GEMEAUX	GEMEAUX	GEMEAUX	GEMEAUX	GEMEAUX	GEMEAUX	GEMEAUX	CANCER	CANCER
9 h 30	CANCER	CANCER	CANCER	CANCER	CANCER	CANCER	CANCER	CANCER	CANCER
10 h 00	CANCER	CANCER	CANCER	CANCER	CANCER	CANCER	CANCER	CANCER	CANCER
10 h 30	CANCER	CANCER	CANCER	CANCER	CANCER	CANCER	CANCER	CANCER	CANCER
11 h 00	CANCER	CANCER	CANCER	CANCER	CANCER	CANCER	CANCER	CANCER	CANCER
11 h 30	CANCER	CANCER	CANCER	CANCER	CANCER	CANCER	CANCER	CANCER	CANCER
MIDI	CANCER	CANCER	CANCER	LION	LION	LION	LION	LION	LION
12 h 30	LION	LION	LION	LION	LION	LION	LION	LION	LION
13 h 00	LION	LION	LION	LION	LION	LION	LION	LION	LION
13 h 30	LION	LION	LION	LION	LION	LION	LION	LION	LION
14 h 00	LION	LION	LION	LION	LION	LION	LION	LION	LION
14 h 30	LION	LION	LION	LION	LION	LION	LION	LION	LION
15 h 00	LION	LION	LION	LION	LION	LION	VIERGE	VIERGE	VIERGE
15 h 30	VIERGE	VIERGE	VIERGE	VIERGE	VIERGE	VIERGE	VIERGE	VIERGE	VIERGE
16 h 00	VIERGE	VIERGE	VIERGE	VIERGE	VIERGE	VIERGE	VIERGE	VIERGE	VIERGE
16 h 30	VIERGE	VIERGE	VIERGE	VIERGE	VIERGE	VIERGE	VIERGE	VIERGE	VIERGE
17 h 00	VIERGE	VIERGE	VIERGE	VIERGE	VIERGE	VIERGE	VIERGE	VIERGE	VIERGE
17 h 30	VIERGE	VIERGE	VIERGE	VIERGE	VIERGE	VIERGE	VIERGE	VIERGE	VIERGE
18 h 00	VIERGE	VIERGE	VIERGE	VIERGE	VIERGE	VIERGE	VIERGE	VIERGE	VIERGE
18 h 30	VIERGE	VIERGE	BALANCE	BALANCE	BALANCE	BALANCE	BALANCE	BALANCE	BALANCE
19 h 00	BALANCE	BALANCE	BALANCE	BALANCE	BALANCE	BALANCE	BALANCE	BALANCE	BALANCE
19 h 30	BALANCE	BALANCE	BALANCE	BALANCE	BALANCE	BALANCE	BALANCE	BALANCE	BALANCE
20 h 00	BALANCE	BALANCE	BALANCE	BALANCE	BALANCE	BALANCE	BALANCE	BALANCE	BALANCE
20 h 30	BALANCE	BALANCE	BALANCE	BALANCE	BALANCE	BALANCE	BALANCE	BALANCE	BALANCE
21 h 00	BALANCE	BALANCE	BALANCE	BALANCE	BALANCE	BALANCE	BALANCE	BALANCE	BALANCE
21 h 30	BALANCE	BALANCE	BALANCE	BALANCE	SCORPION	SCORPION	SCORPION	SCORPION	SCORPION
22 h 00	SCORPION	SCORPION	SCORPION	SCORPION	SCORPION	SCORPION	SCORPION	SCORPION	SCORPION
22 h 30	SCORPION	SCORPION	SCORPION	SCORPION	SCORPION	SCORPION	SCORPION	SCORPION	SCORPION
23 h 00	SCORPION	SCORPION	SCORPION	SCORPION	SCORPION	SCORPION	SCORPION	SCORPION	SCORPION
23 h 30	SCORPION	SCORPION	SCORPION	SCORPION	SCORPION	SCORPION	SCORPION	SCORPION	SCORPION

Charles Quint poursuivit toute sa vie le rêve d'une monarchie universelle. Ayant échoué après quarante ans de lutte, il se retira dans un couvent (influence saturnienne).

Combinaison du Signe avec les Ascendants

Si dans la description du signe solaire sont déjà apparus certains traits marquants de la personnalité, il n'a pu s'agir là que d'une première approche qu'il nous faut maintenant dépasser. De ces « fragments » va sortir un être «global », fait de la somme des aspects et des tendances : un être vivant, souvent contradictoire aussi. Pour dresser un profil psychologique valable, il est indispensable de connaître l'Ascendant.

Le signe solaire ne peut prétendre être un portrait fidèle pour chacun d'entre nous. Il ne saurait, en aucun cas, refléter la personnalité tout entière d'un individu. Un thème est un tout. Connaissance unifiée, l'astrologie, dont le mode de pensée est analogique, ne peut être que « globalité » du ciel. L'Ascendant va révélér ce qui sera essentiel dans la progression dynamique de notre vie, la cohésion ou l'éclatement de notre personnalité. Parler d'astrologie sans évoquer la puissance intérieure de l'être, c'est tout faire, sauf de l'astrologie.

Le signe solaire est le « fil conducteur » d'un thème, il donne à tous les natifs d'un même signe un certain « air de famille ». Si vous êtes natif des Poissons, vous avez dû retrouver ici un certain nombre de traits de votre caractère, voire le fond de votre personnalité. De cette « toile de fond » se dégagent, c'est vrai, des traits communs, mais elle n'est « vous » que de très loin. Le Zodiaque et le thème permettent d'aller beaucoup plus loin, de saisir la globalité d'un être, d'appréhender dans ce « composé humain » ce qui fait la richesse de chaque âme et sa merveilleuse potentialité. Tout ciel est « à vivre »...

Le signe solaire est une prise de conscience de ce vers quoi le natif tend, vous avez dû le reconnaître dans les pages précédentes. Si tel n'est pas le cas, c'est que votre thème est probablement très peu Poissons : il arrive, en effet, que des personnes soient marquées de façon beaucoup plus profonde par un autre signe que leur signe solaire. Mais il faut alors se poser une question : ne se pourrait-il pas que la raison en soit tout simplement psychologique ? On doit se demander s'il ne s'agit pas là d'un « masque » inconscient que le natif jette sur sa personnalité profonde. On se cache littéralement à soi-même, et par là même aux autres, parce qu'on n'a pas développé certains aspects de sa nature véritable dont on se méfie, ou que l'on préfère ignorer, par manque d'affirmation de soi ou difficulté à exprimer sa vraie nature, incapacité à se relier au monde environnant que l'on fuit en se cachant. Bref, il s'agit alors d'une mauvaise compréhension de sa nature profonde que l'on cherche à rejeter plus ou moins inconsciemment.

Or, tout le problème de la vie est, justement, de s'accepter et, se connaissant, de tirer le meilleur parti de ses possibilités afin d'aller de l'avant, de progresser. Le refus de s'assumer entraîne un blocage au niveau de l'évolution, une régression de l'âme et de la vie. Destin et personnalité sont une seule et même chose. Il arrive à un être ce qu'il est. Refuser d'être ce que l'on est, c'est se paralyser, ne pas pouvoir évoluer.

Avec l'Ascendant, votre thème se précise, s'individualise. Il existe, selon l'Ascendant, douze façons d'être Poissons. Selon cette « faculté réceptive de base », chaque Poissons orientera sa vie

Haendel était ouvert à toutes les formes culturelles et sut allier ce don d'assimilation à sa propre inspiration ; il écrivit des partitions grandioses qui imposèrent son génie créateur.

dans une certaine direction. Il n'envisagera pas les événements de la même façon, les choses l'affecteront différemment.

Natifs des Poissons, c'est en fonction de votre Ascendant que vous vous ouvrirez au monde. Vous vous affirmerez sur le mode Poissons, mais votre besoin d'expansion trouvera son expression par le canal de votre Ascendant. L'Ascendant sera le signe par lequel vous exprimerez vos sentiments personnels, vos impressions. Ce sera aussi la manière dont vous vous présenterez aux autres. Pour connaître la façon dont vous allez orienter votre vie, il faut examiner votre signe solaire et votre Ascendant, car celui-ci est l'un des principaux facteurs constituant votre « Moi », ce grand principe intérieur qui commande à tout l'être.

L'Ascendant, reflet de votre propre individualité, va exprimer le principal affrontement de votre existence. Il sera la « griffe », la signature de votre ciel. Poissons, c'est à travers la puissance de votre « Moi » que l'on pourra voir la façon dont vous surmontez vos problèmes, et que l'on pourra définir votre puissance d'accueil. C'est à l'Ascendant que l'on jugera la force de concentration d'un être ou sa dispersion. Là sera la raison de son acceptation ou de son refus. C'est par l'Ascendant que l'être pourra entrevoir ce qu'il peut développer en lui. Maintenir l'être dans sa personnalité mais lui permettre de se transformer en s'épanouissant, telle est la double exigence de la vie. Et l'Ascendant, en cela, va nous éclairer.

Ainsi, l'Ascendant va montrer au Poissons le chemin de sa réalisation. A travers lui apparaîtront sa puissance de combat, sa force, sa faiblesse, sa résistance aux épreuves et la façon dont il les traversera. Découvrir l'Ascendant, c'est démêler l'écheveau de la vie, c'est retrouver, à travers ce fil d'Ariane de notre psyché, la clé de l'âme. Selon que votre Ascendant va se trouver dans un signe de Feu et de combat, dans un signe de Terre et de réalisation, dans un signe d'Air, d'échanges et de contacts, dans un signe d'Eau, d'intuition et de réceptivité, votre thème sera différent.

Imprégné de l'esprit de la Grèce antique, Hölderlin fut l'un des plus grands romantiques allemands. Poète envahi par les rêves fous de son esprit, il atteignit au mysticisme.

Poissons Ascendant Bélier

L'Ascendant a des affinités avec le dynamisme de Mars. La fougue du Bélier donnera au Poissons une vigueur qui surprendra son entourage. Voilà un Poissons qui ne va pas vivre dans les demi-teintes. Il s'enthousiasmera, il s'enflammera. Que ce soit pour un être, pour un idéal, ou pour une idée, suivant sa dominante planétaire (vénusienne, jupitérienne ou neptunienne), il « foncera ». Il ira parfois se perdre, c'est certain, dans quelque folle chimère. Mais il fera, au départ, preuve d'une grande énergie. Il y aura en lui un mélange de courage spontané, d'impulsion martienne, de combativité pleine d'enthousiasme, voire d'agressivité. Puis des revirements, des replis soudains, un véritable enlisement, qui paraîtront d'autant plus étranges à son entourage qu'ils seront imprévisibles. Situation alors typiquement « Poissons ». Vie pleine d'audace, puis d'hésitations. Parfois à contretemps... Elans et reculs alterneront chez un tel être, donnant souvent une conduite contradictoire. Mais s'il trouve sa voie, dans un sacrifice à une cause, à un idéal, ou à un rêve, alors il est sauvé ! Un rêve : comment donner un autre nom à la folle passion de Juliette Drouet ? Maîtresse de Victor Hugo, elle eut pendant un demi-siècle, pour cet amant toujours absent, une passion dévorante, inconditionnelle. Amour qui la réduisit en esclavage, servitude dans laquelle elle vécut jusqu'à sa mort, mais qui, en fait, transfigura sa vie. Comme l'a écrit André Maurois : « Elle accepta, par ivresse mystique de la rédemption amoureuse, non seulement avec gaîté mais avec reconnaissance. » On trouve ici le thème de l'amour-dévotion, de l'amour-rédemption, de la résignation et de l'abnégation bien Poissons, sur un fond d'engouement et de ferveur intense, avec un goût du tout ou rien, si cher au Bélier. N'est-ce pas là le thème de l'enlisement dans un vertige ? Les accents de cette amoureuse sont d'ailleurs les mêmes que ceux de sainte Thérèse d'Avila, composante Poissons-Bélier, qui elle aussi sera tout « embrasée d'amour de Dieu », selon ses propres termes. Composante créative, s'il en est, que celle du Poissons Ascendant Bélier ou du Poissons ayant une forte composante Bélier. Un autre exemple est celui du savant Einstein : c'est en se heurtant aux conceptions de ses maîtres qu'il brisa la conception de l'Univers qui prévalait depuis Newton, mais il était profondément « pacifiste » quoique « sans illusion ». Homme d'une grande bonté et d'une grande sagesse, il représente cette dualité Poissons-Bélier.

Dans le domaine artistique, une telle composante donne naissance à des œuvres fougueuses. C'est le cas de la composition musicale du Poissons Ascendant Bélier, Arthur Honegger. Sa musique symphonique est d'inspiration nettement religieuse ; les valeurs neptuniennes apparaissent dans *Jeanne au bûcher* notamment, musique écrite sur un texte de Paul Claudel. Souffle mystique que l'on retrouve aussi dans *le Cantique des Cantiques...*

Avec un même enthousiasme fougueux, un tel Poissons, ne restant pas inactif, pourra se dévouer, voire se sacrifier pour une cause. Dévouement et engagement : Gorki, écrivain russe, Bélier, grâce à un amas très important (dont Jupiter) aux Poissons, il se pencha avec une ardeur vibrante sur la misère du peuple russe à la fin du XIXe siècle. Ce n'est pas une composante modérée, mais au contraire passionnée, qui peut mener à une mystique vécue. Dans la vie quotidienne, cette structure n'est pas facile à vivre. Le natif porte en son ciel une étrange contradiction. A la fois énergique et docile, le Poissons Ascendant Bélier rêve de soumission et refuse de se soumettre. Querelleur et batailleur, il voudrait se sacrifier, mais sans se plier. Individualiste, il n'aime pas « rendre des comptes » (côté Bélier), mais il aimerait être conciliant (côté Poissons) car il aspire à une communion avec les autres (ou avec l'autre). Il aura souvent du mal à harmoniser des tendances aussi peu semblables, quelque peine à trouver l'équilibre, à réaliser la « voie du milieu », pour reprendre l'expression du Tao... Rappelons que cette composante valorise souvent la Maison XII qui se trouve alors aux Poissons. L'union Poissons-Bélier permet alors d'extérioriser la vie secrète. La réussite, dans ce cas, est liée à la Maison XII. Souvent insaisissable, difficile à comprendre, un tel être ne manque ni de charme, ni de présence, ni de chaleur humaine ; mais il apparaît souvent incompréhensible à son entourage, ou du moins très déconcertant... Le peintre surréaliste Félix Labisse, Poissons Ascendant Bélier, signe ses toiles d'une empreinte magique mais affirme, avec une formidable énergie et un enthousiasme persuasif, la vie du subconscient. Ce qui lui donne une extraordinaire aptitude à créer un monde imaginaire et lui confère, en même temps, un esprit visionnaire.

Il arrive souvent qu'on ne reconnaisse pas les deux aspects de cette nature riche et profonde, toute en contrastes. On ne voit pas l'autre face du personnage. S'il peut apparaître comme un être paisible, sa vie, en réalité, est rarement de tout repos. Il trompe son monde... Sous le masque d'une apparence mystérieuse et calme, il brûle d'un intense feu intérieur que l'Eau des Poissons n'éteint pas (Rosa Luxembourg).

Poissons Ascendant Taureau

Voilà un être au charme envoûtant, à la nature profondément sensuelle. Il a la tête sur les épaules, et sait garder son sang-froid. Il a besoin d'une certaine sécurité et sait la préserver. Tempérament voluptueux, cette configuration signe, effectivement, un natif à la nature pleine de sensualité et donne à la vie amoureuse un caractère intense. Les fluctuations conjugales sont en général fréquentes, les amours multiples. La vie de ce Poissons se déroule au rythme de ses passions successives. Lorsqu'il s'agit d'une femme Ascendant Taureau, on a la « grande amoureuse », qui ne supporte pas la solitude et a besoin d'aimer. Son érotisme est envahissant, l'amour est l'essentiel de sa vie. Femme au cœur multiple, elle plonge et replonge d'un amour dans l'autre avec une disponibilité totale qui surprend l'entourage. L'éblouissement, l'enchantement du nouvel amour, effacent le souvenir de l'ancien. Ce que la veille, elle adorait, aujourd'hui n'a plus aucune prise sur elle ; elle lui échappe. Personnage cherchant à concilier son amour du plaisir et une certaine stabilité, c'est un être doué d'une chance matérielle réelle. La valorisation de Vénus, charnelle et palpitante, dans un cadre Poissons-Taureau, donne une vie féconde. Féconde en amour, féconde en argent, féconde en enfants. Le cas de Liz Taylor, Poissons Ascendant Taureau, est éloquent.

Quant à l'homme Poissons-Taureau, voilà quelqu'un qui ne s'écarte pas du réel. S'il se bat pour une cause, c'est une cause concrète; mais il a des buts généreux. Ainsi, le Poissons-Taureau

George Washington lutta pour une cause fraternelle.Une telle configuration est extrêmement positive, puisqu'elle associe des valeurs de Terre, concrètes, à des valeurs d'Eau, fécondes. Elle donne une sensibilité Poissons aux contours beaucoup plus précis et une note en général plus terre-à-terre... La présence de planètes lentes en Taureau modifie, nous le rappelons encore une fois, le thème. Dans les années de la guerre, 1941-1942 notamment, la conjonction Saturne-Uranus en Taureau, qui a marqué toute une génération, apparaît souvent comme un accumulateur d'énergie (Uranus) et donne aux natifs des Poissons une note beaucoup plus indépendante. En effet, Uranus, dans ce cas la planète la plus lente de l'amas, indique un certain refus des contraintes. Il y a donc pour les Poissons marqués à la fois par le Taureau et par Uranus une contradiction intérieure profonde entre un refus des normes et un besoin des normes. De toute façon, avec un Ascendant Taureau, il y a une obstination chez le Poissons, une nature plus renfermée, plus secrète, plus déterminée aussi. Volonté, patience, prudence qui n'apparaîssent pas toujours dans les démarches de la vie du natif mais que l'on retrouve en général dans la grande ligne de conduite de son existence et dans le but qu'il poursuit.

Poissons Ascendant Gémeaux

Joue-t-il la comédie, est-il sincère ? Charmant, insaisissable, impossible, tel un funambule sur son fil, le Poissons Ascendant Gémeaux, tour à tour sentimental et rêveur, indécis, instable, influençable, vit la tête dans les nuages. Oscillant sans cesse entre une attitude mondaine et un repli solitaire, il a l'air souvent un peu égaré dans la vie. Paresseux ? Il l'est sans doute. Plutôt dilettante, voire velléitaire car il lutte par à-coups. Intelligent, sensible, intuitif, pourquoi ne s'impose-t-il pas mieux ? Peut-être tout simplement parce qu'il change d'avis. Il a vraiment du mal à s'affirmer. Il est indécis, tiraillé ; il ne s'y retrouve pas lui-même. Il triche avec les autres ; il triche avec lui-même aussi, peut-être. Il a de la chance : le signe des Poissons, sous notre latitude, est au Milieu-du-Ciel. C'est un signe de réussite. Il est doué pour bien des choses mais ne va pas jusqu'au bout. Persévérera-t-il ? Rien de moins sûr. Artiste, fantaisiste, c'est un touche-à-tout.

La verve malicieuse du Gémeaux, son attitude mordante et ironique, son sens de l'humour et son esprit critique masquent le Poissons en lui. Le chansonnier Pierre-Jean Vaillard, Poissons Ascendant Gémeaux, a utilisé sur scène cette extraordinaire faculté d'adaptation que donne la configuration : mimétisme, intelligence critique et subtilité, en pleine lumière sur les tréteaux et au théâtre. Mais ne s'efforce-t-on pas, avec un tel aspect, de « rire de tout, de peur d'être obligé d'en pleurer »? Enfin, l'extrême mobilité finit par devenir de l'instabilité. Voilà un Poissons qui ne tient pas en place. Sans cesse en mouvement, il est illogique, capricieux. Mercure est la planète du Moi. Si l'Ascendant est mal aspecté, il peut y avoir de sérieuses erreurs de jugement, et même une certaine confusion sur le plan mental, une sorte de dispersion également... Il peut manquer de rigueur mentale ou du moins se laisser entraîner dans des expériences préjudiciables à son équilibre psychique. Il se lance dans des spéculations hardies. Sur le plan de l'action, ses hésitations sont extrêmement préjudiciables à une réalisation à long terme.

Sur le plan de la santé, il faut noter que le système nerveux est particulièrement fragile de même que les voies respiratoires. Comme ce Poissons-Gémeaux vit à cent à l'heure et refuse systématiquement de s'ennuyer, il risque aussi de craquer plus facilement. Cette configuration peut amener des dépressions soudaines dont le natif aura parfois du mal à se remettre aussi rapidement qu'il le souhaiterait.

Poissons Ascendant Cancer

C'est une nature presque féminine à force d'intuition, d'émotivité, de sensibilité. C'est un être perméable à l'ambiance, qui vit dans un monde évasif. Rêveur, romanesque, il a un côté fleur bleue. Sa vie est mouvante comme la mer, instable, chaotique. Il n'a aucun sens pratique. Il vit dans son monde à lui, accroché à ses rêves, à son enfance, à ses souvenirs. Signe de la Lune, signe de l'enfance, de la maison, de la famille, de la mère, le Cancer, lorsqu'il s'allie au Poissons, donne incontestablement une configuration plus facile à vivre pour une femme que pour un homme.

On a, de toute façon, avec un thème de ce genre, une nature un peu lymphatique qui rêve d'évasion et reste accrochée à son passé. L'être a souvent un côté enfantin qui persiste même à l'âge mûr. Un tel Poissons ne sera jamais tout à fait un adulte. Le Poissons-Cancer vit dans son propre univers intérieur. Il n'aime pas se battre. Et pourtant, dans sa vie professionnelle, il manifeste

Dévouement à une cause, générosité, passion, Rosa Luxembourg incarne la femme Poissons-Bélier, lancée dans une aventure dont elle accepte l'issue fatale.

souvent beaucoup d'énergie. En effet, le Milieu-du-Ciel, sous notre latitude, est en Bélier lorsque l'Ascendant d'un Poissons est au Cancer. Cela lui permet d'être finalement plus « accrocheur ». Mais il peut, par paresse ou par goût du confort, par goût de la facilité, refuser la bataille. A la limite, il perd pied avec le réel et se laisse envahir totalement par des chimères. Tel le peintre Modigliani qui avait cette configuration : composante Poissons, dominante Cancer. Sensibilité extrême, affectivité intense, rêveries sans fin : c'est au niveau de la vie, un Poissons « dans la lune », rêveur (Einstein était connu pour ses « absences » ; on lui parlait : il était « ailleurs »).

Poissons Ascendant Lion

Voilà encore une composante où deux natures bien étrangères, Feu et Eau, coexistent tant bien que mal. Mais avec une telle structure, tout ce qui flotte, tout ce qui est incertain, est caché. C'est la présence solaire qui s'impose ; c'est la nature volontaire et rayonnante qui apparaît au premier abord, et sa réussite. D'où le besoin du natif d'être estimé ou admiré... C'est, incontestablement d'ailleurs, une structure de réussite. Elle peut se manifester sur le plan matériel : sous notre latitude, un Ascendant Lion donne, en général, une Maison VIII en Poissons. Cette Maison VIII valorise l'axe de la possession. C'est en tout cas le thème d'un Poissons ambitieux. Une certaine part de vantardise n'est pas exclue ; mais un tel Poissons va vouloir s'imposer, aussi sera-t-il convaincant ; il ne craindra pas la lutte, il n'aura pas « froid aux yeux ». Utilisera-t-il les qualités neptuniennes pour réussir, ou s'imposera-t-il par son autoritarisme Lion ? Il est certain que si Jupiter est important dans son thème, on aura affaire à un être qui s'accomplira non pas dans un sacrifice, plus ou moins héroïque, mais bien plutôt au niveau le plus concret : au niveau de la matière. A l'extrême, ce type de Poissons, insatiable, utilisera son thème dans un seul sens : celui de la

Inspiré par les structures de la musique classique, Arthur Honegger les dépassa en optant pour une voie ornementale, proche du romantisme allemand, qui le distingua des autres compositeurs du début du siècle.

conquête de l'argent, par tous les moyens. « Poissons-requin », sa chance pourra être insolente. Il agira parfois immoralement. Ses aspirations auront un gigantisme certain. Citons pour exemple Antoine Guérini, né le 2 mars 1902 à 15 heures, en Corse, à Calenzana. Il ne correspond pas (l'analyse du thème global s'impose) à tous les Poissons Ascendant Lion mais, néanmoins, relève d'un certain type que l'avidité matérielle mène : il devient le gros manitou de la prostitution et empreinte au Lion son aspect de businessman (mais dans l'univers de la prostitution et des bas-fonds). Avec une telle composante le Poissons « surcompense ». N'a-t-il pas tendance à se composer une attitude trop Lion, trop forte, et, par là même, à se montrer sous un jour qui n'est pas tout à fait le sien ? C'est possible, car il y a dans ce thème une pointe de bluff. Il cherchera, ou du moins il en donnera l'impression à assumer parfaitement ses angoisses ; et ce n'est qu'à travers une épreuve qu'il se montrera tel qu'il est, car il y aura toujours une façade dans son comportement. Le Soleil étant la planète du Surmoi, c'est donc un être un peu rigide qui a souvent des principes. C'est aussi quelqu'un de fixe, de solide ; plus solide, en tout cas, que ne l'est en général le Poissons. Mais il est conservateur, et en cas de rupture d'un contrat, d'une union, de procédure de divorce, ce sera pour lui une épreuve qu'il vivra dramatiquement (du fait de ses principes)... Avec Neptune, ce sera un Poissons plus idéaliste, moins concret aussi. Tourné davantage vers une réalisation spirituelle, et plus seulement matérielle. La composante Poissons-Lion est une composante souvent « occulte » ; de nombreux Poissons Ascendant Lion s'intéressent aux phénomènes parapsychiques, à la parapsychologie, à l'occultisme également...

Mais, attention ! La présence d'une planète à l'Ascendant en modifie le sens. A titre d'exemple, disons qu'à la fin de la guerre, dans les années 1947-1948, avec la conjonction Saturne-Pluton qui se trouvait alors à l'Ascendant, dans le signe du Lion, on avait soit des valeurs de solitude saturnienne, soit des valeurs de métamorphose plutonienne ; et des destins qui furent marqués par ce rythme de Saturne et de Pluton. La Maison VIII, valorisée par l'Ascendant Lion, mettait l'accent plus fortement sur Pluton : planète des crises et des métamorphoses de l'âme comme de la vie, elle donne un Lion plus angoissé, plus compliqué. Mais elle permet à l'être de se renouveler totalement, de se transformer, et de transformer totalement sa vie (cycle de Saturne-Pluton de trente-trois ans avec des demi-cycles d'environ six à sept ans). Pluton en Lion entre 1939 et 1958, Neptune en Lion entre 1916 et 1929 et Uranus en Lion entre 1955 et 1962, ont donné trois aspects différents à ces différentes générations. Ceux qui ont une planète lente à l'Ascendant auront une vision différente des choses. Avec Uranus en Lion, on peut s'attendre à une certaine intransigeance (nouvelle génération qui monte). Avec Pluton, les valeurs d'angoisse et de métamorphose sont extrêmement puissantes. Si c'est Neptune qui est en Lion, il permet de capter les choses avec une intuition exceptionnelle, parfois « visionnaire ».

N'oublions pas que Neptune en Lion y est en « exaltation » ; le signe donne une vision majestueuse et imposante aux perspectives de la planète et l'intuition du natif est accrue. Souvent on a des dons de guérison et des pouvoirs médiumniques. On trouve par ailleurs beaucoup d'artistes et de peintres ou de photographes qui ont Neptune en Lion, à l'Ascendant. La magie du rêve imprègne toute l'œuvre de l'écrivain André Pieyre de Mandiargues, qui fut l'un des continuateurs de l'âge d'or du surréalisme. « La poésie comme l'art est inséparable de la merveille. Elle est domiciliée dans l'espace émotif et ne peut vivre ailleurs. »

Poissons Ascendant Vierge

Deux mondes totalement différents cohabitent chez cet être. L'un est un monde flou, irrationnel, étrange et mystérieux. L'autre est un monde précis, rigoureux. La Vierge aspirera à sécuriser le Poissons ; elle y parviendra dans la mesure où elle tend à ériger certaines barrières, certaines limites. L'être cherchera constamment à se rassurer contre lui-même, contre les autres. Cette attitude n'est pas sans créer des préjugés, des contraintes. Avec une telle configuration, le Poissons peut tirer profit de son Ascendant et acquérir plus de rigueur, être plus logique. Mais il souffre parfois d'un manque de confiance en lui. Si les dissonances sont importantes sur l'Ascendant, on a alors une certaine difficulté à surmonter les pressentiments, les idées noires. La vision mercurienne de la Vierge paralyse ; il arrive alors que le Poissons, qui se perd dans les détails, se noie dans un verre d'eau. Moralisateur en même temps qu'amoral, c'est un personnage qui peut être tour à tour pingre et généreux, intuitif et buté, voire borné ; il se limite lui-même dans son expansion. Il cherche à organiser sa vie au maximum. Il se marie généralement plusieurs fois, par besoin de confort, par commodité, plus que par amour fou. Il a d'ailleurs souvent une vie parallèle. Façon confortable et quelque peu égoïste de s'organiser une vie sans problèmes en respectant les apparences.

Entre 1930 et 1943, la présence de Neptune en Vierge a renforcé les qualités d'intuition. Le besoin du Poissons d'être utile et le sens de l'organisation de la Vierge ont pu être mis au service d'un art, d'une vocation (professions médicales ou para-médicales, par exemple). Bien que Neptune soit en exil en Vierge, il a pu modifier favorablement l'aridité du signe, élargir les horizons spirituels ou intellectuels, permettre, peut-être, de secouer certains tabous et l'immobilisme un peu conservateur du signe, ainsi que son conformisme restrictif et étroit. Avec Uranus, sans doute, le Poissons gagne une certaine rigueur logique qui lui faisait défaut, mais il acquiert aussi un sectarisme et une forme d'intransigeance plus grande. Entre 1958 et 1972, la génération Poissons qui a l'Ascendant en Vierge est marquée par cette planète ; et également par Pluton qui passait alors en conjonction, phénomène assez rare puisqu'il ne se renouvelle que tous les cent dix à cent vingt ans. Les enfants nés à cette époque seront loin d'avoir la souplesse des Poissons. Il s'en faudrait de beaucoup qu'ils soient aussi coulants que la Tradition le dit généralement. Cette configuration donne une certaine habileté manuelle et facilite l'orientation vers des domaines techniques et scientifiques. La présence de Pluton en Vierge, signe de Terre, peut faire que le natif du signe soit attiré particulièrement par tous les problèmes d'aménagement du futur, notamment par l'écologie.

Poissons Ascendant Balance

C'est la configuration même de la gentillesse et de la conciliation. Mais c'est un peu celle d'un être qui manque de caractère, car c'est aussi la configuration de l'indécision. Tout ce qui est hésitation, flottement, incertitude va se trouver amplifié avec un tel thème. C'est la configuration du sourire. Un Poissons-Balance est le plus sensible et le plus compréhensif des amis. Il est, dans la vie de tous les jours, le plus conciliant des êtres. Il préfère reculer plutôt que crier ; il a horreur des scènes et des cris, mais a tendance à se laisser dominer, écraser ou exploiter. Il prend un certain recul à l'égard du monde et de ses rudesses. Il se laisse trop souvent « manœuvrer » par les autres. Il manque de combativité. C'est un être vulnérable, impressionnable mais à qui la vie ne fait pas de cadeaux. Sa vie est mobile, mouvante, car il ne s'impose pas assez. Très nuancé, il est excellent pour tout ce qui relève d'un contact avec le public. Il a du charme et il le sait. Ce sont généralement des êtres pour qui la vie affective est essentielle, avec lesquels les rapports sont infiniment agréables. Toujours à la recherche de l'harmonie, mais trop émotifs, trop sensibles, réceptifs à l'extrême, ils ont du mal à ne pas se laisser envahir par le découragement, et perdent facilement confiance en eux. Il faut qu'ils soient stimulés, par un enthousiasme ou par un amour, pour être efficaces. En général, ils sont dans la vie conjugale des époux ou des épouses charmants, pleins de tendresse et de compréhension, mais hélas, très volages.

La génération de 1943 à 1957 a été marquée par Neptune en Balance qui s'est trouvé conjoint à Saturne entre 1952 et 1953. Cette double signature planétaire a donné une double stimulation : celle de Neptune a apporté l'hyperréceptivité ; celle de Saturne a resserré et paralysé, parfois de façon austère, tout ce que Neptune avait capté et ressenti. Élément d'inquiétude, élément d'indécision, de tensions intérieures, cette conjonction influence donc fortement la Balance et donne un affrontement de l'âme : tentée par l'infini et l'immensité, elle se sent en même temps bridée et réprimée. Faut-il voir dans une telle configuration la clé de cette fuite dans les paradis artificiels, de ce refus de vivre et de cette noyade que constitue la drogue et qui a attiré beaucoup de jeunes nés dans cette période ?

De toute façon, les Poissons-Balance ont besoin de s'affirmer et de se sentir sûrs d'eux. Ils sont beaucoup trop hésitants, manquent de volonté, ne sont pas armés pour la lutte. Ils risquent de se laisser dominer par des êtres plus volontaires qu'eux et de voir leur existence littéralement paralysée par leur entourage. Leur délicatesse, leur sens de l'indulgence et la richesse de leurs sentiments, leur ouverture d'esprit leur attirent de nombreux amis. Ils ne seront de toute façon jamais seuls. Et Vénus devrait leur permettre de retomber en définitive sur leurs pieds.

Poissons Ascendant Scorpion

Personnalité secrète, mystérieuse, étrange, tour à tour agressive et rêveuse, le Poissons-Scorpion est un être qui agit instinctivement. Il a besoin de s'incarner dans une réussite manifeste. Fût-ce au prix de tractations, de luttes d'influences, fût-ce par des chemins tortueux. Il n'est pas très facile à vivre. Il a du magnétisme et du charme, mais ses revirements déconcertent. Avec lui, nous pénétrons dans un univers inquiétant, trouble et tourmenté où les remous intérieurs s'amplifient. Les passions acquièrent une véritable démesure. Il semble que l'être ne pourra se mouvoir qu'à travers de grands déchirements, ou de grands maux. Les sentiments sont tragiques, la passion démesurée, les aspirations étranges, les attraits morbides. Hanté par quelque image hallucinatoire, véritable monstre venu de l'inconscient, c'est un être qui ne peut sortir de sa souffrance une fois qu'il y est entré : elle le ravage, elle le détruit, il s'identifie à elle. Citons pour exemples Georges Bernanos et le grand poète Edgar Poe. Avec cette configuration, l'être peut vivre aux frontières du délire. Son pouvoir émotif est intense. Il peut le conduire au bord de la vision. Tel le Poissons Ascendant Scorpion Camille Flammarion, qui écrivit : « L'idée mystérieuse de l'infini qui nous entoure [...] éveille une pensée qui est une source de mélancolie en même temps qu'une source de pures jouissances. » Jouissance, mélancolie, mystère, voilà bien des thèmes que l'on retrouve dans les destins Poissons-Scorpion. Il y a toujours dans ces thèmes une ampleur extrême. Avec les Poissons-Sagittaire, nous avons des prêtres, avec les Poissons neptuniens, nous avons des mystiques, avec les plutoniens, nous avons des voyants, des médiums. Une configuration semblable se trouvait dans le thème du grand voyant Edgar Cayce. Dans le cas du poète Victor Hugo, on retrouve à la fois les flots envahissants de Neptune et le visionnaire, la sensibilité et le don de prescience, les drames et les angoisses, l'inspiration et l'obsession du mal, de la mort, de la souffrance. Sexualité puissante aussi, érotisme très fort qui transparaît dans cette composante « magnétique ».

Emmanuelle Riva, inoubliable interprète de *Hiroshima mon amour* d'Alain Resnais, y jouait un rôle correspondant parfaitement à la personnalité d'une femme Poissons.

Neptune était en Scorpion entre 1956 et 1970. Il a été pour la génération de 1968 le signe de la révolte, de l'insolite. Il a aidé l'être à se détacher du passé, il lui a donné un certain anticonformisme. Uranus en Scorpion en 1975 n'en sortira qu'en 1981. Il donne une certaine largeur de vue au signe où il se trouve très impliqué et favorise la combativité ; il n'hésite pas à se lancer dans un affrontement. Ce n'est pas un aspect très pacifique, ni dans un thème, ni en astrologie mondiale, d'ailleurs. Pluton entrera en Scorpion en 1984. Le monde rentrera dans une période de totale métamorphose. Est-ce cette mutation qui doit précéder l'ère du Verseau ? Il est certain que nous devrions assister, alors, à des bouleversements radicaux dans nos idées, dans nos idéaux. Peut-être aussi dans notre vie personnelle.

Poissons Ascendant Sagittaire

Avec le Feu du Sagittaire, feu intérieur qui brûle l'âme, l'être va prendre une dimension particulière. C'est un Poissons porté vers les grandes réalisations, qui sera profondément idéaliste. Du moins le pensera-t-il... Il essaiera d'atteindre l'univers de la Maison IX, l'univers du lointain : on aura alors un Poissons qui voyagera énormément et dont la vie sera parfois ballottée, avec des changements fréquents ; un Poissons qui sera attiré par l'étranger ; il arrivera même qu'il aille vivre à l'étranger. Mais, puisqu'il s'agit d'un signe double, il est à peu près certain qu'à un moment donné de sa vie il aura des aspirations philosophiques, métaphysiques ou spirituelles. Il cherchera à donner une autre dimension à son existence. On a souvent, avec une telle composante, un esprit profondément religieux, mystique, qui subit essentiellement une attirance pour des philosophies lointaines, orientales : bouddhistes, hindouistes, etc. Parviendra-t-il à vivre à la mesure de ses rêves et de son idéal ? Sous notre latitude, la Maison IV se trouve en général aux

Ornella Mutti : sa sublime beauté et son sex-appeal l'ont, en quelques mois, imposée dans les milieux internationaux du cinéma, grâce à sa présence dans les films italiens.

Poissons. C'est alors dans le cadre de sa vie intime qu'il ressentira cet écartèlement Poissons-Sagittaire, ce tiraillement entre la famille et le voyage, l'évasion entre un désir de s'élever, des aspirations infinies, et une difficulté à se dégager de ses « racines »... Ce Poissons ne manque ni de chance ni d'intuition ; mais, parfois, il présume un peu trop de ses forces, et use un peu la vie par les deux bouts...

On peut noter que la génération qui a précédé la dernière guerre a été marquée par une opposition Saturne-Neptune jouant dans ce cas sur l'axe Maison IV-Maison X et qui, bien entendu, accentue ce tiraillement de l'âme entre les appels infinis et les racines tenant l'être rivé à son destin. C'est un aspect qui met l'être « en croix ». Le signe solaire est alors au double carré de l'axe de la personnalité. Un tel Poissons aura donc des difficultés à se réaliser, à concrétiser un idéal, surtout à la mesure de ses aspirations infinies mais, trop souvent, vagues, imprécises. Un tel thème n'est pas sans posséder une certaine puissance : grand voyageur, Lindbergh était marqué par cette configuration.

Dans le thème de André Pieyre de Mandiargues, la note Sagittaire (Lune) est à l'origine de ses voyages en Orient d'où il rapporta des visions mordorées, brillantes, celles de ces hétaïres qui vivent dans un monde de parfum et d'encens et que l'on retrouve dans son *Musée noir*.

Les aspirations philosophiques et artistiques sont fréquentes. On les trouve magistralement exprimées dans l'œuvre de Vinci (composante Poissons sur fond Sagittaire). Cette configuration puissante a donné également de grands papes, tels : Clément VIII, Jules III, Léon XIII. La configuration marquée du sceau Poissons-Sagittaire est toujours empreinte d'une ampleur jupitérienne, quelle que soit la direction que prend le Poissons. Mais il traverse souvent la vie avec un sentiment d'incomplétude issu de cette dualité profonde qui est en lui, contradictions qu'il ne parvient pas toujours à concilier, à harmoniser.

Poissons Ascendant Capricorne

Le Poissons Ascendant Capricorne a une allure assez froide, en apparence seulement. Il cache sa sensibilité sous le masque de Saturne. Il ne faut pas trop s'y fier, même s'il a un petit air de moraliste.

En effet, toute la symbolique saturnienne joue ici. Saturne resserre et rentre en lui-même le Poissons. Mais il peut jouer comme une force de construction, de structuration de l'être, ou comme un recul (complexe de sevrage mal résorbé, conduisant à une inadaptation). Aussi allons-nous avoir deux Poissons opposés, selon qu'ils auront bien ou mal résolu ce problème, ou qu'ils l'auront transformé en une fructueuse « avidité » (cette avidité de l'âme peut jouer sur tous les plans).

Sur fond Poissons, cet Ascendant pourra donner à l'être quelque rigueur. Le natif semblera avoir perdu une certaine fluidité. En revanche, il aura gagné une force intérieure s'il utilise bien Saturne. Il aura le sens des responsabilités. Mais que survienne une épreuve, et la tendresse Poissons remonte à la surface. C'est un Poissons un peu grave, c'est certain, mais il a des qualités de droiture, d'honnêteté foncière. Il manque parfois un peu d'humour. Il est attiré par la philosophie. Cette dominante saturnienne peut en effet entraîner l'être à vivre dans un univers clos, et provoquer une espèce d'exaltation froide. L'être aura de grandes exigences, il poursuivra son but jusqu'au bout, même au prix de sacrifices. Cette attitude peut l'amener à un dépouillement, volontaire ou non. L'exemple de Charles Quint (Saturne jouait en avidité), Poissons-Capricorne, est fameux. Maître du Saint-Empire romain germanique, adversaire de François Ier, il s'opposa à l'influence islamique lorsqu'il fut roi d'Espagne. Mais après avoir mené de longues guerres, il se retira dans un couvent pour y finir ses jours. Il tenta alors de se rendre maître du temps en exigeant que toutes les pendules soient réglées minutieusement à la même heure (renoncement de Saturne).

La jeune carmélite sainte Thérèse de Lisieux, Capricorne-Poissons par Vénus, planète de l'amour dans ce signe, passa sa vie derrière les grilles d'un couvent. C'est dans cet univers cellulaire, fermé comme une prison, où la lumière ne pénétrait jamais, qu'elle se dépouilla, renonça à tout, afin d'atteindre à l'amour rédempteur du Christ. Elle a dit elle-même : « La charité me donna la clé de ma vocation et je compris que l'amour seul ferait agir les membres de l'Eglise et que si l'amour venait à s'éteindre, les Apôtres n'annonceraient plus l'Évangile, les martyrs refuseraient de verser leur sang. Je compris que l'amour renfermait toutes les vocations, que l'amour était tout et qu'il embraserait tous les temps et tous les lieux, en un seul mot qu'il était éternel » (avidité d'amour). L'amour est un thème Poissons commun, on le voit, à tous les natifs de ce signe quel que soit leur Ascendant (Casque d'or).

Il n'y a pas eu de planète lente en Capricorne depuis bien longtemps (Neptune, Uranus ou Pluton). Neptune et Saturne seront en Capricorne entre 1985 et l'an 2000. Ensuite, Neptune pénétrera dans le signe du Verseau. Ce sera là incontestablement la fin d'un cycle qui se précisera, peut-être précédé par une période saturnienne de renoncement à certains biens. Nous franchirons probablement, à ce moment-là, un pont vers le monde nouveau, le monde de demain, celui du Verseau. La symbolique de l'avidité ou du renoncement, propre à Saturne, et l'adaptation à ce problème au niveau de l'humanité, entraînera le déséquilibre, ou permettra une stabilisation.

Poissons Ascendant Verseau

C'est un Poissons qu'on ne peut pas enfermer dans un cadre conventionnel. Il ne se laisse pas emprisonner d'une façon quelconque, ni dans le mariage, ni dans une routine. Aussi, les changements, dans tous les domaines, sont-ils fréquents.

On a vraiment deux types de Verseau : l'idéaliste dans les nuages (à dominante saturnienne) et l'Uranien qui agit avec plus de combativité. Dans le premier cas (composante Poissons-Saturne), l'être sera tourné vers le don de soi, voire l'oubli de soi. Il s'intéressera à la philosophie, embrassera les grands problèmes généraux, se dévouera à une cause (Baden Powell, fondateur du scoutisme, était marqué par cette configuration). Cependant, si le thème est dissonant, le natif se fermera. Ainsi, certains Poissons-Verseau se replient sur eux-mêmes, mais leur souffrance peut être source de réflexion. Elle transparaît, par exemple, dans l'œuvre de Haendel, dans laquelle il a transposé ses angoisses.

Dans certains cas, on aura le Poissons carpe, muet, silencieux, muré dans son univers fermé. Disons que si le thème est faible, la symbolique saturnienne, sur laquelle nous reviendrons, donnera des êtres facilement découragés. Alors que si le thème est fort, la même symbolique se transformera en avidité. Celle-ci sera bien ou mal vécue : ici intervient une notion de dépassement. Ce que l'on appelle la « sublimation », au sens vrai. Devenir gangster par avidité, c'est une « régression ». L'avidité ne définit pas le but poursuivi : elle donne le mobile. C'est ensuite, peut-être, ce que l'on peut appeler le « niveau d'incarnation » de l'être qui va jouer. Nous sommes ici aux portes de l'âme dont l'astrologie nous donne une clé, mais pas toutes. C'est ainsi que nous pouvons dire que le Poissons saturnisé au cours de sa vie aura à résoudre ce problème essentiel : le « retrait » saturnien le conduira à l'isolement par repli sur soi, ou lui fera utiliser cette capacité, dans une avidité intellectuelle, par exemple : l'avidité se manifestera alors sur le plan de la connaissance et de la pensée. Le reste du thème éclairera le type d'avidité : amoureuse, avec Vénus, matérielle, avec Jupiter dans l'aspect, intellectuelle, avec Mercure et Saturne, etc.

Dans le second cas (composante uranienne), il peut y avoir refus de toute convention. Lorsque le Verseau est marqué par Uranus, il est plus rebelle. Il garde sa cuirasse. Il est plus dur, plus acerbe. Nous avons là l'exemple de Voltaire. C'était un homme qui savait manier la plume avec art, et aussi se défendre « contre ceux qui pressaient l'orange et jetaient l'écorce ».

Le désir du natif de ne pas tenir compte de la réalité l'amène à connaître dans sa vie de fréquents changements ; et s'il subit des épreuves, il les traverse avec cet air d'irréalité propre au signe du Verseau (tel Chopin, marqué lui aussi par cette configuration). Cet être n'a pas toujours les « pieds sur terre » et ne comprend pas toujours les passions qu'il déchaîne, ni l'attachement qu'on lui porte. C'est un être qui ne manque ni d'humour, ni de fantaisie (Boris Vian). C'est un anticonformiste, et plus Uranus sera marquant, plus l'anticonformisme sera grand.

Poissons Ascendant Poissons

C'est bien là le Poissons qui glisse au fil du courant ou s'en va au gré des vagues, s'enfonce dans les profondeurs de la mer puis reparaît à la surface. Il est certain que dans un thème où le Soleil est aux Poissons et l'Ascendant aux Poissons également, toutes les caractéristiques du signe sont multipliées. Nous avons là le type Poissons presque pur. L'être ne réfléchit pas, il sent. Il est vulnérable et il court le risque de se comporter, à la limite, en irresponsable, de ne pas se sentir impliqué par ses actes. C'est un être insaisissable. Mais réceptif, intuitif à l'extrême, il agira le plus souvent avec un flair remarquable. Il a une chance souvent insolente, toujours plus ou moins inexplicable aux yeux de son entourage. Il réussit spectaculairement. Il abandonne sans raison. Il s'arrange des choses. Il change souvent d'activité, d'orientation ; épousant les situations plutôt qu'il ne les affronte. Selon sa dominante, son destin sera très différent. Plus harmonique, socialement, si Jupiter est important, il sera, avec Neptune orienté vers un idéal plus difficile à concrétiser, plus impalpable. « Le plus souvent, a dit Joëlle de Gravelaine, ces deux personnages se mêlent l'un à l'autre dans le cœur du Poissons, l'un combattant l'autre, l'un remportant parfois sur l'autre une brève victoire. Ce sera la lutte caractéristique chez le natif du signe entre une nature infiniment sensuelle, faible devant les tentations, vulnérable à ces troubles, et une nature mystique, assoiffée de sacrifices et de vie spirituelle. » Tout le problème d'un Poissons Ascendant Poissons sera de s'assumer lui-même et de ne pas fuir ses responsabilités. C'est seulement à ce prix que sa vie sera cohérente. Il devra surtout lutter contre la tentation constante de s'évader hors du réel. Neptune, fortement valorisé dans ce thème, ne donne pas le sens du combat. L'être sait mal défendre ses intérêts. Il se laisse « gruger ». C'est le type même de la personne crédule qui fait confiance à celui ou à celle lui offrant de « placer ses économies », et qui ne les revoit jamais !

Un tel Poissons va réaliser avec un courage étonnant de grandes choses, mais, en revanche, risque fort de se noyer dans un verre d'eau... Les yeux tournés vers l'infini, il pourra atteindre facilement un but qui paraissait utopique à son entourage. Mais il perdra pied dans un problème mineur. Il créera, autour de lui, un univers poétique presque magique, teinté de mystère. Son besoin de communion et ses extases mystiques l'attireront vers tout ce qui est occulte. Il sera à l'aise dans l'inconnu et le paranormal. Qu'il fasse tourner les tables, qu'il ait recours aux talismans, qu'il fasse de la voyance, ou se tire les cartes à longueur de journée, ce sont là des domaines qui le passionneront. Il est incontestable qu'il est beaucoup plus à l'aise dans les univers parallèles que dans la vie quotidienne. Son Ascendant lui permettra, sans doute, de réaliser pleinement son thème.

Laissons la parole à Anaïs Nin qui appartenait au signe des Poissons : « On a dit que j'étais une neptunienne, pour qui le monde de l'illusion est plus important que celui de la réalité, me situant au point de rencontre du rêve et de la réalité. L'eau m'est un élément familier. Je me sens proche de la mer. Je pense que l'eau a une influence sur mon écriture fluide. » Et ajoute-t-elle : « Écrire, c'est faire vivre sa nature universelle. On est en contact avec le monde entier... » Rêveries et fusion avec le monde, oui. Passivité non. Interrogée sur « la source de son inépuisable énergie », elle répondit : « Je n'y ai jamais songé. Je pense que c'est la curiosité, le fait de sentir toujours les choses avec autant d'acuité. Je suppose que lorsque vous vous sentez vivre, quelque chose vous pousse vers de nouvelles expériences, de nouvelles amitiés, et votre réceptivité vous donne cette énergie. Il semble que ce soit une question de réceptivité à tout ce qui se passe autour de vous [1]. »

Avant de terminer, une remarque. Composante essentielle du Moi, l'Ascendant est un point essentiel pour retrouver l'hérédité au sein d'une famille : l'enfant « hérite » souvent, non du signe solaire de ses parents, mais de leur signe Ascendant (ou de leur dominante planétaire). On retrouve ainsi, à travers une famille, une sorte de « filiation astrale » qui met en évidence la véritable hérédité de l'individu.

1. « Hors du labyrinthe », interview de Jody Hoy parue dans *The East West Journal* en août 1974, et publiée dans *les Essais*.

Chapitre IV

Quelques personnalités nées sous le Signe des Poissons

Washington, Rossini, Flammarion, Briand, quatre aspects de la personnalité Poissons : endurance et patriotisme, diversité de l'inspiration musicale, goût de l'infini et spiritisme, désir de paix et de regroupement des nations.

Quelques grands noms

Alain

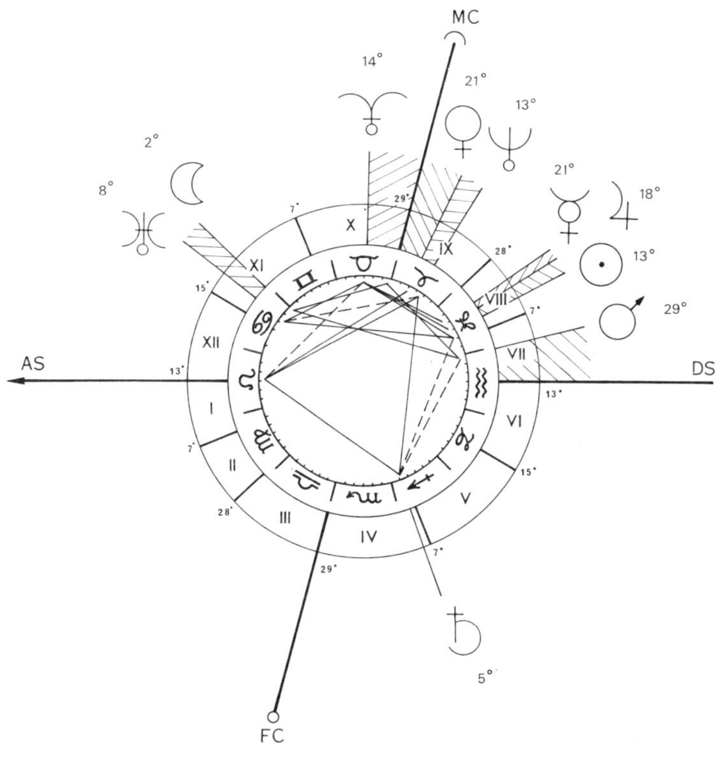

Alain, Jupitérien des Poissons, philosophe de l'amour de la vie. Par l'action, il combattit son angoisse et se mit tout entier au service des autres à travers son enseignement.

Né le 3 mars 1868 à 15 heures, à Mortagne-sur-Perche (Orne).

Jupiter est joint au Soleil en Poissons. L'Ascendant est en Lion. C'est, avec son Ascendant Lion et Mars angulaire, un Poissons qui se bat pour être heureux. Le bonheur n'est pas un fruit que l'on cueille ; il est « à faire », à construire : « Il est toujours difficile d'être heureux ; c'est un combat contre beaucoup d'événements et contre beaucoup d'hommes. Mais c'est le devoir le plus clair peut-être de ne point se dire vaincu avant d'avoir lutté de toutes ses forces. Et surtout, ce qui me paraît évident, c'est qu'il est impossible que l'on soit heureux si l'on ne veut pas l'être ; il faut donc vouloir son bonheur et le faire. »
Contre l'angoisse qui étreint (dans le ciel, Pluton est maître symbolique de l'amas en Maison VIII et il est au Milieu-du-Ciel), l'action est le meilleur remède : « Mieux on remplit sa vie, moins on craint de la perdre. » L'amour de la vie revient à chaque instant :

« La vie est pleine de ces plaisirs vifs qui ne coûtent rien et dont on ne jouit pas assez », nous dit-il.

Le Soleil, maître de l'Ascendant, s'identifie, dans ce thème, à Jupiter... Mais cet amour de la vie n'a rien d'un amour égoïste. Il faut « faire plaisir » : tel est le titre d'un *propos*. C'est une recherche constante chez ce Poissons (Vénus conjointe à Neptune, qui gouverne le Soleil, culmine au Milieu-du-Ciel).

Ce « moine sans Dieu » est aussi un sage : « Me penser moi-même le moins possible et penser toutes choses... » Pédagogue remarquable, il avait le don de transmettre son enseignement. L'Ascendant Lion valorisait Jupiter, joint au Soleil maître de la Maison V, en Sagittaire ; transmettre aux autres était pour lui l'essentiel. « Plus on sort de soi-même, a-t-il écrit, et plus on est soi-même ; mieux aussi on se sent vivre. » Et encore : « Ne laisse pas pourrir ton bois dans ta cave. » Ses *Propos* sont la leçon d'un Poissons jupitérien qui regarde les choses en face ; empreinte d'un optimisme clairvoyant, c'est une œuvre solide, qui rappelle à l'homme qu'il ne doit jamais renoncer. Le courage devant les épreuves, n'est-ce pas, selon l'astrologue Rudhyar, une qualité Poissons ? Le philosophe Alain est là, en tout cas, pour nous le montrer.

Georges Bernanos

Né le 20 février 1888, à 9 heures, à Paris.

Un écrivain, un ascète qui refuse les honneurs, un combattant. Pour une foi qui demeure intacte, pour un idéal qui varie, en apparence, mais qui est, en fait, toujours le même, celui de la dignité de l'homme et de son rachat qu'il clame tout au long de son œuvre : « Car la sainteté est une aventure, elle est même la seule aventure. »

Poissons Ascendant Bélier, le thème n'en est pas moins un thème de « resserrement », un thème Bélier, combatif, certes, mais celui d'un Poissons-Bélier « introverti » (Mars est opposé à l'Ascendant). Et saturnisé : Saturne carré à l'Ascendant opposé à Vénus, maîtresse de Neptune en Maison I, est en carré avec Mars ; la croix se referme sur l'axe de la personnalité et sur l'axe de la destinée. Neptune maître du Soleil est joint à Pluton et à la Lune dans l'axe Maison II - Maison VIII où se trouve Jupiter très dissoné et carré au Soleil. Le carré de Saturne à Mars sur les deux axes essentiels du thème va provoquer deux accidents qui, entraînant des difficultés matérielles quasi insurmontables, condamneront Bernanos à l'exil par deux fois. Volontairement, il s'expatriera car, par Vénus dissonée sur l'axe IV - X, les problèmes familiaux sont inextricables...

Bernanos, à la fin de la guerre, en 1917, épousa Jeanne Talbert d'Arc qui est, dit-on, descendante, en droite ligne, d'un frère de Jeanne d'Arc. Le couple sera très

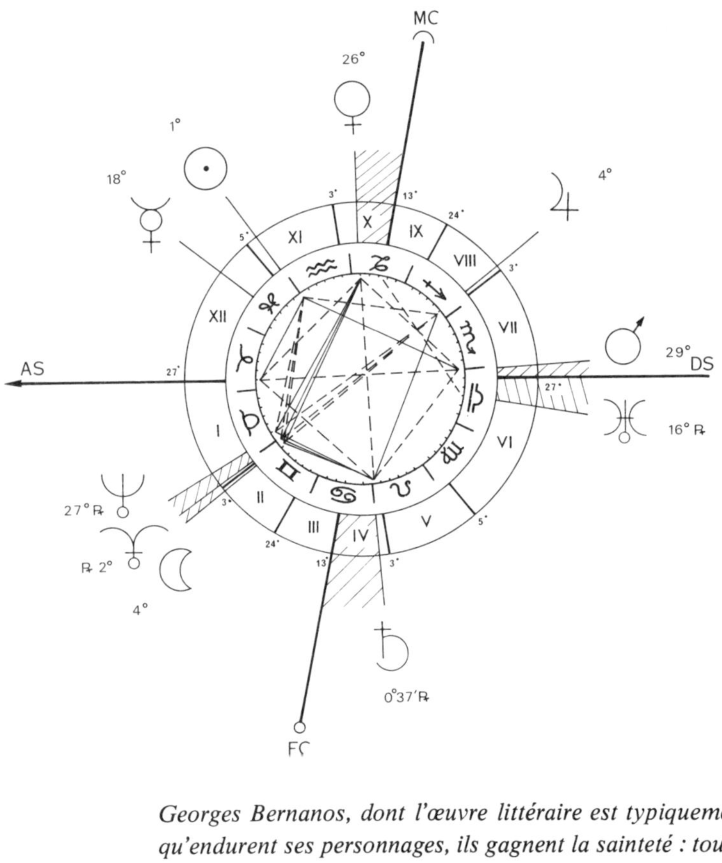

Georges Bernanos, dont l'œuvre littéraire est typiquement Poissons : au travers de la déchéance, des souffrances qu'endurent ses personnages, ils gagnent la sainteté : touchés par la Grâce, ils sauvent leur âme des pièges de Satan.

uni, mais la vie matérielle très difficile. Six enfants sont nés — fécondité bien Poissons ! — quand arrive l'accident en 1933. Depuis 1926, Bernanos a quitté les assurances et vit de sa plume. Mais la situation devient de plus en plus dramatique. L'accident de motocyclette qui lui broie la jambe le laissera infirme. Le métier d'écrivain ne suffit pas à faire vivre la famille. Il décide de s'expatrier en un lieu où la vie est, paraît-il, moins chère. Il choisit une île, choix Poissons : Mallorque. Il part, laissant derrière lui son mobilier, ses livres et ses papiers, que le propriétaire fait vendre aux enchères... C'est la période la plus féconde : *le Journal d'un curé de campagne,* dont le succès dépasse celui du *Soleil de Satan* qui l'avait fait connaître. Il écrit *les Grands Cimetières sous la Lune* dont le manuscrit va s'égarer et qu'il devra refaire entièrement ! Car la guerre civile a éclaté. Et l'ancien sympathisant de l'Action française est indigné.

Il quitte l'Espagne. Deuxième accident de motocyclette. Il s'expatrie en Amérique du Sud cette fois. Paraguay, où il ne passe que onze jours. Puis Brésil, où il va s'installer pour sept ans et qui deviendra son pays d'adoption. Il a repris son manuscrit, et le publie. C'est un succès. Bernanos qui disait : « la seule vue d'une feuille de papier me harasse l'âme », considérait le métier d'écrivain comme un sacerdoce. « C'est, a-t-il écrit, une aventure et d'abord une aventure spirituelle. Et toutes les aventures spirituelles sont des calvaires. » Et lorsqu'à son retour du Brésil, pour la troisième fois on lui propose la Légion d'honneur, il la refuse. Il a fait son devoir...

Mais on critique ses revirements, qu'on ne comprend pas. Pendant la guerre, lui l'homme de droite de jadis, qui complota dans l'affaire Thalamas, qui voulait rétablir la monarchie au Portugal en 1909, et fit pour cette raison un séjour à la Santé, lui l'ami de Maurras, le royaliste, changea totalement de bord et devint l'un des grands inspirateurs de la Résistance. Abandonnant pratiquement son métier d'écrivain pour celui de journaliste, il publie clandestinement *Lettre aux Anglais...* Revirements Poissons, nés d'une foncière honnêteté de cœur, mais peu compréhensibles souvent à un entourage qui n'a pas connu le même cheminement de l'âme, à travers un destin... Il ne restera pas longtemps en France. Une nouvelle fois, ce combattant crie sa déception devant un régime qui le déçoit, celui de la IVe République. Et le nomade reprend la route... Jupiter est en Sagittaire dans ce ciel ! C'est vers la Tunisie qu'il se dirige. Pendant l'hiver 47, il écrit le *Dialogue aux Carmélites* qu'il achève le jour même où il doit s'aliter définitivement, du fait de l'aggravation de sa maladie de foie qu'il a contracté depuis longtemps déjà. C'est la fin.

Il rentre en France, pour mourir le 5 juillet 1948. « Compagnons inconnus, vieux frères, nous arriverons ensemble, un jour, aux portes du royaume de Dieu... »

Edgar Cayce

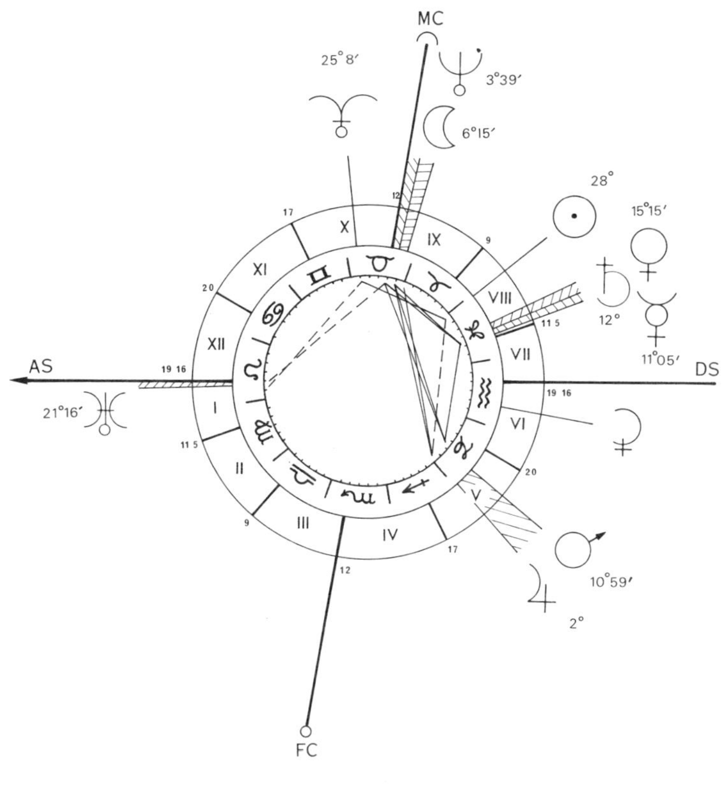

Edgar Cayce, le plus grand clairvoyant et guérisseur américain, accomplit, grâce à ses dons axés sur le domaine médical, de multiples guérisons extraordinaires.

Né le 18 mars 1877, à 15 heures, dans le Kentucky (Etats-Unis).

Poissons Ascendant Lion. Ce thème est celui d'un extraordinaire voyant et guérisseur américain, surnommé « l'homme miraculeux de Virginia Beach ». Gina Cerminara nous a conté sa vie dans un ouvrage intitulé *De nombreuses demeures,* et nous parle de ses « pouvoirs ».... Cet homme avait, dit-elle, des pouvoirs prodigieux qui lui permettaient non seulement du guérir les maux physiques de ceux qui le consultaient, mais aussi de voir les événements de leurs vies antérieures. Et d'y découvrir les causes karmiques de leurs difficultés présentes.

Incontestablement, ce thème « saturnisé » (Mercure et Saturne sont conjoints dans le signe du Soleil), marqué par la Maison VIII et par la conjonction médiumnique Lune-Neptune (qui à elle seule donne déjà une force intuitive exceptionnelle et souvent des facultés extra-sensorielles), concentre toute la sensibilité neptunienne (Neptune est maître de quatre planètes). C'est un thème de médium, d'une rare qualité.

Frédéric Chopin

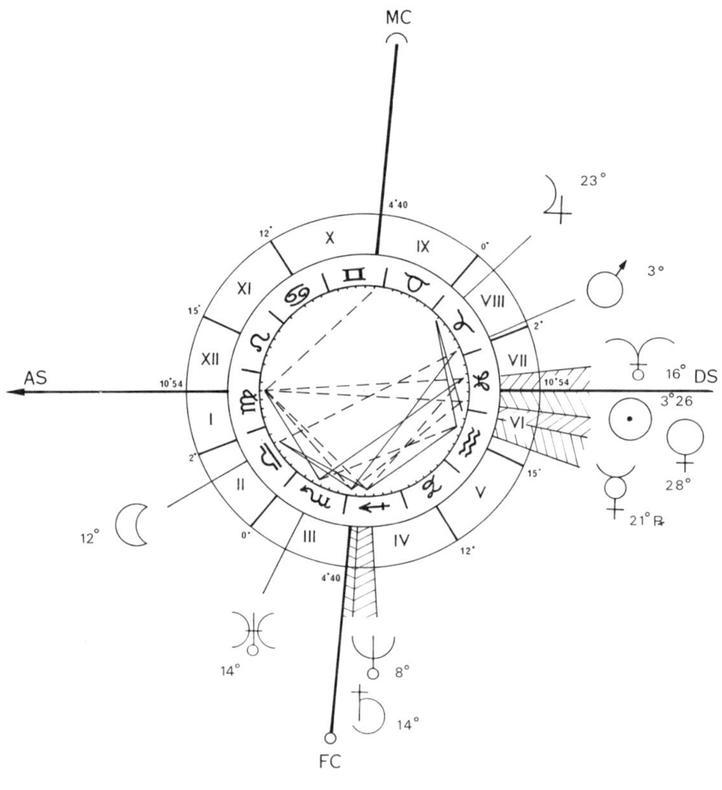

Frédéric Chopin fit passer sa personnalité dans ses compositions pour piano, laissant libre cours à l'improvisation musicale guidée par son extrême sensibilité.

Né le 22 février 1810, à 18 heures, à Zelazowa-Wola (Pologne).

Sa sensibilité va se déverser dans la création artistique, et s'exprimer dans sa vie comme dans son œuvre. Aucun masque. L'âme frémissante est à nue. Les deux mains de Chopin ont fait jaillir du piano, comme d'un coffre magique, des sources de poésie et de tendresse admirables. Son élégance et sa grâce fragile ont contribué à faire de lui un être de légende.

Et cette sensibilité passionnée (Mars est au Bélier, ainsi que le maître du Soleil : Jupiter), cette virtuosité, s'exprimeront dans des « pluies de perles », dans les volutes rêveuses de ses gammes frémissantes. Les poussées d'exaltation fiévreuses alternent, dans sa musique comme dans sa vie, avec les minutes de tendresse alanguie. Ni allégresse insouciante, ni robuste « joie de vivre » n'ont leur place dans cette vie, dans cette œuvre. Jupiter est en Maison VIII et sous la maîtrise de Pluton conjoint au Soleil...

Il aimait certes la vie mais il connaîtra la tristesse de l'exil. Il restera d'ailleurs en contact télépathique avec son pays natal, source d'inspiration nostalgique des *Polonaises*. L'amour, lui aussi, restera teinté de la mélancolie des brumes neptuniennes de l'impossible. Il brûlera d'une passion délicate et respectueuse pour la ravissante cantatrice polonaise Constance Gladkows-

ka, dont il fut séparé par l'exil. La rencontre, puis des fiançailles, tenues secrètes, avec une amie d'enfance tendrement chérie, lui redonneront un espoir éphémère : le père de la belle Marie Wodzinska opposera un veto formel. Chopin se retirera.
Comment cet être discret (Ascendant Vierge), fait pour les « épanchements crépusculaires », put-il aimer l'impétueuse George Sand ? Deux planètes en Bélier (sur son Ascendant) et les trigones Cancer au signe des Poissons suffisent à expliquer cette mystérieuse attirance. L'amour de cet aristocrate, au charme évanescent, pour l'étonnante romancière, énergiquement sensuelle et maternellement protectrice, peut surprendre au premier abord. Mais il n'est pas rare qu'un homme Poissons, surtout s'il est saturnisé, subisse l'envoûtement ou le joug plus ou moins autoritaire d'une femme plus énergique que lui. Et l'opposition Lune-Mars présente dans le ciel est souvent l'indice de ce destin amoureux où les rapports sont inversés...
Poursuivant jusqu'à la fin de sa vie sa carrière éblouissante de virtuose, Chopin mourut, à l'âge de 39 ans, de la maladie pulmonaire qui le minait depuis des années.

Emile Coué

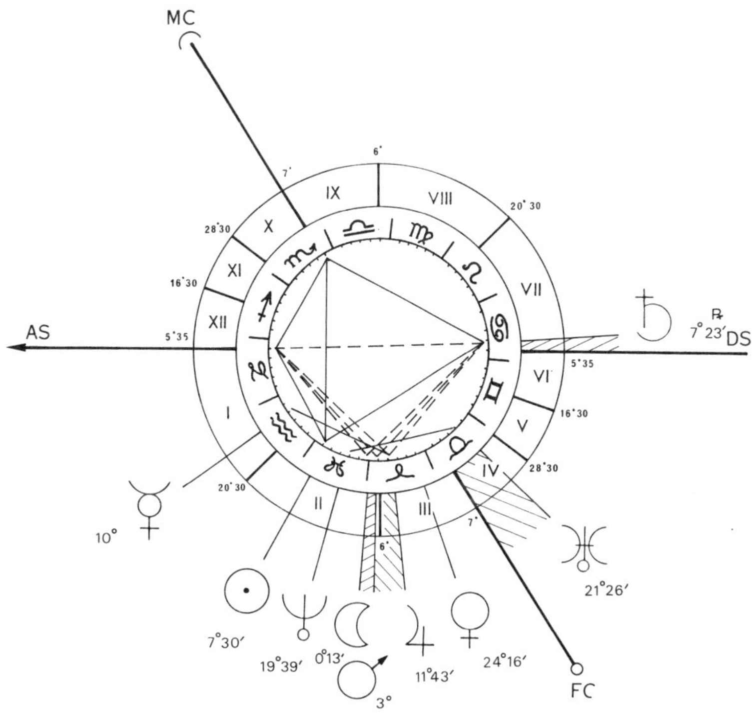

Emile Coué s'appliqua à développer une méthode permettant d'atteindre l'équilibre psychique par l'autosuggestion (parallèlement à l'emploi de l'hypnose).

Né le 26 février 1857, à 4 heures, à Troyes (Aube).

Ce pharmacien, psychologue, psychothérapeute, fut l'inventeur d'une méthode qui porte son nom : la méthode Coué...
Beaucoup de Poissons – car il y a parfois dans ce signe une certaine complaisance dans la souffrance, dans une situation douloureuse, où le Poissons s'emprisonne lui-même (dans sa Maison XII) – auraient intérêt à recourir à cette méthode qu'un Poissons Ascendant Capricorne imagina pour aider ceux qui se laissent dévorer par leurs angoisses... En fait, tout ce thème s'appuie sur le sextile de Jupiter à Mercure : le cerveau possède sur le corps un pouvoir quasi dictatorial. Raisonner juste : telle est la méthode Coué. « Quand l'imagination et la volonté sont en lutte, c'est l'imagination qui l'emporte, sans exception... » En envoyant une contre-suggestion saine à l'imagination (le psychisme inconscient), on élimine la suggestion maladive. Il s'agit de gagner une sorte de « match intérieur » pour être heureux. Les exercices répétés chaque jour, canalisés vers l'inconscient, poussent l'être à retrouver son équilibre, à agir normalement et volontairement. Depuis, employée en médecine psychosomatique, cette méthode, malgré son caractère élémentaire, a posé les bases d'une psychologie nouvelle. C'est une méthode de suggestion qui s'est révélée efficace (notamment dans les phobies, les angoisses, les problèmes sexuels)...

Albert Einstein

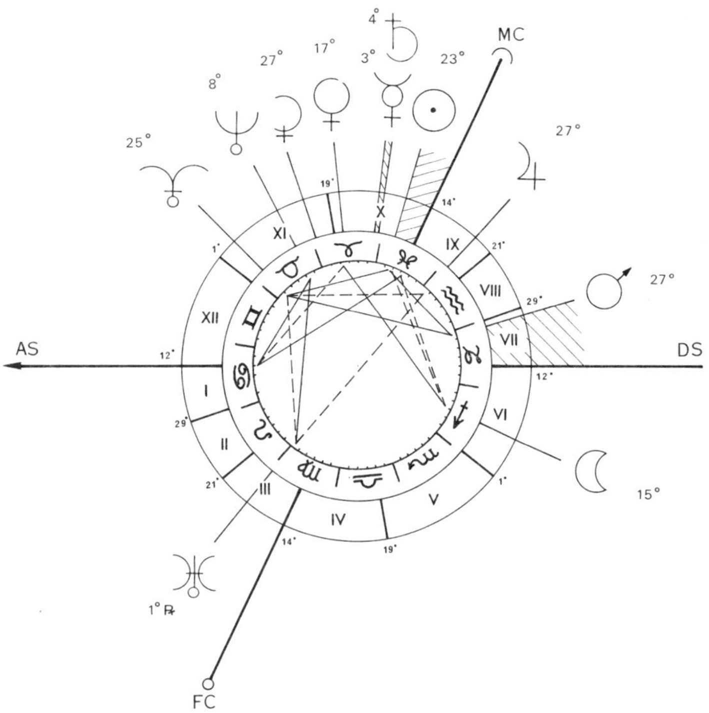

Albert Einstein en 1925. Son regard lointain, légèrement angoissé, son visage calme et ferme traduisent son caractère profondément humain et tourné vers les autres.

Né le 4 mars 1879, à 11 h 30, à Ulm, R.F.A.

Poissons Ascendant Cancer ; le Soleil culmine et annonçait un destin exceptionnel que le ciel tout entier confirmait. A la sensibilité s'alliaient l'ampleur de vue (Lune dans le signe du Sagittaire, valorisée, maîtresse de l'Ascendant) et l'intelligence combative et abstractive (conjonction Mercure-Saturne en Bélier). Amas en Bélier (Vénus s'y trouve), sous la dépendance d'un Mars tenace, énergique et relié au Soleil en Capricorne. Jupiter très valorisé en IX (Maison du Sagittaire), structurait le thème autour du Secteur III, Secteur « mental » et, XI, Secteur des projections de l'être en avant et des projets, où se trouvait Neptune. Poète, musicien – il jouait remarquablement du violon –, ce « prophète » de l'âge atomique (Jupiter dans l'axe mental, opposé à Uranus, cet axe étant au double carré de Pluton : un aspect « négatif » retourné dans une découverte sans précédent !), était un homme simple dont la bonté se lisait sur le visage. Un chercheur qui travailla avec lui, Infeld, a écrit à son sujet : « J'appris beaucoup d'Einstein dans le domaine de la physique, mais ce que j'apprécie le plus, c'est ce que j'ai appris à son contact sur le plan humain. Einstein est l'homme le plus gentil, le plus compréhensif et le plus secourable du monde... »
Toutes les plus belles qualités Poissons, ce grand savant les avait. Cet homme légendaire était plein de compassion pour les hommes. Il fut l'apôtre de la paix, prix Nobel en 1921 : Uranus venait d'entrer en Poissons. Ce physicien, acclamé par le monde entier, garda toute sa vie une formidable capacité d'émerveillement : « La plus belle et la plus profonde émotion que nous puissions expérimenter est la sensation mystique. C'est la semence de toute science véritable et celui à qui cette émotion est étrangère, qui n'a plus la possibilité de s'étonner et d'être frappé de respect, est comme s'il était mort. » Il avait un carré Soleil-Lune : c'est dans sa vie intime qu'il eut à supporter des épreuves. Sa première union, avec une mathématicienne, se termina par un divorce... Il agaçait sa femme qui ne lui pardonnait pas ses étourderies légendaires – défaut bien Poissons ! Sa seconde épouse correspondait mieux à sa Lune en Maison VI ; ce fut une femme effacée, mais efficace (correspondance du Secteur VI avec la Vierge), qui aplanit au maximum toutes les difficultés matérielles autour de lui. Attentive à ses moindres désirs, elle déclara devant un télescope géant, lors d'une visite aux Etats-Unis : « Mon mari n'a eu besoin que d'un stylo pour explorer l'univers ! » Mais Lisa disparut : il resta seul... Il continua ses travaux et ses recherches, jusqu'à sa mort, en 1955, à l'âge de 76 ans.
Einstein, d'origine allemande mais naturalisé américain en 1940, considérait le nationalisme comme une « maladie infantile ». Lors d'un discours à la Sorbonne, il eut cette boutade : « Si ma théorie de la relativité est prouvée, l'Allemagne me revendiquera comme Allemand et la France déclarera que je suis citoyen du monde.

Mais si ma théorie est fausse la France dira que je suis un Allemand et l'Allemagne déclarera que je suis un Juif. » Cet homme qui fut sans conteste l'un des plus intelligents du monde moderne et l'un des plus grands génies de tous les temps, ce savant qui bouleversa toutes les théories scientifiques en trouvant cette théorie de la relativité, qui le rendit célèbre dans le monde entier, était aussi un sage au plein sens du terme.

Victor Hugo

Né le 26 février 1802, à 22 heures, à Besançon (Doubs).

Tout le ciel tourne autour d'une grande dissonance Vierge-Poissons (axe Maison IV-Maison X : secteur de la destinée et des racines, de la famille). Poissons Ascendant Scorpion : toute la symbolique du signe est contenue dans ce ciel. L'inflation jupitérienne (Jupiter opposé au Soleil) se conjugue à Saturne qui lui est joint pour exprimer ce jeu de bascule de la vie : tour à tour, l'être va vivre les honneurs, le succès, l'extrême dilatation ; puis, ensuite, il va connaître, aux rivages des épreuves, le « resserrement » de la vie, aux limites de sa Maison XII : deuils, exils.
Ascendant Scorpion, Pluton joint au Soleil s'identifie à lui. Il ne s'avoue jamais vaincu. Génie multiple, aspirations infinies, démesurées : c'est Neptune en Maison I qui conduit le lecteur au bord de l'infini, évoque mythes et légendes, surnaturel, mystère, Dieu, l'immortalité de l'âme, mais qui se penche sur la misère et sur la souffrance des hommes, l'innocence et le crime (ici Pluton sur fond Poissons apparaît). C'est un foisonnement d'idées, de personnages, de situations, de scènes, dans son théâtre comme dans ses romans.
Car il a tout fait. Tout dit... Tout écrit. Sa vie ? Elle est aussi touffue. Pendant un siècle (qu'il couvre presque entièrement), son activité n'est pas seulement littéraire : pair de France, il intervient en faveur de la Pologne, contre la peine de mort et l'injustice sociale. Député de Paris, il va connaître l'exil. Refusant de s'incliner devant celui qu'il nomme Napoléon le petit, il restera dix-neuf ans sur une île, en plein océan. C'est à Jersey qu'il écrira *les Misérables* et des œuvres plus légères comme *Chansons des rues et des bois,* des pièces de théâtre, des romans...
C'est dans l'épreuve que le Poissons donne toute sa mesure. Les épreuves ne lui sont pas épargnées : il perd sa fille, Léopoldine, qui se noie durant son voyage de noces, tandis que sa seconde fille, Adèle, que la belle Isabelle Adjani fit revivre pour nous, devient folle... C'est seul qu'il rentre d'exil.
Le temps des amours n'est plus malgré sa longue liaison avec Juliette Drouet, dont la conduite exemplaire forcera l'admiration.

Désir d'unicité entre le Beau et le Bien, humanisme, mysticisme, imagination visionnaire, caractérisent toute l'œuvre romanesque et poétique de Victor Hugo.

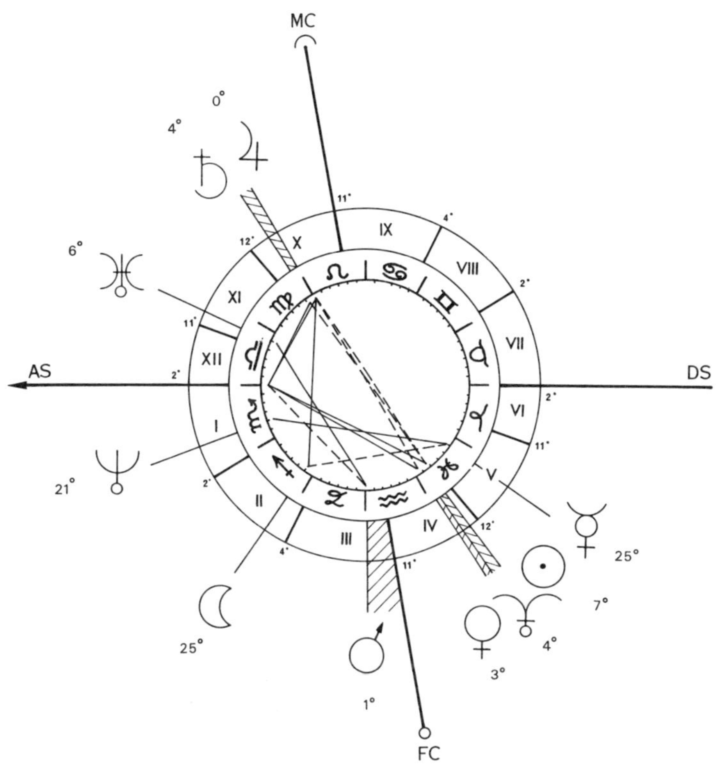

Vénus en Poissons : la femme qu'il a aimée l'a changé ; car ce farouche anticlérical fut alors « touché par la grâce ». Voilà l'amour rédempteur des Poissons, l'amour qui efface les fautes du passé, qui appelle à l'indulgence, et lui fait dire : « Oh ! n'insultez jamais une femme qui tombe, qui sait sous quel fardeau la pauvre âme succombe ? » Cris du cœur... Vénus dans ce ciel est aussi conjointe au Soleil et par là même s'intègre au Moi. Etonnante vie que celle de cet homme entré vivant dans la légende. Devenu sénateur inamovible, sa notoriété ne cessa de croître jusqu'à sa mort. Ses funérailles prirent l'ampleur d'une apothéose. N'avait-il pas été le mage, rôle auquel il souscrivait totalement, le visionnaire ? Pouvoir d'évocation, imagination (la Lune s'appuie sur le grand axe Vierge-Poissons) ou visions réelles ? Saura-t-on jamais...

En tout cas, il écrit : « Sous le monde réel, il existe un monde idéal qui se montre resplendissant à l'œil de ceux que des méditations graves ont accoutumés à voir dans les choses plus que les choses... ». Il confiera dans une lettre à Flammarion, cet autre génial Poissons, au moment de la parution de *la Pluralité des mondes habités :* « Les matières que vous traitez sont la perpétuelle obsession de ma pensée, et l'exil n'a fait qu'augmenter en moi cette méditation en me plaçant entre deux infinis, l'océan et le ciel... Vos études sont mes études. Oui, creusons l'infini : c'est le véritable emploi des ailes de l'âme. »

Stéphane Mallarmé

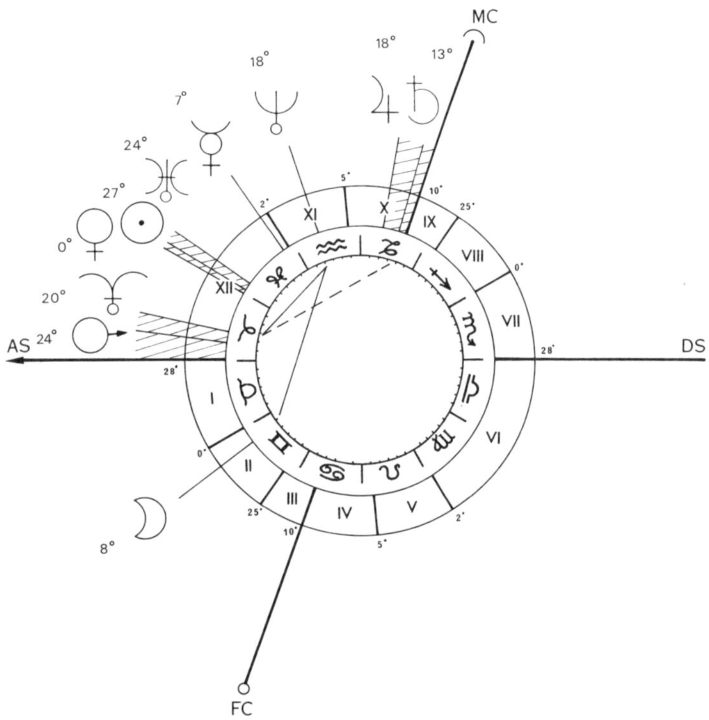

Mallarmé travailla toute sa vie à la conception du « Livre » absolu, à travers l'expérience métaphysique du symbolisme dont il devint le maître incontesté.

Né le 18 mars 1842, à 7 heures, à Paris.

Poissons Ascendant Bélier. Ce thème comporte six planètes en Secteur XII : outre Mars et Pluton en Bélier (lutte secrète et énergie), Vénus s'y trouve conjointe au Soleil qui, avec Uranus et Mercure, est en Maison XII en Poissons. Et nous allons avoir une « vie saturnienne » centrée sur le travail. Mise en pratique d'un idéal, la poésie, au détriment de tout le reste, dans le dépouillement et l'ascétisme d'une Maison XII sur fond Poissons saturnisé... Orphelin à cinq ans. Puis pensionnaire. Il se marie, entre dans l'enseignement. Mais nul trace de « vocation » dans ce domaine. La seule chose qui l'intéresse, c'est la poésie. Il devient le jeune maître de la nouvelle école symboliste. Et sa vie tout entière est consacrée à la poésie. Il considérait qu'elle exigeait un « don de soi total » et un « désintéressement absolu ». C'est par elle qu'il entrait « en communion avec l'Etre » : être du resserrement mais aux aspirations infinies... Il se désintéresse du profit matériel. Il consi-

dérera son travail comme une religion, une ascèse, une quête de l'absolu (Uranus est conjoint au Soleil). Nous avons là toute la symbolique Poissons - Maison XII - Saturne...
Poète symboliste avant la lettre, il recherche « l'essence des choses derrière la réalité apparente ». Poésie qui devient parfois un peu hermétique, voire incommunicable. Et qui le coupe du grand public, isolement bien « saturnien » ! Lorsqu'il traduit « l'appel du large » qui le hante, nous retrouvons la sincérité des accents du Poissons :

« Fuir ! là-bas fuir ! Je sens que des oiseaux sont ivres
D'être parmi l'écume inconnue et les cieux ! [...]
Je partirai ! Steamer balançant ta mâture,
Lève l'ancre pour une exotique nature ! [...]
Et peut-être, les mâts, invitant les orages,
Sont-ils de ceux qu'un vent penche sur les naufrages
Perdus, sans mâts, ni fertiles îlots.
Mais, ô mon cœur, entends le chant des matelots. »

Brise Marine

De tels accents sont ceux d'un Poissons ivre de lointain, rêvant de fuites vers le grand large, sur la mer infinie...

Mallarmé enseigna à Paris, à Besançon, à Avignon, mais ne partit jamais vers ces lointains horizons qui restèrent des chimères et donnèrent naissance à ses poèmes... C'est dans l'univers clos de sa Maison XII qu'il se réalisa.

Michel-Ange

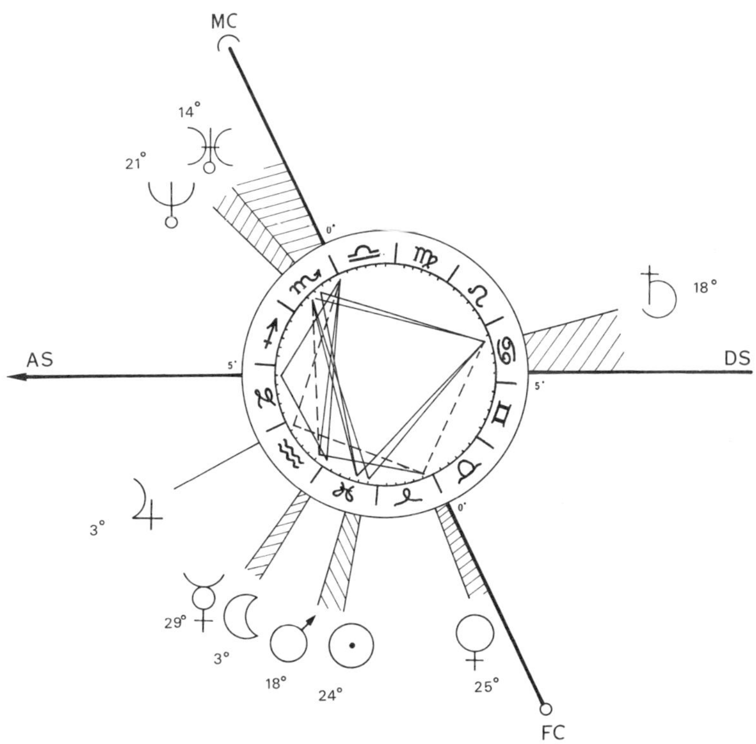

Génie tumultueux, maître des effets grandioses, sculpteur de la spiritualité, Michel-Ange était imprégné des valeurs profondes de la foi.

Né le 6 mars 1475, vers 2 heures, à Caprese (Italie).

Poissons Ascendant Capricorne. Saturne est angulaire au trigone d'une conjonction Soleil-Mars en Poissons où se trouve aussi la Lune, et d'une conjonction Uranus-Neptune au Milieu-du-Ciel en Scorpion. Vénus angulaire est en Bélier.
C'est un thème Poissons très neptunisé, mais qui s'appuie sur des valeurs de Feu et de combativité, sur un désir d'affirmation Capricorne. Solitaire, mais qui ne craint pas la lutte (Mars règne sur l'Ascendant où il est exalté). Double valorisation de ce thème, par conséquent. La première, neptunienne (avec une Lune qui appuie l'ensemble, jointe à Mercure), donnera une vision grandiose et cosmique de l'univers à ce peintre « visionnaire » qui, avec l'ampleur du Poissons (Jupiter est en Maison I) offrira au monde les fresques admirables de la chapelle Sixtine. La seconde fait de lui un Martien des Poissons : goût de l'aventure et du combat ; mais oscillations du comportement, parfois

inexplicable si l'on n'évoque pas ces fuites Poissons que l'entourage ne comprend pas toujours. Ainsi, au siège de Florence, nommé gouverneur des fortifications... il s'enfuiera, pour revenir ensuite, de façon tout aussi mystérieuse.
Son œuvre étonnante frappe par sa puissance et l'ampleur des sujets traités – sujets religieux et mystiques – qu'il traduit de façon sublime : *la Création du Monde, le Jugement dernier* sont parmi les plus belles œuvres, jamais égalées.
On lui doit la coupole de Saint-Pierre-de-Rome, qu'il éleva septuagénaire, *Moïse et David, le Christ tenant sa croix...*
Malgré sa renommée quasi universelle, il vécut pratiquement solitaire. Ce prophète, ce visionnaire à la nature vigoureuse, n'a-t-il pas ressenti sa vie comme une prison ? Il n'a, en tout cas, cessé de se battre, seul, en Saturnien qu'il était par l'Ascendant. Et contre tous (Soleil-Mars aux Poissons) : démêlés avec les papes qui pourtant le protègent ; avec les peintres de son temps (tels Raphael et Vinci).
Ce génie, à la fin de sa vie, s'humanise et devient l'expression poignante d'une foi qui s'exprime dans des œuvres reflétant bien le lien étroit du Poissons à la religion lorsque Neptune en toile de fond apparaît dans une création artistique : celle d'un Poissons qui n'aspirera plus qu'à s'arracher au monde des apparences pour « se fondre avec le Grand Tout »...

Nijinski

Né le 27 février 1890, à Kiev (Ukraine).

Dans ce ciel Saturne s'oppose au Soleil et à Vénus. Mars en Scorpion au Milieu-du-Ciel reçoit l'opposition de Neptune, gouverneur du Soleil, et de Pluton en exil : opposition angulaire qui barre toute la destinée – sur l'axe de la destinée. Mercure est à l'Ascendant, qui reçoit une dissonance d'Uranus. L'Ascendant est en Verseau ; le Moi est blessé de toutes parts. La croix se referme (carré lointain Mars au Soleil, mais exact de Mars à Saturne).
Le danseur étoile de Diaghilev, qui venait du corps du Ballet impérial de Saint-Pétersbourg, avait d'abord animé ses personnages avec la sensibilité extrême d'un Poissons vibrant. Il s'était lancé comme chorégraphe ; marié... Il était en pleine gloire quand il eut sa première crise de schizophrénie, en 1917 : Uranus était sur Mercure, à l'Ascendant ; Saturne, à l'opposition exacte du Soleil, progressait vers sa position natale. Il ne quittera plus l'hôpital : Jupiter, qui avait permis sa gloire, ne pourra plus le sauver. On notera la Lune Noire en Maison VI (se reporter au chapitre « Lune Noire ») sur laquelle passera Uranus en 1950 au moment de sa mort.

Nijinski dans le Spectre de la rose. *Danseur étoile des Ballets russes, chorégraphe, il sombrera dans la folie alors qu'il était en pleine gloire.*

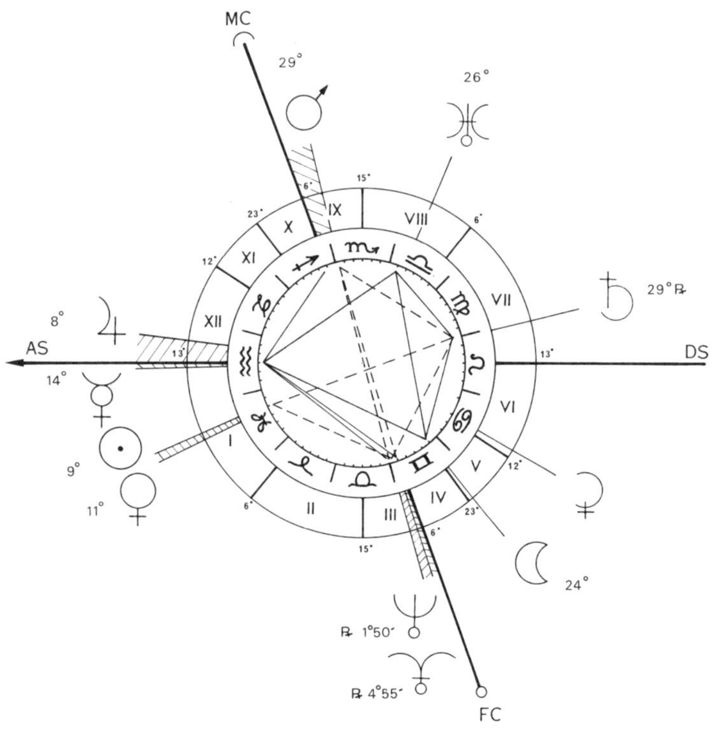

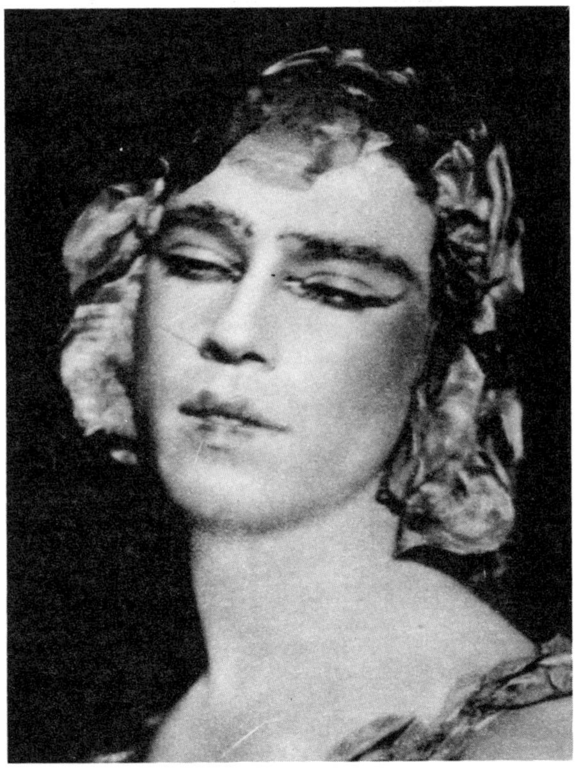

Marcel Pagnol

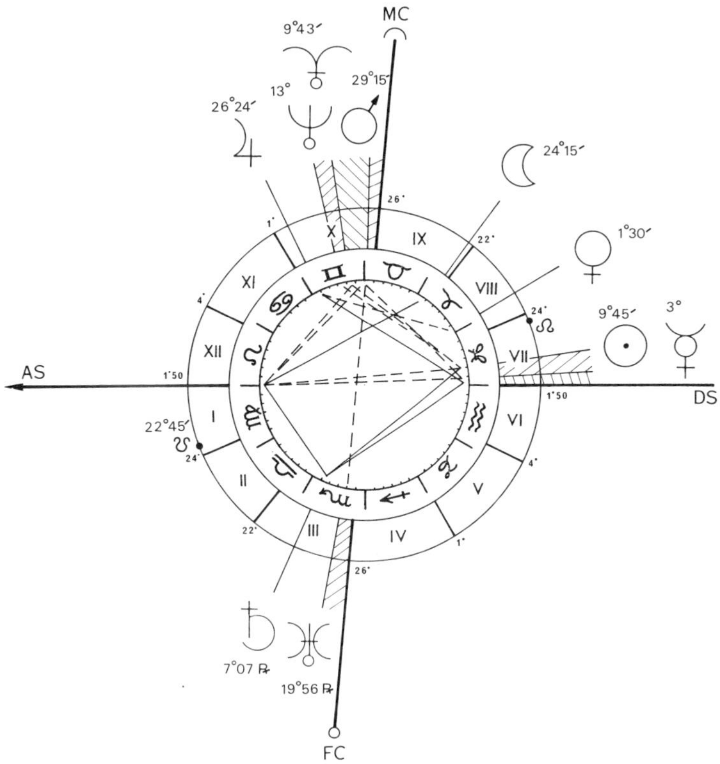

Marcel Pagnol réussit aussi bien au théâtre qu'au cinéma, avec des comédies de mœurs colorées et mélodramatiques, imprégnées de son amour de la vie.

Né le 28 février 1895, à 17 heures, à Aubagne (Bouches-du-Rhône).

« Nous souffrons d'une hypertrophie du cerveau ; le but de la vie est ailleurs. Et toutes les joies sont en notre chair... »
Un être mouvant, neptunien, qui se cache : Poissons Ascendant Vierge. Plus compliqué qu'il ne le dit. Une vie de mutations continuelles avec un goût pour le mystère et l'inachèvement. L'amour de la vie et des joies simples.
Jeune enseignant, il fit très rapidement de sa passion son activité principale. Attiré d'abord par la littérature puis par le théâtre (c'est l'époque de *Fanny, Marius et César*), il va en pleine gloire se lancer dans l'aventure cinématographique. Mais, académicien, il ne se prend pas plus au sérieux. C'est vers sa Provence qu'il retourne. C'est là qu'il va finir ses jours.
Jupiter au Milieu-du-Ciel, au trigone du Soleil, donne à Pagnol la fécondité dans la création quelle qu'elle soit, la sensibilité et la chaleur du Poissons jupitérisé sous lequel Neptune (en Maison X) transparaît : Poissons de l'immense et de l'humain à la fois, c'est un poète, qui va chanter les joies simples de la vie quotidienne. Mais c'est un homme d'une grande pudeur. Rien de l'outrance jupitérienne dans la façon dont s'expriment ses sentiments, ses émotions : ici la Vierge donne une grande réserve. La sensibilité est intérieure, on ne la montre pas. Oui, cet homme a foi dans la vie et tend de toutes ses forces vers le bonheur. C'est un véritable parti pris de gaîté et de courage (thème du merveilleux film *Regain*). Malgré le tragique de la vie, rien n'entame la volonté d'être heureux qui ruisselle dans ses films, dans ses romans, comme l'éblouissante lumière du Midi.

Raymond Queneau

Né le 21 février 1903, à 4 heures, à Paris.

Un Uranien des Poissons, un Poissons qui n'a pas froid aux yeux. Un « révolutionnaire » linguistique. La précision (conjonction Mercure-Saturne en Maison I) va s'exprimer dans une révolution (Uranus-Lune Ascendant) linguistique (Mercure gouverne la conjonction Neptune-Pluton fin Gémeaux) sur l'axe de la personnalité. Il faut « revivifier » la langue. Que tout ce qui est rigide et conventionnel en disparaisse. Que ce qui a été

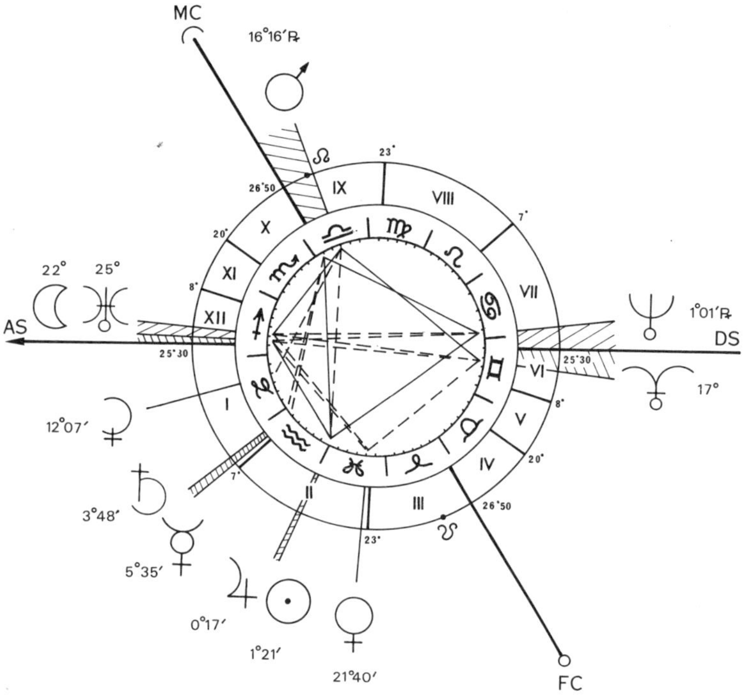

Philosophe, mathématicien, Queneau mit ses connaissances au service d'une refonte totale du langage et d'une nouvelle conception de l'écriture poétique.

arbitrairement séparé soit réuni – mot Poissons sur fond uranien : *Zazie dans le métro* et son étonnant langage où l'orthographe est phonétique illustre bien ce désir de choquer. L'angoisse est enfouie sous les strates du langage et de l'humour. Mais on parvient à la saisir. La Lune Noire, dont nous parlerons dans un prochain chapitre, est en Maison I. C'est le « masque », la dualité, l'écartèlement d'un ciel où sept planètes sont en signes doubles, où l'axe de la personnalité est en croix avec les Poissons. L'émotion ne perce pas (Vénus en pointe de Maison III est très blessée). Elle se cache sous l'humour et la virtuosité; L'imagination est débordante, féconde : Queneau invente des mots... Ses *Exercices de style,* parus en 1947, donnent la clé d'une œuvre qui est essentiellement une méditation poétique sur le langage.

Auguste Renoir

Né le 25 février 1841, à 6 heures, à Limoges (Haute-Vienne).

Poissons par le Soleil dans ce signe joint à la Lune, à Uranus, à Mercure et à Jupiter, c'est par sa présence à son Domicile, là où il règne en maître, que Jupiter l'emporte : Renoir est un Jupitérien des Poissons. Mais ce n'est pas tout : Neptune est à l'Ascendant. C'est cette planète angulaire qui teintera de rêves et de mystères les tableaux de l'artiste. Tandis que Jupiter s'exprimera dans le chatoiement des étoffes jetées négligemment sur le corps de la femme – sirène dont la chevelure soyeuse flotte sur les épaules –, dans le miroitement de l'eau, dans l'illusion, c'est Neptune qui apparaît. Formes et couleurs baignent dans la lumière de rêve. La Lune jointe à Uranus prend en Poissons une ampleur infinie et, dans ce thème, par sa conjonction au maître de l'Ascendant Verseau, donne une note plus lunaire encore à ce ciel : Lunaire des Poissons... Les formes sont là pour faire partager le rêve au spectateur.
Jupitérien, sociable et euphorique, Renoir aime la compagnie de ses amis (ici joue l'Ascendant Verseau). Et il peindra avec bonheur les guinguettes, les bords de l'eau où l'on s'amuse, on mange et on va danser avant de s'aimer. Il aimera, toute sa vie, être entouré de jolies femmes, bien en chair, rondes et sensuelles. Il chantera le corps de la femme : *la Parisienne, la Loge, la Danseuse.* Ici réapparaît Jupiter.
Toiles lumineuses où le Soleil est présent avec la mer : les *Jeunes Filles au bord de la mer,* nymphes voluptueuses, avec les sports nautiques : *Régates à Argenteuil ; les Baigneuses...* Tout un monde d'eau et de lumière dans la luxuriante plénitude d'une atmosphère qui baigne dans un halo bleuté.

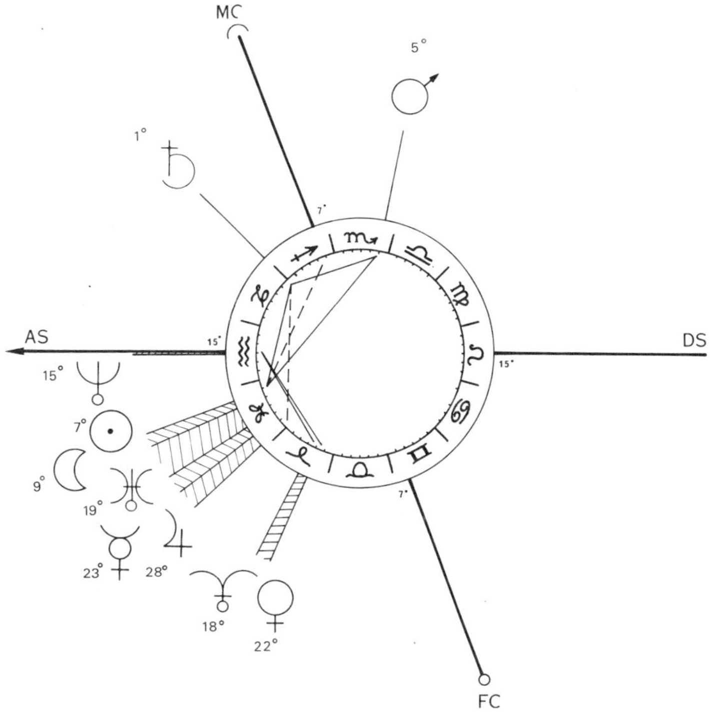

Auguste Renoir, peintre du signe : amour de la vie, des couleurs, de la lumière caractérisent ce Jupitérien au regard perçant.

Arthur Schopenhauer

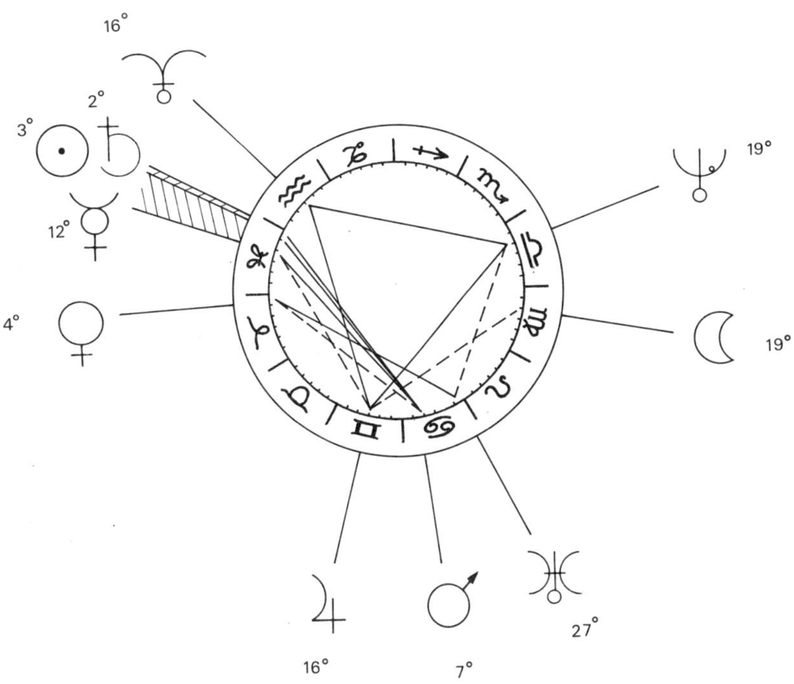

Arthur Schopenhauer, Saturnien des Poissons, a placé le mal et la souffrance au centre de sa réflexion philosophique, l'homme devant les vaincre par l'intelligence.

Né le 22 février 1788 à Dantzig, Pologne.

Toute l'œuvre de ce philosophe reflète la mélancolie douloureuse d'un Poissons saturnisé... Une triple conjonction Soleil-Mercure-Saturne signe le penseur. Elle reçoit un carré de Jupiter (dans les Gémeaux). Cet amas est opposé à la Lune au carré de Jupiter. Bien que nous n'ayons pas l'heure de sa naissance, tout porte à croire que c'est un thème marqué par la Maison XII, celle des épreuves douloureuses qui isolent l'être dans sa souffrance. De toute façon, dans ce thème la barrière saturnienne était infranchissable. La seule issue fut pour le philosophe le renoncement et l'anéantissement, mots qui reviennent dans son œuvre pessimiste : « La délivrance ne peut être obtenue qu'au prix des sacrifices les plus pénibles, par le renoncement et l'anéantissement de soi. » Aucune quête de bonheur, dans cette vie : il le considère comme une illusion...
Vie solitaire, sans joie, qui aboutit à une construction philosophique assez impersonnelle. Pourtant, ce Poissons aspirait à faire siennes les douleurs du monde ; en s'enfonçant dans une méditation immobile, une contemplation infinie, il espérait atteindre la régénération. Par la résignation et l'ascétisme. Alors, « on attend avec calme et assurance la fin de cette vie, privée de ses appâts trompeurs, pour saluer l'heure de la mort comme de la délivrance », dit-il. Cette délivrance finit par venir : il avait 88 ans quand il mourut...

Elisabeth Taylor

Née le 27 février 1932.

Poissons Ascendant Taureau. Bien que l'Ascendant soit Taureau, c'est la Lune en Scorpion, angulaire, qui l'emporte.
La « plus belle femme du monde » est Poissons : triple conjonction dans ce signe du Soleil, de Mercure et de Mars... L'amas est à l'opposé de son maître, Neptune, qui se trouve dans le Secteur V, celui des amours, de la créativité.
C'est une femme qui n'est pas soumise (conjonction Soleil-Mars). Elle cherche un maître pour l'apprivoiser. Elle incarnera d'ailleurs *la Mégère apprivoisée* avec Richard Burton, son cinquième mari... Sensuelle, ardente, c'est une femme passionnée : la Lune, en Scorpion, est sur l'axe de la personnalité. Axe Taureau-Scorpion qui valorise aussi Vénus, planète de la chair, jointe à Uranus, signe d'indépendance en Secteur XII, Secteur en analogie avec le signe solaire. Jupiter en Maison V, au double carré de l'Ascendant et de la Lune en Secteur VII (celui des unions), est au trigone de Vénus - Uranus en Maison XII. Tout converge dans le sens d'une valorisation Poissons-Maison XII-Jupiter-Vénus-Secteur V...

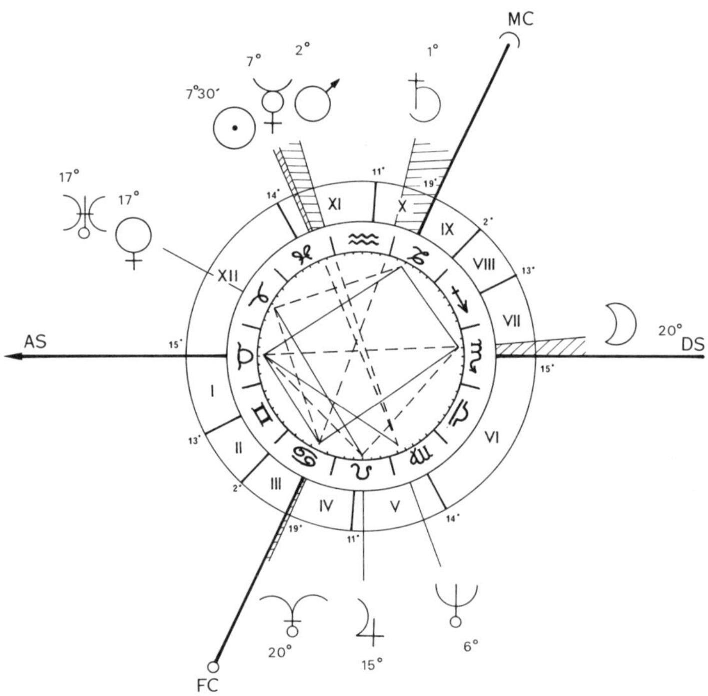

Des Quatre filles du docteur March *à* Qui a peur de Virginia Woolf ?, *Elisabeth Taylor incarne le passage de l'innocence au désespoir violent, cheminement propre aux femmes du signe.*

Qui est-elle ? Une femme presque « femelle » comme le signe l'indique bien (Ascendant vénusien, charnel, et Lune en Scorpion). Energie, voire exaltation (conjonction Soleil - Mars) sont présentes dans un ciel qui fait d'elle une femme Poissons qui a de l'ambition, de la ténacité, de la volonté (par le signe de Terre Ascendant). La chance est réelle (axe de la possession Taureau-Scorpion angulaire ; Jupiter en Maison V, très favorable dans ce domaine, et également en Lion). Mais ce n'est pas pour autant une femme intéressée. Une seule chose lui importe : l'amour... Toutes les planètes renvoient au Secteur XII où est Vénus. Le Secteur XII renvoie au Secteur V et au Secteur VII. La vie amoureuse s'annonce multiple... Les amours souvent chimériques s'effondreront comme des châteaux de cartes. Toutes les planètes du Moi (Vénus, Lune et Mercure) sont impliquées. Si erreurs il y a, elles sont dues à l'impétuosité de Liz (Mars, Uranus sont très valorisés ; Mars par le Soleil, Uranus par Vénus en Maison XII, maître par exaltation de la Lune).

A 18 ans, elle épouse le fils Hilton. Mais, très vite elle s'ennuie. Il l'ennuie... Il ne songe qu'à jouer au baccara ! Cette brève union va se terminer par un divorce, après huit mois de mariage. Mais Jupiter donne un certain conformisme dans l'anticonformisme. Elle régularisera toutes ses liaisons. Celle, avec Michael Wilding, survient : deuxième mariage... Puis nouvelle rupture. Sous une apparente douceur, Liz n'est pas commode. Et puis, elle cherche un homme, un vrai ! Elle va le rencontrer : ce sera l'enchantement. Il la marquera profondément : Mike Todd lui apporte tout à la fois. La vie près de lui est un éblouissement, un rêve, une fête. Il est Cancer : c'est l'entente parfaite...

Mais la tragédie survient, impitoyable. Saturne est dans ce ciel opposé à Pluton, sur l'axe de la destinée. La mort lui arrache, brutalement, l'homme qu'elle aimait et qui lui apportait le bonheur. Quelque chose en elle paraît brisé. Mais la vie reprend. Brouillage neptunien. Elle se « grise ». L'homme qu'elle rencontre, cette fois, va-t-il lui faire oublier Mike, le remplacer ? Il est marié et, pour l'épouser, il divorce. Union qui sera brève : Eddie Fisher est un gentil garçon, mais il n'a ni la trempe, ni la personnalité de Mike. Ils se séparent.

Elle est au faîte de sa gloire. C'est alors que, « chatte sur un toit brûlant », elle va trouver son maître : Richard Burton. Ils vont vivre, ensemble, les amours torturantes auxquelles la vouaient un axe Taureau-Scorpion et une Lune en Scorpion sur un fond Poissons. Relation intense, mais profondément sadomasochiste. Amour qui meurt et renaît sans fin. Ils divorcent et se remarient (cinquième et sixième union).

Aujourd'hui, Liz est une fois de plus remariée. Saura-t-elle mettre fin à l'errance de la femme Poissons insatisfaite ? Est-elle heureuse ?

Boris Vian

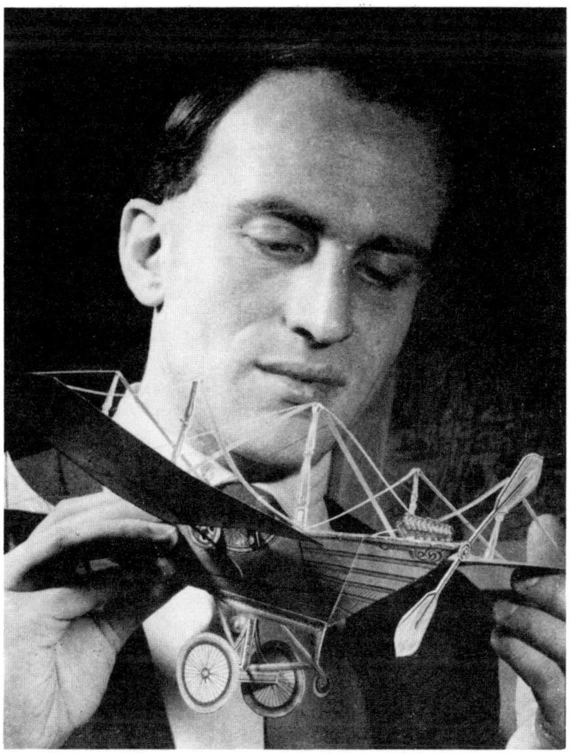

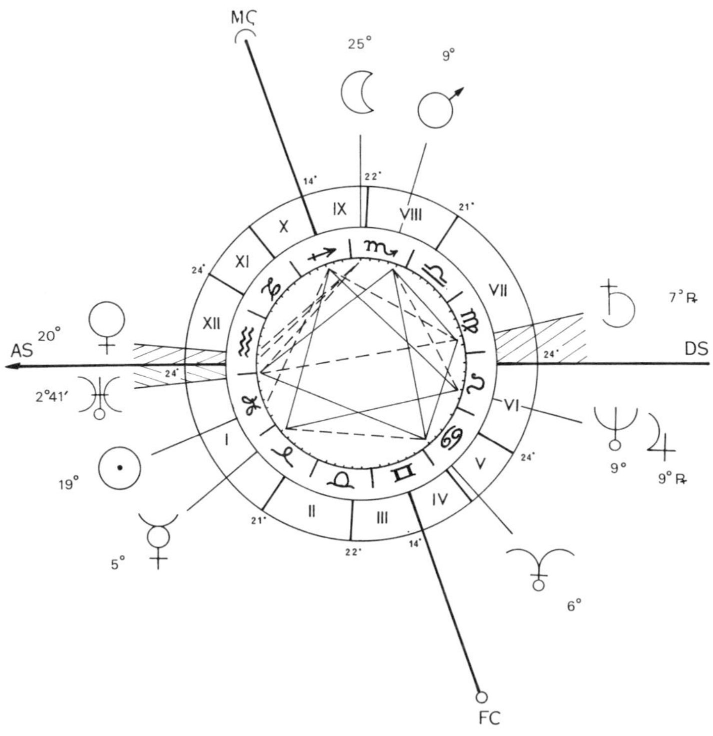

Boris Vian, Poissons saturnisé, aux vocations multiples, fit passer son angoisse de la mort et sa violence intérieure dans des romans provocateurs.

Né le 10 mars 1920, à 6 h 30, à Ville-d'Avray (Hauts-de-Seine)

Personnalité pleine de contradictions, que révèle le thème. Soleil en Poissons, Ascendant Verseau, les deux planètes du Moi sont en opposition sur l'axe de la personnalité. Tensions intérieures. Mais aussi affrontements avec l'entourage. Individualiste farouche, fougueux (carré Mars-Jupiter auquel est joint Neptune), il touche à tout. Trompettiste, journaliste de jazz, il crée un orchestre. Il écrit sous un pseudonyme un livre « pornographique » pour l'époque ; un scandale, un succès aussi : *J'irai cracher sur vos tombes*. Un roman d'amour : *l'Ecume des jours*, dans un style qui avait attiré l'attention de cet autre Poissons, Queneau. Compositeur et parolier, ses chansons loufoques et poétiques font le tour des cabarets parisiens.

Après la guerre, il fut l'un des piliers de Saint-Germain-des-Prés. Mais il était, en fait, plus angoissé qu'il ne le montrait (Mercure-carré Pluton, avec Mars en Scorpion). Il se maria deux fois. Comme la plupart des Poissons saturnisés, après sept ans de réflexion, la seconde fois ! Vénus en Maison XII signe son érotisme un peu agressif. La mort le hantait. En pleine guerre, des cambrioleurs avaient tué son père devant lui. Il avait une santé fragile, depuis l'enfance : Neptune et Jupiter, valorisation Poissons du thème, étaient en Maison VI. Une maladie Poissons devait l'emporter à 39 ans : un œdème du poumon. Saturne était à l'opposition de Pluton et gouvernait la Maison VIII.

Chapitre V

A la recherche de votre « Moi » profond

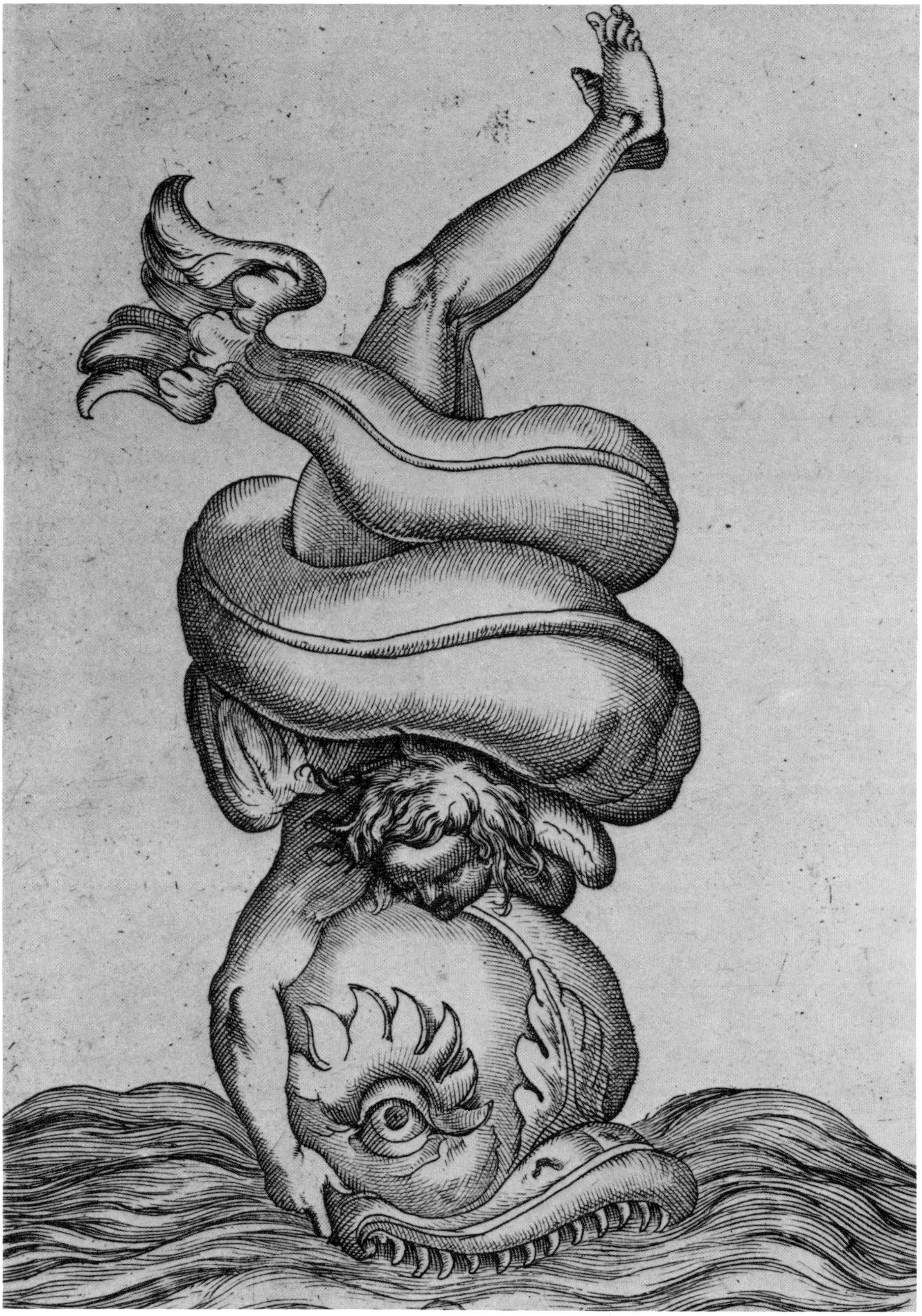

Alphée, dieu-fleuve du Péloponnèse, enlacé par la nymphe Aréthuse transformée en fontaine, symboles de l'union par les eaux.

Dans quel Signe se trouvaient les Planètes à votre naissance

Comment utiliser les Tables des positions planétaires

Les planètes, le Soleil et la Lune sont des points d'émission énergétiques qui correspondent chacun à une certaine expression de votre personnalité.

Mais ces corps célestes n'agissent pas directement sur nous.

Entre eux et la Terre, le Zodiaque avec ses douze signes différents constitue une sorte de bande abstraite à travers laquelle va s'exercer l'action des astres sur la Terre.

Ainsi la planète Jupiter n'agit-elle pas directement sur vous mais à travers le signe zodiacal dans lequel, vue de la Terre, elle se trouvait au moment de votre naissance.

C'est pourquoi, pour connaître le mode d'action complet de Jupiter sur vous, vous devez rechercher ce signe.

Les Tables de positions planétaires de 1910 à 1989 vous permettront de trouver d'un seul coup d'œil pour l'année et le jour de votre naissance le signe zodiacal dans lequel se trouvait chacune des huit planètes de Mercure à Pluton.

Vous pouvez reporter ces positions sur la page 3 de votre *Guide psycho-astrologique personnel* (en tiré à part).

Pour la Lune, vous procédez différemment car cet astre se déplace beaucoup plus rapidement que les planètes, si bien qu'il vous faut tenir compte de votre heure de naissance pour connaître son signe zodiacal.

Dans les *Tables des positions planétaires* vous trouvez la position de la Lune à midi, temps universel de Greenwich, près de Londres.

Comme la Lune parcourt en moyenne 12 degrés zodiacaux par jour, elle reste environ deux jours et demi dans un signe puisque chaque signe compte 30 degrés zodiacaux.

Toutes les deux heures la Lune parcourt 1 degré zodiacal et c'est en fonction de cela que nous trouverons sa position finale.

Pratiquement, voici comment vous allez opérer.

1) Si les *Tables des positions planétaires* vous indiquent une position de la Lune comprise entre 6 et 23 degrés de n'importe quel signe zodiacal, la Lune est restée toute la journée dans ce signe que vous inscrivez sur votre *Guide psycho-astrologique personnel.*

2) Si les *Tables* vous indiquent une position 0, 1, 2, 3, 4, 5 ou 24, 25, 26, 27, 28, 29 degrés d'un signe zodiacal, vous devez tenir compte de votre heure et lieu de naissance pour trouver la position réelle de la Lune à ce moment-là. Vous procédez alors comme indiqué à la page 209.

DECOUVREZ DANS QUEL SIGNE SE TROUVAIENT LES PLANETES A VOTRE NAISSANCE

1910	MERCURE	VENUS	MARS	JUPITER	SATURNE	URANUS	NEPTUNE	PLUTON	LUNE *
19 FEVRIER	VERSEAU	VERSEAU	TAUREAU	BALANCE	BELIER	CAPRICORNE	CANCER	GEMEAUX	4 CANCER
20 FEVRIER	VERSEAU	VERSEAU	TAUREAU	BALANCE	BELIER	CAPRICORNE	CANCER	GEMEAUX	17 CANCER
21 FEVRIER	VERSEAU	VERSEAU	TAUREAU	BALANCE	BELIER	CAPRICORNE	CANCER	GEMEAUX	1 LION
22 FEVRIER	VERSEAU	VERSEAU	TAUREAU	BALANCE	BELIER	CAPRICORNE	CANCER	GEMEAUX	13 LION
23 FEVRIER	VERSEAU	VERSEAU	TAUREAU	BALANCE	BELIER	CAPRICORNE	CANCER	GEMEAUX	26 LION
24 FEVRIER	VERSEAU	VERSEAU	TAUREAU	BALANCE	BELIER	CAPRICORNE	CANCER	GEMEAUX	9 VIERGE
25 FEVRIER	VERSEAU	VERSEAU	TAUREAU	BALANCE	BELIER	CAPRICORNE	CANCER	GEMEAUX	21 VIERGE
26 FEVRIER	VERSEAU	VERSEAU	TAUREAU	BALANCE	BELIER	CAPRICORNE	CANCER	GEMEAUX	3 BALANCE
27 FEVRIER	VERSEAU	VERSEAU	TAUREAU	BALANCE	BELIER	CAPRICORNE	CANCER	GEMEAUX	15 BALANCE
28 FEVRIER	VERSEAU	VERSEAU	TAUREAU	BALANCE	BELIER	CAPRICORNE	CANCER	GEMEAUX	27 BALANCE
1 MARS	VERSEAU	VERSEAU	TAUREAU	BALANCE	BELIER	CAPRICORNE	CANCER	GEMEAUX	9 SCORPION
2 MARS	VERSEAU	VERSEAU	TAUREAU	BALANCE	BELIER	CAPRICORNE	CANCER	GEMEAUX	21 SCORPION
3 MARS	VERSEAU	VERSEAU	TAUREAU	BALANCE	BELIER	CAPRICORNE	CANCER	GEMEAUX	3 SAGITTAIRE
4 MARS	VERSEAU	VERSEAU	TAUREAU	BALANCE	BELIER	CAPRICORNE	CANCER	GEMEAUX	15 SAGITTAIRE
5 MARS	VERSEAU	VERSEAU	TAUREAU	BALANCE	BELIER	CAPRICORNE	CANCER	GEMEAUX	27 SAGITTAIRE
6 MARS	VERSEAU	VERSEAU	TAUREAU	BALANCE	BELIER	CAPRICORNE	CANCER	GEMEAUX	10 CAPRICORNE
7 MARS	VERSEAU	VERSEAU	TAUREAU	BALANCE	BELIER	CAPRICORNE	CANCER	GEMEAUX	23 CAPRICORNE
8 MARS	VERSEAU	VERSEAU	TAUREAU	BALANCE	BELIER	CAPRICORNE	CANCER	GEMEAUX	6 VERSEAU
9 MARS	VERSEAU	VERSEAU	TAUREAU	BALANCE	BELIER	CAPRICORNE	CANCER	GEMEAUX	20 VERSEAU
10 MARS	VERSEAU	VERSEAU	TAUREAU	BALANCE	BELIER	CAPRICORNE	CANCER	GEMEAUX	5 POISSONS
11 MARS	VERSEAU	VERSEAU	TAUREAU	BALANCE	BELIER	CAPRICORNE	CANCER	GEMEAUX	20 POISSONS
12 MARS	POISSONS	VERSEAU	TAUREAU	BALANCE	BELIER	CAPRICORNE	CANCER	GEMEAUX	5 BELIER
13 MARS	POISSONS	VERSEAU	TAUREAU	BALANCE	BELIER	CAPRICORNE	CANCER	GEMEAUX	20 BELIER
14 MARS	POISSONS	VERSEAU	GEMEAUX	BALANCE	BELIER	CAPRICORNE	CANCER	GEMEAUX	4 TAUREAU
15 MARS	POISSONS	VERSEAU	GEMEAUX	BALANCE	BELIER	CAPRICORNE	CANCER	GEMEAUX	19 TAUREAU
16 MARS	POISSONS	VERSEAU	GEMEAUX	BALANCE	BELIER	CAPRICORNE	CANCER	GEMEAUX	3 GEMEAUX
17 MARS	POISSONS	VERSEAU	GEMEAUX	BALANCE	BELIER	CAPRICORNE	CANCER	GEMEAUX	17 GEMEAUX
18 MARS	POISSONS	VERSEAU	GEMEAUX	BALANCE	BELIER	CAPRICORNE	CANCER	GEMEAUX	1 CANCER
19 MARS	POISSONS	VERSEAU	GEMEAUX	BALANCE	BELIER	CAPRICORNE	CANCER	GEMEAUX	14 CANCER
20 MARS	POISSONS	VERSEAU	GEMEAUX	BALANCE	BELIER	CAPRICORNE	CANCER	GEMEAUX	27 CANCER
21 MARS	POISSONS	VERSEAU	GEMEAUX	BALANCE	BELIER	CAPRICORNE	CANCER	GEMEAUX	10 LION

LE SOLEIL ENTRE DANS LE SIGNE DES POISSONS LE 19 FEVRIER 1910 A 12 h 15
QUITTE LE SIGNE DES POISSONS LE 21 MARS 1910 A 11 h 50

* LES CHIFFRES INDIQUENT LES DEGRES

1911	MERCURE	VENUS	MARS	JUPITER	SATURNE	URANUS	NEPTUNE	PLUTON	LUNE *
19 FEVRIER	VERSEAU	POISSONS	CAPRICORNE	SCORPION	TAUREAU	CAPRICORNE	CANCER	GEMEAUX	11 SCORPION
20 FEVRIER	VERSEAU	POISSONS	CAPRICORNE	SCORPION	TAUREAU	CAPRICORNE	CANCER	GEMEAUX	23 SCORPION
21 FEVRIER	VERSEAU	POISSONS	CAPRICORNE	SCORPION	TAUREAU	CAPRICORNE	CANCER	GEMEAUX	5 SAGITTAIRE
22 FEVRIER	VERSEAU	POISSONS	CAPRICORNE	SCORPION	TAUREAU	CAPRICORNE	CANCER	GEMEAUX	17 SAGITTAIRE
23 FEVRIER	VERSEAU	POISSONS	CAPRICORNE	SCORPION	TAUREAU	CAPRICORNE	CANCER	GEMEAUX	29 SAGITTAIRE
24 FEVRIER	VERSEAU	POISSONS	CAPRICORNE	SCORPION	TAUREAU	CAPRICORNE	CANCER	GEMEAUX	11 CAPRICORNE
25 FEVRIER	VERSEAU	POISSONS	CAPRICORNE	SCORPION	TAUREAU	CAPRICORNE	CANCER	GEMEAUX	23 CAPRICORNE
26 FEVRIER	VERSEAU	POISSONS	CAPRICORNE	SCORPION	TAUREAU	CAPRICORNE	CANCER	GEMEAUX	6 VERSEAU
27 FEVRIER	VERSEAU	POISSONS	CAPRICORNE	SCORPION	TAUREAU	CAPRICORNE	CANCER	GEMEAUX	19 VERSEAU
28 FEVRIER	VERSEAU	BELIER	CAPRICORNE	SCORPION	TAUREAU	CAPRICORNE	CANCER	GEMEAUX	2 POISSONS
1 MARS	VERSEAU	BELIER	CAPRICORNE	SCORPION	TAUREAU	CAPRICORNE	CANCER	GEMEAUX	15 POISSONS
2 MARS	VERSEAU	BELIER	CAPRICORNE	SCORPION	TAUREAU	CAPRICORNE	CANCER	GEMEAUX	29 POISSONS
3 MARS	VERSEAU	BELIER	CAPRICORNE	SCORPION	TAUREAU	CAPRICORNE	CANCER	GEMEAUX	13 BELIER
4 MARS	VERSEAU	BELIER	CAPRICORNE	SCORPION	TAUREAU	CAPRICORNE	CANCER	GEMEAUX	27 BELIER
5 MARS	POISSONS	BELIER	CAPRICORNE	SCORPION	TAUREAU	CAPRICORNE	CANCER	GEMEAUX	11 TAUREAU
6 MARS	POISSONS	BELIER	CAPRICORNE	SCORPION	TAUREAU	CAPRICORNE	CANCER	GEMEAUX	25 TAUREAU
7 MARS	POISSONS	BELIER	CAPRICORNE	SCORPION	TAUREAU	CAPRICORNE	CANCER	GEMEAUX	9 GEMEAUX
8 MARS	POISSONS	BELIER	CAPRICORNE	SCORPION	TAUREAU	CAPRICORNE	CANCER	GEMEAUX	24 GEMEAUX
9 MARS	POISSONS	BELIER	CAPRICORNE	SCORPION	TAUREAU	CAPRICORNE	CANCER	GEMEAUX	8 CANCER
10 MARS	POISSONS	BELIER	CAPRICORNE	SCORPION	TAUREAU	CAPRICORNE	CANCER	GEMEAUX	22 CANCER
11 MARS	POISSONS	BELIER	CAPRICORNE	SCORPION	TAUREAU	CAPRICORNE	CANCER	GEMEAUX	6 LION
12 MARS	POISSONS	BELIER	CAPRICORNE	SCORPION	TAUREAU	CAPRICORNE	CANCER	GEMEAUX	19 LION
13 MARS	POISSONS	BELIER	CAPRICORNE	SCORPION	TAUREAU	CAPRICORNE	CANCER	GEMEAUX	3 VIERGE
14 MARS	POISSONS	BELIER	VERSEAU	SCORPION	TAUREAU	CAPRICORNE	CANCER	GEMEAUX	16 VIERGE
15 MARS	POISSONS	BELIER	VERSEAU	SCORPION	TAUREAU	CAPRICORNE	CANCER	GEMEAUX	0 BALANCE
16 MARS	POISSONS	BELIER	VERSEAU	SCORPION	TAUREAU	CAPRICORNE	CANCER	GEMEAUX	12 BALANCE
17 MARS	POISSONS	BELIER	VERSEAU	SCORPION	TAUREAU	CAPRICORNE	CANCER	GEMEAUX	25 BALANCE
18 MARS	POISSONS	BELIER	VERSEAU	SCORPION	TAUREAU	CAPRICORNE	CANCER	GEMEAUX	7 SCORPION
19 MARS	POISSONS	BELIER	VERSEAU	SCORPION	TAUREAU	CAPRICORNE	CANCER	GEMEAUX	19 SCORPION
20 MARS	POISSONS	BELIER	VERSEAU	SCORPION	TAUREAU	CAPRICORNE	CANCER	GEMEAUX	1 SAGITTAIRE
21 MARS	BELIER	BELIER	VERSEAU	SCORPION	TAUREAU	CAPRICORNE	CANCER	GEMEAUX	13 SAGITTAIRE

LE SOLEIL ENTRE DANS LE SIGNE DES POISSONS LE 19 FEVRIER 1911 A 18 h 05
QUITTE LE SIGNE DES POISSONS LE 21 MARS 1911 A 17 h 40

* LES CHIFFRES INDIQUENT LES DEGRES

DECOUVREZ DANS QUEL SIGNE SE TROUVAIENT LES PLANETES A VOTRE NAISSANCE

1912	MERCURE	VENUS	MARS	JUPITER	SATURNE	URANUS	NEPTUNE	PLUTON	LUNE *
19 FEVRIER	VERSEAU	CAPRICORNE	GEMEAUX	SAGITTAIRE	TAUREAU	VERSEAU	CANCER	GEMEAUX	13 POISSONS
20 FEVRIER	VERSEAU	CAPRICORNE	GEMEAUX	SAGITTAIRE	TAUREAU	VERSEAU	CANCER	GEMEAUX	26 POISSONS
21 FEVRIER	VERSEAU	CAPRICORNE	GEMEAUX	SAGITTAIRE	TAUREAU	VERSEAU	CANCER	GEMEAUX	9 BELIER
22 FEVRIER	VERSEAU	CAPRICORNE	GEMEAUX	SAGITTAIRE	TAUREAU	VERSEAU	CANCER	GEMEAUX	21 BELIER
23 FEVRIER	VERSEAU	CAPRICORNE	GEMEAUX	SAGITTAIRE	TAUREAU	VERSEAU	CANCER	GEMEAUX	4 TAUREAU
24 FEVRIER	VERSEAU	VERSEAU	GEMEAUX	SAGITTAIRE	TAUREAU	VERSEAU	CANCER	GEMEAUX	18 TAUREAU
25 FEVRIER	POISSONS	VERSEAU	GEMEAUX	SAGITTAIRE	TAUREAU	VERSEAU	CANCER	GEMEAUX	1 GEMEAUX
26 FEVRIER	POISSONS	VERSEAU	GEMEAUX	SAGITTAIRE	TAUREAU	VERSEAU	CANCER	GEMEAUX	15 GEMEAUX
27 FEVRIER	POISSONS	VERSEAU	GEMEAUX	SAGITTAIRE	TAUREAU	VERSEAU	CANCER	GEMEAUX	29 GEMEAUX
28 FEVRIER	POISSONS	VERSEAU	GEMEAUX	SAGITTAIRE	TAUREAU	VERSEAU	CANCER	GEMEAUX	14 CANCER
29 FEVRIER	POISSONS	VERSEAU	GEMEAUX	SAGITTAIRE	TAUREAU	VERSEAU	CANCER	GEMEAUX	29 CANCER
1 MARS	POISSONS	VERSEAU	GEMEAUX	SAGITTAIRE	TAUREAU	VERSEAU	CANCER	GEMEAUX	13 LION
2 MARS	POISSONS	VERSEAU	GEMEAUX	SAGITTAIRE	TAUREAU	VERSEAU	CANCER	GEMEAUX	28 LION
3 MARS	POISSONS	VERSEAU	GEMEAUX	SAGITTAIRE	TAUREAU	VERSEAU	CANCER	GEMEAUX	13 VIERGE
4 MARS	POISSONS	VERSEAU	GEMEAUX	SAGITTAIRE	TAUREAU	VERSEAU	CANCER	GEMEAUX	27 VIERGE
5 MARS	POISSONS	VERSEAU	GEMEAUX	SAGITTAIRE	TAUREAU	VERSEAU	CANCER	GEMEAUX	11 BALANCE
6 MARS	POISSONS	VERSEAU	GEMEAUX	SAGITTAIRE	TAUREAU	VERSEAU	CANCER	GEMEAUX	25 BALANCE
7 MARS	POISSONS	VERSEAU	GEMEAUX	SAGITTAIRE	TAUREAU	VERSEAU	CANCER	GEMEAUX	8 SCORPION
8 MARS	POISSONS	VERSEAU	GEMEAUX	SAGITTAIRE	TAUREAU	VERSEAU	CANCER	GEMEAUX	21 SCORPION
9 MARS	POISSONS	VERSEAU	GEMEAUX	SAGITTAIRE	TAUREAU	VERSEAU	CANCER	GEMEAUX	3 SAGITTAIRE
10 MARS	POISSONS	VERSEAU	GEMEAUX	SAGITTAIRE	TAUREAU	VERSEAU	CANCER	GEMEAUX	16 SAGITTAIRE
11 MARS	POISSONS	VERSEAU	GEMEAUX	SAGITTAIRE	TAUREAU	VERSEAU	CANCER	GEMEAUX	28 SAGITTAIRE
12 MARS	BELIER	VERSEAU	GEMEAUX	SAGITTAIRE	TAUREAU	VERSEAU	CANCER	GEMEAUX	9 CAPRICORNE
13 MARS	BELIER	VERSEAU	GEMEAUX	SAGITTAIRE	TAUREAU	VERSEAU	CANCER	GEMEAUX	21 CAPRICORNE
14 MARS	BELIER	VERSEAU	GEMEAUX	SAGITTAIRE	TAUREAU	VERSEAU	CANCER	GEMEAUX	3 VERSEAU
15 MARS	BELIER	VERSEAU	GEMEAUX	SAGITTAIRE	TAUREAU	VERSEAU	CANCER	GEMEAUX	15 VERSEAU
16 MARS	BELIER	VERSEAU	GEMEAUX	SAGITTAIRE	TAUREAU	VERSEAU	CANCER	GEMEAUX	27 VERSEAU
17 MARS	BELIER	VERSEAU	GEMEAUX	SAGITTAIRE	TAUREAU	VERSEAU	CANCER	GEMEAUX	10 POISSONS
18 MARS	BELIER	VERSEAU	GEMEAUX	SAGITTAIRE	TAUREAU	VERSEAU	CANCER	GEMEAUX	22 POISSONS
19 MARS	BELIER	POISSONS	GEMEAUX	SAGITTAIRE	TAUREAU	VERSEAU	CANCER	GEMEAUX	5 BELIER
20 MARS	BELIER	POISSONS	GEMEAUX	SAGITTAIRE	TAUREAU	VERSEAU	CANCER	GEMEAUX	18 BELIER

ENTRE DANS LE SIGNE DES — LE 19 FEVRIER — A 23 h 40
LE SOLEIL — POISSONS — 1912 — * LES CHIFFRES INDIQUENT LES DEGRES
QUITTE LE SIGNE DES — LE 20 MARS — A 23 h 15

1913	MERCURE	VENUS	MARS	JUPITER	SATURNE	URANUS	NEPTUNE	PLUTON	LUNE *
19 FEVRIER	POISSONS	BELIER	VERSEAU	CAPRICORNE	TAUREAU	VERSEAU	CANCER	GEMEAUX	7 LION
20 FEVRIER	POISSONS	BELIER	VERSEAU	CAPRICORNE	TAUREAU	VERSEAU	CANCER	GEMEAUX	23 LION
21 FEVRIER	POISSONS	BELIER	VERSEAU	CAPRICORNE	TAUREAU	VERSEAU	CANCER	GEMEAUX	8 VIERGE
22 FEVRIER	POISSONS	BELIER	VERSEAU	CAPRICORNE	TAUREAU	VERSEAU	CANCER	GEMEAUX	23 VIERGE
23 FEVRIER	POISSONS	BELIER	VERSEAU	CAPRICORNE	TAUREAU	VERSEAU	CANCER	GEMEAUX	8 BALANCE
24 FEVRIER	POISSONS	BELIER	VERSEAU	CAPRICORNE	TAUREAU	VERSEAU	CANCER	GEMEAUX	22 BALANCE
25 FEVRIER	POISSONS	BELIER	VERSEAU	CAPRICORNE	TAUREAU	VERSEAU	CANCER	GEMEAUX	7 SCORPION
26 FEVRIER	POISSONS	BELIER	VERSEAU	CAPRICORNE	TAUREAU	VERSEAU	CANCER	GEMEAUX	20 SCORPION
27 FEVRIER	POISSONS	BELIER	VERSEAU	CAPRICORNE	TAUREAU	VERSEAU	CANCER	GEMEAUX	3 SAGITTAIRE
28 FEVRIER	POISSONS	BELIER	VERSEAU	CAPRICORNE	TAUREAU	VERSEAU	CANCER	GEMEAUX	16 SAGITTAIRE
1 MARS	POISSONS	BELIER	VERSEAU	CAPRICORNE	TAUREAU	VERSEAU	CANCER	GEMEAUX	29 SAGITTAIRE
2 MARS	POISSONS	BELIER	VERSEAU	CAPRICORNE	TAUREAU	VERSEAU	CANCER	GEMEAUX	11 CAPRICORNE
3 MARS	POISSONS	BELIER	VERSEAU	CAPRICORNE	TAUREAU	VERSEAU	CANCER	GEMEAUX	23 CAPRICORNE
4 MARS	POISSONS	BELIER	VERSEAU	CAPRICORNE	TAUREAU	VERSEAU	CANCER	GEMEAUX	5 VERSEAU
5 MARS	BELIER	BELIER	VERSEAU	CAPRICORNE	TAUREAU	VERSEAU	CANCER	GEMEAUX	17 VERSEAU
6 MARS	BELIER	BELIER	VERSEAU	CAPRICORNE	TAUREAU	VERSEAU	CANCER	GEMEAUX	29 VERSEAU
7 MARS	BELIER	TAUREAU	VERSEAU	CAPRICORNE	TAUREAU	VERSEAU	CANCER	GEMEAUX	10 POISSONS
8 MARS	BELIER	TAUREAU	VERSEAU	CAPRICORNE	TAUREAU	VERSEAU	CANCER	GEMEAUX	22 POISSONS
9 MARS	BELIER	TAUREAU	VERSEAU	CAPRICORNE	TAUREAU	VERSEAU	CANCER	GEMEAUX	4 BELIER
10 MARS	BELIER	TAUREAU	VERSEAU	CAPRICORNE	TAUREAU	VERSEAU	CANCER	GEMEAUX	16 FEVRIER
11 MARS	BELIER	TAUREAU	VERSEAU	CAPRICORNE	TAUREAU	VERSEAU	CANCER	GEMEAUX	28 BELIER
12 MARS	BELIER	TAUREAU	VERSEAU	CAPRICORNE	TAUREAU	VERSEAU	CANCER	GEMEAUX	11 TAUREAU
13 MARS	BELIER	TAUREAU	VERSEAU	CAPRICORNE	TAUREAU	VERSEAU	CANCER	GEMEAUX	23 TAUREAU
14 MARS	BELIER	TAUREAU	VERSEAU	CAPRICORNE	TAUREAU	VERSEAU	CANCER	GEMEAUX	6 GEMEAUX
15 MARS	BELIER	TAUREAU	VERSEAU	CAPRICORNE	TAUREAU	VERSEAU	CANCER	GEMEAUX	19 GEMEAUX
16 MARS	BELIER	TAUREAU	VERSEAU	CAPRICORNE	TAUREAU	VERSEAU	CANCER	GEMEAUX	3 CANCER
17 MARS	BELIER	TAUREAU	VERSEAU	CAPRICORNE	TAUREAU	VERSEAU	CANCER	GEMEAUX	17 CANCER
18 MARS	BELIER	TAUREAU	VERSEAU	CAPRICORNE	TAUREAU	VERSEAU	CANCER	GEMEAUX	1 LION
19 MARS	BELIER	TAUREAU	VERSEAU	CAPRICORNE	TAUREAU	VERSEAU	CANCER	GEMEAUX	16 LION
20 MARS	BELIER	TAUREAU	VERSEAU	CAPRICORNE	TAUREAU	VERSEAU	CANCER	GEMEAUX	1 VIERGE
21 MARS	BELIER	TAUREAU	VERSEAU	CAPRICORNE	TAUREAU	VERSEAU	CANCER	GEMEAUX	16 VIERGE

ENTRE DANS LE SIGNE DES — LE 19 FEVRIER — A 5 h 30
LE SOLEIL — POISSONS — 1913 — * LES CHIFFRES INDIQUENT LES DEGRES
QUITTE LE SIGNE DES — LE 21 MARS — A 5 h 05

DECOUVREZ DANS QUEL SIGNE SE TROUVAIENT LES PLANETES A VOTRE NAISSANCE

1914	MERCURE	VENUS	MARS	JUPITER	SATURNE	URANUS	NEPTUNE	PLUTON	LUNE *
19 FEVRIER	POISSONS	POISSONS	CANCER	VERSEAU	GEMEAUX	VERSEAU	CANCER	GEMEAUX	26 SAGITTAIRE
20 FEVRIER	POISSONS	POISSONS	CANCER	VERSEAU	GEMEAUX	VERSEAU	CANCER	GEMEAUX	9 CAPRICORNE
21 FEVRIER	POISSONS	POISSONS	CANCER	VERSEAU	GEMEAUX	VERSEAU	CANCER	GEMEAUX	22 CAPRICORNE
22 FEVRIER	POISSONS	POISSONS	CANCER	VERSEAU	GEMEAUX	VERSEAU	CANCER	GEMEAUX	5 VERSEAU
23 FEVRIER	POISSONS	POISSONS	CANCER	VERSEAU	GEMEAUX	VERSEAU	CANCER	GEMEAUX	17 VERSEAU
24 FEVRIER	POISSONS	POISSONS	CANCER	VERSEAU	GEMEAUX	VERSEAU	CANCER	GEMEAUX	29 VERSEAU
25 FEVRIER	POISSONS	POISSONS	CANCER	VERSEAU	GEMEAUX	VERSEAU	CANCER	GEMEAUX	11 POISSONS
26 FEVRIER	POISSONS	POISSONS	CANCER	VERSEAU	GEMEAUX	VERSEAU	CANCER	GEMEAUX	23 POISSONS
27 FEVRIER	POISSONS	POISSONS	CANCER	VERSEAU	GEMEAUX	VERSEAU	CANCER	GEMEAUX	5 BELIER
28 FEVRIER	POISSONS	POISSONS	CANCER	VERSEAU	GEMEAUX	VERSEAU	CANCER	GEMEAUX	17 BELIER
1 MARS	POISSONS	POISSONS	CANCER	VERSEAU	GEMEAUX	VERSEAU	CANCER	GEMEAUX	29 BELIER
2 MARS	POISSONS	POISSONS	CANCER	VERSEAU	GEMEAUX	VERSEAU	CANCER	GEMEAUX	10 TAUREAU
3 MARS	POISSONS	POISSONS	CANCER	VERSEAU	GEMEAUX	VERSEAU	CANCER	GEMEAUX	22 TAUREAU
4 MARS	POISSONS	POISSONS	CANCER	VERSEAU	GEMEAUX	VERSEAU	CANCER	GEMEAUX	5 GEMEAUX
5 MARS	POISSONS	POISSONS	CANCER	VERSEAU	GEMEAUX	VERSEAU	CANCER	GEMEAUX	17 GEMEAUX
6 MARS	POISSONS	POISSONS	CANCER	VERSEAU	GEMEAUX	VERSEAU	CANCER	GEMEAUX	0 CANCER
7 MARS	POISSONS	POISSONS	CANCER	VERSEAU	GEMEAUX	VERSEAU	CANCER	GEMEAUX	13 CANCER
8 MARS	POISSONS	POISSONS	CANCER	VERSEAU	GEMEAUX	VERSEAU	CANCER	GEMEAUX	27 CANCER
9 MARS	POISSONS	POISSONS	CANCER	VERSEAU	GEMEAUX	VERSEAU	CANCER	GEMEAUX	11 LION
10 MARS	POISSONS	POISSONS	CANCER	VERSEAU	GEMEAUX	VERSEAU	CANCER	GEMEAUX	25 LION
11 MARS	POISSONS	POISSONS	CANCER	VERSEAU	GEMEAUX	VERSEAU	CANCER	GEMEAUX	10 VIERGE
12 MARS	POISSONS	POISSONS	CANCER	VERSEAU	GEMEAUX	VERSEAU	CANCER	GEMEAUX	25 VIERGE
13 MARS	POISSONS	POISSONS	CANCER	VERSEAU	GEMEAUX	VERSEAU	CANCER	GEMEAUX	10 BALANCE
14 MARS	POISSONS	BELIER	CANCER	VERSEAU	GEMEAUX	VERSEAU	CANCER	GEMEAUX	26 BALANCE
15 MARS	POISSONS	BELIER	CANCER	VERSEAU	GEMEAUX	VERSEAU	CANCER	GEMEAUX	10 SCORPION
16 MARS	POISSONS	BELIER	CANCER	VERSEAU	GEMEAUX	VERSEAU	CANCER	GEMEAUX	25 SCORPION
17 MARS	POISSONS	BELIER	CANCER	VERSEAU	GEMEAUX	VERSEAU	CANCER	GEMEAUX	9 SAGITTAIRE
18 MARS	POISSONS	BELIER	CANCER	VERSEAU	GEMEAUX	VERSEAU	CANCER	GEMEAUX	23 SAGITTAIRE
19 MARS	POISSONS	BELIER	CANCER	VERSEAU	GEMEAUX	VERSEAU	CANCER	GEMEAUX	6 CAPRICORNE
20 MARS	POISSONS	BELIER	CANCER	VERSEAU	GEMEAUX	VERSEAU	CANCER	GEMEAUX	19 CAPRICORNE
21 MARS	POISSONS	BELIER	CANCER	VERSEAU	GEMEAUX	VERSEAU	CANCER	GEMEAUX	2 VERSEAU

ENTRE DANS LE SIGNE DES — LE 19 FEVRIER — A 11 h 20
LE SOLEIL — POISSONS — 1914 — * LES CHIFFRES INDIQUENT LES DEGRES
QUITTE LE SIGNE DES — LE 21 MARS — A 11 h 00

1915	MERCURE	VENUS	MARS	JUPITER	SATURNE	URANUS	NEPTUNE	PLUTON	LUNE *
19 FEVRIER	POISSONS	CAPRICORNE	VERSEAU	POISSONS	GEMEAUX	VERSEAU	CANCER	CANCER	1 TAUREAU
20 FEVRIER	POISSONS	CAPRICORNE	VERSEAU	POISSONS	GEMEAUX	VERSEAU	CANCER	CANCER	13 TAUREAU
21 FEVRIER	POISSONS	CAPRICORNE	VERSEAU	POISSONS	GEMEAUX	VERSEAU	CANCER	CANCER	25 TAUREAU
22 FEVRIER	POISSONS	CAPRICORNE	VERSEAU	POISSONS	GEMEAUX	VERSEAU	CANCER	CANCER	7 GEMEAUX
23 FEVRIER	POISSONS	CAPRICORNE	VERSEAU	POISSONS	GEMEAUX	VERSEAU	CANCER	CANCER	19 GEMEAUX
24 FEVRIER	VERSEAU	CAPRICORNE	VERSEAU	POISSONS	GEMEAUX	VERSEAU	CANCER	CANCER	1 CANCER
25 FEVRIER	VERSEAU	CAPRICORNE	VERSEAU	POISSONS	GEMEAUX	VERSEAU	CANCER	CANCER	13 CANCER
26 FEVRIER	VERSEAU	CAPRICORNE	VERSEAU	POISSONS	GEMEAUX	VERSEAU	CANCER	CANCER	26 CANCER
27 FEVRIER	VERSEAU	CAPRICORNE	VERSEAU	POISSONS	GEMEAUX	VERSEAU	CANCER	CANCER	9 LION
28 FEVRIER	VERSEAU	CAPRICORNE	VERSEAU	POISSONS	GEMEAUX	VERSEAU	CANCER	CANCER	22 LION
1 MARS	VERSEAU	CAPRICORNE	VERSEAU	POISSONS	GEMEAUX	VERSEAU	CANCER	CANCER	6 VIERGE
2 MARS	VERSEAU	CAPRICORNE	VERSEAU	POISSONS	GEMEAUX	VERSEAU	CANCER	CANCER	20 VIERGE
3 MARS	VERSEAU	CAPRICORNE	VERSEAU	POISSONS	GEMEAUX	VERSEAU	CANCER	CANCER	4 BALANCE
4 MARS	VERSEAU	CAPRICORNE	VERSEAU	POISSONS	GEMEAUX	VERSEAU	CANCER	CANCER	19 BALANCE
5 MARS	VERSEAU	CAPRICORNE	VERSEAU	POISSONS	GEMEAUX	VERSEAU	CANCER	CANCER	3 SCORPION
6 MARS	VERSEAU	CAPRICORNE	VERSEAU	POISSONS	GEMEAUX	VERSEAU	CANCER	CANCER	18 SCORPION
7 MARS	VERSEAU	VERSEAU	VERSEAU	POISSONS	GEMEAUX	VERSEAU	CANCER	CANCER	2 SAGITTAIRE
8 MARS	VERSEAU	VERSEAU	VERSEAU	POISSONS	GEMEAUX	VERSEAU	CANCER	CANCER	16 SAGITTAIRE
9 MARS	VERSEAU	VERSEAU	VERSEAU	POISSONS	GEMEAUX	VERSEAU	CANCER	CANCER	0 CAPRICORNE
10 MARS	VERSEAU	VERSEAU	POISSONS	POISSONS	GEMEAUX	VERSEAU	CANCER	CANCER	14 CAPRICORNE
11 MARS	VERSEAU	VERSEAU	POISSONS	POISSONS	GEMEAUX	VERSEAU	CANCER	CANCER	28 CAPRICORNE
12 MARS	VERSEAU	VERSEAU	POISSONS	POISSONS	GEMEAUX	VERSEAU	CANCER	CANCER	11 VERSEAU
13 MARS	VERSEAU	VERSEAU	POISSONS	POISSONS	GEMEAUX	VERSEAU	CANCER	CANCER	24 VERSEAU
14 MARS	VERSEAU	VERSEAU	POISSONS	POISSONS	GEMEAUX	VERSEAU	CANCER	CANCER	7 POISSONS
15 MARS	VERSEAU	VERSEAU	POISSONS	POISSONS	GEMEAUX	VERSEAU	CANCER	CANCER	20 POISSONS
16 MARS	VERSEAU	VERSEAU	POISSONS	POISSONS	GEMEAUX	VERSEAU	CANCER	CANCER	2 BELIER
17 MARS	VERSEAU	VERSEAU	POISSONS	POISSONS	GEMEAUX	VERSEAU	CANCER	CANCER	15 BELIER
18 MARS	VERSEAU	VERSEAU	POISSONS	POISSONS	GEMEAUX	VERSEAU	CANCER	CANCER	27 BELIER
19 MARS	POISSONS	VERSEAU	POISSONS	POISSONS	GEMEAUX	VERSEAU	CANCER	CANCER	9 TAUREAU
20 MARS	POISSONS	VERSEAU	POISSONS	POISSONS	GEMEAUX	VERSEAU	CANCER	CANCER	21 TAUREAU
21 MARS	POISSONS	VERSEAU	POISSONS	POISSONS	GEMEAUX	VERSEAU	CANCER	CANCER	3 GEMEAUX

ENTRE DANS LE SIGNE DES — LE 19 FEVRIER — A 17 h 10
LE SOLEIL — POISSONS — 1915 — * LES CHIFFRES INDIQUENT LES DEGRES
QUITTE LE SIGNE DES — LE 21 MARS — A 16 h 35

DECOUVREZ DANS QUEL SIGNE SE TROUVAIENT LES PLANETES A VOTRE NAISSANCE

1916	MERCURE	VENUS	MARS	JUPITER	SATURNE	URANUS	NEPTUNE	PLUTON	LUNE *
19 FEVRIER	VERSEAU	BELIER	LION	BELIER	CANCER	VERSEAU	LION	CANCER	4 VIERGE
20 FEVRIER	VERSEAU	BELIER	LION	BELIER	CANCER	VERSEAU	LION	CANCER	17 VIERGE
21 FEVRIER	VERSEAU	BELIER	LION	BELIER	CANCER	VERSEAU	LION	CANCER	0 BALANCE
22 FEVRIER	VERSEAU	BELIER	LION	BELIER	CANCER	VERSEAU	LION	CANCER	13 BALANCE
23 FEVRIER	VERSEAU	BELIER	LION	BELIER	CANCER	VERSEAU	LION	CANCER	26 BALANCE
24 FEVRIER	VERSEAU	BELIER	LION	BELIER	CANCER	VERSEAU	LION	CANCER	10 SCORPION
25 FEVRIER	VERSEAU	BELIER	LION	BELIER	CANCER	VERSEAU	LION	CANCER	24 SCORPION
26 FEVRIER	VERSEAU	BELIER	LION	BELIER	CANCER	VERSEAU	LION	CANCER	8 SAGITTAIRE
27 FEVRIER	VERSEAU	BELIER	LION	BELIER	CANCER	VERSEAU	LION	CANCER	22 SAGITTAIRE
28 FEVRIER	VERSEAU	BELIER	LION	BELIER	CANCER	VERSEAU	LION	CANCER	6 CAPRICORNE
29 FEVRIER	VERSEAU	BELIER	LION	BELIER	CANCER	VERSEAU	LION	CANCER	20 CAPRICORNE
1 MARS	VERSEAU	BELIER	LION	BELIER	CANCER	VERSEAU	LION	CANCER	5 VERSEAU
2 MARS	VERSEAU	BELIER	LION	BELIER	CANCER	VERSEAU	LION	CANCER	19 VERSEAU
3 MARS	VERSEAU	BELIER	LION	BELIER	CANCER	VERSEAU	LION	CANCER	4 POISSONS
4 MARS	VERSEAU	BELIER	LION	BELIER	CANCER	VERSEAU	LION	CANCER	18 POISSONS
5 MARS	VERSEAU	BELIER	LION	BELIER	CANCER	VERSEAU	LION	CANCER	1 BELIER
6 MARS	VERSEAU	BELIER	LION	BELIER	CANCER	VERSEAU	LION	CANCER	15 BELIER
7 MARS	VERSEAU	BELIER	LION	BELIER	CANCER	VERSEAU	LION	CANCER	28 BELIER
8 MARS	VERSEAU	BELIER	LION	BELIER	CANCER	VERSEAU	LION	CANCER	11 TAUREAU
9 MARS	VERSEAU	BELIER	LION	BELIER	CANCER	VERSEAU	LION	CANCER	23 TAUREAU
10 MARS	VERSEAU	TAUREAU	LION	BELIER	CANCER	VERSEAU	LION	CANCER	5 GEMEAUX
11 MARS	VERSEAU	TAUREAU	LION	BELIER	CANCER	VERSEAU	LION	CANCER	17 GEMEAUX
12 MARS	VERSEAU	TAUREAU	LION	BELIER	CANCER	VERSEAU	LION	CANCER	29 GEMEAUX
13 MARS	VERSEAU	TAUREAU	LION	BELIER	CANCER	VERSEAU	LION	CANCER	11 CANCER
14 MARS	VERSEAU	TAUREAU	LION	BELIER	CANCER	VERSEAU	LION	CANCER	23 CANCER
15 MARS	POISSONS	TAUREAU	LION	BELIER	CANCER	VERSEAU	LION	CANCER	5 LION
16 MARS	POISSONS	TAUREAU	LION	BELIER	CANCER	VERSEAU	LION	CANCER	17 LION
17 MARS	POISSONS	TAUREAU	LION	BELIER	CANCER	VERSEAU	LION	CANCER	0 VIERGE
18 MARS	POISSONS	TAUREAU	LION	BELIER	CANCER	VERSEAU	LION	CANCER	12 VIERGE
19 MARS	POISSONS	TAUREAU	LION	BELIER	CANCER	VERSEAU	LION	CANCER	25 VIERGE
20 MARS	POISSONS	TAUREAU	LION	BELIER	CANCER	VERSEAU	CANCER	CANCER	9 BALANCE

LE SOLEIL ENTRE DANS LE SIGNE DES POISSONS LE 19 FEVRIER 1916 A 23 h 00
LE SOLEIL QUITTE LE SIGNE DES POISSONS LE 20 MARS 1916 A 22 h 30

* LES CHIFFRES INDIQUENT LES DEGRES

1917	MERCURE	VENUS	MARS	JUPITER	SATURNE	URANUS	NEPTUNE	PLUTON	LUNE *
19 FEVRIER	VERSEAU	VERSEAU	POISSONS	TAUREAU	CANCER	VERSEAU	LION	CANCER	28 CAPRICORNE
20 FEVRIER	VERSEAU	VERSEAU	POISSONS	TAUREAU	CANCER	VERSEAU	LION	CANCER	13 VERSEAU
21 FEVRIER	VERSEAU	VERSEAU	POISSONS	TAUREAU	CANCER	VERSEAU	LION	CANCER	28 VERSEAU
22 FEVRIER	VERSEAU	VERSEAU	POISSONS	TAUREAU	CANCER	VERSEAU	LION	CANCER	13 POISSONS
23 FEVRIER	VERSEAU	VERSEAU	POISSONS	TAUREAU	CANCER	VERSEAU	LION	CANCER	28 POISSONS
24 FEVRIER	VERSEAU	VERSEAU	POISSONS	TAUREAU	CANCER	VERSEAU	LION	CANCER	13 BELIER
25 FEVRIER	VERSEAU	VERSEAU	POISSONS	TAUREAU	CANCER	VERSEAU	LION	CANCER	27 BELIER
26 FEVRIER	VERSEAU	VERSEAU	POISSONS	TAUREAU	CANCER	VERSEAU	LION	CANCER	11 TAUREAU
27 FEVRIER	VERSEAU	VERSEAU	POISSONS	TAUREAU	CANCER	VERSEAU	LION	CANCER	24 TAUREAU
28 FEVRIER	VERSEAU	VERSEAU	POISSONS	TAUREAU	CANCER	VERSEAU	LION	CANCER	7 GEMEAUX
1 MARS	VERSEAU	VERSEAU	POISSONS	TAUREAU	CANCER	VERSEAU	LION	CANCER	19 GEMEAUX
2 MARS	VERSEAU	VERSEAU	POISSONS	TAUREAU	CANCER	VERSEAU	LION	CANCER	1 CANCER
3 MARS	VERSEAU	VERSEAU	POISSONS	TAUREAU	CANCER	VERSEAU	LION	CANCER	13 CANCER
4 MARS	VERSEAU	VERSEAU	POISSONS	TAUREAU	CANCER	VERSEAU	LION	CANCER	25 CANCER
5 MARS	VERSEAU	POISSONS	POISSONS	TAUREAU	CANCER	VERSEAU	LION	CANCER	7 LION
6 MARS	VERSEAU	POISSONS	POISSONS	TAUREAU	CANCER	VERSEAU	LION	CANCER	19 LION
7 MARS	VERSEAU	POISSONS	POISSONS	TAUREAU	CANCER	VERSEAU	LION	CANCER	0 VIERGE
8 MARS	VERSEAU	POISSONS	POISSONS	TAUREAU	CANCER	VERSEAU	LION	CANCER	12 VIERGE
9 MARS	POISSONS	POISSONS	POISSONS	TAUREAU	CANCER	VERSEAU	LION	CANCER	25 VIERGE
10 MARS	POISSONS	POISSONS	POISSONS	TAUREAU	CANCER	VERSEAU	LION	CANCER	7 BALANCE
11 MARS	POISSONS	POISSONS	POISSONS	TAUREAU	CANCER	VERSEAU	LION	CANCER	19 BALANCE
12 MARS	POISSONS	POISSONS	POISSONS	TAUREAU	CANCER	VERSEAU	LION	CANCER	2 SCORPION
13 MARS	POISSONS	POISSONS	POISSONS	TAUREAU	CANCER	VERSEAU	LION	CANCER	15 SCORPION
14 MARS	POISSONS	POISSONS	POISSONS	TAUREAU	CANCER	VERSEAU	LION	CANCER	28 SCORPION
15 MARS	POISSONS	POISSONS	POISSONS	TAUREAU	CANCER	VERSEAU	LION	CANCER	11 SAGITTAIRE
16 MARS	POISSONS	POISSONS	POISSONS	TAUREAU	CANCER	VERSEAU	LION	CANCER	25 SAGITTAIRE
17 MARS	POISSONS	POISSONS	POISSONS	TAUREAU	CANCER	VERSEAU	LION	CANCER	9 CAPRICORNE
18 MARS	POISSONS	POISSONS	POISSONS	TAUREAU	CANCER	VERSEAU	LION	CANCER	23 CAPRICORNE
19 MARS	POISSONS	POISSONS	POISSONS	TAUREAU	CANCER	VERSEAU	LION	CANCER	7 VERSEAU
20 MARS	POISSONS	POISSONS	POISSONS	TAUREAU	CANCER	VERSEAU	LION	CANCER	22 VERSEAU
21 MARS	POISSONS	POISSONS	POISSONS	TAUREAU	CANCER	VERSEAU	LION	CANCER	7 POISSONS

LE SOLEIL ENTRE DANS LE SIGNE DES POISSONS LE 19 FEVRIER 1917 A 4 h 50
LE SOLEIL QUITTE LE SIGNE DES POISSONS LE 21 MARS 1917 4 h 20

* LES CHIFFRES INDIQUENT LES DEGRES

DECOUVREZ DANS QUEL SIGNE SE TROUVAIENT LES PLANETES A VOTRE NAISSANCE

1918	MERCURE	VENUS	MARS	JUPITER	SATURNE	URANUS	NEPTUNE	PLUTON	LUNE *
19 FEVRIER	VERSEAU	VERSEAU	BALANCE	GEMEAUX	LION	VERSEAU	LION	CANCER	18 GEMEAUX
20 FEVRIER	VERSEAU	VERSEAU	BALANCE	GEMEAUX	LION	VERSEAU	LION	CANCER	0 CANCER
21 FEVRIER	VERSEAU	VERSEAU	BALANCE	GEMEAUX	LION	VERSEAU	LION	CANCER	13 CANCER
22 FEVRIER	VERSEAU	VERSEAU	BALANCE	GEMEAUX	LION	VERSEAU	LION	CANCER	25 CANCER
23 FEVRIER	VERSEAU	VERSEAU	BALANCE	GEMEAUX	LION	VERSEAU	LION	CANCER	7 LION
24 FEVRIER	VERSEAU	VERSEAU	BALANCE	GEMEAUX	LION	VERSEAU	LION	CANCER	19 LION
25 FEVRIER	VERSEAU	VERSEAU	BALANCE	GEMEAUX	LION	VERSEAU	LION	CANCER	1 VIERGE
26 FEVRIER	VERSEAU	VERSEAU	VIERGE	GEMEAUX	LION	VERSEAU	LION	CANCER	13 VIERGE
27 FEVRIER	VERSEAU	VERSEAU	VIERGE	GEMEAUX	LION	VERSEAU	LION	CANCER	25 VIERGE
28 FEVRIER	VERSEAU	VERSEAU	VIERGE	GEMEAUX	LION	VERSEAU	LION	CANCER	7 BALANCE
1 MARS	POISSONS	VERSEAU	VIERGE	GEMEAUX	LION	VERSEAU	LION	CANCER	19 BALANCE
2 MARS	POISSONS	VERSEAU	VIERGE	GEMEAUX	LION	VERSEAU	LION	CANCER	1 SCORPION
3 MARS	POISSONS	VERSEAU	VIERGE	GEMEAUX	LION	VERSEAU	LION	CANCER	13 SCORPION
4 MARS	POISSONS	VERSEAU	VIERGE	GEMEAUX	LION	VERSEAU	LION	CANCER	25 SCORPION
5 MARS	POISSONS	VERSEAU	VIERGE	GEMEAUX	LION	VERSEAU	LION	CANCER	8 SAGITTAIRE
6 MARS	POISSONS	VERSEAU	VIERGE	GEMEAUX	LION	VERSEAU	LION	CANCER	20 SAGITTAIRE
7 MARS	POISSONS	VERSEAU	VIERGE	GEMEAUX	LION	VERSEAU	LION	CANCER	4 CAPRICORNE
8 MARS	POISSONS	VERSEAU	VIERGE	GEMEAUX	LION	VERSEAU	LION	CANCER	17 CAPRICORNE
9 MARS	POISSONS	VERSEAU	VIERGE	GEMEAUX	LION	VERSEAU	LION	CANCER	1 VERSEAU
10 MARS	POISSONS	VERSEAU	VIERGE	GEMEAUX	LION	VERSEAU	LION	CANCER	16 VERSEAU
11 MARS	POISSONS	VERSEAU	VIERGE	GEMEAUX	LION	VERSEAU	LION	CANCER	1 POISSONS
12 MARS	POISSONS	VERSEAU	VIERGE	GEMEAUX	LION	VERSEAU	LION	CANCER	16 POISSONS
13 MARS	POISSONS	VERSEAU	VIERGE	GEMEAUX	LION	VERSEAU	LION	CANCER	1 BELIER
14 MARS	POISSONS	VERSEAU	VIERGE	GEMEAUX	LION	VERSEAU	LION	CANCER	17 BELIER
15 MARS	POISSONS	VERSEAU	VIERGE	GEMEAUX	LION	VERSEAU	LION	CANCER	2 TAUREAU
16 MARS	POISSONS	VERSEAU	VIERGE	GEMEAUX	LION	VERSEAU	LION	CANCER	16 TAUREAU
17 MARS	BELIER	VERSEAU	VIERGE	GEMEAUX	LION	VERSEAU	LION	CANCER	0 GEMEAUX
18 MARS	BELIER	VERSEAU	VIERGE	GEMEAUX	LION	VERSEAU	LION	CANCER	14 GEMEAUX
19 MARS	BELIER	VERSEAU	VIERGE	GEMEAUX	LION	VERSEAU	LION	CANCER	27 GEMEAUX
20 MARS	BELIER	VERSEAU	VIERGE	GEMEAUX	LION	VERSEAU	LION	CANCER	10 CANCER
21 MARS	BELIER	VERSEAU	VIERGE	GEMEAUX	LION	VERSEAU	LION	CANCER	22 CANCER

LE SOLEIL ENTRE DANS LE SIGNE DES POISSONS LE 19 FEVRIER 1918 A 10 h 40
LE SOLEIL QUITTE LE SIGNE DES POISSONS LE 21 MARS 1918 A 10 h 10

* LES CHIFFRES INDIQUENT LES DEGRES

1919	MERCURE	VENUS	MARS	JUPITER	SATURNE	URANUS	NEPTUNE	PLUTON	LUNE *
19 FEVRIER	VERSEAU	POISSONS	POISSONS	CANCER	LION	VERSEAU	LION	CANCER	21 BALANCE
20 FEVRIER	VERSEAU	POISSONS	POISSONS	CANCER	LION	VERSEAU	LION	CANCER	3 SCORPION
21 FEVRIER	VERSEAU	POISSONS	POISSONS	CANCER	LION	VERSEAU	LION	CANCER	14 SCORPION
22 FEVRIER	POISSONS	POISSONS	POISSONS	CANCER	LION	VERSEAU	LION	CANCER	26 SCORPION
23 FEVRIER	POISSONS	POISSONS	POISSONS	CANCER	LION	VERSEAU	LION	CANCER	8 SAGITTAIRE
24 FEVRIER	POISSONS	POISSONS	POISSONS	CANCER	LION	VERSEAU	LION	CANCER	20 SAGITTAIRE
25 FEVRIER	POISSONS	POISSONS	POISSONS	CANCER	LION	VERSEAU	LION	CANCER	3 CAPRICORNE
26 FEVRIER	POISSONS	POISSONS	POISSONS	CANCER	LION	VERSEAU	LION	CANCER	16 CAPRICORNE
27 FEVRIER	POISSONS	BELIER	POISSONS	CANCER	LION	VERSEAU	LION	CANCER	29 CAPRICORNE
28 FEVRIER	POISSONS	BELIER	POISSONS	CANCER	LION	VERSEAU	LION	CANCER	12 VERSEAU
1 MARS	POISSONS	BELIER	POISSONS	CANCER	LION	VERSEAU	LION	CANCER	27 VERSEAU
2 MARS	POISSONS	BELIER	POISSONS	CANCER	LION	VERSEAU	LION	CANCER	11 POISSONS
3 MARS	POISSONS	BELIER	POISSONS	CANCER	LION	VERSEAU	LION	CANCER	26 POISSONS
4 MARS	POISSONS	BALIER	POISSONS	CANCER	LION	VERSEAU	LION	CANCER	10 BELIER
5 MARS	POISSONS	BELIER	POISSONS	CANCER	LION	VERSEAU	LION	CANCER	25 BELIER
6 MARS	POISSONS	BELIER	POISSONS	CANCER	LION	VERSEAU	LION	CANCER	10 TAUREAU
7 MARS	POISSONS	BELIER	BELIER	CANCER	LION	VERSEAU	LION	CANCER	24 TAUREAU
8 MARS	POISSONS	BELIER	BELIER	CANCER	LION	VERSEAU	LION	CANCER	8 GEMEAUX
9 MARS	BELIER	BELIER	BELIER	CANCER	LION	VERSEAU	LION	CANCER	22 GEMEAUX
10 MARS	BELIER	BELIER	BELIER	CANCER	LION	VERSEAU	LION	CANCER	6 CANCER
11 MARS	BELIER	BELIER	BELIER	CANCER	LION	VERSEAU	LION	CANCER	19 CANCER
12 MARS	BELIER	BELIER	BELIER	CANCER	LION	VERSEAU	LION	CANCER	2 LION
13 MARS	BELIER	BELIER	BELIER	CANCER	LION	VERSEAU	LION	CANCER	15 LION
14 MARS	BELIER	BELIER	BELIER	CANCER	LION	VERSEAU	LION	CANCER	28 LION
15 MARS	BELIER	BELIER	BELIER	CANCER	LION	VERSEAU	LION	CANCER	10 VIERGE
16 MARS	BELIER	BELIER	BELIER	CANCER	LION	VERSEAU	LION	CANCER	23 VIERGE
17 MARS	BELIER	BELIER	BELIER	CANCER	LION	VERSEAU	LION	CANCER	5 BALANCE
18 MARS	BELIER	BELIER	BELIER	CANCER	LION	VERSEAU	LION	CANCER	17 BALANCE
19 MARS	BELIER	BELIER	BELIER	CANCER	LION	VERSEAU	LION	CANCER	29 BALANCE
20 MARS	BELIER	BELIER	BELIER	CANCER	LION	VERSEAU	LION	CANCER	11 SCORPION
21 MARS	BELIER	BELIER	BELIER	CANCER	LION	VERSEAU	LION	CANCER	23 SCORPION

LE SOLEIL ENTRE DANS LE SIGNE DES POISSONS LE 19 FEVRIER 1919 A 16 h 30
LE SOLEIL QUITTE LE SIGNE DES POISSONS LE 21 MARS 1919 A 16 h 00

* LES CHIFFRES INDIQUENT LES DEGRES

DECOUVREZ DANS QUEL SIGNE SE TROUVAIENT LES PLANETES A VOTRE NAISSANCE

1920	MERCURE	VENUS	MARS	JUPITER	SATURNE	URANUS	NEPTUNE	PLUTON	LUNE *
19 FEVRIER	POISSONS	CAPRICORNE	SCORPION	LION	VIERGE	POISSONS	LION	CANCER	24 VERSEAU
20 FEVRIER	POISSONS	CAPRICORNE	SCORPION	LION	VIERGE	POISSONS	LION	CANCER	8 POISSONS
21 FEVRIER	POISSONS	CAPRICORNE	SCORPION	LION	VIERGE	POISSONS	LION	CANCER	21 POISSONS
22 FEVRIER	POISSONS	CAPRICORNE	SCORPION	LION	VIERGE	POISSONS	LION	CANCER	4 BELIER
23 FEVRIER	POISSONS	VERSEAU	SCORPION	LION	VIERGE	POISSONS	LION	CANCER	18 BELIER
24 FEVRIER	POISSONS	VERSEAU	SCORPION	LION	VIERGE	POISSONS	LION	CANCER	2 TAUREAU
25 FEVRIER	POISSONS	VERSEAU	SCORPION	LION	VIERGE	POISSONS	LION	CANCER	16 TAUREAU
26 FEVRIER	POISSONS	VERSEAU	SCORPION	LION	VIERGE	POISSONS	LION	CANCER	0 GEMEAUX
27 FEVRIER	POISSONS	VERSEAU	SCORPION	LION	VIERGE	POISSONS	LION	CANCER	14 GEMEAUX
28 FEVRIER	POISSONS	VERSEAU	SCORPION	LION	VIERGE	POISSONS	LION	CANCER	28 GEMEAUX
29 FEVRIER	POISSONS	VERSEAU	SCORPION	LION	VIERGE	POISSONS	LION	CANCER	12 CANCER
1 MARS	POISSONS	VERSEAU	SCORPION	LION	VIERGE	POISSONS	LION	CANCER	26 CANCER
2 MARS	POISSONS	VERSEAU	SCORPION	LION	VIERGE	POISSONS	LION	CANCER	11 LION
3 MARS	BELIER	VERSEAU	SCORPION	LION	VIERGE	POISSONS	LION	CANCER	25 LION
4 MARS	BELIER	VERSEAU	SCORPION	LION	VIERGE	POISSONS	LION	CANCER	8 VIERGE
5 MARS	BELIER	VERSEAU	SCORPION	LION	VIERGE	POISSONS	LION	CANCER	22 VIERGE
6 MARS	BELIER	VERSEAU	SCORPION	LION	VIERGE	POISSONS	LION	CANCER	5 BALANCE
7 MARS	BELIER	VERSEAU	SCORPION	LION	VIERGE	POISSONS	LION	CANCER	18 BALANCE
8 MARS	BELIER	VERSEAU	SCORPION	LION	VIERGE	POISSONS	LION	CANCER	1 SCORPION
9 MARS	BELIER	VERSEAU	SCORPION	LION	VIERGE	POISSONS	LION	CANCER	13 SCORPION
10 MARS	BELIER	VERSEAU	SCORPION	LION	VIERGE	POISSONS	LION	CANCER	25 SCORPION
11 MARS	BELIER	VERSEAU	SCORPION	LION	VIERGE	POISSONS	LION	CANCER	7 SAGITTAIRE
12 MARS	BELIER	VERSEAU	SCORPION	LION	VIERGE	POISSONS	LION	CANCER	19 SAGITTAIRE
13 MARS	BELIER	VERSEAU	SCORPION	LION	VIERGE	POISSONS	LION	CANCER	0 CAPRICORNE
14 MARS	BELIER	VERSEAU	SCORPION	LION	VIERGE	POISSONS	LION	CANCER	12 CAPRICORNE
15 MARS	BELIER	VERSEAU	SCORPION	LION	VIERGE	POISSONS	LION	CANCER	25 CAPRICORNE
16 MARS	BELIER	VERSEAU	SCORPION	LION	VIERGE	POISSONS	LION	CANCER	7 VERSEAU
17 MARS	BELIER	VERSEAU	SCORPION	LION	VIERGE	POISSONS	LION	CANCER	20 VERSEAU
18 MARS	BELIER	VERSEAU	SCORPION	LION	VIERGE	POISSONS	LION	CANCER	3 POISSONS
19 MARS	BELIER	POISSONS	SCORPION	LION	VIERGE	POISSONS	LION	CANCER	16 POISSONS
20 MARS	POISSONS	POISSONS	SCORPION	LION	VIERGE	POISSONS	LION	CANCER	0 BELIER

LE SOLEIL ENTRE DANS LE SIGNE DES POISSONS LE 19 FEVRIER 1920 A 22 h 15
LE SOLEIL QUITTE LE SIGNE DES POISSONS LE 20 MARS 1920 A 21 h 45
* LES CHIFFRES INDIQUENT LES DEGRES

1921	MERCURE	VENUS	MARS	JUPITER	SATURNE	URANUS	NEPTUNE	PLUTON	LUNE *
19 FEVRIER	POISSONS	BELIER	BELIER	VIERGE	VIERGE	POISSONS	LION	CANCER	19 CANCER
20 FEVRIER	POISSONS	BELIER	BELIER	VIERGE	VIERGE	POISSONS	LION	CANCER	4 LION
21 FEVRIER	POISSONS	BELIER	BELIER	VIERGE	VIERGE	POISSONS	LION	CANCER	19 LION
22 FEVRIER	POISSONS	BELIER	BELIER	VIERGE	VIERGE	POISSONS	LION	CANCER	4 VIERGE
23 FEVRIER	POISSONS	BELIER	BELIER	VIERGE	VIERGE	POISSONS	LION	CANCER	19 VIERGE
24 FEVRIER	POISSONS	BELIER	BELIER	VIERGE	VIERGE	POISSONS	LION	CANCER	4 BALANCE
25 FEVRIER	POISSONS	BELIER	BELIER	VIERGE	VIERGE	POISSONS	LION	CANCER	18 BALANCE
26 FEVRIER	POISSONS	BELIER	BELIER	VIERGE	VIERGE	POISSONS	LION	CANCER	1 SCORPION
27 FEVRIER	POISSONS	BELIER	BELIER	VIERGE	VIERGE	POISSONS	LION	CANCER	14 SCORPION
28 FEVRIER	POISSONS	BELIER	BELIER	VIERGE	VIERGE	POISSONS	LION	CANCER	27 SCORPION
1 MARS	POISSONS	BELIER	BELIER	VIERGE	VIERGE	POISSONS	LION	CANCER	9 SAGITTAIRE
2 MARS	POISSONS	BELIER	BELIER	VIERGE	VIERGE	POISSONS	LION	CANCER	21 SAGITTAIRE
3 MARS	POISSONS	BELIER	BELIER	VIERGE	VIERGE	POISSONS	LION	CANCER	3 CAPRICORNE
4 MARS	POISSONS	BELIER	BELIER	VIERGE	VIERGE	POISSONS	LION	CANCER	15 CAPRICORNE
5 MARS	POISSONS	BELIER	BELIER	VIERGE	VIERGE	POISSONS	LION	CANCER	27 CAPRICORNE
6 MARS	POISSONS	BELIER	BELIER	VIERGE	VIERGE	POISSONS	LION	CANCER	9 VERSEAU
7 MARS	POISSONS	TAUREAU	BELIER	VIERGE	VIERGE	POISSONS	LION	CANCER	21 VERSEAU
8 MARS	POISSONS	TAUREAU	BELIER	VIERGE	VIERGE	POISSONS	LION	CANCER	3 POISSONS
9 MARS	POISSONS	TAUREAU	BELIER	VIERGE	VIERGE	POISSONS	LION	CANCER	15 POISSONS
10 MARS	POISSONS	TAUREAU	BELIER	VIERGE	VIERGE	POISSONS	LION	CANCER	28 POISSONS
11 MARS	POISSONS	TAUREAU	BELIER	VIERGE	VIERGE	POISSONS	LION	CANCER	10 BELIER
12 MARS	POISSONS	TAUREAU	BELIER	VIERGE	VIERGE	POISSONS	LION	CANCER	23 BELIER
13 MARS	POISSONS	TAUREAU	BELIER	VIERGE	VIERGE	POISSONS	LION	CANCER	6 TAUREAU
14 MARS	POISSONS	TAUREAU	BELIER	VIERGE	VIERGE	POISSONS	LION	CANCER	19 TAUREAU
15 MARS	POISSONS	TAUREAU	BELIER	VIERGE	VIERGE	POISSONS	LION	CANCER	3 GEMEAUX
16 MARS	POISSONS	TAUREAU	BELIER	VIERGE	VIERGE	POISSONS	LION	CANCER	17 GEMEAUX
17 MARS	POISSONS	TAUREAU	BELIER	VIERGE	VIERGE	POISSONS	LION	CANCER	0 CANCER
18 MARS	POISSONS	TAUREAU	BELIER	VIERGE	VIERGE	POISSONS	LION	CANCER	15 CANCER
19 MARS	POISSONS	TAUREAU	BELIER	VIERGE	VIERGE	POISSONS	LION	CANCER	29 CANCER
20 MARS	POISSONS	TAUREAU	BELIER	VIERGE	VIERGE	POISSONS	LION	CANCER	14 LION
21 MARS	POISSONS	TAUREAU	BELIER	VIERGE	VIERGE	POISSONS	LION	CANCER	28 LION

LE SOLEIL ENTRE DANS LE SIGNE DES POISSONS LE 19 FEVRIER 1921 A 4 h 05
LE SOLEIL QUITTE LE SIGNE DES POISSONS LE 21 MARS 1921 A 3 h 35
* LES CHIFFRES INDIQUENT LES DEGRES

DECOUVREZ DANS QUEL SIGNE SE TROUVAIENT LES PLANETES A VOTRE NAISSANCE

1922	MERCURE	VENUS	MARS	JUPITER	SATURNE	URANUS	NEPTUNE	PLUTON	LUNE *
19 FEVRIER	VERSEAU	POISSONS	SAGITTAIRE	BALANCE	BALANCE	POISSONS	LION	CANCER	9 SAGITTAIRE
20 FEVRIER	VERSEAU	POISSONS	SAGITTAIRE	BALANCE	BALANCE	POISSONS	LION	CANCER	21 SAGITTAIRE
21 FEVRIER	VERSEAU	POISSONS	SAGITTAIRE	BALANCE	BALANCE	POISSONS	LION	CANCER	4 CAPRICORNE
22 FEVRIER	VERSEAU	POISSONS	SAGITTAIRE	BALANCE	BALANCE	POISSONS	LION	CANCER	16 CAPRICORNE
23 FEVRIER	VERSEAU	POISSONS	SAGITTAIRE	BALANCE	BALANCE	POISSONS	LION	CANCER	28 CAPRICORNE
24 FEVRIER	VERSEAU	POISSONS	SAGITTAIRE	BALANCE	BALANCE	POISSONS	LION	CANCER	10 VERSEAU
25 FEVRIER	VERSEAU	POISSONS	SAGITTAIRE	BALANCE	BALANCE	POISSONS	LION	CANCER	22 VERSEAU
26 FEVRIER	VERSEAU	POISSONS	SAGITTAIRE	BALANCE	BALANCE	POISSONS	LION	CANCER	4 POISSONS
27 FEVRIER	VERSEAU	POISSONS	SAGITTAIRE	BALANCE	BALANCE	POISSONS	LION	CANCER	16 POISSONS
28 FEVRIER	VERSEAU	POISSONS	SAGITTAIRE	BALANCE	BALANCE	POISSONS	LION	CANCER	27 POISSONS
1 MARS	VERSEAU	POISSONS	SAGITTAIRE	BALANCE	BALANCE	POISSONS	LION	CANCER	9 BELIER
2 MARS	VERSEAU	POISSONS	SAGITTAIRE	BALANCE	BALANCE	POISSONS	LION	CANCER	21 BELIER
3 MARS	VERSEAU	POISSONS	SAGITTAIRE	BALANCE	BALANCE	POISSONS	LION	CANCER	3 TAUREAU
4 MARS	VERSEAU	POISSONS	SAGITTAIRE	BALANCE	BALANCE	POISSONS	LION	CANCER	16 TAUREAU
5 MARS	VERSEAU	POISSONS	SAGITTAIRE	BALANCE	BALANCE	POISSONS	LION	CANCER	28 TAUREAU
6 MARS	VERSEAU	POISSONS	SAGITTAIRE	BALANCE	BALANCE	POISSONS	LION	CANCER	11 GEMEAUX
7 MARS	VERSEAU	POISSONS	SAGITTAIRE	BALANCE	BALANCE	POISSONS	LION	CANCER	24 GEMEAUX
8 MARS	VERSEAU	POISSONS	SAGITTAIRE	BALANCE	BALANCE	POISSONS	LION	CANCER	8 CANCER
9 MARS	VERSEAU	POISSONS	SAGITTAIRE	BALANCE	BALANCE	POISSONS	LION	CANCER	22 CANCER
10 MARS	VERSEAU	POISSONS	SAGITTAIRE	BALANCE	BALANCE	POISSONS	LION	CANCER	7 LION
11 MARS	VERSEAU	POISSONS	SAGITTAIRE	BALANCE	BALANCE	POISSONS	LION	CANCER	22 LION
12 MARS	VERSEAU	POISSONS	SAGITTAIRE	BALANCE	BALANCE	POISSONS	LION	CANCER	7 VIERGE
13 MARS	VERSEAU	BELIER	SAGITTAIRE	BALANCE	BALANCE	POISSONS	LION	CANCER	22 VIERGE
14 MARS	VERSEAU	BELIER	SAGITTAIRE	BALANCE	BALANCE	POISSONS	LION	CANCER	7 BALANCE
15 MARS	VERSEAU	BELIER	SAGITTAIRE	BALANCE	BALANCE	POISSONS	LION	CANCER	22 BALANCE
16 MARS	VERSEAU	BELIER	SAGITTAIRE	BALANCE	BALANCE	POISSONS	LION	CANCER	7 SCORPION
17 MARS	VERSEAU	BELIER	SAGITTAIRE	BALANCE	BALANCE	POISSONS	LION	CANCER	21 SCORPION
18 MARS	POISSONS	BELIER	SAGITTAIRE	BALANCE	BALANCE	POISSONS	LION	CANCER	4 SAGITTAIRE
19 MARS	POISSONS	BELIER	SAGITTAIRE	BALANCE	BALANCE	POISSONS	LION	CANCER	18 SAGITTAIRE
20 MARS	POISSONS	BELIER	SAGITTAIRE	BALANCE	BALANCE	POISSONS	LION	CANCER	0 CAPRICORNE
21 MARS	POISSONS	BELIER	SAGITTAIRE	BALANCE	BALANCE	POISSONS	LION	CANCER	13 CAPRICORNE

LE SOLEIL ENTRE DANS LE SIGNE DES POISSONS LE 19 FEVRIER 1922 A 10 h 00
LE SOLEIL QUITTE LE SIGNE DES POISSONS LE 21 MARS 1922 9 h 35

* LES CHIFFRES INDIQUENT LES DEGRES

1923	MERCURE	VENUS	MARS	JUPITER	SATURNE	URANUS	NEPTUNE	PLUTON	LUNE *
19 FEVRIER	VERSEAU	CAPRICORNE	BELIER	SCORPION	BALANCE	POISSONS	LION	CANCER	10 BELIER
20 FEVRIER	VERSEAU	CAPRICORNE	BELIER	SCORPION	BALANCE	POISSONS	LION	CANCER	22 BELIER
21 FEVRIER	VERSEAU	CAPRICORNE	BELIER	SCORPION	BALANCE	POISSONS	LION	CANCER	4 TAUREAU
22 FEVRIER	VERSEAU	CAPRICORNE	BELIER	SCORPION	BALANCE	POISSONS	LION	CANCER	16 TAUREAU
23 FEVRIER	VERSEAU	CAPRICORNE	BELIER	SCORPION	BALANCE	POISSONS	LION	CANCER	28 TAUREAU
24 FEVRIER	VERSEAU	CAPRICORNE	BELIER	SCORPION	BALANCE	POISSONS	LION	CANCER	10 GEMEAUX
25 FEVRIER	VERSEAU	CAPRICORNE	BELIER	SCORPION	BALANCE	POISSONS	LION	CANCER	23 GEMEAUX
26 FEVRIER	VERSEAU	CAPRICORNE	BELIER	SCORPION	BALANCE	POISSONS	LION	CANCER	6 CANCER
27 FEVRIER	VERSEAU	CAPRICORNE	BELIER	SCORPION	BALANCE	POISSONS	LION	CANCER	19 CANCER
28 FEVRIER	VERSEAU	CAPRICORNE	BELIER	SCORPION	BALANCE	POISSONS	LION	CANCER	3 LION
1 MARS	VERSEAU	CAPRICORNE	BELIER	SCORPION	BALANCE	POISSONS	LION	CANCER	17 LION
2 MARS	VERSEAU	CAPRICORNE	BELIER	SCORPION	BALANCE	POISSONS	LION	CANCER	2 VIERGE
3 MARS	VERSEAU	CAPRICORNE	BELIER	SCORPION	BALANCE	POISSONS	LION	CANCER	17 VIERGE
4 MARS	VERSEAU	CAPRICORNE	TAUREAU	SCORPION	BALANCE	POISSONS	LION	CANCER	2 BALANCE
5 MARS	VERSEAU	CAPRICORNE	TAUREAU	SCORPION	BALANCE	POISSONS	LION	CANCER	17 BALANCE
6 MARS	VERSEAU	VERSEAU	TAUREAU	SCORPION	BALANCE	POISSONS	LION	CANCER	1 SCORPION
7 MARS	VERSEAU	VERSEAU	TAUREAU	SCORPION	BALANCE	POISSONS	LION	CANCER	16 SCORPION
8 MARS	VERSEAU	VERSEAU	TAUREAU	SCORPION	BALANCE	POISSONS	LION	CANCER	0 SAGITTAIRE
9 MARS	VERSEAU	VERSEAU	TAUREAU	SCORPION	BALANCE	POISSONS	LION	CANCER	14 SAGITTAIRE
10 MARS	VERSEAU	VERSEAU	TAUREAU	SCORPION	BALANCE	POISSONS	LION	CANCER	28 SAGITTAIRE
11 MARS	VERSEAU	VERSEAU	TAUREAU	SCORPION	BALANCE	POISSONS	LION	CANCER	11 CAPRICORNE
12 MARS	VERSEAU	VERSEAU	TAUREAU	SCORPION	BALANCE	POISSONS	LION	CANCER	24 CAPRICORNE
13 MARS	POISSONS	VERSEAU	TAUREAU	SCORPION	BALANCE	POISSONS	LION	CANCER	6 VERSEAU
14 MARS	POISSONS	VERSEAU	TAUREAU	SCORPION	BALANCE	POISSONS	LION	CANCER	19 VERSEAU
15 MARS	POISSONS	VERSEAU	TAUREAU	SCORPION	BALANCE	POISSONS	LION	CANCER	1 POISSONS
16 MARS	POISSONS	VERSEAU	TAUREAU	SCORPION	BALANCE	POISSONS	LION	CANCER	13 POISSONS
17 MARS	POISSONS	VERSEAU	TAUREAU	SCORPION	BALANCE	POISSONS	LION	CANCER	25 POISSONS
18 MARS	POISSONS	VERSEAU	TAUREAU	SCORPION	BALANCE	POISSONS	LION	CANCER	7 BELIER
19 MARS	POISSONS	VERSEAU	TAUREAU	SCORPION	BALANCE	POISSONS	LION	CANCER	19 BELIER
20 MARS	POISSONS	VERSEAU	TAUREAU	SCORPION	BALANCE	POISSONS	LION	CANCER	1 TAUREAU
21 MARS	POISSONS	VERSEAU	TAUREAU	SCORPION	BALANCE	POISSONS	LION	CANCER	12 TAUREAU

LE SOLEIL ENTRE DANS LE SIGNE DES POISSONS LE 19 FEVRIER 1923 A 15 h 45
LE SOLEIL QUITTE LE SIGNE DES POISSONS LE 21 MARS 1923 A 15 h 15

* LES CHIFFRES INDIQUENT LES DEGRES

DECOUVREZ DANS QUEL SIGNE SE TROUVAIENT LES PLANETES A VOTRE NAISSANCE

1924	MERCURE	VENUS	MARS	JUPITER	SATURNE	URANUS	NEPTUNE	PLUTON	LUNE *
19 FEVRIER	VERSEAU	BELIER	SAGITTAIRE	SAGITTAIRE	SCORPION	POISSONS	LION	CANCER	15 LION
20 FEVRIER	VERSEAU	BELIER	SAGITTAIRE	SAGITTAIRE	SCORPION	POISSONS	LION	CANCER	28 LION
21 FEVRIER	VERSEAU	BELIER	SAGITTAIRE	SAGITTAIRE	SCORPION	POISSONS	LION	CANCER	12 VIERGE
22 FEVRIER	VERSEAU	BELIER	SAGITTAIRE	SAGITTAIRE	SCORPION	POISSONS	LION	CANCER	26 VIERGE
23 FEVRIER	VERSEAU	BELIER	SAGITTAIRE	SAGITTAIRE	SCORPION	POISSONS	LION	CANCER	10 BALANCE
24 FEVRIER	VERSEAU	BELIER	SAGITTAIRE	SAGITTAIRE	SCORPION	POISSONS	LION	CANCER	24 BALANCE
25 FEVRIER	VERSEAU	BELIER	SAGITTAIRE	SAGITTAIRE	SCORPION	POISSONS	LION	CANCER	8 SCORPION
26 FEVRIER	VERSEAU	BELIER	SAGITTAIRE	SAGITTAIRE	SCORPION	POISSONS	LION	CANCER	22 SCORPION
27 FEVRIER	VERSEAU	BELIER	SAGITTAIRE	SAGITTAIRE	SCORPION	POISSONS	LION	CANCER	7 SAGITTAIRE
28 FEVRIER	VERSEAU	BELIER	SAGITTAIRE	SAGITTAIRE	SCORPION	POISSONS	LION	CANCER	21 SAGITTAIRE
29 FEVRIER	VERSEAU	BELIER	SAGITTAIRE	SAGITTAIRE	SCORPION	POISSONS	LION	CANCER	5 CAPRICORNE
1 MARS	VERSEAU	BELIER	SAGITTAIRE	SAGITTAIRE	SCORPION	POISSONS	LION	CANCER	19 CAPRICORNE
2 MARS	VERSEAU	BELIER	SAGITTAIRE	SAGITTAIRE	SCORPION	POISSONS	LION	CANCER	2 VERSEAU
3 MARS	VERSEAU	BELIER	SAGITTAIRE	SAGITTAIRE	SCORPION	POISSONS	LION	CANCER	16 VERSEAU
4 MARS	VERSEAU	BELIER	SAGITTAIRE	SAGITTAIRE	SCORPION	POISSONS	LION	CANCER	29 VERSEAU
5 MARS	POISSONS	BELIER	SAGITTAIRE	SAGITTAIRE	SCORPION	POISSONS	LION	CANCER	12 POISSONS
6 MARS	POISSONS	BELIER	SAGITTAIRE	SAGITTAIRE	SCORPION	POISSONS	LION	CANCER	25 POISSONS
7 MARS	POISSONS	BELIER	CAPRICORNE	SAGITTAIRE	SCORPION	POISSONS	LION	CANCER	8 BELIER
8 MARS	POISSONS	BELIER	CAPRICORNE	SAGITTAIRE	SCORPION	POISSONS	LION	CANCER	20 BELIER
9 MARS	POISSONS	TAUREAU	CAPRICORNE	SAGITTAIRE	SCORPION	POISSONS	LION	CANCER	2 TAUREAU
10 MARS	POISSONS	TAUREAU	CAPRICORNE	SAGITTAIRE	SCORPION	POISSONS	LION	CANCER	14 TAUREAU
11 MARS	POISSONS	TAUREAU	CAPRICORNE	SAGITTAIRE	SCORPION	POISSONS	LION	CANCER	26 TAUREAU
12 MARS	POISSONS	TAUREAU	CAPRICORNE	SAGITTAIRE	SCORPION	POISSONS	LION	CANCER	8 GEMEAUX
13 MARS	POISSONS	TAUREAU	CAPRICORNE	SAGITTAIRE	SCORPION	POISSONS	LION	CANCER	20 GEMEAUX
14 MARS	POISSONS	TAUREAU	CAPRICORNE	SAGITTAIRE	SCORPION	POISSONS	LION	CANCER	2 CANCER
15 MARS	POISSONS	TAUREAU	CAPRICORNE	SAGITTAIRE	SCORPION	POISSONS	LION	CANCER	14 CANCER
16 MARS	POISSONS	TAUREAU	CAPRICORNE	SAGITTAIRE	SCORPION	POISSONS	LION	CANCER	27 CANCER
17 MARS	POISSONS	TAUREAU	CAPRICORNE	SAGITTAIRE	SCORPION	POISSONS	LION	CANCER	10 LION
18 MARS	POISSONS	TAUREAU	CAPRICORNE	SAGITTAIRE	SCORPION	POISSONS	LION	CANCER	23 LION
19 MARS	POISSONS	TAUREAU	CAPRICORNE	SAGITTAIRE	SCORPION	POISSONS	LION	CANCER	6 VIERGE
20 MARS	POISSONS	TAUREAU	CAPRICORNE	SAGITTAIRE	SCORPION	POISSONS	LION	CANCER	20 VIERGE

LE SOLEIL — ENTRE DANS LE SIGNE DES POISSONS LE 19 FEVRIER 1924 A 21 h 35 — QUITTE LE SIGNE DES POISSONS LE 20 MARS 1924 A 21 h 05

* LES CHIFFRES INDIQUENT LES DEGRES

1925	MERCURE	VENUS	MARS	JUPITER	SATURNE	URANUS	NEPTUNE	PLUTON	LUNE *
19 FEVRIER	VERSEAU	VERSEAU	TAUREAU	CAPRICORNE	SCORPION	POISSONS	LION	CANCER	11 CAPRICORNE
20 FEVRIER	VERSEAU	VERSEAU	TAUREAU	CAPRICORNE	SCORPION	POISSONS	LION	CANCER	26 CAPRICORNE
21 FEVRIER	VERSEAU	VERSEAU	TAUREAU	CAPRICORNE	SCORPION	POISSONS	LION	CANCER	10 VERSEAU
22 FEVRIER	VERSEAU	VERSEAU	TAUREAU	CAPRICORNE	SCORPION	POISSONS	LION	CANCER	25 VERSEAU
23 FEVRIER	VERSEAU	VERSEAU	TAUREAU	CAPRICORNE	SCORPION	POISSONS	LION	CANCER	10 POISSONS
24 FEVRIER	VERSEAU	VERSEAU	TAUREAU	CAPRICORNE	SCORPION	POISSONS	LION	CANCER	24 POISSONS
25 FEVRIER	VERSEAU	VERSEAU	TAUREAU	CAPRICORNE	SCORPION	POISSONS	LION	CANCER	7 BELIER
26 FEVRIER	POISSONS	VERSEAU	TAUREAU	CAPRICORNE	SCORPION	POISSONS	LION	CANCER	21 BELIER
27 FEVRIER	POISSONS	VERSEAU	TAUREAU	CAPRICORNE	SCORPION	POISSONS	LION	CANCER	4 TAUREAU
28 FEVRIER	POISSONS	VERSEAU	TAUREAU	CAPRICORNE	SCORPION	POISSONS	LION	CANCER	17 TAUREAU
1 MARS	POISSONS	VERSEAU	TAUREAU	CAPRICORNE	SCORPION	POISSONS	LION	CANCER	29 TAUREAU
2 MARS	POISSONS	VERSEAU	TAUREAU	CAPRICORNE	SCORPION	POISSONS	LION	CANCER	11 GEMEAUX
3 MARS	POISSONS	VERSEAU	TAUREAU	CAPRICORNE	SCORPION	POISSONS	LION	CANCER	23 GEMEAUX
4 MARS	POISSONS	POISSONS	TAUREAU	CAPRICORNE	SCORPION	POISSONS	LION	CANCER	5 CANCER
5 MARS	POISSONS	POISSONS	TAUREAU	CAPRICORNE	SCORPION	POISSONS	LION	CANCER	17 CANCER
6 MARS	POISSONS	POISSONS	TAUREAU	CAPRICORNE	SCORPION	POISSONS	LION	CANCER	28 CANCER
7 MARS	POISSONS	POISSONS	TAUREAU	CAPRICORNE	SCORPION	POISSONS	LION	CANCER	11 LION
8 MARS	POISSONS	POISSONS	TAUREAU	CAPRICORNE	SCORPION	POISSONS	LION	CANCER	23 LION
9 MARS	POISSONS	POISSONS	TAUREAU	CAPRICORNE	SCORPION	POISSONS	LION	CANCER	5 VIERGE
10 MARS	POISSONS	POISSONS	TAUREAU	CAPRICORNE	SCORPION	POISSONS	LION	CANCER	18 VIERGE
11 MARS	POISSONS	POISSONS	TAUREAU	CAPRICORNE	SCORPION	POISSONS	LION	CANCER	1 BALANCE
12 MARS	POISSONS	POISSONS	TAUREAU	CAPRICORNE	SCORPION	POISSONS	LION	CANCER	14 BALANCE
13 MARS	POISSONS	POISSONS	TAUREAU	CAPRICORNE	SCORPION	POISSONS	LION	CANCER	28 BALANCE
14 MARS	BELIER	POISSONS	TAUREAU	CAPRICORNE	SCORPION	POISSONS	LION	CANCER	11 SCORPION
15 MARS	BELIER	POISSONS	TAUREAU	CAPRICORNE	SCORPION	POISSONS	LION	CANCER	25 SCORPION
16 MARS	BELIER	POISSONS	TAUREAU	CAPRICORNE	SCORPION	POISSONS	LION	CANCER	9 SAGITTAIRE
17 MARS	BELIER	POISSONS	TAUREAU	CAPRICORNE	SCORPION	POISSONS	LION	CANCER	23 SAGITTAIRE
18 MARS	BELIER	POISSONS	TAUREAU	CAPRICORNE	SCORPION	POISSONS	LION	CANCER	7 CAPRICORNE
19 MARS	BELIER	POISSONS	TAUREAU	CAPRICORNE	SCORPION	POISSONS	LION	CANCER	21 CAPRICORNE
20 MARS	BELIER	POISSONS	TAUREAU	CAPRICORNE	SCORPION	POISSONS	LION	CANCER	6 VERSEAU
21 MARS	BELIER	POISSONS	TAUREAU	CAPRICORNE	SCORPION	POISSONS	LION	CANCER	20 VERSEAU

LE SOLEIL — ENTRE DANS LE SIGNE DES POISSONS LE 19 FEVRIER 1925 A 3 h 30 — QUITTE LE SIGNE DES POISSONS LE 21 MARS 1925 A 3 h 00

* LES CHIFFRES INDIQUENT LES DEGRES

DECOUVREZ DANS QUEL SIGNE SE TROUVAIENT LES PLANETES A VOTRE NAISSANCE

1926	MERCURE	VENUS	MARS	JUPITER	SATURNE	URANUS	NEPTUNE	PLUTON	LUNE *
19 FEVRIER	POISSONS	VERSEAU	CAPRICORNE	VERSEAU	SCORPION	POISSONS	LION	CANCER	29 TAUREAU
20 FEVRIER	POISSONS	VERSEAU	CAPRICORNE	VERSEAU	SCORPION	POISSONS	LION	CANCER	12 GEMEAUX
21 FEVRIER	POISSONS	VERSEAU	CAPRICORNE	VERSEAU	SCORPION	POISSONS	LION	CANCER	24 GEMEAUX
22 FEVRIER	POISSONS	VERSEAU	CAPRICORNE	VERSEAU	SCORPION	POISSONS	LION	CANCER	6 CANCER
23 FEVRIER	POISSONS	VERSEAU	CAPRICORNE	VERSEAU	SCORPION	POISSONS	LION	CANCER	18 CANCER
24 FEVRIER	POISSONS	VERSEAU	CAPRICORNE	VERSEAU	SCORPION	POISSONS	LION	CANCER	0 LION
25 FEVRIER	POISSONS	VERSEAU	CAPRICORNE	VERSEAU	SCORPION	POISSONS	LION	CANCER	12 LION
26 FEVRIER	POISSONS	VERSEAU	CAPRICORNE	VERSEAU	SCORPION	POISSONS	LION	CANCER	24 LION
27 FEVRIER	POISSONS	VERSEAU	CAPRICORNE	VERSEAU	SCORPION	POISSONS	LION	CANCER	6 VIERGE
28 FEVRIER	POISSONS	VERSEAU	CAPRICORNE	VERSEAU	SCORPION	POISSONS	LION	CANCER	18 VIERGE
1 MARS	POISSONS	VERSEAU	CAPRICORNE	VERSEAU	SCORPION	POISSONS	LION	CANCER	0 VIERGE
2 MARS	POISSONS	VERSEAU	CAPRICORNE	VERSEAU	SCORPION	POISSONS	LION	CANCER	12 BALANCE
3 MARS	POISSONS	VERSEAU	CAPRICORNE	VERSEAU	SCORPION	POISSONS	LION	CANCER	24 BALANCE
4 MARS	POISSONS	VERSEAU	CAPRICORNE	VERSEAU	SCORPION	POISSONS	LION	CANCER	7 SCORPION
5 MARS	POISSONS	VERSEAU	CAPRICORNE	VERSEAU	SCORPION	POISSONS	LION	CANCER	20 SCORPION
6 MARS	BELIER	VERSEAU	CAPRICORNE	VERSEAU	SCORPION	POISSONS	LION	CANCER	3 SAGITTAIRE
7 MARS	BELIER	VERSEAU	CAPRICORNE	VERSEAU	SCORPION	POISSONS	LION	CANCER	16 SAGITTAIRE
8 MARS	BELIER	VERSEAU	CAPRICORNE	VERSEAU	SCORPION	POISSONS	LION	CANCER	0 CAPRICORNE
9 MARS	BELIER	VERSEAU	CAPRICORNE	VERSEAU	SCORPION	POISSONS	LION	CANCER	14 CAPRICORNE
10 MARS	BELIER	VERSEAU	CAPRICORNE	VERSEAU	SCORPION	POISSONS	LION	CANCER	28 CAPRICORNE
11 MARS	BELIER	VERSEAU	CAPRICORNE	VERSEAU	SCORPION	POISSONS	LION	CANCER	13 VERSEAU
12 MARS	BELIER	VERSEAU	CAPRICORNE	VERSEAU	SCORPION	POISSONS	LION	CANCER	28 VERSEAU
13 MARS	BELIER	VERSEAU	CAPRICORNE	VERSEAU	SCORPION	POISSONS	LION	CANCER	13 POISSONS
14 MARS	BELIER	VERSEAU	CAPRICORNE	VERSEAU	SCORPION	POISSONS	LION	CANCER	28 POISSONS
15 MARS	BELIER	VERSEAU	CAPRICORNE	VERSEAU	SCORPION	POISSONS	LION	CANCER	13 BELIER
16 MARS	BELIER	VERSEAU	CAPRICORNE	VERSEAU	SCORPION	POISSONS	LION	CANCER	27 BELIER
17 MARS	BELIER	VERSEAU	CAPRICORNE	VERSEAU	SCORPION	POISSONS	LION	CANCER	11 TAUREAU
18 MARS	BELIER	VERSEAU	CAPRICORNE	VERSEAU	SCORPION	POISSONS	LION	CANCER	25 TAUREAU
19 MARS	BELIER	VERSEAU	CAPRICORNE	VERSEAU	SCORPION	POISSONS	LION	CANCER	8 GEMEAUX
20 MARS	BELIER	VERSEAU	CAPRICORNE	VERSEAU	SCORPION	POISSONS	LION	CANCER	21 GEMEAUX
21 MARS	BELIER	VERSEAU	CAPRICORNE	VERSEAU	SCORPION	POISSONS	LION	CANCER	3 CANCER

LE SOLEIL ENTRE DANS LE SIGNE DES POISSONS LE 19 FEVRIER 1926 A 9 h 20
LE SOLEIL QUITTE LE SIGNE DES POISSONS LE 21 MARS 1926 A 8 h 45

* LES CHIFFRES INDIQUENT LES DEGRES

1927	MERCURE	VENUS	MARS	JUPITER	SATURNE	URANUS	NEPTUNE	PLUTON	LUNE *
19 FEVRIER	POISSONS	POISSONS	TAUREAU	POISSONS	SAGITTAIRE	POISSONS	LION	CANCER	0 BALANCE
20 FEVRIER	POISSONS	POISSONS	TAUREAU	POISSONS	SAGITTAIRE	POISSONS	LION	CANCER	12 BALANCE
21 FEVRIER	POISSONS	POISSONS	TAUREAU	POISSONS	SAGITTAIRE	POISSONS	LION	CANCER	24 BALANCE
22 FEVRIER	POISSONS	POISSONS	GEMEAUX	POISSONS	SAGITTAIRE	POISSONS	LION	CANCER	6 SCORPION
23 FEVRIER	POISSONS	POISSONS	GEMEAUX	POISSONS	SAGITTAIRE	POISSONS	LION	CANCER	18 SCORPION
24 FEVRIER	POISSONS	POISSONS	GEMEAUX	POISSONS	SAGITTAIRE	POISSONS	LION	CANCER	0 SAGITTAIRE
25 FEVRIER	POISSONS	POISSONS	GEMEAUX	POISSONS	SAGITTAIRE	POISSONS	LION	CANCER	13 SAGITTAIRE
26 FEVRIER	POISSONS	POISSONS	GEMEAUX	POISSONS	SAGITTAIRE	POISSONS	LION	CANCER	26 SAGITTAIRE
27 FEVRIER	POISSONS	BELIER	GEMEAUX	POISSONS	SAGITTAIRE	POISSONS	LION	CANCER	9 CAPRICORNE
28 FEVRIER	POISSONS	BELIER	GEMEAUX	POISSONS	SAGITTAIRE	POISSONS	LION	CANCER	23 CAPRICORNE
1 MARS	POISSONS	BELIER	GEMEAUX	POISSONS	SAGITTAIRE	POISSONS	LION	CANCER	7 VERSEAU
2 MARS	POISSONS	BELIER	GEMEAUX	POISSONS	SAGITTAIRE	POISSONS	LION	CANCER	22 VERSEAU
3 MARS	POISSONS	BELIER	GEMEAUX	POISSONS	SAGITTAIRE	POISSONS	LION	CANCER	7 POISSONS
4 MARS	POISSONS	BELIER	GEMEAUX	POISSONS	SAGITTAIRE	POISSONS	LION	CANCER	22 POISSONS
5 MARS	POISSONS	BELIER	GEMEAUX	POISSONS	SAGITTAIRE	POISSONS	LION	CANCER	8 BELIER
6 MARS	POISSONS	BELIER	GEMEAUX	POISSONS	SAGITTAIRE	POISSONS	LION	CANCER	23 BELIER
7 MARS	POISSONS	BELIER	GEMEAUX	POISSONS	SAGITTAIRE	POISSONS	LION	CANCER	8 TAUREAU
8 MARS	POISSONS	BELIER	GEMEAUX	POISSONS	SAGITTAIRE	POISSONS	LION	CANCER	22 TAUREAU
9 MARS	POISSONS	BELIER	GEMEAUX	POISSONS	SAGITTAIRE	POISSONS	LION	CANCER	6 GEMEAUX
10 MARS	POISSONS	BELIER	GEMEAUX	POISSONS	SAGITTAIRE	POISSONS	LION	CANCER	19 GEMEAUX
11 MARS	POISSONS	BELIER	GEMEAUX	POISSONS	SAGITTAIRE	POISSONS	LION	CANCER	2 CANCER
12 MARS	POISSONS	BELIER	GEMEAUX	POISSONS	SAGITTAIRE	POISSONS	LION	CANCER	15 CANCER
13 MARS	POISSONS	BELIER	GEMEAUX	POISSONS	SAGITTAIRE	POISSONS	LION	CANCER	27 CANCER
14 MARS	POISSONS	BELIER	GEMEAUX	POISSONS	SAGITTAIRE	POISSONS	LION	CANCER	9 LION
15 MARS	POISSONS	BELIER	GEMEAUX	POISSONS	SAGITTAIRE	POISSONS	LION	CANCER	21 LION
16 MARS	POISSONS	BELIER	GEMEAUX	POISSONS	SAGITTAIRE	POISSONS	LION	CANCER	3 VIERGE
17 MARS	POISSONS	BELIER	GEMEAUX	POISSONS	SAGITTAIRE	POISSONS	LION	CANCER	15 VIERGE
18 MARS	POISSONS	BELIER	GEMEAUX	POISSONS	SAGITTAIRE	POISSONS	LION	CANCER	27 VIERGE
19 MARS	POISSONS	BELIER	GEMEAUX	POISSONS	SAGITTAIRE	POISSONS	LION	CANCER	9 BALANCE
20 MARS	POISSONS	BELIER	GEMEAUX	POISSONS	SAGITTAIRE	POISSONS	LION	CANCER	21 BALANCE
21 MARS	POISSONS	BELIER	GEMEAUX	POISSONS	SAGITTAIRE	POISSONS	LION	CANCER	3 SCORPION

LE SOLEIL ENTRE DANS LE SIGNE DES POISSONS LE 19 FEVRIER 1927 A 15 h 20
LE SOLEIL QUITTE LE SIGNE DES POISSONS LE 21 MARS 1927 A 14 h 45

* LES CHIFFRES INDIQUENT LES DEGRES

DECOUVREZ DANS QUEL SIGNE SE TROUVAIENT LES PLANETES A VOTRE NAISSANCE

1928	MERCURE	VENUS	MARS	JUPITER	SATURNE	URANUS	NEPTUNE	PLUTON	LUNE *
19 FEVRIER	POISSONS	CAPRICORNE	CAPRICORNE	BELIER	SAGITTAIRE	BELIER	LION	CANCER	5 VERSEAU
20 FEVRIER	POISSONS	CAPRICORNE	CAPRICORNE	BELIER	SAGITTAIRE	BELIER	LION	CANCER	19 VERSEAU
21 FEVRIER	POISSONS	CAPRICORNE	CAPRICORNE	BELIER	SAGITTAIRE	BELIER	LION	CANCER	3 POISSONS
22 FEVRIER	POISSONS	CAPRICORNE	CAPRICORNE	BELIER	SAGITTAIRE	BELIER	LION	CANCER	17 POISSONS
23 FEVRIER	POISSONS	VERSEAU	CAPRICORNE	BELIER	SAGITTAIRE	BELIER	LION	CANCER	1 BELIER
24 FEVRIER	POISSONS	VERSEAU	CAPRICORNE	BELIER	SAGITTAIRE	BELIER	LION	CANCER	16 BELIER
25 FEVRIER	POISSONS	VERSEAU	CAPRICORNE	BELIER	SAGITTAIRE	BELIER	LION	CANCER	0 TAUREAU
26 FEVRIER	POISSONS	VERSEAU	CAPRICORNE	BELIER	SAGITTAIRE	BELIER	LION	CANCER	15 TAUREAU
27 FEVRIER	POISSONS	VERSEAU	CAPRICORNE	BELIER	SAGITTAIRE	BELIER	LION	CANCER	29 TAUREAU
28 FEVRIER	POISSONS	VERSEAU	VERSEAU	BELIER	SAGITTAIRE	BELIER	LION	CANCER	13 GEMEAUX
29 FEVRIER	VERSEAU	VERSEAU	VERSEAU	BELIER	SAGITTAIRE	BELIER	LION	CANCER	27 GEMEAUX
1 MARS	VERSEAU	VERSEAU	VERSEAU	BELIER	SAGITTAIRE	BELIER	LION	CANCER	10 CANCER
2 MARS	VERSEAU	VERSEAU	VERSEAU	BELIER	SAGITTAIRE	BELIER	LION	CANCER	24 CANCER
3 MARS	VERSEAU	VERSEAU	VERSEAU	BELIER	SAGITTAIRE	BELIER	LION	CANCER	7 LION
4 MARS	VERSEAU	VERSEAU	VERSEAU	BELIER	SAGITTAIRE	BELIER	LION	CANCER	20 LION
5 MARS	VERSEAU	VERSEAU	VERSEAU	BELIER	SAGITTAIRE	BELIER	LION	CANCER	3 VIERGE
6 MARS	VERSEAU	VERSEAU	VERSEAU	BELIER	SAGITTAIRE	BELIER	LION	CANCER	16 VIERGE
7 MARS	VERSEAU	VERSEAU	VERSEAU	BELIER	SAGITTAIRE	BELIER	LION	CANCER	28 VIERGE
8 MARS	VERSEAU	VERSEAU	VERSEAU	BELIER	SAGITTAIRE	BELIER	LION	CANCER	10 BALANCE
9 MARS	VERSEAU	VERSEAU	VERSEAU	BELIER	SAGITTAIRE	BELIER	LION	CANCER	22 BALANCE
10 MARS	VERSEAU	VERSEAU	VERSEAU	BELIER	SAGITTAIRE	BELIER	LION	CANCER	4 SCORPION
11 MARS	VERSEAU	VERSEAU	VERSEAU	BELIER	SAGITTAIRE	BELIER	LION	CANCER	16 SCORPION
12 MARS	VERSEAU	VERSEAU	VERSEAU	BELIER	SAGITTAIRE	BELIER	LION	CANCER	28 SCORPION
13 MARS	VERSEAU	VERSEAU	VERSEAU	BELIER	SAGITTAIRE	BELIER	LION	CANCER	10 SAGITTAIRE
14 MARS	VERSEAU	VERSEAU	VERSEAU	BELIER	SAGITTAIRE	BELIER	LION	CANCER	22 SAGITTAIRE
15 MARS	VERSEAU	VERSEAU	VERSEAU	BELIER	SAGITTAIRE	BELIER	LION	CANCER	4 CAPRICORNE
16 MARS	VERSEAU	VERSEAU	VERSEAU	BELIER	SAGITTAIRE	BELIER	LION	CANCER	16 CAPRICORNE
17 MARS	VERSEAU	VERSEAU	VERSEAU	BELIER	SAGITTAIRE	BELIER	LION	CANCER	29 CAPRICORNE
18 MARS	POISSONS	POISSONS	VERSEAU	BELIER	SAGITTAIRE	BELIER	LION	CANCER	13 VERSEAU
19 MARS	POISSONS	POISSONS	VERSEAU	BELIER	SAGITTAIRE	BELIER	LION	CANCER	27 VERSEAU
20 MARS	POISSONS	POISSONS	VERSEAU	BELIER	SAGITTAIRE	BELIER	LION	CANCER	11 POISSONS

LE SOLEIL ENTRE DANS LE SIGNE DES POISSONS LE 19 FEVRIER 1928 A 21 h 05
LE SOLEIL QUITTE LE SIGNE DES POISSONS LE 20 MARS 1928 A 20 h 30

* LES CHIFFRES INDIQUENT LES DEGRES

1929	MERCURE	VENUS	MARS	JUPITER	SATURNE	URANUS	NEPTUNE	PLUTON	LUNE *
19 FEVRIER	VERSEAU	BELIER	GEMEAUX	TAUREAU	SAGITTAIRE	BELIER	VIERGE	CANCER	3 CANCER
20 FEVRIER	VERSEAU	BELIER	GEMEAUX	TAUREAU	SAGITTAIRE	BELIER	LION	CANCER	17 CANCER
21 FEVRIER	VERSEAU	BELIER	GEMEAUX	TAUREAU	SAGITTAIRE	BELIER	LION	CANCER	2 LION
22 FEVRIER	VERSEAU	BELIER	GEMEAUX	TAUREAU	SAGITTAIRE	BELIER	LION	CANCER	16 LION
23 FEVRIER	VERSEAU	BELIER	GEMEAUX	TAUREAU	SAGITTAIRE	BELIER	LION	CANCER	0 VIERGE
24 FEVRIER	VERSEAU	BELIER	GEMEAUX	TAUREAU	SAGITTAIRE	BELIER	LION	CANCER	14 VIERGE
25 FEVRIER	VERSEAU	BELIER	GEMEAUX	TAUREAU	SAGITTAIRE	BELIER	LION	CANCER	28 VIERGE
26 FEVRIER	VERSEAU	BELIER	GEMEAUX	TAUREAU	SAGITTAIRE	BELIER	LION	CANCER	11 BALANCE
27 FEVRIER	VERSEAU	BELIER	GEMEAUX	TAUREAU	SAGITTAIRE	BELIER	LION	CANCER	24 BALANCE
28 FEVRIER	VERSEAU	BELIER	GEMEAUX	TAUREAU	SAGITTAIRE	BELIER	LION	CANCER	6 SCORPION
1 MARS	VERSEAU	BELIER	GEMEAUX	TAUREAU	SAGITTAIRE	BELIER	LION	CANCER	19 SCORPION
2 MARS	VERSEAU	BELIER	GEMEAUX	TAUREAU	SAGITTAIRE	BELIER	LION	CANCER	1 SAGITTAIRE
3 MARS	VERSEAU	BELIER	GEMEAUX	TAUREAU	SAGITTAIRE	BELIER	LION	CANCER	12 SAGITTAIRE
4 MARS	VERSEAU	BELIER	GEMEAUX	TAUREAU	SAGITTAIRE	BELIER	LION	CANCER	24 SAGITTAIRE
5 MARS	VERSEAU	BELIER	GEMEAUX	TAUREAU	SAGITTAIRE	BELIER	LION	CANCER	6 CAPRICORNE
6 MARS	VERSEAU	BELIER	GEMEAUX	TAUREAU	SAGITTAIRE	BELIER	LION	CANCER	18 CAPRICORNE
7 MARS	VERSEAU	BELIER	GEMEAUX	TAUREAU	SAGITTAIRE	BELIER	LION	CANCER	0 VERSEAU
8 MARS	VERSEAU	TAUREAU	GEMEAUX	TAUREAU	SAGITTAIRE	BELIER	LION	CANCER	13 VERSEAU
9 MARS	VERSEAU	TAUREAU	GEMEAUX	TAUREAU	SAGITTAIRE	BELIER	LION	CANCER	26 VERSEAU
10 MARS	VERSEAU	TAUREAU	GEMEAUX	TAUREAU	SAGITTAIRE	BELIER	LION	CANCER	9 POISSONS
11 MARS	VERSEAU	TAUREAU	CANCER	TAUREAU	SAGITTAIRE	BELIER	LION	CANCER	22 POISSONS
12 MARS	VERSEAU	TAUREAU	CANCER	TAUREAU	SAGITTAIRE	BELIER	LION	CANCER	5 BELIER
13 MARS	VERSEAU	TAUREAU	CANCER	TAUREAU	SAGITTAIRE	BELIER	LION	CANCER	19 BELIER
14 MARS	VERSEAU	TAUREAU	CANCER	TAUREAU	SAGITTAIRE	BELIER	LION	CANCER	3 TAUREAU
15 MARS	VERSEAU	TAUREAU	CANCER	TAUREAU	CAPRICORNE	BELIER	LION	CANCER	17 TAUREAU
16 MARS	POISSONS	TAUREAU	CANCER	TAUREAU	CAPRICORNE	BELIER	LION	CANCER	1 GEMEAUX
17 MARS	POISSONS	TAUREAU	CANCER	TAUREAU	CAPRICORNE	BELIER	LION	CANCER	15 GEMEAUX
18 MARS	POISSONS	TAUREAU	CANCER	TAUREAU	CAPRICORNE	BELIER	LION	CANCER	29 GEMEAUX
19 MARS	POISSONS	TAUREAU	CANCER	TAUREAU	CAPRICORNE	BELIER	LION	CANCER	14 CANCER
20 MARS	POISSONS	TAUREAU	CANCER	TAUREAU	CAPRICORNE	BELIER	LION	CANCER	28 CANCER
21 MARS	POISSONS	TAUREAU	CANCER	TAUREAU	CAPRICORNE	BELIER	LION	CANCER	12 LION

LE SOLEIL ENTRE DANS LE SIGNE DES POISSONS LE 19 FEVRIER 1929 A 2 h 50
LE SOLEIL QUITTE LE SIGNE DES POISSONS LE 21 MARS 1929 A 2 h 20

* LES CHIFFRES INDIQUENT LES DEGRES

DECOUVREZ DANS QUEL SIGNE SE TROUVAIENT LES PLANETES A VOTRE NAISSANCE

1930	MERCURE	VENUS	MARS	JUPITER	SATURNE	URANUS	NEPTUNE	PLUTON	LUNE *
19 FEVRIER	VERSEAU	POISSONS	VERSEAU	GEMEAUX	CAPRICORNE	BELIER	VIERGE	CANCER	20 SCORPION
20 FEVRIER	VERSEAU	POISSONS	VERSEAU	GEMEAUX	CAPRICORNE	BELIER	VIERGE	CANCER	2 SAGITTAIRE
21 FEVRIER	VERSEAU	POISSONS	VERSEAU	GEMEAUX	CAPRICORNE	BELIER	VIERGE	CANCER	15 SAGITTAIRE
22 FEVRIER	VERSEAU	POISSONS	VERSEAU	GEMEAUX	CAPRICORNE	BELIER	VIERGE	CANCER	27 SAGITTAIRE
23 FEVRIER	VERSEAU	POISSONS	VERSEAU	GEMEAUX	CAPRICORNE	BELIER	VIERGE	CANCER	8 CAPRICORNE
24 FEVRIER	VERSEAU	POISSONS	VERSEAU	GEMEAUX	CAPRICORNE	BELIER	VIERGE	CANCER	20 CAPRICORNE
25 FEVRIER	VERSEAU	POISSONS	VERSEAU	GEMEAUX	CAPRICORNE	BELIER	VIERGE	CANCER	2 VERSEAU
26 FEVRIER	VERSEAU	POISSONS	VERSEAU	GEMEAUX	CAPRICORNE	BELIER	VIERGE	CANCER	14 VERSEAU
27 FEVRIER	VERSEAU	POISSONS	VERSEAU	GEMEAUX	CAPRICORNE	BELIER	VIERGE	CANCER	26 VERSEAU
28 FEVRIER	VERSEAU	POISSONS	VERSEAU	GEMEAUX	CAPRICORNE	BELIER	VIERGE	CANCER	8 POISSONS
1 MARS	VERSEAU	POISSONS	VERSEAU	GEMEAUX	CAPRICORNE	BELIER	VIERGE	CANCER	20 POISSONS
2 MARS	VERSEAU	POISSONS	VERSEAU	GEMEAUX	CAPRICORNE	BELIER	VIERGE	CANCER	3 BELIER
3 MARS	VERSEAU	POISSONS	VERSEAU	GEMEAUX	CAPRICORNE	BELIER	VIERGE	CANCER	15 BELIER
4 MARS	VERSEAU	POISSONS	VERSEAU	GEMEAUX	CAPRICORNE	BELIER	VIERGE	CANCER	28 BELIER
5 MARS	VERSEAU	POISSONS	VERSEAU	GEMEAUX	CAPRICORNE	BELIER	VIERGE	CANCER	11 TAUREAU
6 MARS	VERSEAU	POISSONS	VERSEAU	GEMEAUX	CAPRICORNE	BELIER	VIERGE	CANCER	24 TAUREAU
7 MARS	VERSEAU	POISSONS	VERSEAU	GEMEAUX	CAPRICORNE	BELIER	VIERGE	CANCER	7 GEMEAUX
8 MARS	VERSEAU	POISSONS	VERSEAU	GEMEAUX	CAPRICORNE	BELIER	VIERGE	CANCER	21 GEMEAUX
9 MARS	VERSEAU	POISSONS	VERSEAU	GEMEAUX	CAPRICORNE	BELIER	VIERGE	CANCER	5 CANCER
10 MARS	POISSONS	POISSONS	VERSEAU	GEMEAUX	CAPRICORNE	BELIER	VIERGE	CANCER	20 CANCER
11 MARS	POISSONS	POISSONS	VERSEAU	GEMEAUX	CAPRICORNE	BELIER	VIERGE	CANCER	4 LION
12 MARS	POISSONS	POISSONS	VERSEAU	GEMEAUX	CAPRICORNE	BELIER	VIERGE	CANCER	19 LION
13 MARS	POISSONS	BELIER	VERSEAU	GEMEAUX	CAPRICORNE	BELIER	VIERGE	CANCER	4 VIERGE
14 MARS	POISSONS	BELIER	VERSEAU	GEMEAUX	CAPRICORNE	BELIER	VIERGE	CANCER	19 VIERGE
15 MARS	POISSONS	BELIER	VERSEAU	GEMEAUX	CAPRICORNE	BELIER	VIERGE	CANCER	3 BALANCE
16 MARS	POISSONS	BELIER	VERSEAU	GEMEAUX	CAPRICORNE	BELIER	VIERGE	CANCER	18 BALANCE
17 MARS	POISSONS	BELIER	POISSONS	GEMEAUX	CAPRICORNE	BELIER	VIERGE	CANCER	2 SCORPION
18 MARS	POISSONS	BELIER	POISSONS	GEMEAUX	CAPRICORNE	BELIER	VIERGE	CANCER	15 SCORPION
19 MARS	POISSONS	BELIER	POISSONS	GEMEAUX	CAPRICORNE	BELIER	VIERGE	CANCER	28 SCORPION
20 MARS	POISSONS	BELIER	POISSONS	GEMEAUX	CAPRICORNE	BELIER	VIERGE	CANCER	10 SAGITTAIRE
21 MARS	POISSONS	BELIER	POISSONS	GEMEAUX	CAPRICORNE	BELIER	VIERGE	CANCER	23 SAGITTAIRE

LE SOLEIL ENTRE DANS LE SIGNE DES POISSONS LE 19 FEVRIER 1930 A 8 h 45
LE SOLEIL QUITTE LE SIGNE DES POISSONS LE 21 MARS 1930 A 8 h 15

* LES CHIFFRES INDIQUENT LES DEGRES

1931	MERCURE	VENUS	MARS	JUPITER	SATURNE	URANUS	NEPTUNE	PLUTON	LUNE *
19 FEVRIER	VERSEAU	CAPRICORNE	CANCER	CANCER	CAPRICORNE	BELIER	VIERGE	CANCER	21 POISSONS
20 FEVRIER	VERSEAU	CAPRICORNE	CANCER	CANCER	CAPRICORNE	BELIER	VIERGE	CANCER	2 BELIER
21 FEVRIER	VERSEAU	CAPRICORNE	CANCER	CANCER	CAPRICORNE	BELIER	VIERGE	CANCER	14 BELIER
22 FEVRIER	VERSEAU	CAPRICORNE	CANCER	CANCER	CAPRICORNE	BELIER	VIERGE	CANCER	26 BELIER
23 FEVRIER	VERSEAU	CAPRICORNE	CANCER	CANCER	CAPRICORNE	BELIER	VIERGE	CANCER	8 TAUREAU
24 FEVRIER	VERSEAU	CAPRICORNE	CANCER	CANCER	CAPRICORNE	BELIER	VIERGE	CANCER	21 TAUREAU
25 FEVRIER	VERSEAU	CAPRICORNE	CANCER	CANCER	CAPRICORNE	BELIER	VIERGE	CANCER	3 GEMEAUX
26 FEVRIER	VERSEAU	CAPRICORNE	CANCER	CANCER	CAPRICORNE	BELIER	VIERGE	CANCER	16 GEMEAUX
27 FEVRIER	VERSEAU	CAPRICORNE	CANCER	CANCER	CAPRICORNE	BELIER	VIERGE	CANCER	0 CANCER
28 FEVRIER	VERSEAU	CAPRICORNE	CANCER	CANCER	CAPRICORNE	BELIER	VIERGE	CANCER	14 CANCER
1 MARS	VERSEAU	CAPRICORNE	CANCER	CANCER	CAPRICORNE	BELIER	VIERGE	CANCER	28 CANCER
2 MARS	VERSEAU	CAPRICORNE	CANCER	CANCER	CAPRICORNE	BELIER	VIERGE	CANCER	13 LION
3 MARS	POISSONS	CAPRICORNE	CANCER	CANCER	CAPRICORNE	BELIER	VIERGE	CANCER	28 LION
4 MARS	POISSONS	CAPRICORNE	CANCER	CANCER	CAPRICORNE	BELIER	VIERGE	CANCER	13 VIERGE
5 MARS	POISSONS	CAPRICORNE	CANCER	CANCER	CAPRICORNE	BELIER	VIERGE	CANCER	29 VIERGE
6 MARS	POISSONS	VERSEAU	CANCER	CANCER	CAPRICORNE	BELIER	VIERGE	CANCER	14 BALANCE
7 MARS	POISSONS	VERSEAU	CANCER	CANCER	CAPRICORNE	BELIER	VIERGE	CANCER	28 BALANCE
8 MARS	POISSONS	VERSEAU	CANCER	CANCER	CAPRICORNE	BELIER	VIERGE	CANCER	13 SCORPION
9 MARS	POISSONS	VERSEAU	CANCER	CANCER	CAPRICORNE	BELIER	VIERGE	CANCER	27 SCORPION
10 MARS	POISSONS	VERSEAU	CANCER	CANCER	CAPRICORNE	BELIER	VIERGE	CANCER	10 SAGITTAIRE
11 MARS	POISSONS	VERSEAU	CANCER	CANCER	CAPRICORNE	BELIER	VIERGE	CANCER	23 SAGITTAIRE
12 MARS	POISSONS	VERSEAU	CANCER	CANCER	CAPRICORNE	BELIER	VIERGE	CANCER	6 CAPRICORNE
13 MARS	POISSONS	VERSEAU	CANCER	CANCER	CAPRICORNE	BELIER	VIERGE	CANCER	18 CAPRICORNE
14 MARS	POISSONS	VERSEAU	CANCER	CANCER	CAPRICORNE	BELIER	VIERGE	CANCER	0 VERSEAU
15 MARS	POISSONS	VERSEAU	CANCER	CANCER	CAPRICORNE	BELIER	VIERGE	CANCER	12 VERSEAU
16 MARS	POISSONS	VERSEAU	CANCER	CANCER	CAPRICORNE	BELIER	VIERGE	CANCER	24 VERSEAU
17 MARS	POISSONS	VERSEAU	CANCER	CANCER	CAPRICORNE	BELIER	VIERGE	CANCER	6 POISSONS
18 MARS	POISSONS	VERSEAU	CANCER	CANCER	CAPRICORNE	BELIER	VIERGE	CANCER	18 POISSONS
19 MARS	BELIER	VERSEAU	CANCER	CANCER	CAPRICORNE	BELIER	VIERGE	CANCER	29 POISSONS
20 MARS	BELIER	VERSEAU	CANCER	CANCER	CAPRICORNE	BELIER	VIERGE	CANCER	11 BELIER
21 MARS	BELIER	VERSEAU	CANCER	CANCER	CAPRICORNE	BELIER	VIERGE	CANCER	23 BELIER

LE SOLEIL ENTRE DANS LE SIGNE DES POISSONS LE 19 FEVRIER 1931 A 14 h 25
LE SOLEIL QUITTE LE SIGNE DES POISSONS LE 21 MARS 1931 A 13 h 50

* LES CHIFFRES INDIQUENT LES DEGRES

DECOUVREZ DANS QUEL SIGNE SE TROUVAIENT LES PLANETES A VOTRE NAISSANCE

1932	MERCURE	VENUS	MARS	JUPITER	SATURNE	URANUS	NEPTUNE	PLUTON	LUNE *
19 FEVRIER	VERSEAU	BELIER	VERSEAU	LION	CAPRICORNE	BELIER	VIERGE	CANCER	25 CANCER
20 FEVRIER	VERSEAU	BELIER	VERSEAU	LION	CAPRICORNE	BELIER	VIERGE	CANCER	9 LION
21 FEVRIER	VERSEAU	BELIER	VERSEAU	LION	CAPRICORNE	BELIER	VIERGE	CANCER	23 LION
22 FEVRIER	VERSEAU	BELIER	VERSEAU	LION	CAPRICORNE	BELIER	VIERGE	CANCER	8 VIERGE
23 FEVRIER	POISSONS	BELIER	VERSEAU	LION	CAPRICORNE	BELIER	VIERGE	CANCER	23 VIERGE
24 FEVRIER	POISSONS	BELIER	VERSEAU	LION	VERSEAU	BELIER	VIERGE	CANCER	7 BALANCE
25 FEVRIER	POISSONS	BELIER	POISSONS	LION	VERSEAU	BELIER	VIERGE	CANCER	22 BALANCE
26 FEVRIER	POISSONS	BELIER	POISSONS	LION	VERSEAU	BELIER	VIERGE	CANCER	7 SCORPION
27 FEVRIER	POISSONS	BELIER	POISSONS	LION	VERSEAU	BELIER	VIERGE	CANCER	21 SCORPION
28 FEVRIER	POISSONS	BELIER	POISSONS	LION	VERSEAU	BELIER	VIERGE	CANCER	5 SAGITTAIRE
29 FEVRIER	POISSONS	BELIER	POISSONS	LION	VERSEAU	BELIER	VIERGE	CANCER	19 SAGITTAIRE
1 MARS	POISSONS	BELIER	POISSONS	LION	VERSEAU	BELIER	VIERGE	CANCER	2 CAPRICORNE
2 MARS	POISSONS	BELIER	POISSONS	LION	VERSEAU	BELIER	VIERGE	CANCER	16 CAPRICORNE
3 MARS	POISSONS	BELIER	POISSONS	LION	VERSEAU	BELIER	VIERGE	CANCER	29 CAPRICORNE
4 MARS	POISSONS	BELIER	POISSONS	LION	VERSEAU	BELIER	VIERGE	CANCER	11 VERSEAU
5 MARS	POISSONS	BELIER	POISSONS	LION	VERSEAU	BELIER	VIERGE	CANCER	24 VERSEAU
6 MARS	POISSONS	BELIER	POISSONS	LION	VERSEAU	BELIER	VIERGE	CANCER	6 POISSONS
7 MARS	POISSONS	BELIER	POISSONS	LION	VERSEAU	BELIER	VIERGE	CANCER	18 POISSONS
8 MARS	POISSONS	BELIER	POISSONS	LION	VERSEAU	BELIER	VIERGE	CANCER	0 BELIER
9 MARS	POISSONS	TAUREAU	POISSONS	LION	VERSEAU	BELIER	VIERGE	CANCER	12 BELIER
10 MARS	BELIER	TAUREAU	POISSONS	LION	VERSEAU	BELIER	VIERGE	CANCER	24 BELIER
11 MARS	BELIER	TAUREAU	POISSONS	LION	VERSEAU	BELIER	VIERGE	CANCER	6 TAUREAU
12 MARS	BELIER	TAUREAU	POISSONS	LION	VERSEAU	BELIER	VIERGE	CANCER	18 TAUREAU
13 MARS	BELIER	TAUREAU	POISSONS	LION	VERSEAU	BELIER	VIERGE	CANCER	0 GEMEAUX
14 MARS	BELIER	TAUREAU	POISSONS	LION	VERSEAU	BELIER	VIERGE	CANCER	12 GEMEAUX
15 MARS	BELIER	TAUREAU	POISSONS	LION	VERSEAU	BELIER	VIERGE	CANCER	24 GEMEAUX
16 MARS	BELIER	TAUREAU	POISSONS	LION	VERSEAU	BELIER	VIERGE	CANCER	7 CANCER
17 MARS	BELIER	TAUREAU	POISSONS	LION	VERSEAU	BELIER	VIERGE	CANCER	20 CANCER
18 MARS	BELIER	TAUREAU	POISSONS	LION	VERSEAU	BELIER	VIERGE	CANCER	3 LION
19 MARS	BELIER	TAUREAU	POISSONS	LION	VERSEAU	BELIER	VIERGE	CANCER	17 LION
20 MARS	BELIER	TAUREAU	POISSONS	LION	VERSEAU	BELIER	VIERGE	CANCER	1 VIERGE

LE SOLEIL ENTRE DANS LE SIGNE DES POISSONS LE 19 FEVRIER 1932 A 20 h 15
LE SOLEIL QUITTE LE SIGNE DES POISSONS LE 20 MARS 1932 A 19 h 40

* LES CHIFFRES INDIQUENT LES DEGRES

1933	MERCURE	VENUS	MARS	JUPITER	SATURNE	URANUS	NEPTUNE	PLUTON	LUNE *
19 FEVRIER	POISSONS	VERSEAU	VIERGE	VIERGE	VERSEAU	BELIER	VIERGE	CANCER	25 SAGITTAIRE
20 FEVRIER	POISSONS	VERSEAU	VIERGE	VIERGE	VERSEAU	BELIER	VIERGE	CANCER	9 CAPRICORNE
21 FEVRIER	POISSONS	VERSEAU	VIERGE	VIERGE	VERSEAU	BELIER	VIERGE	CANCER	24 CAPRICORNE
22 FEVRIER	POISSONS	VERSEAU	VIERGE	VIERGE	VERSEAU	BELIER	VIERGE	CANCER	7 VERSEAU
23 FEVRIER	POISSONS	VERSEAU	VIERGE	VIERGE	VERSEAU	BELIER	VIERGE	CANCER	21 VERSEAU
24 FEVRIER	POISSONS	VERSEAU	VIERGE	VIERGE	VERSEAU	BELIER	VIERGE	CANCER	5 POISSONS
25 FEVRIER	POISSONS	VERSEAU	VIERGE	VIERGE	VERSEAU	BELIER	VIERGE	CANCER	18 POISSONS
26 FEVRIER	POISSONS	VERSEAU	VIERGE	VIERGE	VERSEAU	BELIER	VIERGE	CANCER	1 BELIER
27 FEVRIER	POISSONS	VERSEAU	VIERGE	VIERGE	VERSEAU	BELIER	VIERGE	CANCER	14 BELIER
28 FEVRIER	POISSONS	VERSEAU	VIERGE	VIERGE	VERSEAU	BELIER	VIERGE	CANCER	26 BELIER
1 MARS	POISSONS	VERSEAU	VIERGE	VIERGE	VERSEAU	BELIER	VIERGE	CANCER	8 TAUREAU
2 MARS	POISSONS	VERSEAU	VIERGE	VIERGE	VERSEAU	BELIER	VIERGE	CANCER	20 TAUREAU
3 MARS	BELIER	POISSONS	VIERGE	VIERGE	VERSEAU	BELIER	VIERGE	CANCER	2 GEMEAUX
4 MARS	BELIER	POISSONS	VIERGE	VIERGE	VERSEAU	BELIER	VIERGE	CANCER	14 GEMEAUX
5 MARS	BELIER	POISSONS	VIERGE	VIERGE	VERSEAU	BELIER	VIERGE	CANCER	26 GEMEAUX
6 MARS	BELIER	POISSONS	VIERGE	VIERGE	VERSEAU	BELIER	VIERGE	CANCER	8 CANCER
7 MARS	BELIER	POISSONS	VIERGE	VIERGE	VERSEAU	BELIER	VIERGE	CANCER	20 CANCER
8 MARS	BELIER	POISSONS	VIERGE	VIERGE	VERSEAU	BELIER	VIERGE	CANCER	3 LION
9 MARS	BELIER	POISSONS	VIERGE	VIERGE	VERSEAU	BELIER	VIERGE	CANCER	16 LION
10 MARS	BELIER	POISSONS	VIERGE	VIERGE	VERSEAU	BELIER	VIERGE	CANCER	29 LION
11 MARS	BELIER	POISSONS	VIERGE	VIERGE	VERSEAU	BELIER	VIERGE	CANCER	12 VIERGE
12 MARS	BELIER	POISSONS	VIERGE	VIERGE	VERSEAU	BELIER	VIERGE	CANCER	26 VIERGE
13 MARS	BELIER	POISSONS	VIERGE	VIERGE	VERSEAU	BELIER	VIERGE	CANCER	10 BALANCE
14 MARS	BELIER	POISSONS	VIERGE	VIERGE	VERSEAU	BELIER	VIERGE	CANCER	25 BALANCE
15 MARS	BELIER	POISSONS	VIERGE	VIERGE	VERSEAU	BELIER	VIERGE	CANCER	9 SCORPION
16 MARS	BELIER	POISSONS	VIERGE	VIERGE	VERSEAU	BELIER	VIERGE	CANCER	23 SCORPION
17 MARS	BELIER	POISSONS	VIERGE	VIERGE	VERSEAU	BELIER	VIERGE	CANCER	8 SAGITTAIRE
18 MARS	BELIER	POISSONS	VIERGE	VIERGE	VERSEAU	BELIER	VIERGE	CANCER	22 SAGITTAIRE
19 MARS	BELIER	POISSONS	VIERGE	VIERGE	VERSEAU	BELIER	VIERGE	CANCER	6 CAPRICORNE
20 MARS	BELIER	POISSONS	VIERGE	VIERGE	VERSEAU	BELIER	VIERGE	CANCER	20 CAPRICORNE
21 MARS	BELIER	POISSONS	VIERGE	VIERGE	VERSEAU	BELIER	VIERGE	CANCER	4 VERSEAU

LE SOLEIL ENTRE DANS LE SIGNE DES POISSONS LE 19 FEVRIER 1933 A 2 h 00
LE SOLEIL QUITTE LE SIGNE DES POISSONS LE 21 MARS 1933 A 1 h 30

* LES CHIFFRES INDIQUENT LES DEGRES

DECOUVREZ DANS QUEL SIGNE SE TROUVAIENT LES PLANETES A VOTRE NAISSANCE

1934	MERCURE	VENUS	MARS	JUPITER	SATURNE	URANUS	NEPTUNE	PLUTON	LUNE *
19 FEVRIER	POISSONS	VERSEAU	POISSONS	BALANCE	VERSEAU	BELIER	VIERGE	CANCER	10 TAUREAU
20 FEVRIER	POISSONS	VERSEAU	POISSONS	BALANCE	VERSEAU	BELIER	VIERGE	CANCER	22 TAUREAU
21 FEVRIER	POISSONS	VERSEAU	POISSONS	BALANCE	VERSEAU	BELIER	VIERGE	CANCER	5 GEMEAUX
22 FEVRIER	POISSONS	VERSEAU	POISSONS	BALANCE	VERSEAU	BELIER	VIERGE	CANCER	17 GEMEAUX
23 FEVRIER	POISSONS	VERSEAU	POISSONS	BALANCE	VERSEAU	BELIER	VIERGE	CANCER	28 GEMEAUX
24 FEVRIER	POISSONS	VERSEAU	POISSONS	BALANCE	VERSEAU	BELIER	VIERGE	CANCER	10 CANCER
25 FEVRIER	POISSONS	VERSEAU	POISSONS	BALANCE	VERSEAU	BELIER	VIERGE	CANCER	22 CANCER
26 FEVRIER	POISSONS	VERSEAU	POISSONS	BALANCE	VERSEAU	BELIER	VIERGE	CANCER	4 LION
27 FEVRIER	POISSONS	VERSEAU	POISSONS	BALANCE	VERSEAU	BELIER	VIERGE	CANCER	16 LION
28 FEVRIER	POISSONS	VERSEAU	POISSONS	BALANCE	VERSEAU	BELIER	VIERGE	CANCER	28 LION
1 MARS	POISSONS	VERSEAU	POISSONS	BALANCE	VERSEAU	BELIER	VIERGE	CANCER	11 VIERGE
2 MARS	POISSONS	VERSEAU	POISSONS	BALANCE	VERSEAU	BELIER	VIERGE	CANCER	23 VIERGE
3 MARS	POISSONS	VERSEAU	POISSONS	BALANCE	VERSEAU	BELIER	VIERGE	CANCER	6 BALANCE
4 MARS	POISSONS	VERSEAU	POISSONS	BALANCE	VERSEAU	BELIER	VIERGE	CANCER	19 BALANCE
5 MARS	POISSONS	VERSEAU	POISSONS	BALANCE	VERSEAU	BELIER	VIERGE	CANCER	2 SCORPION
6 MARS	POISSONS	VERSEAU	POISSONS	BALANCE	VERSEAU	BELIER	VIERGE	CANCER	16 SCORPION
7 MARS	POISSONS	VERSEAU	POISSONS	BALANCE	VERSEAU	BELIER	VIERGE	CANCER	0 SAGITTAIRE
8 MARS	POISSONS	VERSEAU	POISSONS	BALANCE	VERSEAU	BELIER	VIERGE	CANCER	14 SAGITTAIRE
9 MARS	POISSONS	VERSEAU	POISSONS	BALANCE	VERSEAU	BELIER	VIERGE	CANCER	28 SAGITTAIRE
10 MARS	POISSONS	VERSEAU	POISSONS	BALANCE	VERSEAU	BELIER	VIERGE	CANCER	12 CAPRICORNE
11 MARS	POISSONS	VERSEAU	POISSONS	BALANCE	VERSEAU	BELIER	VIERGE	CANCER	26 CAPRICORNE
12 MARS	POISSONS	VERSEAU	POISSONS	BALANCE	VERSEAU	BELIER	VIERGE	CANCER	11 VERSEAU
13 MARS	POISSONS	VERSEAU	POISSONS	BALANCE	VERSEAU	BELIER	VIERGE	CANCER	25 VERSEAU
14 MARS	POISSONS	VERSEAU	BELIER	BALANCE	VERSEAU	BELIER	VIERGE	CANCER	10 POISSONS
15 MARS	POISSONS	VERSEAU	BELIER	BALANCE	VERSEAU	BELIER	VIERGE	CANCER	24 POISSONS
16 MARS	POISSONS	VERSEAU	BELIER	BALANCE	VERSEAU	BELIER	VIERGE	CANCER	8 BELIER
17 MARS	POISSONS	VERSEAU	BELIER	BALANCE	VERSEAU	BELIER	VIERGE	CANCER	21 BELIER
18 MARS	POISSONS	VERSEAU	BELIER	BALANCE	VERSEAU	BELIER	VIERGE	CANCER	5 TAUREAU
19 MARS	POISSONS	VERSEAU	BELIER	BALANCE	VERSEAU	BELIER	VIERGE	CANCER	18 TAUREAU
20 MARS	POISSONS	VERSEAU	BELIER	BALANCE	VERSEAU	BELIER	VIERGE	CANCER	0 GEMEAUX
21 MARS	POISSONS	VERSEAU	BELIER	BALANCE	VERSEAU	BELIER	VIERGE	CANCER	13 GEMEAUX

LE SOLEIL ENTRE DANS LE SIGNE DES POISSONS LE 19 FEVRIER 1934 A 7 h 45
LE SOLEIL QUITTE LE SIGNE DES POISSONS LE 21 MARS 1934 A 7 h 15

* LES CHIFFRES INDIQUENT LES DEGRES

1935	MERCURE	VENUS	MARS	JUPITER	SATURNE	URANUS	NEPTUNE	PLUTON	LUNE *
19 FEVRIER	VERSEAU	POISSONS	BALANCE	SCORPION	POISSONS	BELIER	VIERGE	CANCER	11 VIERGE
20 FEVRIER	VERSEAU	POISSONS	BALANCE	SCORPION	POISSONS	BELIER	VIERGE	CANCER	23 VIERGE
21 FEVRIER	VERSEAU	POISSONS	BALANCE	SCORPION	POISSONS	BELIER	VIERGE	CANCER	5 BALANCE
22 FEVRIER	VERSEAU	POISSONS	BALANCE	SCORPION	POISSONS	BELIER	VIERGE	CANCER	17 BALANCE
23 FEVRIER	VERSEAU	POISSONS	BALANCE	SCORPION	POISSONS	BELIER	VIERGE	CANCER	29 BALANCE
24 FEVRIER	VERSEAU	POISSONS	BALANCE	SCORPION	POISSONS	BELIER	VIERGE	CANCER	12 SCORPION
25 FEVRIER	VERSEAU	POISSONS	BALANCE	SCORPION	POISSONS	BELIER	VIERGE	CANCER	24 SCORPION
26 FEVRIER	VERSEAU	BELIER	BALANCE	SCORPION	POISSONS	BELIER	VIERGE	CANCER	8 SAGITTAIRE
27 FEVRIER	VERSEAU	BELIER	BALANCE	SCORPION	POISSONS	BELIER	VIERGE	CANCER	21 SAGITTAIRE
28 FEVRIER	VERSEAU	BELIER	BALANCE	SCORPION	POISSONS	BELIER	VIERGE	CANCER	5 CAPRICORNE
1 MARS	VERSEAU	BELIER	BALANCE	SCORPION	POISSONS	BELIER	VIERGE	CANCER	19 CAPRICORNE
2 MARS	VERSEAU	BELIER	BALANCE	SCORPION	POISSONS	BELIER	VIERGE	CANCER	4 VERSEAU
3 MARS	VERSEAU	BELIER	BALANCE	SCORPION	POISSONS	BELIER	VIERGE	CANCER	19 VERSEAU
4 MARS	VERSEAU	BELIER	BALANCE	SCORPION	POISSONS	BELIER	VIERGE	CANCER	4 POISSONS
5 MARS	VERSEAU	BELIER	BALANCE	SCORPION	POISSONS	BELIER	VIERGE	CANCER	19 POISSONS
6 MARS	VERSEAU	BELIER	BALANCE	SCORPION	POISSONS	BELIER	VIERGE	CANCER	4 BELIER
7 MARS	VERSEAU	BELIER	BALANCE	SCORPION	POISSONS	BELIER	VIERGE	CANCER	19 BELIER
8 MARS	VERSEAU	BELIER	BALANCE	SCORPION	POISSONS	BELIER	VIERGE	CANCER	3 TAUREAU
9 MARS	VERSEAU	BELIER	BALANCE	SCORPION	POISSONS	BELIER	VIERGE	CANCER	17 TAUREAU
10 MARS	VERSEAU	BELIER	BALANCE	SCORPION	POISSONS	BELIER	VIERGE	CANCER	1 GEMEAUX
11 MARS	VERSEAU	BELIER	BALANCE	SCORPION	POISSONS	BELIER	VIERGE	CANCER	14 GEMEAUX
12 MARS	VERSEAU	BELIER	BALANCE	SCORPION	POISSONS	BELIER	VIERGE	CANCER	26 GEMEAUX
13 MARS	VERSEAU	BELIER	BALANCE	SCORPION	POISSONS	BELIER	VIERGE	CANCER	8 CANCER
14 MARS	VERSEAU	BELIER	BALANCE	SCORPION	POISSONS	BELIER	VIERGE	CANCER	20 CANCER
15 MARS	VERSEAU	BELIER	BALANCE	SCORPION	POISSONS	BELIER	VIERGE	CANCER	2 LION
16 MARS	VERSEAU	BELIER	BALANCE	SCORPION	POISSONS	BELIER	VIERGE	CANCER	14 LION
17 MARS	VERSEAU	BELIER	BALANCE	SCORPION	POISSONS	BELIER	VIERGE	CANCER	26 LION
18 MARS	VERSEAU	BELIER	BALANCE	SCORPION	POISSONS	BELIER	VIERGE	CANCER	8 VIERGE
19 MARS	POISSONS	BELIER	BALANCE	SCORPION	POISSONS	BELIER	VIERGE	CANCER	20 VIERGE
20 MARS	POISSONS	BELIER	BALANCE	SCORPION	POISSONS	BELIER	VIERGE	CANCER	2 BALANCE
21 MARS	POISSONS	BELIER	BALANCE	SCORPION	POISSONS	BELIER	VIERGE	CANCER	14 BALANCE

LE SOLEIL ENTRE DANS LE SIGNE DES POISSONS LE 19 FEVRIER 1935 A 13 h 40
LE SOLEIL QUITTE LE SIGNE DES POISSONS LE 21 MARS 1935 A 13 h 05

* LES CHIFFRES INDIQUENT LES DEGRES

DECOUVREZ DANS QUEL SIGNE SE TROUVAIENT LES PLANETES A VOTRE NAISSANCE

1936	MERCURE	VENUS	MARS	JUPITER	SATURNE	URANUS	NEPTUNE	PLUTON	LUNE *
19 FEVRIER	VERSEAU	CAPRICORNE	POISSONS	SAGITTAIRE	POISSONS	TAUREAU	VIERGE	CANCER	15 CAPRICORNE
20 FEVRIER	VERSEAU	CAPRICORNE	POISSONS	SAGITTAIRE	POISSONS	TAUREAU	VIERGE	CANCER	29 CAPRICORNE
21 FEVRIER	VERSEAU	CAPRICORNE	POISSONS	SAGITTAIRE	POISSONS	TAUREAU	VIERGE	CANCER	14 VERSEAU
22 FEVRIER	VERSEAU	VERSEAU	BELIER	SAGITTAIRE	POISSONS	TAUREAU	VIERGE	CANCER	28 VERSEAU
23 FEVRIER	VERSEAU	VERSEAU	BELIER	SAGITTAIRE	POISSONS	TAUREAU	VIERGE	CANCER	14 POISSONS
24 FEVRIER	VERSEAU	VERSEAU	BELIER	SAGITTAIRE	POISSONS	TAUREAU	VIERGE	CANCER	29 POISSONS
25 FEVRIER	VERSEAU	VERSEAU	BELIER	SAGITTAIRE	POISSONS	TAUREAU	VIERGE	CANCER	14 BELIER
26 FEVRIER	VERSEAU	VERSEAU	BELIER	SAGITTAIRE	POISSONS	TAUREAU	VIERGE	CANCER	29 BELIER
27 FEVRIER	VERSEAU	VERSEAU	BELIER	SAGITTAIRE	POISSONS	TAUREAU	VIERGE	CANCER	13 TAUREAU
28 FEVRIER	VERSEAU	VERSEAU	BELIER	SAGITTAIRE	POISSONS	TAUREAU	VIERGE	CANCER	27 TAUREAU
29 FEVRIER	VERSEAU	VERSEAU	BELIER	SAGITTAIRE	POISSONS	TAUREAU	VIERGE	CANCER	11 GEMEAUX
1 MARS	VERSEAU	VERSEAU	BELIER	SAGITTAIRE	POISSONS	TAUREAU	VIERGE	CANCER	24 GEMEAUX
2 MARS	VERSEAU	VERSEAU	BELIER	SAGITTAIRE	POISSONS	TAUREAU	VIERGE	CANCER	7 CANCER
3 MARS	VERSEAU	VERSEAU	BELIER	SAGITTAIRE	POISSONS	TAUREAU	VIERGE	CANCER	20 CANCER
4 MARS	VERSEAU	VERSEAU	BELIER	SAGITTAIRE	POISSONS	TAUREAU	VIERGE	CANCER	2 LION
5 MARS	VERSEAU	VERSEAU	BELIER	SAGITTAIRE	POISSONS	TAUREAU	VIERGE	CANCER	14 LION
6 MARS	VERSEAU	VERSEAU	BELIER	SAGITTAIRE	POISSONS	TAUREAU	VIERGE	CANCER	26 LION
7 MARS	VERSEAU	VERSEAU	BELIER	SAGITTAIRE	POISSONS	TAUREAU	VIERGE	CANCER	9 VIERGE
8 MARS	VERSEAU	VERSEAU	BELIER	SAGITTAIRE	POISSONS	TAUREAU	VIERGE	CANCER	21 VIERGE
9 MARS	VERSEAU	VERSEAU	BELIER	SAGITTAIRE	POISSONS	TAUREAU	VIERGE	CANCER	2 BALANCE
10 MARS	VERSEAU	VERSEAU	BELIER	SAGITTAIRE	POISSONS	TAUREAU	VIERGE	CANCER	14 BALANCE
11 MARS	VERSEAU	VERSEAU	BELIER	SAGITTAIRE	POISSONS	TAUREAU	VIERGE	CANCER	26 BALANCE
12 MARS	VERSEAU	VERSEAU	BELIER	SAGITTAIRE	POISSONS	TAUREAU	VIERGE	CANCER	8 SCORPION
13 MARS	POISSONS	VERSEAU	BELIER	SAGITTAIRE	POISSONS	TAUREAU	VIERGE	CANCER	20 SCORPION
14 MARS	POISSONS	VERSEAU	BELIER	SAGITTAIRE	POISSONS	TAUREAU	VIERGE	CANCER	2 SAGITTAIRE
15 MARS	POISSONS	VERSEAU	BELIER	SAGITTAIRE	POISSONS	TAUREAU	VIERGE	CANCER	14 SAGITTAIRE
16 MARS	POISSONS	VERSEAU	BELIER	SAGITTAIRE	POISSONS	TAUREAU	VIERGE	CANCER	27 SAGITTAIRE
17 MARS	POISSONS	VERSEAU	BELIER	SAGITTAIRE	POISSONS	TAUREAU	VIERGE	CANCER	10 CAPRICORNE
18 MARS	POISSONS	POISSONS	BELIER	SAGITTAIRE	POISSONS	TAUREAU	VIERGE	CANCER	23 CAPRICORNE
19 MARS	POISSONS	POISSONS	BELIER	SAGITTAIRE	POISSONS	TAUREAU	VIERGE	CANCER	7 VERSEAU
20 MARS	POISSONS	POISSONS	BELIER	SAGITTAIRE	POISSONS	TAUREAU	VIERGE	CANCER	22 VERSEAU

ENTRE DANS LE SIGNE DES — LE 19 FEVRIER — A 19 h 15
LE SOLEIL — POISSONS — 1936 — * LES CHIFFRES INDIQUENT LES DEGRES
QUITTE LE SIGNE DES — LE 20 MARS — A 18 h 45

1937	MERCURE	VENUS	MARS	JUPITER	SATURNE	URANUS	NEPTUNE	PLUTON	LUNE *
19 FEVRIER	VERSEAU	BELIER	SCORPION	CAPRICORNE	POISSONS	TAUREAU	VIERGE	CANCER	18 GEMEAUX
20 FEVRIER	VERSEAU	BELIER	SCORPION	CAPRICORNE	POISSONS	TAUREAU	VIERGE	CANCER	1 CANCER
21 FEVRIER	VERSEAU	BELIER	SCORPION	CAPRICORNE	POISSONS	TAUREAU	VIERGE	CANCER	15 CANCER
22 FEVRIER	VERSEAU	BELIER	SCORPION	CAPRICORNE	POISSONS	TAUREAU	VIERGE	CANCER	29 CANCER
23 FEVRIER	VERSEAU	BELIER	SCORPION	CAPRICORNE	POISSONS	TAUREAU	VIERGE	CANCER	12 LION
24 FEVRIER	VERSEAU	BELIER	SCORPION	CAPRICORNE	POISSONS	TAUREAU	VIERGE	CANCER	25 LION
25 FEVRIER	VERSEAU	BELIER	SCORPION	CAPRICORNE	POISSONS	TAUREAU	VIERGE	CANCER	8 VIERGE
26 FEVRIER	VERSEAU	BELIER	SCORPION	CAPRICORNE	POISSONS	TAUREAU	VIERGE	CANCER	21 VIERGE
27 FEVRIER	VERSEAU	BELIER	SCORPION	CAPRICORNE	POISSONS	TAUREAU	VIERGE	CANCER	4 BALANCE
28 FEVRIER	VERSEAU	BELIER	SCORPION	CAPRICORNE	POISSONS	TAUREAU	VIERGE	CANCER	16 BALANCE
1 MARS	VERSEAU	BELIER	SCORPION	CAPRICORNE	POISSONS	TAUREAU	VIERGE	CANCER	28 BALANCE
2 MARS	VERSEAU	BELIER	SCORPION	CAPRICORNE	POISSONS	TAUREAU	VIERGE	CANCER	10 SCORPION
3 MARS	VERSEAU	BELIER	SCORPION	CAPRICORNE	POISSONS	TAUREAU	VIERGE	CANCER	22 SCORPION
4 MARS	VERSEAU	BELIER	SCORPION	CAPRICORNE	POISSONS	TAUREAU	VIERGE	CANCER	4 SAGITTAIRE
5 MARS	VERSEAU	BELIER	SCORPION	CAPRICORNE	POISSONS	TAUREAU	VIERGE	CANCER	15 SAGITTAIRE
6 MARS	VERSEAU	BELIER	SCORPION	CAPRICORNE	POISSONS	TAUREAU	VIERGE	CANCER	27 SAGITTAIRE
7 MARS	POISSONS	BELIER	SCORPION	CAPRICORNE	POISSONS	TAUREAU	VIERGE	CANCER	10 CAPRICORNE
8 MARS	POISSONS	BELIER	SCORPION	CAPRICORNE	POISSONS	TAUREAU	VIERGE	CANCER	22 CAPRICORNE
9 MARS	POISSONS	BELIER	SCORPION	CAPRICORNE	POISSONS	TAUREAU	VIERGE	CANCER	5 VERSEAU
10 MARS	POISSONS	TAUREAU	SCORPION	CAPRICORNE	POISSONS	TAUREAU	VIERGE	CANCER	19 VERSEAU
11 MARS	POISSONS	TAUREAU	SCORPION	CAPRICORNE	POISSONS	TAUREAU	VIERGE	CANCER	3 POISSONS
12 MARS	POISSONS	TAUREAU	SCORPION	CAPRICORNE	POISSONS	TAUREAU	VIERGE	CANCER	17 POISSONS
13 MARS	POISSONS	TAUREAU	SAGITTAIRE	CAPRICORNE	POISSONS	TAUREAU	VIERGE	CANCER	1 BELIER
14 MARS	POISSONS	TAUREAU	SAGITTAIRE	CAPRICORNE	POISSONS	TAUREAU	VIERGE	CANCER	16 BELIER
15 MARS	POISSONS	TAUREAU	SAGITTAIRE	CAPRICORNE	POISSONS	TAUREAU	VIERGE	CANCER	1 TAUREAU
16 MARS	POISSONS	TAUREAU	SAGITTAIRE	CAPRICORNE	POISSONS	TAUREAU	VIERGE	CANCER	16 TAUREAU
17 MARS	POISSONS	TAUREAU	SAGITTAIRE	CAPRICORNE	POISSONS	TAUREAU	VIERGE	CANCER	0 GEMEAUX
18 MARS	POISSONS	TAUREAU	SAGITTAIRE	CAPRICORNE	POISSONS	TAUREAU	VIERGE	CANCER	14 GEMEAUX
19 MARS	POISSONS	TAUREAU	SAGITTAIRE	CAPRICORNE	POISSONS	TAUREAU	VIERGE	CANCER	28 GEMEAUX
20 MARS	POISSONS	TAUREAU	SAGITTAIRE	CAPRICORNE	POISSONS	TAUREAU	VIERGE	CANCER	12 CANCER
21 MARS	POISSONS	TAUREAU	SAGITTAIRE	CAPRICORNE	POISSONS	TAUREAU	VIERGE	CANCER	25 CANCER

ENTRE DANS LE SIGNE DES — LE 19 FEVRIER — A 1 h 05
LE SOLEIL — POISSONS — 1937 — * LES CHIFFRES INDIQUENT LES DEGRES
QUITTE LE SIGNE DES — LE 21 MARS — A 0 h 30

DECOUVREZ DANS QUEL SIGNE SE TROUVAIENT LES PLANETES A VOTRE NAISSANCE

1938	MERCURE	VENUS	MARS	JUPITER	SATURNE	URANUS	NEPTUNE	PLUTON	LUNE *
19 FEVRIER	VERSEAU	POISSONS	BELIER	VERSEAU	BELIER	TAUREAU	VIERGE	CANCER	0 SCORPION
20 FEVRIER	VERSEAU	POISSONS	BELIER	VERSEAU	BELIER	TAUREAU	VIERGE	CANCER	12 SCORPION
21 FEVRIER	VERSEAU	POISSONS	BELIER	VERSEAU	BELIER	TAUREAU	VIERGE	CANCER	24 SCORPION
22 FEVRIER	VERSEAU	POISSONS	BELIER	VERSEAU	BELIER	TAUREAU	VIERGE	CANCER	6 SAGITTAIRE
23 FEVRIER	VERSEAU	POISSONS	BELIER	VERSEAU	BELIER	TAUREAU	VIERGE	CANCER	18 SAGITTAIRE
24 FEVRIER	VERSEAU	POISSONS	BELIER	VERSEAU	BELIER	TAUREAU	VIERGE	CANCER	0 CAPRICORNE
25 FEVRIER	VERSEAU	POISSONS	BELIER	VERSEAU	BELIER	TAUREAU	VIERGE	CANCER	12 CAPRICORNE
26 FEVRIER	VERSEAU	POISSONS	BELIER	VERSEAU	BELIER	TAUREAU	VIERGE	CANCER	24 CAPRICORNE
27 FEVRIER	POISSONS	POISSONS	BELIER	VERSEAU	BELIER	TAUREAU	VIERGE	CANCER	6 VERSEAU
28 FEVRIER	POISSONS	POISSONS	BELIER	VERSEAU	BELIER	TAUREAU	VIERGE	CANCER	18 VERSEAU
1 MARS	POISSONS	POISSONS	BELIER	VERSEAU	BELIER	TAUREAU	VIERGE	CANCER	1 POISSONS
2 MARS	POISSONS	POISSONS	BELIER	VERSEAU	BELIER	TAUREAU	VIERGE	CANCER	14 POISSONS
3 MARS	POISSONS	POISSONS	BELIER	VERSEAU	BELIER	TAUREAU	VIERGE	CANCER	27 POISSONS
4 MARS	POISSONS	POISSONS	BELIER	VERSEAU	BELIER	TAUREAU	VIERGE	CANCER	11 BELIER
5 MARS	POISSONS	POISSONS	BELIER	VERSEAU	BELIER	TAUREAU	VIERGE	CANCER	24 BELIER
6 MARS	POISSONS	POISSONS	BELIER	VERSEAU	BELIER	TAUREAU	VIERGE	CANCER	8 TAUREAU
7 MARS	POISSONS	POISSONS	BELIER	VERSEAU	BELIER	TAUREAU	VIERGE	CANCER	22 TAUREAU
8 MARS	POISSONS	POISSONS	BELIER	VERSEAU	BELIER	TAUREAU	VIERGE	CANCER	6 GEMEAUX
9 MARS	POISSONS	POISSONS	BELIER	VERSEAU	BELIER	TAUREAU	VIERGE	CANCER	20 GEMEAUX
10 MARS	POISSONS	POISSONS	BELIER	VERSEAU	BELIER	TAUREAU	VIERGE	CANCER	4 CANCER
11 MARS	POISSONS	POISSONS	BELIER	VERSEAU	BELIER	TAUREAU	VIERGE	CANCER	18 CANCER
12 MARS	POISSONS	BELIER	TAUREAU	VERSEAU	BELIER	TAUREAU	VIERGE	CANCER	2 LION
13 MARS	POISSONS	BELIER	TAUREAU	VERSEAU	BELIER	TAUREAU	VIERGE	CANCER	17 LION
14 MARS	POISSONS	BELIER	TAUREAU	VERSEAU	BELIER	TAUREAU	VIERGE	CANCER	1 VIERGE
15 MARS	BELIER	BELIER	TAUREAU	VERSEAU	BELIER	TAUREAU	VIERGE	CANCER	15 VIERGE
16 MARS	BELIER	BELIER	TAUREAU	VERSEAU	BELIER	TAUREAU	VIERGE	CANCER	28 VIERGE
17 MARS	BELIER	BELIER	TAUREAU	VERSEAU	BELIER	TAUREAU	VIERGE	CANCER	12 BALANCE
18 MARS	BELIER	BELIER	TAUREAU	VERSEAU	BELIER	TAUREAU	VIERGE	CANCER	25 BALANCE
19 MARS	BELIER	BELIER	TAUREAU	VERSEAU	BELIER	TAUREAU	VIERGE	CANCER	8 SCORPION
20 MARS	BELIER	BELIER	TAUREAU	VERSEAU	BELIER	TAUREAU	VIERGE	CANCER	20 SCORPION
21 MARS	BELIER	BELIER	TAUREAU	VERSEAU	BELIER	TAUREAU	VIERGE	CANCER	2 SAGITTAIRE

LE SOLEIL ENTRE DANS LE SIGNE DES POISSONS LE 19 FEVRIER 1938 A 7 h 00
QUITTE LE SIGNE DES POISSONS LE 21 MARS 1938 A 6 h 30

* LES CHIFFRES INDIQUENT LES DEGRES

1939	MERCURE	VENUS	MARS	JUPITER	SATURNE	URANUS	NEPTUNE	PLUTON	LUNE *
19 FEVRIER	POISSONS	CAPRICORNE	SAGITTAIRE	POISSONS	BELIER	TAUREAU	VIERGE	CANCER	1 POISSONS
20 FEVRIER	POISSONS	CAPRICORNE	SAGITTAIRE	POISSONS	BELIER	TAUREAU	VIERGE	CANCER	13 POISSONS
21 FEVRIER	POISSONS	CAPRICORNE	SAGITTAIRE	POISSONS	BELIER	TAUREAU	VIERGE	CANCER	25 POISSONS
22 FEVRIER	POISSONS	CAPRICORNE	SAGITTAIRE	POISSONS	BELIER	TAUREAU	VIERGE	CANCER	8 BELIER
23 FEVRIER	POISSONS	CAPRICORNE	SAGITTAIRE	POISSONS	BELIER	TAUREAU	VIERGE	CANCER	20 BELIER
24 FEVRIER	POISSONS	CAPRICORNE	SAGITTAIRE	POISSONS	BELIER	TAUREAU	VIERGE	CANCER	3 TAUREAU
25 FEVRIER	POISSONS	CAPRICORNE	SAGITTAIRE	POISSONS	BELIER	TAUREAU	VIERGE	CANCER	16 TAUREAU
26 FEVRIER	POISSONS	CAPRICORNE	SAGITTAIRE	POISSONS	BELIER	TAUREAU	VIERGE	CANCER	29 TAUREAU
27 FEVRIER	POISSONS	CAPRICORNE	SAGITTAIRE	POISSONS	BELIER	TAUREAU	VIERGE	CANCER	12 GEMEAUX
28 FEVRIER	POISSONS	CAPRICORNE	SAGITTAIRE	POISSONS	BELIER	TAUREAU	VIERGE	CANCER	26 GEMEAUX
1 MARS	POISSONS	CAPRICORNE	SAGITTAIRE	POISSONS	BELIER	TAUREAU	VIERGE	CANCER	10 CANCER
2 MARS	POISSONS	CAPRICORNE	SAGITTAIRE	POISSONS	BELIER	TAUREAU	VIERGE	CANCER	25 CANCER
3 MARS	POISSONS	CAPRICORNE	SAGITTAIRE	POISSONS	BELIER	TAUREAU	VIERGE	CANCER	10 LION
4 MARS	POISSONS	CAPRICORNE	SAGITTAIRE	POISSONS	BELIER	TAUREAU	VIERGE	CANCER	25 LION
5 MARS	POISSONS	CAPRICORNE	SAGITTAIRE	POISSONS	BELIER	TAUREAU	VIERGE	CANCER	10 VIERGE
6 MARS	POISSONS	VERSEAU	SAGITTAIRE	POISSONS	BELIER	TAUREAU	VIERGE	CANCER	25 VIERGE
7 MARS	BELIER	VERSEAU	SAGITTAIRE	POISSONS	BELIER	TAUREAU	VIERGE	CANCER	10 BALANCE
8 MARS	BELIER	VERSEAU	SAGITTAIRE	POISSONS	BELIER	TAUREAU	VIERGE	CANCER	24 BALANCE
9 MARS	BELIER	VERSEAU	SAGITTAIRE	POISSONS	BELIER	TAUREAU	VIERGE	CANCER	8 SCORPION
10 MARS	BELIER	VERSEAU	SAGITTAIRE	POISSONS	BELIER	TAUREAU	VIERGE	CANCER	21 SCORPION
11 MARS	BELIER	VERSEAU	SAGITTAIRE	POISSONS	BELIER	TAUREAU	VIERGE	CANCER	4 SAGITTAIRE
12 MARS	BELIER	VERSEAU	SAGITTAIRE	POISSONS	BELIER	TAUREAU	VIERGE	CANCER	16 SAGITTAIRE
13 MARS	BELIER	VERSEAU	SAGITTAIRE	POISSONS	BELIER	TAUREAU	VIERGE	CANCER	28 SAGITTAIRE
14 MARS	BELIER	VERSEAU	SAGITTAIRE	POISSONS	BELIER	TAUREAU	VIERGE	CANCER	10 CAPRICORNE
15 MARS	BELIER	VERSEAU	SAGITTAIRE	POISSONS	BELIER	TAUREAU	VIERGE	CANCER	22 CAPRICORNE
16 MARS	BELIER	VERSEAU	SAGITTAIRE	POISSONS	BELIER	TAUREAU	VIERGE	CANCER	4 VERSEAU
17 MARS	BELIER	VERSEAU	SAGITTAIRE	POISSONS	BELIER	TAUREAU	VIERGE	CANCER	16 VERSEAU
18 MARS	BELIER	VERSEAU	SAGITTAIRE	POISSONS	BELIER	TAUREAU	VIERGE	CANCER	28 VERSEAU
19 MARS	BELIER	VERSEAU	SAGITTAIRE	POISSONS	BELIER	TAUREAU	VIERGE	CANCER	10 POISSONS
20 MARS	BELIER	VERSEAU	SAGITTAIRE	POISSONS	BELIER	TAUREAU	VIERGE	CANCER	22 POISSONS
21 MARS	BELIER	VERSEAU	CAPRICORNE	POISSONS	BELIER	TAUREAU	VIERGE	CANCER	4 BELIER

LE SOLEIL ENTRE DANS LE SIGNE DES POISSONS LE 19 FEVRIER 1939 A 12 h 55
QUITTE LE SIGNE DES POISSONS LE 21 MARS 1939 A 12 h 15

* LES CHIFFRES INDIQUENT LES DEGRES

DECOUVREZ DANS QUEL SIGNE SE TROUVAIENT LES PLANETES A VOTRE NAISSANCE

1940	MERCURE	VENUS	MARS	JUPITER	SATURNE	URANUS	NEPTUNE	PLUTON	LUNE *
19 FEVRIER	POISSONS	BELIER	TAUREAU	BELIER	BELIER	TAUREAU	VIERGE	LION	6 CANCER
20 FEVRIER	POISSONS	BELIER	TAUREAU	BELIER	BELIER	TAUREAU	VIERGE	LION	20 CANCER
21 FEVRIER	POISSONS	BELIER	TAUREAU	BELIER	BELIER	TAUREAU	VIERGE	LION	4 LION
22 FEVRIER	POISSONS	BELIER	TAUREAU	BELIER	BELIER	TAUREAU	VIERGE	LION	19 LION
23 FEVRIER	POISSONS	BELIER	TAUREAU	BELIER	BELIER	TAUREAU	VIERGE	LION	5 VIERGE
24 FEVRIER	POISSONS	BELIER	TAUREAU	BELIER	BELIER	TAUREAU	VIERGE	LION	20 VIERGE
25 FEVRIER	POISSONS	BELIER	TAUREAU	BELIER	BELIER	TAUREAU	VIERGE	LION	5 BALANCE
26 FEVRIER	POISSONS	BELIER	TAUREAU	BELIER	BELIER	TAUREAU	VIERGE	LION	20 BALANCE
27 FEVRIER	POISSONS	BELIER	TAUREAU	BELIER	BELIER	TAUREAU	VIERGE	LION	4 SCORPION
28 FEVRIER	POISSONS	BELIER	TAUREAU	BELIER	BELIER	TAUREAU	VIERGE	LION	18 SCORPION
29 FEVRIER	POISSONS	BELIER	TAUREAU	BELIER	BELIER	TAUREAU	VIERGE	LION	2 SAGITTAIRE
1 MARS	POISSONS	BELIER	TAUREAU	BELIER	BELIER	TAUREAU	VIERGE	LION	15 SAGITTAIRE
2 MARS	POISSONS	BELIER	TAUREAU	BELIER	BELIER	TAUREAU	VIERGE	LION	28 SAGITTAIRE
3 MARS	POISSONS	BELIER	TAUREAU	BELIER	BELIER	TAUREAU	VIERGE	LION	11 CAPRICORNE
4 MARS	BELIER	BELIER	TAUREAU	BELIER	BELIER	TAUREAU	VIERGE	LION	23 CAPRICORNE
5 MARS	BELIER	BELIER	TAUREAU	BELIER	BELIER	TAUREAU	VIERGE	LION	5 VERSEAU
6 MARS	BELIER	BELIER	TAUREAU	BELIER	BELIER	TAUREAU	VIERGE	LION	17 VERSEAU
7 MARS	BELIER	BELIER	TAUREAU	BELIER	BELIER	TAUREAU	VIERGE	LION	29 VERSEAU
8 MARS	POISSONS	BELIER	TAUREAU	BELIER	BELIER	TAUREAU	VIERGE	LION	11 POISSONS
9 MARS	POISSONS	TAUREAU	TAUREAU	BELIER	BELIER	TAUREAU	VIERGE	LION	23 POISSONS
10 MARS	POISSONS	TAUREAU	TAUREAU	BELIER	BELIER	TAUREAU	VIERGE	LION	5 BELIER
11 MARS	POISSONS	TAUREAU	TAUREAU	BELIER	BELIER	TAUREAU	VIERGE	LION	16 BELIER
12 MARS	POISSONS	TAUREAU	TAUREAU	BELIER	BELIER	TAUREAU	VIERGE	LION	28 BELIER
13 MARS	POISSONS	TAUREAU	TAUREAU	BELIER	BELIER	TAUREAU	VIERGE	LION	10 TAUREAU
14 MARS	POISSONS	TAUREAU	TAUREAU	BELIER	BELIER	TAUREAU	VIERGE	LION	23 TAUREAU
15 MARS	POISSONS	TAUREAU	TAUREAU	BELIER	BELIER	TAUREAU	VIERGE	LION	5 GEMEAUX
16 MARS	POISSONS	TAUREAU	TAUREAU	BELIER	BELIER	TAUREAU	VIERGE	LION	18 GEMEAUX
17 MARS	POISSONS	TAUREAU	TAUREAU	BELIER	BELIER	TAUREAU	VIERGE	LION	1 CANCER
18 MARS	POISSONS	TAUREAU	TAUREAU	BELIER	BELIER	TAUREAU	VIERGE	LION	14 CANCER
19 MARS	POISSONS	TAUREAU	TAUREAU	BELIER	BELIER	TAUREAU	VIERGE	LION	28 CANCER
20 MARS	POISSONS	TAUREAU	TAUREAU	BELIER	TAUREAU	TAUREAU	VIERGE	LION	13 LION

LE SOLEIL — ENTRE DANS LE SIGNE DES POISSONS LE 19 FEVRIER 1940 A 18 h 50 — QUITTE LE SIGNE DES POISSONS LE 20 MARS 1940 A 18 h 10

* LES CHIFFRES INDIQUENT LES DEGRES

1941	MERCURE	VENUS	MARS	JUPITER	SATURNE	URANUS	NEPTUNE	PLUTON	LUNE *
19 FEVRIER	POISSONS	VERSEAU	CAPRICORNE	TAUREAU	TAUREAU	TAUREAU	VIERGE	LION	10 SAGITTAIRE
20 FEVRIER	POISSONS	VERSEAU	CAPRICORNE	TAUREAU	TAUREAU	TAUREAU	VIERGE	LION	23 SAGITTAIRE
21 FEVRIER	POISSONS	VERSEAU	CAPRICORNE	TAUREAU	TAUREAU	TAUREAU	VIERGE	LION	7 CAPRICORNE
22 FEVRIER	POISSONS	VERSEAU	CAPRICORNE	TAUREAU	TAUREAU	TAUREAU	VIERGE	LION	20 CAPRICORNE
23 FEVRIER	POISSONS	VERSEAU	CAPRICORNE	TAUREAU	TAUREAU	TAUREAU	VIERGE	LION	3 VERSEAU
24 FEVRIER	POISSONS	VERSEAU	CAPRICORNE	TAUREAU	TAUREAU	TAUREAU	VIERGE	LION	16 VERSEAU
25 FEVRIER	POISSONS	VERSEAU	CAPRICORNE	TAUREAU	TAUREAU	TAUREAU	VIERGE	LION	29 VERSEAU
26 FEVRIER	POISSONS	VERSEAU	CAPRICORNE	TAUREAU	TAUREAU	TAUREAU	VIERGE	LION	11 POISSONS
27 FEVRIER	POISSONS	VERSEAU	CAPRICORNE	TAUREAU	TAUREAU	TAUREAU	VIERGE	LION	24 POISSONS
28 FEVRIER	POISSONS	VERSEAU	CAPRICORNE	TAUREAU	TAUREAU	TAUREAU	VIERGE	LION	6 BELIER
1 MARS	POISSONS	VERSEAU	CAPRICORNE	TAUREAU	TAUREAU	TAUREAU	VIERGE	LION	18 BELIER
2 MARS	POISSONS	VERSEAU	CAPRICORNE	TAUREAU	TAUREAU	TAUREAU	VIERGE	LION	29 BELIER
3 MARS	POISSONS	POISSONS	CAPRICORNE	TAUREAU	TAUREAU	TAUREAU	VIERGE	LION	11 TAUREAU
4 MARS	POISSONS	POISSONS	CAPRICORNE	TAUREAU	TAUREAU	TAUREAU	VIERGE	LION	23 TAUREAU
5 MARS	POISSONS	POISSONS	CAPRICORNE	TAUREAU	TAUREAU	TAUREAU	VIERGE	LION	5 GEMEAUX
6 MARS	POISSONS	POISSONS	CAPRICORNE	TAUREAU	TAUREAU	TAUREAU	VIERGE	LION	17 GEMEAUX
7 MARS	VERSEAU	POISSONS	CAPRICORNE	TAUREAU	TAUREAU	TAUREAU	VIERGE	LION	0 CANCER
8 MARS	VERSEAU	POISSONS	CAPRICORNE	TAUREAU	TAUREAU	TAUREAU	VIERGE	LION	12 CANCER
9 MARS	VERSEAU	POISSONS	CAPRICORNE	TAUREAU	TAUREAU	TAUREAU	VIERGE	LION	26 CANCER
10 MARS	VERSEAU	POISSONS	CAPRICORNE	TAUREAU	TAUREAU	TAUREAU	VIERGE	LION	9 LION
11 MARS	VERSEAU	POISSONS	CAPRICORNE	TAUREAU	TAUREAU	TAUREAU	VIERGE	LION	23 LION
12 MARS	VERSEAU	POISSONS	CAPRICORNE	TAUREAU	TAUREAU	TAUREAU	VIERGE	LION	8 VIERGE
13 MARS	VERSEAU	POISSONS	CAPRICORNE	TAUREAU	TAUREAU	TAUREAU	VIERGE	LION	22 VIERGE
14 MARS	VERSEAU	POISSONS	CAPRICORNE	TAUREAU	TAUREAU	TAUREAU	VIERGE	LION	7 BALANCE
15 MARS	VERSEAU	POISSONS	CAPRICORNE	TAUREAU	TAUREAU	TAUREAU	VIERGE	LION	22 BALANCE
16 MARS	POISSONS	POISSONS	CAPRICORNE	TAUREAU	TAUREAU	TAUREAU	VIERGE	LION	7 SCORPION
17 MARS	POISSONS	POISSONS	CAPRICORNE	TAUREAU	TAUREAU	TAUREAU	VIERGE	LION	23 SCORPION
18 MARS	POISSONS	POISSONS	CAPRICORNE	TAUREAU	TAUREAU	TAUREAU	VIERGE	LION	6 SAGITTAIRE
19 MARS	POISSONS	POISSONS	CAPRICORNE	TAUREAU	TAUREAU	TAUREAU	VIERGE	LION	20 SAGITTAIRE
20 MARS	POISSONS	POISSONS	CAPRICORNE	TAUREAU	TAUREAU	TAUREAU	VIERGE	LION	4 CAPRICORNE
21 MARS	POISSONS	POISSONS	CAPRICORNE	TAUREAU	TAUREAU	TAUREAU	VIERGE	LION	17 CAPRICORNE

LE SOLEIL — ENTRE DANS LE SIGNE DES POISSONS LE 19 FEVRIER 1941 A 0 h 45 — QUITTE LE SIGNE DES POISSONS LE 21 MARS 1941 A 0 h 05

* LES CHIFFRES INDIQUENT LES DEGRES

DECOUVREZ DANS QUEL SIGNE SE TROUVAIENT LES PLANETES A VOTRE NAISSANCE

1942	MERCURE	VENUS	MARS	JUPITER	SATURNE	URANUS	NEPTUNE	PLUTON	LUNE *
19 FEVRIER	VERSEAU	VERSEAU	TAUREAU	GEMEAUX	TAUREAU	TAUREAU	VIERGE	LION	19 BELIER
20 FEVRIER	VERSEAU	VERSEAU	TAUREAU	GEMEAUX	TAUREAU	TAUREAU	VIERGE	LION	2 TAUREAU
21 FEVRIER	VERSEAU	VERSEAU	TAUREAU	GEMEAUX	TAUREAU	TAUREAU	VIERGE	LION	14 TAUREAU
22 FEVRIER	VERSEAU	VERSEAU	TAUREAU	GEMEAUX	TAUREAU	TAUREAU	VIERGE	LION	26 TAUREAU
23 FEVRIER	VERSEAU	VERSEAU	TAUREAU	GEMEAUX	TAUREAU	TAUREAU	VIERGE	LION	8 GEMEAUX
24 FEVRIER	VERSEAU	VERSEAU	TAUREAU	GEMEAUX	TAUREAU	TAUREAU	VIERGE	LION	20 GEMEAUX
25 FEVRIER	VERSEAU	VERSEAU	TAUREAU	GEMEAUX	TAUREAU	TAUREAU	VIERGE	LION	2 CANCER
26 FEVRIER	VERSEAU	VERSEAU	TAUREAU	GEMEAUX	TAUREAU	TAUREAU	VIERGE	LION	14 CANCER
27 FEVRIER	VERSEAU	VERSEAU	TAUREAU	GEMEAUX	TAUREAU	TAUREAU	VIERGE	LION	26 CANCER
28 FEVRIER	VERSEAU	VERSEAU	TAUREAU	GEMEAUX	TAUREAU	TAUREAU	VIERGE	LION	9 LION
1 MARS	VERSEAU	VERSEAU	TAUREAU	GEMEAUX	TAUREAU	TAUREAU	VIERGE	LION	21 LION
2 MARS	VERSEAU	VERSEAU	TAUREAU	GEMEAUX	TAUREAU	TAUREAU	VIERGE	LION	5 VIERGE
3 MARS	VERSEAU	VERSEAU	TAUREAU	GEMEAUX	TAUREAU	TAUREAU	VIERGE	LION	18 VIERGE
4 MARS	VERSEAU	VERSEAU	TAUREAU	GEMEAUX	TAUREAU	TAUREAU	VIERGE	LION	2 BALANCE
5 MARS	VERSEAU	VERSEAU	TAUREAU	GEMEAUX	TAUREAU	TAUREAU	VIERGE	LION	16 BALANCE
6 MARS	VERSEAU	VERSEAU	TAUREAU	GEMEAUX	TAUREAU	TAUREAU	VIERGE	LION	0 SCORPION
7 MARS	VERSEAU	VERSEAU	GEMEAUX	GEMEAUX	TAUREAU	TAUREAU	VIERGE	LION	14 SCORPION
8 MARS	VERSEAU	VERSEAU	GEMEAUX	GEMEAUX	TAUREAU	TAUREAU	VIERGE	LION	28 SCORPION
9 MARS	VERSEAU	VERSEAU	GEMEAUX	GEMEAUX	TAUREAU	TAUREAU	VIERGE	LION	12 SAGITTAIRE
10 MARS	VERSEAU	VERSEAU	GEMEAUX	GEMEAUX	TAUREAU	TAUREAU	VIERGE	LION	27 SAGITTAIRE
11 MARS	VERSEAU	VERSEAU	GEMEAUX	GEMEAUX	TAUREAU	TAUREAU	VIERGE	LION	11 CAPRICORNE
12 MARS	VERSEAU	VERSEAU	GEMEAUX	GEMEAUX	TAUREAU	TAUREAU	VIERGE	LION	25 CAPRICORNE
13 MARS	VERSEAU	VERSEAU	GEMEAUX	GEMEAUX	TAUREAU	TAUREAU	VIERGE	LION	9 VERSEAU
14 MARS	VERSEAU	VERSEAU	GEMEAUX	GEMEAUX	TAUREAU	TAUREAU	VIERGE	LION	22 VERSEAU
15 MARS	VERSEAU	VERSEAU	GEMEAUX	GEMEAUX	TAUREAU	TAUREAU	VIERGE	LION	6 POISSONS
16 MARS	VERSEAU	VERSEAU	GEMEAUX	GEMEAUX	TAUREAU	TAUREAU	VIERGE	LION	19 POISSONS
17 MARS	POISSONS	VERSEAU	GEMEAUX	GEMEAUX	TAUREAU	TAUREAU	VIERGE	LION	2 BELIER
18 MARS	POISSONS	VERSEAU	GEMEAUX	GEMEAUX	TAUREAU	TAUREAU	VIERGE	LION	15 BELIER
19 MARS	POISSONS	VERSEAU	GEMEAUX	GEMEAUX	TAUREAU	TAUREAU	VIERGE	LION	27 BELIER
20 MARS	POISSONS	VERSEAU	GEMEAUX	GEMEAUX	TAUREAU	TAUREAU	VIERGE	LION	10 TAUREAU
21 MARS	POISSONS	VERSEAU	GEMEAUX	GEMEAUX	TAUREAU	TAUREAU	VIERGE	LION	22 TAUREAU

LE SOLEIL ENTRE DANS LE SIGNE DES POISSONS LE 19 FEVRIER 1942 A 6 h 25
LE SOLEIL QUITTE LE SIGNE DES POISSONS LE 21 MARS 1942 A 5 h 50

* LES CHIFFRES INDIQUENT LES DEGRES

1943	MERCURE	VENUS	MARS	JUPITER	SATURNE	URANUS	NEPTUNE	PLUTON	LUNE *
19 FEVRIER	VERSEAU	POISSONS	CAPRICORNE	CANCER	GEMEAUX	GEMEAUX	BALANCE	LION	21 LION
20 FEVRIER	VERSEAU	POISSONS	CAPRICORNE	CANCER	GEMEAUX	GEMEAUX	BALANCE	LION	4 VIERGE
21 FEVRIER	VERSEAU	POISSONS	CAPRICORNE	CANCER	GEMEAUX	GEMEAUX	BALANCE	LION	16 VIERGE
22 FEVRIER	VERSEAU	POISSONS	CAPRICORNE	CANCER	GEMEAUX	GEMEAUX	BALANCE	LION	28 VIERGE
23 FEVRIER	VERSEAU	POISSONS	CAPRICORNE	CANCER	GEMEAUX	GEMEAUX	BALANCE	LION	11 BALANCE
24 FEVRIER	VERSEAU	POISSONS	CAPRICORNE	CANCER	GEMEAUX	GEMEAUX	BALANCE	LION	24 BALANCE
25 FEVRIER	VERSEAU	BELIER	CAPRICORNE	CANCER	GEMEAUX	GEMEAUX	BALANCE	LION	7 SCORPION
26 FEVRIER	VERSEAU	BELIER	CAPRICORNE	CANCER	GEMEAUX	GEMEAUX	BALANCE	LION	21 SCORPION
27 FEVRIER	VERSEAU	BELIER	CAPRICORNE	CANCER	GEMEAUX	GEMEAUX	BALANCE	LION	4 SAGITTAIRE
28 FEVRIER	VERSEAU	BELIER	CAPRICORNE	CANCER	GEMEAUX	GEMEAUX	BALANCE	LION	18 SAGITTAIRE
1 MARS	VERSEAU	BELIER	CAPRICORNE	CANCER	GEMEAUX	GEMEAUX	BALANCE	LION	2 CAPRICORNE
2 MARS	VERSEAU	BELIER	CAPRICORNE	CANCER	GEMEAUX	GEMEAUX	BALANCE	LION	17 CAPRICORNE
3 MARS	VERSEAU	BELIER	CAPRICORNE	CANCER	GEMEAUX	GEMEAUX	BALANCE	LION	2 VERSEAU
4 MARS	VERSEAU	BELIER	CAPRICORNE	CANCER	GEMEAUX	GEMEAUX	BALANCE	LION	16 VERSEAU
5 MARS	VERSEAU	BELIER	CAPRICORNE	CANCER	GEMEAUX	GEMEAUX	BALANCE	LION	1 POISSONS
6 MARS	VERSEAU	BELIER	CAPRICORNE	CANCER	GEMEAUX	GEMEAUX	BALANCE	LION	16 POISSONS
7 MARS	VERSEAU	BELIER	CAPRICORNE	CANCER	GEMEAUX	GEMEAUX	BALANCE	LION	0 BELIER
8 MARS	VERSEAU	BELIER	CAPRICORNE	CANCER	GEMEAUX	GEMEAUX	BALANCE	LION	14 BELIER
9 MARS	VERSEAU	BELIER	VERSEAU	CANCER	GEMEAUX	GEMEAUX	BALANCE	LION	27 BELIER
10 MARS	VERSEAU	BELIER	VERSEAU	CANCER	GEMEAUX	GEMEAUX	BALANCE	LION	11 TAUREAU
11 MARS	POISSONS	BELIER	VERSEAU	CANCER	GEMEAUX	GEMEAUX	BALANCE	LION	24 TAUREAU
12 MARS	POISSONS	BELIER	VERSEAU	CANCER	GEMEAUX	GEMEAUX	BALANCE	LION	6 GEMEAUX
13 MARS	POISSONS	BELIER	VERSEAU	CANCER	GEMEAUX	GEMEAUX	BALANCE	LION	18 GEMEAUX
14 MARS	POISSONS	BELIER	VERSEAU	CANCER	GEMEAUX	GEMEAUX	BALANCE	LION	0 CANCER
15 MARS	POISSONS	BELIER	VERSEAU	CANCER	GEMEAUX	GEMEAUX	BALANCE	LION	12 CANCER
16 MARS	POISSONS	BELIER	VERSEAU	CANCER	GEMEAUX	GEMEAUX	BALANCE	LION	24 CANCER
17 MARS	POISSONS	BELIER	VERSEAU	CANCER	GEMEAUX	GEMEAUX	BALANCE	LION	6 LION
18 MARS	POISSONS	BELIER	VERSEAU	CANCER	GEMEAUX	GEMEAUX	BALANCE	LION	18 LION
19 MARS	POISSONS	BELIER	VERSEAU	CANCER	GEMEAUX	GEMEAUX	BALANCE	LION	0 VIERGE
20 MARS	POISSONS	BELIER	VERSEAU	CANCER	GEMEAUX	GEMEAUX	BALANCE	LION	12 VIERGE
21 MARS	POISSONS	BELIER	VERSEAU	CANCER	GEMEAUX	GEMEAUX	BALANCE	LION	25 VIERGE

LE SOLEIL ENTRE DANS LE SIGNE DES POISSONS LE 19 FEVRIER 1943 A 12 h 25
LE SOLEIL QUITTE LE SIGNE DES POISSONS LE 21 MARS 1943 A 11 h 45

* LES CHIFFRES INDIQUENT LES DEGRES

DECOUVREZ DANS QUEL SIGNE SE TROUVAIENT LES PLANETES A VOTRE NAISSANCE

1944	MERCURE	VENUS	MARS	JUPITER	SATURNE	URANUS	NEPTUNE	PLUTON	LUNE *
19 FEVRIER	VERSEAU	CAPRICORNE	GEMEAUX	LION	GEMEAUX	GEMEAUX	BALANCE	LION	26 SAGITTAIRE
20 FEVRIER	VERSEAU	CAPRICORNE	GEMEAUX	LION	GEMEAUX	GEMEAUX	BALANCE	LION	11 CAPRICORNE
21 FEVRIER	VERSEAU	CAPRICORNE	GEMEAUX	LION	GEMEAUX	GEMEAUX	BALANCE	LION	25 CAPRICORNE
22 FEVRIER	VERSEAU	VERSEAU	GEMEAUX	LION	GEMEAUX	GEMEAUX	BALANCE	LION	10 VERSEAU
23 FEVRIER	VERSEAU	VERSEAU	GEMEAUX	LION	GEMEAUX	GEMEAUX	BALANCE	LION	25 VERSEAU
24 FEVRIER	VERSEAU	VERSEAU	GEMEAUX	LION	GEMEAUX	GEMEAUX	BALANCE	LION	10 POISSONS
25 FEVRIER	VERSEAU	VERSEAU	GEMEAUX	LION	GEMEAUX	GEMEAUX	BALANCE	LION	26 POISSONS
26 FEVRIER	VERSEAU	VERSEAU	GEMEAUX	LION	GEMEAUX	GEMEAUX	BALANCE	LION	11 BELIER
27 FEVRIER	VERSEAU	VERSEAU	GEMEAUX	LION	GEMEAUX	GEMEAUX	BALANCE	LION	25 BELIER
28 FEVRIER	VERSEAU	VERSEAU	GEMEAUX	LION	GEMEAUX	GEMEAUX	BALANCE	LION	9 TAUREAU
29 FEVRIER	VERSEAU	VERSEAU	GEMEAUX	LION	GEMEAUX	GEMEAUX	BALANCE	LION	23 TAUREAU
1 MARS	VERSEAU	VERSEAU	GEMEAUX	LION	GEMEAUX	GEMEAUX	BALANCE	LION	6 GEMEAUX
2 MARS	VERSEAU	VERSEAU	GEMEAUX	LION	GEMEAUX	GEMEAUX	BALANCE	LION	19 GEMEAUX
3 MARS	POISSONS	VERSEAU	GEMEAUX	LION	GEMEAUX	GEMEAUX	BALANCE	LION	1 CANCER
4 MARS	POISSONS	VERSEAU	GEMEAUX	LION	GEMEAUX	GEMEAUX	BALANCE	LION	14 CANCER
5 MARS	POISSONS	VERSEAU	GEMEAUX	LION	GEMEAUX	GEMEAUX	BALANCE	LION	26 CANCER
6 MARS	POISSONS	VERSEAU	GEMEAUX	LION	GEMEAUX	GEMEAUX	BALANCE	LION	7 LION
7 MARS	POISSONS	VERSEAU	GEMEAUX	LION	GEMEAUX	GEMEAUX	BALANCE	LION	19 LION
8 MARS	POISSONS	VERSEAU	GEMEAUX	LION	GEMEAUX	GEMEAUX	BALANCE	LION	1 VIERGE
9 MARS	POISSONS	VERSEAU	GEMEAUX	LION	GEMEAUX	GEMEAUX	BALANCE	LION	13 VIERGE
10 MARS	POISSONS	VERSEAU	GEMEAUX	LION	GEMEAUX	GEMEAUX	BALANCE	LION	25 VIERGE
11 MARS	POISSONS	VERSEAU	GEMEAUX	LION	GEMEAUX	GEMEAUX	BALANCE	LION	7 BALANCE
12 MARS	POISSONS	VERSEAU	GEMEAUX	LION	GEMEAUX	GEMEAUX	BALANCE	LION	19 BALANCE
13 MARS	POISSONS	VERSEAU	GEMEAUX	LION	GEMEAUX	GEMEAUX	BALANCE	LION	1 SCORPION
14 MARS	POISSONS	VERSEAU	GEMEAUX	LION	GEMEAUX	GEMEAUX	BALANCE	LION	14 SCORPION
15 MARS	POISSONS	VERSEAU	GEMEAUX	LION	GEMEAUX	GEMEAUX	BALANCE	LION	26 SCORPION
16 MARS	POISSONS	VERSEAU	GEMEAUX	LION	GEMEAUX	GEMEAUX	BALANCE	LION	9 SAGITTAIRE
17 MARS	POISSONS	POISSONS	GEMEAUX	LION	GEMEAUX	GEMEAUX	BALANCE	LION	22 SAGITTAIRE
18 MARS	POISSONS	POISSONS	GEMEAUX	LION	GEMEAUX	GEMEAUX	BALANCE	LION	6 CAPRICORNE
19 MARS	BELIER	POISSONS	GEMEAUX	LION	GEMEAUX	GEMEAUX	BALANCE	LION	20 CAPRICORNE
20 MARS	BELIER	POISSONS	GEMEAUX	LION	GEMEAUX	GEMEAUX	BALANCE	LION	4 VERSEAU

LE SOLEIL ENTRE DANS LE SIGNE DES POISSONS LE 19 FEVRIER 1944 A 18 h 10
LE SOLEIL QUITTE LE SIGNE DES POISSONS LE 20 MARS 1944 A 17 h 35

* LES CHIFFRES INDIQUENT LES DEGRES

1945	MERCURE	VENUS	MARS	JUPITER	SATURNE	URANUS	NEPTUNE	PLUTON	LUNE *
19 FEVRIER	VERSEAU	BELIER	VERSEAU	VIERGE	CANCER	GEMEAUX	BALANCE	LION	2 GEMEAUX
20 FEVRIER	VERSEAU	BELIER	VERSEAU	VIERGE	CANCER	GEMEAUX	BALANCE	LION	15 GEMEAUX
21 FEVRIER	VERSEAU	BELIER	VERSEAU	VIERGE	CANCER	GEMEAUX	BALANCE	LION	29 GEMEAUX
22 FEVRIER	VERSEAU	BELIER	VERSEAU	VIERGE	CANCER	GEMEAUX	BALANCE	LION	12 CANCER
23 FEVRIER	POISSONS	BELIER	VERSEAU	VIERGE	CANCER	GEMEAUX	BALANCE	LION	24 CANCER
24 FEVRIER	POISSONS	BELIER	VERSEAU	VIERGE	CANCER	GEMEAUX	BALANCE	LION	7 LION
25 FEVRIER	POISSONS	BELIER	VERSEAU	VIERGE	CANCER	GEMEAUX	BALANCE	LION	19 LION
26 FEVRIER	POISSONS	BELIER	VERSEAU	VIERGE	CANCER	GEMEAUX	BALANCE	LION	2 VIERGE
27 FEVRIER	POISSONS	BELIER	VERSEAU	VIERGE	CANCER	GEMEAUX	BALANCE	LION	14 VIERGE
28 FEVRIER	POISSONS	BELIER	VERSEAU	VIERGE	CANCER	GEMEAUX	BALANCE	LION	26 VIERGE
1 MARS	POISSONS	BELIER	VERSEAU	VIERGE	CANCER	GEMEAUX	BALANCE	LION	8 BALANCE
2 MARS	POISSONS	BELIER	VERSEAU	VIERGE	CANCER	GEMEAUX	BALANCE	LION	20 BALANCE
3 MARS	POISSONS	BELIER	VERSEAU	VIERGE	CANCER	GEMEAUX	BALANCE	LION	1 SCORPION
4 MARS	POISSONS	BELIER	VERSEAU	VIERGE	CANCER	GEMEAUX	BALANCE	LION	13 SCORPION
5 MARS	POISSONS	BELIER	VERSEAU	VIERGE	CANCER	GEMEAUX	BALANCE	LION	25 SCORPION
6 MARS	POISSONS	BELIER	VERSEAU	VIERGE	CANCER	GEMEAUX	BALANCE	LION	7 SAGITTAIRE
7 MARS	POISSONS	BELIER	VERSEAU	VIERGE	CANCER	GEMEAUX	BALANCE	LION	20 SAGITTAIRE
8 MARS	POISSONS	BELIER	VERSEAU	VIERGE	CANCER	GEMEAUX	BALANCE	LION	3 CAPRICORNE
9 MARS	POISSONS	BELIER	VERSEAU	VIERGE	CANCER	GEMEAUX	BALANCE	LION	16 CAPRICORNE
10 MARS	POISSONS	BELIER	VERSEAU	VIERGE	CANCER	GEMEAUX	BALANCE	LION	29 CAPRICORNE
11 MARS	BELIER	TAUREAU	VERSEAU	VIERGE	CANCER	GEMEAUX	BALANCE	LION	13 VERSEAU
12 MARS	BELIER	TAUREAU	VERSEAU	VIERGE	CANCER	GEMEAUX	BALANCE	LION	28 VERSEAU
13 MARS	BELIER	TAUREAU	VERSEAU	VIERGE	CANCER	GEMEAUX	BALANCE	LION	13 POISSONS
14 MARS	BELIER	TAUREAU	VERSEAU	VIERGE	CANCER	GEMEAUX	BALANCE	LION	28 POISSONS
15 MARS	BELIER	TAUREAU	VERSEAU	VIERGE	CANCER	GEMEAUX	BALANCE	LION	13 BELIER
16 MARS	BELIER	TAUREAU	VERSEAU	VIERGE	CANCER	GEMEAUX	BALANCE	LION	28 BELIER
17 MARS	BELIER	TAUREAU	VERSEAU	VIERGE	CANCER	GEMEAUX	BALANCE	LION	13 TAUREAU
18 MARS	BELIER	TAUREAU	VERSEAU	VIERGE	CANCER	GEMEAUX	BALANCE	LION	28 TAUREAU
19 MARS	BELIER	TAUREAU	VERSEAU	VIERGE	CANCER	GEMEAUX	BALANCE	LION	12 GEMEAUX
20 MARS	BELIER	TAUREAU	VERSEAU	VIERGE	CANCER	GEMEAUX	BALANCE	LION	25 GEMEAUX

LE SOLEIL ENTRE DANS LE SIGNE DES POISSONS LE 19 FEVRIER 1945 A 0 h 00
LE SOLEIL QUITTE LE SIGNE DES POISSONS LE 20 MARS 1945 A 23 h 20

* LES CHIFFRES INDIQUENT LES DEGRES

DECOUVREZ DANS QUEL SIGNE SE TROUVAIENT LES PLANETES A VOTRE NAISSANCE

1946	MERCURE	VENUS	MARS	JUPITER	SATURNE	URANUS	NEPTUNE	PLUTON	LUNE *
19 FEVRIER	POISSONS	POISSONS	CANCER	BALANCE	CANCER	GEMEAUX	BALANCE	LION	9 BALANCE
20 FEVRIER	POISSONS	POISSONS	CANCER	BALANCE	CANCER	GEMEAUX	BALANCE	LION	22 BALANCE
21 FEVRIER	POISSONS	POISSONS	CANCER	BALANCE	CANCER	GEMEAUX	BALANCE	LION	4 SCORPION
22 FEVRIER	POISSONS	POISSONS	CANCER	BALANCE	CANCER	GEMEAUX	BALANCE	LION	16 SCORPION
23 FEVRIER	POISSONS	POISSONS	CANCER	BALANCE	CANCER	GEMEAUX	BALANCE	LION	27 SCORPION
24 FEVRIER	POISSONS	POISSONS	CANCER	BALANCE	CANCER	GEMEAUX	BALANCE	LION	9 SAGITTAIRE
25 FEVRIER	POISSONS	POISSONS	CANCER	BALANCE	CANCER	GEMEAUX	BALANCE	LION	21 SAGITTAIRE
26 FEVRIER	POISSONS	POISSONS	CANCER	BALANCE	CANCER	GEMEAUX	BALANCE	LION	3 CAPRICORNE
27 FEVRIER	POISSONS	POISSONS	CANCER	BALANCE	CANCER	GEMEAUX	BALANCE	LION	16 CAPRICORNE
28 FEVRIER	POISSONS	POISSONS	CANCER	BALANCE	CANCER	GEMEAUX	BALANCE	LION	28 CAPRICORNE
1 MARS	POISSONS	POISSONS	CANCER	BALANCE	CANCER	GEMEAUX	BALANCE	LION	11 VERSEAU
2 MARS	POISSONS	POISSONS	CANCER	BALANCE	CANCER	GEMEAUX	BALANCE	LION	25 VERSEAU
3 MARS	POISSONS	POISSONS	CANCER	BALANCE	CANCER	GEMEAUX	BALANCE	LION	9 POISSONS
4 MARS	BELIER	POISSONS	CANCER	BALANCE	CANCER	GEMEAUX	BALANCE	LION	23 POISSONS
5 MARS	BELIER	POISSONS	CANCER	BALANCE	CANCER	GEMEAUX	BALANCE	LION	7 BELIER
6 MARS	BELIER	POISSONS	CANCER	BALANCE	CANCER	GEMEAUX	BALANCE	LION	22 BELIER
7 MARS	BELIER	POISSONS	CANCER	BALANCE	CANCER	GEMEAUX	BALANCE	LION	6 TAUREAU
8 MARS	BELIER	POISSONS	CANCER	BALANCE	CANCER	GEMEAUX	BALANCE	LION	21 TAUREAU
9 MARS	BELIER	POISSONS	CANCER	BALANCE	CANCER	GEMEAUX	BALANCE	LION	5 GEMEAUX
10 MARS	BELIER	POISSONS	CANCER	BALANCE	CANCER	GEMEAUX	BALANCE	LION	19 GEMEAUX
11 MARS	BELIER	POISSONS	CANCER	BALANCE	CANCER	GEMEAUX	BALANCE	LION	3 CANCER
12 MARS	BELIER	BELIER	CANCER	BALANCE	CANCER	GEMEAUX	BALANCE	LION	17 CANCER
13 MARS	BELIER	BELIER	CANCER	BALANCE	CANCER	GEMEAUX	BALANCE	LION	0 LION
14 MARS	BELIER	BELIER	CANCER	BALANCE	CANCER	GEMEAUX	BALANCE	LION	13 LION
15 MARS	BELIER	BELIER	CANCER	BALANCE	CANCER	GEMEAUX	BALANCE	LION	27 LION
16 MARS	BELIER	BELIER	CANCER	BALANCE	CANCER	GEMEAUX	BALANCE	LION	10 VIERGE
17 MARS	BELIER	BELIER	CANCER	BALANCE	CANCER	GEMEAUX	BALANCE	LION	22 VIERGE
18 MARS	BELIER	BELIER	CANCER	BALANCE	CANCER	GEMEAUX	BALANCE	LION	5 BALANCE
19 MARS	BELIER	BELIER	CANCER	BALANCE	CANCER	GEMEAUX	BALANCE	LION	17 BALANCE
20 MARS	BELIER	BELIER	CANCER	BALANCE	CANCER	GEMEAUX	BALANCE	LION	0 SCORPION
21 MARS	BELIER	BELIER	CANCER	BALANCE	CANCER	GEMEAUX	BALANCE	LION	12 SCORPION

	ENTRE DANS LE SIGNE DES		LE 19 FEVRIER		A 5 h 55	
LE SOLEIL		POISSONS		1946		* LES CHIFFRES INDIQUENT LES DEGRES
	QUITTE LE SIGNE DES		LE 21 MARS		A 5 h 20	

1947	MERCURE	VENUS	MARS	JUPITER	SATURNE	URANUS	NEPTUNE	PLUTON	LUNE *
19 FEVRIER	POISSONS	CAPRICORNE	VERSEAU	SCORPION	LION	GEMEAUX	BALANCE	LION	12 VERSEAU
20 FEVRIER	POISSONS	CAPRICORNE	VERSEAU	SCORPION	LION	GEMEAUX	BALANCE	LION	24 VERSEAU
21 FEVRIER	POISSONS	CAPRICORNE	VERSEAU	SCORPION	LION	GEMEAUX	BALANCE	LION	7 POISSONS
22 FEVRIER	POISSONS	CAPRICORNE	VERSEAU	SCORPION	LION	GEMEAUX	BALANCE	LION	19 POISSONS
23 FEVRIER	POISSONS	CAPRICORNE	VERSEAU	SCORPION	LION	GEMEAUX	BALANCE	LION	2 BELIER
24 FEVRIER	POISSONS	CAPRICORNE	VERSEAU	SCORPION	LION	GEMEAUX	BALANCE	LION	16 BELIER
25 FEVRIER	POISSONS	CAPRICORNE	VERSEAU	SCORPION	LION	GEMEAUX	BALANCE	LION	29 BELIER
26 FEVRIER	POISSONS	CAPRICORNE	VERSEAU	SCORPION	LION	GEMEAUX	BALANCE	LION	13 TAUREAU
27 FEVRIER	POISSONS	CAPRICORNE	VERSEAU	SCORPION	LION	GEMEAUX	BALANCE	LION	26 TAUREAU
28 FEVRIER	POISSONS	CAPRICORNE	VERSEAU	SCORPION	LION	GEMEAUX	BALANCE	LION	10 GEMEAUX
1 MARS	POISSONS	CAPRICORNE	VERSEAU	SCORPION	LION	GEMEAUX	BALANCE	LION	24 GEMEAUX
2 MARS	POISSONS	CAPRICORNE	VERSEAU	SCORPION	LION	GEMEAUX	BALANCE	LION	9 CANCER
3 MARS	POISSONS	CAPRICORNE	VERSEAU	SCORPION	LION	GEMEAUX	BALANCE	LION	23 CANCER
4 MARS	POISSONS	CAPRICORNE	VERSEAU	SCORPION	LION	GEMEAUX	BALANCE	LION	8 LION
5 MARS	POISSONS	VERSEAU	POISSONS	SCORPION	LION	GEMEAUX	BALANCE	LION	22 LION
6 MARS	POISSONS	VERSEAU	POISSONS	SCORPION	LION	GEMEAUX	BALANCE	LION	6 VIERGE
7 MARS	POISSONS	VERSEAU	POISSONS	SCORPION	LION	GEMEAUX	BALANCE	LION	21 VIERGE
8 MARS	POISSONS	VERSEAU	POISSONS	SCORPION	LION	GEMEAUX	BALANCE	LION	4 BALANCE
9 MARS	POISSONS	VERSEAU	POISSONS	SCORPION	LION	GEMEAUX	BALANCE	LION	18 BALANCE
10 MARS	POISSONS	VERSEAU	POISSONS	SCORPION	LION	GEMEAUX	BALANCE	LION	1 SCORPION
11 MARS	POISSONS	VERSEAU	POISSONS	SCORPION	LION	GEMEAUX	BALANCE	LION	13 SCORPION
12 MARS	POISSONS	VERSEAU	POISSONS	SCORPION	LION	GEMEAUX	BALANCE	LION	26 SCORPION
13 MARS	POISSONS	VERSEAU	POISSONS	SCORPION	LION	GEMEAUX	BALANCE	LION	8 SAGITTAIRE
14 MARS	POISSONS	VERSEAU	POISSONS	SCORPION	LION	GEMEAUX	BALANCE	LION	20 SAGITTAIRE
15 MARS	POISSONS	VERSEAU	POISSONS	SCORPION	LION	GEMEAUX	BALANCE	LION	2 CAPRICORNE
16 MARS	POISSONS	VERSEAU	POISSONS	SCORPION	LION	GEMEAUX	BALANCE	LION	13 CAPRICORNE
17 MARS	POISSONS	VERSEAU	POISSONS	SCORPION	LION	GEMEAUX	BALANCE	LION	25 CAPRICORNE
18 MARS	POISSONS	VERSEAU	POISSONS	SCORPION	LION	GEMEAUX	BALANCE	LION	7 VERSEAU
19 MARS	POISSONS	VERSEAU	POISSONS	SCORPION	LION	GEMEAUX	BALANCE	LION	20 VERSEAU
20 MARS	POISSONS	VERSEAU	POISSONS	SCORPION	LION	GEMEAUX	BALANCE	LION	2 POISSONS
21 MARS	POISSONS	VERSEAU	POISSONS	SCORPION	LION	GEMEAUX	BALANCE	LION	15 POISSONS

	ENTRE DANS LE SIGNE DES		LE 19 FEVRIER		A 11 h 40	
LE SOLEIL		POISSONS		1947		* LES CHIFFRES INDIQUENT LES DEGRES
	QUITTE LE SIGNE DES		LE 21 MARS		A 11 h 00	

DECOUVREZ DANS QUEL SIGNE SE TROUVAIENT LES PLANETES A VOTRE NAISSANCE

1948	MERCURE	VENUS	MARS	JUPITER	SATURNE	URANUS	NEPTUNE	PLUTON	LUNE *
19 FEVRIER	POISSONS	BELIER	LION	SAGITTAIRE	LION	GEMEAUX	BALANCE	LION	17 GEMEAUX
20 FEVRIER	VERSEAU	BELIER	LION	SAGITTAIRE	LION	GEMEAUX	BALANCE	LION	1 CANCER
21 FEVRIER	VERSEAU	BELIER	LION	SAGITTAIRE	LION	GEMEAUX	BALANCE	LION	16 CANCER
22 FEVRIER	VERSEAU	BELIER	LION	SAGITTAIRE	LION	GEMEAUX	BALANCE	LION	1 LION
23 FEVRIER	VERSEAU	BELIER	LION	SAGITTAIRE	LION	GEMEAUX	BALANCE	LION	16 LION
24 FEVRIER	VERSEAU	BELIER	LION	SAGITTAIRE	LION	GEMEAUX	BALANCE	LION	1 VIERGE
25 FEVRIER	VERSEAU	BELIER	LION	SAGITTAIRE	LION	GEMEAUX	BALANCE	LION	17 VIERGE
26 FEVRIER	VERSEAU	BELIER	LION	SAGITTAIRE	LION	GEMEAUX	BALANCE	LION	1 BALANCE
27 FEVRIER	VERSEAU	BELIER	LION	SAGITTAIRE	LION	GEMEAUX	BALANCE	LION	16 BALANCE
28 FEVRIER	VERSEAU	BELIER	LION	SAGITTAIRE	LION	GEMEAUX	BALANCE	LION	0 SCORPION
29 FEVRIER	VERSEAU	BELIER	LION	SAGITTAIRE	LION	GEMEAUX	BALANCE	LION	14 SCORPION
1 MARS	VERSEAU	BELIER	LION	SAGITTAIRE	LION	GEMEAUX	BALANCE	LION	27 SCORPION
2 MARS	VERSEAU	BELIER	LION	SAGITTAIRE	LION	GEMEAUX	BALANCE	LION	9 SAGITTAIRE
3 MARS	VERSEAU	BELIER	LION	SAGITTAIRE	LION	GEMEAUX	BALANCE	LION	22 SAGITTAIRE
4 MARS	VERSEAU	BELIER	LION	SAGITTAIRE	LION	GEMEAUX	BALANCE	LION	4 CAPRICORNE
5 MARS	VERSEAU	BELIER	LION	SAGITTAIRE	LION	GEMEAUX	BALANCE	LION	16 CAPRICORNE
6 MARS	VERSEAU	BELIER	LION	SAGITTAIRE	LION	GEMEAUX	BALANCE	LION	28 CAPRICORNE
7 MARS	VERSEAU	BELIER	LION	SAGITTAIRE	LION	GEMEAUX	BALANCE	LION	9 VERSEAU
8 MARS	VERSEAU	TAUREAU	LION	SAGITTAIRE	LION	GEMEAUX	BALANCE	LION	21 VERSEAU
9 MARS	VERSEAU	TAUREAU	LION	SAGITTAIRE	LION	GEMEAUX	BALANCE	LION	3 POISSONS
10 MARS	VERSEAU	TAUREAU	LION	SAGITTAIRE	LION	GEMEAUX	BALANCE	LION	15 POISSONS
11 MARS	VERSEAU	TAUREAU	LION	SAGITTAIRE	LION	GEMEAUX	BALANCE	LION	27 POISSONS
12 MARS	VERSEAU	TAUREAU	LION	SAGITTAIRE	LION	GEMEAUX	BALANCE	LION	10 BELIER
13 MARS	VERSEAU	TAUREAU	LION	SAGITTAIRE	LION	GEMEAUX	BALANCE	LION	22 BELIER
14 MARS	VERSEAU	TAUREAU	LION	SAGITTAIRE	LION	GEMEAUX	BALANCE	LION	5 TAUREAU
15 MARS	VERSEAU	TAUREAU	LION	SAGITTAIRE	LION	GEMEAUX	BALANCE	LION	17 TAUREAU
16 MARS	VERSEAU	TAUREAU	LION	SAGITTAIRE	LION	GEMEAUX	BALANCE	LION	0 GEMEAUX
17 MARS	VERSEAU	TAUREAU	LION	SAGITTAIRE	LION	GEMEAUX	BALANCE	LION	14 GEMEAUX
18 MARS	POISSONS	TAUREAU	LION	SAGITTAIRE	LION	GEMEAUX	BALANCE	LION	27 GEMEAUX
19 MARS	POISSONS	TAUREAU	LION	SAGITTAIRE	LION	GEMEAUX	BALANCE	LION	11 CANCER
20 MARS	POISSONS	TAUREAU	LION	SAGITTAIRE	LION	GEMEAUX	BALANCE	LION	25 CANCER

LE SOLEIL ENTRE DANS LE SIGNE DES POISSONS LE 19 FEVRIER 1948 A 17 h 20
LE SOLEIL QUITTE LE SIGNE DES POISSONS LE 20 MARS 1948 A 16 h 40

* LES CHIFFRES INDIQUENT LES DEGRES

1949	MERCURE	VENUS	MARS	JUPITER	SATURNE	URANUS	NEPTUNE	PLUTON	LUNE *
18 FEVRIER	VERSEAU	VERSEAU	POISSONS	CAPRICORNE	VIERGE	GEMEAUX	BALANCE	LION	10 SCORPION
19 FEVRIER	VERSEAU	VERSEAU	POISSONS	CAPRICORNE	VIERGE	GEMEAUX	BALANCE	LION	24 SCORPION
20 FEVRIER	VERSEAU	VERSEAU	POISSONS	CAPRICORNE	VIERGE	GEMEAUX	BALANCE	LION	7 SAGITTAIRE
21 FEVRIER	VERSEAU	VERSEAU	POISSONS	CAPRICORNE	VIERGE	GEMEAUX	BALANCE	LION	20 SAGITTAIRE
22 FEVRIER	VERSEAU	VERSEAU	POISSONS	CAPRICORNE	VIERGE	GEMEAUX	BALANCE	LION	3 CAPRICORNE
23 FEVRIER	VERSEAU	VERSEAU	POISSONS	CAPRICORNE	VIERGE	GEMEAUX	BALANCE	LION	16 CAPRICORNE
24 FEVRIER	VERSEAU	VERSEAU	POISSONS	CAPRICORNE	VIERGE	GEMEAUX	BALANCE	LION	28 CAPRICORNE
25 FEVRIER	VERSEAU	VERSEAU	POISSONS	CAPRICORNE	VIERGE	GEMEAUX	BALANCE	LION	10 VERSEAU
26 FEVRIER	VERSEAU	VERSEAU	POISSONS	CAPRICORNE	VIERGE	GEMEAUX	BALANCE	LION	22 VERSEAU
27 FEVRIER	VERSEAU	VERSEAU	POISSONS	CAPRICORNE	VIERGE	GEMEAUX	BALANCE	LION	4 POISSONS
28 FEVRIER	VERSEAU	VERSEAU	POISSONS	CAPRICORNE	VIERGE	GEMEAUX	BALANCE	LION	16 POISSONS
1 MARS	VERSEAU	VERSEAU	POISSONS	CAPRICORNE	VIERGE	GEMEAUX	BALANCE	LION	28 POISSONS
2 MARS	VERSEAU	POISSONS	POISSONS	CAPRICORNE	VIERGE	GEMEAUX	BALANCE	LION	10 BELIER
3 MARS	VERSEAU	POISSONS	POISSONS	CAPRICORNE	VIERGE	GEMEAUX	BALANCE	LION	21 BELIER
4 MARS	VERSEAU	POISSONS	POISSONS	CAPRICORNE	VIERGE	GEMEAUX	BALANCE	LION	3 TAUREAU
5 MARS	VERSEAU	POISSONS	POISSONS	CAPRICORNE	VIERGE	GEMEAUX	BALANCE	LION	15 TAUREAU
6 MARS	VERSEAU	POISSONS	POISSONS	CAPRICORNE	VIERGE	GEMEAUX	BALANCE	LION	28 TAUREAU
7 MARS	VERSEAU	POISSONS	POISSONS	CAPRICORNE	VIERGE	GEMEAUX	BALANCE	LION	10 GEMEAUX
8 MARS	VERSEAU	POISSONS	POISSONS	CAPRICORNE	VIERGE	GEMEAUX	BALANCE	LION	23 GEMEAUX
9 MARS	VERSEAU	POISSONS	POISSONS	CAPRICORNE	VIERGE	GEMEAUX	BALANCE	LION	6 CANCER
10 MARS	VERSEAU	POISSONS	POISSONS	CAPRICORNE	VIERGE	GEMEAUX	BALANCE	LION	20 CANCER
11 MARS	VERSEAU	POISSONS	POISSONS	CAPRICORNE	VIERGE	GEMEAUX	BALANCE	LION	4 LION
12 MARS	VERSEAU	POISSONS	POISSONS	CAPRICORNE	VIERGE	GEMEAUX	BALANCE	LION	19 LION
13 MARS	VERSEAU	POISSONS	POISSONS	CAPRICORNE	VIERGE	GEMEAUX	BALANCE	LION	4 VIERGE
14 MARS	POISSONS	POISSONS	POISSONS	CAPRICORNE	VIERGE	GEMEAUX	BALANCE	LION	19 VIERGE
15 MARS	POISSONS	POISSONS	POISSONS	CAPRICORNE	VIERGE	GEMEAUX	BALANCE	LION	4 BALANCE
16 MARS	POISSONS	POISSONS	POISSONS	CAPRICORNE	VIERGE	GEMEAUX	BALANCE	LION	19 BALANCE
17 MARS	POISSONS	POISSONS	POISSONS	CAPRICORNE	VIERGE	GEMEAUX	BALANCE	LION	4 SCORPION
18 MARS	POISSONS	POISSONS	POISSONS	CAPRICORNE	VIERGE	GEMEAUX	BALANCE	LION	19 SCORPION
19 MARS	POISSONS	POISSONS	POISSONS	CAPRICORNE	VIERGE	GEMEAUX	BALANCE	LION	3 SAGITTAIRE
20 MARS	POISSONS	POISSONS	POISSONS	CAPRICORNE	VIERGE	GEMEAUX	BALANCE	LION	16 SAGITTAIRE

LE SOLEIL ENTRE DANS LE SIGNE DES POISSONS LE 18 FEVRIER 1949 A 23 h 10
LE SOLEIL QUITTE LE SIGNE DES POISSONS LE 20 MARS 1949 A 22 h 35

* LES CHIFFRES INDIQUENT LES DEGRES

DECOUVREZ DANS QUEL SIGNE SE TROUVAIENT LES PLANETES A VOTRE NAISSANCE

1950	MERCURE	VENUS	MARS	JUPITER	SATURNE	URANUS	NEPTUNE	PLUTON	LUNE *
19 FEVRIER	VERSEAU	VERSEAU	BALANCE	VERSEAU	VIERGE	CANCER	BALANCE	LION	29 POISSONS
20 FEVRIER	VERSEAU	VERSEAU	BALANCE	VERSEAU	VIERGE	CANCER	BALANCE	LION	11 BELIER
21 FEVRIER	VERSEAU	VERSEAU	BALANCE	VERSEAU	VIERGE	CANCER	BALANCE	LION	23 BELIER
22 FEVRIER	VERSEAU	VERSEAU	BALANCE	VERSEAU	VIERGE	CANCER	BALANCE	LION	5 TAUREAU
23 FEVRIER	VERSEAU	VERSEAU	BALANCE	VERSEAU	VIERGE	CANCER	BALANCE	LION	17 TAUREAU
24 FEVRIER	VERSEAU	VERSEAU	BALANCE	VERSEAU	VIERGE	CANCER	BALANCE	LION	29 TAUREAU
25 FEVRIER	VERSEAU	VERSEAU	BALANCE	VERSEAU	VIERGE	CANCER	BALANCE	LION	11 GEMEAUX
26 FEVRIER	VERSEAU	VERSEAU	BALANCE	VERSEAU	VIERGE	CANCER	BALANCE	LION	23 GEMEAUX
27 FEVRIER	VERSEAU	VERSEAU	BALANCE	VERSEAU	VIERGE	CANCER	BALANCE	LION	5 CANCER
28 FEVRIER	VERSEAU	VERSEAU	BALANCE	VERSEAU	VIERGE	CANCER	BALANCE	LION	18 CANCER
1 MARS	VERSEAU	VERSEAU	BALANCE	VERSEAU	VIERGE	CANCER	BALANCE	LION	2 LION
2 MARS	VERSEAU	VERSEAU	BALANCE	VERSEAU	VIERGE	CANCER	BALANCE	LION	15 LION
3 MARS	VERSEAU	VERSEAU	BALENCE	VERSEAU	VIERGE	CANCER	BALANCE	LION	29 LION
4 MARS	VERSEAU	VERSEAU	BALANCE	VERSEAU	VIERGE	CANCER	BALANCE	LION	14 VIERGE
5 MARS	VERSEAU	VERSEAU	BALANCE	VERSEAU	VIERGE	CANCER	BALANCE	LION	28 VIERGE
6 MARS	VERSEAU	VERSEAU	BALANCE	VERSEAU	VIERGE	CANCER	BALANCE	LION	13 BALANCE
7 MARS	VERSEAU	VERSEAU	BALANCE	VERSEAU	VIERGE	CANCER	BALANCE	LION	28 BALANCE
8 MARS	POISSONS	VERSEAU	BALANCE	VERSEAU	VIERGE	CANCER	BALANCE	LION	13 SCORPION
9 MARS	POISSONS	VERSEAU	BALANCE	VERSEAU	VIERGE	CANCER	BALANCE	LION	27 SCORPION
10 MARS	POISSONS	VERSEAU	BALANCE	VERSEAU	VIERGE	CANCER	BALANCE	LION	11 SAGITTAIRE
11 MARS	POISSONS	VERSEAU	BALANCE	VERSEAU	VIERGE	CANCER	BALANCE	LION	25 SAGITTAIRE
12 MARS	POISSONS	VERSEAU	BALANCE	VERSEAU	VIERGE	CANCER	BALANCE	LION	9 CAPRICORNE
13 MARS	POISSONS	VERSEAU	BALANCE	VERSEAU	VIERGE	CANCER	BALANCE	LION	22 CAPRICORNE
14 MARS	POISSONS	VERSEAU	BALANCE	VERSEAU	VIERGE	CANCER	BALANCE	LION	5 VERSEAU
15 MARS	POISSONS	VERSEAU	BALANCE	VERSEAU	VIERGE	CANCER	BALANCE	LION	18 VERSEAU
16 MARS	POISSONS	VERSEAU	BALANCE	VERSEAU	VIERGE	CANCER	BALANCE	LION	1 POISSONS
17 MARS	POISSONS	VERSEAU	BALANCE	VERSEAU	VIERGE	CANCER	BALANCE	LION	13 POISSONS
18 MARS	POISSONS	VERSEAU	BALANCE	VERSEAU	VIERGE	CANCER	BALANCE	LION	25 POISSONS
19 MARS	POISSONS	VERSEAU	BALANCE	VERSEAU	VIERGE	CANCER	BALANCE	LION	8 BELIER
20 MARS	POISSONS	VERSEAU	BALANCE	VERSEAU	VIERGE	CANCER	BALANCE	LION	20 BELIER
21 MARS	POISSONS	VERSEAU	BALANCE	VERSEAU	VIERGE	CANCER	BALANCE	LION	1 TAUREAU

	ENTRE DANS LE SIGNE DES		LE 19 FEVRIER	A 5 h 00	
LE SOLEIL		POISSONS	1950		* LES CHIFFRES INDIQUENT LES DEGRES
	QUITTE LE SIGNE DES		LE 21 MARS	A 4 h 20	

1951	MERCURE	VENUS	MARS	JUPITER	SATURNE	URANUS	NEPTUNE	PLUTON	LUNE *
19 FEVRIER	VERSEAU	POISSONS	POISSONS	POISSONS	BALANCE	CANCER	BALANCE	LION	2 LION
20 FEVRIER	VERSEAU	POISSONS	POISSONS	POISSONS	BALANCE	CANCER	BALANCE	LION	14 LION
21 FEVRIER	VERSEAU	POISSONS	POISSONS	POISSONS	BALANCE	CANCER	BALANCE	LION	27 LION
22 FEVRIER	VERSEAU	POISSONS	POISSONS	POISSONS	BALANCE	CANCER	BALANCE	LION	10 VIERGE
23 FEVRIER	VERSEAU	POISSONS	POISSONS	POISSONS	BALANCE	CANCER	BALANCE	LION	23 VIERGE
24 FEVRIER	VERSEAU	POISSONS	POISSONS	POISSONS	BALANCE	CANCER	BALANCE	LION	7 BALANCE
25 FEVRIER	VERSEAU	BELIER	POISSONS	POISSONS	BALANCE	CANCER	BALANCE	LION	21 BALANCE
26 FEVRIER	VERSEAU	BELIER	POISSONS	POISSONS	BALANCE	CANCER	BALANCE	LION	5 SCORPION
27 FEVRIER	VERSEAU	BELIER	POISSONS	POISSONS	BALANCE	CANCER	BALANCE	LION	19 SCORPION
28 FEVRIER	VERSEAU	BELIER	POISSONS	POISSONS	BALANCE	CANCER	BALANCE	LION	3 SAGITTAIRE
1 MARS	POISSONS	BELIER	POISSONS	POISSONS	BALANCE	CANCER	BALANCE	LION	17 SAGITTAIRE
2 MARS	POISSONS	BELIER	BELIER	POISSONS	BALANCE	CANCER	BALANCE	LION	1 CAPRICORNE
3 MARS	POISSONS	BELIER	BELIER	POISSONS	BALANCE	CANCER	BALANCE	LION	15 CAPRICORNE
4 MARS	POISSONS	BELIER	BELIER	POISSONS	BALANCE	CANCER	BALANCE	LION	0 VERSEAU
5 MARS	POISSONS	BELIER	BELIER	POISSONS	BALANCE	CANCER	BALANCE	LION	14 VERSEAU
6 MARS	POISSONS	BELIER	BELIER	POISSONS	BALANCE	CANCER	BALANCE	LION	28 VERSEAU
7 MARS	POISSONS	BELIER	BELIER	POISSONS	VIERGE	CANCER	BALANCE	LION	11 POISSONS
8 MARS	POISSONS	BELIER	BELIER	POISSONS	VIERGE	CANCER	BALANCE	LION	25 POISSONS
9 MARS	POISSONS	BELIER	BELIER	POISSONS	VIERGE	CANCER	BALANCE	LION	8 BELIER
10 MARS	POISSONS	BELIER	BELIER	POISSONS	VIERGE	CANCER	BALANCE	LION	20 BELIER
11 MARS	POISSONS	BELIER	BELIER	POISSONS	VIERGE	CANCER	BALANCE	LION	3 TAUREAU
12 MARS	POISSONS	BELIER	BELIER	POISSONS	VIERGE	CANCER	BALANCE	LION	15 TAUREAU
13 MARS	POISSONS	BELIER	BELIER	POISSONS	VIERGE	CANCER	BALANCE	LION	27 TAUREAU
14 MARS	POISSONS	BELIER	BELIER	POISSONS	VIERGE	CANCER	BALANCE	LION	9 GEMEAUX
15 MARS	POISSONS	BELIER	BELIER	POISSONS	VIERGE	CANCER	BALANCE	LION	21 GEMEAUX
16 MARS	BELIER	BELIER	BELIER	POISSONS	VIERGE	CANCER	BALANCE	LION	3 CANCER
17 MARS	BELIER	BELIER	BELIER	POISSONS	VIERGE	CANCER	BALANCE	LION	15 CANCER
18 MARS	BELIER	BELIER	BELIER	POISSONS	VIERGE	CANCER	BALANCE	LION	27 CANCER
19 MARS	BELIER	BELIER	BELIER	POISSONS	VIERGE	CANCER	BALANCE	LION	10 LION
20 MARS	BELIER	BELIER	BELIER	POISSONS	VIERGE	CANCER	BALANCE	LION	22 LION
21 MARS	BELIER	TAUREAU	BELIER	POISSONS	VIERGE	CANCER	BALANCE	LION	5 VIERGE

	ENTRE DANS LE SIGNE DES		LE 19 FEVRIER	A 10 h 55	
LE SOLEIL		POISSONS	1951		* LES CHIFFRES INDIQUENT LES DEGRES
	QUITTE LE SIGNE DES		LE 21 MARS	A 10 h 10	

DECOUVREZ DANS QUEL SIGNE SE TROUVAIENT LES PLANETES A VOTRE NAISSANCE

1952	MERCURE	VENUS	MARS	JUPITER	SATURNE	URANUS	NEPTUNE	PLUTON	LUNE *
19 FEVRIER	VERSEAU	CAPRICORNE	SCORPION	BELIER	BALANCE	CANCER	BALANCE	LION	9 SAGITTAIRE
20 FEVRIER	VERSEAU	CAPRICORNE	SCORPION	BELIER	BALANCE	CANCER	BALANCE	LION	23 SAGITTAIRE
21 FEVRIER	POISSONS	VERSEAU	SCORPION	BELIER	BALANCE	CANCER	BALANCE	LION	8 CAPRICORNE
22 FEVRIER	POISSONS	VERSEAU	SCORPION	BELIER	BALANCE	CANCER	BALANCE	LION	22 CAPRICORNE
23 FEVRIER	POISSONS	VERSEAU	SCORPION	BELIER	BALANCE	CANCER	BALANCE	LION	7 VERSEAU
24 FEVRIER	POISSONS	VERSEAU	SCORPION	BELIER	BALANCE	CANCER	BALANCE	LION	22 VERSEAU
25 FEVRIER	POISSONS	VERSEAU	SCORPION	BELIER	BALANCE	CANCER	BALANCE	LION	7 POISSONS
26 FEVRIER	POISSONS	VERSEAU	SCORPION	BELIER	BALANCE	CANCER	BALANCE	LION	22 POISSONS
27 FEVRIER	POISSONS	VERSEAU	SCORPION	BELIER	BALANCE	CANCER	BALANCE	LION	6 BELIER
28 FEVRIER	POISSONS	VERSEAU	SCORPION	BELIER	BALANCE	CANCER	BALANCE	LION	20 BELIER
29 FEVRIER	POISSONS	VERSEAU	SCORPION	BELIER	BALANCE	CANCER	BALANCE	LION	4 TAUREAU
1 MARS	POISSONS	VERSEAU	SCORPION	BELIER	BALANCE	CANCER	BALANCE	LION	17 TAUREAU
2 MARS	POISSONS	VERSEAU	SCORPION	BELIER	BALANCE	CANCER	BALANCE	LION	29 TAUREAU
3 MARS	POISSONS	VERSEAU	SCORPION	BELIER	BALANCE	CANCER	BALANCE	LION	12 GEMEAUX
4 MARS	POISSONS	VERSEAU	SCORPION	BELIER	BALANCE	CANCER	BALANCE	LION	24 GEMEAUX
5 MARS	POISSONS	VERSEAU	SCORPION	BELIER	BALANCE	CANCER	BALANCE	LION	6 CANCER
6 MARS	POISSONS	VERSEAU	SCORPION	BELIER	BALANCE	CANCER	BALANCE	LION	18 CANCER
7 MARS	POISSONS	VERSEAU	SCORPION	BELIER	BALANCE	CANCER	BALANCE	LION	29 CANCER
8 MARS	BELIER	VERSEAU	SCORPION	BELIER	BALANCE	CANCER	BALANCE	LION	11 LION
9 MARS	BELIER	VERSEAU	SCORPION	BELIER	BALANCE	CANCER	BALANCE	LION	23 LION
10 MARS	BELIER	VERSEAU	SCORPION	BELIER	BALANCE	CANCER	BALANCE	LION	5 VIERGE
11 MARS	BELIER	VERSEAU	SCORPION	BELIER	BALANCE	CANCER	BALANCE	LION	18 VIERGE
12 MARS	BELIER	VERSEAU	SCORPION	BELIER	BALANCE	CANCER	BALANCE	LION	0 BALANCE
13 MARS	BELIER	VERSEAU	SCORPION	BELIER	BALANCE	CANCER	BALANCE	LION	13 BALANCE
14 MARS	BELIER	VERSEAU	SCORPION	BELIER	BALANCE	CANCER	BALANCE	LION	26 BALANCE
15 MARS	BELIER	VERSEAU	SCORPION	BELIER	BALANCE	CANCER	BALANCE	LION	9 SCORPION
16 MARS	BELIER	VERSEAU	SCORPION	BELIER	BALANCE	CANCER	BALANCE	LION	22 SCORPION
17 MARS	BELIER	POISSONS	SCORPION	BELIER	BALANCE	CANCER	BALANCE	LION	6 SAGITTAIRE
18 MARS	BELIER	POISSONS	SCORPION	BELIER	BALANCE	CANCER	BALANCE	LION	20 SAGITTAIRE
19 MARS	BELIER	POISSONS	SCORPION	BELIER	BALANCE	CANCER	BALANCE	LION	4 CAPRICORNE
20 MARS	BELIER	POISSONS	SCORPION	BELIER	BALANCE	CANCER	BALANCE	LION	18 CAPRICORNE

LE SOLEIL ENTRE DANS LE SIGNE DES POISSONS LE 19 FEVRIER 1952 A 16 h 40
LE SOLEIL QUITTE LE SIGNE DES POISSONS LE 20 MARS 1952 A 16 h 00

* LES CHIFFRES INDIQUENT LES DEGRES

1953	MERCURE	VENUS	MARS	JUPITER	SATURNE	URANUS	NEPTUNE	PLUTON	LUNE *
18 FEVRIER	POISSONS	BELIER	BELIER	TAUREAU	BALANCE	CANCER	BALANCE	LION	1 TAUREAU
19 FEVRIER	POISSONS	BELIER	BELIER	TAUREAU	BALANCE	CANCER	BALANCE	LION	15 TAUREAU
20 FEVRIER	POISSONS	BELIER	BELIER	TAUREAU	BALANCE	CANCER	BALANCE	LION	28 TAUREAU
21 FEVRIER	POISSONS	BELIER	BELIER	TAUREAU	BALANCE	CANCER	BALANCE	LION	11 GEMEAUX
22 FEVRIER	POISSONS	BELIER	BELIER	TAUREAU	BALANCE	CANCER	BALANCE	LION	24 GEMEAUX
23 FEVRIER	POISSONS	BELIER	BELIER	TAUREAU	BALANCE	CANCER	BALANCE	LION	6 CANCER
24 FEVRIER	POISSONS	BELIER	BELIER	TAUREAU	BALANCE	CANCER	BALANCE	LION	19 CANCER
25 FEVRIER	POISSONS	BELIER	BELIER	TAUREAU	BALANCE	CANCER	BALANCE	LION	1 LION
26 FEVRIER	POISSONS	BELIER	BELIER	TAUREAU	BALANCE	CANCER	BALANCE	LION	13 LION
27 FEVRIER	POISSONS	BELIER	BELIER	TAUREAU	BALANCE	CANCER	BALANCE	LION	24 LION
28 FEVRIER	POISSONS	BELIER	BELIER	TAUREAU	BALANCE	CANCER	BALANCE	LION	6 VIERGE
1 MARS	POISSONS	BELIER	BELIER	TAUREAU	BALANCE	CANCER	BALANCE	LION	18 VIERGE
2 MARS	POISSONS	BELIER	BELIER	TAUREAU	BALANCE	CANCER	BALANCE	LION	0 BALANCE
3 MARS	BELIER	BELIER	BELIER	TAUREAU	BALANCE	CANCER	BALANCE	LION	12 BALANCE
4 MARS	BELIER	BELIER	BELIER	TAUREAU	BALANCE	CANCER	BALANCE	LION	24 BALANCE
5 MARS	BELIER	BELIER	BELIER	TAUREAU	BALANCE	CANCER	BALANCE	LION	6 SCORPION
6 MARS	BELIER	BELIER	BELIER	TAUREAU	BALANCE	CANCER	BALANCE	LION	18 SCORPION
7 MARS	BELIER	BELIER	BELIER	TAUREAU	BALANCE	CANCER	BALANCE	LION	1 SAGITTAIRE
8 MARS	BELIER	BELIER	BELIER	TAUREAU	BALANCE	CANCER	BALANCE	LION	14 SAGITTAIRE
9 MARS	BELIER	BELIER	BELIER	TAUREAU	BALANCE	CANCER	BALANCE	LION	27 SAGITTAIRE
10 MARS	BELIER	BELIER	BELIER	TAUREAU	BALANCE	CANCER	BALANCE	LION	11 CAPRICORNE
11 MARS	BELIER	BELIER	BELIER	TAUREAU	BALANCE	CANCER	BALANCE	LION	25 CAPRICORNE
12 MARS	BELIER	BELIER	BELIER	TAUREAU	BALANCE	CANCER	BALANCE	LION	10 VERSEAU
13 MARS	BELIER	BELIER	BELIER	TAUREAU	BALANCE	CANCER	BALANCE	LION	24 VERSEAU
14 MARS	BELIER	BELIER	BELIER	TAUREAU	BALANCE	CANCER	BALANCE	LION	10 POISSONS
15 MARS	BELIER	TAUREAU	BELIER	TAUREAU	BALANCE	CANCER	BALANCE	LION	25 POISSONS
16 MARS	POISSONS	TAUREAU	BELIER	TAUREAU	BALANCE	CANCER	BALANCE	LION	10 BELIER
17 MARS	POISSONS	TAUREAU	BELIER	TAUREAU	BALANCE	CANCER	BALANCE	LION	25 BELIER
18 MARS	POISSONS	TAUREAU	BELIER	TAUREAU	BALANCE	CANCER	BALANCE	LION	9 TAUREAU
19 MARS	POISSONS	TAUREAU	BELIER	TAUREAU	BALANCE	CANCER	BALANCE	LION	24 TAUREAU
20 MARS	POISSONS	TAUREAU	TAUREAU	TAUREAU	BALANCE	CANCER	BALANCE	LION	7 GEMEAUX

LE SOLEIL ENTRE DANS LE SIGNE DES POISSONS LE 18 FEVRIER 1953 A 22 h 25
LE SOLEIL QUITTE LE SIGNE DES POISSONS LE 20 MARS 1953 A 21 h 45

* LES CHIFFRES INDIQUENT LES DEGRES

DECOUVREZ DANS QUEL SIGNE SE TROUVAIENT LES PLANETES A VOTRE NAISSANCE

1954	MERCURE	VENUS	MARS	JUPITER	SATURNE	URANUS	NEPTUNE	PLUTON	LUNE *
19 FEVRIER	POISSONS	POISSONS	SAGITTAIRE	GEMEAUX	SCORPION	CANCER	BALANCE	LION	19 VIERGE
20 FEVRIER	POISSONS	POISSONS	SAGITTAIRE	GEMEAUX	SCORPION	CANCER	BALANCE	LION	1 BALANCE
21 FEVRIER	POISSONS	POISSONS	SAGITTAIRE	GEMEAUX	SCORPION	CANCER	BALANCE	LION	13 BALANCE
22 FEVRIER	POISSONS	POISSONS	SAGITTAIRE	GEMEAUX	SCORPION	CANCER	BALANCE	LION	25 BALANCE
23 FEVRIER	POISSONS	POISSONS	SAGITTAIRE	GEMEAUX	SCORPION	CANCER	BALANCE	LION	7 SCORPION
24 FEVRIER	POISSONS	POISSONS	SAGITTAIRE	GEMEAUX	SCORPION	CANCER	BALANCE	LION	19 SCORPION
25 FEVRIER	POISSONS	POISSONS	SAGITTAIRE	GEMEAUX	SCORPION	CANCER	BALANCE	LION	1 SAGITTAIRE
26 FEVRIER	POISSONS	POISSONS	SAGITTAIRE	GEMEAUX	SCORPION	CANCER	BALANCE	LION	13 SAGITTAIRE
27 FEVRIER	POISSONS	POISSONS	SAGITTAIRE	GEMEAUX	SCORPION	CANCER	BALANCE	LION	25 SAGITTAIRE
28 FEVRIER	POISSONS	POISSONS	SAGITTAIRE	GEMEAUX	SCORPION	CANCER	BALANCE	LION	8 CAPRICORNE
1 MARS	POISSONS	POISSONS	SAGITTAIRE	GEMEAUX	SCORPION	CANCER	BALANCE	LION	22 CAPRICORNE
2 MARS	POISSONS	POISSONS	SAGITTAIRE	GEMEAUX	SCORPION	CANCER	BALANCE	LION	5 VERSEAU
3 MARS	POISSONS	POISSONS	SAGITTAIRE	GEMEAUX	SCORPION	CANCER	BALANCE	LION	20 VERSEAU
4 MARS	POISSONS	POISSONS	SAGITTAIRE	GEMEAUX	SCORPION	CANCER	BALANCE	LION	4 POISSONS
5 MARS	POISSONS	POISSONS	SAGITTAIRE	GEMEAUX	SCORPION	CANCER	BALANCE	LION	19 POISSONS
6 MARS	POISSONS	POISSONS	SAGITTAIRE	GEMEAUX	SCORPION	CANCER	BALANCE	LION	4 BELIER
7 MARS	POISSONS	POISSONS	SAGITTAIRE	GEMEAUX	SCORPION	CANCER	BALANCE	LION	19 BELIER
8 MARS	POISSONS	POISSONS	SAGITTAIRE	GEMEAUX	SCORPION	CANCER	BALANCE	LION	4 TAUREAU
9 MARS	POISSONS	POISSONS	SAGITTAIRE	GEMEAUX	SCORPION	CANCER	BALANCE	LION	19 TAUREAU
10 MARS	POISSONS	POISSONS	SAGITTAIRE	GEMEAUX	SCORPION	CANCER	BALANCE	LION	3 GEMEAUX
11 MARS	POISSONS	BELIER	SAGITTAIRE	GEMEAUX	SCORPION	CANCER	BALANCE	LION	17 GEMEAUX
12 MARS	POISSONS	BELIER	SAGITTAIRE	GEMEAUX	SCORPION	CANCER	BALANCE	LION	0 CANCER
13 MARS	POISSONS	BELIER	SAGITTAIRE	GEMEAUX	SCORPION	CANCER	BALANCE	LION	14 CANCER
14 MARS	POISSONS	BELIER	SAGITTAIRE	GEMEAUX	SCORPION	CANCER	BALANCE	LION	26 CANCER
15 MARS	POISSONS	BELIER	SAGITTAIRE	GEMEAUX	SCORPION	CANCER	BALANCE	LION	9 LION
16 MARS	POISSONS	BELIER	SAGITTAIRE	GEMEAUX	SCORPION	CANCER	BALANCE	LION	21 LION
17 MARS	POISSONS	BELIER	SAGITTAIRE	GEMEAUX	SCORPION	CANCER	BALANCE	LION	4 VIERGE
18 MARS	POISSONS	BELIER	SAGITTAIRE	GEMEAUX	SCORPION	CANCER	BALANCE	LION	16 VIERGE
19 MARS	POISSONS	BELIER	SAGITTAIRE	GEMEAUX	SCORPION	CANCER	BALANCE	LION	28 VIERGE
20 MARS	POISSONS	BELIER	SAGITTAIRE	GEMEAUX	SCORPION	CANCER	BALANCE	LION	10 BALANCE
21 MARS	POISSONS	BELIER	SAGITTAIRE	GEMEAUX	SCORPION	CANCER	BALANCE	LION	22 BALANCE

LE SOLEIL ENTRE DANS LE SIGNE DES POISSONS LE 19 FEVRIER 1954 A 4 h 20
LE SOLEIL QUITTE LE SIGNE DES POISSONS LE 21 MARS 1954 A 3 h 40

* LES CHIFFRES INDIQUENT LES DEGRES

1955	MERCURE	VENUS	MARS	JUPITER	SATURNE	URANUS	NEPTUNE	PLUTON	LUNE *
19 FEVRIER	VERSEAU	CAPRICORNE	BELIER	CANCER	SCORPION	CANCER	BALANCE	LION	21 CAPRICORNE
20 FEVRIER	VERSEAU	CAPRICORNE	BELIER	CANCER	SCORPION	CANCER	BALANCE	LION	4 VERSEAU
21 FEVRIER	VERSEAU	CAPRICORNE	BELIER	CANCER	SCORPION	CANCER	BALANCE	LION	17 VERSEAU
22 FEVRIER	VERSEAU	CAPRICORNE	BELIER	CANCER	SCORPION	CANCER	BALANCE	LION	1 POISSONS
23 FEVRIER	VERSEAU	CAPRICORNE	BELIER	CANCER	SCORPION	CANCER	BALANCE	LION	14 POISSONS
24 FEVRIER	VERSEAU	CAPRICORNE	BELIER	CANCER	SCORPION	CANCER	BALANCE	LION	28 POISSONS
25 FEVRIER	VERSEAU	CAPRICORNE	BELIER	CANCER	SCORPION	CANCER	BALANCE	LION	13 BELIER
26 FEVRIER	VERSEAU	CAPRICORNE	TAUREAU	CANCER	SCORPION	CANCER	BALANCE	LION	27 BELIER
27 FEVRIER	VERSEAU	CAPRICORNE	TAUREAU	CANCER	SCORPION	CANCER	BALANCE	LION	11 TAUREAU
28 FEVRIER	VERSEAU	CAPRICORNE	TAUREAU	CANCER	SCORPION	CANCER	BALANCE	LION	25 TAUREAU
1 MARS	VERSEAU	CAPRICORNE	TAUREAU	CANCER	SCORPION	CANCER	BALANCE	LION	9 GEMEAUX
2 MARS	VERSEAU	CAPRICORNE	TAUREAU	CANCER	SCORPION	CANCER	BALANCE	LION	23 GEMEAUX
3 MARS	VERSEAU	CAPRICORNE	TAUREAU	CANCER	SCORPION	CANCER	BALANCE	LION	7 CANCER
4 MARS	VERSEAU	CAPRICORNE	TAUREAU	CANCER	SCORPION	CANCER	BALANCE	LION	21 CANCER
5 MARS	VERSEAU	VERSEAU	TAUREAU	CANCER	SCORPION	CANCER	BALANCE	LION	5 LION
6 MARS	VERSEAU	VERSEAU	TAUREAU	CANCER	SCORPION	CANCER	BALANCE	LION	18 LION
7 MARS	VERSEAU	VERSEAU	TAUREAU	CANCER	SCORPION	CANCER	BALANCE	LION	2 VIERGE
8 MARS	VERSEAU	VERSEAU	TAUREAU	CANCER	SCORPION	CANCER	BALANCE	LION	15 VIERGE
9 MARS	VERSEAU	VERSEAU	TAUREAU	CANCER	SCORPION	CANCER	BALANCE	LION	28 VIERGE
10 MARS	VERSEAU	VERSEAU	TAUREAU	CANCER	SCORPION	CANCER	BALANCE	LION	11 BALANCE
11 MARS	VERSEAU	VERSEAU	TAUREAU	CANCER	SCORPION	CANCER	BALANCE	LION	23 BALANCE
12 MARS	VERSEAU	VERSEAU	TAUREAU	CANCER	SCORPION	CANCER	BALANCE	LION	5 SCORPION
13 MARS	VERSEAU	VERSEAU	TAUREAU	CANCER	SCORPION	CANCER	BALANCE	LION	17 SCORPION
14 MARS	VERSEAU	VERSEAU	TAUREAU	CANCER	SCORPION	CANCER	BALANCE	LION	29 SCORPION
15 MARS	VERSEAU	VERSEAU	TAUREAU	CANCER	SCORPION	CANCER	BALANCE	LION	11 SAGITTAIRE
16 MARS	VERSEAU	VERSEAU	TAUREAU	CANCER	SCORPION	CANCER	BALANCE	LION	23 SAGITTAIRE
17 MARS	VERSEAU	VERSEAU	TAUREAU	CANCER	SCORPION	CANCER	BALANCE	LION	5 CAPRICORNE
18 MARS	POISSONS	VERSEAU	TAUREAU	CANCER	SCORPION	CANCER	BALANCE	LION	17 CAPRICORNE
19 MARS	POISSONS	VERSEAU	TAUREAU	CANCER	SCORPION	CANCER	BALANCE	LION	29 CAPRICORNE
20 MARS	POISSONS	VERSEAU	TAUREAU	CANCER	SCORPION	CANCER	BALANCE	LION	12 VERSEAU
21 MARS	POISSONS	VERSEAU	TAUREAU	CANCER	SCORPION	CANCER	BALANCE	LION	25 VERSEAU

LE SOLEIL ENTRE DANS LE SIGNE DES POISSONS LE 19 FEVRIER 1955 A 10 h 00
LE SOLEIL QUITTE LE SIGNE DES POISSONS LE 21 MARS 1955 A 9 h 20

* LES CHIFFRES INDIQUENT LES DEGRES

DECOUVREZ DANS QUEL SIGNE SE TROUVAIENT LES PLANETES A VOTRE NAISSANCE

1956	MERCURE	VENUS	MARS	JUPITER	SATURNE	URANUS	NEPTUNE	PLUTON	LUNE *
19 FEVRIER	VERSEAU	BELIER	SAGITTAIRE	LION	SAGITTAIRE	CANCER	SCORPION	LION	1 GEMEAUX
20 FEVRIER	VERSEAU	BELIER	SAGITTAIRE	LION	SAGITTAIRE	CANCER	SCORPION	LION	15 GEMEAUX
21 FEVRIER	VERSEAU	BELIER	SAGITTAIRE	LION	SAGITTAIRE	CANCER	SCORPION	LION	29 GEMEAUX
22 FEVRIER	VERSEAU	BELIER	SAGITTAIRE	LION	SAGITTAIRE	CANCER	SCORPION	LION	14 CANCER
23 FEVRIER	VERSEAU	BELIER	SAGITTAIRE	LION	SAGITTAIRE	CANCER	SCORPION	LION	28 CANCER
24 FEVRIER	VERSEAU	BELIER	SAGITTAIRE	LION	SAGITTAIRE	CANCER	SCORPION	LION	13 LION
25 FEVRIER	VERSEAU	BELIER	SAGITTAIRE	LION	SAGITTAIRE	CANCER	SCORPION	LION	28 LION
26 FEVRIER	VERSEAU	BELIER	SAGITTAIRE	LION	SAGITTAIRE	CANCER	SCORPION	LION	12 VIERGE
27 FEVRIER	VERSEAU	BELIER	SAGITTAIRE	LION	SAGITTAIRE	CANCER	SCORPION	LION	27 VIERGE
28 FEVRIER	VERSEAU	BELIER	SAGITTAIRE	LION	SAGITTAIRE	CANCER	SCORPION	LION	10 BALANCE
29 FEVRIER	VERSEAU	BELIER	CAPRICORNE	LION	SAGITTAIRE	CANCER	SCORPION	LION	24 BALANCE
1 MARS	VERSEAU	BELIER	CAPRICORNE	LION	SAGITTAIRE	CANCER	SCORPION	LION	7 SCORPION
2 MARS	VERSEAU	BELIER	CAPRICORNE	LION	SAGITTAIRE	CANCER	SCORPION	LION	19 SCORPION
3 MARS	VERSEAU	BELIER	CAPRICORNE	LION	SAGITTAIRE	CANCER	SCORPION	LION	2 SAGITTAIRE
4 MARS	VERSEAU	BELIER	CAPRICORNE	LION	SAGITTAIRE	CANCER	SCORPION	LION	14 SAGITTAIRE
5 MARS	VERSEAU	BELIER	CAPRICORNE	LION	SAGITTAIRE	CANCER	SCORPION	LION	25 SAGITTAIRE
6 MARS	VERSEAU	BELIER	CAPRICORNE	LION	SAGITTAIRE	CANCER	SCORPION	LION	7 CAPRICORNE
7 MARS	VERSEAU	BELIER	CAPRICORNE	LION	SAGITTAIRE	CANCER	SCORPION	LION	19 CAPRICORNE
8 MARS	VERSEAU	TAUREAU	CAPRICORNE	LION	SAGITTAIRE	CANCER	SCORPION	LION	1 VERSEAU
9 MARS	VERSEAU	TAUREAU	CAPRICORNE	LION	SAGITTAIRE	CANCER	SCORPION	LION	13 VERSEAU
10 MARS	VERSEAU	TAUREAU	CAPRICORNE	LION	SAGITTAIRE	CANCER	SCORPION	LION	25 VERSEAU
11 MARS	POISSONS	TAUREAU	CAPRICORNE	LION	SAGITTAIRE	CANCER	SCORPION	LION	8 POISSONS
12 MARS	POISSONS	TAUREAU	CAPRICORNE	LION	SAGITTAIRE	CANCER	BALANCE	LION	21 POISSONS
13 MARS	POISSONS	TAUREAU	CAPRICORNE	LION	SAGITTAIRE	CANCER	BALANCE	LION	4 BELIER
14 MARS	POISSONS	TAUREAU	CAPRICORNE	LION	SAGITTAIRE	CANCER	BALANCE	LION	17 BELIER
15 MARS	POISSONS	TAUREAU	CAPRICORNE	LION	SAGITTAIRE	CANCER	BALANCE	LION	0 TAUREAU
16 MARS	POISSONS	TAUREAU	CAPRICORNE	LION	SAGITTAIRE	CANCER	BALANCE	LION	14 TAUREAU
17 MARS	POISSONS	TAUREAU	CAPRICORNE	LION	SAGITTAIRE	CANCER	BALANCE	LION	28 TAUREAU
18 MARS	POISSONS	TAUREAU	CAPRICORNE	LION	SAGITTAIRE	CANCER	BALANCE	LION	12 GEMEAUX
19 MARS	POISSONS	TAUREAU	CAPRICORNE	LION	SAGITTAIRE	CANCER	BALANCE	LION	26 GEMEAUX
20 MARS	POISSONS	TAUREAU	CAPRICORNE	LION	SAGITTAIRE	CANCER	BALANCE	LION	10 CANCER

	ENTRE DANS LE SIGNE DES		LE 19 FEVRIER		A 15 h 50	
LE SOLEIL		POISSONS		1956		* LES CHIFFRES INDIQUENT LES DEGRES
	QUITTE LE SIGNE DES		LE 20 MARS		A 15 h 05	

1957	MERCURE	VENUS	MARS	JUPITER	SATURNE	URANUS	NEPTUNE	PLUTON	LUNE *
18 FEVRIER	VERSEAU	VERSEAU	TAUREAU	BALANCE	SAGITTAIRE	LION	SCORPION	LION	22 BALANCE
19 FEVRIER	VERSEAU	VERSEAU	TAUREAU	BALANCE	SAGITTAIRE	LION	SCORPION	LION	6 SCORPION
20 FEVRIER	VERSEAU	VERSEAU	TAUREAU	VIERGE	SAGITTAIRE	LION	SCORPION	LION	19 SCORPION
21 FEVRIER	VERSEAU	VERSEAU	TAUREAU	VIERGE	SAGITTAIRE	LION	SCORPION	LION	2 SAGITTAIRE
22 FEVRIER	VERSEAU	VERSEAU	TAUREAU	VIERGE	SAGITTAIRE	LION	SCORPION	LION	15 SAGITTAIRE
23 FEVRIER	VERSEAU	VERSEAU	TAUREAU	VIERGE	SAGITTAIRE	LION	SCORPION	LION	27 SAGITTAIRE
24 FEVRIER	VERSEAU	VERSEAU	TAUREAU	VIERGE	SAGITTAIRE	LION	SCORPION	LION	9 CAPRICORNE
25 FEVRIER	VERSEAU	VERSEAU	TAUREAU	VIERGE	SAGITTAIRE	LION	SCORPION	LION	21 CAPRICORNE
26 FEVRIER	VERSEAU	VERSEAU	TAUREAU	VIERGE	SAGITTAIRE	LION	SCORPION	LION	3 VERSEAU
27 FEVRIER	VERSEAU	VERSEAU	TAUREAU	VIERGE	SAGITTAIRE	LION	SCORPION	LION	15 VERSEAU
28 FEVRIER	VERSEAU	VERSEAU	TAUREAU	VIERGE	SAGITTAIRE	LION	SCORPION	LION	26 VERSEAU
1 MARS	VERSEAU	VERSEAU	TAUREAU	VIERGE	SAGITTAIRE	LION	SCORPION	LION	8 POISSONS
2 MARS	VERSEAU	POISSONS	TAUREAU	VIERGE	SAGITTAIRE	LION	SCORPION	LION	20 POISSONS
3 MARS	VERSEAU	POISSONS	TAUREAU	VIERGE	SAGITTAIRE	LION	SCORPION	LION	2 BELIER
4 MARS	POISSONS	POISSONS	TAUREAU	VIERGE	SAGITTAIRE	LION	SCORPION	LION	15 BELIER
5 MARS	POISSONS	POISSONS	TAUREAU	VIERGE	SAGITTAIRE	LION	SCORPION	LION	27 BELIER
6 MARS	POISSONS	POISSONS	TAUREAU	VIERGE	SAGITTAIRE	LION	SCORPION	LION	9 TAUREAU
7 MARS	POISSONS	POISSONS	TAUREAU	VIERGE	SAGITTAIRE	LION	SCORPION	LION	22 TAUREAU
8 MARS	POISSONS	POISSONS	TAUREAU	VIERGE	SAGITTAIRE	LION	SCORPION	LION	5 GEMEAUX
9 MARS	POISSONS	POISSONS	TAUREAU	VIERGE	SAGITTAIRE	LION	SCORPION	LION	18 GEMEAUX
10 MARS	POISSONS	POISSONS	TAUREAU	VIERGE	SAGITTAIRE	LION	SCORPION	LION	2 CANCER
11 MARS	POISSONS	POISSONS	TAUREAU	VIERGE	SAGITTAIRE	LION	SCORPION	LION	16 CANCER
12 MARS	POISSONS	POISSONS	TAUREAU	VIERGE	SAGITTAIRE	LION	SCORPION	LION	1 LION
13 MARS	POISSONS	POISSONS	TAUREAU	VIERGE	SAGITTAIRE	LION	SCORPION	LION	16 LION
14 MARS	POISSONS	POISSONS	TAUREAU	VIERGE	SAGITTAIRE	LION	SCORPION	LION	1 VIERGE
15 MARS	POISSONS	POISSONS	TAUREAU	VIERGE	SAGITTAIRE	LION	SCORPION	LION	16 VIERGE
16 MARS	POISSONS	POISSONS	TAUREAU	VIERGE	SAGITTAIRE	LION	SCORPION	LION	1 BALANCE
17 MARS	POISSONS	POISSONS	TAUREAU	VIERGE	SAGITTAIRE	LION	SCORPION	LION	16 BALANCE
18 MARS	POISSONS	POISSONS	GEMEAUX	VIERGE	SAGITTAIRE	LION	SCORPION	LION	0 SCORPION
19 MARS	POISSONS	POISSONS	GEMEAUX	VIERGE	SAGITTAIRE	LION	SCORPION	LION	14 SCORPION
20 MARS	POISSONS	POISSONS	GEMEAUX	VIERGE	SAGITTAIRE	LION	SCORPION	LION	28 SCORPION

	ENTRE DANS LE SIGNE DES		LE 18 FEVRIER		A 21 h 45	
LE SOLEIL		POISSONS		1957		* LES CHIFFRES INDIQUENT LES DEGRES
	QUITTE LE SIGNE DES		LE 20 MARS		A 21 h 00	

DECOUVREZ DANS QUEL SIGNE SE TROUVAIENT LES PLANETES A VOTRE NAISSANCE

1958	MERCURE	VENUS	MARS	JUPITER	SATURNE	URANUS	NEPTUNE	PLUTON	LUNE *
19 FEVRIER	VERSEAU	VERSEAU	CAPRICORNE	SCORPION	SAGITTAIRE	LION	SCORPION	VIERGE	9 POISSONS
20 FEVRIER	VERSEAU	VERSEAU	CAPRICORNE	SCORPION	SAGITTAIRE	LION	SCORPION	VIERGE	21 POISSONS
21 FEVRIER	VERSEAU	VERSEAU	CAPRICORNE	SCORPION	SAGITTAIRE	LION	SCORPION	VIERGE	3 BELIER
22 FEVRIER	VERSEAU	VERSEAU	CAPRICORNE	SCORPION	SAGITTAIRE	LION	SCORPION	VIERGE	15 BELIER
23 FEVRIER	VERSEAU	VERSEAU	CAPRICORNE	SCORPION	SAGITTAIRE	LION	SCORPION	VIERGE	27 BELIER
24 FEVRIER	VERSEAU	VERSEAU	CAPRICORNE	SCORPION	SAGITTAIRE	LION	SCORPION	VIERGE	9 TAUREAU
25 FEVRIER	POISSONS	VERSEAU	CAPRICORNE	SCORPION	SAGITTAIRE	LION	SCORPION	VIERGE	21 TAUREAU
26 FEVRIER	POISSONS	VERSEAU	CAPRICORNE	SCORPION	SAGITTAIRE	LION	SCORPION	VIERGE	3 GEMEAUX
27 FEVRIER	POISSONS	VERSEAU	CAPRICORNE	SCORPION	SAGITTAIRE	LION	SCORPION	VIERGE	15 GEMEAUX
28 FEVRIER	POISSONS	VERSEAU	CAPRICORNE	SCORPION	SAGITTAIRE	LION	SCORPION	VIERGE	28 GEMEAUX
1 MARS	POISSONS	VERSEAU	CAPRICORNE	SCORPION	SAGITTAIRE	LION	SCORPION	VIERGE	12 CANCER
2 MARS	POISSONS	VERSEAU	CAPRICORNE	SCORPION	SAGITTAIRE	LION	SCORPION	VIERGE	26 CANCER
3 MARS	POISSONS	VERSEAU	CAPRICORNE	SCORPION	SAGITTAIRE	LION	SCORPION	VIERGE	10 LION
4 MARS	POISSONS	VERSEAU	CAPRICORNE	SCORPION	SAGITTAIRE	LION	SCORPION	VIERGE	25 LION
5 MARS	POISSONS	VERSEAU	CAPRICORNE	SCORPION	SAGITTAIRE	LION	SCORPION	VIERGE	10 VIERGE
6 MARS	POISSONS	VERSEAU	CAPRICORNE	SCORPION	SAGITTAIRE	LION	SCORPION	VIERGE	25 VIERGE
7 MARS	POISSONS	VERSEAU	CAPRICORNE	SCORPION	SAGITTAIRE	LION	SCORPION	VIERGE	11 BALANCE
8 MARS	POISSONS	VERSEAU	CAPRICORNE	SCORPION	SAGITTAIRE	LION	SCORPION	VIERGE	26 BALANCE
9 MARS	POISSONS	VERSEAU	CAPRICORNE	SCORPION	SAGITTAIRE	LION	SCORPION	VIERGE	10 SCORPION
10 MARS	POISSONS	VERSEAU	CAPRICORNE	SCORPION	SAGITTAIRE	LION	SCORPION	VIERGE	24 SCORPION
11 MARS	POISSONS	VERSEAU	CAPRICORNE	SCORPION	SAGITTAIRE	LION	SCORPION	VIERGE	8 SAGITTAIRE
12 MARS	POISSONS	VERSEAU	CAPRICORNE	SCORPION	SAGITTAIRE	LION	SCORPION	VIERGE	22 SAGITTAIRE
13 MARS	BELIER	VERSEAU	CAPRICORNE	SCORPION	SAGITTAIRE	LION	SCORPION	VIERGE	5 CAPRICORNE
14 MARS	BELIER	VERSEAU	CAPRICORNE	SCORPION	SAGITTAIRE	LION	SCORPION	VIERGE	17 ÇAPRICORNE
15 MARS	BELIER	VERSEAU	CAPRICORNE	SCORPION	SAGITTAIRE	LION	SCORPION	VIERGE	0 VERSEAU
16 MARS	BELIER	VERSEAU	CAPRICORNE	SCORPION	SAGITTAIRE	LION	SCORPION	VIERGE	12 VERSEAU
17 MARS	BELIER	VERSEAU	VERSEAU	SCORPION	SAGITTAIRE	LION	SCORPION	VIERGE	24 VERSEAU
18 MARS	BELIER	VERSEAU	VERSEAU	SCORPION	SAGITTAIRE	LION	SCORPION	VIERGE	6 POISSONS
19 MARS	BELIER	VERSEAU	VERSEAU	SCORPION	SAGITTAIRE	LION	SCORPION	VIERGE	18 POISSONS
20 MARS	BELIER	VERSEAU	VERSEAU	SCORPION	SAGITTAIRE	LION	SCORPION	VIERGE	0 BELIER
21 MARS	BELIER	VERSEAU	VERSEAU	BALANCE	SAGITTAIRE	LION	SCORPION	VIERGE	12 BELIER

ENTRE DANS LE SIGNE DES LE 19 FEVRIER A 3 h 30
LE SOLEIL POISSONS 1958 * LES CHIFFRES INDIQUENT LES DEGRES
QUITTE LE SIGNE DES LE 21 MARS A 2 h 50

1959	MERCURE	VENUS	MARS	JUPITER	SATURNE	URANUS	NEPTUNE	PLUTON	LUNE *
19 FEVRIER	POISSONS	POISSONS	GEMEAUX	SAGITTAIRE	CAPRICORNE	LION	SCORPION	VIERGE	11 CANCER
20 FEVRIER	POISSONS	POISSONS	GEMEAUX	SAGITTAIRE	CAPRICORNE	LION	SCORPION	VIERGE	24 CANCER
21 FEVRIER	POISSONS	POISSONS	GEMEAUX	SAGITTAIRE	CAPRICORNE	LION	SCORPION	VIERGE	8 LION
22 FEVRIER	POISSONS	POSSONS	GEMEAUX	SAGITTAIRE	CAPRICORNE	LION	SCORPION	VIERGE	21 LION
23 FEVRIER	POISSONS	POISSONS	GEMEAUX	SAGITTAIRE	CAPRICORNE	LION	SCORPION	VIERGE	5 VIERGE
24 FEVRIER	POISSONS	BELIER	GEMEAUX	SAGITTAIRE	CAPRICORNE	LION	SCORPION	VIERGE	20 VIERGE
25 FEVRIER	POISSONS	BELIER	GEMEAUX	SAGITTAIRE	CAPRICORNE	LION	SCORPION	VIERGE	4 BALANCE
26 FEVRIER	POISSONS	BELIER	GEMEAUX	SAGITTAIRE	CAPRICORNE	LION	SCORPION	VIERGE	19 BALANCE
27 FEVRIER	POISSONS	BELIER	GEMEAUX	SAGITTAIRE	CAPRICORNE	LION	SCORPION	VIERGE	3 SCORPION
28 FEVRIER	POISSONS	BELIER	GEMEAUX	SAGITTAIRE	CAPRICORNE	LION	SCORPION	VIERGE	17 SCORPION
1 MARS	POISSONS	BELIER	GEMEAUX	SAGITTAIRE	CAPRICORNE	LION	SCORPION	VIERGE	2 SAGITTAIRE
2 MARS	POISSONS	BELIER	GEMEAUX	SAGITTAIRE	CAPRICORNE	LION	SCORPION	VIERGE	16 SAGITTAIRE
3 MARS	POISSONS	BELIER	GEMEAUX	SAGITTAIRE	CAPRICORNE	LION	SCORPION	VIERGE	0 CAPRICORNE
4 MARS	POISSONS	BELIER	GEMEAUX	SAGITTAIRE	CAPRICORNE	LION	SCORPION	VIERGE	13 CAPRICORNE
5 MARS	BELIER	BELIER	GEMEAUX	SAGITTAIRE	CAPRICORNE	LION	SCORPION	VIERGE	27 CAPRICORNE
6 MARS	BELIER	BELIER	GEMEAUX	SAGITTAIRE	CAPRICORNE	LION	SCORPION	VIERGE	10 VERSEAU
7 MARS	BELIER	BELIER	GEMEAUX	SAGITTAIRE	CAPRICORNE	LION	SCORPION	VIERGE	23 VERSEAU
8 MARS	BELIER	BELIER	GEMEAUX	SAGITTAIRE	CAPRICORNE	LION	SCORPION	VIERGE	6 POISSONS
9 MARS	BELIER	BELIER	GEMEAUX	SAGITTAIRE	CAPRICORNE	LION	SCORPION	VIERGE	18 POISSONS
10 MARS	BELIER	BELIER	GEMEAUX	SAGITTAIRE	CAPRICORNE	LION	SCORPION	VIERGE	1 BELIER
11 MARS	BELIER	BELIER	GEMEAUX	SAGITTAIRE	CAPRICORNE	LION	SCORPION	VIERGE	13 BELIER
12 MARS	BELIER	BELIER	GEMEAUX	SAGITTAIRE	CAPRICORNE	LION	SCORPION	VIERGE	25 BELIER
13 MARS	BELIER	BELIER	GEMEAUX	SAGITTAIRE	CAPRICORNE	LION	SCORPION	VIERGE	7 TAUREAU
14 MARS	BELIER	BELIER	GEMEAUX	SAGITTAIRE	CAPRICORNE	LION	SCORPION	VIERGE	19 TAUREAU
15 MARS	BELIER	BELIER	GEMEAUX	SAGITTAIRE	CAPRICORNE	LION	SCORPION	VIERGE	0 GEMEAUX
16 MARS	BELIER	BELIER	GEMEAUX	SAGITTAIRE	CAPRICORNE	LION	SCORPION	VIERGE	12 GEMEAUX
17 MARS	BELIER	BELIER	GEMEAUX	SAGITTAIRE	CAPRICORNE	LION	SCORPION	VIERGE	24 GEMEAUX
18 MARS	BELIER	BELIER	GEMEAUX	SAGITTAIRE	CAPRICORNE	LION	SCORPION	VIERGE	7 CANCER
19 MARS	BELIER	BELIER	GEMEAUX	SAGITTAIRE	CAPRICORNE	LION	SCORPION	VIERGE	19 CANCER
20 MARS	BELIER	BELIER	GEMEAUX	SAGITTAIRE	CAPRICORNE	LION	SCORPION	VIERGE	2 LION
21 MARS	BELIER	TAUREAU	GEMEAUX	SAGITTAIRE	CAPRICORNE	LION	SCORPION	VIERGE	16 LION

ENTRE DANS LE SIGNE DES LE 19 FEVRIER A 9 h 20
LE SOLEIL POISSONS 1959 * LES CHIFFRES INDIQUENT LES DEGRES
QUITTE LE SIGNE DES LE 21 MARS A 8 h 40

DECOUVREZ DANS QUEL SIGNE SE TROUVAIENT LES PLANETES A VOTRE NAISSANCE

1960	MERCURE	VENUS	MARS	JUPITER	SATURNE	URANUS	NEPTUNE	PLUTON	LUNE *
19 FEVRIER	POISSONS	CAPRICORNE	CAPRICORNE	SAGITTAIRE	CAPRICORNE	LION	SCORPION	VIERGE	23 SCORPION
20 FEVRIER	POISSONS	CAPRICORNE	CAPRICORNE	SAGITTAIRE	CAPRICORNE	LION	SCORPION	VIERGE	7 SAGITTAIRE
21 FEVRIER	POISSONS	VERSEAU	CAPRICORNE	SAGITTAIRE	CAPRICORNE	LION	SCORPION	VIERGE	21 SAGITTAIRE
22 FEVRIER	POISSONS	VERSEAU	CAPRICORNE	SAGITTAIRE	CAPRICORNE	LION	SCORPION	VIERGE	6 CAPRICORNE
23 FEVRIER	POISSONS	VERSEAU	VERSEAU	SAGITTAIRE	CAPRICORNE	LION	SCORPION	VIERGE	20 CAPRICORNE
24 FEVRIER	POISSONS	VERSEAU	VERSEAU	SAGITTAIRE	CAPRICORNE	LION	SCORPION	VIERGE	5 VERSEAU
25 FEVRIER	POISSONS	VERSEAU	VERSEAU	SAGITTAIRE	CAPRICORNE	LION	SCORPION	VIERGE	19 VERSEAU
26 FEVRIER	POISSONS	VERSEAU	VERSEAU	SAGITTAIRE	CAPRICORNE	LION	SCORPION	VIERGE	3 POISSONS
27 FEVRIER	POISSONS	VERSEAU	VERSEAU	SAGITTAIRE	CAPRICORNE	LION	SCORPION	VIERGE	17 POISSONS
28 FEVRIER	POISSONS	VERSEAU	VERSEAU	SAGITTAIRE	CAPRICORNE	LION	SCORPION	VIERGE	0 BELIER
29 FEVRIER	POISSONS	VERSEAU	VERSEAU	SAGITTAIRE	CAPRICORNE	LION	SCORPION	VIERGE	14 BELIER
1 MARS	POISSONS	VERSEAU	VERSEAU	SAGITTAIRE	CAPRICORNE	LION	SCORPION	VIERGE	26 BELIER
2 MARS	POISSONS	VERSEAU	VERSEAU	CAPRICORNE	CAPRICORNE	LION	SCORPION	VIERGE	9 TAUREAU
3 MARS	POISSONS	VERSEAU	VERSEAU	CAPRICORNE	CAPRICORNE	LION	SCORPION	VIERGE	21 TAUREAU
4 MARS	POISSONS	VERSEAU	VERSEAU	CAPRICORNE	CAPRICORNE	LION	SCORPION	VIERGE	3 GEMEAUX
5 MARS	POISSONS	VERSEAU	VERSEAU	CAPRICORNE	CAPRICORNE	LION	SCORPION	VIERGE	15 GEMEAUX
6 MARS	POISSONS	VERSEAU	VERSEAU	CAPRICORNE	CAPRICORNE	LION	SCORPION	VIERGE	27 GEMEAUX
7 MARS	POISSONS	VERSEAU	VERSEAU	CAPRICORNE	CAPRICORNE	LION	SCORPION	VIERGE	9 CANCER
8 MARS	POISSONS	VERSEAU	VERSEAU	CAPRICORNE	CAPRICORNE	LION	SCORPION	VIERGE	21 CANCER
9 MARS	POISSONS	VERSEAU	VERSEAU	CAPRICORNE	CAPRICORNE	LION	SCORPION	VIERGE	3 LION
10 MARS	POISSONS	VERSEAU	VERSEAU	CAPRICORNE	CAPRICORNE	LION	SCORPION	VIERGE	15 LION
11 MARS	POISSONS	VERSEAU	VERSEAU	CAPRICORNE	CAPRICORNE	LION	SCORPION	VIERGE	28 LION
12 MARS	POISSONS	VERSEAU	VERSEAU	CAPRICORNE	CAPRICORNE	LION	SCORPION	VIERGE	11 VIERGE
13 MARS	POISSONS	VERSEAU	VERSEAU	CAPRICORNE	CAPRICORNE	LION	SCORPION	VIERGE	24 VIERGE
14 MARS	POISSONS	VERSEAU	VERSEAU	CAPRICORNE	CAPRICORNE	LION	SCORPION	VIERGE	8 BALANCE
15 MARS	POISSONS	VERSEAU	VERSEAU	CAPRICORNE	CAPRICORNE	LION	SCORPION	VIERGE	22 BALANCE
16 MARS	POISSONS	POISSONS	VERSEAU	CAPRICORNE	CAPRICORNE	LION	SCORPION	VIERGE	6 SCORPION
17 MARS	POISSONS	POISSONS	VERSEAU	CAPRICORNE	CAPRICORNE	LION	SCORPION	VIERGE	20 SCORPION
18 MARS	POISSONS	POISSONS	VERSEAU	CAPRICORNE	CAPRICORNE	LION	SCORPION	VIERGE	4 SAGITTAIRE
19 MARS	POISSONS	POISSONS	VERSEAU	CAPRICORNE	CAPRICORNE	LION	SCORPION	VIERGE	18 SAGITTAIRE
20 MARS	POISSONS	POISSONS	VERSEAU	CAPRICORNE	CAPRICORNE	LION	SCORPION	VIERGE	2 CAPRICORNE

LE SOLEIL ENTRE DANS LE SIGNE DES POISSONS LE 19 FEVRIER 1960 A 15 h 10
LE SOLEIL QUITTE LE SIGNE DES POISSONS LE 20 MARS 1960 A 14 h 30
LES CHIFFRES INDIQUENT LES DEGRES

1961	MERCURE	VENUS	MARS	JUPITER	SATURNE	URANUS	NEPTUNE	PLUTON	LUNE *
18 FEVRIER	POISSONS	BELIER	CANCER	CAPRICORNE	CAPRICORNE	LION	SCORPION	VIERGE	12 BELIER
19 FEVRIER	POISSONS	BELIER	CANCER	CAPRICORNE	CAPRICORNE	LION	SCORPION	VIERGE	26 BELIER
20 FEVRIER	POISSONS	BELIER	CANCER	CAPRICORNE	CAPRICORNE	LION	SCORPION	VIERGE	9 TAUREAU
21 FEVRIER	POISSONS	BELIER	CANCER	CAPRICORNE	CAPRICORNE	LION	SCORPION	VIERGE	22 TAUREAU
22 FEVRIER	POISSONS	BELIER	CANCER	CAPRICORNE	CAPRICORNE	LION	SCORPION	VIERGE	5 GEMEAUX
23 FEVRIER	POISSONS	BELIER	CANCER	CAPRICORNE	CAPRICORNE	LION	SCORPION	VIERGE	17 GEMEAUX
24 FEVRIER	POISSONS	BELIER	CANCER	CAPRICORNE	CAPRICORNE	LION	SCORPION	VIERGE	29 GEMEAUX
25 FEVRIER	VERSEAU	BELIER	CANCER	CAPRICORNE	CAPRICORNE	LION	SCORPION	VIERGE	11 CANCER
26 FEVRIER	VERSEAU	BELIER	CANCER	CAPRICORNE	CAPRICORNE	LION	SCORPION	VIERGE	23 CANCER
27 FEVRIER	VERSEAU	BELIER	CANCER	CAPRICORNE	CAPRICORNE	LION	SCORPION	VIERGE	5 LION
28 FEVRIER	VERSEAU	BELIER	CANCER	CAPRICORNE	CAPRICORNE	LION	SCORPION	VIERGE	17 LION
1 MARS	VERSEAU	BELIER	CANCER	CAPRICORNE	CAPRICORNE	LION	SCORPION	VIERGE	29 LION
2 MARS	VERSEAU	BELIER	CANCER	CAPRICORNE	CAPRICORNE	LION	SCORPION	VIERGE	11 VIERGE
3 MARS	VERSEAU	BELIER	CANCER	CAPRICORNE	CAPRICORNE	LION	SCORPION	VIERGE	23 VIERGE
4 MARS	VERSEAU	BELIER	CANCER	CAPRICORNE	CAPRICORNE	LION	SCORPION	VIERGE	5 BALANCE
5 MARS	VERSEAU	BELIER	CANCER	CAPRICORNE	CAPRICORNE	LION	SCORPION	VIERGE	18 BALANCE
6 MARS	VERSEAU	BELIER	CANCER	CAPRICORNE	CAPRICORNE	LION	SCORPION	VIERGE	1 SCORPION
7 MARS	VERSEAU	BELIER	CANCER	CAPRICORNE	CAPRICORNE	LION	SCORPION	VIERGE	14 SCORPION
8 MARS	VERSEAU	BELIER	CANCER	CAPRICORNE	CAPRICORNE	LION	SCORPION	VIERGE	27 SCORPION
9 MARS	VERSEAU	BELIER	CANCER	CAPRICORNE	CAPRICORNE	LION	SCORPION	VIERGE	10 SAGITTAIRE
10 MARS	VERSEAU	BELIER	CANCER	CAPRICORNE	CAPRICORNE	LION	SCORPION	VIERGE	24 SAGITTAIRE
11 MARS	VERSEAU	BELIER	CANCER	CAPRICORNE	CAPRICORNE	LION	SCORPION	VIERGE	8 CAPRICORNE
12 MARS	VERSEAU	BELIER	CANCER	CAPRICORNE	CAPRICORNE	LION	SCORPION	VIERGE	23 CAPRICORNE
13 MARS	VERSEAU	BELIER	CANCER	CAPRICORNE	CAPRICORNE	LION	SCORPION	VIERGE	7 VERSEAU
14 MARS	VERSEAU	BELIER	CANCER	CAPRICORNE	CAPRICORNE	LION	SCORPION	VIERGE	22 VERSEAU
15 MARS	VERSEAU	BELIER	CANCER	VERSEAU	CAPRICORNE	LION	SCORPION	VIERGE	7 POISSONS
16 MARS	VERSEAU	BELIER	CANCER	VERSEAU	CAPRICORNE	LION	SCORPION	VIERGE	21 POISSONS
17 MARS	VERSEAU	BELIER	CANCER	VERSEAU	CAPRICORNE	LION	SCORPION	VIERGE	6 BELIER
18 MARS	POISSONS	BELIER	CANCER	VERSEAU	CAPRICORNE	LION	SCORPION	VIERGE	20 BELIER
19 MARS	POISSONS	BELIER	CANCER	VERSEAU	CAPRICORNE	LION	SCORPION	VIERGE	4 TAUREAU
20 MARS	POISSONS	BELIER	CANCER	VERSEAU	CAPRICORNE	LION	SCORPION	VIERGE	17 TAUREAU

LE SOLEIL ENTRE DANS LE SIGNE DES POISSONS LE 18 FEVRIER 1961 A 21 h 10
LE SOLEIL QUITTE LE SIGNE DES POISSONS LE 20 MARS 1961 A 20 h 10
* LES CHIFFRES INDIQUENT LES DEGRES

DECOUVREZ DANS QUEL SIGNE SE TROUVAIENT LES PLANETES A VOTRE NAISSANCE

1962	MERCURE	VENUS	MARS	JUPITER	SATURNE	URANUS	NEPTUNE	PLUTON	LUNE *
19 FEVRIER	VERSEAU	POISSONS	VERSEAU	VERSEAU	VERSEAU	LION	SCORPION	VIERGE	29 LION
20 FEVRIER	VERSEAU	POISSONS	VERSEAU	VERSEAU	VERSEAU	LION	SCORPION	VIERGE	11 VIERGE
21 FEVRIER	VERSEAU	POISSONS	VERSEAU	VERSEAU	VERSEAU	LION	SCORPION	VIERGE	23 VIERGE
22 FEVRIER	VERSEAU	POISSONS	VERSEAU	VERSEAU	VERSEAU	LION	SCORPION	VIERGE	5 BALANCE
23 FEVRIER	VERSEAU	POISSONS	VERSEAU	VERSEAU	VERSEAU	LION	SCORPION	VIERGE	17 BALANCE
24 FEVRIER	VERSEAU	POISSONS	VERSEAU	VERSEAU	VERSEAU	ION	SCORPION	VIERGE	29 BALANCE
25 FEVRIER	VERSEAU	POISSONS	VERSEAU	VERSEAU	VERSEAU	LION	SCORPION	VIERGE	11 SCORPION
26 FEVRIER	VERSEAU	POISSONS	VERSEAU	VERSEAU	VERSEAU	LION	SCORPION	VIERGE	23 SCORPION
27 FEVRIER	VERSEAU	POISSONS	VERSEAU	VERSEAU	VERSEAU	LION	SCORPION	VIERGE	6 SAGITTAIRE
28 FEVRIER	VERSEAU	POISSONS	VERSEAU	VERSEAU	VERSEAU	LION	SCORPION	VIERGE	19 SAGITTAIRE
1 MARS	VERSEAU	POISSONS	VERSEAU	VERSEAU	VERSEAU	LION	SCORPION	VIERGE	3 CAPRICORNE
2 MARS	VERSEAU	POISSONS	VERSEAU	VERSEAU	VERSEAU	LION	SCORPION	VIERGE	17 CAPRICORNE
3 MARS	VERSEAU	POISSONS	VERSEAU	VERSEAU	VERSEAU	LION	SCORPION	VIERGE	1 VERSEAU
4 MARS	VERSEAU	POISSONS	VERSEAU	VERSEAU	VERSEAU	LION	SCORPION	VIERGE	16 VERSEAU
5 MARS	VERSEAU	POISSONS	VERSEAU	VERSEAU	VERSEAU	LION	SCORPION	VIERGE	1 POISSONS
6 MARS	VERSEAU	POISSONS	VERSEAU	VERSEAU	VERSEAU	LION	SCORPION	VIERGE	16 POISSONS
7 MARS	VERSEAU	POISSONS	VERSEAU	VERSEAU	VERSEAU	LION	SCORPION	VIERGE	1 BELIER
8 MARS	VERSEAU	POISSONS	VERSEAU	VERSEAU	VERSEAU	LION	SCORPION	VIERGE	16 BELIER
9 MARS	VERSEAU	POISSONS	VERSEAU	VERSEAU	VERSEAU	LION	SCORPION	VIERGE	1 TAUREAU
10 MARS	VERSEAU	POISSONS	VERSEAU	VERSEAU	VERSEAU	LION	SCORPION	VIERGE	15 TAUREAU
11 MARS	VERSEAU	BELIER	VERSEAU	VERSEAU	VERSEAU	LION	SCORPION	VIERGE	29 TAUREAU
12 MARS	VERSEAU	BELIER	POISSONS	VERSEAU	VERSEAU	LION	SCORPION	VIERGE	13 GEMEAUX
13 MARS	VERSEAU	BELIER	POISSONS	VERSEAU	VERSEAU	LION	SCORPION	VIERGE	26 GEMEAUX
14 MARS	VERSEAU	BELIER	POISSONS	VERSEAU	VERSEAU	LION	SCORPION	VIERGE	8 CANCER
15 MARS	POISSONS	BELIER	POISSONS	VERSEAU	VERSEAU	LION	SCORPION	VIERGE	21 CANCER
16 MARS	POISSONS	BELIER	POISSONS	VERSEAU	VERSEAU	LION	SCORPION	VIERGE	3 LION
17 MARS	POISSONS	BELIER	POISSONS	VERSEAU	VERSEAU	LION	SCORPION	VIERGE	15 LION
18 MARS	POISSONS	BELIER	POISSONS	VERSEAU	VERSEAU	LION	SCORPION	VIERGE	26 LION
19 MARS	POISSONS	BELIER	POISSONS	VERSEAU	VERSEAU	LION	SCORPION	VIERGE	8 VIERGE
20 MARS	POISSONS	BELIER	POISSONS	VERSEAU	VERSEAU	LION	SCORPION	VIERGE	20 VIERGE
21 MARS	POISSONS	BELIER	POISSONS	VERSEAU	VERSEAU	LION	SCORPION	VIERGE	2 BALANCE

ENTRE DANS LE SIGNE DES — LE 19 FEVRIER — A 3 h 00
LE SOLEIL — POISSONS — 1962 — * LES CHIFFRES INDIQUENT LES DEGRES
QUITTE LE SIGNE DES — LE 21 MARS — A 2 h 15

1963	MERCURE	VENUS	MARS	JUPITER	SATURNE	URANUS	NEPTUNE	PLUTON	LUNE *
19 FEVRIER	VERSEAU	CAPRICORNE	LION	POISSONS	VERSEAU	VIERGE	SCORPION	VIERGE	1 CAPRICORNE
20 FEVRIER	VERSEAU	CAPRICORNE	LION	POISSONS	VERSEAU	VIERGE	SCORPION	VIERGE	14 CAPRICORNE
21 FEVRIER	VERSEAU	CAPRICORNE	LION	POISSONS	VERSEAU	VIERGE	SCORPION	VIERGE	28 CAPRICORNE
22 FEVRIER	VERSEAU	CAPRICORNE	LION	POISSONS	VERSEAU	VIERGE	SCORPION	VIERGE	12 VERSEAU
23 FEVRIER	VERSEAU	CAPRICORNE	LION	POISSONS	VERSEAU	VIERGE	SCORPION	VIERGE	26 VERSEAU
24 FEVRIER	VERSEAU	CAPRICORNE	LION	POISSONS	VERSEAU	VIERGE	SCORPION	VIERGE	10 POISSONS
25 FEVRIER	VERSEAU	CAPRICORNE	LION	POISSONS	VERSEAU	VIERGE	SCORPION	VIERGE	25 POISSONS
26 FEVRIER	VERSEAU	CAPRICORNE	LION	POISSONS	VERSEAU	VIERGE	SCORPION	VIERGE	10 BELIER
27 FEVRIER	VERSEAU	CAPRICORNE	LION	POISSONS	VERSEAU	VIERGE	SCORPION	VIERGE	25 BELIER
28 FEVRIER	VERSEAU	CAPRICORNE	LION	POISSONS	VERSEAU	VIERGE	SCORPION	VIERGE	10 TAUREAU
1 MARS	VERSEAU	CAPRICORNE	LION	POISSONS	VERSEAU	VIERGE	SCORPION	VIERGE	24 TAUREAU
2 MARS	VERSEAU	CAPRICORNE	LION	POISSONS	VERSEAU	VIERGE	SCORPION	VIERGE	8 GEMEAUX
3 MARS	VERSEAU	CAPRICORNE	LION	POISSONS	VERSEAU	VIERGE	SCORPION	VIERGE	22 GEMEAUX
4 MARS	VERSEAU	VERSEAU	LION	POISSONS	VERSEAU	VIERGE	SCORPION	VIERGE	5 CANCER
5 MARS	VERSEAU	VERSEAU	LION	POISSONS	VERSEAU	VIERGE	SCORPION	VIERGE	18 CANCER
6 MARS	VERSEAU	VERSEAU	LION	POISSONS	VERSEAU	VIERGE	SCORPION	VIERGE	1 LION
7 MARS	VERSEAU	VERSEAU	LION	POISSONS	VERSEAU	VIERGE	SCORPION	VIERGE	14 LION
8 MARS	VERSEAU	VERSEAU	LION	POISSONS	VERSEAU	VIERGE	SCORPION	VIERGE	26 LION
9 MARS	POISSONS	VERSEAU	LION	POISSONS	VERSEAU	VIERGE	SCORPION	VIERGE	9 VIERGE
10 MARS	POISSONS	VERSEAU	LION	POISSONS	VERSEAU	VIERGE	SCORPION	VIERGE	21 VIERGE
11 MARS	POISSONS	VERSEAU	LION	POISSONS	VERSEAU	VIERGE	SCORPION	VIERGE	3 BALANCE
12 MARS	POISSONS	VERSEAU	LION	POISSONS	VERSEAU	VIERGE	SCORPION	VIERGE	15 BALANCE
13 MARS	POISSONS	VERSEAU	LION	POISSONS	VERSEAU	VIERGE	SCORPION	VIERGE	27 BALANCE
14 MARS	POISSONS	VERSEAU	LION	POISSONS	VERSEAU	VIERGE	SCORPION	VIERGE	9 SCORPION
15 MARS	POISSONS	VERSEAU	LION	POISSONS	VERSEAU	VIERGE	SCORPION	VIERGE	21 SCORPION
16 MARS	POISSONS	VERSEAU	LION	POISSONS	VERSEAU	VIERGE	SCORPION	VIERGE	2 SAGITTAIRE
17 MARS	POISSONS	VERSEAU	LION	POISSONS	VERSEAU	VIERGE	SCORPION	VIERGE	14 SAGITTAIRE
18 MARS	POISSONS	VERSEAU	LION	POISSONS	VERSEAU	VIERGE	SCORPION	VIERGE	27 SAGITTAIRE
19 MARS	POISSONS	VERSEAU	LION	POISSONS	VERSEAU	VIERGE	SCORPION	VIERGE	9 CAPRICORNE
20 MARS	POISSONS	VERSEAU	LION	POISSONS	VERSEAU	VIERGE	SCORPION	VIERGE	22 CAPRICORNE
21 MARS	POISSONS	VERSEAU	LION	POISSONS	VERSEAU	VIERGE	SCORPION	VIERGE	6 VERSEAU

ENTRE DANS LE SIGNE DES — LE 19 FEVRIER — A 8 h 55
LE SOLEIL — POISSONS — 1963 — * LES CHIFFRES INDIQUENT LES DEGRES
QUITTE LE SIGNE DES — LE 21 MARS — A 8 h 05

DECOUVREZ DANS QUEL SIGNE SE TROUVAIENT LES PLANETES A VOTRE NAISSANCE

1964	MERCURE	VENUS	MARS	JUPITER	SATURNE	URANUS	NEPTUNE	PLUTON	LUNE *
19 FEVRIER	VERSEAU	BELIER	VERSEAU	BELIER	VERSEAU	VIERGE	SCORPION	VIERGE	16 TAUREAU
20 FEVRIER	VERSEAU	BELIER	POISSONS	BELIER	VERSEAU	VIERGE	SCORPION	VIERGE	0 GEMEAUX
21 FEVRIER	VERSEAU	BELIER	POISSONS	BELIER	VERSEAU	VIERGE	SCORPION	VIERGE	14 GEMEAUX
22 FEVRIER	VERSEAU	BELIER	POISSONS	BELIER	VERSEAU	VIERGE	SCORPION	VIERGE	28 GEMEAUX
23 FEVRIER	VERSEAU	BELIER	POISSONS	BELIER	VERSEAU	VIERGE	SCORPION	VIERGE	12 CANCER
24 FEVRIER	VERSEAU	BELIER	POISSONS	BELIER	VERSEAU	VIERGE	SCORPION	VIERGE	26 CANCER
25 FEVRIER	VERSEAU	BELIER	POISSONS	BELIER	VERSEAU	VIERGE	SCORPION	VIERGE	10 LION
26 FEVRIER	VERSEAU	BELIER	POISSONS	BELIER	VERSEAU	VIERGE	SCORPION	VIERGE	24 LION
27 FEVRIER	VERSEAU	BELIER	POISSONS	BELIER	VERSEAU	VIERGE	SCORPION	VIERGE	7 VIERGE
28 FEVRIER	VERSEAU	BELIER	POISSONS	BELIER	VERSEAU	VIERGE	SCORPION	VIERGE	21 VIERGE
29 FEVRIER	VERSEAU	BELIER	POISSONS	BELIER	VERSEAU	VIERGE	SCORPION	VIERGE	4 BALANCE
1 MARS	POISSONS	BELIER	POISSONS	BELIER	VERSEAU	VIERGE	SCORPION	VIERGE	16 BALANCE
2 MARS	POISSONS	BELIER	POISSONS	BELIER	VERSEAU	VIERGE	SCORPION	VIERGE	29 BALANCE
3 MARS	POISSONS	BELIER	POISSONS	BELIER	VERSEAU	VIERGE	SCORPION	VIERGE	11 SCORPION
4 MARS	POISSONS	BELIER	POISSONS	BELIER	VERSEAU	VIERGE	SCORPION	VIERGE	23 SCORPION
5 MARS	POISSONS	BELIER	POISSONS	BELIER	VERSEAU	VIERGE	SCORPION	VIERGE	5 SAGITTAIRE
6 MARS	POISSONS	BELIER	POISSONS	BELIER	VERSEAU	VIERGE	SCORPION	VIERGE	17 SAGITTAIRE
7 MARS	POISSONS	BELIER	POISSONS	BELIER	VERSEAU	VIERGE	SCORPION	VIERGE	28 SAGITTAIRE
8 MARS	POISSONS	TAUREAU	POISSONS	BELIER	VERSEAU	VIERGE	SCORPION	VIERGE	10 CAPRICORNE
9 MARS	POISSONS	TAUREAU	POISSONS	BELIER	VERSEAU	VIERGE	SCORPION	VIERGE	23 CAPRICORNE
10 MARS	POISSONS	TAUREAU	POISSONS	BELIER	VERSEAU	VIERGE	SCORPION	VIERGE	5 VERSEAU
11 MARS	POISSONS	TAUREAU	POISSONS	BELIER	VERSEAU	VIERGE	SCORPION	VIERGE	18 VERSEAU
12 MARS	POISSONS	TAUREAU	POISSONS	BELIER	VERSEAU	VIERGE	SCORPION	VIERGE	1 POISSONS
13 MARS	POISSONS	TAUREAU	POISSONS	BELIER	VERSEAU	VIERGE	SCORPION	VIERGE	15 POISSONS
14 MARS	POISSONS	TAUREAU	POISSONS	BELIER	VERSEAU	VIERGE	SCORPION	VIERGE	29 POISSONS
15 MARS	POISSONS	TAUREAU	POISSONS	BELIER	VERSEAU	VIERGE	SCORPION	VIERGE	13 BELIER
16 MARS	POISSONS	TAUREAU	POISSONS	BELIER	VERSEAU	VIERGE	SCORPION	VIERGE	28 BELIER
17 MARS	BELIER	TAUREAU	POISSONS	BELIER	VERSEAU	VIERGE	SCORPION	VIERGE	12 TAUREAU
18 MARS	BELIER	TAUREAU	POISSONS	BELIER	VERSEAU	VIERGE	SCORPION	VIERGE	26 TAUREAU
19 MARS	BELIER	TAUREAU	POISSONS	BELIER	VERSEAU	VIERGE	SCORPION	VIERGE	11 GEMEAUX
20 MARS	BELIER	TAUREAU	POISSONS	BELIER	VERSEAU	VIERGE	SCORPION	VIERGE	25 GEMEAUX

LE SOLEIL ENTRE DANS LE SIGNE DES POISSONS LE 19 FEVRIER 1964 A 15 h 10
QUITTE LE SIGNE DES POISSONS LE 20 MARS 1964 A 14 h 30

* LES CHIFFRES INDIQUENT LES DEGRES

1965	MERCURE	VENUS	MARS	JUPITER	SATURNE	URANUS	NEPTUNE	PLUTON	LUNE *
18 FEVRIER	VERSEAU	VERSEAU	VIERGE	TAUREAU	POISSONS	VIERGE	SCORPION	VIERGE	3 BALANCE
19 FEVRIER	VERSEAU	VERSEAU	VIERGE	TAUREAU	POISSONS	VIERGE	SCORPION	VIERGE	17 BALANCE
20 FEVRIER	VERSEAU	VERSEAU	VIERGE	TAUREAU	POISSONS	VIERGE	SCORPION	VIERGE	0 SCORPION
21 FEVRIER	POISSONS	VERSEAU	VIERGE	TAUREAU	POISSONS	VIERGE	SCORPION	VIERGE	13 SCORPION
22 FEVRIER	POISSONS	VERSEAU	VIERGE	TAUREAU	POISSONS	VIERGE	SCORPION	VIERGE	25 SCORPION
23 FEVRIER	POISSONS	VERSEAU	VIERGE	TAUREAU	POISSONS	VIERGE	SCORPION	VIERGE	7 SAGITTAIRE
24 FEVRIER	POISSONS	VERSEAU	VIERGE	TAUREAU	POISSONS	VIERGE	SCORPION	VIERGE	19 SAGITTAIRE
25 FEVRIER	POISSONS	VERSEAU	VIERGE	TAUREAU	POISSONS	VIERGE	SCORPION	VIERGE	1 CAPRICORNE
26 FEVRIER	POISSONS	VERSEAU	VIERGE	TAUREAU	POISSONS	VIERGE	SCORPION	VIERGE	13 CAPRICORNE
27 FEVRIER	POISSONS	VERSEAU	VIERGE	TAUREAU	POISSONS	VIERGE	SCORPION	VIERGE	25 CAPRICORNE
28 FEVRIER	POISSONS	VERSEAU	VIERGE	TAUREAU	POISSONS	VIERGE	SCORPION	VIERGE	7 VERSEAU
1 MARS	POISSONS	POISSONS	VIERGE	TAUREAU	POISSONS	VIERGE	SCORPION	VIERGE	19 VERSEAU
2 MARS	POISSONS	POISSONS	VIERGE	TAUREAU	POISSONS	VIERGE	SCORPION	VIERGE	1 POISSONS
3 MARS	POISSONS	POISSONS	VIERGE	TAUREAU	POISSONS	VIERGE	SCORPION	VIERGE	13 POISSONS
4 MARS	POISSONS	POISSONS	VIERGE	TAUREAU	POISSONS	VIERGE	SCORPION	VIERGE	26 POISSONS
5 MARS	POISSONS	POISSONS	VIERGE	TAUREAU	POISSONS	VIERGE	SCORPION	VIERGE	9 BELIER
6 MARS	POISSONS	POISSONS	VIERGE	TAUREAU	POISSONS	VIERGE	SCORPION	VIERGE	22 BELIER
7 MARS	POISSONS	POISSONS	VIERGE	TAUREAU	POISSONS	VIERGE	SCORPION	VIERGE	5 TAUREAU
8 MARS	POISSONS	POISSONS	VIERGE	TAUREAU	POISSONS	VIERGE	SCORPION	VIERGE	19 TAUREAU
9 MARS	BELIER	POISSONS	VIERGE	TAUREAU	POISSONS	VIERGE	SCORPION	VIERGE	2 GEMEAUX
10 MARS	BELIER	POISSONS	VIERGE	TAUREAU	POISSONS	VIERGE	SCORPION	VIERGE	16 GEMEAUX
11 MARS	BELIER	POISSONS	VIERGE	TAUREAU	POISSONS	VIERGE	SCORPION	VIERGE	0 CANCER
12 MARS	BELIER	POISSONS	VIERGE	TAUREAU	POISSONS	VIERGE	SCORPION	VIERGE	14 CANCER
13 MARS	BELIER	POISSONS	VIERGE	TAUREAU	POISSONS	VIERGE	SCORPION	VIERGE	29 CANCER
14 MARS	BELIER	POISSONS	VIERGE	TAUREAU	POISSONS	VIERGE	SCORPION	VIERGE	13 LION
15 MARS	BELIER	POISSONS	VIERGE	TAUREAU	POISSONS	VIERGE	SCORPION	VIERGE	28 LION
16 MARS	BELIER	POISSONS	VIERGE	TAUREAU	POISSONS	VIERGE	SCORPION	VIERGE	12 VIERGE
17 MARS	BELIER	POISSONS	VIERGE	TAUREAU	POISSONS	VIERGE	SCORPION	VIERGE	27 VIERGE
18 MARS	BELIER	POISSONS	VIERGE	TAUREAU	POISSONS	VIERGE	SCORPION	VIERGE	11 BALANCE
19 MARS	BELIER	POISSONS	VIERGE	TAUREAU	POISSONS	VIERGE	SCORPION	VIERGE	24 BALANCE
20 MARS	BELIER	POISSONS	VIERGE	TAUREAU	POISSONS	VIERGE	SCORPION	VIERGE	8 SCORPION

LE SOLEIL ENTRE DANS LE SIGNE DES POISSONS LE 18 FEVRIER 1965 A 20 h 30
QUITTE LE SIGNE DES POISSONS LE 20 MARS 1965 A 19 h 50

* LES CHIFFRES INDIQUENT LES DEGRES

DECOUVREZ DANS QUEL SIGNE SE TROUVAIENT LES PLANETES A VOTRE NAISSANCE

1966	MERCURE	VENUS	MARS	JUPITER	SATURNE	URANUS	NEPTUNE	PLUTON	LUNE *
19 FEVRIER	POISSONS	CAPRICORNE	POISSONS	GEMEAUX	POISSONS	VIERGE	SCORPION	VIERGE	20 VERSEAU
20 FEVRIER	POISSONS	CAPRICORNE	POISSONS	GEMEAUX	POISSONS	VIERGE	SCORPION	VIERGE	2 POISSONS
21 FEVRIER	POISSONS	CAPRICORNE	POISSONS	GEMEAUX	POISSONS	VIERGE	SCORPION	VIERGE	13 POISSONS
22 FEVRIER	POISSONS	CAPRICORNE	POISSONS	GEMEAUX	POISSONS	VIERGE	SCORPION	VIERGE	25 POISSONS
23 FEVRIER	POISSONS	CAPRICORNE	POISSONS	GEMEAUX	POISSONS	VIERGE	SCORPION	VIERGE	7 BELIER
24 FEVRIER	POISSONS	CAPRICORNE	POISSONS	GEMEAUX	POISSONS	VIERGE	SCORPION	VIERGE	20 BELIER
25 FEVRIER	POISSONS	VERSEAU	POISSONS	GEMEAUX	POISSONS	VIERGE	SCORPION	VIERGE	2 TAUREAU
26 FEVRIER	POISSONS	VERSEAU	POISSONS	GEMEAUX	POISSONS	VIERGE	SCORPION	VIERGE	14 TAUREAU
27 FEVRIER	POISSONS	VERSEAU	POISSONS	GEMEAUX	POISSONS	VIERGE	SCORPION	VIERGE	27 TAUREAU
28 FEVRIER	POISSONS	VERSEAU	POISSONS	GEMEAUX	POISSONS	VIERGE	SCORPION	VIERGE	10 GEMEAUX
1 MARS	POISSONS	VERSEAU	POISSONS	GEMEAUX	POISSONS	VIERGE	SCORPION	VIERGE	23 GEMEAUX
2 MARS	POISSONS	VERSEAU	POISSONS	GEMEAUX	POISSONS	VIERGE	SCORPION	VIERGE	7 CANCER
3 MARS	BELIER	VERSEAU	POISSONS	GEMEAUX	POISSONS	VIERGE	SCORPION	VIERGE	22 CANCER
4 MARS	BELIER	VERSEAU	POISSONS	GEMEAUX	POISSONS	VIERGE	SCORPION	VIERGE	7 LION
5 MARS	BELIER	VERSEAU	POISSONS	GEMEAUX	POISSONS	VIERGE	SCORPION	VIERGE	22 LION
6 MARS	BELIER	VERSEAU	POISSONS	GEMEAUX	POISSONS	VIERGE	SCORPION	VIERGE	7 VIERGE
7 MARS	BELIER	VERSEAU	POISSONS	GEMEAUX	POISSONS	VIERGE	SCORPION	VIERGE	22 VIERGE
8 MARS	BELIER	VERSEAU	POISSONS	GEMEAUX	POISSONS	VIERGE	SCORPION	VIERGE	7 BALANCE
9 MARS	BELIER	VERSEAU	POISSONS	GEMEAUX	POISSONS	VIERGE	SCORPION	VIERGE	22 BALANCE
10 MARS	BELIER	VERSEAU	BELIER	GEMEAUX	POISSONS	VIERGE	SCORPION	VIERGE	6 SCORPION
11 MARS	BELIER	VERSEAU	BELIER	GEMEAUX	POISSONS	VIERGE	SCORPION	VIERGE	20 SCORPION
12 MARS	BELIER	VERSEAU	BELIER	GEMEAUX	POISSONS	VIERGE	SCORPION	VIERGE	3 SAGITTAIRE
13 MARS	BELIER	VERSEAU	BELIER	GEMEAUX	POISSONS	VIERGE	SCORPION	VIERGE	16 SAGITTAIRE
14 MARS	BELIER	VERSEAU	BELIER	GEMEAUX	POISSONS	VIERGE	SCORPION	VIERGE	29 SAGITTAIRE
15 MARS	BELIER	VERSEAU	BELIER	GEMEAUX	POISSONS	VIERGE	SCORPION	VIERGE	11 CAPRICORNE
16 MARS	BELIER	VERSEAU	BELIER	GEMEAUX	POISSONS	VIERGE	SCORPION	VIERGE	23 CAPRICORNE
17 MARS	BELIER	VERSEAU	BELIER	GEMEAUX	POISSONS	VIERGE	SCORPION	VIERGE	5 VERSEAU
18 MARS	BELIER	VERSEAU	BELIER	GEMEAUX	POISSONS	VIERGE	SCORPION	VIERGE	17 VERSEAU
19 MARS	BELIER	VERSEAU	BELIER	GEMEAUX	POISSONS	VIERGE	SCORPION	VIERGE	29 VERSEAU
20 MARS	BELIER	VERSEAU	BELIER	GEMEAUX	POISSONS	VIERGE	SCORPION	VIERGE	10 POISSONS
21 MARS	BELIER	VERSEAU	BELIER	GEMEAUX	POISSONS	VIERGE	SCORPION	VIERGE	22 POISSONS

LE SOLEIL ENTRE DANS LE SIGNE DES POISSONS LE 19 FEVRIER 1966 A 2 h 25
LE SOLEIL QUITTE LE SIGNE DES POISSONS LE 21 MARS 1966 A 1 h 40

* LES CHIFFRES INDIQUENT LES DEGRES

1967	MERCURE	VENUS	MARS	JUPITER	SATURNE	URANUS	NEPTUNE	PLUTON	LUNE *
19 FEVRIER	POISSONS	POISSONS	SCORPION	CANCER	POISSONS	VIERGE	SCORPION	VIERGE	21 GEMEAUX
20 FEVRIER	POISSONS	POISSONS	SCORPION	CANCER	POISSONS	VIERGE	SCORPION	VIERGE	4 CANCER
21 FEVRIER	POISSONS	POISSONS	SCORPION	CANCER	POISSONS	VIERGE	SCORPION	VIERGE	18 CANCER
22 FEVRIER	POISSONS	POISSONS	SCORPION	CANCER	POISSONS	VIERGE	SCORPION	VIERGE	2 LION
23 FEVRIER	POISSONS	POISSONS	SCORPION	CANCER	POISSONS	VIERGE	SCORPION	VIERGE	17 LION
24 FEVRIER	POISSONS	BELIER	SCORPION	CANCER	POISSONS	VIERGE	SCORPION	VIERGE	1 VIERGE
25 FEVRIER	POISSONS	BELIER	SCORPION	CANCER	POISSONS	VIERGE	SCORPION	VIERGE	17 VIERGE
26 FEVRIER	POISSONS	BELIER	SCORPION	CANCER	POISSONS	VIERGE	SCORPION	VIERGE	2 BALANCE
27 FEVRIER	POISSONS	BELIER	SCORPION	CANCER	POISSONS	VIERGE	SCORPION	VIERGE	17 BALANCE
28 FEVRIER	POISSONS	BELIER	SCORPION	CANCER	POISSONS	VIERGE	SCORPION	VIERGE	1 SCORPION
1 MARS	POISSONS	BELIER	SCORPION	CANCER	POISSONS	VIERGE	SCORPION	VIERGE	16 SCORPION
2 MARS	POISSONS	BELIER	SCORPION	CANCER	POISSONS	VIERGE	SCORPION	VIERGE	0 SAGITTAIRE
3 MARS	POISSONS	BELIER	SCORPION	CANCER	POISSONS	VIERGE	SCORPION	VIERGE	13 SAGITTAIRE
4 MARS	POISSONS	BELIER	SCORPION	CANCER	BELIER	VIERGE	SCORPION	VIERGE	27 SAGITTAIRE
5 MARS	POISSONS	BELIER	SCORPION	CANCER	BELIER	VIERGE	SCORPION	VIERGE	10 CAPRICORNE
6 MARS	POISSONS	BELIER	SCORPION	CANCER	BELIER	VIERGE	SCORPION	VIERGE	22 CAPRICORNE
7 MARS	POISSONS	BELIER	SCORPION	CANCER	BELIER	VIERGE	SCORPION	VIERGE	5 VERSEAU
8 MARS	POISSONS	BELIER	SCORPION	CANCER	BELIER	VIERGE	SCORPION	VIERGE	17 VERSEAU
9 MARS	POISSONS	BELIER	SCORPION	CANCER	BELIER	VIERGE	SCORPION	VIERGE	29 VERSEAU
10 MARS	POISSONS	BELIER	SCORPION	CANCER	BELIER	VIERGE	SCORPION	VIERGE	11 POISSONS
11 MARS	POISSONS	BELIER	SCORPION	CANCER	BELIER	VIERGE	SCORPION	VIERGE	23 POISSONS
12 MARS	POISSONS	BELIER	SCORPION	CANCER	BELIER	VIERGE	SCORPION	VIERGE	5 BELIER
13 MARS	POISSONS	BELIER	SCORPION	CANCER	BELIER	VIERGE	SCORPION	VIERGE	17 BELIER
14 MARS	POISSONS	BELIER	SCORPION	CANCER	BELIER	VIERGE	SCORPION	VIERGE	29 BELIER
15 MARS	POISSONS	BELIER	SCORPION	CANCER	BELIER	VIERGE	SCORPION	VIERGE	11 TAUREAU
16 MARS	POISSONS	BELIER	SCORPION	CANCER	BELIER	VIERGE	SCORPION	VIERGE	22 TAUREAU
17 MARS	POISSONS	BELIER	SCORPION	CANCER	BELIER	VIERGE	SCORPION	VIERGE	5 GEMEAUX
18 MARS	POISSONS	BELIER	SCORPION	CANCER	BELIER	VIERGE	SCORPION	VIERGE	17 GEMEAUX
19 MARS	POISSONS	BELIER	SCORPION	CANCER	BELIER	VIERGE	SCORPION	VIERGE	0 CANCER
20 MARS	POISSONS	TAUREAU	SCORPION	CANCER	BELIER	VIERGE	SCORPION	VIERGE	13 CANCER
21 MARS	POISSONS	TAUREAU	SCORPION	CANCER	BELIER	VIERGE	SCORPION	VIERGE	26 CANCER

LE SOLEIL ENTRE DANS LE SIGNE DES POISSONS LE 19 FEVRIER 1967 A 8 h 10
LE SOLEIL QUITTE LE SIGNE DES POISSONS LE 21 MARS 1967 A 7 h 20

* LES CHIFFRES INDIQUENT LES DEGRES

DECOUVREZ DANS QUEL SIGNE SE TROUVAIENT LES PLANETES A VOTRE NAISSANCE

1968	MERCURE	VENUS	MARS	JUPITER	SATURNE	URANUS	NEPTUNE	PLUTON	LUNE *
19 FEVRIER	VERSEAU	CAPRICORNE	BELIER	VIERGE	BELIER	VIERGE	SCORPION	VIERGE	8 SCORPION
20 FEVRIER	VERSEAU	VERSEAU	BELIER	VIERGE	BELIER	VIERGE	SCORPION	VIERGE	22 SCORPION
21 FEVRIER	VERSEAU	VERSEAU	BELIER	VIERGE	BELIER	VIERGE	SCORPION	VIERGE	6 SAGITTAIRE
22 FEVRIER	VERSEAU	VERSEAU	BELIER	VIERGE	BELIER	VIERGE	SCORPION	VIERGE	20 SAGITTAIRE
23 FEVRIER	VERSEAU	VERSEAU	BELIER	VIERGE	BELIER	VIERGE	SCORPION	VIERGE	4 CAPRICORNE
24 FEVRIER	VERSEAU	VERSEAU	BELIER	VIERGE	BELIER	VIERGE	SCORPION	VIERGE	18 CAPRICORNE
25 FEVRIER	VERSEAU	VERSEAU	BELIER	VIERGE	BELIER	VIERGE	SCORPION	VIERGE	2 VERSEAU
26 FEVRIER	VERSEAU	VERSEAU	BELIER	VIERGE	BELIER	VIERGE	SCORPION	VIERGE	15 VERSEAU
27 FEVRIER	VERSEAU	VERSEAU	BELIER	LION	BELIER	VIERGE	SCORPION	VIERGE	28 VERSEAU
28 FEVRIER	VERSEAU	VERSEAU	BELIER	LION	BELIER	VIERGE	SCORPION	VIERGE	11 POISSONS
29 FEVRIER	VERSEAU	VERSEAU	BELIER	LION	BELIER	VIERGE	SCORPION	VIERGE	24 POISSONS
1 MARS	VERSEAU	VERSEAU	BELIER	LION	BELIER	VIERGE	SCORPION	VIERGE	6 BELIER
2 MARS	VERSEAU	VERSEAU	BELIER	LION	BELIER	VIERGE	SCORPION	VIERGE	18 BELIER
3 MARS	VERSEAU	VERSEAU	BELIER	LION	BELIER	VIERGE	SCORPION	VIERGE	0 TAUREAU
4 MARS	VERSEAU	VERSEAU	BELIER	LION	BELIER	VIERGE	SCORPION	VIERGE	12 TAUREAU
5 MARS	VERSEAU	VERSEAU	BELIER	LION	BELIER	VIERGE	SCORPION	VIERGE	24 TAUREAU
6 MARS	VERSEAU	VERSEAU	BELIER	LION	BELIER	VIERGE	SCORPION	VIERGE	6 GEMEAUX
7 MARS	VERSEAU	VERSEAU	BELIER	LION	BELIER	VIERGE	SCORPION	VIERGE	18 GEMEAUX
8 MARS	VERSEAU	VERSEAU	BELIER	LION	BELIER	VIERGE	SCORPION	VIERGE	0 CANCER
9 MARS	VERSEAU	VERSEAU	BELIER	LION	BELIER	VIERGE	SCORPION	VIERGE	12 CANCER
10 MARS	VERSEAU	VERSEAU	BELIER	LION	BELIER	VIERGE	SCORPION	VIERGE	25 CANCER
11 MARS	VERSEAU	VERSEAU	BELIER	LION	BELIER	VIERGE	SCORPION	VIERGE	8 LION
12 MARS	VERSEAU	VERSEAU	BELIER	LION	BELIER	VIERGE	SCORPION	VIERGE	22 LION
13 MARS	VERSEAU	VERSEAU	BELIER	LION	BELIER	VIERGE	SCORPION	VIERGE	6 VIERGE
14 MARS	VERSEAU	VERSEAU	BELIER	LION	BELIER	VIERGE	SCORPION	VIERGE	20 VIERGE
15 MARS	VERSEAU	VERSEAU	BELIER	LION	BELIER	VIERGE	SCORPION	VIERGE	4 BALANCE
16 MARS	VERSEAU	POISSONS	BELIER	LION	BELIER	VIERGE	SCORPION	VIERGE	19 BALANCE
17 MARS	VERSEAU	POISSONS	BELIER	LION	BELIER	VIERGE	SCORPION	VIERGE	4 SCORPION
18 MARS	POISSONS	POISSONS	BELIER	LION	BELIER	VIERGE	SCORPION	VIERGE	18 SCORPION
19 MARS	POISSONS	POISSONS	BELIER	LION	BELIER	VIERGE	SCORPION	VIERGE	3 SAGITTAIRE
20 MARS	POISSONS	POISSONS	BELIER	LION	BELIER	VIERGE	SCORPION	VIERGE	17 SAGITTAIRE

LE SOLEIL ENTRE DANS LE SIGNE DES POISSONS LE 19 FEVRIER 1968 A 14 h 00
LE SOLEIL QUITTE LE SIGNE DES POISSONS LE 20 MARS 1968 A 13 h 05

* LES CHIFFRES INDIQUENT LES DEGRES

1969	MERCURE	VENUS	MARS	JUPITER	SATURNE	URANUS	NEPTUNE	PLUTON	LUNE *
18 FEVRIER	VERSEAU	BELIER	SCORPION	BALANCE	BELIER	BALANCE	SCORPION	VIERGE	23 POISSONS
19 FEVRIER	VERSEAU	BELIER	SCORPION	BALANCE	BELIER	BALANCE	SCORPION	VIERGE	6 BELIER
20 FEVRIER	VERSEAU	BELIER	SCORPION	BALANCE	BELIER	BALANCE	SCORPION	VIERGE	20 BELIER
21 FEVRIER	VERSEAU	BELIER	SCORPION	BALANCE	BELIER	BALANCE	SCORPION	VIERGE	2 TAUREAU
22 FEVRIER	VERSEAU	BELIER	SCORPION	BALANCE	BELIER	BALANCE	SCORPION	VIERGE	15 TAUREAU
23 FEVRIER	VERSEAU	BELIER	SCORPION	BALANCE	BELIER	BALANCE	SCORPION	VIERGE	27 TAUREAU
24 FEVRIER	VERSEAU	BELIER	SCORPION	BALANCE	BELIER	BALANCE	SCORPION	VIERGE	9 GEMEAUX
25 FEVRIER	VERSEAU	BELIER	SAGITTAIRE	BALANCE	BELIER	BALANCE	SCORPION	VIERGE	21 GEMEAUX
26 FEVRIER	VERSEAU	BELIER	SAGITTAIRE	BALANCE	BELIER	BALANCE	SCORPION	VIERGE	3 CANCER
27 FEVRIER	VERSEAU	BELIER	SAGITTAIRE	BALANCE	BELIER	BALANCE	SCORPION	VIERGE	14 CANCER
28 FEVRIER	VERSEAU	BELIER	SAGITTAIRE	BALANCE	BELIER	BALANCE	SCORPION	VIERGE	27 CANCER
1 MARS	VERSEAU	BELIER	SAGITTAIRE	BALANCE	BELIER	BALANCE	SCORPION	VIERGE	9 LION
2 MARS	VERSEAU	BELIER	SAGITTAIRE	BALANCE	BELIER	BALANCE	SCORPION	VIERGE	21 LION
3 MARS	VERSEAU	BELIER	SAGITTAIRE	BALANCE	BELIER	BALANCE	SCORPION	VIERGE	4 VIERGE
4 MARS	VERSEAU	BELIER	SAGITTAIRE	BALANCE	BELIER	BALANCE	SCORPION	VIERGE	17 VIERGE
5 MARS	VERSEAU	BELIER	SAGITTAIRE	BALANCE	BELIER	BALANCE	SCORPION	VIERGE	0 BALANCE
6 MARS	VERSEAU	BELIER	SAGITTAIRE	BALANCE	BELIER	BALANCE	SCORPION	VIERGE	13 BALANCE
7 MARS	VERSEAU	BELIER	SAGITTAIRE	BALANCE	BELIER	BALANCE	SCORPION	VIERGE	27 BALANCE
8 MARS	VERSEAU	BELIER	SAGITTAIRE	BALANCE	BELIER	BALANCE	SCORPION	VIERGE	11 SCORPION
9 MARS	VERSEAU	BELIER	SAGITTAIRE	BALANCE	BELIER	BALANCE	SCORPION	VIERGE	25 SCORPION
10 MARS	VERSEAU	BELIER	SAGITTAIRE	BALANCE	BELIER	BALANCE	SCORPION	VIERGE	9 SAGITTAIRE
11 MARS	VERSEAU	BELIER	SAGITTAIRE	BALANCE	BELIER	BALANCE	SCORPION	VIERGE	23 SAGITTAIRE
12 MARS	VERSEAU	BELIER	SAGITTAIRE	BALANCE	BELIER	BALANCE	SCORPION	VIERGE	7 CAPRICORNE
13 MARS	POISSONS	BELIER	SAGITTAIRE	BALANCE	BELIER	BALANCE	SCORPION	VIERGE	21 CAPRICORNE
14 MARS	POISSONS	BELIER	SAGITTAIRE	BALANCE	BELIER	BALANCE	SCORPION	VIERGE	6 VERSEAU
15 MARS	POISSONS	BELIER	SAGITTAIRE	BALANCE	BELIER	BALANCE	SCORPION	VIERGE	20 VERSEAU
16 MARS	POISSONS	BELIER	SAGITTAIRE	BALANCE	BELIER	BALANCE	SCORPION	VIERGE	4 POISSONS
17 MARS	POISSONS	BELIER	SAGITTAIRE	BALANCE	BELIER	BALANCE	SCORPION	VIERGE	18 POISSONS
18 MARS	POISSONS	BELIER	SAGITTAIRE	BALANCE	BELIER	BALANCE	SCORPION	VIERGE	1 BELIER
19 MARS	POISSONS	BELIER	SAGITTAIRE	BALANCE	BELIER	BALANCE	SCORPION	VIERGE	14 BELIER
20 MARS	POISSONS	BELIER	SAGITTAIRE	BALANCE	BELIER	BALANCE	SCORPION	VIERGE	27 BELIER

LE SOLEIL ENTRE DANS LE SIGNE DES POISSONS LE 18 FEVRIER 1969 A 19 h 30
LE SOLEIL QUITTE LE SIGNE DES POISSONS LE 20 MARS 1969 A 18 h 55

* LES CHIFFRES INDIQUENT LES DEGRES

DECOUVREZ DANS QUEL SIGNE SE TROUVAIENT LES PLANETES A VOTRE NAISSANCE

1970	MERCURE	VENUS	MARS	JUPITER	SATURNE	URANUS	NEPTUNE	PLUTON	LUNE *
19 FEVRIER	VERSEAU	POISSONS	BELIER	SCORPION	TAUREAU	BALANCE	SAGITTAIRE	VIERGE	10 LION
20 FEVRIER	VERSEAU	POISSONS	BELIER	SCORPION	TAUREAU	BALANCE	SAGITTAIRE	VIERGE	22 LION
21 FEVRIER	VERSEAU	POISSONS	BELIER	SCORPION	TAUREAU	BALANCE	SAGITTAIRE	VIERGE	4 VIERGE
22 FEVRIER	VERSEAU	POISSONS	BELIER	SCORPION	TAUREAU	BALANCE	SAGITTAIRE	VIERGE	16 VIERGE
23 FEVRIER	VERSEAU	POISSONS	BELIER	SCORPION	TAUREAU	BALANCE	SAGITTAIRE	VIERGE	28 VIERGE
24 FEVRIER	VERSEAU	POISSONS	BELIER	SCORPION	TAUREAU	BALANCE	SAGITTAIRE	VIERGE	10 BALANCE
25 FEVRIER	VERSEAU	POISSONS	BELIER	SCORPION	TAUREAU	BALANCE	SAGITTAIRE	VIERGE	23 BALANCE
26 FEVRIER	VERSEAU	POISSONS	BELIER	SCORPION	TAUREAU	BALANCE	SAGITTAIRE	VIERGE	5 SCORPION
27 FEVRIER	VERSEAU	POISSONS	BELIER	SCORPION	TAUREAU	BALANCE	SAGITTAIRE	VIERGE	18 SCORPION
28 FEVRIER	VERSEAU	POISSONS	BELIER	SCORPION	TAUREAU	BALANCE	SAGITTAIRE	VIERGE	2 SAGITTAIRE
1 MARS	VERSEAU	POISSONS	BELIER	SCORPION	TAUREAU	BALANCE	SAGITTAIRE	VIERGE	15 SAGITTAIRE
2 MARS	VERSEAU	POISSONS	BELIER	SCORPION	TAUREAU	BALANCE	SAGITTAIRE	VIERGE	29 SAGITTAIRE
3 MARS	VERSEAU	POISSONS	BELIER	SCORPION	TAUREAU	BALANCE	SAGITTAIRE	VIERGE	13 CAPRICORNE
4 MARS	VERSEAU	POISSONS	BELIER	SCORPION	TAUREAU	BALANCE	SAGITTAIRE	VIERGE	28 CAPRICORNE
5 MARS	VERSEAU	POISSONS	BELIER	SCORPION	TAUREAU	BALANCE	SAGITTAIRE	VIERGE	13 VERSEAU
6 MARS	POISSONS	POISSONS	BELIER	SCORPION	TAUREAU	BALANCE	SAGITTAIRE	VIERGE	28 VERSEAU
7 MARS	POISSONS	POISSONS	TAUREAU	SCORPION	TAUREAU	BALANCE	SAGITTAIRE	VIERGE	13 POISSONS
8 MARS	POISSONS	POISSONS	TAUREAU	SCORPION	TAUREAU	BALANCE	SAGITTAIRE	VIERGE	28 POISSONS
9 MARS	POISSONS	POISSONS	TAUREAU	SCORPION	TAUREAU	BALANCE	SAGITTAIRE	VIERGE	12 BELIER
10 MARS	POISSONS	BELIER	TAUREAU	SCORPION	TAUREAU	BALANCE	SAGITTAIRE	VIERGE	26 BELIER
11 MARS	POISSONS	BELIER	TAUREAU	SCORPION	TAUREAU	BALANCE	SAGITTAIRE	VIERGE	10 TAUREAU
12 MARS	POISSONS	BELIER	TAUREAU	SCORPION	TAUREAU	BALANCE	SAGITTAIRE	VIERGE	23 TAUREAU
13 MARS	POISSONS	BELIER	TAUREAU	SCORPION	TAUREAU	BALANCE	SAGITTAIRE	VIERGE	6 GEMEAUX
14 MARS	POISSONS	BELIER	TAUREAU	SCORPION	TAUREAU	BALANCE	SAGITTAIRE	VIERGE	19 GEMEAUX
15 MARS	POISSONS	BELIER	TAUREAU	SCORPION	TAUREAU	BALANCE	SAGITTAIRE	VIERGE	1 CANCER
16 MARS	POISSONS	BELIER	TAUREAU	SCORPION	TAUREAU	BALANCE	SAGITTAIRE	VIERGE	13 CANCER
17 MARS	POISSONS	BELIER	TAUREAU	SCORPION	TAUREAU	BALANCE	SAGITTAIRE	VIERGE	25 CANCER
18 MARS	POISSONS	BELIER	TAUREAU	SCORPION	TAUREAU	BALANCE	SAGITTAIRE	VIERGE	7 LION
19 MARS	POISSONS	BELIER	TAUREAU	SCORPION	TAUREAU	BALANCE	SAGITTAIRE	VIERGE	19 LION
20 MARS	POISSONS	BELIER	TAUREAU	SCORPION	TAUREAU	BALANCE	SAGITTAIRE	VIERGE	0 VIERGE
21 MARS	POISSONS	BELIER	TAUREAU	SCORPION	TAUREAU	BALANCE	SAGITTAIRE	VIERGE	12 VIERGE

	ENTRE DANS LE SIGNE DES	LE 19 FEVRIER	A 1 h 30	
LE SOLEIL	POISSONS	1970		* LES CHIFFRES INDIQUENT LES DEGRES
	QUITTE LE SIGNE DES	LE 21 MARS	A 0 h 40	

1971	MERCURE	VENUS	MARS	JUPITER	SATURNE	URANUS	NEPTUNE	PLUTON	LUNE *
19 FEVRIER	VERSEAU	CAPRICORNE	SAGITTAIRE	SAGITTAIRE	TAUREAU	BALANCE	SAGITTAIRE	VIERGE	12 SAGITTAIRE
20 FEVRIER	VERSEAU	CAPRICORNE	SAGITTAIRE	SAGITTAIRE	TAUREAU	BALANCE	SAGITTAIRE	VIERGE	25 SAGITTAIRE
21 FEVRIER	VERSEAU	CAPRICORNE	SAGITTAIRE	SAGITTAIRE	TAUREAU	BALANCE	SAGITTAIRE	VIERGE	8 CAPRICORNE
22 FEVRIER	VERSEAU	CAPRICORNE	SAGITTAIRE	SAGITTAIRE	TAUREAU	BALANCE	SAGITTAIRE	VIERGE	23 CAPRICORNE
23 FEVRIER	VERSEAU	CAPRICORNE	SAGITTAIRE	SAGITTAIRE	TAUREAU	BALANCE	SAGITTAIRE	VIERGE	7 VERSEAU
24 FEVRIER	VERSEAU	CAPRICORNE	SAGITTAIRE	SAGITTAIRE	TAUREAU	BALANCE	SAGITTAIRE	VIERGE	22 VERSEAU
25 FEVRIER	VERSEAU	CAPRICORNE	SAGITTAIRE	SAGITTAIRE	TAUREAU	BALANCE	SAGITTAIRE	VIERGE	7 POISSONS
26 FEVRIER	POISSONS	CAPRICORNE	SAGITTAIRE	SAGITTAIRE	TAUREAU	BALANCE	SAGITTAIRE	VIERGE	22 POISSONS
27 FEVRIER	POISSONS	CAPRICORNE	SAGITTAIRE	SAGITTAIRE	TAUREAU	BALANCE	SAGITTAIRE	VIERGE	8 BELIER
28 FEVRIER	POISSONS	CAPRICORNE	SAGITTAIRE	SAGITTAIRE	TAUREAU	BALANCE	SAGITTAIRE	VIERGE	22 BELIER
1 MARS	POISSONS	CAPRICORNE	SAGITTAIRE	SAGITTAIRE	TAUREAU	BALANCE	SAGITTAIRE	VIERGE	7 TAUREAU
2 MARS	POISSONS	CAPRICORNE	SAGITTAIRE	SAGITTAIRE	TAUREAU	BALANCE	SAGITTAIRE	VIERGE	21 TAUREAU
3 MARS	POISSONS	CAPRICORNE	SAGITTAIRE	SAGITTAIRE	TAUREAU	BALANCE	SAGITTAIRE	VIERGE	5 GEMEAUX
4 MARS	POISSONS	VERSEAU	SAGITTAIRE	SAGITTAIRE	TAUREAU	BALANCE	SAGITTAIRE	VIERGE	18 GEMEAUX
5 MARS	POISSONS	VERSEAU	SAGITTAIRE	SAGITTAIRE	TAUREAU	BALANCE	SAGITTAIRE	VIERGE	1 CANCER
6 MARS	POISSONS	VERSEAU	SAGITTAIRE	SAGITTAIRE	TAUREAU	BALANCE	SAGITTAIRE	VIERGE	13 CANCER
7 MARS	POISSONS	VERSEAU	SAGITTAIRE	SAGITTAIRE	TAUREAU	BALANCE	SAGITTAIRE	VIERGE	26 CANCER
8 MARS	POISSONS	VERSEAU	SAGITTAIRE	SAGITTAIRE	TAUREAU	BALANCE	SAGITTAIRE	VIERGE	8 LION
9 MARS	POISSONS	VERSEAU	SAGITTAIRE	SAGITTAIRE	TAUREAU	BALANCE	SAGITTAIRE	VIERGE	20 LION
10 MARS	POISSONS	VERSEAU	SAGITTAIRE	SAGITTAIRE	TAUREAU	BALANCE	SAGITTAIRE	VIERGE	2 VIERGE
11 MARS	POISSONS	VERSEAU	SAGITTAIRE	SAGITTAIRE	TAUREAU	BALANCE	SAGITTAIRE	VIERGE	13 VIERGE
12 MARS	POISSONS	VERSEAU	CAPRICORNE	SAGITTAIRE	TAUREAU	BALANCE	SAGITTAIRE	VIERGE	25 VIERGE
13 MARS	POISSONS	VERSEAU	CAPRICORNE	SAGITTAIRE	TAUREAU	BALANCE	SAGITTAIRE	VIERGE	7 BALANCE
14 MARS	BELIER	VERSEAU	CAPRICORNE	SAGITTAIRE	TAUREAU	BALANCE	SAGITTAIRE	VIERGE	19 BALANCE
15 MARS	BELIER	VERSEAU	CAPRICORNE	SAGITTAIRE	TAUREAU	BALANCE	SAGITTAIRE	VIERGE	1 SCORPION
16 MARS	BELIER	VERSEAU	CAPRICORNE	SAGITTAIRE	TAUREAU	BALANCE	SAGITTAIRE	VIERGE	13 SCORPION
17 MARS	BELIER	VERSEAU	CAPRICORNE	SAGITTAIRE	TAUREAU	BALANCE	SAGITTAIRE	VIERGE	25 SCORPION
18 MARS	BELIER	VERSEAU	CAPRICORNE	SAGITTAIRE	TAUREAU	BALANCE	SAGITTAIRE	VIERGE	8 SAGITTAIRE
19 MARS	BELIER	VERSEAU	CAPRICORNE	SAGITTAIRE	TAUREAU	BALANCE	SAGITTAIRE	VIERGE	21 SAGITTAIRE
20 MARS	BELIER	VERSEAU	CAPRICORNE	SAGITTAIRE	TAUREAU	BALANCE	SAGITTAIRE	VIERGE	4 CAPRICORNE
21 MARS	BELIER	VERSEAU	CAPRICORNE	SAGITTAIRE	TAUREAU	BALANCE	SAGITTAIRE	VIERGE	17 CAPRICORNE

	ENTRE DANS LE SIGNE DES	LE 19 FEVRIER	A 7 h 10	
LE SOLEIL	POISSONS	1971		* LES CHIFFRES INDIQUENT LES DEGRES
	QUITTE LE SIGNE DES	LE 21 MARS	A 6 h 20	

DECOUVREZ DANS QUEL SIGNE SE TROUVAIENT LES PLANETES A VOTRE NAISSANCE

1972	MERCURE	VENUS	MARS	JUPITER	SATURNE	URANUS	NEPTUNE	PLUTON	LUNE *
19 FEVRIER	POISSONS	BELIER	TAUREAU	CAPRICORNE	TAUREAU	BALANCE	SAGITTAIRE	BALANCE	0 TAUREAU
20 FEVRIER	POISSONS	BELIER	TAUREAU	CAPRICORNE	TAUREAU	BALANCE	SAGITTAIRE	BALANCE	15 TAUREAU
21 FEVRIER	POISSONS	BELIER	TAUREAU	CAPRICORNE	TAUREAU	BALANCE	SAGITTAIRE	BALANCE	29 TAUREAU
22 FEVRIER	POISSONS	BELIER	TAUREAU	CAPRICORNE	GEMEAUX	BALANCE	SAGITTAIRE	BALANCE	13 GEMEAUX
23 FEVRIER	POISSONS	BELIER	TAUREAU	CAPRICORNE	GEMEAUX	BALANCE	SAGITTAIRE	BALANCE	26 GEMEAUX
24 FEVRIER	POISSONS	BELIER	TAUREAU	CAPRICORNE	GEMEAUX	BALANCE	SAGITTAIRE	BALANCE	10 CANCER
25 FEVRIER	POISSONS	BELIER	TAUREAU	CAPRICORNE	GEMEAUX	BALANCE	SAGITTAIRE	BALANCE	23 CANCER
26 FEVRIER	POISSONS	BELIER	TAUREAU	CAPRICORNE	GEMEAUX	BALANCE	SAGITTAIRE	BALANCE	6 LION
27 FEVRIER	POISSONS	BELIER	TAUREAU	CAPRICORNE	GEMEAUX	BALANCE	SAGITTAIRE	BALANCE	19 LION
28 FEVRIER	POISSONS	BELIER	TAUREAU	CAPRICORNE	GEMEAUX	BALANCE	SAGITTAIRE	BALANCE	1 VIERGE
29 FEVRIER	POISSONS	BELIER	TAUREAU	CAPRICORNE	GEMEAUX	BALANCE	SAGITTAIRE	BALANCE	14 VIERGE
1 MARS	POISSONS	BELIER	TAUREAU	CAPRICORNE	GEMEAUX	BALANCE	SAGITTAIRE	BALANCE	26 VIERGE
2 MARS	POISSONS	BELIER	TAUREAU	CAPRICORNE	GEMEAUX	BALANCE	SAGITTAIRE	BALANCE	8 BALANCE
3 MARS	POISSONS	BELIER	TAUREAU	CAPRICORNE	GEMEAUX	BALANCE	SAGITTAIRE	BALANCE	20 BALANCE
4 MARS	POISSONS	BELIER	TAUREAU	CAPRICORNE	GEMEAUX	BALANCE	SAGITTAIRE	BALANCE	2 SCORPION
5 MARS	POISSONS	BELIER	TAUREAU	CAPRICORNE	GEMEAUX	BALANCE	SAGITTAIRE	BALANCE	14 SCORPION
6 MARS	BELIER	BELIER	TAUREAU	CAPRICORNE	GEMEAUX	BALANCE	SAGITTAIRE	BALANCE	26 SCORPION
7 MARS	BELIER	TAUREAU	TAUREAU	CAPRICORNE	GEMEAUX	BALANCE	SAGITTAIRE	BALANCE	8 SAGITTAIRE
8 MARS	BELIER	TAUREAU	TAUREAU	CAPRICORNE	GEMEAUX	BALANCE	SAGITTAIRE	BALANCE	20 SAGITTAIRE
9 MARS	BELIER	TAUREAU	TAUREAU	CAPRICORNE	GEMEAUX	BALANCE	SAGITTAIRE	BALANCE	2 CAPRICORNE
10 MARS	BELIER	TAUREAU	TAUREAU	CAPRICORNE	GEMEAUX	BALANCE	SAGITTAIRE	BALANCE	15 CAPRICORNE
11 MARS	BELIER	TAUREAU	TAUREAU	CAPRICORNE	GEMEAUX	BALANCE	SAGITTAIRE	BALANCE	28 CAPRICORNE
12 MARS	BELIER	TAUREAU	TAUREAU	CAPRICORNE	GEMEAUX	BALANCE	SAGITTAIRE	BALANCE	12 VERSEAU
13 MARS	BELIER	TAUREAU	TAUREAU	CAPRICORNE	GEMEAUX	BALANCE	SAGITTAIRE	BALANCE	26 VERSEAU
14 MARS	BELIER	TAUREAU	TAUREAU	CAPRICORNE	GEMEAUX	BALANCE	SAGITTAIRE	BALANCE	10 POISSONS
15 MARS	BELIER	TAUREAU	TAUREAU	CAPRICORNE	GEMEAUX	BALANCE	SAGITTAIRE	BALANCE	25 POISSONS
16 MARS	BELIER	TAUREAU	TAUREAU	CAPRICORNE	GEMEAUX	BALANCE	SAGITTAIRE	BALANCE	10 BELIER
17 MARS	BELIER	TAUREAU	TAUREAU	CAPRICORNE	GEMEAUX	BALANCE	SAGITTAIRE	BALANCE	25 BELIER
18 MARS	BELIER	TAUREAU	TAUREAU	CAPRICORNE	GEMEAUX	BALANCE	SAGITTAIRE	BALANCE	10 TAUREAU
19 MARS	BELIER	TAUREAU	TAUREAU	CAPRICORNE	GEMEAUX	BALANCE	SAGITTAIRE	BALANCE	25 TAUREAU
20 MARS	BELIER	TAUREAU	TAUREAU	CAPRICORNE	GEMEAUX	BALANCE	SAGITTAIRE	BALANCE	9 GEMEAUX

LE SOLEIL ENTRE DANS LE SIGNE DES POISSONS LE 19 FEVRIER 1972 A 13 h 00
LE SOLEIL QUITTE LE SIGNE DES POISSONS LE 20 MARS 1972 A 12 h 05

* LES CHIFFRES INDIQUENT LES DEGRES

1973	MERCURE	VENUS	MARS	JUPITER	SATURNE	URANUS	NEPTUNE	PLUTON	LUNE *
18 FEVRIER	POISSONS	VERSEAU	CAPRICORNE	CAPRICORNE	GEMEAUX	BALANCE	SAGITTAIRE	BALANCE	13 VIERGE
19 FEVRIER	POISSONS	VERSEAU	CAPRICORNE	CAPRICORNE	GEMEAUX	BALANCE	SAGITTAIRE	BALANCE	26 VIERGE
20 FEVRIER	POISSONS	VERSEAU	CAPRICORNE	CAPRICORNE	GEMEAUX	BALANCE	SAGITTAIRE	BALANCE	9 BALANCE
21 FEVRIER	POISSONS	VERSEAU	CAPRICORNE	CAPRICORNE	GEMEAUX	BALANCE	SAGITTAIRE	BALANCE	22 BALANCE
22 FEVRIER	POISSONS	VERSEAU	CAPRICORNE	CAPRICORNE	GEMEAUX	BALANCE	SAGITTAIRE	BALANCE	4 SCORPION
23 FEVRIER	POISSONS	VERSEAU	CAPRICORNE	VERSEAU	GEMEAUX	BALANCE	SAGITTAIRE	BALANCE	17 SCORPION
24 FEVRIER	POISSONS	VERSEAU	CAPRICORNE	VERSEAU	GEMEAUX	BALANCE	SAGITTAIRE	BALANCE	29 SCORPION
25 FEVRIER	POISSONS	VERSEAU	CAPRICORNE	VERSEAU	GEMEAUX	BALANCE	SAGITTAIRE	BALANCE	10 SAGITTAIRE
26 FEVRIER	POISSONS	VERSEAU	CAPRICORNE	VERSEAU	GEMEAUX	BALANCE	SAGITTAIRE	BALANCE	22 SAGITTAIRE
27 FEVRIER	POISSONS	VERSEAU	CAPRICORNE	VERSEAU	GEMEAUX	BALANCE	SAGITTAIRE	BALANCE	4 CAPRICORNE
28 FEVRIER	POISSONS	VERSEAU	CAPRICORNE	VERSEAU	GEMEAUX	BALANCE	SAGITTAIRE	BALANCE	16 CAPRICORNE
1 MARS	POISSONS	POISSONS	CAPRICORNE	VERSEAU	GEMEAUX	BALANCE	SAGITTAIRE	BALANCE	28 CAPRICORNE
2 MARS	POISSONS	POISSONS	CAPRICORNE	VERSEAU	GEMEAUX	BALANCE	SAGITTAIRE	BALANCE	11 VERSEAU
3 MARS	POISSONS	POISSONS	CAPRICORNE	VERSEAU	GEMEAUX	BALANCE	SAGITTAIRE	BALANCE	24 VERSEAU
4 MARS	POISSONS	POISSONS	CAPRICORNE	VERSEAU	GEMEAUX	BALANCE	SAGITTAIRE	BALANCE	7 POISSONS
5 MARS	POISSONS	POISSONS	CAPRICORNE	VERSEAU	GEMEAUX	BALANCE	SAGITTAIRE	BALANCE	21 POISSONS
6 MARS	POISSONS	POISSONS	CAPRICORNE	VERSEAU	GEMEAUX	BALANCE	SAGITTAIRE	BALANCE	5 BELIER
7 MARS	POISSONS	POISSONS	CAPRICORNE	VERSEAU	GEMEAUX	BALANCE	SAGITTAIRE	BALANCE	19 BELIER
8 MARS	POISSONS	POISSONS	CAPRICORNE	VERSEAU	GEMEAUX	BALANCE	SAGITTAIRE	BALANCE	3 TAUREAU
9 MARS	POISSONS	POISSONS	CAPRICORNE	VERSEAU	GEMEAUX	BALANCE	SAGITTAIRE	BALANCE	17 TAUREAU
10 MARS	POISSONS	POISSONS	CAPRICORNE	VERSEAU	GEMEAUX	BALANCE	SAGITTAIRE	BALANCE	1 GEMEAUX
11 MARS	POISSONS	POISSONS	CAPRICORNE	VERSEAU	GEMEAUX	BALANCE	SAGITTAIRE	BALANCE	15 GEMEAUX
12 MARS	POISSONS	POISSONS	CAPRICORNE	VERSEAU	GEMEAUX	BALANCE	SAGITTAIRE	BALANCE	29 GEMEAUX
13 MARS	POISSONS	POISSONS	CAPRICORNE	VERSEAU	GEMEAUX	BALANCE	SAGITTAIRE	BALANCE	13 CANCER
14 MARS	POISSONS	POISSONS	CAPRICORNE	VERSEAU	GEMEAUX	BALANCE	SAGITTAIRE	BALANCE	27 CANCER
15 MARS	POISSONS	POISSONS	CAPRICORNE	VERSEAU	GEMEAUX	BALANCE	SAGITTAIRE	BALANCE	11 LION
16 MARS	POISSONS	POISSONS	CAPRICORNE	VERSEAU	GEMEAUX	BALANCE	SAGITTAIRE	BALANCE	25 LION
17 MARS	POISSONS	POISSONS	CAPRICORNE	VERSEAU	GEMEAUX	BALANCE	SAGITTAIRE	BALANCE	8 VIERGE
18 MARS	POISSONS	POISSONS	CAPRICORNE	VERSEAU	GEMEAUX	BALANCE	SAGITTAIRE	BALANCE	22 VIERGE
19 MARS	POISSONS	POISSONS	CAPRICORNE	VERSEAU	GEMEAUX	BALANCE	SAGITTAIRE	BALANCE	5 BALANCE
20 MARS	POISSONS	POISSONS	CAPRICORNE	VERSEAU	GEMEAUX	BALANCE	SAGITTAIRE	BALANCE	17 BALANCE

LE SOLEIL ENTRE DANS LE SIGNE DES POISSONS LE 18 FEVRIER 1973 A 18 h 45
LE SOLEIL QUITTE LE SIGNE DES POISSONS LE 20 MARS 1973 A 18 h 00

* LES CHIFFRES INDIQUENT LES DEGRES

DECOUVREZ DANS QUEL SIGNE SE TROUVAIENT LES PLANETES A VOTRE NAISSANCE

1974	MERCURE	VENUS	MARS	JUPITER	SATURNE	URANUS	NEPTUNE	PLUTON	LUNE *
19 FEVRIER	POISSONS	CAPRICORNE	TAUREAU	VERSEAU	GEMEAUX	BALANCE	SAGITTAIRE	BALANCE	0 VERSEAU
20 FEVRIER	POISSONS	CAPRICORNE	TAUREAU	VERSEAU	GEMEAUX	BALANCE	SAGITTAIRE	BALANCE	12 VERSEAU
21 FEVRIER	POISSONS	CAPRICORNE	TAUREAU	VERSEAU	GEMEAUX	BALANCE	SAGITTAIRE	BALANCE	24 VERSEAU
22 FEVRIER	POISSONS	CAPRICORNE	TAUREAU	VERSEAU	GEMEAUX	BALANCE	SAGITTAIRE	BALANCE	6 POISSONS
23 FEVRIER	POISSONS	CAPRICORNE	TAUREAU	VERSEAU	GEMEAUX	BALANCE	SAGITTAIRE	BALANCE	19 POISSONS
24 FEVRIER	POISSONS	CAPRICORNE	TAUREAU	VERSEAU	GEMEAUX	BALANCE	SAGITTAIRE	BALANCE	1 BELIER
25 FEVRIER	POISSONS	CAPRICORNE	TAUREAU	VERSEAU	GEMEAUX	BALANCE	SAGITTAIRE	BALANCE	14 BELIER
26 FEVRIER	POISSONS	CAPRICORNE	TAUREAU	VERSEAU	GEMEAUX	BALANCE	SAGITTAIRE	BALANCE	27 BELIER
27 FEVRIER	POISSONS	CAPRICORNE	GEMEAUX	VERSEAU	GEMEAUX	BALANCE	SAGITTAIRE	BALANCE	10 TAUREAU
28 FEVRIER	POISSONS	CAPRICORNE	GEMEAUX	VERSEAU	GEMEAUX	BALANCE	SAGITTAIRE	BALANCE	23 TAUREAU
1 MARS	POISSONS	VERSEAU	GEMEAUX	VERSEAU	GEMEAUX	BALANCE	SAGITTAIRE	BALANCE	7 GEMEAUX
2 MARS	POISSONS	VERSEAU	GEMEAUX	VERSEAU	GEMEAUX	BALANCE	SAGITTAIRE	BALANCE	21 GEMEAUX
3 MARS	VERSEAU	VERSEAU	GEMEAUX	VERSEAU	GEMEAUX	BALANCE	SAGITTAIRE	BALANCE	5 CANCER
4 MARS	VERSEAU	VERSEAU	GEMEAUX	VERSEAU	GEMEAUX	BALANCE	SAGITTAIRE	BALANCE	19 CANCER
5 MARS	VERSEAU	VERSEAU	GEMEAUX	VERSEAU	GEMEAUX	BALANCE	SAGITTAIRE	BALANCE	4 LION
6 MARS	VERSEAU	VERSEAU	GEMEAUX	VERSEAU	GEMEAUX	BALANCE	SAGITTAIRE	BALANCE	19 LION
7 MARS	VERSEAU	VERSEAU	GEMEAUX	VERSEAU	GEMEAUX	BALANCE	SAGITTAIRE	BALANCE	4 VIERGE
8 MARS	VERSEAU	VERSEAU	GEMEAUX	POISSONS	GEMEAUX	BALANCE	SAGITTAIRE	BALANCE	18 VIERGE
9 MARS	VERSEAU	VERSEAU	GEMEAUX	POISSONS	GEMEAUX	BALANCE	SAGITTAIRE	BALANCE	3 BALANCE
10 MARS	VERSEAU	VERSEAU	GEMEAUX	POISSONS	GEMEAUX	BALANCE	SAGITTAIRE	BALANCE	17 BALANCE
11 MARS	VERSEAU	VERSEAU	GEMEAUX	POISSONS	GEMEAUX	BALANCE	SAGITTAIRE	BALANCE	0 SCORPION
12 MARS	VERSEAU	VERSEAU	GEMEAUX	POISSONS	GEMEAUX	BALANCE	SAGITTAIRE	BALANCE	14 SCORPION
13 MARS	VERSEAU	VERSEAU	GEMEAUX	POISSONS	GEMEAUX	BALANCE	SAGITTAIRE	BALANCE	26 SCORPION
14 MARS	VERSEAU	VERSEAU	GEMEAUX	POISSONS	GEMEAUX	BALANCE	SAGITTAIRE	BALANCE	9 SAGITTAIRE
15 MARS	VERSEAU	VERSEAU	GEMEAUX	POISSONS	GEMEAUX	BALANCE	SAGITTAIRE	BALANCE	21 SAGITTAIRE
16 MARS	VERSEAU	VERSEAU	GEMEAUX	POISSONS	GEMEAUX	BALANCE	SAGITTAIRE	BALANCE	3 CAPRICORNE
17 MARS	VERSEAU	VERSEAU	GEMEAUX	POISSONS	GEMEAUX	BALANCE	SAGITTAIRE	BALANCE	15 CAPRICORNE
18 MARS	POISSONS	VERSEAU	GEMEAUX	POISSONS	GEMEAUX	BALANCE	SAGITTAIRE	BALANCE	26 CAPRICORNE
19 MARS	POISSONS	VERSEAU	GEMEAUX	POISSONS	GEMEAUX	BALANCE	SAGITTAIRE	BALANCE	8 VERSEAU
20 MARS	POISSONS	VERSEAU	GEMEAUX	POISSONS	GEMEAUX	BALANCE	SAGITTAIRE	BALANCE	20 VERSEAU
21 MARS	POISSONS	VERSEAU	GEMEAUX	POISSONS	GEMEAUX	BALANCE	SAGITTAIRE	BALANCE	2 POISSONS

LE SOLEIL ENTRE DANS LE SIGNE DES POISSONS LE 19 FEVRIER 1974 A 0 h 45
LE SOLEIL QUITTE LE SIGNE DES POISSONS LE 21 MARS 1974 A 0 h 00
* LES CHIFFRES INDIQUENT LES DEGRES

1975	MERCURE	VENUS	MARS	JUPITER	SATURNE	URANUS	NEPTUNE	PLUTON	LUNE *
19 FEVRIER	VERSEAU	POISSONS	CAPRICORNE	POISSONS	CANCER	SCORPION	SAGITTAIRE	BALANCE	2 GEMEAUX
20 FEVRIER	VERSEAU	POISSONS	CAPRICORNE	POISSONS	CANCER	SCORPION	SAGITTAIRE	BALANCE	15 GEMEAUX
21 FEVRIER	VERSEAU	POISSONS	CAPRICORNE	POISSONS	CANCER	SCORPION	SAGITTAIRE	BALANCE	29 GEMEAUX
22 FEVRIER	VERSEAU	POISSONS	CAPRICORNE	POISSONS	CANCER	SCORPION	SAGITTAIRE	BALANCE	13 CANCER
23 FEVRIER	VERSEAU	BELIER	CAPRICORNE	POISSONS	CANCER	SCORPION	SAGITTAIRE	BALANCE	28 CANCER
24 FEVRIER	VERSEAU	BELIER	CAPRICORNE	POISSONS	CANCER	SCORPION	SAGITTAIRE	BALANCE	13 LION
25 FEVRIER	VERSEAU	BELIER	CAPRICORNE	POISSONS	CANCER	SCORPION	SAGITTAIRE	BALANCE	28 LION
26 FEVRIER	VERSEAU	BELIER	CAPRICORNE	POISSONS	CANCER	SCORPION	SAGITTAIRE	BALANCE	13 VIERGE
27 FEVRIER	VERSEAU	BELIER	CAPRICORNE	POISSONS	CANCER	SCORPION	SAGITTAIRE	BALANCE	29 VIERGE
28 FEVRIER	VERSEAU	BELIER	CAPRICORNE	POISSONS	CANCER	SCORPION	SAGITTAIRE	BALANCE	14 BALANCE
1 MARS	VERSEAU	BELIER	CAPRICORNE	POISSONS	CANCER	SCORPION	SAGITTAIRE	BALANCE	28 BALANCE
2 MARS	VERSEAU	BELIER	CAPRICORNE	POISSONS	CANCER	SCORPION	SAGITTAIRE	BALANCE	12 SCORPION
3 MARS	VERSEAU	BELIER	VERSEAU	POISSONS	CANCER	SCORPION	SAGITTAIRE	BALANCE	26 SCORPION
4 MARS	VERSEAU	BELIER	VERSEAU	POISSONS	CANCER	SCORPION	SAGITTAIRE	BALANCE	9 SAGITTAIRE
5 MARS	VERSEAU	BELIER	VERSEAU	POISSONS	CANCER	SCORPION	SAGITTAIRE	BALANCE	22 SAGITTAIRE
6 MARS	VERSEAU	BELIER	VERSEAU	POISSONS	CANCER	SCORPION	SAGITTAIRE	BALANCE	4 CAPRICORNE
7 MARS	VERSEAU	BELIER	VERSEAU	POISSONS	CANCER	SCORPION	SAGITTAIRE	BALANCE	16 CAPRICORNE
8 MARS	VERSEAU	BELIER	VERSEAU	POISSONS	CANCER	SCORPION	SAGITTAIRE	BALANCE	28 CAPRICORNE
9 MARS	VERSEAU	BELIER	VERSEAU	POISSONS	CANCER	SCORPION	SAGITTAIRE	BALANCE	10 VERSEAU
10 MARS	VERSEAU	BELIER	VERSEAU	POISSONS	CANCER	SCORPION	SAGITTAIRE	BALANCE	22 VERSEAU
11 MARS	VERSEAU	BELIER	VERSEAU	POISSONS	CANCER	SCORPION	SAGITTAIRE	BALANCE	4 POISSONS
12 MARS	VERSEAU	BELIER	VERSEAU	POISSONS	CANCER	SCORPION	SAGITTAIRE	BALANCE	16 POISSONS
13 MARS	VERSEAU	BELIER	VERSEAU	POISSONS	CANCER	SCORPION	SAGITTAIRE	BALANCE	28 POISSONS
14 MARS	VERSEAU	BELIER	VERSEAU	POISSONS	CANCER	SCORPION	SAGITTAIRE	BALANCE	10 BELIER
15 MARS	VERSEAU	BELIER	VERSEAU	POISSONS	CANCER	SCORPION	SAGITTAIRE	BALANCE	22 BELIER
16 MARS	POISSONS	BELIER	VERSEAU	POISSONS	CANCER	SCORPION	SAGITTAIRE	BALANCE	4 TAUREAU
17 MARS	POISSONS	BELIER	VERSEAU	POISSONS	CANCER	SCORPION	SAGITTAIRE	BALANCE	16 TAUREAU
18 MARS	POISSONS	BELIER	VERSEAU	POISSONS	CANCER	SCORPION	SAGITTAIRE	BALANCE	29 TAUREAU
19 MARS	POISSONS	BELIER	VERSEAU	BELIER	CANCER	SCORPION	SAGITTAIRE	BALANCE	12 GEMEAUX
20 MARS	POISSONS	TAUREAU	VERSEAU	BELIER	CANCER	SCORPION	SAGITTAIRE	BALANCE	25 GEMEAUX
21 MARS	POISSONS	TAUREAU	VERSEAU	BELIER	CANCER	SCORPION	SAGITTAIRE	BALANCE	8 CANCER

LE SOLEIL ENTRE DANS LE SIGNE DES POISSONS LE 19 FEVRIER 1975 A 6 h 35
LE SOLEIL QUITTE LE SIGNE DES POISSONS LE 21 MARS 1975 A 5 h 40
* LES CHIFFRES INDIQUENT LES DEGRES

DECOUVREZ DANS QUEL SIGNE SE TROUVAIENT LES PLANETES A VOTRE NAISSANCE

1976	MERCURE	VENUS	MARS	JUPITER	SATURNE	URANUS	NEPTUNE	PLUTON	LUNE *
19 FEVRIER	VERSEAU	CAPRICORNE	GEMEAUX	BELIER	CANCER	SCORPION	SAGITTAIRE	BALANCE	22 BALANCE
20 FEVRIER	VERSEAU	VERSEAU	GEMEAUX	BELIER	CANCER	SCORPION	SAGITTAIRE	BALANCE	7 SCORPION
21 FEVRIER	VERSEAU	VERSEAU	GEMEAUX	BELIER	CANCER	SCORPION	SAGITTAIRE	BALANCE	21 SCORPION
22 FEVRIER	VERSEAU	VERSEAU	GEMEAUX	BELIER	CANCER	SCORPION	SAGITTAIRE	BALANCE	5 SAGITTAIRE
23 FEVRIER	VERSEAU	VERSEAU	GEMEAUX	BELIER	CANCER	SCORPION	SAGITTAIRE	BALANCE	18 SAGITTAIRE
24 FEVRIER	VERSEAU	VERSEAU	GEMEAUX	BELIER	CANCER	SCORPION	SAGITTAIRE	BALANCE	1 CAPRICORNE
25 FEVRIER	VERSEAU	VERSEAU	GEMEAUX	BELIER	CANCER	SCORPION	SAGITTAIRE	BALANCE	14 CAPRICORNE
26 FEVRIER	VERSEAU	VERSEAU	GEMEAUX	BELIER	CANCER	SCORPION	SAGITTAIRE	BALANCE	27 CAPRICORNE
27 FEVRIER	VERSEAU	VERSEAU	GEMEAUX	BELIER	CANCER	SCORPION	SAGITTAIRE	BALANCE	10 VERSEAU
28 FEVRIER	VERSEAU	VERSEAU	GEMEAUX	BELIER	CANCER	SCORPION	SAGITTAIRE	BALANCE	22 VERSEAU
29 FEVRIER	VERSEAU	VERSEAU	GEMEAUX	BELIER	CANCER	SCORPION	SAGITTAIRE	BALANCE	4 POISSONS
1 MARS	VERSEAU	VERSEAU	GEMEAUX	BELIER	CANCER	SCORPION	SAGITTAIRE	BALANCE	17 POISSONS
2 MARS	VERSEAU	VERSEAU	GEMEAUX	BELIER	CANCER	SCORPION	SAGITTAIRE	BALANCE	28 POISSONS
3 MARS	VERSEAU	VERSEAU	GEMEAUX	BELIER	CANCER	SCORPION	SAGITTAIRE	BALANCE	10 BELIER
4 MARS	VERSEAU	VERSEAU	GEMEAUX	BELIER	CANCER	SCORPION	SAGITTAIRE	BALANCE	22 BELIER
5 MARS	VERSEAU	VERSEAU	GEMEAUX	BELIER	CANCER	SCORPION	SAGITTAIRE	BALANCE	4 TAUREAU
6 MARS	VERSEAU	VERSEAU	GEMEAUX	BELIER	CANCER	SCORPION	SAGITTAIRE	BALANCE	16 TAUREAU
7 MARS	VERSEAU	VERSEAU	GEMEAUX	BELIER	CANCER	SCORPION	SAGITTAIRE	BALANCE	28 TAUREAU
8 MARS	VERSEAU	VERSEAU	GEMEAUX	BELIER	CANCER	SCORPION	SAGITTAIRE	BALANCE	10 GEMEAUX
9 MARS	POISSONS	VERSEAU	GEMEAUX	BELIER	CANCER	SCORPION	SAGITTAIRE	BALANCE	22 GEMEAUX
10 MARS	POISSONS	VERSEAU	GEMEAUX	BELIER	CANCER	SCORPION	SAGITTAIRE	BALANCE	5 CANCER
11 MARS	POISSONS	VERSEAU	GEMEAUX	BELIER	CANCER	SCORPION	SAGITTAIRE	BALANCE	18 CANCER
12 MARS	POISSONS	VERSEAU	GEMEAUX	BELIER	CANCER	SCORPION	SAGITTAIRE	BALANCE	2 LION
13 MARS	POISSONS	VERSEAU	GEMEAUX	BELIER	CANCER	SCORPION	SAGITTAIRE	BALANCE	16 LION
14 MARS	POISSONS	VERSEAU	GEMEAUX	BELIER	CANCER	SCORPION	SAGITTAIRE	BALANCE	1 VIERGE
15 MARS	POISSONS	POISSONS	GEMEAUX	BELIER	CANCER	SCORPION	SAGITTAIRE	BALANCE	16 VIERGE
16 MARS	POISSONS	POISSONS	GEMEAUX	BELIER	CANCER	SCORPION	SAGITTAIRE	BALANCE	1 BALANCE
17 MARS	POISSONS	POISSONS	GEMEAUX	BELIER	CANCER	SCORPION	SAGITTAIRE	BALANCE	16 BALANCE
18 MARS	POISSONS	POISSONS	GEMEAUX	BELIER	CANCER	SCORPION	SAGITTAIRE	BALANCE	1 SCORPION
19 MARS	POISSONS	POISSONS	CANCER	BELIER	CANCER	SCORPION	SAGITTAIRE	BALANCE	16 SCORPION
20 MARS	POISSONS	POISSONS	CANCER	BELIER	CANCER	SCORPION	SAGITTAIRE	BALANCE	1 SAGITTAIRE

LE SOLEIL ENTRE DANS LE SIGNE DES POISSONS LE 19 FEVRIER 1976 A 12 h 15
LE SOLEIL QUITTE LE SIGNE DES POISSONS LE 20 MARS 1976 A 11 h 45

* LES CHIFFRES INDIQUENT LES DEGRES

1977	MERCURE	VENUS	MARS	JUPITER	SATURNE	URANUS	NEPTUNE	PLUTON	LUNE *
18 FEVRIER	VERSEAU	BELIER	VERSEAU	TAUREAU	LION	SCORPION	SAGITTAIRE	BALANCE	4 POISSONS
19 FEVRIER	VERSEAU	BELIER	VERSEAU	TAUREAU	LION	SCORPION	SAGITTAIRE	BALANCE	17 POISSONS
20 FEVRIER	VERSEAU	BELIER	VERSEAU	TAUREAU	LION	SCORPION	SAGITTAIRE	BALANCE	29 POISSONS
21 FEVRIER	VERSEAU	BELIER	VERSEAU	TAUREAU	LION	SCORPION	SAGITTAIRE	BALANCE	12 BELIER
22 FEVRIER	VERSEAU	BELIER	VERSEAU	TAUREAU	LION	SCORPION	SAGITTAIRE	BALANCE	24 BELIER
23 FEVRIER	VERSEAU	BELIER	VERSEAU	TAUREAU	LION	SCORPION	SAGITTAIRE	BALANCE	6 TAUREAU
24 FEVRIER	VERSEAU	BELIER	VERSEAU	TAUREAU	LION	SCORPION	SAGITTAIRE	BALANCE	18 TAUREAU
25 FEVRIER	VERSEAU	BELIER	VERSEAU	TAUREAU	LION	SCORPION	SAGITTAIRE	BALANCE	0 GEMEAUX
26 FEVRIER	VERSEAU	BELIER	VERSEAU	TAUREAU	LION	SCORPION	SAGITTAIRE	BALANCE	12 GEMEAUX
27 FEVRIER	VERSEAU	BELIER	VERSEAU	TAUREAU	LION	SCORPION	SAGITTAIRE	BALANCE	24 GEMEAUX
28 FEVRIER	VERSEAU	BELIER	VERSEAU	TAUREAU	LION	SCORPION	SAGITTAIRE	BALANCE	6 CANCER
1 MARS	VERSEAU	BELIER	VERSEAU	TAUREAU	LION	SCORPION	SAGITTAIRE	BALANCE	18 CANCER
2 MARS	POISSONS	BELIER	VERSEAU	TAUREAU	LION	SCORPION	SAGITTAIRE	BALANCE	1 LION
3 MARS	POISSONS	BELIER	VERSEAU	TAUREAU	LION	SCORPION	SAGITTAIRE	BALANCE	14 LION
4 MARS	POISSONS	BELIER	VERSEAU	TAUREAU	LION	SCORPION	SAGITTAIRE	BALANCE	28 LION
5 MARS	POISSONS	BELIER	VERSEAU	TAUREAU	LION	SCORPION	SAGITTAIRE	BALANCE	12 VIERGE
6 MARS	POISSONS	BELIER	VERSEAU	TAUREAU	LION	SCORPION	SAGITTAIRE	BALANCE	26 VIERGE
7 MARS	POISSONS	BELIER	VERSEAU	TAUREAU	LION	SCORPION	SAGITTAIRE	BALANCE	10 BALANCE
8 MARS	POISSONS	BELIER	VERSEAU	TAUREAU	LION	SCORPION	SAGITTAIRE	BALANCE	24 BALANCE
9 MARS	POISSONS	BELIER	VERSEAU	TAUREAU	LION	SCORPION	SAGITTAIRE	BALANCE	9 SCORPION
10 MARS	POISSONS	BELIER	VERSEAU	TAUREAU	LION	SCORPION	SAGITTAIRE	BALANCE	23 SCORPION
11 MARS	POISSONS	BELIER	VERSEAU	TAUREAU	LION	SCORPION	SAGITTAIRE	BALANCE	8 SAGITTAIRE
12 MARS	POISSONS	BELIER	VERSEAU	TAUREAU	LION	SCORPION	SAGITTAIRE	BALANCE	22 SAGITTAIRE
13 MARS	POISSONS	BELIER	VERSEAU	TAUREAU	LION	SCORPION	SAGITTAIRE	BALANCE	6 CAPRICORNE
14 MARS	POISSONS	BELIER	VERSEAU	TAUREAU	LION	SCORPION	SAGITTAIRE	BALANCE	19 CAPRICORNE
15 MARS	POISSONS	BELIER	VERSEAU	TAUREAU	LION	SCORPION	SAGITTAIRE	BALANCE	3 VERSEAU
16 MARS	POISSONS	BELIER	VERSEAU	TAUREAU	LION	SCORPION	SAGITTAIRE	BALANCE	16 VERSEAU
17 MARS	POISSONS	BELIER	VERSEAU	TAUREAU	LION	SCORPION	SAGITTAIRE	BALANCE	0 POISSONS
18 MARS	BELIER	BELIER	VERSEAU	TAUREAU	LION	SCORPION	SAGITTAIRE	BALANCE	13 POISSONS
19 MARS	BELIER	BELIER	VERSEAU	TAUREAU	LION	SCORPION	SAGITTAIRE	BALANCE	25 POISSONS
20 MARS	BELIER	BELIER	POISSONS	TAUREAU	LION	SCORPION	SAGITTAIRE	BALANCE	8 BELIER

LE SOLEIL ENTRE DANS LE SIGNE DES POISSONS LE 18 FEVRIER 1977 A 18 h 00
LE SOLEIL QUITTE LE SIGNE DES POISSONS LE 20 MARS 1977 A 17 h 15

* LES CHIFFRES INDIQUENT LES DEGRES

DECOUVREZ DANS QUEL SIGNE SE TROUVAIENT LES PLANETES A VOTRE NAISSANCE

1978	MERCURE	VENUS	MARS	JUPITER	SATURNE	URANUS	NEPTUNE	PLUTON	LUNE *
19 FEVRIER	VERSEAU	POISSONS	CANCER	GEMEAUX	LION	SCORPION	SAGITTAIRE	BALANCE	20 CANCER
20 FEVRIER	VERSEAU	POISSONS	CANCER	GEMEAUX	LION	SCORPION	SAGITTAIRE	BALANCE	2 LION
21 FEVRIER	VERSEAU	POISSONS	CANCER	GEMEAUX	LION	SCORPION	SAGITTAIRE	BALANCE	14 LION
22 FEVRIER	VERSEAU	POISSONS	CANCER	GEMEAUX	LION	SCORPION	SAGITTAIRE	BALANCE	27 LION
23 FEVRIER	POISSONS	POISSONS	CANCER	GEMEAUX	LION	SCORPION	SAGITTAIRE	BALANCE	9 VIERGE
24 FEVRIER	POISSONS	POISSONS	CANCER	GEMEAUX	LION	SCORPION	SAGITTAIRE	BALANCE	22 VIERGE
25 FEVRIER	POISSONS	POISSONS	CANCER	GEMEAUX	LION	SCORPION	SAGITTAIRE	BALANCE	5 BALANCE
26 FEVRIER	POISSONS	POISSONS	CANCER	GEMEAUX	LION	SCORPION	SAGITTAIRE	BALANCE	18 BALANCE
27 FEVRIER	POISSONS	POISSONS	CANCER	GEMEAUX	LION	SCORPION	SAGITTAIRE	BALANCE	2 SCORPION
28 FEVRIER	POISSONS	POISSONS	CANCER	GEMEAUX	LION	SCORPION	SAGITTAIRE	BALANCE	15 SCORPION
1 MARS	POISSONS	POISSONS	CANCER	GEMEAUX	LION	SCORPION	SAGITTAIRE	BALANCE	29 SCORPION
2 MARS	POISSONS	POISSONS	CANCER	GEMEAUX	LION	SCORPION	SAGITTAIRE	BALANCE	13 SAGITTAIRE
3 MARS	POISSONS	POISSONS	CANCER	GEMEAUX	LION	SCORPION	SAGITTAIRE	BALANCE	27 SAGITTAIRE
4 MARS	POISSONS	POISSONS	CANCER	GEMEAUX	LION	SCORPION	SAGITTAIRE	BALANCE	12 CAPRICORNE
5 MARS	POISSONS	POISSONS	CANCER	GEMEAUX	LION	SCORPION	SAGITTAIRE	BALANCE	26 CAPRICORNE
6 MARS	POISSONS	POISSONS	CANCER	GEMEAUX	LION	SCORPION	SAGITTAIRE	BALANCE	11 VERSEAU
7 MARS	POISSONS	POISSONS	CANCER	GEMEAUX	LION	SCORPION	SAGITTAIRE	BALANCE	25 VERSEAU
8 MARS	POISSONS	POISSONS	CANCER	GEMEAUX	LION	SCORPION	SAGITTAIRE	BALANCE	9 POISSONS
9 MARS	POISSONS	POISSONS	CANCER	GEMEAUX	LION	SCORPION	SAGITTAIRE	BALANCE	23 POISSONS
10 MARS	POISSONS	BELIER	CANCER	GEMEAUX	LION	SCORPION	SAGITTAIRE	BALANCE	7 BELIER
11 MARS	BELIER	BELIER	CANCER	GEMEAUX	LION	SCORPION	SAGITTAIRE	BALANCE	20 BELIER
12 MARS	BELIER	BELIER	CANCER	GEMEAUX	LION	SCORPION	SAGITTAIRE	BALANCE	3 TAUREAU
13 MARS	BELIER	BELIER	CANCER	GEMEAUX	LION	SCORPION	SAGITTAIRE	BALANCE	16 TAUREAU
14 MARS	BELIER	BELIER	CANCER	GEMEAUX	LION	SCORPION	SAGITTAIRE	BALANCE	28 TAUREAU
15 MARS	BELIER	BELIER	CANCER	GEMEAUX	LION	SCORPION	SAGITTAIRE	BALANCE	10 GEMEAUX
16 MARS	BELIER	BELIER	CANCER	GEMEAUX	LION	SCORPION	SAGITTAIRE	BALANCE	22 GEMEAUX
17 MARS	BELIER	BELIER	CANCER	GEMEAUX	LION	SCORPION	SAGITTAIRE	BALANCE	4 CANCER
18 MARS	BELIER	BELIER	CANCER	GEMEAUX	LION	SCORPION	SAGITTAIRE	BALANCE	16 CANCER
19 MARS	BELIER	BELIER	CANCER	GEMEAUX	LION	SCORPION	SAGITTAIRE	BALANCE	28 CANCER
20 MARS	BELIER	BELIER	CANCER	GEMEAUX	LION	SCORPION	SAGITTAIRE	BALANCE	10 LION

LE SOLEIL ENTRE DANS LE SIGNE DES POISSONS LE 19 FEVRIER 1978 A 0 h 00
LE SOLEIL QUITTE LE SIGNE DES POISSONS LE 20 MARS 1978 A 23 h 15

* LES CHIFFRES INDIQUENT LES DEGRES

1979	MERCURE	VENUS	MARS	JUPITER	SATURNE	URANUS	NEPTUNE	PLUTON	LUNE *
19 FEVRIER	POISSONS	CAPRICORNE	VERSEAU	LION	VIERGE	SCORPION	SAGITTAIRE	BALANCE	23 SCORPION
20 FEVRIER	POISSONS	CAPRICORNE	VERSEAU	LION	VIERGE	SCORPION	SAGITTAIRE	BALANCE	6 SAGITTAIRE
21 FEVRIER	POISSONS	CAPRICORNE	VERSEAU	LION	VIERGE	SCORPION	SAGITTAIRE	BALANCE	20 SAGITTAIRE
22 FEVRIER	POISSONS	CAPRICORNE	VERSEAU	LION	VIERGE	SCORPION	SAGITTAIRE	BALANCE	4 CAPRICORNE
23 FEVRIER	POISSONS	CAPRICORNE	VERSEAU	LION	VIERGE	SCORPION	SAGITTAIRE	BALANCE	19 CAPRICORNE
24 FEVRIER	POISSONS	CAPRICORNE	VERSEAU	LION	VIERGE	SCORPION	SAGITTAIRE	BALANCE	4 VERSEAU
25 FEVRIER	POISSONS	CAPRICORNE	VERSEAU	LION	VIERGE	SCORPION	SAGITTAIRE	BALANCE	19 VERSEAU
26 FEVRIER	POISSONS	CAPRICORNE	VERSEAU	LION	VIERGE	SCORPION	SAGITTAIRE	BALANCE	4 POISSONS
27 FEVRIER	POISSONS	CAPRICORNE	VERSEAU	LION	VIERGE	SCORPION	SAGITTAIRE	BALANCE	19 POISSONS
28 FEVRIER	POISSONS	CAPRICORNE	POISSONS	LION	VIERGE	SCORPION	SAGITTAIRE	BALANCE	4 BELIER
1 MARS	POISSONS	CAPRICORNE	POISSONS	CANCER	VIERGE	SCORPION	SAGITTAIRE	BALANCE	18 BELIER
2 MARS	POISSONS	CAPRICORNE	POISSONS	CANCER	VIERGE	SCORPION	SAGITTAIRE	BALANCE	2 TAUREAU
3 MARS	POISSONS	CAPRICORNE	POISSONS	CANCER	VIERGE	SCORPION	SAGITTAIRE	BALANCE	16 TAUREAU
4 MARS	BELIER	VERSEAU	POISSONS	CANCER	VIERGE	SCORPION	SAGITTAIRE	BALANCE	29 TAUREAU
5 MARS	BELIER	VERSEAU	POISSONS	CANCER	VIERGE	SCORPION	SAGITTAIRE	BALANCE	12 GEMEAUX
6 MARS	BELIER	VERSEAU	POISSONS	CANCER	VIERGE	SCORPION	SAGITTAIRE	BALANCE	24 GEMEAUX
7 MARS	BELIER	VERSEAU	POISSONS	CANCER	VIERGE	SCORPION	SAGITTAIRE	BALANCE	6 CANCER
8 MARS	BELIER	VERSEAU	POISSONS	CANCER	VIERGE	SCORPION	SAGITTAIRE	BALANCE	18 CANCER
9 MARS	BELIER	VERSEAU	POISSONS	CANCER	VIERGE	SCORPION	SAGITTAIRE	BALANCE	0 LION
10 MARS	BELIER	VERSEAU	POISSONS	CANCER	VIERGE	SCORPION	SAGITTAIRE	BALANCE	12 LION
11 MARS	BELIER	VERSEAU	POISSONS	CANCER	VIERGE	SCORPION	SAGITTAIRE	BALANCE	24 LION
12 MARS	BELIER	VERSEAU	POISSONS	CANCER	VIERGE	SCORPION	SAGITTAIRE	BALANCE	6 VIERGE
13 MARS	BELIER	VERSEAU	POISSONS	CANCER	VIERGE	SCORPION	SAGITTAIRE	BALANCE	18 VIERGE
14 MARS	BELIER	VERSEAU	POISSONS	CANCER	VIERGE	SCORPION	SAGITTAIRE	BALANCE	0 BALANCE
15 MARS	BELIER	VERSEAU	POISSONS	CANCER	VIERGE	SCORPION	SAGITTAIRE	BALANCE	12 BALANCE
16 MARS	BELIER	VERSEAU	POISSONS	CANCER	VIERGE	SCORPION	SAGITTAIRE	BALANCE	25 BALANCE
17 MARS	BELIER	VERSEAU	POISSONS	CANCER	VIERGE	SCORPION	SAGITTAIRE	BALANCE	7 SCORPION
18 MARS	BELIER	VERSEAU	POISSONS	CANCER	VIERGE	SCORPION	SAGITTAIRE	BALANCE	20 SCORPION
19 MARS	BELIER	VERSEAU	POISSONS	CANCER	VIERGE	SCORPION	SAGITTAIRE	BALANCE	3 SAGITTAIRE
20 MARS	BELIER	VERSEAU	POISSONS	CANCER	VIERGE	SCORPION	SAGITTAIRE	BALANCE	17 SAGITTAIRE
21 MARS	BELIER	VERSEAU	POISSONS	CANCER	VIERGE	SCORPION	SAGITTAIRE	BALANCE	0 CAPRICORNE

LE SOLEIL ENTRE DANS LE SIGNE DES POISSONS LE 19 FEVRIER 1979 A 6 h 00
LE SOLEIL QUITTE LE SIGNE DES POISSONS LE 21 MARS 1979 A 5 h 05

* LES CHIFFRES INDIQUENT LES DEGRES

DECOUVREZ DANS QUEL SIGNE SE TROUVAIENT LES PLANETES A VOTRE NAISSANCE

1980	MERCURE	VENUS	MARS	JUPITER	SATURNE	URANUS	NEPTUNE	PLUTON	LUNE *
19 FEVRIER	POISSONS	BELIER	VIERGE	VIERGE	VIERGE	SCORPION	SAGITTAIRE	BALANCE	13 BELIER
20 FEVRIER	POISSONS	BELIER	VIERGE	VIERGE	VIERGE	SCORPION	SAGITTAIRE	BALANCE	28 BELIER
21 FEVRIER	POISSONS	BELIER	VIERGE	VIERGE	VIERGE	SCORPION	SAGITTAIRE	BALANCE	12 TAUREAU
22 FEVRIER	POISSONS	BELIER	VIERGE	VIERGE	VIERGE	SCORPION	SAGITTAIRE	BALANCE	26 TAUREAU
23 FEVRIER	POISSONS	BELIER	VIERGE	VIERGE	VIERGE	SCORPION	SAGITTAIRE	BALANCE	10 GEMEAUX
24 FEVRIER	POISSONS	BELIER	VIERGE	VIERGE	VIERGE	SCORPION	SAGITTAIRE	BALANCE	23 GEMEAUX
25 FEVRIER	POISSONS	BELIER	VIERGE	VIERGE	VIERGE	SCORPION	SAGITTAIRE	BALANCE	6 CANCER
26 FEVRIER	POISSONS	BELIER	VIERGE	VIERGE	VIERGE	SCORPION	SAGITTAIRE	BALANCE	18 CANCER
27 FEVRIER	POISSONS	BELIER	VIERGE	VIERGE	VIERGE	SCORPION	SAGITTAIRE	BALANCE	1 LION
28 FEVRIER	POISSONS	BELIER	VIERGE	VIERGE	VIERGE	SCORPION	SAGITTAIRE	BALANCE	13 LION
29 FEVRIER	POISSONS	BELIER	VIERGE	VIERGE	VIERGE	SCORPION	SAGITTAIRE	BALANCE	25 LION
1 MARS	POISSONS	BELIER	VIERGE	VIERGE	VIERGE	SCORPION	SAGITTAIRE	BALANCE	7 VIERGE
2 MARS	POISSONS	BELIER	VIERGE	VIERGE	VIERGE	SCORPION	SAGITTAIRE	BALANCE	19 VIERGE
3 MARS	POISSONS	BELIER	VIERGE	VIERGE	VIERGE	SCORPION	SAGITTAIRE	BALANCE	0 BALANCE
4 MARS	POISSONS	BELIER	VIERGE	VIERGE	VIERGE	SCORPION	SAGITTAIRE	BALANCE	12 BALANCE
5 MARS	POISSONS	BELIER	VIERGE	VIERGE	VIERGE	SCORPION	SAGITTAIRE	BALANCE	24 BALANCE
6 MARS	POISSONS	BELIER	VIERGE	VIERGE	VIERGE	SCORPION	SAGITTAIRE	BALANCE	6 SCORPION
7 MARS	POISSONS	TAUREAU	VIERGE	VIERGE	VIERGE	SCORPION	SAGITTAIRE	BALANCE	18 SCORPION
8 MARS	POISSONS	TAUREAU	VIERGE	VIERGE	VIERGE	SCORPION	SAGITTAIRE	BALANCE	0 SAGITTAIRE
9 MARS	POISSONS	TAUREAU	VIERGE	VIERGE	VIERGE	SCORPION	SAGITTAIRE	BALANCE	13 SAGITTAIRE
10 MARS	POISSONS	TAUREAU	VIERGE	VIERGE	VIERGE	SCORPION	SAGITTAIRE	BALANCE	26 SAGITTAIRE
11 MARS	POISSONS	TAUREAU	VIERGE	VIERGE	VIERGE	SCORPION	SAGITTAIRE	BALANCE	9 CAPRICORNE
12 MARS	POISSONS	TAUREAU	LION	VIERGE	VIERGE	SCORPION	SAGITTAIRE	BALANCE	23 CAPRICORNE
13 MARS	POISSONS	TAUREAU	LION	VIERGE	VIERGE	SCORPION	SAGITTAIRE	BALANCE	7 VERSEAU
14 MARS	POISSONS	TAUREAU	LION	VIERGE	VIERGE	SCORPION	SAGITTAIRE	BALANCE	22 VERSEAU
15 MARS	POISSONS	TAUREAU	LION	VIERGE	VIERGE	SCORPION	SAGITTAIRE	BALANCE	6 POISSONS
16 MARS	POISSONS	TAUREAU	LION	VIERGE	VIERGE	SCORPION	SAGITTAIRE	BALANCE	22 POISSONS
17 MARS	POISSONS	TAUREAU	LION	VIERGE	VIERGE	SCORPION	SAGITTAIRE	BALANCE	7 BELIER
18 MARS	POISSONS	TAUREAU	LION	VIERGE	VIERGE	SCORPION	SAGITTAIRE	BALANCE	22 BELIER
19 MARS	POISSONS	TAUREAU	LION	VIERGE	VIERGE	SCORPION	SAGITTAIRE	BALANCE	7 TAUREAU
20 MARS	POISSONS	TAUREAU	LION	VIERGE	VIERGE	SCORPION	SAGITTAIRE	BALANCE	21 TAUREAU

LE SOLEIL ENTRE DANS LE SIGNE DES POISSONS LE 19 FEVRIER 1980 A 11 h 45
LE SOLEIL QUITTE LE SIGNE DES POISSONS LE 20 MARS 1980 A 11 h 00

* LES CHIFFRES INDIQUENT LES DEGRES

1981	MERCURE	VENUS	MARS	JUPITER	SATURNE	URANUS	NEPTUNE	PLUTON	LUNE *
18 FEVRIER	VERSEAU	VERSEAU	POISSONS	BALANCE	BALANCE	SAGITTAIRE	SAGITTAIRE	BALANCE	24 LION
19 FEVRIER	VERSEAU	VERSEAU	POISSONS	BALANCE	BALANCE	SAGITTAIRE	SAGITTAIRE	BALANCE	7 VIERGE
20 FEVRIER	VERSEAU	VERSEAU	POISSONS	BALANCE	BALANCE	SAGITTAIRE	SAGITTAIRE	BALANCE	19 VIERGE
21 FEVRIER	VERSEAU	VERSEAU	POISSONS	BALANCE	BALANCE	SAGITTAIRE	SAGITTAIRE	BALANCE	2 BALANCE
22 FEVRIER	VERSEAU	VERSEAU	POISSONS	BALANCE	BALANCE	SAGITTAIRE	SAGITTAIRE	BALANCE	14 BALANCE
23 FEVRIER	VERSEAU	VERSEAU	POISSONS	BALANCE	BALANCE	SAGITTAIRE	SAGITTAIRE	BALANCE	26 BALANCE
24 FEVRIER	VERSEAU	VERSEAU	POISSONS	BALANCE	BALANCE	SAGITTAIRE	SAGITTAIRE	BALANCE	8 SCORPION
25 FEVRIER	VERSEAU	VERSEAU	POISSONS	BALANCE	BALANCE	SAGITTAIRE	SAGITTAIRE	BALANCE	20 SCORPION
26 FEVRIER	VERSEAU	VERSEAU	POISSONS	BALANCE	BALANCE	SAGITTAIRE	SAGITTAIRE	BALANCE	1 SAGITTAIRE
27 FEVRIER	VERSEAU	VERSEAU	POISSONS	BALANCE	BALANCE	SAGITTAIRE	SAGITTAIRE	BALANCE	13 SAGITTAIRE
28 FEVRIER	VERSEAU	POISSONS	POISSONS	BALANCE	BALANCE	SAGITTAIRE	SAGITTAIRE	BALANCE	26 SAGITTAIRE
1 MARS	VERSEAU	POISSONS	POISSONS	BALANCE	BALANCE	SAGITTAIRE	SAGITTAIRE	BALANCE	8 CAPRICORNE
2 MARS	VERSEAU	POISSONS	POISSONS	BALANCE	BALANCE	SAGITTAIRE	SAGITTAIRE	BALANCE	21 CAPRICORNE
3 MARS	VERSEAU	POISSONS	POISSONS	BALANCE	BALANCE	SAGITTAIRE	SAGITTAIRE	BALANCE	4 VERSEAU
4 MARS	VERSEAU	POISSONS	POISSONS	BALANCE	BALANCE	SAGITTAIRE	SAGITTAIRE	BALANCE	18 VERSEAU
5 MARS	VERSEAU	POISSONS	POISSONS	BALANCE	BALANCE	SAGITTAIRE	SAGITTAIRE	BALANCE	2 POISSONS
6 MARS	VERSEAU	POISSONS	POISSONS	BALANCE	BALANCE	SAGITTAIRE	SAGITTAIRE	BALANCE	16 POISSONS
7 MARS	VERSEAU	POISSONS	POISSONS	BALANCE	BALANCE	SAGITTAIRE	SAGITTAIRE	BALANCE	1 BELIER
8 MARS	VERSEAU	POISSONS	POISSONS	BALANCE	BALANCE	SAGITTAIRE	SAGITTAIRE	BALANCE	16 BELIER
9 MARS	VERSEAU	POISSONS	POISSONS	BALANCE	BALANCE	SAGITTAIRE	SAGITTAIRE	BALANCE	1 TAUREAU
10 MARS	VERSEAU	POISSONS	POISSONS	BALANCE	BALANCE	SAGITTAIRE	SAGITTAIRE	BALANCE	15 TAUREAU
11 MARS	VERSEAU	POISSONS	POISSONS	BALANCE	BALANCE	SAGITTAIRE	SAGITTAIRE	BALANCE	0 GEMEAUX
12 MARS	VERSEAU	POISSONS	POISSONS	BALANCE	BALANCE	SAGITTAIRE	SAGITTAIRE	BALANCE	14 GEMEAUX
13 MARS	VERSEAU	POISSONS	POISSONS	BALANCE	BALANCE	SAGITTAIRE	SAGITTAIRE	BALANCE	28 GEMEAUX
14 MARS	VERSEAU	POISSONS	POISSONS	BALANCE	BALANCE	SAGITTAIRE	SAGITTAIRE	BALANCE	11 CANCER
15 MARS	VERSEAU	POISSONS	POISSONS	BALANCE	BALANCE	SAGITTAIRE	SAGITTAIRE	BALANCE	25 CANCER
16 MARS	VERSEAU	POISSONS	POISSONS	BALANCE	BALANCE	SAGITTAIRE	SAGITTAIRE	BALANCE	8 LION
17 MARS	VERSEAU	POISSONS	BELIER	BALANCE	BALANCE	SAGITTAIRE	SAGITTAIRE	BALANCE	21 LION
18 MARS	POISSONS	POISSONS	BELIER	BALANCE	BALANCE	SAGITTAIRE	SAGITTAIRE	BALANCE	3 VIERGE
19 MARS	POISSONS	POISSONS	BELIER	BALANCE	BALANCE	SAGITTAIRE	SAGITTAIRE	BALANCE	16 VIERGE
20 MARS	POISSONS	POISSONS	BELIER	BALANCE	BALANCE	SAGITTAIRE	SAGITTAIRE	BALANCE	28 VIERGE

LE SOLEIL ENTRE DANS LE SIGNE DES POISSONS LE 18 FEVRIER 1981 A 17 h 35
LE SOLEIL QUITTE LE SIGNE DES POISSONS LE 20 MARS 1981 A 16 h 35

* LES CHIFFRES INDIQUENT LES DEGRES

DECOUVREZ DANS QUEL SIGNE SE TROUVAIENT LES PLANETES A VOTRE NAISSANCE

1982	MERCURE	VENUS	MARS	JUPITER	SATURNE	URANUS	NEPTUNE	PLUTON	LUNE *
18 FEVRIER	VERSEAU	CAPRICORNE	BALANCE	SCORPION	BALANCE	SAGITTAIRE	SAGITTAIRE	BALANCE	28 SAGITTAIRE
19 FEVRIER	VERSEAU	CAPRICORNE	BALANCE	SCORPION	BALANCE	SAGITTAIRE	SAGITTAIRE	BALANCE	10 CAPRICORNE
20 FEVRIER	VERSEAU	CAPRICORNE	BALANCE	SCORPION	BALANCE	SAGITTAIRE	SAGITTAIRE	BALANCE	22 CAPRICORNE
21 FEVRIER	VERSEAU	CAPRICORNE	BALANCE	SCORPION	BALANCE	SAGITTAIRE	SAGITTAIRE	BALANCE	4 VERSEAU
22 FEVRIER	VERSEAU	CAPRICORNE	BALANCE	SCORPION	BALANCE	SAGITTAIRE	SAGITTAIRE	BALANCE	17 VERSEAU
23 FEVRIER	VERSEAU	CAPRICORNE	BALANCE	SCORPION	BALANCE	SAGITTAIRE	SAGITTAIRE	BALANCE	0 POISSONS
24 FEVRIER	VERSEAU	CAPRICORNE	BALANCE	SCORPION	BALANCE	SAGITTAIRE	SAGITTAIRE	BALANCE	13 POISSONS
25 FEVRIER	VERSEAU	CAPRICORNE	BALANCE	SCORPION	BALANCE	SAGITTAIRE	SAGITTAIRE	BALANCE	26 POISSONS
26 FEVRIER	VERSEAU	CAPRICORNE	BALANCE	SCORPION	BALANCE	SAGITTAIRE	SAGITTAIRE	BALANCE	10 BELIER
27 FEVRIER	VERSEAU	CAPRICORNE	BALANCE	SCORPION	BALANCE	SAGITTAIRE	SAGITTAIRE	BALANCE	24 BELIER
28 FEVRIER	VERSEAU	CAPRICORNE	BALANCE	SCORPION	BALANCE	SAGITTAIRE	SAGITTAIRE	BALANCE	8 TAUREAU
1 MARS	VERSEAU	CAPRICORNE	BALANCE	SCORPION	BALANCE	SAGITTAIRE	SAGITTAIRE	BALANCE	22 TAUREAU
2 MARS	VERSEAU	VERSEAU	BALANCE	SCORPION	BALANCE	SAGITTAIRE	SAGITTAIRE	BALANCE	6 GEMEAUX
3 MARS	VERSEAU	VERSEAU	BALANCE	SCORPION	BALANCE	SAGITTAIRE	SAGITTAIRE	BALANCE	20 GEMEAUX
4 MARS	VERSEAU	VERSEAU	BALANCE	SCORPION	BALANCE	SAGITTAIRE	SAGITTAIRE	BALANCE	4 CANCER
5 MARS	VERSEAU	VERSEAU	BALANCE	SCORPION	BALANCE	SAGITTAIRE	SAGITTAIRE	BALANCE	18 CANCER
6 MARS	VERSEAU	VERSEAU	BALANCE	SCORPION	BALANCE	SAGITTAIRE	SAGITTAIRE	BALANCE	2 LION
7 MARS	VERSEAU	VERSEAU	BALANCE	SCORPION	BALANCE	SAGITTAIRE	SAGITTAIRE	BALANCE	16 LION
8 MARS	VERSEAU	VERSEAU	BALANCE	SCORPION	BALANCE	SAGITTAIRE	SAGITTAIRE	BALANCE	0 VIERGE
9 MARS	VERSEAU	VERSEAU	BALANCE	SCORPION	BALANCE	SAGITTAIRE	SAGITTAIRE	BALANCE	14 VIERGE
10 MARS	VERSEAU	VERSEAU	BALANCE	SCORPION	BALANCE	SAGITTAIRE	SAGITTAIRE	BALANCE	27 VIERGE
11 MARS	VERSEAU	VERSEAU	BALANCE	SCORPION	BALANCE	SAGITTAIRE	SAGITTAIRE	BALANCE	10 BALANCE
12 MARS	VERSEAU	VERSEAU	BALANCE	SCORPION	BALANCE	SAGITTAIRE	SAGITTAIRE	BALANCE	23 BALANCE
13 MARS	VERSEAU	VERSEAU	BALANCE	SCORPION	BALANCE	SAGITTAIRE	SAGITTAIRE	BALANCE	6 SCORPION
14 MARS	POISSONS	VERSEAU	BALANCE	SCORPION	BALANCE	SAGITTAIRE	SAGITTAIRE	BALANCE	18 SCORPION
15 MARS	POISSONS	VERSEAU	BALANCE	SCORPION	BALANCE	SAGITTAIRE	SAGITTAIRE	BALANCE	0 SAGITTAIRE
16 MARS	POISSONS	VERSEAU	BALANCE	SCORPION	BALANCE	SAGITTAIRE	SAGITTAIRE	BALANCE	12 SAGITTAIRE
17 MARS	POISSONS	VERSEAU	BALANCE	SCORPION	BALANCE	SAGITTAIRE	SAGITTAIRE	BALANCE	24 SAGITTAIRE
18 MARS	POISSONS	VERSEAU	BALANCE	SCORPION	BALANCE	SAGITTAIRE	SAGITTAIRE	BALANCE	6 CAPRICORNE
19 MARS	POISSONS	VERSEAU	BALANCE	SCORPION	BALANCE	SAGITTAIRE	SAGITTAIRE	BALANCE	18 CAPRICORNE
20 MARS	POISSONS	VERSEAU	BALANCE	SCORPION	BALANCE	SAGITTAIRE	SAGITTAIRE	BALANCE	0 VERSEAU

LE SOLEIL ENTRE DANS LE SIGNE DES POISSONS LE 18 FEVRIER 1982 A 23 h 15
LE SOLEIL QUITTE LE SIGNE DES POISSONS LE 20 MARS 1982 A 22 h 40

* LES CHIFFRES INDIQUENT LES DEGRES

1983	MERCURE	VENUS	MARS	JUPITER	SATURNE	URANUS	NEPTUNE	PLUTON	LUNE *
19 FEVRIER	VERSEAU	POISSONS	POISSONS	SAGITTAIRE	SCORPION	SAGITTAIRE	SAGITTAIRE	BALANCE	15 TAUREAU
20 FEVRIER	VERSEAU	POISSONS	POISSONS	SAGITTAIRE	SCORPION	SAGITTAIRE	SAGITTAIRE	BALANCE	28 TAUREAU
21 FEVRIER	VERSEAU	POISSONS	POISSONS	SAGITTAIRE	SCORPION	SAGITTAIRE	SAGITTAIRE	BALANCE	12 GEMEAUX
22 FEVRIER	VERSEAU	POISSONS	POISSONS	SAGITTAIRE	SCORPION	SAGITTAIRE	SAGITTAIRE	BALANCE	26 GEMEAUX
23 FEVRIER	VERSEAU	BELIER	POISSONS	SAGITTAIRE	SCORPION	SAGITTAIRE	SAGITTAIRE	BALANCE	10 CANCER
24 FEVRIER	VERSEAU	BELIER	POISSONS	SAGITTAIRE	SCORPION	SAGITTAIRE	SAGITTAIRE	BALANCE	25 CANCER
25 FEVRIER	VERSEAU	BELIER	BELIER	SAGITTAIRE	SCORPION	SAGITTAIRE	SAGITTAIRE	BALANCE	10 LION
26 FEVRIER	VERSEAU	BELIER	BELIER	SAGITTAIRE	SCORPION	SAGITTAIRE	SAGITTAIRE	BALANCE	25 LION
27 FEVRIER	VERSEAU	BELIER	BELIER	SAGITTAIRE	SCORPION	SAGITTAIRE	SAGITTAIRE	BALANCE	10 VIERGE
28 FEVRIER	VERSEAU	BELIER	BELIER	SAGITTAIRE	SCORPION	SAGITTAIRE	SAGITTAIRE	BALANCE	25 VIERGE
1 MARS	VERSEAU	BELIER	BELIER	SAGITTAIRE	SCORPION	SAGITTAIRE	SAGITTAIRE	BALANCE	9 BALANCE
2 MARS	VERSEAU	BELIER	BELIER	SAGITTAIRE	SCORPION	SAGITTAIRE	SAGITTAIRE	BALANCE	23 BALANCE
3 MARS	VERSEAU	BELIER	BELIER	SAGITTAIRE	SCORPION	SAGITTAIRE	SAGITTAIRE	BALANCE	6 SCORPION
4 MARS	VERSEAU	BELIER	BELIER	SAGITTAIRE	SCORPION	SAGITTAIRE	SAGITTAIRE	BALANCE	20 SCORPION
5 MARS	VERSEAU	BELIER	BELIER	SAGITTAIRE	SCORPION	SAGITTAIRE	SAGITTAIRE	BALANCE	2 SAGITTAIRE
6 MARS	VERSEAU	BELIER	BELIER	SAGITTAIRE	SCORPION	SAGITTAIRE	SAGITTAIRE	BALANCE	14 SAGITTAIRE
7 MARS	POISSONS	BELIER	BELIER	SAGITTAIRE	SCORPION	SAGITTAIRE	SAGITTAIRE	BALANCE	26 SAGITTAIRE
8 MARS	POISSONS	BELIER	BELIER	SAGITTAIRE	SCORPION	SAGITTAIRE	SAGITTAIRE	BALANCE	8 CAPRICORNE
9 MARS	POISSONS	BELIER	BELIER	SAGITTAIRE	SCORPION	SAGITTAIRE	SAGITTAIRE	BALANCE	20 CAPRICORNE
10 MARS	POISSONS	BELIER	BELIER	SAGITTAIRE	SCORPION	SAGITTAIRE	SAGITTAIRE	BALANCE	2 VERSEAU
11 MARS	POISSONS	BELIER	BELIER	SAGITTAIRE	SCORPION	SAGITTAIRE	SAGITTAIRE	BALANCE	14 VERSEAU
12 MARS	POISSONS	BELIER	BELIER	SAGITTAIRE	SCORPION	SAGITTAIRE	SAGITTAIRE	BALANCE	26 VERSEAU
13 MARS	POISSONS	BELIER	BELIER	SAGITTAIRE	SCORPION	SAGITTAIRE	SAGITTAIRE	BALANCE	8 POISSONS
14 MARS	POISSONS	BELIER	BELIER	SAGITTAIRE	SCORPION	SAGITTAIRE	SAGITTAIRE	BALANCE	20 POISSONS
15 MARS	POISSONS	BELIER	BELIER	SAGITTAIRE	SCORPION	SAGITTAIRE	SAGITTAIRE	BALANCE	3 BELIER
16 MARS	POISSONS	BELIER	BELIER	SAGITTAIRE	SCORPION	SAGITTAIRE	SAGITTAIRE	BALANCE	16 BELIER
17 MARS	POISSONS	BELIER	BELIER	SAGITTAIRE	SCORPION	SAGITTAIRE	SAGITTAIRE	BALANCE	29 BELIER
18 MARS	POISSONS	BELIER	BELIER	SAGITTAIRE	SCORPION	SAGITTAIRE	SAGITTAIRE	BALANCE	12 TAUREAU
19 MARS	POISSONS	TAUREAU	BELIER	SAGITTAIRE	SCORPION	SAGITTAIRE	SAGITTAIRE	BALANCE	25 TAUREAU
20 MARS	POISSONS	TAUREAU	BELIER	SAGITTAIRE	SCORPION	SAGITTAIRE	SAGITTAIRE	BALANCE	9 GEMEAUX
21 MARS	POISSONS	TAUREAU	BELIER	SAGITTAIRE	SCORPION	SAGITTAIRE	SAGITTAIRE	BALANCE	22 GEMEAUX

LE SOLEIL ENTRE DANS LE SIGNE DES POISSONS LE 19 FEVRIER 1983 A 5 h 00
LE SOLEIL QUITTE LE SIGNE DES POISSONS LE 21 MARS 1983 A 4 h 15

* LES CHIFFRES INDIQUENT LES DEGRES

DECOUVREZ DANS QUEL SIGNE SE TROUVAIENT LES PLANETES A VOTRE NAISSANCE

1984	MERCURE	VENUS	MARS	JUPITER	SATURNE	URANUS	NEPTUNE	PLUTON	LUNE *
19 FEVRIER	VERSEAU	VERSEAU	SCORPION	CAPRICORNE	SCORPION	SAGITTAIRE	CAPRICORNE	SCORPION	5 BALANCE
20 FEVRIER	VERSEAU	VERSEAU	SCORPION	CAPRICORNE	SCORPION	SAGITTAIRE	CAPRICORNE	SCORPION	20 BALANCE
21 FEVRIER	VERSEAU	VERSEAU	SCORPION	CAPRICORNE	SCORPION	SAGITTAIRE	CAPRICORNE	SCORPION	4 SCORPION
22 FEVRIER	VERSEAU	VERSEAU	SCORPION	CAPRICORNE	SCORPION	SAGITTAIRE	CAPRICORNE	SCORPION	18 SCORPION
23 FEVRIER	VERSEAU	VERSEAU	SCORPION	CAPRICORNE	SCORPION	SAGITTAIRE	CAPRICORNE	SCORPION	1 SAGITTAIRE
24 FEVRIER	VERSEAU	VERSEAU	SCORPION	CAPRICORNE	SCORPION	SAGITTAIRE	CAPRICORNE	SCORPION	14 SAGITTAIRE
25 FEVRIER	VERSEAU	VERSEAU	SCORPION	CAPRICORNE	SCORPION	SAGITTAIRE	CAPRICORNE	SCORPION	27 SAGITTAIRE
26 FEVRIER	VERSEAU	VERSEAU	SCORPION	CAPRICORNE	SCORPION	SAGITTAIRE	CAPRICORNE	SCORPION	9 CAPRICORNE
27 FEVRIER	VERSEAU	VERSEAU	SCORPION	CAPRICORNE	SCORPION	SAGITTAIRE	CAPRICORNE	SCORPION	21 CAPRICORNE
28 FEVRIER	POISSONS	VERSEAU	SCORPION	CAPRICORNE	SCORPION	SAGITTAIRE	CAPRICORNE	SCORPION	3 VERSEAU
29 FEVRIER	POISSONS	VERSEAU	SCORPION	CAPRICORNE	SCORPION	SAGITTAIRE	CAPRICORNE	SCORPION	15 VERSEAU
1 MARS	POISSONS	VERSEAU	SCORPION	CAPRICORNE	SCORPION	SAGITTAIRE	CAPRICORNE	SCORPION	27 VERSEAU
2 MARS	POISSONS	VERSEAU	SCORPION	CAPRICORNE	SCORPION	SAGITTAIRE	CAPRICORNE	SCORPION	9 POISSONS
3 MARS	POISSONS	VERSEAU	SCORPION	CAPRICORNE	SCORPION	SAGITTAIRE	CAPRICORNE	SCORPION	21 POISSONS
4 MARS	POISSONS	VERSEAU	SCORPION	CAPRICORNE	SCORPION	SAGITTAIRE	CAPRICORNE	SCORPION	3 BELIER
5 MARS	POISSONS	VERSEAU	SCORPION	CAPRICORNE	SCORPION	SAGITTAIRE	CAPRICORNE	SCORPION	15 BELIER
6 MARS	POISSONS	VERSEAU	SCORPION	CAPRICORNE	SCORPION	SAGITTAIRE	CAPRICORNE	SCORPION	27 BELIER
7 MARS	POISSONS	VERSEAU	SCORPION	CAPRICORNE	SCORPION	SAGITTAIRE	CAPRICORNE	SCORPION	9 TAUREAU
8 MARS	POISSONS	VERSEAU	SCORPION	CAPRICORNE	SCORPION	SAGITTAIRE	CAPRICORNE	SCORPION	21 TAUREAU
9 MARS	POISSONS	VERSEAU	SCORPION	CAPRICORNE	SCORPION	SAGITTAIRE	CAPRICORNE	SCORPION	4 GEMEAUX
10 MARS	POISSONS	VERSEAU	SCORPION	CAPRICORNE	SCORPION	SAGITTAIRE	CAPRICORNE	SCORPION	17 GEMEAUX
11 MARS	POISSONS	VERSEAU	SCORPION	CAPRICORNE	SCORPION	SAGITTAIRE	CAPRICORNE	SCORPION	0 CANCER
12 MARS	POISSONS	VERSEAU	SCORPION	CAPRICORNE	SCORPION	SAGITTAIRE	CAPRICORNE	SCORPION	13 CANCER
13 MARS	POISSONS	VERSEAU	SCORPION	CAPRICORNE	SCORPION	SAGITTAIRE	CAPRICORNE	SCORPION	28 CANCER
14 MARS	POISSONS	VERSEAU	SCORPION	CAPRICORNE	SCORPION	SAGITTAIRE	CAPRICORNE	SCORPION	12 LION
15 MARS	BELIER	POISSONS	SCORPION	CAPRICORNE	SCORPION	SAGITTAIRE	CAPRICORNE	SCORPION	27 LION
16 MARS	BELIER	POISSONS	SCORPION	CAPRICORNE	SCORPION	SAGITTAIRE	CAPRICORNE	SCORPION	13 VIERGE
17 MARS	BELIER	POISSONS	SCORPION	CAPRICORNE	SCORPION	SAGITTAIRE	CAPRICORNE	SCORPION	28 VIERGE
18 MARS	BELIER	POISSONS	SCORPION	CAPRICORNE	SCORPION	SAGITTAIRE	CAPRICORNE	SCORPION	13 BALANCE
19 MARS	BELIER	POISSONS	SCORPION	CAPRICORNE	SCORPION	SAGITTAIRE	CAPRICORNE	SCORPION	28 BALANCE
20 MARS	BELIER	POISSONS	SCORPION	CAPRICORNE	SCORPION	SAGITTAIRE	CAPRICORNE	SCORPION	12 SCORPION

	ENTRE DANS LE SIGNE DES		LE 19 FEVRIER	A 11 h 00	
LE SOLEIL		POISSONS	1984		* LES CHIFFRES INDIQUENT LES DEGRES
	QUITTE LE SIGNE DES		LE 20 MARS	A 10 h 05	

1985	MERCURE	VENUS	MARS	JUPITER	SATURNE	URANUS	NEPTUNE	PLUTON	LUNE *
18 FEVRIER	VERSEAU	BELIER	BELIER	VERSEAU	SCORPION	SAGITTAIRE	CAPRICORNE	SCORPION	15 VERSEAU
19 FEVRIER	POISSONS	BELIER	BELIER	VERSEAU	SCORPION	SAGITTAIRE	CAPRICORNE	SCORPION	27 VERSEAU
20 FEVRIER	POISSONS	BELIER	BELIER	VERSEAU	SCORPION	SAGITTAIRE	CAPRICORNE	SCORPION	10 POISSONS
21 FEVRIER	POISSONS	BELIER	BELIER	VERSEAU	SCORPION	SAGITTAIRE	CAPRICORNE	SCORPION	22 POISSONS
22 FEVRIER	POISSONS	BELIER	BELIER	VERSEAU	SCORPION	SAGITTAIRE	CAPRICORNE	SCORPION	4 BELIER
23 FEVRIER	POISSONS	BELIER	BELIER	VERSEAU	SCORPION	SAGITTAIRE	CAPRICORNE	SCORPION	16 BELIER
24 FEVRIER	POISSONS	BELIER	BELIER	VERSEAU	SCORPION	SAGITTAIRE	CAPRICORNE	SCORPION	27 BELIER
25 FEVRIER	POISSONS	BELIER	BELIER	VERSEAU	SCORPION	SAGITTAIRE	CAPRICORNE	SCORPION	9 TAUREAU
26 FEVRIER	POISSONS	BELIER	BELIER	VERSEAU	SCORPION	SAGITTAIRE	CAPRICORNE	SCORPION	21 TAUREAU
27 FEVRIER	POISSONS	BELIER	BELIER	VERSEAU	SCORPION	SAGITTAIRE	CAPRICORNE	SCORPION	3 GEMEAUX
28 FEVRIER	POISSONS	BELIER	BELIER	VERSEAU	SCORPION	SAGITTAIRE	CAPRICORNE	SCORPION	15 GEMEAUX
1 MARS	POISSONS	BELIER	BELIER	VERSEAU	SCORPION	SAGITTAIRE	CAPRICORNE	SCORPION	28 GEMEAUX
2 MARS	POISSONS	BELIER	BELIER	VERSEAU	SCORPION	SAGITTAIRE	CAPRICORNE	SCORPION	11 CANCER
3 MARS	POISSONS	BELIER	BELIER	VERSEAU	SCORPION	SAGITTAIRE	CAPRICORNE	SCORPION	24 CANCER
4 MARS	POISSONS	BELIER	BELIER	VERSEAU	SCORPION	SAGITTAIRE	CAPRICORNE	SCORPION	8 LION
5 MARS	POISSONS	BELIER	BELIER	VERSEAU	SCORPION	SAGITTAIRE	CAPRICORNE	SCORPION	23 LION
6 MARS	POISSONS	BELIER	BELIER	VERSEAU	SCORPION	SAGITTAIRE	CAPRICORNE	SCORPION	7 VIERGE
7 MARS	BELIER	BELIER	BELIER	VERSEAU	SCORPION	SAGITTAIRE	SAPRICORNE	SCORPION	22 VIERGE
8 MARS	BELIER	BELIER	BELIER	VERSEAU	SCORPION	SAGITTAIRE	CAPRICORNE	SCORPION	7 BALANCE
9 MARS	BELIER	BELIER	BELIER	VERSEAU	SCORPION	SAGITTAIRE	CAPRICORNE	SCORPION	22 BALANCE
10 MARS	BELIER	BELIER	BELIER	VERSEAU	SCORPION	SAGITTAIRE	CAPRICORNE	SCORPION	7 SCORPION
11 MARS	BELIER	BELIER	BELIER	VERSEAU	SCORPION	SAGITTAIRE	CAPRICORNE	SCORPION	22 SCORPION
12 MARS	BELIER	BELIER	BELIER	VERSEAU	SCORPION	SAGITTAIRE	CAPRICORNE	SCORPION	6 SAGITTAIRE
13 MARS	BELIER	BELIER	BELIER	VERSEAU	SCORPION	SAGITTAIRE	CAPRICORNE	SCORPION	20 SAGITTAIRE
14 MARS	BELIER	BELIER	BELIER	VERSEAU	SCORPION	SAGITTAIRE	CAPRICORNE	SCORPION	3 CAPRICORNE
15 MARS	BELIER	BELIER	TAUREAU	VERSEAU	SCORPION	SAGITTAIRE	CAPRICORNE	SCORPION	16 CAPRICORNE
16 MARS	BELIER	BELIER	TAUREAU	VERSEAU	SCORPION	SAGITTAIRE	CAPRICORNE	SCORPION	29 CAPRICORNE
17 MARS	BELIER	BELIER	TAUREAU	VERSEAU	SCORPION	SAGITTAIRE	CAPRICORNE	SCORPION	12 VERSEAU
18 MARS	BELIER	BELIER	TAUREAU	VERSEAU	SCORPION	SAGITTAIRE	CAPRICORNE	SCORPION	24 VERSEAU
19 MARS	BELIER	BELIER	TAUREAU	VERSEAU	SCORPION	SAGITTAIRE	CAPRICORNE	SCORPION	6 POISSONS
20 MARS	BELIER	BELIER	TAUREAU	VERSEAU	SCORPION	SAGITTAIRE	CAPRICORNE	SCORPION	18 POISSONS

	ENTRE DANS LE SIGNE DES		LE 18 FEVRIER	A 16 h 45	
LE SOLEIL		POISSONS	1985		* LES CHIFFRES INDIQUENT LES DEGRES
	QUITTE LE SIGNE DES		LE 20 MARS	A 15 h 45	

DECOUVREZ DANS QUEL SIGNE SE TROUVAIENT LES PLANETES A VOTRE NAISSANCE

1986	MERCURE	VENUS	MARS	JUPITER	SATURNE	URANUS	NEPTUNE	PLUTON	LUNE *
18 FEVRIER	POISSONS	POISSONS	SAGITTAIRE	VERSEAU	SAGITTAIRE	SAGITTAIRE	CAPRICORNE	SCORPION	17 GEMEAUX
19 FEVRIER	POISSONS	POISSONS	SAGITTAIRE	VERSEAU	SAGITTAIRE	SAGITTAIRE	CAPRICORNE	SCORPION	29 GEMEAUX
20 FEVRIER	POISSONS	POISSONS	SAGITTAIRE	VERSEAU	SAGITTAIRE	SAGITTAIRE	CAPRICORNE	SCORPION	12 CANCER
21 FEVRIER	POISSONS	POISSONS	SAGITTAIRE	POISSONS	SAGITTAIRE	SAGITTAIRE	CAPRICORNE	SCORPION	24 CANCER
22 FEVRIER	POISSONS	POISSONS	SAGITTAIRE	POISSONS	SAGITTAIRE	SAGITTAIRE	CAPRICORNE	SCORPION	7 LION
23 FEVRIER	POISSONS	POISSONS	SAGITTAIRE	POISSONS	SAGITTAIRE	SAGITTAIRE	CAPRICORNE	SCORPION	20 LION
24 FEVRIER	POISSONS	POISSONS	SAGITTAIRE	POISSONS	SAGITTAIRE	SAGITTAIRE	CAPRICORNE	SCORPION	4 VIERGE
25 FEVRIER	POISSONS	POISSONS	SAGITTAIRE	POISSONS	SAGITTAIRE	SAGITTAIRE	CAPRICORNE	SCORPION	17 VIERGE
26 FEVRIER	POISSONS	POISSONS	SAGITTAIRE	POISSONS	SAGITTAIRE	SAGITTAIRE	CAPRICORNE	SCORPION	1 BALANCE
27 FEVRIER	POISSONS	POISSONS	SAGITTAIRE	POISSONS	SAGITTAIRE	SAGITTAIRE	CAPRICORNE	SCORPION	15 BALANCE
28 FEVRIER	POISSONS	POISSONS	SAGITTAIRE	POISSONS	SAGITTAIRE	SAGITTAIRE	CAPRICORNE	SCORPION	0 SCORPION
1 MARS	POISSONS	POISSONS	SAGITTAIRE	POISSONS	SAGITTAIRE	SAGITTAIRE	CAPRICORNE	SCORPION	14 SCORPION
2 MARS	POISSONS	POISSONS	SAGITTAIRE	POISSONS	SAGITTAIRE	SAGITTAIRE	CAPRICORNE	SCORPION	28 SCORPION
3 MARS	BELIER	POISSONS	SAGITTAIRE	POISSONS	SAGITTAIRE	SAGITTAIRE	CAPRICORNE	SCORPION	12 SAGITTAIRE
4 MARS	BELIER	POISSONS	SAGITTAIRE	POISSONS	SAGITTAIRE	SAGITTAIRE	CAPRICORNE	SCORPION	26 SAGITTAIRE
5 MARS	BELIER	POISSONS	SAGITTAIRE	POISSONS	SAGITTAIRE	SAGITTAIRE	CAPRICORNE	SCORPION	10 CAPRICORNE
6 MARS	BELIER	POISSONS	SAGITTAIRE	POISSONS	SAGITTAIRE	SAGITTAIRE	CAPRICORNE	SCORPION	24 CAPRICORNE
7 MARS	BELIER	POISSONS	SAGITTAIRE	POISSONS	SAGITTAIRE	SAGITTAIRE	CAPRICORNE	SCORPION	8 VERSEAU
8 MARS	BELIER	POISSONS	SAGITTAIRE	POISSONS	SAGITTAIRE	SAGITTAIRE	CAPRICORNE	SCORPION	21 VERSEAU
9 MARS	BELIER	BELIER	SAGITTAIRE	POISSONS	SAGITTAIRE	SAGITTAIRE	CAPRICORNE	SCORPION	5 POISSONS
10 MARS	BELIER	BELIER	SAGITTAIRE	POISSONS	SAGITTAIRE	SAGITTAIRE	CAPRICORNE	SCORPION	18 POISSONS
11 MARS	BELIER	BELIER	SAGITTAIRE	POISSONS	SAGITTAIRE	SAGITTAIRE	CAPRICORNE	SCORPION	1 BELIER
12 MARS	POISSONS	BELIER	SAGITTAIRE	POISSONS	SAGITTAIRE	SAGITTAIRE	CAPRICORNE	SCORPION	13 BELIER
13 MARS	POISSONS	BELIER	SAGITTAIRE	POISSONS	SAGITTAIRE	SAGITTAIRE	CAPRICORNE	SCORPION	26 BELIER
14 MARS	POISSONS	BELIER	SAGITTAIRE	POISSONS	SAGITTAIRE	SAGITTAIRE	CAPRICORNE	SCORPION	8 TAUREAU
15 MARS	POISSONS	BELIER	SAGITTAIRE	POISSONS	SAGITTAIRE	SAGITTAIRE	CAPRICORNE	SCORPION	20 TAUREAU
16 MARS	POISSONS	BELIER	SAGITTAIRE	POISSONS	SAGITTAIRE	SAGITTAIRE	CAPRICORNE	SCORPION	1 GEMEAUX
17 MARS	POISSONS	BELIER	SAGITTAIRE	POISSONS	SAGITTAIRE	SAGITTAIRE	CAPRICORNE	SCORPION	13 GEMEAUX
18 MARS	POISSONS	BELIER	SAGITTAIRE	POISSONS	SAGITTAIRE	SAGITTAIRE	CAPRICORNE	SCORPION	25 GEMEAUX
19 MARS	POISSONS	BELIER	SAGITTAIRE	POISSONS	SAGITTAIRE	SAGITTAIRE	CAPRICORNE	SCORPION	7 CANCER
20 MARS	POISSONS	BELIER	SAGITTAIRE	POISSONS	SAGITTAIRE	SAGITTAIRE	CAPRICORNE	SCORPION	19 CANCER

ENTRE DANS LE SIGNE DES — LE 18 FEVRIER — A 22 h 35
LE SOLEIL — POISSONS — 1986 — * LES CHIFFRES INDIQUENT LES DEGRES
QUITTE LE SIGNE DES — LE 20 MARS — A 21 h 45

1987	MERCURE	VENUS	MARS	JUPITER	SATURNE	URANUS	NEPTUNE	PLUTON	LUNE *
19 FEVRIER	POISSONS	CAPRICORNE	BELIER	POISSONS	SAGITTAIRE	SAGITTAIRE	CAPRICORNE	SCORPION	6 SCORPION
20 FEVRIER	POISSONS	CAPRICORNE	BELIER	POISSONS	SAGITTAIRE	SAGITTAIRE	CAPRICORNE	SCORPION	20 SCORPION
21 FEVRIER	POISSONS	CAPRICORNE	TAUREAU	POISSONS	SAGITTAIRE	SAGITTAIRE	CAPRICORNE	SCORPION	4 SAGITTAIRE
22 FEVRIER	POISSONS	CAPRICORNE	TAUREAU	POISSONS	SAGITTAIRE	SAGITTAIRE	CAPRICORNE	SCORPION	18 SAGITTAIRE
23 FEVRIER	POISSONS	CAPRICORNE	TAUREAU	POISSONS	SAGITTAIRE	SAGITTAIRE	CAPRICORNE	SCORPION	2 CAPRICORNE
24 FEVRIER	POISSONS	CAPRICORNE	TAUREAU	POISSONS	SAGITTAIRE	SAGITTAIRE	CAPRICORNE	SCORPION	17 CAPRICORNE
25 FEVRIER	POISSONS	CAPRICORNE	TAUREAU	POISSONS	SAGITTAIRE	SAGITTAIRE	CAPRICORNE	SCORPION	1 VERSEAU
26 FEVRIER	POISSONS	CAPRICORNE	TAUREAU	POISSONS	SAGITTAIRE	SAGITTAIRE	CAPRICORNE	SCORPION	16 VERSEAU
27 FEVRIER	POISSONS	CAPRICORNE	TAUREAU	POISSONS	SAGITTAIRE	SAGITTAIRE	CAPRICORNE	SCORPION	1 POISSONS
28 FEVRIER	POISSONS	CAPRICORNE	TAUREAU	POISSONS	SAGITTAIRE	SAGITTAIRE	CAPRICORNE	SCORPION	15 POISSONS
1 MARS	POISSONS	CAPRICORNE	TAUREAU	POISSONS	SAGITTAIRE	SAGITTAIRE	CAPRICORNE	SCORPION	29 POISSONS
2 MARS	POISSONS	CAPRICORNE	TAUREAU	POISSONS	SAGITTAIRE	SAGITTAIRE	CAPRICORNE	SCORPION	13 BELIER
3 MARS	POISSONS	VERSEAU	TAUREAU	BELIER	SAGITTAIRE	SAGITTAIRE	CAPRICORNE	SCORPION	26 BELIER
4 MARS	POISSONS	VERSEAU	TAUREAU	BELIER	SAGITTAIRE	SAGITTAIRE	CAPRICORNE	SCORPION	9 TAUREAU
5 MARS	POISSONS	VERSEAU	TAUREAU	BELIER	SAGITTAIRE	SAGITTAIRE	CAPRICORNE	SCORPION	22 TAUREAU
6 MARS	POISSONS	VERSEAU	TAUREAU	BELIER	SAGITTAIRE	SAGITTAIRE	CAPRICORNE	SCORPION	4 GEMEAUX
7 MARS	POISSONS	VERSEAU	TAUREAU	BELIER	SAGITTAIRE	SAGITTAIRE	CAPRICORNE	SCORPION	16 GEMEAUX
8 MARS	POISSONS	VERSEAU	TAUREAU	BELIER	SAGITTAIRE	SAGITTAIRE	CAPRICORNE	SCORPION	28 GEMEAUX
9 MARS	POISSONS	VERSEAU	TAUREAU	BELIER	SAGITTAIRE	SAGITTAIRE	CAPRICORNE	SCORPION	10 CANCER
10 MARS	POISSONS	VERSEAU	TAUREAU	BELIER	SAGITTAIRE	SAGITTAIRE	CAPRICORNE	SCORPION	22 CANCER
11 MARS	POISSONS	VERSEAU	TAUREAU	BELIER	SAGITTAIRE	SAGITTAIRE	CAPRICORNE	SCORPION	4 LION
12 MARS	VERSEAU	VERSEAU	TAUREAU	BELIER	SAGITTAIRE	SAGITTAIRE	CAPRICORNE	SCORPION	16 LION
13 MARS	VERSEAU	VERSEAU	TAUREAU	BELIER	SAGITTAIRE	SAGITTAIRE	CAPRICORNE	SCORPION	28 LION
14 MARS	POISSONS	VERSEAU	TAUREAU	BELIER	SAGITTAIRE	SAGITTAIRE	CAPRICORNE	SCORPION	11 VIERGE
15 MARS	POISSONS	VERSEAU	TAUREAU	BELIER	SAGITTAIRE	SAGITTAIRE	CAPRICORNE	SCORPION	23 VIERGE
16 MARS	POISSONS	VERSEAU	TAUREAU	BELIER	SAGITTAIRE	SAGITTAIRE	CAPRICORNE	SCORPION	6 BALANCE
17 MARS	POISSONS	VERSEAU	TAUREAU	BELIER	SAGITTAIRE	SAGITTAIRE	CAPRICORNE	SCORPION	20 BALANCE
18 MARS	POISSONS	VERSEAU	TAUREAU	BELIER	SAGITTAIRE	SAGITTAIRE	CAPRICORNE	SCORPION	3 SCORPION
19 MARS	POISSONS	VERSEAU	TAUREAU	BELIER	SAGITTAIRE	SAGITTAIRE	CAPRICORNE	SCORPION	17 SCORPION
20 MARS	POISSONS	VERSEAU	TAUREAU	BELIER	SAGITTAIRE	SAGITTAIRE	CAPRICORNE	SCORPION	1 SAGITTAIRE
21 MARS	POISSONS	VERSEAU	TAUREAU	BELIER	SAGITTAIRE	SAGITTAIRE	CAPRICORNE	SCORPION	14 SAGITTAIRE

ENTRE DANS LE SIGNE DES — LE 19 FEVRIER — A 4 h 25
LE SOLEIL — POISSONS — 1987 — * LES CHIFFRES INDIQUENT LES DEGRES
QUITTE LE SIGNE DES — LE 21 MARS — A 3 h 25

DECOUVREZ DANS QUEL SIGNE SE TROUVAIENT LES PLANETES A VOTRE NAISSANCE

1988	MERCURE	VENUS	MARS	JUPITER	SATURNE	URANUS	NEPTUNE	PLUTON	LUNE *
19 FEVRIER	VERSEAU	BELIER	SAGITTAIRE	BELIER	CAPRICORNE	CAPRICORNE	CAPRICORNE	SCORPION	26 POISSONS
20 FEVRIER	VERSEAU	BELIER	SAGITTAIRE	BELIER	CAPRICORNE	CAPRICORNE	CAPRICORNE	SCORPION	11 BELIER
21 FEVRIER	VERSEAU	BELIER	SAGITTAIRE	BELIER	CAPRICORNE	CAPRICORNE	CAPRICORNE	SCORPION	25 BELIER
22 FEVRIER	VERSEAU	BELIER	CAPRICORNE	BELIER	CAPRICORNE	CAPRICORNE	CAPRICORNE	SCORPION	8 TAUREAU
23 FEVRIER	VERSEAU	BELIER	CAPRICORNE	BELIER	CAPRICORNE	CAPRICORNE	CAPRICORNE	SCORPION	22 TAUREAU
24 FEVRIER	VERSEAU	BELIER	CAPRICORNE	BELIER	CAPRICORNE	CAPRICORNE	CAPRICORNE	SCORPION	5 GEMEAUX
25 FEVRIER	VERSEAU	BELIER	CAPRICORNE	BELIER	CAPRICORNE	CAPRICORNE	CAPRICORNE	SCORPION	17 GEMEAUX
26 FEVRIER	VERSEAU	BELIER	CAPRICORNE	BELIER	CAPRICORNE	CAPRICORNE	CAPRICORNE	SCORPION	0 CANCER
27 FEVRIER	VERSEAU	BELIER	CAPRICORNE	BELIER	CAPRICORNE	CAPRICORNE	CAPRICORNE	SCORPION	12 CANCER
28 FEVRIER	VERSEAU	BELIER	CAPRICORNE	BELIER	CAPRICORNE	CAPRICORNE	CAPRICORNE	SCORPION	24 CANCER
29 FEVRIER	VERSEAU	BELIER	CAPRICORNE	BELIER	CAPRICORNE	CAPRICORNE	CAPRICORNE	SCORPION	5 LION
1 MARS	VERSEAU	BELIER	CAPRICORNE	BELIER	CAPRICORNE	CAPRICORNE	CAPRICORNE	SCORPION	17 LION
2 MARS	VERSEAU	BELIER	CAPRICORNE	BELIER	CAPRICORNE	CAPRICORNE	CAPRICORNE	SCORPION	29 LION
3 MARS	VERSEAU	BELIER	CAPRICORNE	BELIER	CAPRICORNE	CAPRICORNE	CAPRICORNE	SCORPION	11 VIERGE
4 MARS	VERSEAU	BELIER	CAPRICORNE	BELIER	CAPRICORNE	CAPRICORNE	CAPRICORNE	SCORPION	23 VIERGE
5 MARS	VERSEAU	BELIER	CAPRICORNE	BELIER	CAPRICORNE	CAPRICORNE	CAPRICORNE	SCORPION	5 BALANCE
6 MARS	VERSEAU	TAUREAU	CAPRICORNE	BELIER	CAPRICORNE	CAPRICORNE	CAPRICORNE	SCORPION	17 BALANCE
7 MARS	VERSEAU	TAUREAU	CAPRICORNE	BELIER	CAPRICORNE	CAPRICORNE	CAPRICORNE	SCORPION	29 BALANCE
8 MARS	VERSEAU	TAUREAU	CAPRICORNE	BELIER	CAPRICORNE	CAPRICORNE	CAPRICORNE	SCORPION	12 SCORPION
9 MARS	VERSEAU	TAUREAU	CAPRICORNE	TAUREAU	CAPRICORNE	CAPRICORNE	CAPRICORNE	SCORPION	25 SCORPION
10 MARS	VERSEAU	TAUREAU	CAPRICORNE	TAUREAU	CAPRICORNE	CAPRICORNE	CAPRICORNE	SCORPION	8 SAGITTAIRE
11 MARS	VERSEAU	TAUREAU	CAPRICORNE	TAUREAU	CAPRICORNE	CAPRICORNE	CAPRICORNE	SCORPION	21 SAGITTAIRE
12 MARS	VERSEAU	TAUREAU	CAPRICORNE	TAUREAU	CAPRICORNE	CAPRICORNE	CAPRICORNE	SCORPION	5 CAPRICORNE
13 MARS	VERSEAU	TAUREAU	CAPRICORNE	TAUREAU	CAPRICORNE	CAPRICORNE	CAPRICORNE	SCORPION	19 CAPRICORNE
14 MARS	VERSEAU	TAUREAU	CAPRICORNE	TAUREAU	CAPRICORNE	CAPRICORNE	CAPRICORNE	SCORPION	4 VERSEAU
15 MARS	VERSEAU	TAUREAU	CAPRICORNE	TAUREAU	CAPRICORNE	CAPRICORNE	CAPRICORNE	SCORPION	19 VERSEAU
16 MARS	POISSONS	TAUREAU	CAPRICORNE	TAUREAU	CAPRICORNE	CAPRICORNE	CAPRICORNE	SCORPION	4 POISSONS
17 MARS	POISSONS	TAUREAU	CAPRICORNE	TAUREAU	CAPRICORNE	CAPRICORNE	CAPRICORNE	SCORPION	19 POISSONS
18 MARS	POISSONS	TAUREAU	CAPRICORNE	TAUREAU	CAPRICORNE	CAPRICORNE	CAPRICORNE	SCORPION	4 BELIER
19 MARS	POISSONS	TAUREAU	CAPRICORNE	TAUREAU	CAPRICORNE	CAPRICORNE	CAPRICORNE	SCORPION	18 BELIER
20 MARS	POISSONS	TAUREAU	CAPRICORNE	TAUREAU	CAPRICORNE	CAPRICORNE	CAPRICORNE	SCORPION	3 TAUREAU

LE SOLEIL ENTRE DANS LE SIGNE DES POISSONS LE 19 FEVRIER 1988 A 10 h 00
LE SOLEIL QUITTE LE SIGNE DES POISSONS LE 20 MARS 1988 A 9 h 15

* LES CHIFFRES INDIQUENT LES DEGRES

1989	MERCURE	VENUS	MARS	JUPITER	SATURNE	URANUS	NEPTUNE	PLUTON	LUNE *
18 FEVRIER	VERSEAU	VERSEAU	TAUREAU	TAUREAU	CAPRICORNE	CAPRICORNE	CAPRICORNE	SCORPION	6 LION
19 FEVRIER	VERSEAU	VERSEAU	TAUREAU	TAUREAU	CAPRICORNE	CAPRICORNE	CAPRICORNE	SCORPION	18 LION
20 FEVRIER	VERSEAU	VERSEAU	TAUREAU	TAUREAU	CAPRICORNE	CAPRICORNE	CAPRICORNE	SCORPION	0 VIERGE
21 FEVRIER	VERSEAU	VERSEAU	TAUREAU	TAUREAU	CAPRICORNE	CAPRICORNE	CAPRICORNE	SCORPION	12 VIERGE
22 FEVRIER	VERSEAU	VERSEAU	TAUREAU	TAUREAU	CAPRICORNE	CAPRICORNE	CAPRICORNE	SCORPION	24 VIERGE
23 FEVRIER	VERSEAU	VERSEAU	TAUREAU	TAUREAU	CAPRICORNE	CAPRICORNE	CAPRICORNE	SCORPION	6 BALANCE
24 FEVRIER	VERSEAU	VERSEAU	TAUREAU	TAUREAU	CAPRICORNE	CAPRICORNE	CAPRICORNE	SCORPION	17 BALANCE
25 FEVRIER	VERSEAU	VERSEAU	TAUREAU	TAUREAU	CAPRICORNE	CAPRICORNE	CAPRICORNE	SCORPION	29 BALANCE
26 FEVRIER	VERSEAU	VERSEAU	TAUREAU	TAUREAU	CAPRICORNE	CAPRICORNE	CAPRICORNE	SCORPION	11 SCORPION
27 FEVRIER	VERSEAU	VERSEAU	TAUREAU	TAUREAU	CAPRICORNE	CAPRICORNE	CAPRICORNE	SCORPION	23 SCORPION
28 FEVRIER	VERSEAU	POISSONS	TAUREAU	TAUREAU	CAPRICORNE	CAPRICORNE	CAPRICORNE	SCORPION	6 SAGITTAIRE
1 MARS	VERSEAU	POISSONS	TAUREAU	TAUREAU	CAPRICORNE	CAPRICORNE	CAPRICORNE	SCORPION	18 SAGITTAIRE
2 MARS	VERSEAU	POISSONS	TAUREAU	TAUREAU	CAPRICORNE	CAPRICORNE	CAPRICORNE	SCORPION	1 CAPRICORNE
3 MARS	VERSEAU	POISSONS	TAUREAU	TAUREAU	CAPRICORNE	CAPRICORNE	CAPRICORNE	SCORPION	15 CAPRICORNE
4 MARS	VERSEAU	POISSONS	TAUREAU	TAUREAU	CAPRICORNE	CAPRICORNE	CAPRICORNE	SCORPION	29 CAPRICORNE
5 MARS	VERSEAU	POISSONS	TAUREAU	TAUREAU	CAPRICORNE	CAPRICORNE	CAPRICORNE	SCORPION	13 VERSEAU
6 MARS	VERSEAU	POISSONS	TAUREAU	TAUREAU	CAPRICORNE	CAPRICORNE	CAPRICORNE	SCORPION	28 VERSEAU
7 MARS	VERSEAU	POISSONS	TAUREAU	TAUREAU	CAPRICORNE	CAPRICORNE	CAPRICORNE	SCORPION	13 POISSONS
8 MARS	VERSEAU	POISSONS	TAUREAU	TAUREAU	CAPRICORNE	CAPRICORNE	CAPRICORNE	SCORPION	28 POISSONS
9 MARS	VERSEAU	POISSONS	TAUREAU	TAUREAU	CAPRICORNE	CAPRICORNE	CAPRICORNE	SCORPION	13 BELIER
10 MARS	VERSEAU	POISSONS	TAUREAU	TAUREAU	CAPRICORNE	CAPRICORNE	CAPRICORNE	SCORPION	28 BELIER
11 MARS	POISSONS	POISSONS	GEMEAUX	GEMEAUX	CAPRICORNE	CAPRICORNE	CAPRICORNE	SCORPION	13 TAUREAU
12 MARS	POISSONS	POISSONS	GEMEAUX	GEMEAUX	CAPRICORNE	CAPRICORNE	CAPRICORNE	SCORPION	27 TAUREAU
13 MARS	POISSONS	POISSONS	GEMEAUX	GEMEAUX	CAPRICORNE	CAPRICORNE	CAPRICORNE	SCORPION	11 GEMEAUX
14 MARS	POISSONS	POISSONS	GEMEAUX	GEMEAUX	CAPRICORNE	CAPRICORNE	CAPRICORNE	SCORPION	24 GEMEAUX
15 MARS	POISSONS	POISSONS	GEMEAUX	GEMEAUX	CAPRICORNE	CAPRICORNE	CAPRICORNE	SCORPION	8 CANCER
16 MARS	POISSONS	POISSONS	GEMEAUX	GEMEAUX	CAPRICORNE	CAPRICORNE	CAPRICORNE	SCORPION	20 CANCER
17 MARS	POISSONS	POISSONS	GEMEAUX	GEMEAUX	CAPRICORNE	CAPRICORNE	CAPRICORNE	SCORPION	3 LION
18 MARS	POISSONS	POISSONS	GEMEAUX	GEMEAUX	CAPRICORNE	CAPRICORNE	CAPRICORNE	SCORPION	15 LION
19 MARS	POISSONS	POISSONS	GEMEAUX	GEMEAUX	CAPRICORNE	CAPRICORNE	CAPRICORNE	SCORPION	27 LION
20 MARS	POISSONS	POISSONS	GEMEAUX	GEMEAUX	CAPRICORNE	CAPRICORNE	CAPRICORNE	SCORPION	9 VIERGE

LE SOLEIL ENTRE DANS LE SIGNE DES POISSONS LE 18 FEVRIER 1989 A 16 h 15
LE SOLEIL QUITTE LE SIGNE DES POISSONS LE 20 MARS 1989 A 15 h 00

* LES CHIFFRES INDIQUENT LES DEGRES

DÉCOUVREZ DANS QUEL SIGNE SE TROUVAIENT LES PLANÈTES A VOTRE NAISSANCE

1990	MERCURE	VENUS	MARS	JUPITER	SATURNE	URANUS	NEPTUNE	PLUTON	LUNE*
18 FEVRIER	VERSEAU	CAPRICORNE	CAPRICORNE	CANCER	CAPRICORNE	CAPRICORNE	CAPRICORNE	SCORPION	7 SAGITTAIRE
19 FEVRIER	VERSEAU	CAPRICORNE	CAPRICORNE	CANCER	CAPRICORNE	CAPRICORNE	CAPRICORNE	SCORPION	19 SAGITTAIRE
20 FEVRIER	VERSEAU	CAPRICORNE	CAPRICORNE	CANCER	CAPRICORNE	CAPRICORNE	CAPRICORNE	SCORPION	2 CAPRICORNE
21 FEVRIER	VERSEAU	CAPRICORNE	CAPRICORNE	CANCER	CAPRICORNE	CAPRICORNE	CAPRICORNE	SCORPION	14 CAPRICORNE
22 FEVRIER	VERSEAU	CAPRICORNE	CAPRICORNE	CANCER	CAPRICORNE	CAPRICORNE	CAPRICORNE	SCORPION	27 CAPRICORNE
23 FEVRIER	VERSEAU	CAPRICORNE	CAPRICORNE	CANCER	CAPRICORNE	CAPRICORNE	CAPRICORNE	SCORPION	10 VERSEAU
24 FEVRIER	VERSEAU	CAPRICORNE	CAPRICORNE	CANCER	CAPRICORNE	CAPRICORNE	CAPRICORNE	SCORPION	24 VERSEAU
25 FEVRIER	VERSEAU	CAPRICORNE	CAPRICORNE	CANCER	CAPRICORNE	CAPRICORNE	CAPRICORNE	SCORPION	8 POISSONS
26 FEVRIER	VERSEAU	CAPRICORNE	CAPRICORNE	CANCER	CAPRICORNE	CAPRICORNE	CAPRICORNE	SCORPION	22 POISSONS
27 FEVRIER	VERSEAU	CAPRICORNE	CAPRICORNE	CANCER	CAPRICORNE	CAPRICORNE	CAPRICORNE	SCORPION	7 BELIER
28 FEVRIER	VERSEAU	CAPRICORNE	CAPRICORNE	CANCER	CAPRICORNE	CAPRICORNE	CAPRICORNE	SCORPION	21 BELIER
1 MARS	VERSEAU	CAPRICORNE	CAPRICORNE	CANCER	CAPRICORNE	CAPRICORNE	CAPRICORNE	SCORPION	6 TAUREAU
2 MARS	VERSEAU	CAPRICORNE	CAPRICORNE	CANCER	CAPRICORNE	CAPRICORNE	CAPRICORNE	SCORPION	20 TAUREAU
3 MARS	VERSEAU	CAPRICORNE	CAPRICORNE	CANCER	CAPRICORNE	CAPRICORNE	CAPRICORNE	SCORPION	5 GEMEAUX
4 MARS	POISSONS	VERSEAU	CAPRICORNE	CANCER	CAPRICORNE	CAPRICORNE	CAPRICORNE	SCORPION	19 GEMEAUX
5 MARS	POISSONS	VERSEAU	CAPRICORNE	CANCER	CAPRICORNE	CAPRICORNE	CAPRICORNE	SCORPION	3 CANCER
6 MARS	POISSONS	VERSEAU	CAPRICORNE	CANCER	CAPRICORNE	CAPRICORNE	CAPRICORNE	SCORPION	16 CANCER
7 MARS	POISSONS	VERSEAU	CAPRICORNE	CANCER	CAPRICORNE	CAPRICORNE	CAPRICORNE	SCORPION	0 LION
8 MARS	POISSONS	VERSEAU	CAPRICORNE	CANCER	CAPRICORNE	CAPRICORNE	CAPRICORNE	SCORPION	13 LION
9 MARS	POISSONS	VERSEAU	CAPRICORNE	CANCER	CAPRICORNE	CAPRICORNE	CAPRICORNE	SCORPION	26 LION
10 MARS	POISSONS	VERSEAU	CAPRICORNE	CANCER	CAPRICORNE	CAPRICORNE	CAPRICORNE	SCORPION	8 VIERGE
11 MARS	POISSONS	VERSEAU	CAPRICORNE	CANCER	CAPRICORNE	CAPRICORNE	CAPRICORNE	SCORPION	21 VIERGE
12 MARS	POISSONS	VERSEAU	VERSEAU	CANCER	CAPRICORNE	CAPRICORNE	CAPRICORNE	SCORPION	3 BALANCE
13 MARS	POISSONS	VERSEAU	VERSEAU	CANCER	CAPRICORNE	CAPRICORNE	CAPRICORNE	SCORPION	16 BALANCE
14 MARS	POISSONS	VERSEAU	VERSEAU	CANCER	CAPRICORNE	CAPRICORNE	CAPRICORNE	SCORPION	28 BALANCE
15 MARS	POISSONS	VERSEAU	VERSEAU	CANCER	CAPRICORNE	CAPRICORNE	CAPRICORNE	SCORPION	9 SCORPION
16 MARS	POISSONS	VERSEAU	VERSEAU	CANCER	CAPRICORNE	CAPRICORNE	CAPRICORNE	SCORPION	21 SCORPION
17 MARS	POISSONS	VERSEAU	VERSEAU	CANCER	CAPRICORNE	CAPRICORNE	CAPRICORNE	SCORPION	3 SAGITTAIRE
18 MARS	POISSONS	VERSEAU	VERSEAU	CANCER	CAPRICORNE	CAPRICORNE	CAPRICORNE	SCORPION	15 SAGITTAIRE
19 MARS	POISSONS	VERSEAU	VERSEAU	CANCER	CAPRICORNE	CAPRICORNE	CAPRICORNE	SCORPION	27 SAGITTAIRE
20 MARS	BELIER	VERSEAU	VERSEAU	CANCER	CAPRICORNE	CAPRICORNE	CAPRICORNE	SCORPION	9 CAPRICORNE

LE SOLEIL	ENTRE DANS LE SIGNE DES	POISSONS	LE 18 FEVRIER	1990	A 22 h 05	* LES CHIFFRES INDIQUENT LES DEGRÉS
	QUITTE LE SIGNE DES		LE 20 MARS		A 21 h 10	

1991	MERCURE	VENUS	MARS	JUPITER	SATURNE	URANUS	NEPTUNE	PLUTON	LUNE*
19 FEVRIER	VERSEAU	POISSONS	GEMEAUX	LION	VERSEAU	CAPRICORNE	CAPRICORNE	SCORPION	28 BELIER
20 FEVRIER	VERSEAU	POISSONS	GEMEAUX	LION	VERSEAU	CAPRICORNE	CAPRICORNE	SCORPION	12 TAUREAU
21 FEVRIER	VERSEAU	POISSONS	GEMEAUX	LION	VERSEAU	CAPRICORNE	CAPRICORNE	SCORPION	26 TAUREAU
22 FEVRIER	VERSEAU	BELIER	GEMEAUX	LION	VERSEAU	CAPRICORNE	CAPRICORNE	SCORPION	10 GEMEAUX
23 FEVRIER	VERSEAU	BELIER	GEMEAUX	LION	VERSEAU	CAPRICORNE	CAPRICORNE	SCORPION	24 GEMEAUX
24 FEVRIER	POISSONS	BELIER	GEMEAUX	LION	VERSEAU	CAPRICORNE	CAPRICORNE	SCORPION	9 CANCER
25 FEVRIER	POISSONS	BELIER	GEMEAUX	LION	VERSEAU	CAPRICORNE	CAPRICORNE	SCORPION	23 CANCER
26 FEVRIER	POISSONS	BELIER	GEMEAUX	LION	VERSEAU	CAPRICORNE	CAPRICORNE	SCORPION	7 LION
27 FEVRIER	POISSONS	BELIER	GEMEAUX	LION	VERSEAU	CAPRICORNE	CAPRICORNE	SCORPION	22 LION
28 FEVRIER	POISSONS	BELIER	GEMEAUX	LION	VERSEAU	CAPRICORNE	CAPRICORNE	SCORPION	6 VIERGE
1 MARS	POISSONS	BELIER	GEMEAUX	LION	VERSEAU	CAPRICORNE	CAPRICORNE	SCORPION	19 VIERGE
2 MARS	POISSONS	BELIER	GEMEAUX	LION	VERSEAU	CAPRICORNE	CAPRICORNE	SCORPION	3 BALANCE
3 MARS	POISSONS	BELIER	GEMEAUX	LION	VERSEAU	CAPRICORNE	CAPRICORNE	SCORPION	16 BALANCE
4 MARS	POISSONS	BELIER	GEMEAUX	LION	VERSEAU	CAPRICORNE	CAPRICORNE	SCORPION	29 BALANCE
5 MARS	POISSONS	BELIER	GEMEAUX	LION	VERSEAU	CAPRICORNE	CAPRICORNE	SCORPION	12 SCORPION
6 MARS	POISSONS	BELIER	GEMEAUX	LION	VERSEAU	CAPRICORNE	CAPRICORNE	SCORPION	24 SCORPION
7 MARS	POISSONS	BELIER	GEMEAUX	LION	VERSEAU	CAPRICORNE	CAPRICORNE	SCORPION	6 SAGITTAIRE
8 MARS	POISSONS	BELIER	GEMEAUX	LION	VERSEAU	CAPRICORNE	CAPRICORNE	SCORPION	18 SAGITTAIRE
9 MARS	POISSONS	BELIER	GEMEAUX	LION	VERSEAU	CAPRICORNE	CAPRICORNE	SCORPION	0 CAPRICORNE
10 MARS	POISSONS	BELIER	GEMEAUX	LION	VERSEAU	CAPRICORNE	CAPRICORNE	SCORPION	11 CAPRICORNE
11 MARS	POISSONS	BELIER	GEMEAUX	LION	VERSEAU	CAPRICORNE	CAPRICORNE	SCORPION	23 CAPRICORNE
12 MARS	BELIER	BELIER	GEMEAUX	LION	VERSEAU	CAPRICORNE	CAPRICORNE	SCORPION	6 VERSEAU
13 MARS	BELIER	BELIER	GEMEAUX	LION	VERSEAU	CAPRICORNE	CAPRICORNE	SCORPION	18 VERSEAU
14 MARS	BELIER	BELIER	GEMEAUX	LION	VERSEAU	CAPRICORNE	CAPRICORNE	SCORPION	1 POISSONS
15 MARS	BELIER	BELIER	GEMEAUX	LION	VERSEAU	CAPRICORNE	CAPRICORNE	SCORPION	14 POISSONS
16 MARS	BELIER	BELIER	GEMEAUX	LION	VERSEAU	CAPRICORNE	CAPRICORNE	SCORPION	27 POISSONS
17 MARS	BELIER	BELIER	GEMEAUX	LION	VERSEAU	CAPRICORNE	CAPRICORNE	SCORPION	11 BELIER
18 MARS	BELIER	BELIER	GEMEAUX	LION	VERSEAU	CAPRICORNE	CAPRICORNE	SCORPION	25 BELIER
19 MARS	BELIER	TAUREAU	GEMEAUX	LION	VERSEAU	CAPRICORNE	CAPRICORNE	SCORPION	9 TAUREAU
20 MARS	BELIER	TAUREAU	GEMEAUX	LION	VERSEAU	CAPRICORNE	CAPRICORNE	SCORPION	23 TAUREAU
21 MARS	BELIER	TAUREAU	GEMEAUX	LION	VERSEAU	CAPRICORNE	CAPRICORNE	SCORPION	7 GEMEAUX

LE SOLEIL	ENTRE DANS LE SIGNE DES	POISSONS	LE 19 FEVRIER	1991	A 3 h 50	* LES CHIFFRES INDIQUENT LES DEGRÉS
	QUITTE LE SIGNE DES		LE 21 MARS		A 2 h 55	

DÉCOUVREZ DANS QUEL SIGNE SE TROUVAIENT LES PLANÈTES A VOTRE NAISSANCE

1992	MERCURE	VENUS	MARS	JUPITER	SATURNE	URANUS	NEPTUNE	PLUTON	LUNE *
19 FEVRIER	POISSONS	VERSEAU	VERSEAU	VIERGE	VERSEAU	CAPRICORNE	CAPRICORNE	SCORPION	16 VIERGE
20 FEVRIER	POISSONS	VERSEAU	VERSEAU	VIERGE	VERSEAU	CAPRICORNE	CAPRICORNE	SCORPION	1 BALANCE
21 FEVRIER	POISSONS	VERSEAU	VERSEAU	VIERGE	VERSEAU	CAPRICORNE	CAPRICORNE	SCORPION	15 BALANCE
22 FEVRIER	POISSONS	VERSEAU	VERSEAU	VIERGE	VERSEAU	CAPRICORNE	CAPRICORNE	SCORPION	29 BALANCE
23 FEVRIER	POISSONS	VERSEAU	VERSEAU	VIERGE	VERSEAU	CAPRICORNE	CAPRICORNE	SCORPION	12 SCORPION
24 FEVRIER	POISSONS	VERSEAU	VERSEAU	VIERGE	VERSEAU	CAPRICORNE	CAPRICORNE	SCORPION	25 SCORPION
25 FEVRIER	POISSONS	VERSEAU	VERSEAU	VIERGE	VERSEAU	CAPRICORNE	CAPRICORNE	SCORPION	8 SAGITTAIRE
26 FEVRIER	POISSONS	VERSEAU	VERSEAU	VIERGE	VERSEAU	CAPRICORNE	CAPRICORNE	SCORPION	20 SAGITTAIRE
27 FEVRIER	POISSONS	VERSEAU	VERSEAU	VIERGE	VERSEAU	CAPRICORNE	CAPRICORNE	SCORPION	2 CAPRICORNE
28 FEVRIER	POISSONS	VERSEAU	VERSEAU	VIERGE	VERSEAU	CAPRICORNE	CAPRICORNE	SCORPION	14 CAPRICORNE
29 FEVRIER	POISSONS	VERSEAU	VERSEAU	VIERGE	VERSEAU	CAPRICORNE	CAPRICORNE	SCORPION	25 CAPRICORNE
1 MARS	POISSONS	VERSEAU	VERSEAU	VIERGE	VERSEAU	CAPRICORNE	CAPRICORNE	SCORPION	7 VERSEAU
2 MARS	POISSONS	VERSEAU	VERSEAU	VIERGE	VERSEAU	CAPRICORNE	CAPRICORNE	SCORPION	19 VERSEAU
3 MARS	POISSONS	VERSEAU	VERSEAU	VIERGE	VERSEAU	CAPRICORNE	CAPRICORNE	SCORPION	1 POISSONS
4 MARS	BELIER	VERSEAU	VERSEAU	VIERGE	VERSEAU	CAPRICORNE	CAPRICORNE	SCORPION	13 POISSONS
5 MARS	BELIER	VERSEAU	VERSEAU	VIERGE	VERSEAU	CAPRICORNE	CAPRICORNE	SCORPION	25 POISSONS
6 MARS	BELIER	VERSEAU	VERSEAU	VIERGE	VERSEAU	CAPRICORNE	CAPRICORNE	SCORPION	8 BELIER
7 MARS	BELIER	VERSEAU	VERSEAU	VIERGE	VERSEAU	CAPRICORNE	CAPRICORNE	SCORPION	21 BELIER
8 MARS	BELIER	VERSEAU	VERSEAU	VIERGE	VERSEAU	CAPRICORNE	CAPRICORNE	SCORPION	3 TAUREAU
9 MARS	BELIER	VERSEAU	VERSEAU	VIERGE	VERSEAU	CAPRICORNE	CAPRICORNE	SCORPION	16 TAUREAU
10 MARS	BELIER	VERSEAU	VERSEAU	VIERGE	VERSEAU	CAPRICORNE	CAPRICORNE	SCORPION	0 GEMEAUX
11 MARS	BELIER	VERSEAU	VERSEAU	VIERGE	VERSEAU	CAPRICORNE	CAPRICORNE	SCORPION	13 GEMEAUX
12 MARS	BELIER	VERSEAU	VERSEAU	VIERGE	VERSEAU	CAPRICORNE	CAPRICORNE	SCORPION	27 GEMEAUX
13 MARS	BELIER	VERSEAU	VERSEAU	VIERGE	VERSEAU	CAPRICORNE	CAPRICORNE	SCORPION	11 CANCER
14 MARS	BELIER	POISSONS	VERSEAU	VIERGE	VERSEAU	CAPRICORNE	CAPRICORNE	SCORPION	25 CANCER
15 MARS	BELIER	POISSONS	VERSEAU	VIERGE	VERSEAU	CAPRICORNE	CAPRICORNE	SCORPION	10 LION
16 MARS	BELIER	POISSONS	VERSEAU	VIERGE	VERSEAU	CAPRICORNE	CAPRICORNE	SCORPION	25 LION
17 MARS	BELIER	POISSONS	VERSEAU	VIERGE	VERSEAU	CAPRICORNE	CAPRICORNE	SCORPION	9 VIERGE
18 MARS	BELIER	POISSONS	VERSEAU	VIERGE	VERSEAU	CAPRICORNE	CAPRICORNE	SCORPION	24 VIERGE
19 MARS	BELIER	POISSONS	VERSEAU	VIERGE	VERSEAU	CAPRICORNE	CAPRICORNE	SCORPION	9 BALANCE
20 MARS	BELIER	POISSONS	VERSEAU	VIERGE	VERSEAU	CAPRICORNE	CAPRICORNE	SCORPION	23 BALANCE

LE SOLEIL ENTRE DANS LE SIGNE DES POISSONS LE 19 FEVRIER 1992 A 9 h 35
QUITTE LE SIGNE DES POISSONS LE 20 MARS 1992 A 8 h 40

* LES CHIFFRES INDIQUENT LES DEGRÉS

1993	MERCURE	VENUS	MARS	JUPITER	SATURNE	URANUS	NEPTUNE	PLUTON	LUNE *
18 FEVRIER	POISSONS	BELIER	CANCER	BALANCE	VERSEAU	CAPRICORNE	CAPRICORNE	SCORPION	26 CAPRICORNE
19 FEVRIER	POISSONS	BELIER	CANCER	BALANCE	VERSEAU	CAPRICORNE	CAPRICORNE	SCORPION	8 VERSEAU
20 FEVRIER	POISSONS	BELIER	CANCER	BALANCE	VERSEAU	CAPRICORNE	CAPRICORNE	SCORPION	20 VERSEAU
21 FEVRIER	POISSONS	BELIER	CANCER	BALANCE	VERSEAU	CAPRICORNE	CAPRICORNE	SCORPION	2 POISSONS
22 FEVRIER	POISSONS	BELIER	CANCER	BALANCE	VERSEAU	CAPRICORNE	CAPRICORNE	SCORPION	14 POISSONS
23 FEVRIER	POISSONS	BELIER	CANCER	BALANCE	VERSEAU	CAPRICORNE	CAPRICORNE	SCORPION	26 POISSONS
24 FEVRIER	POISSONS	BELIER	CANCER	BALANCE	VERSEAU	CAPRICORNE	CAPRICORNE	SCORPION	8 BELIER
25 FEVRIER	POISSONS	BELIER	CANCER	BALANCE	VERSEAU	CAPRICORNE	CAPRICORNE	SCORPION	20 BELIER
26 FEVRIER	POISSONS	BELIER	CANCER	BALANCE	VERSEAU	CAPRICORNE	CAPRICORNE	SCORPION	2 TAUREAU
27 FEVRIER	POISSONS	BELIER	CANCER	BALANCE	VERSEAU	CAPRICORNE	CAPRICORNE	SCORPION	14 TAUREAU
28 FEVRIER	POISSONS	BELIER	CANCER	BALANCE	VERSEAU	CAPRICORNE	CAPRICORNE	SCORPION	26 TAUREAU
1 MARS	POISSONS	BELIER	CANCER	BALANCE	VERSEAU	CAPRICORNE	CAPRICORNE	SCORPION	9 GEMEAUX
2 MARS	POISSONS	BELIER	CANCER	BALANCE	VERSEAU	CAPRICORNE	CAPRICORNE	SCORPION	22 GEMEAUX
3 MARS	POISSONS	BELIER	CANCER	BALANCE	VERSEAU	CAPRICORNE	CAPRICORNE	SCORPION	5 CANCER
4 MARS	POISSONS	BELIER	CANCER	BALANCE	VERSEAU	CAPRICORNE	CAPRICORNE	SCORPION	19 CANCER
5 MARS	POISSONS	BELIER	CANCER	BALANCE	VERSEAU	CAPRICORNE	CAPRICORNE	SCORPION	4 LION
6 MARS	POISSONS	BELIER	CANCER	BALANCE	VERSEAU	CAPRICORNE	CAPRICORNE	SCORPION	18 LION
7 MARS	POISSONS	BELIER	CANCER	BALANCE	VERSEAU	CAPRICORNE	CAPRICORNE	SCORPION	4 VIERGE
8 MARS	POISSONS	BELIER	CANCER	BALANCE	VERSEAU	CAPRICORNE	CAPRICORNE	SCORPION	19 VIERGE
9 MARS	POISSONS	BELIER	CANCER	BALANCE	VERSEAU	CAPRICORNE	CAPRICORNE	SCORPION	4 BALANCE
10 MARS	POISSONS	BELIER	CANCER	BALANCE	VERSEAU	CAPRICORNE	CAPRICORNE	SCORPION	19 BALANCE
11 MARS	POISSONS	BELIER	CANCER	BALANCE	VERSEAU	CAPRICORNE	CAPRICORNE	SCORPION	4 SCORPION
12 MARS	POISSONS	BELIER	CANCER	BALANCE	VERSEAU	CAPRICORNE	CAPRICORNE	SCORPION	18 SCORPION
13 MARS	POISSONS	BELIER	CANCER	BALANCE	VERSEAU	CAPRICORNE	CAPRICORNE	SCORPION	2 SAGITTAIRE
14 MARS	POISSONS	BELIER	CANCER	BALANCE	VERSEAU	CAPRICORNE	CAPRICORNE	SCORPION	15 SAGITTAIRE
15 MARS	POISSONS	BELIER	CANCER	BALANCE	VERSEAU	CAPRICORNE	CAPRICORNE	SCORPION	28 SAGITTAIRE
16 MARS	POISSONS	BELIER	CANCER	BALANCE	VERSEAU	CAPRICORNE	CAPRICORNE	SCORPION	11 CAPRICORNE
17 MARS	POISSONS	BELIER	CANCER	BALANCE	VERSEAU	CAPRICORNE	CAPRICORNE	SCORPION	29 CAPRICORNE
18 MARS	POISSONS	BELIER	CANCER	BALANCE	VERSEAU	CAPRICORNE	CAPRICORNE	SCORPION	5 VERSEAU
19 MARS	POISSONS	BELIER	CANCER	BALANCE	VERSEAU	CAPRICORNE	CAPRICORNE	SCORPION	17 VERSEAU
20 MARS	POISSONS	BELIER	CANCER	BALANCE	VERSEAU	CAPRICORNE	CAPRICORNE	SCORPION	29 VERSEAU

LE SOLEIL ENTRE DANS LE SIGNE DES POISSONS LE 18 FEVRIER 1993 A 15 h 25
QUITTE LE SIGNE DES POISSONS LE 20 MARS 1993 A 14 h 35

* LES CHIFFRES INDIQUENT LES DEGRÉS

DÉCOUVREZ DANS QUEL SIGNE SE TROUVAIENT LES PLANÈTES A VOTRE NAISSANCE

1994	MERCURE	VENUS	MARS	JUPITER	SATURNE	URANUS	NEPTUNE	PLUTON	LUNE *
18 FEVRIER	POISSONS	POISSONS	VERSEAU	SCORPION	POISSONS	CAPRICORNE	CAPRICORNE	SCORPION	27 TAUREAU
19 FEVRIER	POISSONS	POISSONS	VERSEAU	SCORPION	POISSONS	CAPRICORNE	CAPRICORNE	SCORPION	9 GEMEAUX
20 FEVRIER	POISSONS	POISSONS	VERSEAU	SCORPION	POISSONS	CAPRICORNE	CAPRICORNE	SCORPION	21 GEMEAUX
21 FEVRIER	POISSONS	POISSONS	VERSEAU	SCORPION	POISSONS	CAPRICORNE	CAPRICORNE	SCORPION	4 CANCER
22 FEVRIER	VERSEAU	POISSONS	VERSEAU	SCORPION	POISSONS	CAPRICORNE	CAPRICORNE	SCORPION	17 CANCER
23 FEVRIER	VERSEAU	POISSONS	VERSEAU	SCORPION	POISSONS	CAPRICORNE	CAPRICORNE	SCORPION	0 LION
24 FEVRIER	VERSEAU	POISSONS	VERSEAU	SCORPION	POISSONS	CAPRICORNE	CAPRICORNE	SCORPION	14 LION
25 FEVRIER	VERSEAU	POISSONS	VERSEAU	SCORPION	POISSONS	CAPRICORNE	CAPRICORNE	SCORPION	29 LION
26 FEVRIER	VERSEAU	POISSONS	VERSEAU	SCORPION	POISSONS	CAPRICORNE	CAPRICORNE	SCORPION	13 VIERGE
27 FEVRIER	VERSEAU	POISSONS	VERSEAU	SCORPION	POISSONS	CAPRICORNE	CAPRICORNE	SCORPION	28 VIERGE
28 FEVRIER	VERSEAU	POISSONS	VERSEAU	SCORPION	POISSONS	CAPRICORNE	CAPRICORNE	SCORPION	13 BALANCE
1 MARS	VERSEAU	POISSONS	VERSEAU	SCORPION	POISSONS	CAPRICORNE	CAPRICORNE	SCORPION	28 BALANCE
2 MARS	VERSEAU	POISSONS	VERSEAU	SCORPION	POISSONS	CAPRICORNE	CAPRICORNE	SCORPION	13 SCORPION
3 MARS	VERSEAU	POISSONS	VERSEAU	SCORPION	POISSONS	CAPRICORNE	CAPRICORNE	SCORPION	27 SCORPION
4 MARS	VERSEAU	POISSONS	VERSEAU	SCORPION	POISSONS	CAPRICORNE	CAPRICORNE	SCORPION	11 SAGITTAIRE
5 MARS	VERSEAU	POISSONS	VERSEAU	SCORPION	POISSONS	CAPRICORNE	CAPRICORNE	SCORPION	24 SAGITTAIRE
6 MARS	VERSEAU	POISSONS	VERSEAU	SCORPION	POISSONS	CAPRICORNE	CAPRICORNE	SCORPION	8 CAPRICORNE
7 MARS	VERSEAU	POISSONS	POISSONS	SCORPION	POISSONS	CAPRICORNE	CAPRICORNE	SCORPION	21 CAPRICORNE
8 MARS	VERSEAU	POISSONS	POISSONS	SCORPION	POISSONS	CAPRICORNE	CAPRICORNE	SCORPION	4 VERSEAU
9 MARS	VERSEAU	BELIER	POISSONS	SCORPION	POISSONS	CAPRICORNE	CAPRICORNE	SCORPION	17 VERSEAU
10 MARS	VERSEAU	BELIER	POISSONS	SCORPION	POISSONS	CAPRICORNE	CAPRICORNE	SCORPION	29 VERSEAU
11 MARS	VERSEAU	BELIER	POISSONS	SCORPION	POISSONS	CAPRICORNE	CAPRICORNE	SCORPION	11 POISSONS
12 MARS	VERSEAU	BELIER	POISSONS	SCORPION	POISSONS	CAPRICORNE	CAPRICORNE	SCORPION	24 POISSONS
13 MARS	VERSEAU	BELIER	POISSONS	SCORPION	POISSONS	CAPRICORNE	CAPRICORNE	SCORPION	6 BELIER
14 MARS	VERSEAU	BELIER	POISSONS	SCORPION	POISSONS	CAPRICORNE	CAPRICORNE	SCORPION	18 BELIER
15 MARS	VERSEAU	BELIER	POISSONS	SCORPION	POISSONS	CAPRICORNE	CAPRICORNE	SCORPION	29 BELIER
16 MARS	VERSEAU	BELIER	POISSONS	SCORPION	POISSONS	CAPRICORNE	CAPRICORNE	SCORPION	11 TAUREAU
17 MARS	VERSEAU	BELIER	POISSONS	SCORPION	POISSONS	CAPRICORNE	CAPRICORNE	SCORPION	23 TAUREAU
18 MARS	VERSEAU	BELIER	POISSONS	SCORPION	POISSONS	CAPRICORNE	CAPRICORNE	SCORPION	5 GEMEAUX
19 MARS	POISSONS	BELIER	POISSONS	SCORPION	POISSONS	CAPRICORNE	CAPRICORNE	SCORPION	17 GEMEAUX
20 MARS	POISSONS	BELIER	POISSONS	SCORPION	POISSONS	CAPRICORNE	CAPRICORNE	SCORPION	29 GEMEAUX

LE SOLEIL	ENTRE DANS LE SIGNE DES	POISSONS	LE 18 FEVRIER	1994	A 21 h 15	* LES CHIFFRES INDIQUENT LES DEGRÉS
	QUITTE LE SIGNE DES		LE 20 MARS		A 20 h 20	

1995	MERCURE	VENUS	MARS	JUPITER	SATURNE	URANUS	NEPTUNE	PLUTON	LUNE *
19 FEVRIER	VERSEAU	CAPRICORNE	LION	SAGITTAIRE	POISSONS	CAPRICORNE	CAPRICORNE	SAGITTAIRE	20 BALANCE
20 FEVRIER	VERSEAU	CAPRICORNE	LION	SAGITTAIRE	POISSONS	CAPRICORNE	CAPRICORNE	SAGITTAIRE	4 SCORPION
21 FEVRIER	VERSEAU	CAPRICORNE	LION	SAGITTAIRE	POISSONS	CAPRICORNE	CAPRICORNE	SAGITTAIRE	18 SCORPION
22 FEVRIER	VERSEAU	CAPRICORNE	LION	SAGITTAIRE	POISSONS	CAPRICORNE	CAPRICORNE	SAGITTAIRE	2 SAGITTAIRE
23 FEVRIER	VERSEAU	CAPRICORNE	LION	SAGITTAIRE	POISSONS	CAPRICORNE	CAPRICORNE	SAGITTAIRE	17 SAGITTAIRE
24 FEVRIER	VERSEAU	CAPRICORNE	LION	SAGITTAIRE	POISSONS	CAPRICORNE	CAPRICORNE	SAGITTAIRE	1 CAPRICORNE
25 FEVRIER	VERSEAU	CAPRICORNE	LION	SAGITTAIRE	POISSONS	CAPRICORNE	CAPRICORNE	SAGITTAIRE	15 CAPRICORNE
26 FEVRIER	VERSEAU	CAPRICORNE	LION	SAGITTAIRE	POISSONS	CAPRICORNE	CAPRICORNE	SAGITTAIRE	29 CAPRICORNE
27 FEVRIER	VERSEAU	CAPRICORNE	LION	SAGITTAIRE	POISSONS	CAPRICORNE	CAPRICORNE	SAGITTAIRE	13 VERSEAU
28 FEVRIER	VERSEAU	CAPRICORNE	LION	SAGITTAIRE	POISSONS	CAPRICORNE	CAPRICORNE	SAGITTAIRE	27 VERSEAU
1 MARS	VERSEAU	CAPRICORNE	LION	SAGITTAIRE	POISSONS	CAPRICORNE	CAPRICORNE	SAGITTAIRE	10 POISSONS
2 MARS	VERSEAU	CAPRICORNE	LION	SAGITTAIRE	POISSONS	CAPRICORNE	CAPRICORNE	SAGITTAIRE	23 POISSONS
3 MARS	VERSEAU	VERSEAU	LION	SAGITTAIRE	POISSONS	CAPRICORNE	CAPRICORNE	SAGITTAIRE	6 BELIER
4 MARS	VERSEAU	VERSEAU	LION	SAGITTAIRE	POISSONS	CAPRICORNE	CAPRICORNE	SAGITTAIRE	19 BELIER
5 MARS	VERSEAU	VERSEAU	LION	SAGITTAIRE	POISSONS	CAPRICORNE	CAPRICORNE	SAGITTAIRE	1 TAUREAU
6 MARS	VERSEAU	VERSEAU	LION	SAGITTAIRE	POISSONS	CAPRICORNE	CAPRICORNE	SAGITTAIRE	13 TAUREAU
7 MARS	VERSEAU	VERSEAU	LION	SAGITTAIRE	POISSONS	CAPRICORNE	CAPRICORNE	SAGITTAIRE	25 TAUREAU
8 MARS	VERSEAU	VERSEAU	LION	SAGITTAIRE	POISSONS	CAPRICORNE	CAPRICORNE	SAGITTAIRE	7 GEMEAUX
9 MARS	VERSEAU	VERSEAU	LION	SAGITTAIRE	POISSONS	CAPRICORNE	CAPRICORNE	SAGITTAIRE	19 GEMEAUX
10 MARS	VERSEAU	VERSEAU	LION	SAGITTAIRE	POISSONS	CAPRICORNE	CAPRICORNE	SAGITTAIRE	1 CANCER
11 MARS	VERSEAU	VERSEAU	LION	SAGITTAIRE	POISSONS	CAPRICORNE	CAPRICORNE	SAGITTAIRE	13 CANCER
12 MARS	VERSEAU	VERSEAU	LION	SAGITTAIRE	POISSONS	CAPRICORNE	CAPRICORNE	SAGITTAIRE	25 CANCER
13 MARS	VERSEAU	VERSEAU	LION	SAGITTAIRE	POISSONS	CAPRICORNE	CAPRICORNE	SAGITTAIRE	8 LION
14 MARS	VERSEAU	VERSEAU	LION	SAGITTAIRE	POISSONS	CAPRICORNE	CAPRICORNE	SAGITTAIRE	21 LION
15 MARS	POISSONS	VERSEAU	LION	SAGITTAIRE	POISSONS	CAPRICORNE	CAPRICORNE	SAGITTAIRE	4 VIERGE
16 MARS	POISSONS	VERSEAU	LION	SAGITTAIRE	POISSONS	CAPRICORNE	CAPRICORNE	SAGITTAIRE	18 VIERGE
17 MARS	POISSONS	VERSEAU	LION	SAGITTAIRE	POISSONS	CAPRICORNE	CAPRICORNE	SAGITTAIRE	2 BALANCE
18 MARS	POISSONS	VERSEAU	LION	SAGITTAIRE	POISSONS	CAPRICORNE	CAPRICORNE	SAGITTAIRE	16 BALANCE
19 MARS	POISSONS	VERSEAU	LION	SAGITTAIRE	POISSONS	CAPRICORNE	CAPRICORNE	SAGITTAIRE	0 SCORPION
20 MARS	POISSONS	VERSEAU	LION	SAGITTAIRE	POISSONS	CAPRICORNE	CAPRICORNE	SAGITTAIRE	15 SCORPION
21 MARS	POISSONS	VERSEAU	LION	SAGITTAIRE	POISSONS	CAPRICORNE	CAPRICORNE	SAGITTAIRE	29 SCORPION

LE SOLEIL	ENTRE DANS LE SIGNE DES	POISSONS	LE 19 FEVRIER	1995	A 3 h 05	* LES CHIFFRES INDIQUENT LES DEGRÉS
	QUITTE LE SIGNE DES		LE 21 MARS		A 2 h 05	

DÉCOUVREZ DANS QUEL SIGNE SE TROUVAIENT LES PLANÈTES A VOTRE NAISSANCE

1996	MERCURE	VENUS	MARS	JUPITER	SATURNE	URANUS	NEPTUNE	PLUTON	LUNE*
19 FEVRIER	VERSEAU	BELIER	POISSONS	CAPRICORNE	POISSONS	VERSEAU	CAPRICORNE	SAGITTAIRE	7 POISSONS
20 FEVRIER	VERSEAU	BELIER	POISSONS	CAPRICORNE	POISSONS	VERSEAU	CAPRICORNE	SAGITTAIRE	21 POISSONS
21 FEVRIER	VERSEAU	BELIER	POISSONS	CAPRICORNE	POISSONS	VERSEAU	CAPRICORNE	SAGITTAIRE	5 BELIER
22 FEVRIER	VERSEAU	BELIER	POISSONS	CAPRICORNE	POISSONS	VERSEAU	CAPRICORNE	SAGITTAIRE	19 BELIER
23 FEVRIER	VERSEAU	BELIER	POISSONS	CAPRICORNE	POISSONS	VERSEAU	CAPRICORNE	SAGITTAIRE	2 TAUREAU
24 FEVRIER	VERSEAU	BELIER	POISSONS	CAPRICORNE	POISSONS	VERSEAU	CAPRICORNE	SAGITTAIRE	15 TAUREAU
25 FEVRIER	VERSEAU	BELIER	POISSONS	CAPRICORNE	POISSONS	VERSEAU	CAPRICORNE	SAGITTAIRE	27 TAUREAU
26 FEVRIER	VERSEAU	BELIER	POISSONS	CAPRICORNE	POISSONS	VERSEAU	CAPRICORNE	SAGITTAIRE	10 GEMEAUX
27 FEVRIER	VERSEAU	BELIER	POISSONS	CAPRICORNE	POISSONS	VERSEAU	CAPRICORNE	SAGITTAIRE	22 GEMEAUX
28 FEVRIER	VERSEAU	BELIER	POISSONS	CAPRICORNE	POISSONS	VERSEAU	CAPRICORNE	SAGITTAIRE	4 CANCER
29 FEVRIER	VERSEAU	BELIER	POISSONS	CAPRICORNE	POISSONS	VERSEAU	CAPRICORNE	SAGITTAIRE	15 CANCER
1 MARS	VERSEAU	BELIER	POISSONS	CAPRICORNE	POISSONS	VERSEAU	CAPRICORNE	SAGITTAIRE	27 CANCER
2 MARS	VERSEAU	BELIER	POISSONS	CAPRICORNE	POISSONS	VERSEAU	CAPRICORNE	SAGITTAIRE	9 LION
3 MARS	VERSEAU	BELIER	POISSONS	CAPRICORNE	POISSONS	VERSEAU	CAPRICORNE	SAGITTAIRE	21 LION
4 MARS	VERSEAU	BELIER	POISSONS	CAPRICORNE	POISSONS	VERSEAU	CAPRICORNE	SAGITTAIRE	4 VIERGE
5 MARS	VERSEAU	BELIER	POISSONS	CAPRICORNE	POISSONS	VERSEAU	CAPRICORNE	SAGITTAIRE	16 VIERGE
6 MARS	VERSEAU	TAUREAU	POISSONS	CAPRICORNE	POISSONS	VERSEAU	CAPRICORNE	SAGITTAIRE	29 VIERGE
7 MARS	POISSONS	TAUREAU	POISSONS	CAPRICORNE	POISSONS	VERSEAU	CAPRICORNE	SAGITTAIRE	12 BALANCE
8 MARS	POISSONS	TAUREAU	POISSONS	CAPRICORNE	POISSONS	VERSEAU	CAPRICORNE	SAGITTAIRE	25 BALANCE
9 MARS	POISSONS	TAUREAU	POISSONS	CAPRICORNE	POISSONS	VERSEAU	CAPRICORNE	SAGITTAIRE	8 SCORPION
10 MARS	POISSONS	TAUREAU	POISSONS	CAPRICORNE	POISSONS	VERSEAU	CAPRICORNE	SAGITTAIRE	21 SCORPION
11 MARS	POISSONS	TAUREAU	POISSONS	CAPRICORNE	POISSONS	VERSEAU	CAPRICORNE	SAGITTAIRE	5 SAGITTAIRE
12 MARS	POISSONS	TAUREAU	POISSONS	CAPRICORNE	POISSONS	VERSEAU	CAPRICORNE	SAGITTAIRE	19 SAGITTAIRE
13 MARS	POISSONS	TAUREAU	POISSONS	CAPRICORNE	POISSONS	VERSEAU	CAPRICORNE	SAGITTAIRE	3 CAPRICORNE
14 MARS	POISSONS	TAUREAU	POISSONS	CAPRICORNE	POISSONS	VERSEAU	CAPRICORNE	SAGITTAIRE	17 CAPRICORNE
15 MARS	POISSONS	TAUREAU	POISSONS	CAPRICORNE	POISSONS	VERSEAU	CAPRICORNE	SAGITTAIRE	2 VERSEAU
16 MARS	POISSONS	TAUREAU	POISSONS	CAPRICORNE	POISSONS	VERSEAU	CAPRICORNE	SAGITTAIRE	16 VERSEAU
17 MARS	POISSONS	TAUREAU	POISSONS	CAPRICORNE	POISSONS	VERSEAU	CAPRICORNE	SAGITTAIRE	1 POISSONS
18 MARS	POISSONS	TAUREAU	POISSONS	CAPRICORNE	POISSONS	VERSEAU	CAPRICORNE	SAGITTAIRE	15 POISSONS
19 MARS	POISSONS	TAUREAU	POISSONS	CAPRICORNE	POISSONS	VERSEAU	CAPRICORNE	SAGITTAIRE	0 BELIER
20 MARS	POISSONS	TAUREAU	POISSONS	CAPRICORNE	POISSONS	VERSEAU	CAPRICORNE	SAGITTAIRE	13 BELIER

LE SOLEIL	ENTRE DANS LE SIGNE DES	POISSONS	LE 19 FEVRIER	1996	A 8 h 50	* LES CHIFFRES INDIQUENT LES DEGRÉS
	QUITTE LE SIGNE DES		LE 20 MARS		A 7 h 55	

1997	MERCURE	VENUS	MARS	JUPITER	SATURNE	URANUS	NEPTUNE	PLUTON	LUNE*
18 FEVRIER	VERSEAU	VERSEAU	BALANCE	VERSEAU	BELIER	VERSEAU	CAPRICORNE	SAGITTAIRE	17 CANCER
19 FEVRIER	VERSEAU	VERSEAU	BALANCE	VERSEAU	BELIER	VERSEAU	CAPRICORNE	SAGITTAIRE	29 CANCER
20 FEVRIER	VERSEAU	VERSEAU	BALANCE	VERSEAU	BELIER	VERSEAU	CAPRICORNE	SAGITTAIRE	11 LION
21 FEVRIER	VERSEAU	VERSEAU	BALANCE	VERSEAU	BELIER	VERSEAU	CAPRICORNE	SAGITTAIRE	22 LION
22 FEVRIER	VERSEAU	VERSEAU	BALANCE	VERSEAU	BELIER	VERSEAU	CAPRICORNE	SAGITTAIRE	4 VIERGE
23 FEVRIER	VERSEAU	VERSEAU	BALANCE	VERSEAU	BELIER	VERSEAU	CAPRICORNE	SAGITTAIRE	16 VIERGE
24 FEVRIER	VERSEAU	VERSEAU	BALANCE	VERSEAU	BELIER	VERSEAU	CAPRICORNE	SAGITTAIRE	28 VIERGE
25 FEVRIER	VERSEAU	VERSEAU	BALANCE	VERSEAU	BELIER	VERSEAU	CAPRICORNE	SAGITTAIRE	10 BALANCE
26 FEVRIER	VERSEAU	VERSEAU	BALANCE	VERSEAU	BELIER	VERSEAU	CAPRICORNE	SAGITTAIRE	22 BALANCE
27 FEVRIER	VERSEAU	POISSONS	BALANCE	VERSEAU	BELIER	VERSEAU	CAPRICORNE	SAGITTAIRE	4 SCORPION
28 FEVRIER	POISSONS	POISSONS	BALANCE	VERSEAU	BELIER	VERSEAU	CAPRICORNE	SAGITTAIRE	17 SCORPION
1 MARS	POISSONS	POISSONS	BALANCE	VERSEAU	BELIER	VERSEAU	CAPRICORNE	SAGITTAIRE	0 SAGITTAIRE
2 MARS	POISSONS	POISSONS	BALANCE	VERSEAU	BELIER	VERSEAU	CAPRICORNE	SAGITTAIRE	13 SAGITTAIRE
3 MARS	POISSONS	POISSONS	BALANCE	VERSEAU	BELIER	VERSEAU	CAPRICORNE	SAGITTAIRE	26 SAGITTAIRE
4 MARS	POISSONS	POISSONS	BALANCE	VERSEAU	BELIER	VERSEAU	CAPRICORNE	SAGITTAIRE	10 CAPRICORNE
5 MARS	POISSONS	POISSONS	BALANCE	VERSEAU	BELIER	VERSEAU	CAPRICORNE	SAGITTAIRE	25 CAPRICORNE
6 MARS	POISSONS	POISSONS	BALANCE	VERSEAU	BELIER	VERSEAU	CAPRICORNE	SAGITTAIRE	10 VERSEAU
7 MARS	POISSONS	POISSONS	BALANCE	VERSEAU	BELIER	VERSEAU	CAPRICORNE	SAGITTAIRE	25 VERSEAU
8 MARS	POISSONS	POISSONS	BALANCE	VERSEAU	BELIER	VERSEAU	CAPRICORNE	SAGITTAIRE	10 POISSONS
9 MARS	POISSONS	POISSONS	VIERGE	VERSEAU	BELIER	VERSEAU	CAPRICORNE	SAGITTAIRE	25 POISSONS
10 MARS	POISSONS	POISSONS	VIERGE	VERSEAU	BELIER	VERSEAU	CAPRICORNE	SAGITTAIRE	10 BELIER
11 MARS	POISSONS	POISSONS	VIERGE	VERSEAU	BELIER	VERSEAU	CAPRICORNE	SAGITTAIRE	24 BELIER
12 MARS	POISSONS	POISSONS	VIERGE	VERSEAU	BELIER	VERSEAU	CAPRICORNE	SAGITTAIRE	9 TAUREAU
13 MARS	POISSONS	POISSONS	VIERGE	VERSEAU	BELIER	VERSEAU	CAPRICORNE	SAGITTAIRE	22 TAUREAU
14 MARS	POISSONS	POISSONS	VIERGE	VERSEAU	BELIER	VERSEAU	CAPRICORNE	SAGITTAIRE	6 GEMEAUX
15 MARS	POISSONS	POISSONS	VIERGE	VERSEAU	BELIER	VERSEAU	CAPRICORNE	SAGITTAIRE	19 GEMEAUX
16 MARS	BELIER	POISSONS	VIERGE	VERSEAU	BELIER	VERSEAU	CAPRICORNE	SAGITTAIRE	1 CANCER
17 MARS	BELIER	POISSONS	VIERGE	VERSEAU	BELIER	VERSEAU	CAPRICORNE	SAGITTAIRE	14 CANCER
18 MARS	BELIER	POISSONS	VIERGE	VERSEAU	BELIER	VERSEAU	CAPRICORNE	SAGITTAIRE	26 CANCER
19 MARS	BELIER	POISSONS	VIERGE	VERSEAU	BELIER	VERSEAU	CAPRICORNE	SAGITTAIRE	8 LION
20 MARS	BELIER	POISSONS	VIERGE	VERSEAU	BELIER	VERSEAU	CAPRICORNE	SAGITTAIRE	19 LION

LE SOLEIL	ENTRE DANS LE SIGNE DES	POISSONS	LE 18 FEVRIER	1997	A 14 h 45	* LES CHIFFRES INDIQUENT LES DEGRÉS
	QUITTE LE SIGNE DES		LE 20 MARS		A 13 h 45	

DÉCOUVREZ DANS QUEL SIGNE SE TROUVAIENT LES PLANÈTES A VOTRE NAISSANCE

1998	MERCURE	VENUS	MARS	JUPITER	SATURNE	URANUS	NEPTUNE	PLUTON	LUNE*
18 FEVRIER	VERSEAU	CAPRICORNE	POISSONS	POISSONS	BELIER	VERSEAU	VERSEAU	SAGITTAIRE	16 SCORPION
19 FEVRIER	VERSEAU	CAPRICORNE	POISSONS	POISSONS	BELIER	VERSEAU	VERSEAU	SAGITTAIRE	29 SCORPION
20 FEVRIER	POISSONS	CAPRICORNE	POISSONS	POISSONS	BELIER	VERSEAU	VERSEAU	SAGITTAIRE	11 SAGITTAIRE
21 FEVRIER	POISSONS	CAPRICORNE	POISSONS	POISSONS	BELIER	VERSEAU	VERSEAU	SAGITTAIRE	24 SAGITTAIRE
22 FEVRIER	POISSONS	CAPRICORNE	POISSONS	POISSONS	BELIER	VERSEAU	VERSEAU	SAGITTAIRE	7 CAPRICORNE
23 FEVRIER	POISSONS	CAPRICORNE	POISSONS	POISSONS	BELIER	VERSEAU	VERSEAU	SAGITTAIRE	21 CAPRICORNE
24 FEVRIER	POISSONS	CAPRICORNE	POISSONS	POISSONS	BELIER	VERSEAU	VERSEAU	SAGITTAIRE	5 VERSEAU
25 FEVRIER	POISSONS	CAPRICORNE	POISSONS	POISSONS	BELIER	VERSEAU	VERSEAU	SAGITTAIRE	19 VERSEAU
26 FEVRIER	POISSONS	CAPRICORNE	POISSONS	POISSONS	BELIER	VERSEAU	VERSEAU	SAGITTAIRE	4 POISSONS
27 FEVRIER	POISSONS	CAPRICORNE	POISSONS	POISSONS	BELIER	VERSEAU	VERSEAU	SAGITTAIRE	19 POISSONS
28 FEVRIER	POISSONS	CAPRICORNE	POISSONS	POISSONS	BELIER	VERSEAU	VERSEAU	SAGITTAIRE	4 BELIER
1 MARS	POISSONS	CAPRICORNE	POISSONS	POISSONS	BELIER	VERSEAU	VERSEAU	SAGITTAIRE	19 BELIER
2 MARS	POISSONS	CAPRICORNE	POISSONS	POISSONS	BELIER	VERSEAU	VERSEAU	SAGITTAIRE	4 TAUREAU
3 MARS	POISSONS	CAPRICORNE	POISSONS	POISSONS	BELIER	VERSEAU	VERSEAU	SAGITTAIRE	18 TAUREAU
4 MARS	POISSONS	CAPRICORNE	POISSONS	POISSONS	BELIER	VERSEAU	VERSEAU	SAGITTAIRE	2 GEMEAUX
5 MARS	POISSONS	VERSEAU	BELIER	POISSONS	BELIER	VERSEAU	VERSEAU	SAGITTAIRE	16 GEMEAUX
6 MARS	POISSONS	VERSEAU	BELIER	POISSONS	BELIER	VERSEAU	VERSEAU	SAGITTAIRE	29 GEMEAUX
7 MARS	POISSONS	VERSEAU	BELIER	POISSONS	BELIER	VERSEAU	VERSEAU	SAGITTAIRE	12 CANCER
8 MARS	BELIER	VERSEAU	BELIER	POISSONS	BELIER	VERSEAU	VERSEAU	SAGITTAIRE	25 CANCER
9 MARS	BELIER	VERSEAU	BELIER	POISSONS	BELIER	VERSEAU	VERSEAU	SAGITTAIRE	8 LION
10 MARS	BELIER	VERSEAU	BELIER	POISSONS	BELIER	VERSEAU	VERSEAU	SAGITTAIRE	20 LION
11 MARS	BELIER	VERSEAU	BELIER	POISSONS	BELIER	VERSEAU	VERSEAU	SAGITTAIRE	2 VIERGE
12 MARS	BELIER	VERSEAU	BELIER	POISSONS	BELIER	VERSEAU	VERSEAU	SAGITTAIRE	14 VIERGE
13 MARS	BELIER	VERSEAU	BELIER	POISSONS	BELIER	VERSEAU	VERSEAU	SAGITTAIRE	26 VIERGE
14 MARS	BELIER	VERSEAU	BELIER	POISSONS	BELIER	VERSEAU	VERSEAU	SAGITTAIRE	8 BALANCE
15 MARS	BELIER	VERSEAU	BELIER	POISSONS	BELIER	VERSEAU	VERSEAU	SAGITTAIRE	19 BALANCE
16 MARS	BELIER	VERSEAU	BELIER	POISSONS	BELIER	VERSEAU	VERSEAU	SAGITTAIRE	1 SCORPION
17 MARS	BELIER	VERSEAU	BELIER	POISSONS	BELIER	VERSEAU	VERSEAU	SAGITTAIRE	13 SCORPION
18 MARS	BELIER	VERSEAU	BELIER	POISSONS	BELIER	VERSEAU	VERSEAU	SAGITTAIRE	25 SCORPION
19 MARS	BELIER	VERSEAU	BELIER	POISSONS	BELIER	VERSEAU	VERSEAU	SAGITTAIRE	7 SAGITTAIRE
20 MARS	BELIER	VERSEAU	BELIER	POISSONS	BELIER	VERSEAU	VERSEAU	SAGITTAIRE	20 SAGITTAIRE

LE SOLEIL	ENTRE DANS LE SIGNE DES	POISSONS	LE 18 FEVRIER	1998	A 20 h 45	* LES CHIFFRES INDIQUENT LES DEGRÉS
	QUITTE LE SIGNE DES		LE 20 MARS		A 19 h 45	

1999	MERCURE	VENUS	MARS	JUPITER	SATURNE	URANUS	NEPTUNE	PLUTON	LUNE*
19 FEVRIER	POISSONS	POISSONS	SCORPION	BELIER	BELIER	VERSEAU	VERSEAU	SAGITTAIRE	12 BELIER
20 FEVRIER	POISSONS	POISSONS	SCORPION	BELIER	BELIER	VERSEAU	VERSEAU	SAGITTAIRE	26 BELIER
21 FEVRIER	POISSONS	POISSONS	SCORPION	BELIER	BELIER	VERSEAU	VERSEAU	SAGITTAIRE	11 TAUREAU
22 FEVRIER	POISSONS	BELIER	SCORPION	BELIER	BELIER	VERSEAU	VERSEAU	SAGITTAIRE	25 TAUREAU
23 FEVRIER	POISSONS	BELIER	SCORPION	BELIER	BELIER	VERSEAU	VERSEAU	SAGITTAIRE	9 GEMEAUX
24 FEVRIER	POISSONS	BELIER	SCORPION	BELIER	BELIER	VERSEAU	VERSEAU	SAGITTAIRE	23 GEMEAUX
25 FEVRIER	POISSONS	BELIER	SCORPION	BELIER	BELIER	VERSEAU	VERSEAU	SAGITTAIRE	7 CANCER
26 FEVRIER	POISSONS	BELIER	SCORPION	BELIER	BELIER	VERSEAU	VERSEAU	SAGITTAIRE	21 CANCER
27 FEVRIER	POISSONS	BELIER	SCORPION	BELIER	BELIER	VERSEAU	VERSEAU	SAGITTAIRE	4 LION
28 FEVRIER	POISSONS	BELIER	SCORPION	BELIER	BELIER	VERSEAU	VERSEAU	SAGITTAIRE	18 LION
1 MARS	POISSONS	BELIER	SCORPION	BELIER	TAUREAU	VERSEAU	VERSEAU	SAGITTAIRE	1 VIERGE
2 MARS	POISSONS	BELIER	SCORPION	BELIER	TAUREAU	VERSEAU	VERSEAU	SAGITTAIRE	14 VIERGE
3 MARS	BELIER	BELIER	SCORPION	BELIER	TAUREAU	VERSEAU	VERSEAU	SAGITTAIRE	26 VIERGE
4 MARS	BELIER	BELIER	SCORPION	BELIER	TAUREAU	VERSEAU	VERSEAU	SAGITTAIRE	9 BALANCE
5 MARS	BELIER	BELIER	SCORPION	BELIER	TAUREAU	VERSEAU	VERSEAU	SAGITTAIRE	21 BALANCE
6 MARS	BELIER	BELIER	SCORPION	BELIER	TAUREAU	VERSEAU	VERSEAU	SAGITTAIRE	3 SCORPION
7 MARS	BELIER	BELIER	SCORPION	BELIER	TAUREAU	VERSEAU	VERSEAU	SAGITTAIRE	15 SCORPION
8 MARS	BELIER	BELIER	SCORPION	BELIER	TAUREAU	VERSEAU	VERSEAU	SAGITTAIRE	27 SCORPION
9 MARS	BELIER	BELIER	SCORPION	BELIER	TAUREAU	VERSEAU	VERSEAU	SAGITTAIRE	9 SAGITTAIRE
10 MARS	BELIER	BELIER	SCORPION	BELIER	TAUREAU	VERSEAU	VERSEAU	SAGITTAIRE	21 SAGITTAIRE
11 MARS	BELIER	BELIER	SCORPION	BELIER	TAUREAU	VERSEAU	VERSEAU	SAGITTAIRE	3 CAPRICORNE
12 MARS	BELIER	BELIER	SCORPION	BELIER	TAUREAU	VERSEAU	VERSEAU	SAGITTAIRE	15 CAPRICORNE
13 MARS	BELIER	BELIER	SCORPION	BELIER	TAUREAU	VERSEAU	VERSEAU	SAGITTAIRE	28 CAPRICORNE
14 MARS	BELIER	BELIER	SCORPION	BELIER	TAUREAU	VERSEAU	VERSEAU	SAGITTAIRE	11 VERSEAU
15 MARS	BELIER	BELIER	SCORPION	BELIER	TAUREAU	VERSEAU	VERSEAU	SAGITTAIRE	24 VERSEAU
16 MARS	BELIER	BELIER	SCORPION	BELIER	TAUREAU	VERSEAU	VERSEAU	SAGITTAIRE	8 POISSONS
17 MARS	BELIER	BELIER	SCORPION	BELIER	TAUREAU	VERSEAU	VERSEAU	SAGITTAIRE	22 POISSONS
18 MARS	POISSONS	TAUREAU	SCORPION	BELIER	TAUREAU	VERSEAU	VERSEAU	SAGITTAIRE	7 BELIER
19 MARS	POISSONS	TAUREAU	SCORPION	BELIER	TAUREAU	VERSEAU	VERSEAU	SAGITTAIRE	22 BELIER
20 MARS	POISSONS	TAUREAU	SCORPION	BELIER	TAUREAU	VERSEAU	VERSEAU	SAGITTAIRE	6 TAUREAU
21 MARS	POISSONS	TAUREAU	SCORPION	BELIER	TAUREAU	VERSEAU	VERSEAU	SAGITTAIRE	21 TAUREAU

LE SOLEIL	ENTRE DANS LE SIGNE DES	POISSONS	LE 19 FEVRIER	1999	A 20 h 40	* LES CHIFFRES INDIQUENT LES DEGRÉS
	QUITTE LE SIGNE DES		LE 21 MARS		A 1 h 35	

DÉCOUVREZ DANS QUEL SIGNE SE TROUVAIENT LES PLANÈTES A VOTRE NAISSANCE

2000	MERCURE	VENUS	MARS	JUPITER	SATURNE	URANUS	NEPTUNE	PLUTON	LUNE *
19 FEVRIER	POISSONS	VERSEAU	BELIER	TAUREAU	TAUREAU	VERSEAU	VERSEAU	SAGITTAIRE	27 LION
20 FEVRIER	POISSONS	VERSEAU	BELIER	TAUREAU	TAUREAU	VERSEAU	VERSEAU	SAGITTAIRE	12 VIERGE
21 FEVRIER	POISSONS	VERSEAU	BELIER	TAUREAU	TAUREAU	VERSEAU	VERSEAU	SAGITTAIRE	26 VIERGE
22 FEVRIER	POISSONS	VERSEAU	BELIER	TAUREAU	TAUREAU	VERSEAU	VERSEAU	SAGITTAIRE	9 BALANCE
23 FEVRIER	POISSONS	VERSEAU	BELIER	TAUREAU	TAUREAU	VERSEAU	VERSEAU	SAGITTAIRE	23 BALANCE
24 FEVRIER	POISSONS	VERSEAU	BELIER	TAUREAU	TAUREAU	VERSEAU	VERSEAU	SAGITTAIRE	5 SCORPION
25 FEVRIER	POISSONS	VERSEAU	BELIER	TAUREAU	TAUREAU	VERSEAU	VERSEAU	SAGITTAIRE	17 SCORPION
26 FEVRIER	POISSONS	VERSEAU	BELIER	TAUREAU	TAUREAU	VERSEAU	VERSEAU	SAGITTAIRE	0 SAGITTAIRE
27 FEVRIER	POISSONS	VERSEAU	BELIER	TAUREAU	TAUREAU	VERSEAU	VERSEAU	SAGITTAIRE	12 SAGITTAIRE
28 FEVRIER	POISSONS	VERSEAU	BELIER	TAUREAU	TAUREAU	VERSEAU	VERSEAU	SAGITTAIRE	23 SAGITTAIRE
29 FEVRIER	POISSONS	VERSEAU	BELIER	TAUREAU	TAUREAU	VERSEAU	VERSEAU	SAGITTAIRE	5 CAPRICORNE
1 MARS	POISSONS	VERSEAU	BELIER	TAUREAU	TAUREAU	VERSEAU	VERSEAU	SAGITTAIRE	17 CAPRICORNE
2 MARS	POISSONS	VERSEAU	BELIER	TAUREAU	TAUREAU	VERSEAU	VERSEAU	SAGITTAIRE	29 CAPRICORNE
3 MARS	POISSONS	VERSEAU	BELIER	TAUREAU	TAUREAU	VERSEAU	VERSEAU	SAGITTAIRE	11 VERSEAU
4 MARS	POISSONS	VERSEAU	BELIER	TAUREAU	TAUREAU	VERSEAU	VERSEAU	SAGITTAIRE	24 VERSEAU
5 MARS	POISSONS	VERSEAU	BELIER	TAUREAU	TAUREAU	VERSEAU	VERSEAU	SAGITTAIRE	7 POISSONS
6 MARS	POISSONS	VERSEAU	BELIER	TAUREAU	TAUREAU	VERSEAU	VERSEAU	SAGITTAIRE	20 POISSONS
7 MARS	POISSONS	VERSEAU	BELIER	TAUREAU	TAUREAU	VERSEAU	VERSEAU	SAGITTAIRE	3 BELIER
8 MARS	POISSONS	VERSEAU	BELIER	TAUREAU	TAUREAU	VERSEAU	VERSEAU	SAGITTAIRE	16 BELIER
9 MARS	POISSONS	VERSEAU	BELIER	TAUREAU	TAUREAU	VERSEAU	VERSEAU	SAGITTAIRE	0 TAUREAU
10 MARS	POISSONS	VERSEAU	BELIER	TAUREAU	TAUREAU	VERSEAU	VERSEAU	SAGITTAIRE	13 TAUREAU
11 MARS	POISSONS	VERSEAU	BELIER	TAUREAU	TAUREAU	VERSEAU	VERSEAU	SAGITTAIRE	27 TAUREAU
12 MARS	POISSONS	VERSEAU	BELIER	TAUREAU	TAUREAU	VERSEAU	VERSEAU	SAGITTAIRE	11 GEMEAUX
13 MARS	POISSONS	POISSONS	BELIER	TAUREAU	TAUREAU	VERSEAU	VERSEAU	SAGITTAIRE	26 GEMEAUX
14 MARS	POISSONS	POISSONS	BELIER	TAUREAU	TAUREAU	VERSEAU	VERSEAU	SAGITTAIRE	10 CANCER
15 MARS	POISSONS	POISSONS	BELIER	TAUREAU	TAUREAU	VERSEAU	VERSEAU	SAGITTAIRE	24 CANCER
16 MARS	POISSONS	POISSONS	BELIER	TAUREAU	TAUREAU	VERSEAU	VERSEAU	SAGITTAIRE	8 LION
17 MARS	POISSONS	POISSONS	BELIER	TAUREAU	TAUREAU	VERSEAU	VERSEAU	SAGITTAIRE	22 LION
18 MARS	POISSONS	POISSONS	BELIER	TAUREAU	TAUREAU	VERSEAU	VERSEAU	SAGITTAIRE	6 VIERGE
19 MARS	POISSONS	POISSONS	BELIER	TAUREAU	TAUREAU	VERSEAU	VERSEAU	SAGITTAIRE	20 VIERGE
20 MARS	POISSONS	POISSONS	BELIER	TAUREAU	TAUREAU	VERSEAU	VERSEAU	SAGITTAIRE	4 BALANCE

LE SOLEIL	ENTRE DANS LE SIGNE DES QUITTE LE SIGNE DES	POISSONS	LE 19 FEVRIER LE 20 MARS	2000	A 8 h 25 A 7 h 26	* LES CHIFFRES INDIQUENT LES DEGRÉS

Comme frontispice de cet Eloge de la navigation *d'Herckmans (1634), l'éditeur a choisi Neptune conduisant son char, symbole de la maîtrise des mers.*

Comment interpréter Jupiter et Neptune dans les Signes

Jupiter dans les Signes

Jupiter en Poissons

Jupiter, planète féconde, planète d'expansion, indique dans un thème les qualités d'extraversion, d'extériorisation de la personne. L'expansion de ce signe des Poissons donne à Jupiter un grand amour de la vie et un magnétisme personnel qu'il utilise à bon escient. En effet, le Jupitérien des Poissons a une grande confiance en son étoile. Sa chance peut d'ailleurs être insolente, mais reste néanmoins fluctuante. Pourtant, au dernier moment, alors que tout paraît perdu, notre Jupitérien « refait surface ». Il s'en sort souvent « miraculeusement » ! Un certain goût du faste, un côté un peu ostentatoire n'excluent nullement une générosité réelle. Songeons ici à ce personnage que fut Hector-Savinien Cyrano de Bergerac (conjonction Vénus-Jupiter en Poissons). Planète de vitalité qui donne des contacts faciles et l'amour de la vie, elle faisait dire à Sacha Guitry, Poissons jupitérien : « Fuyez les vieilles barbes et les cerveaux fumeux et adorez la vie, si vous voulez m'en croire, en dépit des méchants, des jaloux, et des sots qui sont plus redoutables encore que la vermine » (*Théâtre je t'adore*). Elle a donné à Pagnol un amour de la vie qu'il chante tout au long de son œuvre. Mais, contradiction Poissons, cette planète n'en favorise pas moins un désir de « respectabilité ». C'est elle qui poussa sans aucun doute le même Sacha Guitry à régulariser successivement ses différentes liaisons. Et c'est ainsi que toute une série de divorces suivis de remariages dans la foulée ponctuèrent sa vie : en 1904, il épouse une actrice, Charlotte Lisès, il divorce ; il épouse sa seconde femme en 1919, Yvonne Printemps, il divorce ; il rencontre Jacqueline Delubac en 1935, il l'épouse, le mariage ne dure pas ; il épouse Geneviève de Sérévile à la veille de la guerre en 1939. Pendant la guerre, il propose à Arletty de l'épouser, elle refuse. Après la guerre, il est seul, il a quelques ennuis, on l'accuse de collaboration, il épouse Lana Marconi. C'est elle qui sera sa veuve en 1957... N'est-ce pas là la conception domestique et bourgeoise de Jupiter en Poissons qui se plie aux exigences et aux fantaisies plus ou moins passagères et à l'instabilité de Neptune ?

Jupiter en Maison XII (Maison que l'on relie symboliquement aux Poissons) protège, selon la Tradition, des épreuves. En tout cas, il les atténue. Souvent, cet aspect favorise une activité dans le monde de l'occulte. Et même s'il est dissonant, il donne une certaine « défense » à l'être, lui permet de se tirer d'affaire *in extremis*. Le Jupitérien possède, d'ailleurs, le don de s'en sortir, en toutes circonstances.

N'oublions pas, comme l'a fait remarquer Swami Kriyananda, que, planète d'expansion, Jupiter peut « aider l'homme à épanouir son éveil vers la conscience cosmique ». C'est sur ce plan très élevé que vécut Savonarole, orateur sacré que Marcel Brion appelle le « héraut de Dieu ». Il avait Jupiter aux Poissons, et tout le thème était orienté dans ce sens...

Le plus souvent, Jupiter donne un optimisme facile et fait d'ailleurs opter le Poissons pour les solutions de facilité. Mais l'être garde néanmoins un certain humour désinvolte. Pour mémoire, citons encore Sacha Guitry : « Les honnêtes femmes sont inconsolables des fautes qu'elles n'ont pas commises » (*Elles et Toi*)...

Jupiter en Bélier

Le dieu de la foudre dans le signe du Feu primordial. Ce n'est pas un gage de modération, mais Jupiter canalise et rend efficace l'agressivité en dents de scie du Bélier. C'est donc un facteur de chance, de rayonnement, d'optimisme et de générosité. Le goût des plaisirs s'en trouve augmenté, ainsi que le contentement de soi. Cette combinaison comparable à Mars-Jupiter peut donner un tempérament quelque peu exhibitionniste, un excès de confiance en soi, une faconde envahissante et vaniteuse.

Mais le caractère est puissant et l'optimisme communicatif. La maturité coïncide avec l'affirmation de la personnalité, bien que la réussite soit souvent précoce. Exemples : Claudia Cardinale, Dali, Chopin, Gœring.

Jupiter en Taureau

L'apport de Jupiter au Taureau ne peut être que chaud. L'astre et le signe se revigorent. Sur ce point, l'astro-psychologie souligne avec à-propos l'afflux des besoins sexuels et sensuels, l'entrain et la santé de la tendance dionysiaque festoyante. Les réactions auto-compensatrices défensives préviennent ce tempérament contre ses propres excès, mais rien ne peut être plus mutilant et contristant qu'un régime sans sel, sans rires, vignes, muses et flonflons.

Jupiter favorise l'extraversion du signe, les turbulences de l'excitation qui l'habite, et concentre l'excitabilité en passions dévorantes, avidités diverses, en amour, argent ou domination, selon le plan d'intérêt.

Jupiter en Gémeaux

Dans les Gémeaux, la bonhomie et l'équilibre accompagné d'auto-satisfaction de Jupiter se heurtent à la nervosité un peu fébrile de ce signe. Un peu dérouté, Jupiter n'utilise pas ses atouts habituels avec autant d'efficacité. Droiture et loyauté, avec la mise en valeur des qualités intellectuelles. Barbault dit, avec humour, que l'autorité et la puissance de l'astre sont affectées comme celles d'un pontife dans un milieu d'adolescents irrespectueux, mais que cette position est heureuse dans l'ordre de la diplomatie et de l'habileté manœuvrière.

Jupiter en Cancer

Jupiter, qui aime tant son confort, ses aises, le luxe en toute chose, exalte la sensualité du Cancer, la matérialise. La philosophie d'un Jupiter en Cancer est dans la jouissance pure et le confort personnel. La réussite professionnelle se fait dans le respect de la tradition et des lois hiérarchiques, dans le culte de la famille et des ancêtres. Que de bienveillance, que de concessions, que de souplesse dans cet alliage ! Rien ne doit freiner ou entraver le désir qu'a le natif de jouir de la vie par tous ses pores. S'il gagne facilement de l'argent, il le dépense encore plus facilement, pour le plaisir de dépenser. Il a besoin d'abondance et de richesse, de beaux objets, de bijoux, de fourrures, de luxueuses voitures. Cet être est, en général, extrêmement séduisant.

Jupiter en Lion

Voilà encore une rencontre qui a eu de tout temps fort bonne réputation. Comment d'ailleurs pourrait-il en être autrement ? Aux yeux de la tradition, l'alliance du signe royal par excellence et de l'astre qualifié de Grand Bénéfique ne saurait enfanter qu'une avalanche de bienfaits: honneurs, célébrité, succès, triomphe et autorité indiscutée vous sont octroyés sans lésiner par les célestes cornes d'abondance.

Quant aux seuls inconvénients évoqués, ils découlent des risques de démesure et de surabondance. L'astro-psychologie descriptive, tout en étant moins catégorique sur les événements promis, ne dément pas la tonalité générale du tableau. L'astre et le signe se rejoignent par leur côté extraverti, optimiste, théâtral et ambitieux, le tout saupoudré de ce paternalisme pontifiant qui est, paraît-il, l'apanage enviable de la maturité bien assise.

Jupiter en Vierge

Les relations entre la planète et le signe sont assez complexes. Selon la tradition, Jupiter est en exil en Vierge. La définition suivante permet de comprendre pourquoi : « Jupiter est une force de développement de l'être humain, par assimilation de ce qui lui vient du monde extérieur. »

Au principe d'expansion, d'ampleur de Jupiter, s'oppose le principe de rétraction de la Vierge. La planète s'ouvre et s'intègre au monde. Le signe s'entoure d'une écorce imperméable aux suggestions extérieures. Cette antinomie, loin de faciliter l'osmose, provoque des « tiraillements » intérieurs éprouvants.

Le problème est particulièrement épineux si les facteurs d'affirmation du Moi sont très puissants dans le thème, si Jupiter est valorisé (conjonction Soleil-Jupiter, par exemple), ou si la Vierge occupe la Maison I (personnalité profonde). Car c'est toute la puissance vitale du sujet qui est contrainte, étouffée dans les limites strictes imposées par le signe. L'extraversion jupitérienne se heurte à l'introversion virginienne.

Jupiter en Balance

Le sujet rayonne la sympathie (Jupiter représente le principe de l'énergie centrifuge en expansion permanente). Il a donc des contacts faciles et heureux avec les autres, que ce soit dans son mariage, ses associations ou ses relations. Les qualités de la planète et du signe se renforcent mutuellement, et les conditions semblent réunies pour que le sujet trouve le bonheur, en particulier dans le mariage, car il a l'esprit large et il est tout prêt à faire des concessions au nom de l'harmonie. Non seulement il peut faire un mariage heureux, mais ce mariage peut être pour lui l'occasion de trouver le bonheur. Le bonheur et parfois l'élévation sociale et un accroissement de fortune.

Jupiter en Scorpion

Nature courageuse, puissante, très intuitive et inventive. Confiance en soi, aptitudes réalisatrices : Jupiter, pratique, organise les forces bouillonnantes du Scorpion. Dans la lutte pour la vie, le Jupitérien du Scorpion est bien armé. Il a de l'autorité, du bon sens, le sens stratégique aussi. Il ne lâche jamais son morceau. Parfois, ses entreprises semblent d'une audace insensée, marquées au coin d'un optimisme délirant. Eh bien, à la surprise générale, il ne se casse pas la figure, il réussit. Son fabuleux optimisme attire la chance. Tout seul, perdu au milieu des tempêtes de la vie, les yeux fixés sur sa bonne étoile, il ne voit qu'elle...

Jupiter en Sagittaire

C'est une position qui annonce une capacité certaine à organiser, à rassembler. Non pas tant à étudier une affaire dans tous ses détails qu'à faire se rencontrer des gens, à leur donner le sentiment d'un destin commun. C'est ainsi que se forment les sociétés humaines, autour de ces chefs qui, à partir d'une situation confuse et disparate, parviennent à instituer un ordre, à faire apparaître des horizons, à cimenter des réseaux encore fragiles.

Celui qui a cette indication dans son thème laissera souvent le souvenir de quelqu'un qui a modifié sensiblement le paysage social et humain, « là où son cheval est passé ».

Jupiter en Capricorne

Mêmes effets que le Soleil dans ce signe, légèrement atténués. Les valeurs protectrices, chaleureuses, bienfaitrices de Jupiter se sentent fort diminuées, amoindries par le signe concentré et réservé du Capricorne. La réussite professionnelle est pourtant certaine grâce à l'ambition tenace du signe.

Jupiter en Verseau

A condition que ces tendances soient convenablement mûries, vous pouvez vous faire apprécier par des sentiments humanitaires ou par de larges conceptions sociales. Il s'agit de « mettre la main à la pâte », de « relever vos manches » pour que le monde, le pays, votre groupe professionnel ou votre famille sortent de leur enlisement, de leurs difficultés ou de leurs routines. Vous comptez bien que l'on vous en saura gré et vous vous y employez utilement.

Comment vous préférez donner qu'accumuler, l'état de vos finances risque de souffrir de générosités au-dessus de vos moyens ou de l'oubli des contingences matérielles.

Neptune dans les Signes

Neptune en Poissons

Neptune donne aux natifs du signe intuition, sensibilité et perception des choses invisibles. Egalement des aspirations, plus ou moins confuses, à une communion avec le Grand Tout, d'où des tendances mystiques fréquentes. Parfois vécues... Comme l'a définit Frédéric Lionel : « L'expérience mystique est une aventure vécue de la conscience, laquelle résonne à l'impact d'énergies subtiles auxquelles elle est accordée. »

Représentant différentes formes de pensée, les éléments sont, il faut le rappeler, associés à des plans d'évolution différents. La Terre est liée à la vie matérielle. L'Air à la pensée : on lui rattache la philosophie. Le Feu, dans toutes les traditions, est un symbole d'initiation, et l'Eau est symbole de l'âme et non plus de l'esprit : on lui rattache la religion.

Le Neptunien entre en communion avec l'invisible, parce qu'il fait corps avec lui. Il est plus à l'aise dans ce monde-là que dans celui du commun des mortels, disons que dans celui de la plupart d'entre nous. C'est un dialogue avec l'invisible qui lui fait « capter la musique des sphères ». Il vit dans un monde sans frontières (le « Citoyen du Monde » : Camille Flammarion). Antenne captatrice, Neptune ouvre les portes à la perception de l'infini. Le monde inconscient, du mystère, prend le pas sur la logique cartésienne : c'est le monde de la clairvoyance et de la télépathie. On touchera alors à la métapsychique, au spiritisme, etc., notamment si le Secteur XII est important. Avec Neptune s'ouvre tout un monde secret : nous sommes aux portes de l'invisible. Au niveau le plus simple, dans la vie de chaque jour, Neptune crée un climat, une atmosphère : la vraie spiritualité, la sainteté, se cachent, souvent, dans la vie la plus simple. Le Neptunien des Poissons attachera plus d'importance à ce qui ne se voit pas qu'au monde des apparences. « L'essentiel est invisible pour les yeux » (Antoine de Saint-Exupéry, Cancer ; mais avec le Soleil proche de Neptune qui fait de lui un neptunien).

Avec Neptune, nous pénétrons de toute façon dans un univers teinté de magie et d'envoûtement. « Quelle merveilleuse impression, dira la Neptunienne Anaïs Nin, de ne pas se sentir isolé. Et l'on peut enfin faire vivre sa nature universelle. On est en contact avec le monde entier... Et j'ai le sentiment d'être en rapport avec le monde entier. »

Avec Neptune, nous avons toutes les idéologies « communistes », au sens le plus vrai du terme ; nous avons les aventuriers spirituels et ceux qui partent sur les mers à la poursuite de leurs rêves ou de leurs chimères. Selon Lisa Morpugo, cela vient du fait que c'est Neptune, dieu des mers et de l'infini, qui insuffle aux êtres vivants l'inquiétude nécessaire pour les faire « bouger ». Dans cette perspective, disons que Neptune les pousse vers ce que l'on appelle l'aventure, sous toutes ses formes, parce que c'est Neptune, dieu de la mer symbolisant l'inconscient collectif, qui leur insuffle une inquiétude fondamentale. Cette inquiétude peut les amener sur les chemins de l'évolution. Mais elle peut devenir névrotique si le thème est dissonant, si le Moi est mal structuré. Neptune entraîne alors l'âme vers de terribles naufrages dont elle ne revient pas. Lorsque Neptune est dissonant, il y a toujours, à un moment de la vie, une perte de contact avec le réel. L'être voit son destin s'enfoncer, sombrer avec ses rêves, et sa vie peut devenir incohérente s'il ne se ressaisit pas très vite. Les événements prennent des allures irréelles ; le rêve lui paraît réel : mirages de l'âme et de la vie...

Si l'être perd pied, Neptune l'entraînera sur les chemins de la déchéance. Neptune, dieu des tempêtes, engloutit le vaisseau des espérances... Et, nous avons là tous les naufrages des Poissons qui sombrent au rivage de leur Maison XII.

Fusion féconde avec l'infini, ou dissolution de l'âme tandis que l'être retourne au chaos. Telle est bien la dualité des flux ou reflux de la vague ; double visage de ce signe qui peut être signe de fécondité ou de dissolution (pouvant aller jusqu'à la folie).

Neptune, dans un ciel Poissons, représentera aussi bien l'homme ramenant au port, à travers la tempête, des trésors insoupçonnés, que celui qui se laisse dévorer par les monstres marins et emporter au fond des mers. Il est certain qu'avec Neptune il y a souvent une part de mirages, d'illusions... Ajoutons qu'il faut, de toute façon, toujours se méfier de cette insidieuse planète sur le plan matériel.

Neptune en Bélier

Dans le signe de Mars, Neptune amplifie l'agressivité ou le rêve. Là encore, tout dépend des aspects, en particulier des positions respectives de ces deux planètes. Ou bien c'est Mars qui domine (l'action) ou bien c'est Neptune (l'idéal, le rêve). Les deux sont le plus souvent en conflit mais il peut arriver qu'ils coïncident : on a alors une action révolutionnaire qui réalise le rêve (Lénine, conjonction Mars-Neptune). Mais le tsar qu'il renversa avait aussi Neptune en Bélier, non loin du Soleil ! C'est alors l'illusion, la chimère. Avec cette position, on peut aussi avoir une tendance au scandale ou au mysticisme (Cervantes).

Neptune en Taureau

L'efficacité opère dans le plan irrationnel de la vie affective et spirituelle, plutôt que dans celui de la raison sociale.

Neptune en Taureau a des chances de vibrer aux chansons des bois et forêts, et autres présences universelles, sensibles et indicibles. La cohésion du signe sera dans le désir d'union sensuelle, ce qui peut rendre la mystique difficile, sauf si elle est panthéiste, païenne, en prise sur le folklore. Autre chose, enfin, que l'ascèse et le dogme.

En négatif, le pôle dionysiaque du Taureau prendra avec Neptune des voies de perdition, la quête d'extase mystique, le besoin de participation cosmique, dégénérant en sensualité chaotique.

Neptune en Gémeaux

Il semble y avoir plus de théorie que de constatations effectives dans ce que l'on peut en dire. Selon André Barbault, l'émotivité géminienne serait intensifiée et la sensibilité de l'astre en serait intensifiée, dans un échange courtois de bons procédés. D'autres astrologues affirment que l'intuition devient plus lucide, que l'action neptunienne devient plus créatrice, se cantonnant surtout dans l'immédiat, le quotidien. On y voit aussi des dons de clairvoyance, surtout dans les affaires, et les femmes seraient peu fidèles. Certains décèlent des tendances hystériques, des états d'âme chaotiques.

Neptune en Cancer

La planète double son inspiration intuitive dans le Cancer : elle devient très fortement sensible à toute vibration sensorielle. Elle capte les moindres ondes de son entourage et plonge dans les eaux sans fond de la sensation, du délire artistique (musical, visuel, auditif) avec un goût prononcé pour tout ce qui a trait à l'eau, à l'élément liquide.

Neptune en Lion

Énigmatique et problématique alliage. Les affinités entre la planète et le signe sont nettement moins évidentes que dans le cas d'Uranus ou de Jupiter, et la coopération ne sera vraiment effective que si Neptune reçoit par ailleurs de forts aspects dynamisants. Dans le cas contraire, les fonctions dominantes du Lion sont passablement altérées. Les manuels traditionnels parlent d'exaltation lyrique, idéaliste, mystique ou romanesque, de sens esthétique noble et raffiné, avec forte tendance aux illusions et déceptions sentimentales, si Neptune est très dissoné.

Neptune en Vierge

Neptune, maître des Poissons, est en exil dans le signe opposé, la Vierge. Tout, en effet, oppose le signe et la planète. Neptune est caractérisé par l'extrême ampleur du champ de conscience, d'où une très forte intuition, une façon d'appréhender les choses et les situations sans passer par le canal de la logique, de la raison. Quel décalage avec la Vierge, dont les mécanismes de pensée s'appuient précisément sur ces deux facultés !

De ce perpétuel affrontement entre être et réalité, entre plasticité psychique et rigidité mentale, entre désordre et ordre, naît une sorte d'inadaptation permanente.

Neptune en Vierge risque de perturber la vie quotidienne, mais le sujet conserve néanmoins une dimension imaginative, une « inspiration » très favorable sur le plan artistique (Annie Girardot, Neptune conjoint à l'Ascendant en Vierge). Cette position peut aussi accentuer l'idéalisme et le dévouement à une cause humanitaire (Arlette Laguiller, Neptune, conjoint à l'Ascendant en Vierge, opposé à la conjonction Soleil-Mercure en Poissons).

Neptune en Balance

Le sujet qui a Neptune dans la Balance se fait de la justice une idée très élevée. Il est même près de croire à l'existence d'une justice immanente.

La sensibilité, la tendresse, la douceur neptuniennes transforment l'amour de la Balance en un sentiment idéal qui se porte naturellement sur le conjoint ou les partenaires, puisque la Balance est le signe des associations. Le mariage lui-même peut évoluer vers une union platonique qui trouvera sa finalité dans une recherche commune des valeurs spirituelles.

Son art, raffiné, est marqué par le flou et la légèreté neptuniens qui lui donnent quelque chose d'irréel. La musique, le cinéma, la poésie sont des supports particulièrement bien adaptés à cette inspiration.

Neptune en Scorpion

Affinités entre cette planète de rêve et d'imagination, et notre Scorpion naturellement attiré par l'étrange, le fantastique, le mystère.

Les Neptuniens du Scorpion sont médiums, clairvoyants, ils ont des dons occultes, s'intéressent aux problèmes de l'au-delà. Mystiques, artistes, sensibles, intelligents, ils devinent tout ce qu'on leur cache. Ils travaillent dans le secret, s'enfermant à double tour dans leur chambre ou leur bureau. Les forces invisibles se mettent au service de la création.

Neptune en Sagittaire

Le Sagittaire a le sens de l'idéologie ! Il sait que pour entraîner le grand nombre, il convient de lancer un certain nombre de slogans, de proposer des modèles d'explication, à la façon dont on parle de la lutte des classes, par exemple. Cette position de Neptune est donc favorable, elle révèle quelqu'un qui saisit les vagues de fond, qui prophétise les grands bouleversements mais qui ne sait pas toujours faire les choix qui s'imposent s'il est trop entraîné par la politique politicienne.

Neptune en Capricorne

La planète de la sensibilité artistique, de la douceur, de la souplesse et de la mobilité psychique n'est pas spécialement confortée par le Capricorne qui lui interdit les vraies intuitions ou les soumet au crible d'une raison moralisatrice très refroidissante. La sensibilité et la rigueur de la pensée se trouvent en contradiction.

Neptune en Verseau

Si vous êtes Neptunien, vous vous dégagez facilement des conditionnements sociaux pour tenter de vivre votre réalité intérieure. Vous êtes intuitif, généreux et crédule, parfois naïf. Vous projetez souvent vos impressions et présentez parfois des vérités que vous avez du mal à formuler. Si vous transformez la réalité, c'est qu'un fait brutal vous émeut et que vous désirez prendre des distances pour amortir le choc.

Comment utiliser vos heure et lieu de naissance pour déterminer le signe zodiacal de la Lune

Votre heure solaire de naissance (déjà calculée pour votre Ascendant) .... H 5h35

Rectification de cette heure d'après la carte de géographie mondiale et en fonction de votre lieu de naissance (p. 8-9) .... H * 5h05

Par exemple, si vous êtes né(e) en Égypte, vous vous reportez à ce pays sur la carte des pages 8 et 9 ; vous suivez le trait vertical vers le haut et vous lisez **Retranchez 2 h.** *Vous inscrivez donc – 2 h, ci-contre.*

Soit l'heure de Greenwich correspondant à votre heure solaire de naissance : (HG) ....5h05 H **

* Si cette valeur est supérieure à votre heure solaire de naissance et que vous devez la retrancher, il vous suffit d'ajouter d'abord 24 heures à votre heure solaire de naissance :
4 h 30 – 6 h soit 4 h 30 + 24 h = 28 h 30 – 6 h = **22 h 30**
** Si ce total est supérieur à 24 heures, vous retranchez simplement 24 heures :
19 h + 7 h = 26 h – 24 h = **2 h**

Par simple lecture du tableau ci-dessous vous trouvez alors le nombre de degrés zodiacaux à ajouter ou à retrancher du nombre indiqué par la Table pour obtenir le signe zodiacal final de la Lune à votre naissance.

Si l'heure de Greenwich (HG) est comprise entre ▼	et ▼	Voici l'opération que vous effectuez ▼	
0 h	1 h 30	Vous retranchez	6 degrés
1 h 31	3 h 30	Vous retranchez	5 degrés
3 h 31	5 h 30	Vous retranchez	4 degrés
5 h 31	7 h 30	Vous retranchez	3 degrés
7 h 31	9 h 30	Vous retranchez	2 degrés
9 h 31	11 h 30	Vous retranchez	1 degré
11 h 31	12 h 30	Aucun changement	
12 h 31	14 h 30	Vous ajoutez	1 degré
14 h 31	16 h 30	Vous ajoutez	2 degrés
16 h 31	18 h 30	Vous ajoutez	3 degrés
18 h 31	20 h 30	Vous ajoutez	4 degrés
20 h 31	22 h 30	Vous ajoutez	5 degrés
22 h 31	0 h	Vous ajoutez	6 degrés

Exemple : Lune à 27 degrés du Capricorne pour une naissance à Mexico à 15 heures solaires. L'heure Greenwich correspondante est égale à 15 h + 6 h 30 = 21 h 30 qui se situent entre 20 h 31 et 22 h 30, et l'on doit ajouter 5 degrés zodiacaux soit 27 degrés Capricorne + 5 = 32 et 32 = 30 + 2, soit Lune à 2 degrés du Verseau = Lune en Verseau.

Le natif des Poissons est dans la même situation que cette femme regardant l'aube : perception des signes de la nature, attente de la lumière salvatrice.

Généralités sur les aspects planétaires

Dans leur mouvement autour du Soleil, les planètes occupent des positions différentes les unes par rapport aux autres.

Les aspects planétaires correspondent à certaines de ces positions vues de la Terre, c'est-à-dire en fonction du signe zodiacal occupé par chaque planète.

Certains écarts entre deux planètes constituent des aspects harmoniques.

Dans ce cas, les énergies des deux planètes se combinent aisément et s'enrichissent mutuellement ; il existe une heureuse possibilité de développement des facultés physiques et psychologiques correspondant à ces deux planètes.

D'autres écarts entre planètes constituent des aspects dissonants.

Dans ce cas, les énergies des deux planètes entrent en conflit et ne parviennent pas à s'associer positivement ; il se produit un excès ou une carence des facultés planétaires correspondantes.

Vous trouverez dans les tableaux d'aspects ci-après la nature harmonique (H) ou dissonante (D) des aspects que formaient, à votre naissance, les différentes planètes entre elles.

Dans certains cas, les planètes ne forment aucun aspect, ce qui correspond aux zones vides des tableaux.

Si, par exemple, vous désirez connaître la nature de l'aspect éventuel que formait Jupiter en Cancer avec Mars en Poissons, vous utilisez le tableau « Si vous avez une planète dans le Cancer ».

Vous cherchez la ligne Mars dans ce tableau, et à la colonne Poissons vous lisez H, ce qui signifie que Jupiter et Mars ont entre eux un aspect harmonique.

Au cas où les deux planètes sont dans la même ligne, vous utilisez le tableau spécial dont l'emploi se passe de commentaire.

La recherche de la signification des aspects constitue une exploration nouvelle et enrichissante de votre personnalité.

Vous pouvez en retirer une connaissance très utile des forces qui, en vous, se complètent ou s'opposent, ce qui vous donne la possibilité de les exprimer encore mieux.

QUALITÉ DES ASPECTS LORSQUE DEUX PLANÈTES SE TROUVENT DANS LE MÊME SIGNE ZODIACAL

	PLANÈTE DANS LE SIGNE ZODIACAL									
AUTRES PLANÈTES DANS LE MÊME SIGNE	SOLEIL	LUNE	MERCURE	VÉNUS	MARS	JUPITER	SATURNE	URANUS	NEPTUNE	PLUTON
SOLEIL		H	H	H	D	H	D	D	H	D
LUNE	H		H	H	D	H	D	D	H	D
MERCURE	H	H		H	D	H	D	D	H	D
VÉNUS	H	H	H		D	H	D	D	H	D
MARS	D	D	D	D		D	D	D	D	D
JUPITER	H	H	H	H	D		D	D	H	D
SATURNE	D	D	D	D	D	D		D	D	D
URANUS	D	D	D	D	D	D	D		D	D
NEPTUNE	H	H	H	H	D	H	D	D		D
PLUTON	D	D	D	D	D	D	D	D	D	

SI VOUS AVEZ UNE PLANÈTE DANS LE BÉLIER

Elle a les aspects suivants avec les autres Planètes dans les autres signes	BÉLIER	TAUREAU	GÉMEAUX	CANCER	LION	VIERGE	BALANCE	SCORPION	SAGITTAIRE	CAPRICORNE	VERSEAU	POISSONS
SOLEIL			H	D	H		D		H	D	H	
LUNE	VOIR TABLEAU SPÉCIAL		H	D	H		D		H	D	H	
MERCURE			H	D	H		D		H	D	H	
VÉNUS			H	D	H		D		H	D	H	
MARS			H	D	H		D		H	D	H	
JUPITER			H	D	H		D		H	D	H	
SATURNE			H	D	H		D		H	D	H	
URANUS			H	D	H		D		H	D	H	
NEPTUNE			H	D	H		D		H	D	H	
PLUTON			H	D	H		D		H	D	H	

SI VOUS AVEZ UNE PLANETE DANS LE TAUREAU

Elle a les aspects suivants avec les autres Planètes dans les autres signes	BÉLIER	TAUREAU	GÉMEAUX	CANCER	LION	VIERGE	BALANCE	SCORPION	SAGITTAIRE	CAPRICORNE	VERSEAU	POISSONS
SOLEIL				H	D	H		D		H	D	H
LUNE		VOIR TABLEAU SPÉCIAL		H	D	H		D		H	D	H
MERCURE				H	D	H		D		H	D	H
VÉNUS				H	D	H		D		H	D	H
MARS				H	D	H		D		H	D	H
JUPITER				H	D	H		D		H	D	H
SATURNE				H	D	H		D		H	D	H
URANUS				H	D	H		D		H	D	H
NEPTUNE				H	D	H		D		H	D	H
PLUTON				H	D	H		D		H	D	H

SI VOUS AVEZ UNE PLANÈTE DANS LES GÉMEAUX

Elle a les aspects suivants avec les autres Planètes dans les autres signes	BÉLIER	TAUREAU	GÉMEAUX	CANCER	LION	VIERGE	BALANCE	SCORPION	SAGITTAIRE	CAPRICORNE	VERSEAU	POISSONS
SOLEIL	H				H	D	H		D		H	D
LUNE	H		VOIR TABLEAU SPÉCIAL		H	D	H		D		H	D
MERCURE	H				H	D	H		D		H	D
VÉNUS	H				H	D	H		D		H	D
MARS	H				H	D	H		D		H	D
JUPITER	H				H	D	H		D		H	D
SATURNE	H				H	D	H		D		H	D
URANUS	H				H	D	H		D		H	D
NEPTUNE	H				H	D	H		D		H	D
PLUTON	H				H	D	H		D		H	D

SI VOUS AVEZ UNE PLANÈTE DANS LE CANCER

Elle a les aspects suivants avec les autres Planètes dans les autres signes	BÉLIER	TAUREAU	GÉMEAUX	CANCER	LION	VIERGE	BALANCE	SCORPION	SAGITTAIRE	CAPRICORNE	VERSEAU	POISSONS
SOLEIL	D	H		VOIR TABLEAU SPÉCIAL		H	D	H		D		H
LUNE	D	H				H	D	H		D		H
MERCURE	D	H				H	D	H		D		H
VÉNUS	D	H				H	D	H		D		H
MARS	D	H				H	D	H		D		H
JUPITER	D	H				H	D	H		D		H
SATURNE	D	H				H	D	H		D		H
URANUS	D	H				H	D	H		D		H
NEPTUNE	D	H				H	D	H		D		H
PLUTON	D	H				H	D	H		D		H

SI VOUS AVEZ UNE PLANÈTE DANS LE LION

Elle a les aspects suivants avec les autres Planètes dans les autres signes	BÉLIER	TAUREAU	GÉMEAUX	CANCER	LION	VIERGE	BALANCE	SCORPION	SAGITTAIRE	CAPRICORNE	VERSEAU	POISSONS
SOLEIL	H	D	H		VOIR TABLEAU SPÉCIAL		H	D	H		D	
LUNE	H	D	H				H	D	H		D	
MERCURE	H	D	H				H	D	H		D	
VÉNUS	H	D	H				H	D	H		D	
MARS	H	D	H				H	D	H		D	
JUPITER	H	D	H				H	D	H		D	
SATURNE	H	D	H				H	D	H		D	
URANUS	H	D	H				H	D	H		D	
NEPTUNE	H	D	H				H	D	H		D	
PLUTON	H	D	H				H	D	H		D	

SI VOUS AVEZ UNE PLANÈTE DANS LA VIERGE

Elle a les aspects suivants avec les autres Planètes dans les autres signes	BÉLIER	TAUREAU	GÉMEAUX	CANCER	LION	VIERGE	BALANCE	SCORPION	SAGITTAIRE	CAPRICORNE	VERSEAU	POISSONS
SOLEIL		H	D	H		VOIR TABLEAU SPÉCIAL		H	D	H		D
LUNE		H	D	H				H	D	H		D
MERCURE		H	D	H				H	D	H		D
VÉNUS		H	D	H				H	D	H		D
MARS		H	D	H				H	D	H		D
JUPITER		H	D	H				H	D	H		D
SATURNE		H	D	H				H	D	H		D
URANUS		H	D	H				H	D	H		D
NEPTUNE		H	D	H				H	D	H		D
PLUTON		H	D	H				H	D	H		D

SI VOUS AVEZ UNE PLANÈTE DANS LA BALANCE

Elle a les aspects suivants avec les autres Planètes dans les autres signes	BÉLIER	TAUREAU	GÉMEAUX	CANCER	LION	VIERGE	BALANCE	SCORPION	SAGITTAIRE	CAPRICORNE	VERSEAU	POISSONS
SOLEIL	D		H	D	H		VOIR TABLEAU SPÉCIAL		H	D	H	
LUNE	D		H	D	H				H	D	H	
MERCURE	D		H	D	H				H	D	H	
VÉNUS	D		H	D	H				H	D	H	
MARS	D		H	D	H				H	D	H	
JUPITER	D		H	D	H				H	D	H	
SATURNE	D		H	D	H				H	D	H	
URANUS	D		H	D	H				H	D	H	
NEPTUNE	D		H	D	H				H	D	H	
PLUTON	D		H	D	H				H	D	H	

SI VOUS AVEZ UNE PLANÈTE DANS LE SCORPION

Elle a les aspects suivants avec les autres Planètes dans les autres signes	BÉLIER	TAUREAU	GÉMEAUX	CANCER	LION	VIERGE	BALANCE	SCORPION	SAGITTAIRE	CAPRICORNE	VERSEAU	POISSONS
SOLEIL		D		H	D	H		VOIR TABLEAU SPÉCIAL		H	D	H
LUNE		D		H	D	H				H	D	H
MERCURE		D		H	D	H				H	D	H
VÉNUS		D		H	D	H				H	D	H
MARS		D		H	D	H				H	D	H
JUPITER		D		H	D	H				H	D	H
SATURNE		D		H	D	H				H	D	H
URANUS		D		H	D	H				H	D	H
NEPTUNE		D		H	D	H				H	D	H
PLUTON		D		H	D	H				H	D	H

SI VOUS AVEZ UNE PLANÈTE DANS LE SAGITTAIRE

Elle a les aspects suivants avec les autres Planètes dans les autres signes	BÉLIER	TAUREAU	GÉMEAUX	CANCER	LION	VIERGE	BALANCE	SCORPION	SAGITTAIRE	CAPRICORNE	VERSEAU	POISSONS
SOLEIL	H		D		H	D	H		VOIR TABLEAU SPÉCIAL		H	D
LUNE	H		D		H	D	H				H	D
MERCURE	H		D		H	D	H				H	D
VÉNUS	H		D		H	D	H				H	D
MARS	H		D		H	D	H				H	D
JUPITER	H		D		H	D	H				H	D
SATURNE	H		D		H	D	H				H	D
URANUS	H		D		H	D	H				H	D
NEPTUNE	H		D		H	D	H				H	D
PLUTON	H		D		H	D	H				H	D

SI VOUS AVEZ UNE PLANÈTE DANS LE CAPRICORNE

Elle a les aspects suivants avec les autres Planètes dans les autres signes	BÉLIER	TAUREAU	GÉMEAUX	CANCER	LION	VIERGE	BALANCE	SCORPION	SAGITTAIRE	CAPRICORNE	VERSEAU	POISSONS
SOLEIL	D	H		D		H	D	H		VOIR TABLEAU SPÉCIAL		H
LUNE	D	H		D		H	D	H				H
MERCURE	D	H		D		H	D	H				H
VÉNUS	D	H		D		H	D	H				H
MARS	D	H		D		H	D	H				H
JUPITER	D	H		D		H	D	H				H
SATURNE	D	H		D		H	D	H				H
URANUS	D	H		D		H	D	H				H
NEPTUNE	D	H		D		H	D	H				H
PLUTON	D	H		D		H	D	H				H

SI VOUS AVEZ UNE PLANÈTE DANS LE VERSEAU

Elle a les aspects suivants avec les autres Planètes dans les autres signes	BÉLIER	TAUREAU	GÉMEAUX	CANCER	LION	VIERGE	BALANCE	SCORPION	SAGITTAIRE	CAPRICORNE	VERSEAU	POISSONS
SOLEIL	H	D	H		D		H	D	H		VOIR TABLEAU SPÉCIAL	
LUNE	H	D	H		D		H	D	H			
MERCURE	H	D	H		D		H	D	H			
VÉNUS	H	D	H		D		H	D	H			
MARS	H	D	H		D		H	D	H			
JUPITER	H	D	H		D		H	D	H			
SATURNE	H	D	H		D		H	D	H			
URANUS	H	D	H		D		H	D	H			
NEPTUNE	H	D	H		D		H	D	H			
PLUTON	H	D	H		D		H	D	H			

SI VOUS AVEZ UNE PLANÈTE DANS LES POISSONS

Elle a les aspects suivants avec les autres Planètes dans les autres signes	BÉLIER	TAUREAU	GÉMEAUX	CANCER	LION	VIERGE	BALANCE	SCORPION	SAGITTAIRE	CAPRICORNE	VERSEAU	POISSONS
SOLEIL		H	D	H		D		H	D	H		VOIR TABLEAU SPÉCIAL
LUNE		H	D	H		D		H	D	H		
MERCURE		H	D	H		D		H	D	H		
VÉNUS		H	D	H		D		H	D	H		
MARS		H	D	H		D		H	D	H		
JUPITER		H	D	H		D		H	D	H		
SATURNE		H	D	H		D		H	D	H		
URANUS		H	D	H		D		H	D	H		
NEPTUNE		H	D	H		D		H	D	H		
PLUTON		H	D	H		D		H	D	H		

Les constellations et leur représentation zoomorphe inspirèrent de tous temps les sculpteurs. Ici, le signe des Poissons, bas-relief du Temple Malatesta à Rimini.

Comment interpréter les aspects de Jupiter et de Neptune avec les autres Planètes

La théorie astro-psychanalytique a fait progresser de façon considérable le portrait psychologique à travers le thème. Ce portrait ne se contente plus de faire une description caractérologique pure. Il devient l'étude de la psyché tout entière, en plongeant dans les racines mêmes de l'inconscient. « Les planètes sont les dieux symboles des puissances de l'inconscient. L'horoscope correspond à un certain moment de l'entretien mutuel des dieux, c'est-à-dire des archétypes psychiques » (Jung).

Tout ce qu'un être projette se transforme en action et se met à vivre. « Cherchez et vous trouverez. Mais chercher nous conduit à trouver si nous cherchons ce qui est en nous. Chercher ne sert à rien, si nous cherchons ce que notre être intérieur ne contient pas » (Confucius).

Selon Jacques Berthon, les événements ne sont qu'une « fioriture du destin ». Le choc, le complexe, la dissonance, le lien entre les planètes, en un mot les aspects, sont la source du drame. L'aspect est l'angle formé par deux planètes. Source de conflit, souvent interne, c'est une brisure qui peut s'agrandir. Il ne s'agit pas de l'ignorer. Il s'agit de « faire avec », de vivre avec... La destinée se bâtit peu à peu sur cette déchirure qu'est notre incarnation. Notre existence est en fait une « guerre civile » intérieure. Il n'y a pas le choix : ou bien l'être va s'enfoncer de plus en plus, ou bien il va « renverser » l'aspect. Il faut donc donner les grandes lignes de l'effort nécessaire pour vaincre la dissonance, ou pour utiliser le bon aspect.

Lorsqu'on a compris son thème, on ne peut plus tricher. Il s'agit seulement de tirer le meilleur parti de ses configurations natales, qu'elles soient « bonnes » ou « mauvaises »... L'aspect évolue au cours d'une vie. Saturne « frustre » plus à vingt ans qu'à l'âge de la retraite. Le tout est de savoir l'utiliser. Il n'y a pas de bon aspect et de mauvais aspect. Tous les aspects sont, selon ce que l'on en fait, bons ou mauvais. Les bons aspects peuvent incliner à chercher des solutions de facilité, à se laisser vivre. C'est alors un piège que la vie nous tend en nous offrant un bon fauteuil. On n'en bougera plus. On peut se scléroser avec un thème harmonique.

Les mauvais aspects, en revanche, nous donnent un « coup de pied aux fesses ». Ce n'est pas très agréable, mais c'est le meilleur moyen de ne pas s'endormir. Avec une dissonance, nous sommes vite rappelés à l'ordre ! Il est certain que si le thème est très dissonant, notre vie au jour le jour sera moins facile. C'est là où il y a dissonance que devront porter nos efforts. Mais n'oublions pas que les plus belles réalisations sortent justement des dissonances. Méfions-nous d'un ciel où tout va dans le même sens. La vie est harmonie mais pas uniformité. « Le trop de quelque chose est un manque de quelque chose », selon la sagesse arabe.

L'angle sous lequel nous recevons les choses, l'aspect, est un ensemble d'influences que la conjonction illustre parfaitement : les deux planètes sont à la même longitude (degré), mais elle peut être positive ou non selon les cas et les planètes en jeu.

Aspects harmoniques : le trigone est d'essence harmonique. Il s'appuie sur le chiffre 3 : Essence, Substance, Conscience, et facilite les choses. Triangle, il sépare deux signes d'un même élément. L'aspect joue alors dans le même sens. Il y a donc facilité, aisance. Le sextile relie deux éléments dissemblables mais qui s'harmonisent : l'Eau et la Terre, par exemple. Il y a donc échange. L'aspect est dynamisant.

Aspects dissonants : ils sont dits « maléfiques ». Ne nous y trompons pas. Le carré (90 degrés) est un affrontement, une tension à résoudre. « Le carré, a dit F. Lionel, est l'image d'un monde limité, d'un monde soumis à l'espace et au temps. » Il met l'être en croix : c'est la porte étroite... L'opposition (180 degrés) est un pont à franchir, une contradiction intérieure qu'il nous faudra surmonter, dépasser, afin qu'elle ne nous enlise pas. Dans l'opposition, il peut y avoir un véritable jeu de bascule d'un pôle à l'autre. Dans la conjonction d'ailleurs aussi, quand les deux planètes sont en contradiction. « La vie est de la couleur du verre à travers laquelle nous la regardons », disait Lope de Vega. « Vous ne pouvez empêcher les oiseaux du malheur de voler au-dessus de vos têtes, dit un vieux proverbe chinois, mais vous pouvez les empêcher de faire leur nid dans vos cheveux. »

Il suffit de peu de choses pour transformer un mauvais aspect, pour le sublimer en le faisant jouer sur un autre plan. « A partir du Dieu Suprême jusqu'à la lie la plus vile, tout s'unit et s'enchaîne par des liens mutuels à jamais indissolubles », disait Maître Eckhart. Perversion, névrose et sublimation sont, dira l'astrologie moderne, les trois produits d'une même constellation. Avant d'aller plus avant une remarque s'impose : aucun aspect ne doit être séparé du contexte d'ensemble. De même que la vie est constituée de peines et de joies qui forment un tout, l'analyse d'un ciel astral ne peut être faite de manière analytique. Il faut pouvoir opérer une synthèse.

Les aspects de Jupiter

Avec Jupiter aux Poissons, l'extraversion, l'expansion, et la croissance sont facilitées quand l'aspect est harmonique ; une certaine difficulté à réaliser cette expansion apparaît quand le thème présente une dissonance. Les difficultés sur le plan matériel et sur le plan de la réalisation personnelle seront quasi constantes.

Jupiter - Soleil

Affirmation de soi et expansion, extraversion des qualités ou des défauts solaires. Avec Jupiter, il y a extraversion de la volonté dans une réalisation. On s'intègre à la vie de façon euphorique. La vie est vécue « harmoniquement ». L'idéal du Moi et l'affirmation de soi s'accordent pour faire de l'individu un créateur qui réalise ses projets.

En dissonance, il y a entre l'ambition et la réalisation de l'individu un certain hyatus. On veut être en vedette à tout prix, mais on n'y arrive pas. On s'intègre difficilement dans un contexte familial. L'opposition peut devenir écartèlement. On s'arrête devant un seuil qu'on ne sait comment franchir. Avec le carré, le cap est plus difficile encore à passer. On gaspille ses forces inutilement, par manque de lucidité. L'aspect ne nuit pas à la réussite (opposition Soleil-Jupiter dans le ciel de Sacha Guitry, par exemple), mais n'empêchera pas les difficultés financières ou matérielles.

Jupiter-Lune

Extraversion des qualités ou des défauts lunaires (aisance ou difficultés dans la vie ou dans les rapports avec les femmes, selon les cas). C'est un aspect toujours plus facile à vivre dans le thème d'une femme que dans celui d'un homme. Il y a harmonie au niveau de la sensibilité et des contacts avec les autres. Réussite de la vie de femme dans un thème féminin, et dans un thème masculin, bons rapports avec les femmes, relations facilitées. La personnalité ne manque pas de magnétisme, mais elle est parfois vulnérable. La sociabilité est extrême, mais l'être est influençable. En cas de dissonance, la vie peut être incohérente. L'insouciance est grande, et le natif manque de sens pratique. Ou alors prodigalité plus ou moins ostentatoire. On devra voir le « sens de l'aspect » et quelle planète l'emporte de la Lune ou de Jupiter (interprétation différente).

Jupiter-Vénus

En aspect harmonique aux Poissons, amour de la vie tranquille. L'extraversion amoureuse est facile. On rêve de légaliser un amour, mais des difficultés peuvent alors surgir (analogie avec le Secteur XII). La réalisation artistique est à envisager, si le thème s'y prête. Elles est plus difficile avec une dissonance, mais on trouve souvent un thème plus créatif, à moins que le conflit n'entraîne une tendance au doute, au découragement. On trouve alors difficilement son équilibre. On manque de sérénité intérieure. Il y a même une certaine insatisfaction, notamment dans le domaine sentimental. Et l'on peut se lancer dans des transactions ou des investissements imprudents dans un sens plus matériel. L'excès d'extraversion amoureuse conduit à une vie de « débordements ».

Jupiter-Mercure

Extériorisation facile des contacts avec l'entourage et de la pensée. Le sens pratique est assez important. On agit avec sagacité, on s'exprime avec aisance, quand l'aspect est harmonique.

En cas de dissonance, il y a beaucoup moins de bienveillance. L'être est souvent sujet à des craintes injustifiées, il peut même ressentir un sentiment d'infériorité (notamment à l'égard des frères et sœurs). Les recherches de contacts sont trop nombreuses : on se disperse ; à moins qu'elles ne soient difficiles. On manque de sens critique. On vit avec un sentiment d'insécurité latente. Le jugement est insuffisant, le raisonnement tortueux. On agit avec une légère emphase. C'est ce que Jacques Berthon appelle le « complexe de Tartarin ».

Jupiter-Mars

C'est un aspect qui donne une bonhomie complaisante. L'extraversion de l'action est facile si le thème est harmonique. Elle est plus ou moins compliquée si le thème est dissonant. Il y a alors un risque d'exhibitionnisme. On est imprudent, on se lance dans des entreprises audacieuses avec une trop grande confiance en soi ou trop d'agressivité, avec « crânerie ». C'est un peu le « complexe du Père Ubu » (Jacques Berthon).

Jupiter-Uranus

Extraversion des qualités et des défauts d'Uranus. C'est un aspect un peu extrémiste. Dans le thème d'un Jupitérien des Poissons, il peut se produire des variations brusques de l'existence. Il y a souvent extraversion dans un domaine original, des innovations plus ou moins inattendues. Quand le thème est dissonant, les virages de l'existence ne se font pas en douceur... On agit avec brutalité, précipitation, puis on est brusquement désarçonné. L'emballement prime, mais est souvent suivi de découragement. On risque avec cet aspect de laisser passer pas mal de chances. Optimisme un peu irréfléchi, ardeur mal canalisée.

C'est un aspect que l'on pourrait appeler celui des « occasions perdues ». N'oublions pas que, avec le recul, une occasion manquée peut apparaître comme une chance... (association qui ne se fait pas et qui eût été la ruine, etc.).

Jupiter-Saturne

Conflit, ou alternance, entre les périodes d'extraversion et d'introversion. La tendance dominante l'emportera. Il y a tiraillement entre deux contraires, oscillation entre deux contradictions. L'être va-t-il chercher la réussite existentielle ou la réussite matérielle ? La rigidité saturnienne pourra freiner l'expansion jupitérienne. Jupiter pourra également donner un certain dynamisme à Saturne. Cette balance agira jusqu'à ce que l'un des deux pôles l'emporte quand il y a conjonction. En harmonie, l'existence sera tranquille, le succès assuré. C'est une existence concrète qui ne s'en oriente pas moins vers une vie intérieure, en profondeur. Quand l'aspect est dissonant, il y a une sorte d'inaptitude au bonheur. On passe de moments d'euphorie à des moments de désespoir. On agit avec imprudence, autoritarisme, et les crises sont fréquentes. Il y a des risques de pertes sur le plan matériel. La vie peut osciller entre deux grandes tendances : Avoir et Etre.

Jupiter-Neptune

C'est un aspect tout à fait Poissons. L'intégration à l'existence et l'extraversion des qualités neptuniennes se font de façon parfois confuse. Mais s'il y a un certain désordre dans cet aspect, c'est tout de même un aspect chanceux lorsqu'il y a harmonie entre les deux planètes. Les changements sont généralement bénéfiques. L'aspect joue dans le domaine de la vie privée ou de la carrière selon le thème.

Lorsqu'il y a dissonance, l'inadaptation n'est pas rare. Le discernement fait défaut, souvent paralysé par des préjugés. On s'adonne aux excès de toutes sortes. On gère mal ses finances. On est plus ou moins malchanceux ; en général, trop sensible, on teinte la vie de mélancolie. Le natif s'adapte en tout cas extrêmement difficilement aux circonstances, cherche des compensations. Tous les excès relèvent de cette dissonance Jupiter-Neptune qui donne un Poissons mou, un peu veule, qui se laisse aller. C'est le Poissons qui incontestablement, se laissant porter par la vague, est entraîné par les courants vers les « bas-fonds ». Les chances sont gaspillées : des opérations frauduleuses sont tentées, qui peuvent entraîner le natif dans des scandales ! On perd incontestablement pied avec le réel. En voulant le saisir à pleine main, on étreint le vide.

Si l'aspect est vécu sur le plan spirituel, il n'a plus évidemment les mêmes conséquences matérielles (expansion harmonique en union avec le monde).

Jupiter-Pluton

Il y a extraversion des qualités de Pluton, c'est-à-dire sens des affaires, sens de l'argent, sens des changements, sens des métamorphoses. Voilà une conjoncture pleine de diplomatie. Opportuniste également. La réussite matérielle n'est pas rare, surtout quand les aspects sont harmoniques ; elle est alors facilitée. En cas de dissonance, la réussite survient également mais elle est plus ou moins loyale. C'est là ce que Jacques Berthon appelle le « complexe de la maffia ». On veut réussir à tout prix. L'honnêteté est quelque peu douteuse, surtout si la Maison XII est importante. On risque de se lancer dans des affaires frauduleuses, et on frôle parfois la mégalomanie. C'est un aspect un peu « louche ». Selon Lisa Morpurgo, c'est un aspect de cabotinage et de mensonge pour le plaisir. Ce n'est pas, en tout cas, une configuration très sincère... Le Poissons marqué par cet aspect, dissonant ou non, s'en tirera peut-être, mais pas toujours de façon très honnête...

Les aspects de Neptune

Avec Neptune, les rapports sont d'un tout autre ordre. On entre dans le domaine de l'illimité, de l'infini. Mais il peut y avoir des rapports un peu « fuyants ». L'être se fuit souvent lui-même. Le thème est souvent plus « introverti ».

Neptune-Soleil

Association ou dissociation entre les aspirations à l'infini, propres à Neptune, et la symbolique mise au service de l'idéal. L'être s'affirme dans une union avec le monde, une communion (positif), soit il fuit cette communion ou ne peut la réaliser : fuite d'un idéal, aspect qui rend la communion possible mais au prix de difficultés.

Aspirations infinies et désir de communion avec le monde dans les deux cas. Sur fond harmonique, ou bien intégré (Moi et Idéal du Moi réunis, par exemple), les réalisations seront effectives, sur le plan spirituel, notamment. Sur le plan pratique, cet aspect apporte un succès dû à des facultés d'intuition particulièrement brillantes.

En cas de dissonance, l'aspect donne un sentiment d'inachèvement. On se disperse dans les tentations. La vie est soumise à certains dérèglements. C'est un complexe de fuite devant le réel. Les inquiétudes seront larvées, les mélancolies fréquentes. On est souvent (selon Lisa Morpurgo) arraché à un lieu ou à des personnes chères. C'est un aspect d'exil. Nous avons trouvé cette configuration dans le thème de nombreux pieds-noirs lorsqu'ils ont quitté leur pays et ont été arrachés à leur terre natale. Fuite des choses, et parfois aussi éloignement du père (il « disparaît »).

Neptune-Lune

Avec cet aspect Neptune-Lune, nous avons une composante Poissons-Cancer valorisée. C'est un aspect de grande tendresse, d'intuition et de sensibilité qui jouent surtout dans les rapports humains. Grandes qualités psychiques, mais il y a risque de « vertige de l'anima ». La malléabilité du Poissons est extrême mais la capacité de récupération est importante si le thème est harmonique. Cet aspect peut entraîner certains désordres moraux, des faiblesses de toutes sortes, une certaine passivité allant jusqu'à de la paresse.

Quand le thème est dissonant, on note des insatisfactions et des changements plus ou moins douloureux. Il y a dissolution de la vie pratique et manque de sens du réel. C'est un aspect très négatif sur le plan matériel, et, notamment, sur le plan financier. Il est rare que le natif puisse éviter dc grands bouleversements dans sa vie, et sur le plan du psychisme ils seront fréquents. Si le thème est harmonique, il offre une protection contre les souffrances intérieures, permet de prendre des décisions positives après les épreuves. Si le thème est vraiment dissonant, les traumas peuvent être plus ou moins profonds, la santé est parfois précaire, et un déséquilibre psychique peut s'installer (dispersion de l'énergie et des facultés intellectuelles). En thème masculin, mauvaise approche de la femme ; en thème féminin, manque de rigueur logique. Mais l'intuition, dans les deux cas, est extrêmement grande. Souvent, le comportement est un peu ambivalent. Il y a toujours hyper-réceptivité, active ou passive, selon les cas (aspect fréquent chez les poètes).

Neptune-Vénus

Association ou dissociation entre les aspirations à l'infini propres à Neptune et la symbolique vénusienne de l'amour. C'est un aspect de vertige amoureux. Quand le thème est harmonique, l'être vit bien cet aspect mais ne le vit pas toujours concrètement. Il communie avec l'autre sans avoir besoin ni de le toucher, ni de le voir. Les réalisations concrètes ne sont pas évidentes. Il peut y avoir un côté un peu platonique dans les amours. Les chimères ne font pas souffrir. On est à l'aise dans un univers un peu irréel.

Quand l'aspect est dissonant, on recherchera beaucoup plus dans l'expérience multiple et diverse cet amour idéal, sorte de mirage après lequel on court. L'amour sera vécu sous forme de liaisons innombrables. Les amours seront illégales, changeantes, la sensualité débridée. A noter que le carré crée sur le plan sensuel un conflit ; l'opposition, elle, est un tiraillement entre l'idéal du pôle neptunien et le pôle vénusien, beaucoup plus sensuel. On peut passer alternativement d'une attitude à l'autre. Avec un aspect harmonique, la chance sourit sur le plan matériel. Avec une dissonance, les appuis financiers sont beaucoup moins évidents mais, généralement, on s'en sort. L'inquiétude et l'insatisfaction sont souvent les causes d'un malaise. Cet aspect crée fréquemment des bouleversements douloureux sur le plan de la vie sentimentale, dans la mesure où il est extrêmement difficile de la stabiliser. Sur le plan de la création, c'est un aspect de grande sensibilité. En dissonance comme en harmonie, on côtoie le monde artistique, si l'on n'est pas artiste soi-même, surtout quand Vénus est dominante. Le choix entre la chair (Vénus) et l'idéal (Neptune), se pose tôt ou tard...

Neptune-Mercure

Compréhension, contact et communion sont associés ou se brouillent mutuellement. Avec cette configuration, l'intuition est mise au service de l'intelligence. Quand le thème est harmonique, la lucidité est grande et l'ouverture d'esprit permet de s'intéresser à tous les problèmes. Lorsque l'aspect est dissonant, il y a un manque de rigueur qui devient alors un peu inquiétant. L'esprit s'engage dans des domaines peut-être trop vastes. La sensibilité, diffuse, globale, est, dans les deux cas, extrême.

L'imagination peut être délirante. Les facultés extra-sensorielles, dans les deux cas, sont fréquentes, et parfois la voyance. Mais les troubles psychiques sont toujours un peu latents. Le comportement est capricieux. Si l'on considère Mercure comme réglant les rapports avec l'entourage, ceux-ci sont étranges et bizarres. On est mêlé à des secousses politiques ; nous avons souvent constaté cet aspect dans les thèmes d'immigrés. Quand le thème est extrêmement dissonant, il y a risque de confusion mentale. On ne parvient pas à dominer les forces obscures de cet inconscient qui submerge l'âme. L'être perd son sens critique. Les changements de comportement au cours de la vie sont fréquents. Le mental est souvent instable, et l'attitude difficilement prévisible. Cela ne facilite pas, on s'en doute, les rapports avec l'entourage et rend les contacts avec le milieu ambiant souvent douloureux. L'être se sent un peu à part, incompris, il tend à fuir hors du réel une vie qui le blesse par trop.

Le natif peut manquer de sens pratique, être inorganisé mais cet aspect ne nuit, en aucun cas, à l'ouverture d'esprit. C'est un aspect d'« intuition illogique ». C'est un aspect qui ne fait pas de l'être un « spécialiste » ; il y a dans cet aspect un certain éclectisme : on s'intéresse à tout.

Neptune-Mars

Association entre l'action et l'idéal, ou brouillage de l'action rendue irréalisable. Mais il y a dans cet aspect des qualités beaucoup plus irrationnelles que dans l'aspect Jupiter-Mars. Il y a là mise en action d'un idéal ou d'une chimère... On veut partir à la conquête de l'infini, et on peut se perdre dans l'illusoire. L'imagination est extrêmement dynamique, la création insolite, l'inspiration pousse à agir. Quand le thème est dissonant, il y a instabilité émotionnelle et anxiété. On agit sans réfléchir, mais l'activité n'est pas continue. C'est le type de Poissons qui reculent quand la décision doit être prise. Il y a une certaine fuite de l'action et une agressivité qui peut être mal canalisée. Cet aspect peut donner un Poissons totalement velléitaire qui, finalement, ne prend jamais de décisions. Il faut, pour que l'aspect soit vécu dans l'action, une perspective claire, voire un soutien, bref, le coup de pouce...

Neptune-Jupiter

Se reporter au passage concernant Jupiter-Neptune, dans « les aspects de Jupiter », page 220.

Neptune-Uranus

Cette conjonction, très lente, ne se reproduit pas souvent : elle a eu lieu entre 1818 et 1826, et se reformera à la fin du siècle, à l'entrée du Verseau. Lorsque le thème est marqué par ces aspects, ils n'ont d'importance que s'ils sont valorisés par des planètes rapides.

Il faudrait évoquer ici le carré des années 1952 à 1956, qui a correspondu dans le monde à une période de crise : la mort de Staline... Sur le plan personnel, cette configuration peut frustrer intérieurement, entraîner un choix erroné des moyens et des fins. Cet aspect peut être tour à tour rigide et dissolu. Nous avons trouvé cet aspect chez bon nombre de natifs de la génération 1952 à 1956 (entre le Cancer et la Balance) : dans les thèmes de jeunes drogués, ou de jeunes qui s'adonnaient à des mystiques plus ou moins étranges, adhéraient à un idéal parfois brumeux, ou se perdaient dans des agissements bizarres. Ils ne savaient pas très bien comment conduire leur vie, et, tour à tour, passaient d'une attitude totalement rigide à une attitude opportuniste. La personnalité se cristallise parfois dans un comportement négatif ; avec des aspects harmoniques de ces deux planètes, on peut trouver des gens qui se cristallisent dans une passion et mettent toute leur audace spirituelle au service d'une idée qu'ils poursuivent avec un certain fanatisme. Mais c'est un aspect qui demande à être analysé avec recul dans la mesure où il s'agit, répétons-le, de deux planètes extrêmement lentes qui concernent plus une génération qu'un thème individuel.

Neptune-Saturne

Surmoi et idéal se conjuguent ou s'affrontent. Voilà un aspect qui peut associer ou dissocier, suivant les cas, logique et intuition. Il y a parfois blocage de l'idéal, en cas de dissonance, mais si l'aspect est harmonique ou s'il est bien utilisé, l'être peut canaliser son idéal dans une construction positive. En harmonie, cette composante est un élément modérateur, un élément de volonté et d'épanouissement de la sensibilité qui s'oriente dans un sens philosophique. Il y a accord avec soi-même, et acharnement dans la quête que l'on poursuit. Personnalité intéressante, résistante, qui agit avec une grande force d'âme.

Lorsque l'aspect est dissonant, l'austérité saturnienne bloque et paralyse l'idéal neptunien. Le frein n'est plus salutaire mais aride. L'inquiétude naît, la tension intérieure grandit. On est tenté par l'infini, et on se réprime. Dans l'opposition, les risques de névrose sont accrus. Selon Lisa Morpurgo, la tentation du péché est aussi forte que le désir de la réprimer. Tempérament « calviniste », bourrelé de remords, mais qui ne peut résister aux tentations. Le jugement peut être nébuleux, les décisions sont mal prises. Il y a parfois un entêtement irrationnel dans une situation pourtant absurde. Cette conjonction joue sur le plan international : elle a accompagné des circonstances dramatiques dans l'histoire, et fut notamment l'un des éléments qui ont provoqué la guerre civile espagnole en 1936 et 1937.

Neptune-Pluton

Voilà deux forces extrêmement différentes qui s'amalgament de façon étrange, et qui sont aussi des aspects lents. Il y a eu cette conjonction en Gémeaux au cœur du Moyen Age, et une autre à l'aube du XIXe siècle. C'est dire que ce sont là des aspects d'ordre mondial. Ils traduisent en général dans un thème personnel une crise de l'évolution intérieure. Lorsque cette conjonction joue dans un thème individuel, elle permet une communion avec l'au-delà, une sublimation de la vie sexuelle, ou au contraire une emprise de la sexualité.

Cet aspect comporte un risque de folie parfois meurtrière (Eichmann). C'est un aspect dans lequel il ne peut pas y avoir de demi-mesure. Il conduit l'être à sa perte s'il s'inscrit dans le Moi : l'être est sous l'emprise de ses pulsions agressives que Neptune surmultiplie jusqu'à la folie. C'est un aspect qui peut être créatif, mais qui est souvent vécu douloureusement.

Disons que lorsqu'on trouve un Neptune dominant et un Pluton valorisé dans un thème, les valeurs de métamorphose et de prolifération sont importantes. Elles peuvent entraîner l'être aussi bien à sa perte qu'à la plus sublime des réalisations. Rappelons ici le thème d'Edgard Cayce, le célèbre voyant, et celui de Victor Hugo, également marqué par cette double valorisation Neptune-Pluton.

Anaïs Nin, écrivain, native du signe : « Nous avons besoin d'une force intérieure pour résister aux désillusions et aux échecs du monde extérieur », disait-elle à propos de l'amour.

Comment interpréter les Planètes dans les Signes

« Je crois à la communication par les émotions,
les images, les chemins détournés, le mythe. »
ANAIS NIN

Une lumière nouvelle a permis de relier la plus ancienne des connaissances aux sciences humaines les plus récentes. La psychanalyse a « modernisé » la plus ancienne science du monde, sans renier le passé.

En effet, on a découvert peu à peu l'identité profonde qu'il y avait entre ce que révèle une investigation psychanalytique et ce que dévoile l'analyse d'un thème. Le langage qu'emploie le psychanalyste quand il démonte les structures psychiques est le même que celui qu'utilise l'astrologue quand il déchiffre la topographie des tendances qu'est la carte du ciel.

La représentation du « fait psychique » donne une véritable image de la réalité intérieure, qui du même coup est revalorisée. Ce que Paracelse affirmait voilà plusieurs siècles – toute vie est d'abord intérieure – a repris une vie nouvelle.

La vie, en réalité, ne dépend pas autant des circonstances extérieures qu'on le croit. Nous choisissons parmi les occasions qui se présentent à nous celles qui sont conformes à notre nature.

Inéluctable, la destinée ne l'est que dans la mesure où il n'est pas possible d'échapper à soi-même. La destinée s'accomplit sur un modèle que nous portons en nous ; non pas en dépit de nos efforts, mais plutôt « à cause de nos aspirations ». Et, à la lumière du symbole, apparaît le processus psychique fondamental qui permet de déchiffrer toutes les manifestations du psychisme humain. « Le symbolisme apparaît comme la langue fondamentale de la vie psychique [1]. »

De même que dans l'apparent désordre des événements d'une vie se profilent les tendances profondes d'un être, de même dans un ciel un certain climat peut être défini. A travers ce labyrinthe de l'âme, nous découvrons les influences mystérieuses qui nous poussent à agir, la profondeur cachée des colères et des doutes, de nos craintes et de nos besoins. Le thème est l'expression concrète d'un drame psychique.

Les archétypes que sont les planètes vont éclairer ce paysage intérieur ; symboles vivants, tels nos rêves, ce sont eux qui nous mettent en diapason avec l'univers... « Chacun de nous possède un diapason individuel accordé plus particulièrement à une fréquence spécifique du rythme universel » (F. Lionel). Cette fréquence est notre dominante planétaire.

« Ce n'est pas dans le firmament étoilé que se voit dans toute sa perfection la révélation de l'infini. C'est dans l'âme de l'homme », disait Radinbranath Tagore. La carte du ciel, par les planètes, définit la structure de l'âme. Par les aspects, elle en donne, en quelque sorte, l'équation. Par les Maisons, ou Secteurs, elle définit le cadre général du destin. Mais c'est la planète qui en donne le ton. A noter que les planètes ont, selon la Tradition, une correspondance avec les notes de musique. Les sept notes et les sept planètes traditionnelles sont en effet liées « harmoniquement » : Lune, Mercure, Vénus, Soleil, Mars, Jupiter, Saturne soit : ré, la, mi, si, sol, do, fa.« Tout l'art de l'astrologue est précisément de saisir la symphonie de la vie » (A. Barbault).

1. André Barbault, *De la psychanalyse à l'astrologie,* chapitre « La Symbolique psychique ».

Les Planètes dans les Poissons

Lune en Poissons

Si le soleil est l'*animus,* partie volontaire, active, masculine qui est en chacun de nous, principe « yang », la Lune est le reflet de notre *anima*: partie réceptive, passive; féminine, « yin », en chacun de nous. C'est la face inconsciente de notre personnalité. C'est le rêve, l'imaginaire, la sensibilité.

Selon l'astrologue italienne Lisa Morpurgo, la Lune est en « exaltation » dans le signe des Poissons. Il est certain que, dans ce signe féminin, la Lune représente une anima très forte. Aussi donne-t-elle une imagination délirante. L'être vit littéralement dans un univers « magique », chatoyant, plein de rêves et de rites, de mystères. Souvent, fortes aspirations artistiques. Fréquemment, la vie tend vers une recherche dans ce domaine imaginatif. Il peut, si le thème va dans ce sens, et si la Lune est valorisée, y avoir même création imaginaire, artistique, littéraire.

Souvent, on aura également des tendances narcissiques, et une grande vulnérabilité. En fait, cette planète donne une sorte d'irréalité à cet être « lunaire » des Poissons. Il a du mal à s'intégrer dans la vie réelle. En effet, toutes les qualités et les défauts d'expansion et d'inflation envahissantes, propres aux Poissons, sont exacerbés. Le potentiel imaginatif est fabuleux, donnant une véritable vision fantasmagorique des choses ; mais aussi des fantasmes, et grand est le risque de dissolution morbide sous les vagues de l'inconscient qui tend à submerger l'être. Le côté mystique, assoiffé de sacrifices et de vie spirituelle, est amplifié. Il y a une certaine démesure dans le rêve. Par ailleurs, des facultés parapsychiques, paranormales, peuvent être développées.

On peut citer le grand poète et philosophe allemand, Goethe, l'écrivain Gilbert Cesbron, le poète Ronsard, Pétrarque qui ne cessa de chanter son amour pour Laure. Plus près de nous, le poète Edgar Poe et le philosophe René Guénon, qui se convertit à la religion musulmane et finit ses jours en Egypte où il fut enterré, selon le rite islamique, le visage tourné vers La Mecque, le corps à même le sable, sous le nom d'Abdel Wahed-Yahia. Des peintres : Cézanne, Léonard de Vinci ; des saints, des mystiques : saint Vincent de Paul, sainte Thérèse de Lisieux.

Si la Lune est dissonante, ou si elle est en Maison XII, elle représente alors une anima mal contrôlée. L'être est désemparé devant les événements. Il se réfugie dans ses souvenirs ; il se berce carrément d'aspirations imaginaires et s'évade dans l'irréel. La fécondité et le rêve deviennent délire et chimères. L'être peut perdre totalement pied avec le réel... Dans la vie d'une femme, cet aspect peut nuire à son épanouissement intime. Mais dans la vie d'un homme, le problème se pose d'une façon très différente. L'homosexualité est d'ordinaire caractérisée par une identité avec l'anima. « Le jeune homme qui grandit doit pouvoir se libérer de la fascination de l'anima exercée par la mère », dit Jung. Il s'agit de s'en libérer, non de l'écraser, car « sa perte durable, notamment une fois passé le midi de l'existence, consiste en un engourdissement précoce quand ce n'est pas une sclérose ». « Retrouver la liaison avec la sphère des expériences archétypes », c'est retrouver son équilibre. Mais cette Lune instinctive et imaginative, si elle est mal aspectée, donne une adaptation difficile à la vie d'homme. Dès l'enfance, les difficultés auront été marquantes. Cet aspect peut nuire également à la santé psychique de l'être. Il donne vague à l'âme, mélancolie ; un côté un peu enfantin, voire infantile ; fabulation, illusion. On ne doit jamais négliger l'aspect positif, même d'une dissonance : création artistique, développement de la sensibilité, maternité en thème féminin. Certes, « lorsque l'anima est constellée dans une proportion assez grande, elle amollit le caractère de l'homme qu'elle rend susceptible, excitable, sujet à des sautes d'humeur, inadapté » (Jung). Une Lune en Poissons ou Secteur XII, ce qui revient au même, est toujours synonyme de grande sensibilité, d'une forte anima. Elle peut être aussi en analogie avec le septennaire et les sept péchés capitaux, symboles de paresse, de laisser-aller, de passivité, pour le moins... Il faut tenir compte des aspects que reçoit la planète, et de l'ensemble du thème.

Vénus en Poissons

Aux Poissons, l'amour est communion avec le monde. Il prend des dimensions d'infini et d'éternité. L'imagination entretient le rêve. L'amour « magique » est un mirage...

Avec Vénus aux Poissons, le partenaire est idéalisé, l'amour est vécu comme un rêve. On peut reprendre ici l'expression de Gaston Bachelard dans *l'Eau et les rêves :* « Le fait imaginé est plus important que le fait réel. » Vénus est exaltée dans le signe des Poissons : l'amour y prend une ampleur lyrique. L'affectivité est débordante. Toutes les motivations sensorielles et affectives se manifestent, en effet, sur un mode Poissons, c'est-à-dire sans mesure et sans caractère logique... Les amours sont sans frontières. Amours souvent impossibles, chimériques, utopiques, dans lesquelles on se jette à corps perdu. L'élu est mis sur un piédestal. Si le rêve s'effondre, le « château de sable » est emporté par la vague... Les chimères évanouies, il ne reste plus rien. Mais un nouveau rêve emportera tôt ou tard le Poissons vers ce nouvel amour qu'une vague apporte à son tour. L'être, alors, retrouve sa capacité d'émerveillement intacte, et s'embarque à nouveau pour Cythère. L'amour est bien pour le Poissons un véritable « état de grâce ».

Amour qui est prêt à tous les sacrifices. Le côté dévouement, le côté « saint-bernard » du Poissons, lui donnent, parfois, un goût du sacrifice poussé jusqu'au masochisme : c'est aussi son côté « bonne poire » ! Il se laisse faire, par gentillesse peut-être, par masochisme souvent. Qu'il soit ou non vécu charnellement, l'amour est toujours essentiel dans ce signe ; et il est « idéalisé » aussi, car il prend une tonalité neptunienne (eau : sensibilité, émotivité). Rappelons que Vénus, selon les mythes, est sortie de l'onde écumeuse et qu'il se rattache à cette naissance tout un symbolisme sexuel, d'une part, mais aussi, comme le montre la vision botticellienne de Vénus sortant d'une coquille, celui de la fécondité. Cette coquille est le symbole de la fécondité mais elle est capable de renfermer la perle, objet précieux, née dans le mystère de ses profondeurs, telle la vie.

Planète de la sensorialité, mais d'une sensorialité mystérieuse, « aquatique » par cette eau des Poissons dans laquelle elle baigne, Vénus est, dans ce signe, une Vénus érotique et féconde. Fécondité sur tous les plans, mais en premier lieu sur le plan de la vie : la femme vénusienne des Poissons se réalise souvent dans la maternité, parfois sacrifiant même sa vie de femme pour son enfant. Elle a d'ailleurs souvent plusieurs enfants... C'est une extraordinaire « fécondité » qui valut à Jean-Sébastien Bach vingt et un enfants. Fécondité également sur le plan de sa musique qui est celle du « dialogue amoureux » de l'âme avec son créateur afin, dit-il lui-même, que « le tout donne une harmonie agréable en l'honneur de Dieu et pour la réjouissance légitime de l'âme ». Planète de la Beauté, de l'harmonie, Vénus est liée à la création artistique. On notera d'ailleurs ici que « l'astrologie peut devenir un critère d'authenticité en matière de critique d'art parce que, chez l'artiste véritable, il ne peut y avoir de rupture entre son intuition, son inconscient et sa création », comme l'a dit Joëlle de Gravelaine. Fécondité, abondance, mais aussi magie et poésie : c'est pourquoi toute œuvre Poissons baigne dans un univers de perceptions et de sensations magiques qui nous invitent à la communion. Et ce mot est sans doute la clé de la compréhension du Poissons.

Lorsque Vénus est très dissonante en Poissons et qu'elle est en outre en Secteur XII, on a, selon la Tradition, les amours cachées, les intrigues mystérieuses, les amours imaginaires et les liaisons secrètes, les amours clandestines, l'adultère et le *back-street*. Les intrigues amoureuses, le donquichottisme en ce domaine, tous les désordres affectifs et les déceptions sentimentales qui s'ensuivent, voire les épreuves, relèvent de cet aspect.

Toutefois, dans ce Secteur XII, Vénus (planète de la Petite Chance, Jupiter étant le Grand Bénéfique pour les Anciens) apparaît souvent comme un signe de protection. Les choses vont mal, tout empire et, pourtant, on s'en sort quasi miraculeusement.

Mercure en Poissons

Cette planète est en exil dans les Poissons. Dans ce signe d'Eau, elle donne un fort potentiel de sensibilité intuitive. Elle représente, en effet, le filtre intellectuel à travers lequel vous vous exprimez, en tant que Poissons. Ce n'est pas seulement votre forme d'intelligence, mais la direction qu'elle va prendre, votre faculté d'adaptation qu'elle définit. Et vos relations avec l'entourage. Cette direction sera, dans le sens de Neptune, infinie. La perception des choses sera beaucoup plus intuitive, immédiate, que déductive. C'est une perception sans détail. Rien de précis. Mais une vision « globale », instantanée. La compréhension est « affective ». Elle n'est pas logique. Le climat émotionnel est ressenti intensément immédiatement. Mais les mots, pour le traduire, sont vagues, imprécis. Ce Mercure en Poissons n'est pas un Mercure dialectique. C'est un Mercure qui « ressent », perçoit, voit l'ensemble, mais est démuni face aux problèmes quotidiens. Il n'est pas rationnel. Si les idées sont floues, vagues, imprécises et difficiles à préciser pour un Mercure des Poissons, c'est qu'il lui faut vaincre et traverser, pour arriver à l'expression, les brumes neptuniennes. L'analyse est, certes, difficile. La concentration demande un effort très grand. La mémoire n'est pas excellente. On se souvient d'une ambiance beaucoup plus que d'un décor précis. La mémoire est visuelle ; elle est sensorielle. Mais l'on décrit difficilement les choses, ce qui est normal puisqu'on ne les voit pas : on les sent. « Nommer un objet, c'est supprimer trois quarts de la jouissance du poème qui est faite du bonheur de deviner peu à peu ; le suggérer, voilà le rêve » (Stéphane Mallarmé).

Ce Mercure en Poissons donne l'inspiration, l'intuition. Voici quelques exemples de Mercure en Poissons dans le domaine de la peinture. Peinture impressionniste qu'illustre Renoir, peinture surréaliste et fantastique, venue tout droit de l'inconscient, telle que nous la présente Félix Labisse. Peinture plus abstraite du Poissons-Verseau Piet Mondrian, fondateur de l'un des groupes les plus illustres de l'art moderne, qui voulait traduire l'intériorité de l'homme, à travers les lignes et les couleurs les plus pures. Avec ce Mercure en Poissons, un souffle mystérieux transfigure le monde, chasse les préoccupations bassement matérialistes de l'esprit. L'âme tente de s'élever jusqu'à la lumière... Lorsque en 1909 Piet Mondrian, d'origine calviniste, adhère à la Société théosophique, c'est parce qu'elle correspondait alors pour lui à l'idéal de fusion entre les différentes religions auquel aspire le Poissons, parce que cette société représentait pour lui un monde spirituel sans frontières.

Mais, incontestablement, au niveau de la vie, le sens pratique fait défaut. On ne voit pas le détail, mais l'essentiel qui ne « se voit pas ». Vision sensitive, globale, sans précision. L'essentiel est la communion avec le monde. Il peut y avoir une perception hors du commun. L'être a des « antennes ».

Chez les écrivains, Victor Hugo avait cette planète en Poissons. D'où ses visions grandioses et fantastiques des choses chargées de symboles. Il transfigure le Monde. Il voit « au-delà ». A ce degré de communion, le poète est devenu un « mage ».

Mercure en Poissons est donc souvent un Mercure « visionnaire ». Mercure, planète du Moi et de notre lucidité ou de notre tentative de lucidité, lorsqu'il est dissonant pèse lourdement sur notre mental. Mercure Poissons dissonant en Secteur XII et mal aspecté peut causer, selon la Tradition, des inimitiés qui peuvent venir « des frères et des sœurs, des collègues et des proches ». Il peut créer des ennuis, tels que des calomnies, des médisances. Il indique également des risques de vol. Il donne une tendance à la mythomanie. Il porte à se mentir à soi-même, pour s'auto-illusionner. Refus du réel qui peut prendre des proportions plus graves. Il y a « démission » de la logique et de la précision : vision nébuleuse des choses, de la vie, pour le moins. Mais, il ne faut jamais oublier que Mercure est surtout notre logique, notre raison ; dissonant, il peut conduire, s'il est en liaison avec l'Ascendant, à une perte de conscience de son propre Moi, allant jusqu'à la schizophrénie. Ce fut le cas du danseur Nijinski et de Hölderlin qui sombrèrent dans la folie.

Mars en Poissons

La planète Mars accomplit sa révolution autour du Zodiaque en deux ans ; c'est la dernière des planètes rapides. Mars indique la qualité de l'énergie avec laquelle vous allez vous affirmer, votre combativité, votre élan.

Dans le signe des Poissons, l'action, diffuse, se perd dans l'immensité des désirs qui restent inassouvis. Si cette action est souvent incapable de viser droit au but immédiat, l'énergie n'en est pas moins mordante. Mais elle demeure souvent intermittente.

Il faut toutefois se méfier de « l'eau qui dort ». L'on songe à ces tempêtes qui se lèvent sous les tropiques, dans cet océan que d'aucuns avaient nommé Pacifique ! La fureur de la vague peut être mortelle. La tempête est soudaine, elle n'en est que plus violente. L'action de Mars en Poissons est souvent illogique. On agit par à-coups. Elle manque, en tout cas, d'organisation. On fonce au moment où il ne le faut pas. Et l'on se fatigue inutilement. Cette position rend capable de colères furieuses. En général, on se met en colère pour des problèmes affectifs ou sentimentaux. L'agressivité est passionnelle. La belle actrice Elisabeth Taylor, dont les sautes d'humeur ne sont un secret pour personne, a une conjonction Soleil-Mars en Poissons.

Une telle position nuira-t-elle aux réalisations ? Souvent, il faut le reconnaître, ce n'est pas un aspect très constructif (divorces répétés de Liz Taylor, heurts avec l'entourage, etc.). Ce peut être l'image de « coups d'épée dans l'eau » que l'on donne mal à propos, et qui attirent des inimitiés, des difficultés. On s'enlise dans une situation au lieu de s'en sortir. C'est le sable mouvant. Energie souvent mal dirigée. Mais ne généralisons pas. Cet aspect peut mettre en lumière des tractations secrètes. A moins qu'on ne soit prisonnier de luttes cachées.

L'aspect correspondant à une composante Mars-Neptune pourra être vécu dans une action exaltante, voire dans la mise en action d'un idéal. Si le thème est mal aspecté on peut déceler une action brouillonne. Si le thème est très dissonant, Mars agira dans un sens plus nettement destructeur. Pour peu qu'intervienne la Maison VIII, il pourra même y avoir carrément des tendances autodestructrices. Vincent Van Gogh finira ainsi par se tirer une balle en plein cœur (mais dans ce cas précis, notons que Mars s'identifiant au Moi, il y avait là une tendance très nette à l'autodestruction).

L'aspect peut être vécu, dans un ciel Poissons, comme un combat contre la souffrance, la misère. Témoin, Maxime Gorki, qui passa sa vie à se battre, par ses écrits, pour défendre le peuple russe, notamment les paysans opprimés...

Notons donc que l'action pure, dans le sens que l'on donne à ce mot (Mars était le dieu de la Guerre) n'est pas, en fait, du domaine Poissons. Anaïs Nin, femme Poissons, n'a-t-elle pas écrit : « Je n'ai jamais cru à l'action, je n'ai cru qu'à l'accomplissement poétique de la vie », et pour résister « aux pressions extérieures, je crois, ajoute-t-elle, à l'importance de la foi et à la grande importance du développement de la vie intérieure ».

Aux Poissons, il est plus juste de parler de réalisation que d'action. On a pu remarquer d'ailleurs qu'un tempérament aussi poétique, mystique et diffus que celui des Poissons se trouve évidemment beaucoup plus à l'aise dans le domaine de la création artistique et des mondes parallèles de l'amour divin et humain — voire érotique —, dans ceux du théâtre, ou d'une quête, que dans le monde de l'efficacité pragmatique et du pouvoir.

Uranus en Poissons

Avec Uranus, l'être va dans une seule direction. Cette planète s'accorde mal avec la sensibilité et l'émotivité vibrante du Poissons. Le refus des contraintes donne dans ce ciel une certaine incapacité à dominer les problèmes de la vie quotidienne. Le Poissons uranien s'individualise. Il s'affirme avec originalité. Il va dans une direction, et s'y tient. Contradiction profonde de l'être entre ce côté « ultra » et les perspectives neptuniennes. Uranus évolue mal dans le monde de la subtilité et des nuances, dans le monde de l'évasif, de l'imprécis, de l'indécis. En Secteur XII, il emprisonne l'être dans un sectarisme extrême, excessif. Rien ne peut plus l'arrêter. Allant jusqu'au bout de ses actes, aussi insensés soient-ils, l'être est prisonnier de lui-même. Il va jusqu'au bout.

Uranus dans un ciel Poissons donne au thème une note originale, « à part ». La présence d'Uranus en Poissons de 1920 à 1927 a marqué la génération existentialiste. Entre 1962 et 1969, elle a vu naître Mai 1968 : faut-il voir dans cet aspect l'utopie généreuse du Poissons et l'extrémisme, au plein sens du terme, de ce « révolutionnaire » en puissance qu'est l'Uranien ? Ici, nous donnerons deux exemples. Le premier est tragique, c'est celui de l'abbé Desnoyers dit « le curé d'Uruffe ». Epris d'une de ses jeunes paroissiennes, s'étant laissé prendre à son charme, il lui fit un enfant. Affolé par son geste, ne sachant que faire, il la tua mais, avant, il l'accoucha du fœtus qu'il baptisa avant de l'assassiner à son tour. L'horreur est totale, la confusion mentale atroce. Pour conserver peut-être une certaine image de lui-même, par peur du qu'en-dira-t-on, il alla jusqu'au bout de l'horreur. Uranus en Maison XII a marqué ce Poissons malheureux qui fut sans doute victime d'une vie ascétique pour laquelle il n'était pas fait. On peut songer ici à cette phrase d'Aldous Huxley qui évoque « la responsabilité terrible de ces directeurs de conscience ignorants [...] qui imposent aux âmes dont ils ont la charge un *dharma* religieux totalement inadapté à leur nature avec des résultats que des auteurs, tel saint Jean de la Croix, décrivent comme complètement pernicieux ».

Exemple plus harmonique, plus souriant, celui d'un homme politique célèbre, Lune-Uranus aux Poissons : Georges Clemenceau. Il fut l'organisateur, le père de la victoire. C'est lui qui négocia, on s'en souvient, le traité de Versailles en 1919. Voilà un homme qui allait lui aussi jusqu'au bout et qui sut ne pas faiblir.

Enfin, le grand mystique hindou Ramakrishna, déjà cité, avait lui aussi Uranus conjoint au Soleil en Maison XII en Poissons. Nous avons là, vraiment, le thème d'une vie centrée dans une direction, et qui s'y tient. Un thème et un destin « à part » aussi, c'est certain...

Saturne en Poissons

Bien vécue, cette planète représente une tentative pour concentrer, contracter les forces du thème astral ; elle affecte la capacité de l'individu à rassembler les choses pour les concentrer. Elle indique une autodiscipline. Elle est la conscience morale dans ce qu'elle a parfois de rigide. L'être se construit un système de défense. Mal vécue, cette planète isole : l'être s'enferme. Il perd ses qualités d'adaptation. Il ne sait plus se rendre aussi ouvert. Il ne cherche pas la sympathie. Il se laisse gagner par le découragement. C'est le Saturnien découragé, renfermé, qui refuse de s'adapter à la vie, n'accepte pas ses règles dont il subit toutes les entraves : Poissons de la Maison XII dans laquelle il se replie ; véritable filet dont il est prisonnier, voire victime.

Le refus de s'adapter est un problème régressif. Au sens du « vécu » non pathologique, c'est une inadaptation à la vie qui est la source de bien des souffrances... On s'arrête en chemin, on n'avance plus sur la route de la vie. Les Anciens évoquaient l'alchimie de l'âme. Les psychanalystes parlent de « sublimation » (l'origine du mot est d'ailleurs alchimique). On peut parler, plus simplement, de transformation ou mieux d'adaptation, afin de ne plus « subir » l'aspect comme un effondrement de ses rêves, comme une sorte de fatalité. Dans un thème où cet aspect est vécu de façon positive, on a une alliance de l'intuition et de la raison. Le résultat peut être génial. Saturne ouvre les portes à des domaines habituellement inexplorés par Neptune. Mais cette planète nuit à l'hédonisme du signe. Elle entrave les joies, donne des tendances sadomasochistes, conduit à un certain pessimisme découragé et décourageant. C'est ainsi qu'au négatif on pourra avoir refus de vivre, solitude, isolement, voire une misanthropie plus ou poins névrotique. Source de toutes les inhibitions, Saturne limitera l'expansion du Poissons. Il la bloquera, il la freinera, il créera un sentiment de frustration, sur le plan affectif ou social ; en l'empêchant d'agir, en l'empêchant de prendre une décision, il participe à un refus de vivre et provoque la maladie de la persécution. Les emprisonnements, les exils sont dus à cette position de Saturne en Poissons, d'après la Tradition.

Régression ou sublimation dépendront de cette planète. Si le Moi est fort, l'aspect sera vécu comme une ascèse. Que la vie de Schopenhauer, qui avait Soleil-Mercure-Vénus en Poissons conjoints à Saturne, ait été créative, c'est certain. Mais elle n'a pas été très gaie. En s'affranchissant du désir, en levant le voile de Maya, n'a-t-il pas éteint en lui la volonté de vivre ? Son goût de l'anéantissement, du repos suprême l'ont plongé dans un univers, celui du sacrifice et de l'expiation. Philosophe solitaire, il a voué sa vie à la souffrance, source fatale de tous les maux innombrables en cette vie. C'est sur le plan de la réflexion qu'il s'est réalisé.

Sur le plan quotidien, Saturne demandera une adaptation à la réalité, qu'il faudra « accepter » : ce qui sera parfois difficile. La romancière Violette Leduc avait une conjonction Mercure-Saturne aux Poissons. Sa vie fut un combat pour s'adapter à une réalité cruelle. Saturne dans le thème est notre maturité, ou notre refus de mûrir. L'occultiste Joris-Karl Huysmans, qui se grisa de surnaturel et n'eut peut-être qu'un seul véritable ami, son chat Mouche, avait également Saturne aux Poissons, très valorisé (Lune-Neptune également dans le signe : conjonction Lune, fin Verseau à Neptune, à 0 degré des Poissons). Mais cette vie étrange n'était-elle pas « sa » vie justement. Et, en l'assumant, il s'est réalisé. La frustration n'existe que dans le refus. Si on l'accepte, le processus évolue et permet des réalisations : dessèchement de la vie ou diminution de la vie physique mais puissance de réalisation par retrait du monde extérieur. Telles sont les deux facettes de cette planète. Tout l'art de la vie est de savoir utiliser son ciel, pour progresser. Tout arrêt prolongé est statique, et la vie est mouvement en avant.

A l'être qui sait l'utiliser, Saturne apportera de grandes richesses. Et cela, plus il avancera dans la vie (Saturne se mettant alors en parfaite harmonie avec la vie, devenue plus intériorisée par la force des choses).

Pluton en Poissons

Cette planète, découverte en 1930, représente, selon Jean Berthon, une clé. Et c'est bien d'une clé qu'il s'agit effectivement, car cette planète, qui est celle du dieu des Enfers, du feu des entrailles de la Terre, peut être aussi bien la planète de la destruction que celle des transformations. Inexorable, investie d'un pouvoir qui peut être mortel, elle détruit pour faire renaître.

Dans un ouvrage consacré à Pluton et au Scorpion, Jacques Berthon définit Pluton comme l'anti-Jupiter. Alors que Jupiter est clarté céleste du visible et joie de vivre, euphorie, Pluton, son frère ombrageux qui règne sur l'invisible, est angoisse de vivre, tourment d'aimer. Avec Jupiter, la lumière est mise sur le visible. Avec Pluton, elle le sera sur l'invisible. Nuit de la matière, mort de la vie mais vie dans la mort, c'est le festival du mystère, du caché, de l'eau-delà. Impitoyable juge, ordonnateur de l'invisible, il révèle les vraies richesses (Ploutos veut dire « riche »), dégagées de la gangue visible du corps.

Pluton refuse de s'arrêter à l'apparence des choses : s'il s'y arrête, c'est la mort... Nous pourrions évoquer ici la graine qui va pourrir, apparemment, en terre pour que renaissent, en fait, les moissons. « Seule la transformation intérieure conduit à la libération. Il n'est aucun destin qui échappe à cette règle. Il n'y a pas d'événements extérieurs, il n'est que des fatalités intérieures. Il ne nous arrive que ce que nous sommes » (Jacques Berthon). Vaincre Pluton c'est surmonter cette angoisse viscérale qui paralyse et détruit tout espoir, toute vie.

Le natif des Poissons marqué par Pluton — planète d'angoisse qui peut empoisonner notre bonheur, dramatiser notre vie, nous confronter à notre propre enfer — va vivre cet aspect soit de façon morbide, soit, au contraire, de façon sublimée. C'est Pluton qui marqua le thème de Victor Hugo (conjonction Soleil-Vénus-Pluton en Poissons) de son empreinte. La puissance de son aspiration, la profondeur de sa sensibilité, la diversité des sujets qu'il traita, c'est, sans doute, à cette double valorisation neptunienne et plutonienne qu'il les doit. Son besoin de sc vouer à une cause, idée bien Poissons, et sa vie passionnée, attitude bien Scorpion, lui firent côtoyer la souffrance, la grandeur et la misère de l'âme humaine. Il a peint dans *les Misérables* les parias, les forçats, les prostituées. Il s'est penché sur les faibles et les déshérités, restituant à l'homme sa vraie dignité, offrant à l'ancien forçat une nouvelle vie. Derrière la gangue visible, transparaît l'âme...

Pluton ne reviendra pas avant longtemps dans le signe des Poissons. Par contre, sa présence en Maison XII, Maison analogue au signe des Poissons, donne certaines indications. Il est certain qu'il y a là des pulsions de mort contre lesquelles l'être devra lutter. Il lui faudra un Moi bien structuré pour surmonter les crises, les épreuves souvent cachées, que cette planète lui réserve. Mais une vie sans crises est-elle une vie ? La vie est métamorphose, sans cesse et adaptation...

Disons également que si Pluton est important dans votre thème, s'il est, par exemple, à l'Ascendant, s'il est angulaire, ou s'il a maîtrise sur votre Ascendant Scorpion, il entre dans votre dominante et il se conjugue avec Neptune pour marquer votre vie. Tôt ou tard, l'être marqué par Pluton rencontrera son Dragon intérieur et devra se battre « viscéralement » avec lui.

Ecoutons Omar Khayyam qui, il y a des siècles, écrivit :

> « Sous la Roue qui sans fin poursuit sa ronde,
> Deux sortes de gens vivent sans tourments,
> Ceux qui savent tous les secrets du monde
> Et ceux qui les ignorent totalement. »

Pluton est un ferment idéologique et philosophique qui s'affirme avec violence. Cette planète crée une confusion : elle détruit pour reconstruire. Mais ce n'est pas toujours le cas : elle peut s'arrêter au premier stade. Elle déconcerte. Elle intensifie la sensibilité Poissons. Mais elle porte ce potentiel d'idéal à des excès dangereux. Elle fait vivre dans un climat érotique très fort.

Pour le Poissons plutonisé, on peut voir tout ce qui est dit sur la Maison VIII. Il a parfois des dons de voyance ou de perception extra-sensorielle. Pluton confronte l'être à ses angoisses, il peut entraîner un revirement, un changement radical de l'existence (voir les phases et les cycles).

Si Neptune donne l'expérience mystique (état de béatitude qu'aucune émotivité n'entache, vision comparable à une pensée musicale, ressentie comme une résonance qui pénètre les tréfonds de l'être), l'occulte, du domaine plutonien, comprend, en revanche, le monde des désincarnés et la panoplie des moyens employés pour communiquer avec eux...

Les Planètes dans le Bélier

Soleil en Bélier

Avoir le Soleil en Bélier, c'est « être du signe » du Bélier. C'est donc, rappelons-le, avoir une planète (la principale) sur dix dans le signe du Bélier. Quel que soit le nombre de planètes dans un ou plusieurs autres signes, le signe où se trouve le Soleil est toujours primordial. Le Soleil est en exaltation dans le Bélier, ce qui peut donner un excès : décision, enthousiasme, impulsion, entêtement, passion, esprit d'entreprise, violence, générosité.

Les passions sont brèves et passagères. Les entreprises risquent de n'être pas suivies avec persévérance. Goût pour la conquête.

Lune en Bélier

La Lune dans le signe de Mars est bien malmenée... Comme elle représente l'inconscient et la sensibilité, ceux-ci deviennent houleux et marqués par l'impulsivité. L'ardeur et la vivacité, une sensibilité brûlante tiennent lieu de tendresse. C'est souvent aussi une composante de révolte, de non-conformisme.

Élément de réceptivité et de féminité, cette Lune, placée dans ce signe viril, n'est pas en bonne position dans le thème d'une femme. Tendance au scandale, exhibitionnisme, indépendance, témérité, tempérament enflammé. La Lune représentant l'idéal féminin dans le thème d'un homme, ce sera alors la recherche de l'amazone, la composante féminine étant virile.

Vénus en Bélier

Les sentiments sont passionnés, l'esprit de conquête violent, l'impulsion sexuelle intarissable. L'amour est vécu comme un sentiment exclusif, intense, brûlant, mais souvent pas très durable. Grande générosité. « Vénus tout entière à sa proie attachée. » L'affectivité est importante, chaleureuse, un peu brusque. Nombreuses et brèves passions.

Mercure en Bélier

« L'exercice de la justice ne saurait être séparé de celui de la terreur » (Lénine). La planète Mercure représentant le mental, celui-ci se trouve ici sous la domination de Mars et Pluton : fougue, intuition foudroyante, certitude d'avoir raison. Les choses sont vécues dans l'instant, avec l'ivresse de la découverte. Cette position laisse peu de place au doute, à l'hésitation. L'intellect est très actif, avec une tendance à la polémique (Mars) et au sarcasme (Pluton).

La franchise est brutale, tranchante comme un scalpel. La diplomatie et la douceur ne sont pas l'apanage de Mercure en Bélier ! C'est la position des polémistes, des « fonceurs ». Le passage de la pensée à l'acte est immédiat, c'est un peu la conjonction Mercure-Mars, avec son don de persuasion, sa rapidité redoutable. Au négatif, cette position qui donne un ascendant sur autrui peut aussi entraîner les autres sur une fausse piste. Le Bélier conduit le troupeau, mais il ne sait pas toujours où ; un de ses côtés les plus dangereux étant l'aveuglement, le résultat peut être catastrophique. Mais peu lui importe, l'essentiel, pour lui, est de conduire.

Mars en Bélier

Fougue, énergie, volonté constructive, entreprenante, dynamisante. Goût pour les épreuves de force, où le courage le plus fou trouve son expression. Activités intarissables : sport, courses, dépense physique. Résistance à toute épreuve. Plus il y a d'obstacles à son désir, à son projet ou à sa volonté, plus le natif se sentira stimulé.

Uranus en Bélier

La foudre dans le signe de la foudre. L'impulsivité et la faculté de saisir la « bonne occasion » sont décuplées. Le dynamisme est trépidant, irrésistible, l'efficacité et la coordination des réflexes sont foudroyantes à condition que les aspects soient bons. Ce sont la hardiesse, la témérité et la révolte prométhéennes qui dominent. Elles aboutiront, ou bien finiront dans la catastrophe, suivant le reste du thème.

Uranus était en Bélier au moment de la montée du fascisme et du national-socialisme : l'ascension fut foudroyante mais la chute ne le fut pas moins...

Exemples : Tchaïkovski (le côté « électrisé » de sa musique), Nietzsche.

Saturne en Bélier

La planète et le signe sont en contradiction totale : c'est le froid intense au sein du brasier. La force de caractère est grande et risque, avec l'âge, de dégénérer en dureté et en aigreur. La solitude est inévitable avec une tendance à l'auto-analyse, aux aventures (Bélier) solitaires (Saturne). L'impression d'être incompris par les autres est particulièrement forte, et peut mener aux limites de la paranoïa. C'est une position difficile, douloureuse, qui aboutit en général à une solitude hautaine, à un durcissement.

Avec une telle position, les maux de tête, les névralgies, les accidents à la tête sont garantis. Les risques de congestion cérébrale sont accrus.

Exemples : Baudelaire, Goya, Staline, tous trois atteints gravement à la tête. Goya sourd et à demi-fou, Baudelaire et Staline morts de congestion cérébrale.

Pluton en Bélier

Le Bélier est le domicile diurne de Pluton. C'est une position extraordinaire, quc les astrologues oublient généralement (Pluton ayant le don de se rendre invisible, comme le Diable). Pluton en domicile chez son complice, Mars devient d'une agressivité démoniaque, trépidante, une sorte de piétinement sourd et implacable. Il apporte la subtilité et le sens de l'invincible à la force parfois brutale du Bélier, et la transforme en puissance irrésistible. C'est alors l'aspect vengeur, implacable, inhumain du Bélier, premier signe, qui apparaît.

Exemples : Baudelaire, Zola, Tchaïkovski, Anton Bruckner (chez ce dernier, la tornade ascensionnelle d'une musique marquée par Pluton en Bélier en Maison VIII est particulièrement impressionnante).

Les Planètes dans le Taureau

Soleil en Taureau

Ces natifs doivent beaucoup à leur minutie maniaque, à leur rigueur, et aux répétitions, rabâchages grâce auxquels ils parviennent, souvent après de durs labeurs, au nœud profond d'un problème, quitte parfois à en constater l'inexistence. Ils ont besoin de posséder leur sujet de A jusqu'à Z, et même de doubler l'alphabet, pour en parler sûrement. L'inhibition leur interdit la facilité. Elle les éloigne des voies précaires, les prévient contre les dangers des ascensions trop rapides et leur donne le goût d'une notoriété installée sur un pouvoir, une compétence réelle, un métier rodé. Une fois en haut du pavé, elle leur permet, enfin, de défendre et de conserver jalousement l'autorité acquise. Les plus doués paraissent invincibles.

Lune en Taureau

Féminité, dans la mesure où la féminité est la mère de tous les sexes. Ces dispositions apportent à l'homme de précieuses satisfactions dans ses liens avec mère, sœurs, filles, amies, épouse, sauf si les interlocutrices en question sont agressives, névrotiques, ratiocinant avec tous les défauts des mâles dans leurs revendications socio-sexuelles.

Homme ou femme, la Lune en Taureau non dissonante aime la tranquillité et tient en haute estime tout ce qui participe à l'harmonie de sa santé physique et psychique : un décor paisible, un environnement doux, serein, lumineux, des gens heureux, des saisons régulières, des digestions sans problème.

Vénus en Taureau

L'astro-psychologie applique à la vie amoureuse la constance du signe. Harmonique, cette position favorise donc les longs attachements, les liens dont on ne se défait que dans de tragiques douleurs. Elle donne, sans doute, la patience, la bonne proportion de soumission et de domination nécessaire à l'entretien d'une heureuse relation affective.

Comme Mercure, mais à un bien moindre degré, Vénus stimule la force de combinaison ou d'intégration du signe. Ce qui, dans le contexte sensuel-sensoriel, s'exprime volontiers par le plaisir de la possession amoureuse sans cesse renouvelé, ou par quelque propension analogue à embrasser, tenir, faire sienne, en son corps, la chose que l'on aime.

Mercure en Taureau

L'effet du Taureau sur Mercure limite la disponibilité intellectuelle et sociale. Il n'y a pas d'affinité évidente entre l'astre de l'ouverture, des réponses réflexes aux sollicitations ambiantes, et le signe du contrôle, de la première réaction de défense contre les incitations extérieures. L'astro-psychologie insiste donc sur la spécialisation des facultés mentales plutôt que sur la diversité d'aptitudes.

Les dons d'observation, l'application travailleuse, la continuité des idées pallient les lenteurs de l'intelligence et ses réticences (non insurmontables) devant les abstractions. Cependant, l'esprit progresse fort loin si sa matière se prête à une compréhension logique, méthodique, et à une démarche analytique raisonnée du concret à l'abstrait.

La curiosité serait plus vive et l'intelligence plus habile dans la détection des sources de plaisir, de profit et de possession.

Mars en Taureau

Mars régit les duos-duels de l'existence et le niveau d'excitabilité nécessaire aux compétitions vitales. L'astro-psychologie voit dans sa rencontre avec le Taureau un bon indice de vitalité, de robustesse physique, de courage moral. Configuration musclée, en somme.

Elle inspire des initiatives hardies et radicales, des entreprises aux audaces longuement mûries, engageant, lorsqu'elles s'affirment, toutes les forces dans un seul combat en se privant volontairement de toute échappatoire et possibilité de retraite.

Uranus en Taureau

D'une formule inverse à celle de Mercure, Uranus va du complexe au simple, du faible au fortement excitable. Avec l'apport du Taureau, cohérent, compact, massif, le schéma uranien prend tournure d'un tout ou rien. Les paliers, approches ou reculs par touches et retouches successives ne sont pas de saison. Cet Uranien est complètement « in » ou « out », dedans ou dehors. Sa nature réductrice s'y prête, le Taureau lui fait litière.

Psychologiquement, n'attendez pas de lui beaucoup de diplomatie. Il n'est pas du genre perplexe, entre deux eaux, flottant. S'il est réfractaire, sa surdité et son opposition iront jusqu'aux extrêmes conséquences.

Saturne en Taureau

Le Jupitérien a des dispositions pour faire de son vécu l'assise, le cheval d'arçon de ses prouesses. En revanche, le Saturnien en tire craintes et reculs qui, dans les meilleurs cas, déplacent sa pensée vers les coulisses de l'exploit, là où les héros redeviennent des hommes et les hommes des êtres.

La réduction saturnienne peut donc déterminer un type d'équilibre raisonné, moins bonhomme que celui de Jupiter, tout en flegme, en ajustements calculés et en qui-vive cachés.

Economie veut dire ici épargne avisée. L'être s'assure des voies qu'il peut pratiquer sans risque d'y rencontrer ce qu'il redoute : l'imprévu exigeant un débours de confiance.

Pluton en Taureau

L'apport de Pluton au Taureau risque d'être discret, de concerner uniquement le pôle d'inversion et d'inadaptation du signe.

Pluton peut apporter aux êtres réceptifs une intuition fondamentale dont ils feront le levier de leur existence laborieuse. Ils laisseront toute leur personnalité dans leur œuvre ou découverte.

Quant au caractère, Pluton en Taureau le rend ferme, énergique : colères féroces, vindictes souterraines impitoyables. C'est l'inertie d'inhibition qui parle, elle ne pardonne pas.

Les Planètes dans les Gémeaux

Soleil en Gémeaux

L'astre de l'affirmation personnelle est bien partagé dans ce signe double. Les aspirations sociales de l'être se trouvent souvent en contradiction avec ses aspirations privées. Fait des vies tiraillées entre deux désirs, deux volontés, deux talents, deux amours. Affaiblit l'expression de la personnalité mais augmente l'intelligence, la perception ludique des événements et le goût des mots.

Lune en Gémeaux

Le monde de l'inconscient est ici constamment agité par les fluctuations de l'environnement, le changement incessant des circonstances et des contacts, mais il ne s'agit là que d'une agitation de surface, celle de la brise qui fait naître des vaguelettes. Les racines de l'être ne semblent pas ébranlées. Extérieurement, l'humeur est vagabonde, elle varie selon les émotions du moment et ne peut être saisie. Elle s'est déjà transformée lorsque l'interlocuteur l'a saisie au vol. Pour mieux dire, c'est la Lune natale de Brigitte Bardot, astre cinématographique qui a suffisamment occupé la chronique pour que l'on sache de quoi il retourne. Un prompt emballement, vite tombé dans l'oubli, aussi vite remplacé par une passion non moins vive, et il ne s'agit pas seulement de l'affectivité, mais aussi de l'humeur, qui ne peut être que capricieuse et frissonnante. Sur le fond mercurien, en perpétuelle vibration, la Lune multiplie les variations de ses phases, même si sa face cachée reste obstinément ignorée.

Vénus en Gémeaux

Le goût du flirt, de la comédie amoureuse, est fréquent ; celui du changement ne l'est pas moins. Ces deux tendances aboutissent à de nombreuses relations affectives, le flirt plus ou moins poussé surpassant la passion authentique. Au pire, ce serait l'image du papillon. Le choix est difficile, aussi ne le fait-on pas.

Pour ne pas se perdre dans tout cela, il faut éviter de provoquer des drames, conserver un certain sang-froid, une lucidité raisonnable, sous une apparence d'amitié courtoise où chacun croit discerner un amour partagé. La sensualité n'est pas un élément dominant, bien qu'elle ne soit pas exempte de raffinements. La vie sentimentale peut donc être assez compliquée, mais l'adresse permet d'éviter les crises trop périlleuses. Les déceptions en général ne durent pas, tant il est facile de trouver de nouveaux partenaires.

Mercure en Gémeaux

La souplesse d'esprit, le besoin de connaître, celui de transmettre le message dont on est porteur s'allient à une exceptionnelle facilité d'assimilation de toutes les données que l'esprit doit intégrer. A cela s'ajoute l'association des idées, tout aussi rapide, qui permet d'élaborer très vite des ensembles d'où sortira la résolution des problèmes posés. Par contre, si la compréhension ne s'effectue pas dans l'instant même, il est fréquent que l'on doive s'y atteler à nouveau au prix d'efforts inhabituels et fastidieux.

C'est un type d'intelligence raffinée et souvent brillante. Le sujet risque d'être un dilettante, qui perd pied lorsqu'on le pousse dans ses retranchements, mais s'en tire par une pirouette. Il déteste la spécialisation trop poussée et a besoin de reprendre des forces nerveuses par le changement, ce qui ne veut pas dire qu'il soit versatile. Il aime apprendre, mais aussi enseigner. Le don d'imitation est non seulement verbal, mais aussi gestuel, par un remarquable sens d'expression, par la mimique.

Mars en Gémeaux

C'est un important facteur d'activité, pas seulement mentale, qui peut entraîner un certain esprit sportif, la sincérité dans l'action. Mais l'amour-propre réagit par la susceptibilité : les caprices, les colères sont difficilement dominés. Tout cela est un peu remuant, turbulent, avec des vagues d'agressivité inattendues, au moindre prétexte. Il faut dire que les réflexes musculaires sont rapides, le passage à l'acte ne traîne pas, tout au moins le passage à la parole qui vaut un acte.

Avec Mars dans son signe, le Géminien est plus sûr de lui et moins hésitant. De bonne foi, il promet plus qu'il ne peut tenir. Il s'efforce de convaincre avec passion. Dans les cas extrêmes, il aboutit au sadisme mental, à une certaine agitation.

Uranus en Gémeaux

Uranus, qui gouvernait le chaos, est considéré comme l'astre de l'individualisme le plus poussé, qui veut à tout prix se démarquer du milieu ambiant. Hyper-rationnel, peu sentimental, maître du Verseau, il a quelques analogies avec Mercure, mais poussées à un niveau plus brutal ; il est systématique, intolérant, il tend à entraîner vers un avenir robotisé, froid, peu fait pour les faibles et les cœurs sensibles. Il crée l'imprévu, les destins en dents de scie, impose des techniques toujours nouvelles.

Il s'est trouvé dans les Gémeaux de 1942 à 1948, et l'on a pu constater l'accord entre le côté nerveux et remuant du signe et l'effet électrisant de la planète, ainsi que le facteur commun que constitue le côté intellectuel et cérébral de leur nature. Uranus, très à son aise en Gémeaux, y agit comme s'il induisait un courant électrique susceptible de galvaniser les Gémeaux, de leur donner un sens plus aigu de leur Moi et d'atténuer leur tendance dispersive.

Saturne en Gémeaux

On admettra qu'un astre aussi sec et peu enclin à une certaine joie de vivre comme à une animation turbulente ne se sentira guère à l'aise dans le signe jeune et perpétuellement en mouvement des Gémeaux. Cette fois-ci, c'est le vieux monsieur strict chez les joueurs de ping-pong. Sa logique excessive tue la fantaisie, et l'humour devient de l'humour noir. Certes, il peut y avoir un acquis pour le signe, dans la mesure où Saturne apporte circonspection, sens des responsabilités, ce dernier parfois excessif.

Mais il peut aussi, par réserve ou inhibition, éteindre le côté brillant des Gémeaux ; le sens de la repartie devient l'esprit de l'escalier, ou se fait trop lourd. C'est un Saturne qui veut se rajeunir, un Gémeaux qui veut être trop sage au risque d'étouffer sa spontanéité.

Pluton en Gémeaux

Selon Lisa Morpugo [1], Pluton a influencé le comportement d'une génération intellectuellement éveillée. Et il est vrai que l'on ne s'était jamais posé autant de questions qu'à cette période (1883-1914), à la fois fin d'un siècle et commencement d'un autre, tant il est vrai que Pluton, comme Janus, est à double face. Cette génération était lucidement critique envers les idéologies et les éthiques des époques antérieures. Mais elle a aussi été attirée par le culte de la personnalité. André Barbault a exprimé une opinion à peu près semblable en disant que Pluton en Gémeaux se mue généralement en sadisme mental, ou apporte une inquiétude intérieure qui fertilise la recherche spirituelle.

Les Planètes dans le Cancer

Soleil en Cancer

Donne des indications sur la personnalité extérieure du sujet : grande sensibilité, à l'écoute du non-dit, du non-visible. Beaucoup d'intuition : cette intuition se fait parfois devineresse, pressent

1. Lisa Morpurgo, *Introduction à la nouvelle astrologie,* Hachette Littérature, 1976.

des événements et des situations à venir. Les rêves prémonitoires sont fréquents chez le Cancer hyper-réceptif. « Idéalisation du passé, attachement à la tradition, qui sert de point d'appui contre l'insécurité du futur [...]. Manque d'initiative, défaut d'agressivité et d'esprit compétitif [...] compensés par la souplesse intuitive de l'intelligence. L'équilibre ainsi créé permet d'atteindre avec autant d'efficacité l'objectif recherché [1]. »

Lune en Cancer

Accentue toutes les tendances extérieures du signe en leur donnant quelquefois une exaltation excessive : douceur extrême, intense réceptivité qui peut aller jusqu'à la médiumnité. La voyance, la prémonition, les phénomènes extra-sensoriels sont tout à fait courants avec la Lune dans ce signe. Elle donne également des dons artistiques réels que la timidité du Cancer ne sait pas toujours faire valoir. Besoin immense de tendresse, de protection. Forte sensualité réceptive.

Vénus en Cancer

La planète de l'amour et de l'art se trouve en affinité avec ce signe d'Eau. Vénus en Cancer s'intériorise, gagne en pudeur et en réserve ce qu'elle perdait en extraversion ; elle devient plus artiste, plus profonde et plus douce. Sa recherche de l'amour sensuel se transforme en quête de tendresse, de protection, de sécurité affective. C'est une Vénus mouvante mais fidèle, capricieuse mais sage. Sensualité « sensorielle ».

Mercure en Cancer

La planète de l'intelligence se teinte ici de finesse analytique, de sensitivité, d'irrationnel. L'intuition s'affine, se laisse diriger par une perception subjective des problèmes, et les résout grâce au « flair », au doigté, à l'instinct beaucoup plus que par raisonnement. Mercure en Cancer fait des êtres qui écoutent plus qu'ils ne parlent, qui enregistrent et mémorisent les moindres faits et gestes pour s'en servir plus tard dans des circonstances appropriées. L'esprit, à la démarche lente et sûre, donne du poids aux synthèses. C'est un esprit qui allie des qualités inventives aux déductions logiques.

Mars en Cancer

L'activité impatiente, brusque, agressive de Mars s'émousse en Cancer. L'action devient plus mesurée, plus flottante, plus fragile extérieurement. Mais elle se concentre grâce à la profondeur que lui donne le signe, elle acquiert une plus longue portée. Elle devient plus durable, plus obstinée, moins spectaculaire mais peut-être plus efficace, en s'exerçant sur des registres qui lui conviennent, soutenue par l'intuition que confère le signe : l'art, le commerce sont ses terrains d'élection. Le dynamisme, l'énergie vitale, n'apparaissent pas : il faut se rappeler que le Cancer n'est pas un signe de grande santé. En revanche, la sagesse, l'économie de moyens dans l'objectif à atteindre, l'instinct très puissant remplacent avantageusement une extériorisation chaleureuse de la personnalité.

Uranus en Cancer

Le goût d'Uranus pour les bouleversements, les changements radicaux, les décisions rapides et irrévocables se trouve singulièrement étouffé par le Cancer. En effet, le Cancer est le signe des petits changements, des petites modifications, mais pas des hautes tensions familières à Uranus. D'où affaiblissement des valeurs proprement uraniennes dans ce signe : individualisme moyen, esprit de décision plus flou, activité créatrice moins volontaire et ambitieuse. La vitalité uranienne devient un peu aquatique : c'est la foudre dans l'eau. En revanche, le Cancer accentue la réceptivité d'Uranus, d'où une réelle générosité à l'égard d'autrui, la volonté d'emporter une certaine adhésion de son entourage.

1. Lisa Morpurgo, *Introduction à la nouvelle astrologie,* Hachette Littérature, 1976.

Saturne en Cancer

C'est la logique, le raisonnement, la rigueur froide et calculatrice de Saturne dans l'univers fantasque, imaginatif et sensuel du Cancer. Résultat : ou bien Saturne canalise la fantaisie du Cancer et lui donne du poids, de la mesure, de l'ambition et de la discipline, auquel cas le sujet perd beaucoup de caractéristiques lunaires (réactions imprévisibles, tempérament secret et changeant, parfois un peu versatile) ; ou bien Saturne broie le Cancer et, à ce moment-là, il crée toutes sortes de frustrations dans les domaines régis par la Lune : la créativité est freinée, l'élan vital s'amenuise, l'affectivité n'est jamais comblée, la sensibilité reste à vif sans parvenir à s'épanouir dans une activité inventive et riche.

Pluton en Cancer

Les forces souterraines et créatives de Pluton prennent de la sensibilité et de la fragilité cancériennes. Elles deviennent moins ambitieuses sans retirer invention ni profondeur. Mais le sujet risque de se sentir limité dans sa créativité par son respect des valeurs familiales, traditionnelles, parfois même conservatrices.

Les Planètes dans le Lion

Soleil en Lion

En vérité, dans votre cas, la fonction solaire, qui sensibilise aux modèles culturels en usage, vous a fait percevoir avec une acuité particulière tout ce qui, dans ces modèles, participe des fonctions de base du Lion. Vous avez retenu en priorité les leçons et les principes qui mettaient l'accent sur l'autonomie personnelle, la volonté de surpassement, l'extension de la puissance. Vos premiers héros, vous les avez choisis spontanément parmi ceux qui incarnaient le mieux ces facultés. Notez bien que cela ne veut pas forcément dire que vous suivez ces exemples-là en permanence : les premières et fortes impressions qui ont marqué votre esprit peuvent subir bien des avatars. On peut cependant affirmer que tous ces grands dadas léoniens demeureront vos points de référence essentiels. Sujets de vos discours, thèmes de vos œuvres, mobiles de vos actes, objets de vos recherches, motifs de vos craintes ou cibles de vos sarcasmes, ils seront ici les fermes pivots de votre conscience lucide.

Lune en Lion

Les interprétations classiques insistent sur l'effervescence des instincts, leur générosité, leur noblesse et leur panache. On vous accorde, en outre, une imagination tournée vers le grandiose, le prestigieux, le magnifique, et la faveur publique vous est, paraît-il, acquise si vous abordez la carrière artistique. Parmi les travers qui vous sont le plus souvent reprochés, on note une certaine fatuité, un côté snob épris de luxe, un penchant aux caprices voyants et à la paresse dorée.

Quelques « Lune en Lion » assez connus : Louis XIV, Churchill, Trotski, Mao, Rocard, Rosa Luxemburg, Willy Brandt... Parmi les poètes, Verlaine, Jules Laforge, Charles Cros et Schiller.

Vénus en Lion

Vous savez jouer au maximum de l'efficacité des apparences, de l'impact affectif des paroles. Votre Moi en représentation s'affirme par le canal de l'émotion ainsi produite sur les autres. Vous vous efforcez de susciter la sympathie admirative par les moyens les plus extérieurs – d'aucuns diraient les plus superficiels –, tels que la beauté physique, le vêtement, la parure, le maintien, la qualité du langage et le respect de l'étiquette. Selon votre orientation générale extravertie ou introvertie, vous viserez par ces biais à donner une impression de force, d'aisance souveraine, de liberté superbe, ou bien de noblesse, de générosité, d'élégance morale.

Mercure en Lion

Vous pouvez par exemple connaître la sensation grisante de pouvoir venir à bout de toutes les énigmes, d'affronter comme en vous jouant les problèmes filandreux où s'entortillent les esprits moins alertes. Pour vous, les discours choc, les idées fortes et les images frappantes, pour peu qu'on les répande suffisamment, recèlent une efficacité redoutable, un pouvoir libérateur hors pair. Nulle muraille ne s'avise de résister à un trompettiste assez constant et malicieux, tous les rescapés de Jéricho vous le diront.

Mars en Lion

La force d'excitation débloquante joue ici sur le mode d'une confrontation directe et immédiate avec le monde environnant. Elle n'a rien d'un fantasme, d'une simple spéculation théorique ou d'une évocation évanescente. Elle acquiert une présence telle qu'il est impossible à autrui de l'ignorer ou de n'en point constater les effets percutants. Dans le combat quotidien pour la survie personnelle, vous refusez absolument toute entrave à vos initiatives. Vous ne vous préoccupez guère des implications philosophiques de vos actes ou de ce que l'on va penser de vous : l'essentiel est de vaincre l'obstacle par les moyens les plus rapides et les plus indiscutablement efficaces. Vous n'êtes pas une personne à vous décourager facilement : non pas tellement par le fait d'une patience obstinée, mais surtout parce que vous savez surmonter vos fatigues, recharger à bloc vos batteries au moment où l'on vous croit épuisé.

Uranus en Lion

Le point commun fondamental entre Uranus et le Lion, c'est un processus de concentration, de réduction extrême à un pôle unique dans un but d'efficacité maximale. Imposer son point de vue aux autres, se sentir invulnérable, être sûr de son bon droit, ne pas concéder la moindre miette de son pouvoir et de son autorité. Uranus exacerbe ces tendances, les radicalise, les assortit d'un impact et d'un tranchant tels qu'elles ont bien peu de chances de passer inaperçues. Vous visez toujours les sommets, qu'il s'agisse de ceux du pouvoir, de l'intensité d'expression de votre personnalité, de l'acuité de votre conscience lucide ou de la rigueur concise de vos formulations. Vous dissipez le brouillard à coup d'éclairs soudains, vous localisez les lueurs éparses en faisceau aveuglant, vous rassemblez les forces les plus diluées en un seul invincible fer de lance. Vos irruptions sur le devant de la scène sont souvent plus provocantes que celles du Lion jupitérien. Vous ne prenez pas comme lui votre élan à partir de données familières, de réalités que chacun peut voir et palper. Vous vous appuyez sur vos pulsions les plus intimes, vos tendances inaliénables.

Saturne en Lion

Là, ce n'est pas tellement la fête. De toute façon, dès que Saturne est en cause, les astrologues traditionnels éteignent leur beau sourire commercial et vous prennent des airs gravement constipés. Comme, par-dessus le marché, ils considèrent le Lion comme le lieu d'exil de la planète — c'est-à-dire le signe avec lequel elle présente le moins d'affinités —, vous voyez d'ici le tableau engageant. Dans le meilleur des cas, ils évoquent une autorité froide, une implacable ambition, des buts politiques à long terme, le sens de l'organisation. La plupart du temps, il est surtout question de despotisme, d'avidité insatiable, d'orgueil égocentrique et misanthrope, de dureté, de cruauté, de lâcheté...

Pluton en Lion

A priori, la cohabitation avec le Lion s'annonce plutôt malaisée. Le désir de surclasser les autres et le goût de la parade tonitruante, notamment, en prennent un sacré coup. Un Lion plutonien bon teint, vu de l'extérieur, a fort peu de chance de cadrer avec le portrait-robot du signe. Avec Pluton, on aurait cependant bien tort de se fier aux apparences, l'essentiel se passant au niveau de votre inaliénable fort intérieur. En fait, Pluton, tout comme le Lion, refuse les limites. Il les refuse même de la façon la plus radicale qui soit. Le temps et l'espace n'ont pas de bornes, l'éternel et l'infini sont ses domaines. Il n'a de compte à rendre à personne, il ne se soumet à aucune autorité humaine. Il engendre lui-même sa propre loi et sa propre vérité. C'est un réfractaire, un irréductible, un pur, un authentique. On pourrait croire que Pluton, éloigné de tout personnalisme, désintègre le narcissisme du Lion. En fait, il remplace un narcissisme superficiel par un narcissisme beaucoup plus profond : la contemplation inexprimable, intégrale et perpétuelle de vos rouages les plus secrets, de vos mobiles les plus intimes. Vous vous retrouvez seul avec vous-même pour assumer l'angoissante étendue des possibles qui vous habitent.

Les Planètes dans la Vierge

Soleil en Vierge

Dire que vous êtes natif de la Vierge signifie qu'à votre naissance le Soleil occupait ce signe. Dans ce cas, la planète ne fait donc que souligner les valeurs du signe. En Vierge, le Soleil est dit pérégrin, c'est-à-dire neutre, son domicile étant en Lion et son lieu d'exaltation en Bélier.

Lune en Vierge

Les valeurs lunaires de sensibilité, d'émotivité, de réceptivité, sont brimées et ne trouvent guère de possibilité d'épanouissement. La Lune, symbole de l'inconscient (le Ça en terme psychanalytique), n'est certes pas à son aise dans un signe répressif qui s'acharne à contrôler les pulsions instinctives. Il en résulte un risque de refoulement, surtout en cas de dissonances de la Lune (avec Saturne ou Uranus notamment).

La difficulté d'extériorisation entraîne un malaise, un sentiment diffus de culpabilité qui se traduit par une attitude déroutante, déconcertante, même pour les proches. Inquiet, souvent affligé d'un complexe d'infériorité, le sujet se livre à une introspection poussée, qui ne fait qu'aggraver ses problèmes.

Vénus en Vierge

Vénus s'adresse au cœur. La Vierge (associée en mythologie à Athéna, déesse de l'intelligence) n'écoute que la raison.

Cette problématique peut se vivre de différentes manières. Il est certain, en tout cas, que la position de Vénus dans ce signe donne souvent au sujet un comportement amoureux comparable à celui du Virginien. On retrouve le même refus de perdre la tête, de se laisser aller. La passion est tenue en bride, dissimulée sous un masque d'ironie, de scepticisme, de froideur.

Les instincts amoureux ne sont pas nécessairement inhibés, mais leur expression est freinée, sans cesse contrôlée. Ainsi, par exemple, les sentiments sont tièdes, les effusions rares, les unions raisonnables...

Mercure en Vierge

Mercure donne une insatiable curiosité, vierge de tout *a priori,* libre de toute entrave. Le monde est un passionnant champ d'investigation pour le Mercurien, qui engage un dialogue permanent avec son entourage. C'est un libre penseur, toujours prêt à jeter un regard neuf sur les êtres et les choses, d'autant plus qu'il a l'art de changer les angles de vues.

Mercure en Vierge souligne les qualités de mémoire et d'observation. Le sujet excelle dans les domaines où il faut fidèlement retranscrire une réalité plutôt que l'interpréter ou l'intellectualiser.

Mars en Vierge

Pour qui se contente de voir en Mars la manifestation des instincts agressifs, la position de cette planète dans le signe de la Vierge présente plus d'inconvénients que d'avantages. La violence, l'agressivité étant rentrées, elles se retournent contre le sujet et aboutissent à une lente autodestruction. Ou bien, ces forces s'extériorisent par poussées brutales.

Concret, réaliste... voilà des termes qui s'accordent bien avec les caractéristiques de la Vierge. Cette configuration (surtout si Mars est harmonieusement aspecté) donne une grande puissance de travail (Jean-Louis Barrault, conjonction Soleil-Mars en Vierge). Le sujet est un perfectionniste qui « fignole » sa tâche dans les moindres détails.

La planète « dynamise » le signe, le pousse à l'action, décuple son efficacité en coupant court à ses hésitations. Quant au signe, il modère l'impulsivité de la planète, évite certaines erreurs.

Uranus en Vierge

Comme Saturne, Uranus conduit le sujet à adopter une attitude de rigueur, de discipline, de dépouillement. La planète et le signe sont tous deux marqués par l'étroitesse du champ de conscience. L'Uranien tend à « l'unité de l'être ». Il se veut essentiellement lui-même, affranchi des idées en usage, des coutumes. La Vierge, de son côté, cherche à ne compter que sur soi. Aussi le sujet risque-t-il, d'une façon ou d'une autre, de « faire le vide » autour de lui, d'autant qu'il a besoin, sur le plan professionnel notamment, de liberté et d'indépendance.

Uranus en Vierge peut aussi donner la solitude du créateur, souvent révolutionnaire, et difficilement compris par son entourage. Cette configuration se retrouve dans les thèmes de Picasso, de Modigliani (Uranus puissant par sa conjonction à Mars, lui-même conjoint à l'Ascendant), de Coco Chanel (Uranus conjoint à Mercure opposé à la Lune, sextile à Jupiter).

Saturne en Vierge

Si elle reçoit la puissance intellectuelle et favorise la résolution des questions pratiques, cette position de Saturne est plutôt critique dans le domaine de la vie affective. La planète et le signe se renforcent dans leur tendance à l'inhibition et à l'introversion, entraînant une répression impitoyable des instincts.

Sous le coup de frein de Saturne, les risques de refoulement sont accentués. Par son attitude constamment « en retrait », le sujet se coupe des autres. Il méprise les relations sociales, trop superficielles à son gré. Le goût de la solitude devient facilement de la misanthropie. Il n'y a aucune fantaisie dans cette vie réglée, ordonnée, programmée. Toutes les précautions sont prises contre un déferlement de l'imprévu dans l'existence.

Pluton en Vierge

Pluton a été « découvert » en 1930 seulement pas les astronomes. C'est pourquoi les indications astrologiques sur cette planète diffèrent encore sensiblement. Il est prématuré de donner des indications détaillées sur l'influence de Pluton en Vierge. Par contre, il est intéressant de connaître le « climat général » qui a prévalu durant son transit dans le signe, de novembre 1956 à septembre 1971. C'est, par exemple, pendant cette période que s'est produite la révolte de la jeunesse contre les modèles reçus et les principes inculqués par les parents et les éducateurs, révolte ayant abouti, en France, aux événements de Mai 1968.

La maîtrise du Scorpion a été attribuée à Pluton. Sa position en Vierge donne donc, comme pour Mars, des tendances Scorpion au sujet.

Les Planètes dans la Balance

Soleil en Balance

Sens de l'harmonie. Adaptation spontanée de la personnalité à tous les milieux, tous les événements, tous les modes de vie. Goût profond pour les associations, les activités artistiques, les relations sociales. La beauté, sous toutes ses formes, préoccupe beaucoup le natif de la Balance. Sa séduction est extrême, sa douceur et sa tolérance en font un partenaire de choix. Sa réussite tient à son charme.

Lune en Balance

La Lune, c'est avant tout le monde de l'âme. Elle représente donc la vie sensible, l'affectivité, l'imagination et toute une série de significations dérivées, telles que la femme, la mère, le foyer, la mémoire, etc. Il nous faut donc combiner toutes ces significations avec celles de la Balance.

Si la Balance ne donne pas nécessairement l'équilibre, elle en donne le goût, de sorte que le sujet ayant la Lune en Balance tend à réaliser l'équilibre et l'harmonie dans sa vie psychique. Toute injustice, qui n'est finalement rien d'autre qu'un déséquilibre, lui est insupportable et le blesse au plus profond de lui-même.

Vénus en Balance

Affectueux, affable, dévoué, le sujet prend un grand plaisir à la vie en société qui lui donne l'occasion de nouer de nombreuses relations. On apprécie son esprit de conciliation et son amour de la paix. Son sens de la justice, qui n'est pas fermé à l'indulgence, fait de lui l'arbitre idéal pour régler les différends qui pourraient surgir dans son entourage.

Il cherche à se créer des conditions de vie agréables, et son goût du confort fait qu'il s'entoure, partout où il passe, de musique, de fleurs, d'objets d'art qui donnent à son cadre de vie une note raffinée.

La Balance, septième signe, est analogue à la Maison VII, secteur des contrats et du mariage en particulier. Si rien dans l'horoscope ne s'y oppose, le mariage peut apporter au sujet les dons de Vénus : l'amour, le bonheur et l'aisance.

Mercure en Balance

La pensée est juste et le jugement sûr. C'est une pensée qui pèse volontiers le pour et le contre car elle s'efforce d'être impartiale. Elle est tout en nuances et se veut conciliante. Loin de jeter de l'huile sur le feu, le sujet cherche à apaiser les esprits et à réconcilier les points de vue. Il est doué pour jouer les intermédiaires ou les arbitres.

Mercure et la Balance se rapportent à tout ce qui est lié à la communication, y compris les moyens de communication. Voilà pourquoi le sujet, toujours dans la Maison V, se lie volontiers à des artistes, que ce soient des gens du spectacle, des écrivains, des peintres ou des musiciens.

Mars en Balance

Comme la justice est un des domaines de la Balance, le sujet est prêt à se battre pour que soit respecté le droit et que cessent les injustices. Il sera tenté de militer dans des organisations, politiques ou non, qui luttent en faveur des victimes de toutes les formes d'oppression. Parmi les carrières juridiques qui s'offrent à lui, c'est évidemment celle d'avocat qui lui permettra le mieux de mettre sa fougue au service de la justice. Il défendra ses clients avec autant d'énergie que d'habileté (la Balance sait aussi être diplomate). Dans sa vie privée comme dans sa vie publique, il est prêt à se battre pour la vérité, souvent inséparable de la justice, et à donner équitablement à chacun ce qui lui revient.

Uranus en Balance

Dans tous les domaines propres à la Balance, Uranus apporte ses bons et ses mauvais côtés : indépendance, originalité, progrès, invention, intuition, mais aussi impatience, irascibilité, violence et révolte.

Uranus, planète de l'intuition, dans le signe d'art qu'est la Balance, peut renforcer l'inspiration du sujet dans ce domaine. Soutenu par une vive imagination, il développe une expression artistique originale qui est bien souvent en avance sur les idées et les goûts de son temps.

La Balance est encore le signe des associations et du mariage. Dans ce dernier domaine, les idées modernes tendant à l'instauration de l'union libre s'accordent parfaitement avec le besoin d'indépendance et de liberté qui caractérise Uranus.

Saturne en Balance

Saturne donne au sujet un sentiment à la fois profond et élevé de la justice, on pourrait presque dire un sens institutionnel de la justice.

Dans le domaine de l'art, l'influence de Saturne joue dans le sens d'un strict classicisme.

Dans le domaine du mariage, le sujet cherche un conjoint qui réponde au modèle qu'il porte plus ou moins consciemment en lui, celui d'un être sérieux et pondéré, mesuré et réfléchi, consciencieux et économe, chaste et réservé. Nous savons que la Balance donne à ses natifs davantage le sens et le goût de l'équilibre que l'équilibre lui-même. La présence dans la Balance de Saturne, qui est un facteur de stabilité, est de nature à conférer au sujet la pondération qui fait de lui un être équilibré.

Pluton en Balance

Il faut déplorer qu'aucune recherche systématique, portant sur des milliers de thèmes, n'ait été entreprise pour essayer de déterminer la nature bénéfique ou maléfique (ou neutre) de Pluton, ainsi que le signe qui pourrait être son domicile. Dans ces conditions, il nous paraît plus sage de renoncer à donner pour Pluton dans la Balance des significations qui seraient pour le moins incertaines.

Les Planètes dans le Scorpion

Soleil en Scorpion

Symboliquement, le Soleil règne sur le jour, le Scorpion sur la nuit. Dès lors, le Soleil dans le signe du Scorpion peut s'interpréter comme une grande lumière éclairant les ténèbres (du subconcient ou des Enfers). Mise en valeur de la face cachée de toute chose. Goût du secret. Tendances à l'angoisse ; passions tourmentées, violentes, destructrices. Intelligence pénétrante. Cette personnalité se démarque toujours de la collectivité par des comportements inhabituels.

Lune en Scorpion

Mauvaise position pour cette planète dont la tendresse ne peut pas s'exprimer. Sous cette configuration, les rapports humains sont difficiles pour le natif qui, tourmenté de conflits intérieurs, extériorise mal ses sentiments. Attitudes coupantes, propos caustiques, jalousies blessent l'entourage. Sa franchise trop brutale est mal comprise. Les procès sont fréquents, les échanges de paroles cinglantes amènent des inimitiés.

Le natif est foncièrement maladroit dans ses rapports avec les autres : même sous de bons aspects, sa courtoisie est... à éclipses. En nativité masculine, longues rancunes, et risques de mort de l'épouse (Gœbbels, par exemple, qui avait la Lune en Scorpion en Maison XII), de la mère ou de la sœur.

Vénus en Scorpion

Vénus en Scorpion signifie souvent, pour le natif, l'exil ou la perte de la personne aimée, et cette séparation est intensément douloureuse puisque le Scorpion aime profondément et passionnément (Marie-Antoinette). Sur le plan matrimonial : destruction de l'union assez fréquente, puis reconstruction d'un autre foyer suivant le symbolisme de Pluton, qui est « mort et résurrection ». Dans un thème féminin, Vénus en Scorpion signe quelquefois la prostitution avec un enchaînement de situations marginales et dramatiques dont la native ne réussit pas à sortir. De façon générale, c'est une position de la planète qui apporte des passions violentes et dramatiques : une saison en enfer. Vénus en Scorpion accorde au natif un magnétisme sexuel intense, un grand charme et une séduction irrésistible.

Mercure en Scorpion

Bonne position pour l'astre, que l'on interprète d'après le symbolisme suivant : Mercure = intelligence, Scorpion = les Enfers, les choses cachées, le subconscient.

Est-ce que vous avez remarqué l'œil en vrille de certains Scorpions ? Œil d'aigle, œil en laser, qui vous perce à jour jusqu'au fond de l'âme, œil auquel rien n'échappe, et surtout pas vos désirs secrets... Mercure en Scorpion devine tout ! Dans ce signe, l'esprit a toutes les audaces. L'intuition est non seulement très fine dans ses relations avec autrui, mais encore elle porte le natif jusqu'à des vues cosmiques, des visions prophétiques ou mystiques. Doué pour la divination, perspicace, incisif, ne craignant ni Dieu ni Diable dans sa quête de la connaissance, le Mercurien du Scorpion s'aventure aux frontières des Enfers. Son intelligence est attirée par les interdits à violer : elle veut tout savoir, tout connaître, quoi qu'il en coûte. C'est Ève devant l'arbre défendu, qui lui ouvrait la connaissance du bien et du mal. Mercure en Scorpion est plus puissant encore lorsqu'il est en aspect harmonique avec Pluton. Il donne au sujet une grande discrétion, un grand discernement, une prudence qui lui évite de tomber dans bien des pièges.

Mars en Scorpion

Excellence position pour la planète rouge : elle est ici en domicile. Mars : l'énergie ; le Scorpion : le feu des Enfers. L'énergie de Mars est beaucoup plus puissante en Scorpion, elle devient souterraine, implacablement efficace. Elle est capable de se contenir, de se maîtriser, de se canaliser en vue d'un objectif lointain et précis. Mars en Scorpion est extraordinairement opérationnel. Il réunit à la fois les qualités du Bélier et celles du Capricorne. Comme le premier, il peut être impulsif, rapide ; mobilisé en quelques secondes, capable d'une attaque foudroyante ou d'une contre-attaque qui met définitivement l'ennemi K.O.

Uranus en Scorpion

Que d'écrivains, de penseurs, de novateurs, sous cette configuration ! Les yeux fixés sur leur étoile, ce sont des gens qui avancent avec détermination en suivant une idée novatrice. Ils ont le sentiment de devoir lutter pour le progrès. Dans ce but généreux, la révolution ne leur fait pas peur : Uranus détruit l'ordre ancien pour permettre à Pluton de reconstruire le nouveau.

L'Uranien du Scorpion est souvent amené, dans son existence, à se révolter contre la pesanteur des institutions de son temps, contre la dureté des contraintes sociales qui pèsent sur ses contemporains.

Saturne en Scorpion

Voici ce que donne Saturne en Scorpion : Persévérance et ténacité ; discipline des instincts. Sens stratégique ; sagacité, ruse, prévoyance. Dons d'invention, aptitudes scientifiques.

Saturne est un frein qui oblige le natif à canaliser son énergie. Le Saturnien du Scorpion est un ambitieux, jaloux de son pouvoir et de son indépendance (Giscard d'Estaing, Jean-Jacques Servan-Schreiber, Mazarin). Il sait parfaitement se défendre, et attaquer quand il faut, en visant bien. Ce n'est pas quelqu'un de passif, mais d'énergique et d'actif, dont l'existence, pleine de luttes, progresse régulièrement grâce à des efforts persistants. Il surmonte avec courage des conditions de vie difficiles (le commandant Charcot), et la réussite peut venir assez tard (Adenauer et Mazarin avaient tous deux Saturne en Scorpion au Milieu-du-Ciel).

Pluton en Scorpion

La plus lointaine de nos grandes planètes transitera en Scorpion de 1984 à 1995 : on se demande ce qu'elle va apporter. En principe, elle est bien placée dans le signe dont elle est la maîtresse. En astrologie mondiale, on pense que cette position plutonienne donnera naissance à une civilisation tout à fait nouvelle, totalement différente de celle que nous connaissons actuellement. Au prix de quels bouleversements ? Verrons-nous le triomphe de l'énergie atomique (l'ère du plutonium, ce n'est pas un hasard si cet élément tire son nom du dieu des Enfers...) ?

Les Planètes dans le Sagittaire

Soleil en Sagittaire

C'est la position qui, traditionnellement, fait que l'on se dit né sous le signe du Sagittaire. Exalte les tendances naturelles du signe : courage, esprit d'aventure, projets de grande envergure, intelligence, réussite professionnelle. Souvent, carrière brillante.

Le natif est porté à s'affirmer de manière éclatante dans le domaine qu'il a choisi, un peu à la manière du Lion ; mais il le fait avec plus d'expansion chaleureuse et de motivations humaines.

Lune en Sagittaire

La Lune est épanouie dans ce signe. Elle confère de la spontanéité, une certaine bonhomie, bref une relation cordiale et détendue avec l'entourage. Avec le Sagittaire, on n'a pas de mal à briser la glace. Certes, il attend de l'autre un certain respect, mais il n'hésite pas à parler sur un pied d'égalité, d'homme à homme.

C'est un signe d'amitié plus que d'amour, et l'on aime retrouver les copains de naguère, rappeler les souvenirs, faire un petit flash-back qui permet de voir le chemin parcouru depuis.

Vénus en Sagittaire

La conception artistique du Sagittaire s'incarne à merveille dans le jazz. Cette musique à chaud qui se joue en équipe, où l'on est entraîné par un rythme endiablé, où la dépense nerveuse est intense, où l'on n'a pas à déchiffrer une partition ou à se souvenir de bien respecter telle ou telle règle, où l'on danse de tout son corps, est la meilleure détente du signe. Le Sagittaire aime le mouvement, il se plaît entre deux destinations. Il ne sait guère passer des vacances calmes et casanières.

Mercure en Sagittaire

Celui qui craint d'être dépassé par les événements prend la peine de tout prévoir, de fixer dans les moindres détails le calendrier et l'ordre du jour. Le Sagittaire, lui, n'a pas besoin de se reposer sur un Mercure très actif et minutieux.

Il se fie à ses dons d'improvisateur faisant flèche de tout bois. Il compte sur sa chance pour achever ce qu'il n'a qu'esquissé. Il se méfie des plans dressés sur la comète et des pronostics toujours bafoués par la réalité.

Mars en Sagittaire

Le Sagittaire n'aime guère le travail trop régulier et quotidien. Cette position planétaire, dans un thème, n'indique donc pas un employé modèle mais bien plutôt un représentant qui court les routes, quelqu'un qui doit prendre des initiatives, s'adapter à des situations imprévues, faire preuve d'esprit d'à-propos.

L'énergie est mobilisée dès lors que le jeu en vaut la chandelle, excitée par l'épreuve, par l'obstacle. A certains moments, on est prêt à se dépenser intensivement comme dans les « charrettes » des architectes. On peut aussi trouver là un stakhanoviste avide de records.

Uranus en Sagittaire

Le Sagittaire, signe de Feu, n'est pas très favorable à Uranus qui s'épanouit dans les signes d'Air. C'est pourquoi le signe peut décevoir en ce qui concerne sa capacité à faire passer des réformes en profondeur. En effet, à force de se soucier de réunir autour de soi les courants les plus divers, on peut dire que le Sagittaire « gouverne au centre », qu'il est prisonnier de sa propre statégie et tiraillé entre plusieurs tendances, quelle que soit sa volonté personnelle de changer le monde.

Saturne en Sagittaire

Si les entreprises sagittariennes font parfois long feu, elles ne durent qu'autant que leur instigateur brandit le flambeau. Dès que celui-ci disparaît, c'est la guerre entre les héritiers et l'on s'aperçoit bien vite que tout l'édifice ne reposait que sur le dynamisme d'un seul. Le Sagittaire va de l'avant et a du mal à choisir ses lieutenants et ses dauphins, tant il agit par inspiration. C'est l'homme des grandes épopées que, seule, la mémoire d'un chroniqueur sauvera de l'oubli.

Pluton en Sagittaire

Ce n'est pas une très bonne position pour Pluton. On n'aime guère la contestation et la satire lorsqu'on est en train de développer de grands principes et que l'on se prend plutôt au sérieux. On sait ce qu'on entend par « raison d'État », c'est-à-dire une sorte d'oukaze sans réplique. Par ailleurs, l'homme politique doit souvent faire taire sa conscience et ses scrupules s'il désire rester à son poste. L'usure du pouvoir rend méfiant à l'égard des fervents de la vérité.

Les Planètes dans le Capricorne

Soleil en Capricorne

L'astre de l'expansion, du rayonnement de l'été brûlant, se trouve nécessairement refroidi par ce signe d'hiver, d'hibernation, de grand frimas. La personnalité est donc réservée, distante, froide et concentrée. N'oublions pas, en outre, que l'attente du printemps donne à ce signe un sens du temps particulièrement intense ; si tout se fige sous la glace, c'est pour mieux éclore dès que la tiédeur revient.

Signe d'ambition, de volonté, de réussite, lente et sûre. Maladresse dans l'expression de l'affectivité.

Lune en Capricorne

La planète des sentiments, de la vie intérieure, de la sensibilité et du climat affectif n'est pas non plus fort à son aise dans ce signe. Rend défiant à l'égard de toute manifestation amoureuse, peu expansif et aussi peu généreux. En revanche, donne une stabilité, une profondeur, une fidélité et une grande persévérance dans les attachements.

Vénus en Capricorne

Cette Vénus est possessive, obstinée, très rigoriste. Elle retire de la passion à la relation amoureuse — la raison, le scepticisme du signe interdisant les grands élans — et lui attribue en compensation de la solidité, de l'endurance, de la ténacité : cette Vénus se contente de peu (à la limite, elle vit d'amour platonique) ou alors, mais c'est plus rare, elle multiplie les expériences « utilitaires ».

Mercure en Capricorne

Attribue au sujet une intelligence pénétrante et profonde, lente et logique, inexorable dans sa recherche et sa découverte de la vérité, en toute chose.

La pensée se dégage de l'affectivité pour juger froidement les situations et en tirer parti.

Mars en Capricorne

Magnifique position de la planète dans un signe qui la fait aller droit à l'essentiel, avec dépouillement, esprit de synthèse, profondeur et sens de l'analyse. Sur le plan de l'intelligence, c'est une des plus fortes et des plus belles configurations. Elle confère au sujet de la dureté, de l'ambition, de l'agressivité et beaucoup de calcul en même temps qu'un sens politique aigu... Mais absence totale de subjectivité et de sensibilité en ce qui concerne les affaires, les négociations, les rapports avec autrui en général.

Uranus en Capricorne

Permet de faire bouger ce signe trop statique, favorise une pensée réformatrice et novatrice. Uranus est le maître nocturne du Capricorne et permet ainsi de dégager toutes les forces de changement qui s'y trouvent ; l'ouverture d'esprit y est accrue. Mais Uranus met quatre-vingt-quatre ans pour faire le tour du Zodiaque. Il est actuellement en Scorpion... Il faudra donc attendre plus de quinze ans avant qu'il revienne en Capricorne.

Saturne en Capricorne

Refus de l'artifice, du jeu, du maquillage. Une sorte de Capricorne au carré. Il peut dissimuler ses frustrations infinies derrière un ricanement sceptique ou l'attitude souveraine de l'ermite replié dans sa tour d'ivoire. Cet orgueilleux est d'abord un grand blessé de l'âme qui ne s'est jamais consolé des rejets qu'il a subis. C'est le vrai misanthrope, lucide sur le monde et sur lui-même, qui s'interdit tout mensonge et sanctionne tout manquement à la vérité.

Pluton en Capricorne

Pluton, qui symbolise les forces obscures de création, la lenteur et la puissance dans les grands bouleversements, est admirablement servi par le signe ambitieux, sévère et patient du Capricorne. Cette position renforce l'ambition et lui donne une portée mondiale.

Les Planètes dans le Verseau

Soleil en Verseau

Dynamisme électrisant, chaleur communicative, sympathie spontanée et active pour autrui : telles sont les caractéristiques du Soleil en Verseau.

Lune en Verseau

Si vous avez la Lune en Verseau, elle vous permettra de cultiver des valeurs personnelles, de canaliser vos pulsions au profit d'un idéal et de décrire vos états d'âme avec les mots qui conviennent.

La Lune en Verseau, c'est aussi réagir quand le vent se lève, profiter du zéphir, naviguer en douceur. C'est parfois s'oublier pour aider à transformer le monde, ou se recréer soi-même quand on s'est perdu. C'est notre dépendance envers nos amis, notre besoin d'originalité ou notre soif de changement, c'est une mémoire qui oublie tout, sauf l'essentiel : ce qui est riche en potentialités nouvelles, ce qui est positif et utile, ce qui débloque les situations.

Vénus en Verseau

Le Verseau est spontanément doué pour le bonheur parce qu'il fait crédit à la nature humaine, mais qu'il est sans illusions sur ses imperfections. Il refuse donc toute complaisance envers le chagrin. Pour les sujets évolués, point de lyrisme romantique : on analyse le mal d'amour et, pour le dompter, on fait appel à la raison ou à l'oubli.

Que ce soit dans le choix d'un objet ou dans les rapports humains, si vous êtes Verseau bon teint, une grande indifférence vous habite jusqu'à ce que quelque chose ou quelqu'un mobilise votre attention : vous réagissez, alors, par une attirance extrême ou une répulsion spontanée, que vous essayez de modérer en compensant, par un compliment, la rigueur d'une attitude, et en éteignant, provisoirement, l'emballement d'un moment.

Mercure en Verseau

Mercure en Verseau signe une intelligence intuitive mais rigoureuse, à condition que le sujet soit motivé. Sinon, il se laisse plutôt envahir passivement par les informations qu'il emmagasine et qui resteront latentes, en attendant de ressortir un jour sous forme créative.

Au Verseau, Mercure est souvent distrait. Il n'établit le contact avec autrui que si l'ambiance est mobilisatrice, l'interlocuteur plaisant, ou si la discussion porte sur ses convictions.

Mars en Verseau

Ici, les faits l'emportent sur les idées, mais, comme nous sommes encore en Verseau, où les choix sont réfléchis afin de ne choquer personne, idées et faits vont donc se mêler adroitement. Le pouvoir réalisateur du Verseau est plus dans la réaction que dans l'action, et la réalité des faits bruts pousse le sujet à agir en rénovant.

Uranus en Verseau

Avec les planètes précédentes, l'homme s'est intégré au monde extérieur et à la société de son temps : les aptitudes à acquérir sont les mêmes pour tous. Avec Uranus, nous entrons dans l'analyse des valeurs qui sont propres à chaque individu. Indépendantes du milieu, elles font de lui un être unique.

Uranus en Verseau, s'il choisit la nouveauté en tout, sait la vulgariser, la transmettre avec le maximum d'efficacité et des mots simples, accessibles à tous ; mais il lui est parfois difficile de donner un exemple concret.

Saturne en Verseau

Saturne en Verseau n'échappe pas à sa règle : il fait le point sur soi-même et les autres, prend conscience de la nécessité d'évoluer et de dégager des événements leur inconnu libérateur. Il cherche à communiquer pour atténuer le doute que l'isolement amplifie.

Saturne en Verseau pondère votre réactivité ou votre enthousiasme, vous fait prendre conscience que l'on s'use parfois à défendre des causes perdues d'avance et qu'il faut se méfier de l'illusoire, au profit d'une connaissance plus approfondie des choses.

Pluton en Verseau

Si l'on veut donner à Pluton une dimension humaine, on s'aperçoit qu'il est un signal difficilement intégrable car sa connaissance se heurte à ce que nous ne pouvons savoir de l'inconnu. C'est la force profonde de nos pulsions informulées, cette immensité refoulée parce qu'elle fait peur ou honte et qui ne nous laisse en paix que si l'on accepte de la vivre.

Ceux chez qui Pluton domine recherchent une authenticité qu'ils ne trouvent qu'en eux-mêmes, car elle est rebelle à toute assimilation par le milieu et difficilement communicable.

Cette jeune femme sur un mérou géant, gravée par le Japonais Harunobu, illustre le mythe du poisson salvateur qui permet d'affronter sereinement l'océan.

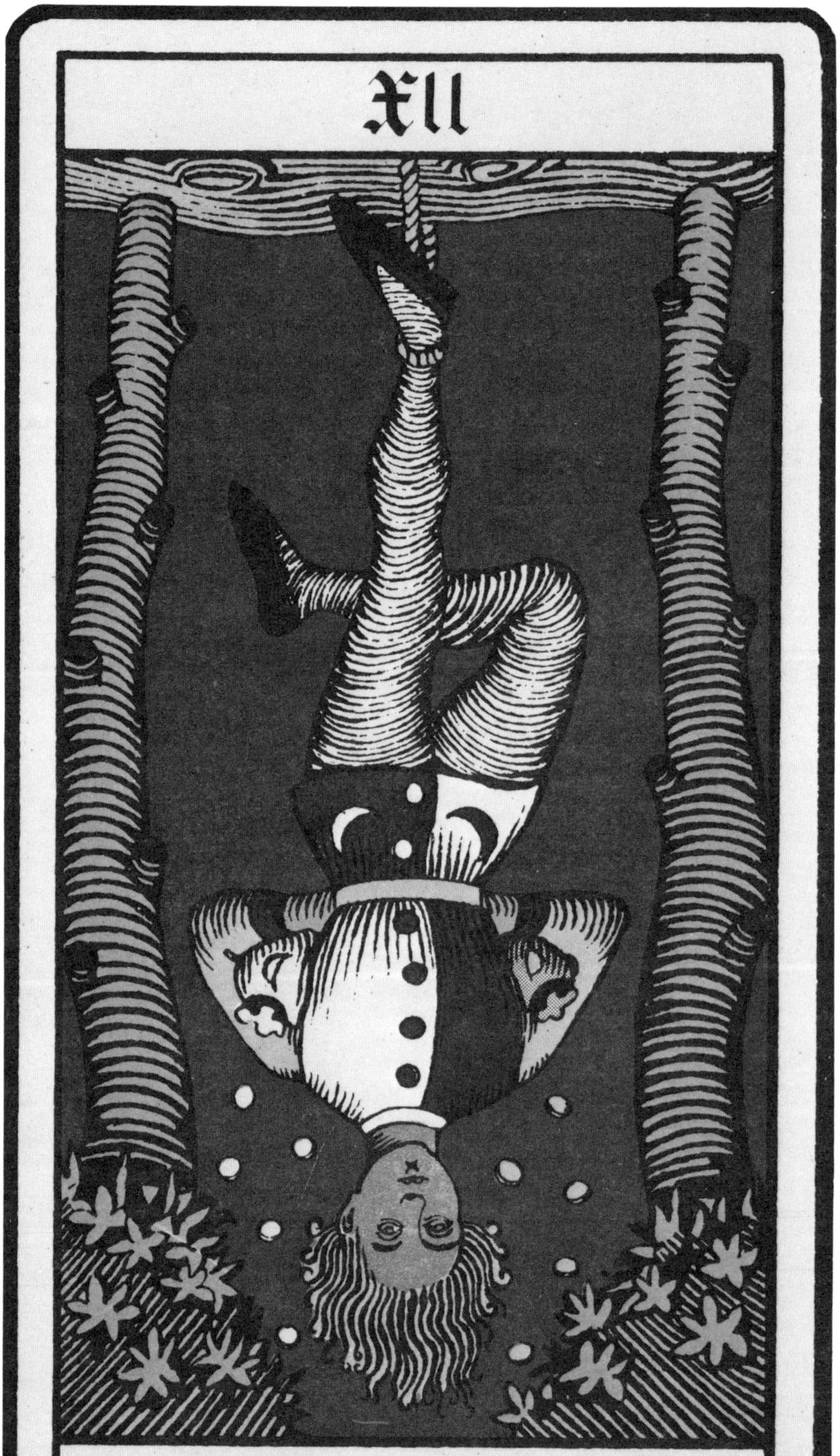

La lame XII du tarot, le Pendu, attribuée au signe des Poissons. Les yeux tournés vers le ciel, le Pendu renverse les valeurs terriennes et symbolise le renoncement nécessaire pour accéder au divin.

Comment interpréter les Planètes dans les Maisons

Comment explorer certains aspects de votre destinée

Votre signe solaire, votre Ascendant, les planètes dans les signes ainsi que leurs aspects concernent essentiellement les dispositions de votre caractère.

Les planètes dans les Maisons exercent une action de fond sur les différents aspects de votre existence, c'est-à-dire sur votre destinée.

N'y voyez aucune fatalité extérieure.

En effet, ce sont les mêmes énergies planétaires qui, à travers les signes zodiacaux, agissent sur la qualité de votre personnalité et qui, à travers les Maisons, créent un potentiel favorable ou restrictif dans les divers domaines de votre vie.

Ainsi, l'événement est produit autant par votre propre comportement que par l'existence des choses et des êtres extérieurs à vous-même. Autrement dit, si nous vous avons jusqu'à présent donné les moyens d'étudier les bases de votre caractère, nous allons maintenant entrer dans une phase plus précise de votre personnalité, c'est-à-dire de votre comportement : la manière dont vous utilisez vos tendances de base.

Admettons, par exemple, que vous ayez le Soleil en Bélier : votre tendance fondamentale est d'agir, de vous extérioriser. Mais si votre Soleil se trouve en Maison XII, alors vous serez tenté d'agir en secret, dans une certaine solitude et avec beaucoup de noblesse, quitte à ce que vos intérêts personnels soient sacrifiés à votre aspiration morale.

A partir de votre Ascendant, douze Maisons se succèdent, chacune occupant une certaine portion du Zodiaque. La détermination de l'emplacement zodiacal précis de chaque Maison est liée à l'établissement de votre horoscope détaillé. Le treizième livre de cette collection, intitulé *Comment établir et interpréter votre horoscope ?,* par Robert Malzac, vous fournit toutes les informations nécessaires, sous une présentation facilement accessible aux non-initiés. En particulier, cette méthode vous permet de savoir dans quelle Maison horoscopique se trouvait chaque planète lors de votre naissance.

Vous pouvez alors chercher, dans les pages qui suivent, les textes qui concernent votre destinée personnelle.

ACTION DU SOLEIL DANS LES DIFFÉRENTES MAISONS

MAISON 1	Puissance, vitalité, sens de sa propre valeur, loyauté, désir de briller, autorité, capacité de réussite.
MAISON 2	Grandes ambitions financières, vie large, faste, aptitudes à la gestion bancaire, situation lucrative.
MAISON 3	Bonne éducation, instruction solide, succès dans les études, réussite par les écrits et dans les voyages, bonne entente avec l'entourage.
MAISON 4	Bonne hérédité paternelle, parents aisés, vie familiale heureuse, gains immobiliers, réussite tardive.
MAISON 5	Succès sentimentaux, de qualité, dons pour l'enseignement, talent pour le théâtre, les divertissements publics.
MAISON 6	Poste de responsabilité dans le travail, protection contre la maladie, amour des animaux.
MAISON 7	Mariage fortuné, conjoint élevé, autoritaire, réussite par les contrats et associations, rivaux puissants mais loyaux.
MAISON 8	Conjoint fortuné, gains par contrats, héritage important, intérêt pour l'occulte, dons pour l'assurance, forces à ménager.
MAISON 9	Dons pour la philosophie, le droit, les études supérieures, attrait pour l'étranger, les grands voyages, l'import-export.
MAISON 10	Situation de premier plan, réussite sociale remarquable, toutes vos énergies sont centrées sur l'éclat de votre statut social.
MAISON 11	Nombreuses relations d'amitié, protections influentes, amis fidèles, sélectionnés, projets vastes, ambitieux.
MAISON 12	Esprit de dévouement, d'abnégation, goût de la vie retirée, dons pour soigner les malades, protection contre les épreuves.

ACTION DE LA LUNE DANS LES DIFFÉRENTES MAISONS

MAISON 1	Nature sensible, émotive, romanesque, attachement à la mère, à la famille, popularité mais fluctuations, indécision.
MAISON 2	Gains de sources diverses, travail en famille, gains par l'alimentation, dépenses pour le foyer, soutien pour les femmes.
MAISON 3	Changements fréquents de milieu et d'entourage, nombreux déplacements en groupe, journalisme.
MAISON 4	Fort attachement au foyer, forte influence de la mère, vie d'intérieur, changements de résidence, goût pour le passé.
MAISON 5	Plaisirs variés, goût des réunions joyeuses, désir de plaire, relations amoureuses éphémères, nombreux enfants.
MAISON 6	Santé délicate, mauvaise hérédité maternelle, troubles gastriques, chance dans service public, popularité au travail.
MAISON 7	Nombreux contacts sociaux, nombreuses occasions d'association, d'union, mais une certaine instabilité de part et d'autre.
MAISON 8	Rêves fréquents, impressionnabilité, occultisme déconseillé, dons et cadeaux, goût du mystère.
MAISON 9	Idéal de sociabilité, de solidarité, idées changeantes, voyages importants, popularité à l'étranger.
MAISON 10	Succès dans le contact avec la foule, surtout auprès des femmes, souplesse sociale, variété d'occupations.
MAISON 11	Nombreuses relations d'amitié, réunions, sorties un peu superficielles, projet trop changeants.
MAISON 12	Nostalgie, goût de la solitude, du calme, dons psychiques, les femmes sont peu favorables, surveillez l'estomac.

ACTION DE MERCURE DANS LES DIFFÉRENTES MAISONS

MAISON 1	Intelligence, vivacité, adresse, don pour la parole et l'écriture, goût de l'étude, mobilité, échanges.
MAISON 2	L'intelligence et l'habileté sont au service du désir de gains, talent d'intermédiaire, revenus variés.
MAISON 3	Réussite dans les études, assimilation rapide, talent de polémiste, don pour la publicité, déplacements fréquents.
MAISON 4	Hérédité intellectuelle, changements de domicile, achat et vente d'immeubles, lucidité mentale tardive.
MAISON 5	Attirance pour les personnes jeunes et intelligentes, amours cérébralisés, jeux éducatifs, cyclisme, enseignement.
MAISON 6	Activités de secrétariat, d'écritures, de classement, d'analyse, d'assistance ; bronches à surveiller.
MAISON 7	Intelligence appréciée par les autres, contrats pour des travaux littéraires, scientifiques, mariage avec partenaire plus jeune.
MAISON 8	Intérêt pour les problèmes psychiques, aptitude au contrôle, aux écrits relatifs aux assurances, successions, partages.
MAISON 9	Capacité de haute érudition, clarté d'esprit, don de conférencier, professorat, droit, relations avec l'étranger.
MAISON 10	Réussite sociale par occupations commerciales, littéraires ou scientifiques, travail en association, travaux multiples.
MAISON 11	Amitiés intellectuelles, correspondance amicale, projets ingénieux mais persévérance insuffisante.
MAISON 12	Dons pour les recherches de laboratoire, pour l'étude des choses cachées, discrétion, méfiance.

ACTION DE VÉNUS DANS LES DIFFÉRENTES MAISONS

MAISON 1	Charme, gentillesse, gaieté, sociabilité, désir de plaire, vie heureuse, protection contre la violence.
MAISON 2	Gains aisés par un travail agréable, commerce de luxe, mode, femmes favorables, dépenses pour le confort.
MAISON 3	Dons pour la poésie, la musique, l'art, excellentes relations avec l'entourage, lectures romantiques, voyages plaisants.
MAISON 4	Vie familiale heureuse, amour de la famille, intérieur confortable, amour au foyer, chance dans les placement immobiliers.
MAISON 5	Succès sentimentaux, goût des spectacles, succès dans l'enseignement d'un art, enfants affectueux, chance au jeu.
MAISON 6	Santé équilibrée, sensibilité de la gorge et des reins, éviter le surmenage, collaborateurs dévoués, travail facile.
MAISON 7	Mariage heureux, vie en société élégante et gaie, contrats fructueux sans conflits, pas d'ennemis.
MAISON 8	Dons, cadeaux artistiques, héritage profitable, conjoint fortuné, sommeil reposant.
MAISON 9	Culte de la paix, philosophie souriante, esthétisme, chance à l'étranger, voyages réussis, union à l'étranger.
MAISON 10	Succès social par sympathie, par les femmes, carrière artistique, ou commerce de luxe.
MAISON 11	Amitiés féminines, amis artistes, projets amoureux.
MAISON 12	Dévouement envers les malades, mélancolie, désir de recueillement et de sacrifice.

ACTION DE MARS DANS LES DIFFÉRENTES MAISONS

MAISON 1	Nature énergique, impulsive, forte capacité d'action, courage, robustesse, virilité, goût de la lutte.
MAISON 2	L'action, l'esprit d'entreprise sont au service du désir de gain, fortes rentrées, fortes dépenses, l'audace paie.
MAISON 3	Don pour mettre les idées en pratique, pensée rapide, talent oratoire, goût pour la vitesse, voyages hâtifs.
MAISON 4	Hérédité active, père homme d'action, vigueur maintenue longtemps, accroissement du patrimoine immobilier.
MAISON 5	Ardeur, passion en amour, désir sexuel précoce, goût des sports violents, besoin de conquête.
MAISON 6	Travail dans la mécanique, dans l'armée, la police, zèle au travail, tendance aux maladies aiguës mais récupération rapide.
MAISON 7	Mariage précoce, partenaire énergique, succès par l'activité des associés, conflits, rivalités, procès.
MAISON 8	Grande puissance sexuelle, puissance psychique, dispute en cas d'héritage, actions héroïques.
MAISON 9	Opinions catégoriques, passionnées, propagandisme, valorisation de la force, études d'ingénieur, safaris, succès à l'étranger.
MAISON 10	Carrière active, d'industriel, de militaire, de chirurgien, maniement d'outils de fer, goût de vaincre les obstacles, victoires.
MAISON 11	Plans audacieux mais impatience, amis sportifs.
MAISON 12	Activité secrète ou s'exerçant dans des lieux calmes, éventuellement dangereuse, ennemis secrets, danger par virus.

ACTION DE JUPITER DANS LES DIFFÉRENTES MAISONS

MAISON 1	Caractère jovial, bienveillant, bon sens, dynamisme, constitution imposante, confiance en soi, embonpoint.
MAISON 2	Avantages financiers importants, crédit large, goût du faste, sens financier, commerce de gros.
MAISON 3	Réussite d'études, largeur de vues, aptitudes de juriste, sens commercial, talent littéraire, bon voisinage.
MAISON 4	Origines aisées, parents notables, chance dans le développement du patrimoine foncier, fin de vie heureuse.
MAISON 5	Chance pure aux jeux de hasard, bons placements financiers, pédagogie, sport, distractions saines.
MAISON 6	Protection contre la maladie, travail lucratif, efficacité professionnelle, amour des chevaux.
MAISON 7	Mariage heureux, conjoint de niveau social supérieur, relations mondaines, contrats importants, accords amiables.
MAISON 8	Protection contre une mort violente, fortune par conjoint, gratifications, intéressements, sérénité.
MAISON 9	Principes religieux, tolérance, études supérieures, magistrature, chance à l'étranger, voyages fructueux.
MAISON 10	Brillante réussite sociale, profession libérale, banque, finance, bonne réputation, position solide.
MAISON 11	Excellentes relations amicales, appuis financiers et moraux aux projets de grande envergure.
MAISON 12	Générosité, philanthropie, mysticisme, goût pour la vie religieuse, protection contre les ennemis.

ACTION DE SATURNE DANS LES DIFFÉRENTES MAISONS

MAISON 1	Nature sérieuse, pondérée, ordre, méthode, lenteur, froideur, économie, sens des responsabilités.
MAISON 2	Gains réguliers mais limités, dépenses contrôlées, sens des questions immobilières et foncières.
MAISON 3	Sens de la précision, logique, besoin d'isolement pour étudier, voyages préparés, contacts sérieux.
MAISON 4	Père austère, éducation stricte, attachement aux traditions, dons pour l'agriculture, les mines.
MAISON 5	Goûts des délassements calmes, des jeux d'échecs, attirance vers des personnes plus âgées.
MAISON 6	Tendance aux refroidissements, aux rhumatismes, emplois subalternes, travaux précis et fatigants.
MAISON 7	Mariage tardif avec partenaire plus âgé, sérieux, stable, mais peu expansif, vie sociale réduite, sélective.
MAISON 8	Héritage immobilier, accroissement du capital par l'économie du conjoint.
MAISON 9	Opinions conservatrices, morales, austères, idéal rigoureux, intolérance, goût pour les mathématiques.
MAISON 10	Réussite lente par ambition persévérante, talent d'administrateur, sens politique, prestige sans popularité.
MAISON 11	Projets tenaces, systématiques, à long terme, amis âgés, sérieux, fidèles.
MAISON 12	Limitations volontaires ou non de votre liberté, travaux secrets, tâches fastidieuses, obscures.

ACTION D'URANUS DANS LES DIFFÉRENTES MAISONS

MAISON 1	Indépendance, originalité, goût du progrès, solidarité, comportement imprévisible, intuition, coopération.
MAISON 2	Gains par profession indépendante, par inventions, chances et tuiles brusques, irrégularité financière.
MAISON 3	Études sélectives, expériences personnelles, modernisme, risque d'accidents en déplacements.
MAISON 4	Milieu familial original, bohème, mobilier ultra-moderne, foyer très libre, risque de séparation.
MAISON 5	Liaisons soudaines, coups de foudre, excentricité, joueur, goût des performances mécaniques, du risque.
MAISON 6	Nervosité, difficulté à se détendre, travail autonome, de spécialiste, attitude peu disciplinée.
MAISON 7	Mariage brusque, union libre, partenaire indépendant, relations intellectuelles, instabilité des contrats.
MAISON 8	Aptitudes de psychologue, forte intuition pour pénétrer les secrets, gains par les associés.
MAISON 9	Idéal de progrès, de fraternité, idées révolutionnaires, talent pour les techniques avancées.
MAISON 10	Dons pour le lancement de nouveautés techniques, succès par réforme, carrière indépendante, changeante.
MAISON 11	Projets ingénieux, réalisables dans des conditions subites, amis francs, intelligents.
MAISON 12	Possibilité d'adhérer à une secte, dévouement à une communauté.

ACTION DE NEPTUNE DANS LES DIFFÉRENTES MAISONS

MAISON 1	Grande sensibilité, tendances spirituelles, idéalistes, moments d'inspiration, de génie, isolement.
MAISON 2	Gains importants par publicité, spéculations commerciales, combinaisons exceptionnelles.
MAISON 3	Assimilation extraordinaire, imagination vive, don pour la publicité, voyages imaginaires.
MAISON 4	Piété familiale, foyer recueilli, intime, sérénité, béatitude.
MAISON 5	Relations idéalistes, platoniques, exaltation sentimentale, désir d'évasion, talent spéculatif.
MAISON 6	Maladies psychiques, intoxication nerveuse, occupation désintéressée au service des souffrants.
MAISON 7	Partenaire exerçant une forte emprise psychique, relations compliquées, contrats illusoires.
MAISON 8	Héritages compliqués.
MAISON 9	Tendances mystiques, dévotion, dons pour l'étude des problèmes métaphysiques, génie mais utopie.
MAISON 10	Talent pour les vastes combinaisons liées aux trusts, succès par la mer, la psychologie, succès par les masses.
MAISON 11	Projets idéalistes mais utopiques, amis évolués, spiritualistes.
MAISON 12	Attrait pour le mystérieux, l'occulte, médiumnité, dévouement secret.

ACTION DE PLUTON DANS LES DIFFÉRENTES MAISONS

MAISON 1	Grande puissance passionnelle, force sexualité, attitude de justicier, capacité de pénétrer les secrets.
MAISON 2	Gains secrets, héritages favorisés.
MAISON 3	Intelligence des choses cachées, destructrice, déplacements entourés de secret.
MAISON 4	Danger de destruction du foyer. Capacité de reconstruire celui-ci.
MAISON 5	Relations sentimentales passionnées, liaison cachée, forte créativité, conflit avec les enfants.
MAISON 6	Maladie possible des organes génitaux. Talent de réorganisation dans le travail.
MAISON 7	Conjoint passionné, risque de rupture des associations, ennemis cachés.
MAISON 8	Magnétisme, forte sexualité.
MAISON 9	Bouleversements des opinions et des idéaux, espionnage à l'étranger.
MAISON 10	Sens des affaires, capacité de profiter des bouleversements pour réussir, aptitude à transformer.
MAISON 11	Projets en constante évolution, amis occultes.
MAISON 12	Ennemis cachés, épreuve concernant la sexualité.

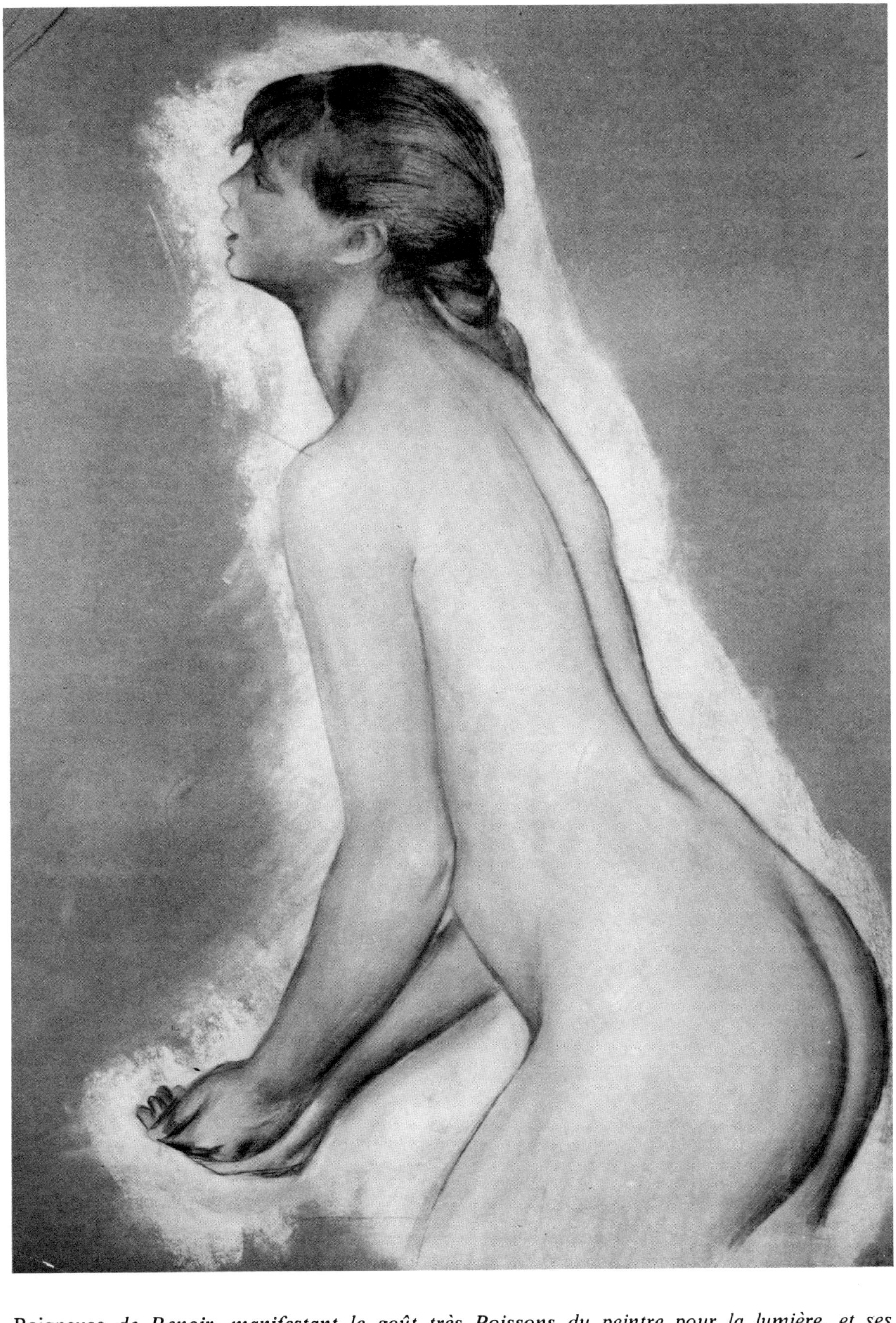

Baigneuse *de Renoir, manifestant le goût très Poissons du peintre pour la lumière, et ses penchants charnels (dus au Taureau).*

L'océan déchaîné, telles les motivations inconscientes des natifs du signe, se brise sur les récifs, valeurs terriennes qu'il faut à chaque instant dominer.

Comment interpréter les Signes dans les Maisons

Les Poissons dans les Maisons

Poissons en Maison I

Le caractère Poissons est renforcé, l'apparence physique est, elle aussi, influencée par le signe.

Si Neptune est en Maison I, la perception du monde est inquiète et peut conduire à une remise en question permanente, ou une vie souvent confuse... La réalité matérielle, la vie concrète est moins bien appréhendée que l'invisible.

En cas de dissonances, les tendances neurasthéniques, l'indécision, et la fuite autodestructrice sont à craindre. Il peut y avoir « coupure du réel », tendances schizophréniques.

Si Jupiter est en Maison I, en Poissons, cette position donne le sens des réalités. Les réalisations sont pourtant inégales (voir le type neptunien et le type jupitérien des Poissons).

Poissons en Maison II

Le grenier sera plutôt spirituel. Il y aura une certaine indifférence aux problèmes matériels si le thème va dans ce sens. S'il y a besoin de possession, le désir d'avoir et d'acquérir sera vague. On voudra beaucoup, mais on ne saura pas comment s'organiser pour y parvenir. La vie matérielle sera généralement instable. Le hasard jouera un rôle important.

Avec Neptune en Maison II, dans un thème Poissons, il y a un certain manque de bon sens. On peut faire fortune et tout perdre sur un simple coup de dés. Là non plus on ne sait pas comment s'y prendre. On change souvent de route, et d'idée.

Si Jupiter marque le thème ou s'il est en Poissons en Secteur II, la réussite sera spectaculaire (Claude François). Elle n'en restera pas moins, souvent, extrêmement fragile.

Poissons en Maison III

Les rapports avec les proches sont intuitifs, mais les échanges souvent confus. Les études ne sont pas rationnelles ; on change d'ailleurs plusieurs fois de centre d'intérêt.

Avec Neptune, les déplacements sont souvent fréquents. Ils ont des motifs étranges. Il y a un goût marqué pour le mystère qui influence le mental. On aime aller au bord de la mer souvent et régulièrement au même endroit. Les études occultes et le contact avec le monde occulte sont souvent fréquents.

Avec Jupiter en Maison III, les contacts sont euphoriques. Mais on n'évalue pas toujours avec exactitude les situations, d'où certains échecs...

Alors qu'avec Neptune en Secteur III, les rapports avec les proches, et notamment avec les frères et les sœurs, sont souvent troubles et confus, avec Jupiter les rapports sont francs, ouverts, optimistes. Cette position de Jupiter favorise souvent une réussite matérielle : sens des contacts et des relations humaines, bonhomie.

Poissons en Maison IV

La Maison IV, sous l'horizon, est le Secteur de nos racines. Il est ce qui nous est donné au départ. Là sont nos origines. C'est la partie la plus secrète du thème, c'est son pilier.

Les Poissons dans ce Secteur donnent un sens patriotique profond. Il y a là une sorte d'amour « romantique » pour la patrie. La cellule familiale est un refuge. On s'y sent protégé, à l'abri des difficultés du monde extérieur.

Neptune en Secteur IV dans un thème Poissons crée une certaine inquiétude. Il concernera les « racines ». Le détachement de la famille s'effectue comme une fuite. Les origines demeurent souvent mystérieuses : nous avons trouvé cette position notamment dans les thèmes de personnes qui avaient eu des parents dits « naturels » dont les « racines » étaient mal cernables, dans les thèmes d'enfants adoptés.

Avec Jupiter, la vie familiale est protégée. Les racines sont solides. Le foyer est cossu.

Poissons en Maison V

Le signe fécond des Poissons donne des appétits intenses mais imprécis. On adopte malheureusement parfois une attitude « gémissante » à l'égard des joies que la vie ne manque pas de nous apporter. Nombreuse progéniture. La sensualité est souvent trouble. Dans ce Secteur, il est important de voir les planètes et la Lune Noire.

Neptune en Maison V donne des amours mystérieuses, multiples, compliquées ! Le dévouement aux enfants est très grand.

Jupiter en Poissons en Maison V apporte la sensualité chaleureuse. Les amours revêtent une grande importance. Les liaisons sont généralement heureuses. Avec une note de respectabilité. On s'attache à des personnes de rang élevé. On « s'embourgeoise » avec l'âge. Souvent, avec cet aspect, il y a chance au jeu, sauf si le thème est dissonant. Les enfants sont choyés, la progéniture nombreuse et accueillie avec joie...

Poissons en Maison VI

Il y a dans la vie un manque total de sens pratique. On manque de méthode dans son travail, d'où de nombreuses complications. Les problèmes domestiques limitent l'existence. On a tendance à se noyer pour un rien. En analogie avec le signe de la Vierge, cette Maison peut donner des problèmes intestinaux, des problèmes d'assimilation, des problèmes nerveux ou respiratoires.

Neptune en Maison VI apporte une sensibilité extrême, voire névrotique. On s'enfonce dans les menus problèmes. La vie quotidienne est vague, imprécise, sans aucune organisation.

Jupiter en Maison VI donne une adaptation souple dans la vie de chaque jour. On se contente d'une vie modeste si elle procure un certain confort. Les professions subalternes ne sont pas rares. On se laisse vivre, mais on vit agréablement au jour le jour.

Poissons en Maison VII

Cette Maison met en relation avec les autres (affrontement ou complémentarité). La sociabilité sera très grande mais les échanges agréables n'aboutiront pas toujours à des résultats concrets. Les associations, les unions, se feront sur un mode intuitif. Les affinités seront très fortes, irraisonnées, illogiques.

On se bercera parfois d'illusions sur les autres, d'où les confusions, les erreurs de jugement, les déboires, les déceptions venant des autres ; où, de l'autre : ce Secteur est, en effet, celui du conjoint. Dans un thème Poissons, Neptune dans ce Secteur jouera dans un sens très proche. Il entraînera une vie au niveau des associations comme des unions assez « mouvante ». Il y aura souvent plusieurs unions.

Avec Jupiter en Poissons en Maison VII, les formules « associatives » sont assurées de succès.

Mais elles dépendront de l'autre. L'optimisme pourra noyer l'objectivité. Le conjoint apportera une expansion peut-être illusoire.

Poissons en Maison VIII

Selon Liza Morpugo, dans ce Secteur on « s'éloigne » de son habitat naturel, on coupe le cordon avec ses origines. Disons plutôt qu'on « renaît » en coupant court avec une forme de vie... C'est la Maison de la mort et de la résurrection, ou des morts et des renaissances successives, que nous imposera la vie.

Le changement résultera d'une situation douloureuse. A la suite d'une crise, on s'évadera ailleurs. Ce pourra être une fuite hors du milieu d'origine ou hors du pays natal. Avec cet aspect, on s'intéressera aux problèmes occultes, au spiritisme, à l'au-delà.

Avec Neptune, les expériences psychiques seront intenses. On côtoiera les mondes occultes. On s'intéressera aux vies antérieures. La voyance n'est pas exclue (Edgar Cayce, le célèbre voyant).

Avec Jupiter, les héritages pourront changer la vie, ou permettre un redémarrage. L'angoisse est fréquente dans tous les cas. Avec une Maison VIII en Poissons, en cas de dissonances graves, il peut y avoir des tendances suicidaires. Ou de véritables « noyades » psychiques...

Poissons en Maison IX

Dans ce Secteur, le signe des Poissons donnera l'amour des grands voyages. On ira souvent au-delà des mers. La vie spirituelle sera intense. Parfois, il y aura des dons de perception extra-sensorielle, notamment avec Neptune. Les brumes neptuniennes pourront donner le goût des spéculations philosophiques un peu nébuleuses. L'idéalisme, néanmoins, ne sera jamais absent...

A noter que l'étude des religions, voire une vie religieuse intense, relèvent de l'axe Maison III-Maison IX Poissons. En Maison IX, l'attirance sera très grande pour des religions « exotiques » : orientalisme, par exemple. Mais aussi hindouisme, bouddhisme, zen, etc.

Poissons en Maison X

C'est le Secteur de l'affirmation sociale. C'est l'envol dans la vie active. Il est vécu aux Poissons sur un mode étrange. Les aspirations sont élevées mais embrouillées. Les occupations souvent mystérieuses. La vie manque généralement d'organisation...

Neptune en Maison X peut vouer la vie à des changements mystérieux. La réussite peut être spectaculaire, mais elle restera toujours hasardeuse. Elle sera rarement durable. On s'orientera vers une recherche spirituelle à un moment donné de l'existence. Les vocations médicales, para-médicales, sont fréquentes. Sens du mystère et sens du mysticisme très amplifiés, qui se concrétisent au niveau de l'existence.

Jupiter en Maison X est un indice de renommée ou tout du moins de réussite et de célébrité, mais en accord avec la tradition, parfois même dans un cadre « fonctionnarisé ». Les ambitions sont réelles. La réussite peut être soudaine. Le désir de paraître est grand, mais il reste souvent un peu vague. Le Poissons réussira sur son mode à lui, qui ne sera pas sans surprendre son entourage. La part de la chance ne sera pas négligeable.

Poissons en Maison XI

Les projets sont abondants, mais les espérances confuses... Les aspirations élevées peuvent rester vagues. On est souvent insatisfait.

Avec Neptune en Maison XI, les amitiés sont changeantes. Les projets manquent totalement de coordination. Mais une grande chance n'est pas exclue dans ce domaine. Personnalités étranges, mystérieuses, que l'on ne manque pas de côtoyer au cours de sa vie, et qui vous ouvrent de nouveaux horizons.

Jupiter en Maison XI apporte la protection de gens plus puissants ou influents, le soutien d'amis haut placés et leur coopération efficace qui permettront des réalisations quasi inespérées. Mais, si le thème est dissonant, se méfier de certaines personnes perfides : on aura de « faux amis ».

Poissons en Maison XII

Les grandes épreuves de la vie sont surmontées avec courage. La vie peut être axée sur des investigations plus ou moins secrètes. Les rapports avec le monde occulte sont fréquents, les dons de voyance également. On s'intéresse à la psychologie, mais aussi à la parapsychologie. En général, on mènera une vie assez retirée.

Neptune en Secteur XII donne le même sens au thème. Généralement, il y a un isolement fécond où la sensibilité s'exalte. Si le thème est dissonant, Neptune sera la prison de l'âme : obsessions, déceptions, trahisons. La vie pourra être mêlée à des affaires mystérieuses. On a souvent des contacts avec les polices parallèles, les services secrets chez les Neptuniens de ce Secteur.

Jupiter en Maison XII apporte une solitude bien vécue. Cette position jupitérienne préserve des épreuves dans ce Secteur douloureux. Elle donne une vie simple mais sereine. En cas de dissonance, il y a misanthropie un peu égoïste ou égocentrique, également paresse, en tout cas laisser-aller. On refuse l'action, par principe, dit-on. Dans tous les cas, la santé est vulnérable.

Le Bélier dans les Maisons

Bélier en Maison I

La personnalité est dynamique, elle a besoin de s'imposer en dehors de toute considération logique. Il peut y avoir un goût du tapage, un certain « rentre-dedans », un manque de diplomatie. Mais, au positif, les succès sont fulgurants, la vitalité excellente. Tempérament de meneur d'hommes, de chef, de sportif, intelligence pionnière.

Bélier en Maison II

C'est dans le domaine de l'argent que s'exercent la vitalité et la combativité. Suivant la position de Mars et ses aspects, cela peut donner un financier brillant, un temprérament âpre au gain, mais aussi quelqu'un qui « flambe » l'argent aussi rapidement qu'il l'a gagné. (C'est, de toute manière, une caractéristique du Bélier en général.)

Bélier en Maison III

L'impulsivité et le goût de la contradiction dominent dans les contacts avec les autres, ainsi que la chaleur et le renouvellement. Les lettres sont souvent écrites sur un coup de tête. Il peut y avoir un talent de polémiste. L'éloquence est enflammée, c'est une position qui peut donner un certain fanatisme et des rapports peu amènes avec l'entourage. Le don de persuasion est grand, l'optimisme un peu naïf et en « dent de scie ». Tendance à avoir des enthousiasmes aussi illusoires qu'éphémères. Ce n'est pas une position très harmonieuse pour le mental.

Bélier en Maison IV

L'ambiance familiale est mouvementée, les rapports avec la famille ne sont pas de tout repos. Ce n'est pas une très bonne position, la Maison IV étant en analogie avec le Cancer, signe « en carré » avec le Bélier. Le foyer sera troublé, il y aura de la casse, et la dictature peut y régner. C'est aussi un signe de fin de vie marquée par la contestation et la lutte, voire par la violence (la Maison IV signifiant aussi la fin de l'existence terrestre).

Bélier en Maison V

L'énergie est surabondante, mais le sujet qui possède cette disposition ne la ménage pas. La recherche des plaisirs risque d'être effrénée, à moins qu'elle ne soit sublimée en création artistique. Dans ce cas, celle-ci sera violente, désordonnée, brûlante comme de la lave. Les crises d'exaltation et d'abattement se succèdent ; la sensualité est débridée, l'amour des enfants est considérable mais peut mener à des épreuves et à des déceptions. Composante d'un tempérament de « viveur », avec des lendemains qui ne chantent pas.

Bélier en Maison VI

Ici, ce sont les rapports avec le quotidien qui sont placés sous le signe de la violence et de l'impulsivité. Ce peut être de la maladresse dans les rapports avec les objets, ou une relation agressive avec les servitudes de l'existence. Manque de patience dans les petites choses de la vie. Mauvaise position pour s'occuper de plantes, d'animaux, ou même de gens. La vie professionnelle est mouvementée, conflits avec les subordonnés. Les aspects ingrats de l'existence sont maléficiés par l'influence de Mars.

Bélier en Maison VII

Le mariage et les associations diverses sont vécus fougueusement, avec le risque de déception concomitant dans cette Maison plus jupitérienne que martienne. A la limite, cette configuration relève plutôt d'une alliance militaire, ou d'une conspiration criminelle.

Sinon, elle est prometteuse de mariage sur un coup de tête, d'associations hâtives et peu réfléchies, et donc de procès, polémiques, campagnes de hargne, etc.

Bélier en Maison VIII

C'est une position dangereuse, mais très intéressante, analogue à Mars en Maison VIII. Tout ce qui touche à la mort, à l'invisible, au mal, est placé sous le signe de la violence. Ce peut-être un risque de mort violente, mais aussi un tempérament batailleur, duelliste, une forme quelconque de « flirt » avec la mort. Faculté de régénération après des épreuves très dures. Risque de perte d'argent sur un coup de tête ou d'héritage ; tendance à la dilapidation. Au pire, c'est un aspect criminel. Tout ce qui touche à l'argent et au sexe en général rend le sujet peu sympathique.

Bélier en Maison IX

C'est un peu le « complexe de Don Quichotte ». Les contacts avec le lointain sont placés sous le signe de l'impulsivité. La spiritualité est peu réfléchie ; ce n'est pas un bon aspect pour la méditation. Par contre, les grands voyages peuvent satisfaire le goût de l'aventure et être liés à des découvertes fabuleuses. Tempérament de pionnier, mais manque de patience. Les explorations risquent aussi d'être sources d'accidents. Très bonne position pour les arts martiaux (par analogie à Mars en Maison IX).

Bélier en Maison X

Comme la Maison IV, cardinale elle aussi, la Maison X est en carré avec le Bélier. Liée à la réalisation sociale, elle est en analogie avec le Capricorne et Saturne, valeurs antagonistes de Mars : l'ascension sociale n'est-elle pas liée à la patience, à la maîtrise de soi, au discernement, qualités qui ne sont aucunement celles du Bélier ?

Dans cette Maison, le Bélier donnera de brusques montées par à-coups, avec des chutes aussi rapides ; il faudra que Mars soit soutenu par de bons aspects pour que l'agressivité, la faculté de s'imposer, ne se transforment pas en « boomerang ». C'est l'aspect du « coup de force », du « putsch », plutôt que de l'accession à un poste stable.

Bélier en Maison XI

Les amitiés et les projets se déferont aussi vite que conclus. Amitiés houleuses et agressives, mais se renouvelant sans cesse. Amis dynamiques, réunions amusantes et imprévues. On pourra compter sur leur appui, tant qu'ils ne se transformeront pas en... ennemis. Les soirées amicales peuvent dégénérer en bagarres.

Les projets sont nombreux et enthousiasmants, mais peu d'entre eux aboutissent.

Bélier en Maison XII

C'est un des plus mauvais signes pour cette Maison, puisqu'il y a contradiction entre le dynamisme, la confiance en soi du Bélier, et le renoncement, l'ascétisme de la Maison XII.

Ici, l'agressivité du sujet risque de se retourner contre lui-même : il est son propre ennemi. Il peut affronter avec une certaine inconscience, ou des sursauts de vaine violence, les grandes épreuves de l'existence. La sublimation sera difficile dans ce signe primaire, instinctif : c'est l'individu qui, face à la douleur, perd tous ses moyens, casse tout ou se fait hara-kiri — dans un contexte non occidental.

Le Taureau dans les Maisons

Taureau en Maison I

Indice de constitution forte et de vitalité. Tempérament sensuel, d'humeur assez variable sous un flegme apparent. Poli, avenant de premier abord, s'irrite lorsqu'on touche à son confort. A le goût de la stabilité et apprécie les êtres qui participent à la construction méthodique de sa destinée en lui épargnant les vaines histoires. Ses atouts sont dans l'endurance, la résistance physique et morale, un certain courage face à une adversité qui s'acharne souvent après lui. Le caractère se forge d'ailleurs dans les luttes de fond, appelant une grande concentration des forces plutôt que des actions spectaculaires. Les démarrages sont lents, l'ascension laborieuse et les chances réelles ne s'affirment vraiment qu'au terme d'années de travail.

Taureau en Maison II

Position moyennement confortable pour les gains. Là encore, le travail rapporte mieux que les coups heureux du hasard. Il faut se donner un programme, le plus souvent d'épargne, pour disposer d'un fonds solide de sécurité. Selon la symbolique, des réserves substantielles sont nécessaires à l'équilibre psychique.

Le Taureau en Maison II doit donc être attentif pour s'assurer des revenus réguliers. Le fonctionnariat est indiqué mais il y a aussi, pour les à-côtés, les placements dans la pierre, le terrain, les biens fonciers.

Taureau en Maison III

Puisque la Maison III gouverne les frères, sœurs, cousins, cousines, il faut qu'il y ait au moins un ou une Taureau dans ce petit monde, et ce ne doit pas être bien difficile. L'analogisme précise que le Taureau en III pourra ainsi nourrir des relations privilégiées avec un membre de son proche entourage. Le rapport sera encore plus intense s'il s'agit, en outre, d'un membre du sexe opposé.

En dehors de ces conditions, le Taureau en Maison III n'est pas très fraternisant. Aîné, cadet... quel que soit l'ordre d'arrivée, les autres le dérangent. Il risque ainsi d'avoir des réactions d'un égoïsme surprenant à l'égard de ses proches. C'est que, dans son esprit, il ne comprend pas la nécessité d'accepter des inconnus qui lui tombent du ciel par la loterie de l'hérédité et les alliances de la fratrie.

Taureau en Maison IV

On mérite d'avoir des parents fermiers, ce qui en fouillant vers les aïeux n'est tout de même pas introuvable. Nous avons tous des racines en terre, des grands-parents dans les herbages ou les prés. Le Taureau en Maison IV s'en flatte, et si par bonheur il est né à la campagne où s'il y a passé son enfance, sa santé physique et morale en restera à jamais imprégnée. Dans les moments difficiles de sa vie, il saura respirer l'air pur d'un souvenir revigorant, se remettre en mémoire tel vieux dicton de son pays ou telle parole ferme et sage de son père. Il faudrait naître avec le Taureau en Maison IV pour ne pas perdre les pédales dans les périodes les plus sombres.

Taureau en Maison V

En Maison des amours, plaisirs, enfants de la chair ou de l'esprit, le Taureau est en bonne place. Dans son action bénéfique, s'il accorde une vive sensualité, il donne également l'antidote : une fidélité de cœur certaine assure la constance des liens en dépit des tentations.

Le Taureau en Maison V est promis à des amours sereines. Sans doute, comme ce douzième d'humanité qu'il représente ici, aspirera-t-il à un bonheur idyllique, d'un romantisme n'excluant pas les avantages pratiques. Le partenaire éventuel, postulant au mariage ou à l'union libre, doit présenter des garanties, ouvrir des perspectives réjouissantes : situation stable, santé florissante, des biens à l'ombre ou au soleil, et surtout pas d'interminables crédits, des pensions à payer pour les enfants de précédents mariages.

Taureau en Maison VI

Dans cette Maison en rapport avec la santé, le travail et les petits animaux, l'effet Taureau ne peut être que bénéfique. Il dispense une santé de fer, un physique robuste tout à fait adapté, bien entendu, aux emplois que favorise le signe dans la manutention, le débardage, et autres travaux exigeant du muscle, du coffre, de la stature. Certes, il existe aussi, dans la série des vocations tauriennes, des compétences administratives qui ne demandent qu'assez d'énergie pour tenir un porte-plume, mais alors la résistance et la vitalité s'amalgament en une combativité longue et souterraine décourageant la multitude des concurrents, traçant sinueusement sa route à travers les intrigues, les stages et les concours, pour devenir cadre, cadre supérieur, sous-directeur, directeur, puis secrétaire d'Etat...

Taureau en Maison VII

A cette Maison consacrée au mariage, aux unions, contrats et associations, le Taureau apporte ses perspectives de stabilité. Il faut en déduire que le mariage d'amour est proscrit, la passion n'étant pas, ici-bas, ce qu'il y a de plus durable et encore moins de confortable.

Cependant, s'il est vrai que le cœur a ses raisons, le Taureau en Maison VII écoutera à la fois son cœur et ses raisons. C'est dire qu'il ne choisira pas n'importe qui, n'importe quand, n'importe comment. Une fois son dévolu jeté, une stratégie de conduite au mariage, dont le partenaire ne sera pas forcément conscient, se déclenchera automatiquement. L'étau se resserrera insensiblement autour de la victime, en quelques mois ou quelques années.

Taureau en Maison VIII

Le Taureau bien disposé, ne recevant pas d'afflictions planétaires, se doit d'apporter ici des terres et biens fonciers par dons, legs ou héritages. Mais si réjouissantes que soient ces perspectives, mieux vaut travailler, la lenteur taurienne ne réservant qu'au vieil âge les joies matérielles.

Les divorces, les associations peuvent être sources de pensions ou de rapports substantiels. Et, compte tenu de l'affinité de la Maison avec les gains tombés du ciel, l'on gagne à risquer sa chance dans les tombolas de kermesse, fêtes foraines, où il y a des lopins de terre, des bestiaux, des voitures, des machines et gros appareils ménagers à gagner.

Taureau en Maison IX

La symbolique, ici, lève les bras au ciel ! Cette Maison du rêve, des voyages, de la haute spiritualité ne saurait s'harmoniser avec un signe réaliste, casanier, libertin. Cependant, l'application travailleuse peut s'exprimer au niveau supérieur des recherches et œuvres savantes exigeant une documentation massive, des aptitudes de compilateur et un cerveau champion en logico-mathématiques. Évidemment, l'ensemble du ciel doit se prêter à cette interprétation favorable. Sinon, en fait de savant, l'on aura plutôt un réfractaire, endurci dans le matérialisme, et la réduction des belles envolées de l'âme à des motivations élémentaires. Au mieux, un esthète glanant dans la philosophie des fruits que l'on rumine en attendant la mort.

Taureau en Maison X

Ce n'est pas une position facilitant une ascension sociale rapide et aisée. Le choix du métier risque déjà de se faire dans les hésitations et embarras. Ou alors la carrière choisie est l'une de celles qui demandent de faire longtemps antichambre avant d'avoir droit au chapitre. D'autres parasitages sur l'ambition peuvent provenir de confrères, rivaux ou supérieurs obstruant l'horizon du succès par des actions spectaculaires qui éclipsent les aptitudes plus solides mais moins évidentes du Taureau. Pour sortir de l'ombre, il faut tôt ou tard frapper fort. Le Taureau bénéfique saura choisir son heure et l'on découvrira soudainement ses indispensables mérites après les avoir longuement exploités dans des rôles subalternes. Le Taureau maléficié tente sa sortie à contre-courant, au moment où sa maladresse va réconcilier sur son dos tous ceux qu'il pensait renverser.

Taureau en Maison XI

Le Taureau bénéfique en Secteur XI dispense à ses amis et amies ses qualités d'indulgence, de serviabilité raisonnée, de bonhomie compréhensive. Puisque l'on est dans son clan, par un choix délibéré, il préfère se montrer sous un jour patient et réserver ses colères à ses ennemis. Une fois sa confiance accordée, il préfère endurer quelques bavures que revenir sur son sentiment. C'est par ce trait, d'ailleurs, que le Taureau dissonant en Maison XI encourt divers abus de confiance, s'expose à de lourds mécomptes par l'aveuglement de ses choix. Dissonant, le Taureau en Maison XI exerce sur ses relations amicales une emprise dominatrice qui appelle la trahison par légitime défense. Et, ce Taureau-là n'étant pas capable d'analyser objectivement ses responsabilités, les déceptions le renforcent dans une humeur de grogne et de tyran incompris.

Taureau en Maison XII

Les étoiles et le signe s'accordent pour accroître la rage des ennemis cachés. Si le Taureau agit favorablement, il apportera, en guise de consolation, la vitalité et le moral nécessaires à l'affrontement d'adversaires sournois, traîtres, ne reculant devant aucune basse manœuvre pour le succès de forfaitures qu'ils mettront au compte de leur élévation d'exprit.

Il faut préciser, avec les traditionalistes, que le Taureau en Maison XII a de sérieuses dispositions pour exciter de puissantes inimitiés. Son manque de diplomatie, sa volonté réfractaire aux bluffs, rodomontades, esbroufes et verbiages, finissent souvent par l'opposer aux sots pontifiants qui ne supportent guère d'être démasqués. Et puis il irrite par son réalisme rebelle aux effets des phraseurs. Sa distance instinctive à l'égard des « mots pour les mots » menace de lui valoir très tôt l'antipathie des maîtres à parler. Dieu merci, il dispose d'une défense étalée dans le temps, paisiblement efficace.

Les Gémeaux dans les Maisons

Gémeaux en Maison I

Nature cérébrale et intellectuelle très réussie. Curiosité, désir de plaire par la parole. Tendances artistes avec un goût et un jugement esthétiques très sûrs, mais difficultés à réaliser des projets, des œuvres d'art, par manque de concentration et de persévérance.

Gémeaux en Maison II

La Maison des gains est occupée ici par l'insouciance désinvolte des Gémeaux : gains faciles, provenant de différentes activités, mais jamais très élevés. Souvent, le sujet a deux métiers, deux sources de revenus. La deuxième partie de la vie peut être plus fructueuse.

Gémeaux en Maison III

Les Gémeaux dans la Maison des écrits, de l'apprentissage, donnent de l'aisance et du brio dans les études, beaucoup de talent pour les langues étrangères, les traductions, tout ce qui concerne la communication par écrit. Ici, la réalisation des projets se fait plus intense.

Gémeaux en Maison IV

La famille, le foyer du sujet sont centrés autour d'intérêts mercuriens : jeux qui font intervenir la cérébralité, intellectualité très développée, lectures, mots croisés, etc. Il est aussi tenté d'enseigner aux enfants, et fait souvent un pédagogue brillant ; surtout auprès de l'extrême jeunesse.

Gémeaux en Maison V

Les divertissements sont incessants, divers, et touchent à tous les domaines. Le sujet ayant les Gémeaux (signe double), en Maison V (le secteur des distractions) est parfaitement ludique, réceptif à tous les jeux, disponible pour toutes les « parties » possibles... Difficile de l'amener à travailler autrement que dans ce qui touche au jeu.

Gémeaux en Maison VI

La désinvolture du signe facilite les obligations quotidiennes, qui sont prises avec légèreté, agilité, opportunisme. Les rapports avec les subalternes sont teintés de duplicité amusée, de complicité un peu défiante, d'intelligence sympathisante mais distante.

Gémeaux en Maison VII

La vie affective, les associations et les mariages, tout ce qui a trait à l'autre est « doublé » : possibilité d'avoir plusieurs partenaires soit en amour, soit dans la carrière professionnelle ; les rapports entretenus avec les « alliés » sont imprégnés de la légèreté mercurienne, vive et dispersée.

Gémeaux en Maison VIII

L'intellectualité géminienne se branche sur la mort et ses dérivés : intérêt pour l'occultisme, le mystère de l'au-delà, ou bien le passé, l'archéologie. La curiosité sur ce qui se rapporte à la mort est très cérébrale et non mystique. Il peut y avoir plusieurs héritages dans la vie du sujet.

Gémeaux en Maison IX

Inspiration de caractère mystique, quête d'une certaine spiritualité, recherche d'objectifs supérieurs, avec préoccupations morales ou philosophiques. Grande envergure cérébrale. Les voyages jouent un rôle décisif dans la vie du sujet, mais ils peuvent être imaginaires.

Gémeaux en Maison X

La carrière est marquée, dans la première partie de la vie du sujet, par une certaine instabilité. Elle est soumise à des variations de directions dues à la versatilité du signe. Réussite pourtant certaine dans les occupations intellectuelles, l'enseignement, le journalisme, l'édition, ainsi que dans les professions qui exigent de petits voyages fréquents. Il y a souvent deux périodes très différentes dans la vie professionnelle du sujet (trente-cinq à quarante ans semblant être l'âge charnière).

Gémeaux en Maison XI

Beaucoup d'amis de type Gémeaux, c'est-à-dire intellectuels, avec un goût prononcé pour les jeux de l'esprit et du hasard ; recherche de relations amicales du type fraternel (jumeau) avec lesquelles le sujet entre en complicité peut-être un peu trop familière.

Gémeaux en Maison XII

Ennemis rusés, intelligents, pleins de duplicité et d'habileté. Mais les Gémeaux n'étant pas persévérants, les médisances resteront superficielles, les épreuves passagères et les difficultés toujours moins graves que ce que le sujet craignait.

Le Cancer dans les Maisons

Cancer en Maison I

« Cette Maison est un point de départ [...] mais aussi d'arrivée. Elle peut représenter un retour éternel de phénomènes fondamentaux à répétition » (Lisa Morpurgo). Elle indique traditionnellement le lieu où s'expriment les composantes de la personnalité – et non du caractère – avec leurs possibilités d'évolution.

En Maison I, le Cancer donne une tendance à l'introspection, à la fragilité psychologique, avec inquiétudes, peur d'autrui, curiosité pour l'irrationnel, l'inconnu, l'occulte.

Cancer en Maison II

En Maison II, le Cancer donne un comportement de refus total ou partiel à l'égard des biens matériels. La carapace du crabe le protège, ici, de la dépendance « économique », de la recherche du confort, du « standing », etc. En revanche, il peut donner de l'imagination dans ce domaine, si bien qu'on verra des intérieurs ou des objets marqués par la fantaisie lunaire.

Cancer en Maison III

En Maison III, le Cancer n'établit pas facilement de relations avec son entourage proche : frères et sœurs, camarades d'école, de lycée ou de faculté, et, plus tard, voisins de palier ! Provoque un blocage sur tout rapport facile et superficiel, sur les relations légères ou mondaines. Les informations par radio ou télévision sont honnies : on leur préfère la presse écrite.

Cancer en Maison IV

Le Cancer est ici dans ce qu'il est convenu d'appeler sa Maison. Celle de la famille, des enfants, du foyer, des bases à la fois parentales et filiales du sujet. C'est le lieu de sa personnalité intime, privée, et du lien très fort qui l'attache à ses origines. C'est une bonne Maison pour le signe, il s'y sent à l'aise, en sécurité, protégé du monde extérieur. Le sujet éprouve un goût profond pour la vie et les réunions de famille, sans étrangers.

Cancer en Maison V

La Maison V étant la Maison des plaisirs, des distractions, du trop-plein de vie, elle limite en Cancer – qui n'est pas, rappelons-le, un signe de santé ni même de grande résistance physique – à des joies simples : mots croisés après le travail, ou jeux de sociétés paisibles, ou petits travaux d'artisanat. La distraction sociale, les sorties du soir sont considérées la plupart du temps, en Cancer, comme superflues, voire ennuyeuses. En revanche, le sujet privilégiera la distraction personnelle, qui fait intervenir l'imagination.

Cancer en Maison VI

C'est la Maison du quotidien, des petits travaux journaliers, des choses et des êtres qui dépendent du natif : la maison (pour la ranger par exemple), le bureau, le lieu de travail (pour les affaires courantes, le classement, le fonctionnel et le routinier). On mesure, dans cette Maison, la capacité du natif à recommencer tous les jours les mêmes petites corvées, à s'occuper régulièrement des mêmes petites tâches. En Cancer, signe de fantaisie, de petits changements permanents (à l'inverse du Verseau qui bouleverse tout), cette Maison VI est mal servie. Aucune discipline dans la hiérarchie des problèmes à régler, aucune méthode.

Cancer en Maison VII

La Maison VII représentant tout ce qui concerne les alliances et les associations, elle acquiert, en Cancer, des caractéristiques lunaires : sous-estimation de sa valeur propre, surestimation de la valeur des autres. Besoin d'être protégé, choyé, conforté, un peu comme un enfant, dans le mariage. Apporte, dans une association, un élément de création très fort, d'imagination et de renouvellement, mais participe de loin, sans vraiment se sentir impliqué (même s'il prend toujours ses responsabilités). Fondamentalement solitaire, intériorisé.

Cancer en Maison VIII

La Maison VIII étant celle de la mort (physique ou psychologique) et de la résurrection, elle a des affinités avec le Cancer : d'abord parce que le Cancer représente la fécondité, l'enfantement, donc la vie après la mort, ensuite parce que c'est un signe fort du point de vue de l'imagination créatrice.

D'où possibilité, pour la Maison VIII en Cancer, de recréer ou de reconstituer ce qui est mort. Au premier degré : le sujet fait revivre en imagination un parent mort. Au deuxième degré : il utilise, il recompose sa souffrance en créant.

Donne au sujet la possibilité de surmonter tout ce qui peut l'anéantir.

Cancer en Maison IX

C'est la Maison de la quête : spirituelle, philosophique ou géographique. Les limites cancériennes éclatent, le signe se laisse attirer par les grands espaces que suggère la Maison, les interrogations métaphysiques, métapsychiques, archéologiques ou ethnologiques.

Mais la femme Cancer, inhibée, fragile, qui doit toujours transporter sa coquille avec elle, peut freiner, surtout à partir de quarante-cinq ans, les grands voyages que propose ce Secteur, le neuf, le nouveau, l'inconnu. Alors, les explorations se font en imagination, et l'invention cancérienne remplace son défaut d'énergie.

Cancer en Maison X

Cette Maison, à laquelle est attribuée la vocation d'un individu, son expression professionnelle dans ce qu'elle peut avoir de rayonnant, de remarquable, de volontaire, cette Maison, disais-je, n'est pas particulièrement à son aise en Cancer. Il existe une contradiction fondamentale entre la réserve timide et maladroite du signe et l'assurance, la confiance dynamique, l'autorité qu'appelle le Secteur X.

En réalité, la contradiction est neutralisée si le sujet se réalise dans une profession nettement cancérienne où la création, l'invention, l'inattendu, l'étrange, le nouveau ont la meilleure part. Il faut éviter les carrières administratives, et, d'une manière générale, toutes celles qui excluent l'interprétation subjective, les initiatives personnelles, les décisions individuelles et autonomes.

Cancer en Maison XI

Lisa Morpurgo attribue à cette Maison une force toute particulière : « Elle est, en un certain sens, la section d'or du thème zodiacal. Elle indique la possibilité de parvenir à un examen objectif de soi-même et des circonstances, de s'adapter à ces dernières et au caractère d'autrui, en jugeant avec objectivité, mais aussi indulgence, les besoins, les faiblesses, et les qualités des autres. (...) La Maison XI est celle de la tolérance, des idées larges, d'une volonté accommodante et compréhensive. »

En Cancer, les idées larges s'évadent dans l'imaginaire — souvent aux dépens du réel —, l'amitié acquiert malgré tout quelque chose de passionnel, d'exclusif, d'enveloppant, mais le sujet s'adapte particulièrement bien au milieu social dans lequel il a choisi d'évoluer après une dure sélection intérieure.

Cancer en Maison XII

On l'appelle la Maison du destin, de la fatalité. Je préfère dire que c'est la Maison des événements sur lesquels la volonté humaine ne peut agir : « les grandes épreuves de la vie », comme le dit encore Lisa Morpurgo. C'est le lieu où le natif s'isole, prend de la distance pour se préparer à la mort. Le Cancer, en ce Secteur, donne la faculté de s'abstraire totalement du réel, l'imaginaire empiète alors complètement sur la vie et, si une planète lourde comme Saturne ne vient pas peser sur ce Secteur, il donne une créativité inépuisable, un besoin de nier la fin des choses par une prolifération magique d'œuvres d'art, une production ininterrompue dans la solitude et l'isolement.

Le Lion dans les Maisons

Lion en Maison I

Cette Maison a trait au sujet dans ce qu'il y a de plus représentatif et de plus évident. Elle concerne votre extériorité physique et la conscience que vous acquérez peu à peu de vous-même. Une Maison I fortement chargée signale un natif préoccupé avant tout de sa personne et faisant de celle-ci son principal centre d'intérêt : on voit tout de suite ce que ça peut donner dans le cas du Lion. Je crois bon, par ailleurs, de vous rappeler que la pointe de la Maison I s'appelle l'Ascendant. Toute planète située à proximité de l'Ascendant a de fortes chances d'être l'une des dominantes de votre thème.

Lion en Maison II

Cette Maison est censée renseigner sur votre attitude face à l'argent, sur vos aléas financiers, sur la nature de vos gains. Pour juger sainement de la question, l'astrologue peut bien se contenter de considérer vos planètes dominantes, ainsi que les aspects lunaires, jupitériens et vénusiens. Si, conformément à la Tradition, l'argent occupe une place prépondérante dans votre existence, cherchez plutôt de ce côté-là et regardez aussi où se trouve votre Ascendant : il est peut-être dans le signe thésauriseur et engrangeur du Cancer. Une Maison II en Lion est souvent un indice de fortune et de réussite financière, quoique certains auteurs vous jugent suprêmement désintéressé et attiré par des métiers plus honorifiques que lucratifs. Pour ce qui est de la source des gains, on mentionne habituellement l'enseignement, le spectacle et les commerces de luxe.

Lion en Maison III

Les attributions classiques de cette Maison sont multiples : rapports avec frères et sœurs, cousins et voisins, petits déplacements, correspondance, publications littéraires, intelligence pratique, enseignement primaire. Les compilateurs classiques parlent de prix littéraires, de frères haut placés, de déplacements profitables, se cantonnant surtout aux réunions mondaines et aux spectacles. Si vous avez vraiment la bougeotte et si vous êtes pris d'une frénésie de communication et d'énergie, voyez plutôt la force de votre Mercure, de votre Mars et de votre Lune. Quant à votre Ascendant, il pourrait se situer dans les derniers degrés des Gémeaux et cela expliquerait aussi bien des choses.

Lion en Maison IV

En analogie avec sa position au Fond-du-Ciel, la Tradition associe à cette Maison tout ce qui constitue la souche, les bases, les racines profondes. Elle concerne donc l'atavisme, l'hérédité, le terroir, le domicile, la famille. Pour faire bonne mesure, on y ajoute aussi la fin des choses, les trésors cachés, la sépulture et l'héritage de propriétés. Du Lion en Maison IV, nos élucubrateurs à chapeau étoilé s'accordent à déduire une prestigieuse galerie d'ancêtres ou tout au moins des parents haut placés. Ce qui ne laisse pas de rendre perplexe si l'on songe que les frères et sœurs d'une même famille ont très rarement la Maison IV dans le même signe.

Lion en Maison V

Cette Maison concerne vos amours, votre progéniture, vos œuvres, vos amusements et vos spéculations. Dans la logique de l'astrologie traditionnelle, avec l'appoint du Lion, vos amours ne sauraient être qu'ardents et dignes, votre progéniture remarquable, vos œuvres brillantes, vos amusements fastueux et vos spéculations fructueuses. Si ce n'est pas tout à fait le cas, plutôt que de vous adresser à un bureau des réclamations, qui d'ailleurs n'existe pas, cherchez l'explication du côté de vos planètes et signes dominants, tenez compte de la position et des aspects de la Lune, de Vénus, de Neptune et de Jupiter. A mon humble avis, vous auriez mieux fait de commencer par là, les déductions sont nettement plus sûres.

Lion en Maison VI

Cette Maison met l'accent sur vos problèmes de santé, sur votre travail dans son côté terre à terre et astreignant, sur vos relations avec les subordonnés, les petites gens, les oncles et les tantes, les animaux domestiques. Quant aux oncles, tantes et menues bestioles, le Lion se sent à leur égard un peu amoindri.

Lion en Maison VII

Logiquement, le Lion en Maison VII devrait donc vous conduire, plus que jamais, à percevoir le conjoint, le partenaire, l'adversaire ou l'associé d'après votre propre image. Selon votre dominante planétaire, vous êtes incité à modeler de force vos vis-à-vis à ladite image, ou bien vous vous contentez de vivre vos aspirations léoniennes par délégation, par le biais d'un complémentaire en qui vous avez décelé de prometteuses potentialités.

Lion en Maison VIII

Si l'on en croit la Tradition, avec une Maison VIII fortement occupée, votre existence, d'une façon ou d'une autre, sera marquée par la mort et par ses conséquences. Les deuils, les testaments, les héritages sont censés prendre une importance toute particulière. Ou alors, vous vous contentez de brasser des idées morbides et suicidaires et de mettre la mort au centre de toutes vos théories. Moins macabrement, cette Maison est également en rapport avec l'argent du conjoint et des associés. L'astro-psychologie, d'une façon plus générale, en fait la Maison des crises, des transformations, des régénérations et de la sexualité. On devine ce que peut donner, dans l'optique du traditionaliste, le Lion en Maison VIII : la mort par accident cardiaque, le grandiose héritage, les honneurs posthumes et autres joyeusetés.

Lion en Maison IX

Pour la Tradition, c'est la Maison des grands élans vers le lointain et vers le spirituel : elle concerne aussi bien les longs voyages et les rapports avec l'étranger que l'intelligence spéculative, la religion, la philosophie, l'enseignement supérieur. L'interférence avec le Lion est censée apporter générosité et noblesse de pensée, hautes fonctions universitaires, diplomatiques ou ecclésiastiques, attrait pour les longs périples honorifiques et représentatifs. Cela peut se vérifier surtout, à mon humble avis, en cas de dominance plutôt harmonique de Mars, Jupiter, Saturne et Neptune. Mars met l'accent sur le goût de l'action, de l'entreprise et de l'aventure. Jupiter insiste sur le côté officiel et pontifiant. Saturne favorise la réflexion, la méditation et le détachement, tandis que Neptune sensibilise à l'inconnu, au collectif, à l'universel et à toute autre transcendance qu'il vous plaît d'imaginer.

Lion en Maison X

Cette maison importante, qui valorise les planètes s'y trouvant, concerne la façon dont vous vivez votre carrière, votre engagement socioprofessionnel dans ce qu'il y a de plus officiel et de plus formel. Pour les astrologues qui interprètent un thème en y cherchant des événements, elle renseigne sur les chances de succès, la célébrité éventuelle, les honneurs, le pouvoir que vous pouvez acquérir, et naturellement sur les éventualités contraires : les risques d'échec, de déshonneur, de chute. Comme on s'en doute, pour les manuels classiques, la présence du Lion dans ce secteur est éminemment prometteuse : autorité, vedettariat, brillante ascension, réussite magistrale dans les domaines de l'art, de l'éducation, de la politique, de la mode, de la joaillerie, du théâtre, et j'en oublie certainement.

Lion en Maison XI

Cette sympathique Maison a trait aux amitiés, aux espérances et aux projets. Selon l'interprétation la plus traditionnelle, le Lion dans ce secteur devrait vous valoir des amis brillants, fidèles, enthousiastes et quelque peu dominateurs, des relations puissantes et des protections en haut lieu. Vos projets, enfin, ne sauraient qu'être empreints de grandeur, de noblesse ou d'outrecuidance. En fait, pour que votre vie amicale soit euphorique, détendue et sans problème, il suffit bien d'une dominance harmonique des planètes Jupiter, Vénus, Mercure et Lune.

Lion en Maison XII

Comme le chanterait Brassens, dans les thèmes sans prétention, elle n'a pas bonne réputation, cette fichue Maison XII... On lui attribue en effet les épreuves majeures et les grands chagrins. Maladies chroniques, hospitalisations, exils, emprisonnements sont de son triste ressort. Elle passe pour prédisposer à une existence marquée par le secret, les choses cachées, la vie occulte. Les ennemis sournois et les complots y élisent également domicile, en bonne compagnie avec les vices et les tendances au suicide. Pauvre Lion, prisonnier à perpétuité des barreaux de ses inhibitions. A ce propos, remarquons tout de même que le Lion en Maison XII correspond presque immanquablement à un Ascendant Vierge, ce qui peut expliquer bien des choses. Examinez les grandes dissonances de votre thème, en particulier celles de Neptune, Saturne et Pluton.

La Vierge dans les Maisons

Vierge en Maison I

La pointe de la Maison I étant délimitée par l'Ascendant, le sujet a donc l'Ascendant en Vierge, ce qui lui confère les principaux traits de caractère décrits au cours du chapitre consacré à ce thème. Il convient, bien sûr, de faire la synthèse entre les caractéristiques du signe ascendant et celles du signe de naissance.

D'autre part, si l'Ascendant se trouve dans les derniers degrés d'un signe, la Maison I repose presque totalement sur le signe suivant. Dans ce cas, l'influence de ce signe prend une importance accrue, dont il faut tenir compte dans l'interprétation.

Vierge en Maison II

Cette position indique une attitude parcimonieuse vis-à-vis des biens matériels. Une certaine avarice est probable, mais elle est limitée aux petites choses. Toutefois, le sujet n'ayant pas de besoins très importants, il doit réussir à s'accommoder d'une existence un peu chiche. La prudence naturelle du signe interdit les spéculations hasardeuses ou les risques excessifs. Le sujet gère son budget avec sagesse.

Vierge en Maison III

La timidité inhérente au signe freine quelque peu les contacts avec le milieu social. Le sujet demeure sur la défensive, et met un certain temps avant de se sentir détendu, en confiance avec de nouvelles connaissances. S'il ne fait pas un usage immodéré du téléphone, il se livre plus facilement par lettres. Sa correspondance sera soigneuse, méthodique et, dans l'ensemble assez fournie.

Le sujet est plutôt sédentaire, il renonce souvent aux possibilités de petits voyages.

En revanche, l'intelligence pratique est très développée. Les réalisations à court terme sont favorisées, les occasions sont exploitées habilement. Goût pour les études et curiosité intellectuelle.

Vierge en Maison IV

Le sujet se plaît dans un cercle familial étroit. Peu attiré par les mondanités, il ne se sent bien qu'en petit comité. Sédentaire, il aime ses habitudes et peut se montrer tatillon, au risque d'incommoder les membres de sa famille.

Le foyer est surtout considéré sous l'angle le plus utilitaire. Le sujet aimera vivre dans un décor simple, avec un mobilier solide et fonctionnel. Il fera passer au second plan les critères d'ordre esthétique.

Les rapports avec les parents ne sont pas très chaleureux, ils sont plutôt fondés sur le respect et la déférence. Cependant, du fait d'un grand attachement aux traditions, les vertus « travail - famille - patrie » sont exaltées.

Vierge en Maison V

Le besoin de sécurité affective est important, toutefois le sujet ne fait sans doute pas passer sa vie sentimentale au premier plan (à moins, bien sûr, que des planètes d'affectivité ou de sensualité n'occupent ce Secteur).

La pudeur freine la sensualité. Le sujet n'apprécie pas les aventures sans lendemain. Il préfère une liaison stable, durable, mais pas trop envahissante. Il ne sait pas vraiment se détendre ou se distraire, encore moins perdre du temps. Quoi qu'il en soit, le sujet préfère les plaisirs calmes (lectures, jeux de cartes) aux loisirs de groupe ou aux sports exigeant une grande dépense physique.

L'amour pour les enfants ne se traduit pas par des démonstrations débordantes, mais plutôt par un soin très attentif porté à leur hygiène, à la propreté de leurs vêtements.

Vierge en Maison VI

Il existe de grandes affinités entre le Secteur et le signe. Le sujet est très consciencieux, très méticuleux dans son travail. Il accomplit à la perfection les tâches de routine. Ses principales qualités : l'ordre, la méthode, le sens de l'organisation.

Par contre, il risque de manquer d'envergure et de se contenter de postes subalternes sans réel rapport avec ses capacités. Il a facilement une mentalité de « rond-de-cuir ». Les rapports avec les collaborateurs sont généralement satisfaisants. Le sujet sait se montrer serviable et dévoué.

Les tendances hypocondriaques du signe sont renforcées dans ce Secteur qui concerne également la santé. Les servitudes de la vie quotidienne sont bien acceptées, et les corvées domestiques accomplies avec diligence et efficacité.

Vierge en Maison VII

D'une façon générale, les rapports avec les autres sont fondés sur la sélectivité. Le sujet ne se lance pas à l'aveuglette dans le mariage ou dans toute autre forme d'association. Il n'apprécie pas à proprement parler la solitude mais la choisira plutôt que de consentir à une union mal assortie.

Une autre tendance du signe (qui devra être renforcée par d'autres configurations du thème) inclinera au contraire le sujet à faire un mariage de raison ou d'intérêt, surtout si, à force de tergiverser, il a raté les « bonnes occasions ».

Le sujet peut choisir l'union libre (à condition qu'il n'y ait pas d'enfant). Mais s'il décide d'être uni à son partenaire par les liens du mariage, il s'opposera alors à un éventuel divorce.

Les associations peuvent être assez fructueuses, encore que le sujet risque d'avoir des « comptes à rendre ». Il s'efforcera de choisir ses associés sur la base d'affinités sélectives.

Vierge en Maison VIII

L'idée de la mort n'est pas une source d'angoisse insoutenable dans la mesure où le sujet accepte, au départ, son caractère inéluctable et implacable. Mais sa prévoyance et son réalisme l'incitent à prendre des dispositions d'ordre purement pratique et à s'assurer que sa famille ne manquera de rien après sa disparition.

Le sujet peut faire preuve d'exigences tatillonnes en ce qui concerne les problèmes d'héritages. S'il se sent (à tort ou à raison) floué, il peut révéler certaines tendances mesquines.

L'attitude vis-à-vis de la sexualité est assez ambiguë Le sujet, dans son exigence de pureté, s'accommode mal d'avoir des besoins sexuels importants. D'où des risques de complexes, d'inhibitions débouchant sur des frustrations.

Vierge en Maison IX

La prudence restrictive du signe freine l'invitation au voyage, cependant la curiosité intellectuelle du sujet peut avoir raison de ses hésitations. Mais il a besoin d'organiser méthodiquement ses longs déplacements. Il ne laisse jamais rien au hasard. Ce n'est pas lui qui partira « le nez au vent », à l'aventure.

La prédominance de la fonction pensée chez la Vierge met toutefois l'accent sur le développement des connaissances. Le sujet est très soucieux délargir constamment son horizon intellectuel. Il a de grandes aptitudes pour les études, d'autant qu'il a un goût marqué pour les diplômes. L'acquisition des connaissances se fait « dans les règles ». Le sujet, très attentif et appliqué, aime s'entourer de professeurs susceptibles de le conseiller utilement. Quel que soit le domaine concerné, il aime prendre des leçons et se révèle un élève assidu.

Le sujet peut également, dans certains cas, se dévouer totalement à une cause qu'il estime juste, voire se sacrifier au nom d'un idéal.

Vierge en Maison X

La Maison X exprime les tendances à la lutte pour la réussite sociale, et le degré d'ambition. Or le signe de la Vierge pècherait plutôt par excès de modestie. Loin de rechercher les honneurs, il s'en méfie. A tout prendre, il préfère servir que commander, et choisit la coulisse, abandonnant volontiers le devant de la scène aux ambitieux.

Le sujet peut avoir tendance à se sous-estimer, et l'essor de sa carrière risque de s'en ressentir. Néanmoins, dans les limites qu'il s'impose, il tient à réussir et sa conscience professionnelle, son sens de l'organisation sont ses plus précieux atouts.

La conquête d'une position sociale élevée peut, en revanche, devenir un objectif majeur en cas d'angularité (au Milieu-du-Ciel, notamment, d'une planète de représentative : Soleil, Jupiter ou Uranus). Dans ce cas, le professionnalisme et la compétence, caractéristiques du signe, deviendront des facteurs déterminants de réussite, en particulier dans les carrières administratives et publiques.

Vierge en Maison XI

Le sujet choisit ses amis en fonction d'affinités électives. Il en a très peu, mais ceux-là sont triés sur le volet. Il cherche surtout à s'entourer d'être intelligents ou très cultivés. Comme il fait rarement les premiers pas, ce sont les autres qui doivent venir à lui, mais une fois qu'il a accordé son amitié, c'est généralement pour la vie. Cependant, il peut arriver qu'une amitié de plusieurs années soit rompue brusquement du fait de la sévérité morale excessive du sujet. Celui-ci ne supporte pas d'être déçu.

Cette personne fuit les mondanités, préférant les ambiances intimes, tranquilles. Par extension, elle se refuse à cultiver les « relations utiles » et choisit, délibérément, de ne pas exploiter certaines occasions.

Vierge en Maison XII

Les grandes épreuves de la vie sont généralement acceptées avec fatalisme. Elles peuvent également être l'occasion, pour un sujet, de révéler sa grandeur d'âme ou son abnégation.

Cependant, les risques de renoncement *a priori* ne sont pas exclus, d'autant plus que la lucidité se double de pessimisme. C'est la déchéance physique ou intellectuelle que le sujet aura le plus de mal à assumer.

Il arrive que le détachement des objets matériels soit plus difficile à réaliser que le détachement moral de soi-même.

La Balance dans les Maisons

Balance en Maison I

L'Ascendant en Balance est l'un des plus chanceux du Zodiaque : douceur, diplomatie, charme, dons artistiques, volonté accorte et cependant tenace, mènent irrésistiblement le natif à la réussite de ce qu'il entreprend.

Balance en Maison II

Les dépenses ont un caractère vénusien. Ce sont celles qui sont liées, entre autres, aux réceptions que l'on donne, ou aux sorties faites avec des amis. D'autre part, la création d'un cadre de vie agréable et raffiné peut entraîner d'importantes dépenses susceptibles de déséquilibrer un budget.

L'équilibre est justement un mot clé de la Balance, mais c'est un équilibre bien souvent instable, et la situation financière risque d'être fluctuante. Cependant, malgré les hauts et les bas, on peut penser qu'en raison de la protection de Vénus, la situation ne sera jamais désespérée.

Balance en Maison III

La Maison III concerne généralement l'intelligence concrète du sujet, ses dispositions et ses moyens d'expression, le langage et les écrits. Autrement dit, tout ce qui lui permet d'entrer en contact avec l'entourage.

Comme la Balance est un signe d'Air, l'intelligence sera mobile, souple, prompte, fantaisiste, sensible à la beauté, mais trop soumise aux influences changeantes venues de l'extérieur. Le sujet cherche à plaire et à faire partager ses opinions à son entourage. Le badinage est un mode d'expression qui le séduit et dont il use facilement.

Balance en Maison IV

Si rien ne vient modifier profondément les dispositions naturelles de la Balance, le sujet grandira dans un foyer harmonieux. Il est possible qu'on y cultive un art de vivre raffiné, de sorte que l'enfant baignera dans un climat favorable à l'éclosion de dispositions artistiques.

Il est fort probable que le sujet créera son propre foyer à l'image de celui de ses parents. La Balance, qui est un signe de fête, peut lui donner le goût des réceptions, et sa maison sera largement ouverte aux amis.

Balance en Maison V

La nature de la Balance semble particulièrement bien accordée à celle de la Maison V, de sorte que le signe renforce les manifestations propres à ce Secteur. Ce qui revient à dire que le sujet est naturellement porté vers les distractions et l'art. Une femme sera peut-être encore plus sensible qu'un homme aux effets de cette configuration. Elle se montrera enjouée et coquette, raffinée et élégante, et sa distinction naturelle la gardera de toute vulgarité. Les effets d'une Balance et d'une Maison V affligées mettent en jeu l'instabilité du signe.

Balance en Maison VI

Le travail ne devrait pas être trop pénible ; il peut s'exercer dans un cadre agréable et élégant, par exemple une parfumerie, un magasin de fleurs, une galerie de peinture. Parfois, des préoccupations artistiques ou juridiques sont liées au travail. Le sujet entretient de bons rapports avec ceux qui travaillent sous ses ordres. Il comprend leurs difficultés et s'efforce de faciliter leur tâche. En retour, il jouit de leur confiance et de leur attachement. C'est ainsi que se nouent parfois des idylles entre patrons et employés qui, dans certains cas, aboutissent au mariage.

Balance en Maison VII

Malgré la fougue que lui vaut un Ascendant Bélier, le sujet s'efforce d'avoir des relations harmonieuses avec autrui et il est ouvert à toutes les formes d'associations. La première, c'est évidemment le mariage. Il ne conçoit pas d'autre forme d'union et, dans sa vie, les relations conjugales tiennent une place importante. Il est même prêt à faire des concessions pour parvenir à l'équilibre intérieur qu'il attend du mariage.

Son besoin d'harmonie dans ses relations extérieures lui fait rechercher les associations et les collaborations. Il en retire le sentiment d'une insertion réussie dans la société dont il se veut un membre à part entière.

Balance en Maison VIII

La présence de la Balance en Maison VIII permet d'espérer que le caractère vénusien du signe favorisera une mort naturelle et douce.

La Balance faisant intervenir l'idée de mariage, on peut penser à un veuvage précoce et, éventuellement, à un héritage provenant du conjoint, du fait d'une donation entre époux. Mais des héritages venant des associés sont possibles.

Enfin, dans sa vie sexuelle, le sujet devrait faire preuve de mesure et de délicatesse, tout en s'efforçant de communier avec son partenaire car, pour lui, il n'est de vrai plaisir que partagé.

Balance en Maison IX

La présence de la Balance dans la Maison IX implique la possibilité d'un mariage dans un pays étranger où le sujet peut être amené à faire sa vie. Ou bien c'est le conjoint qui vient de l'étranger et qui a été connu à l'occasion d'un voyage lointain..

Ces voyages à l'étranger peuvent être de simples voyages d'agrément qui procurent de grandes satisfactions au sujet tout en enrichissant ses connaissances. A moins qu'ils n'aient été entrepris pour signer des contrats à l'étranger (éventuellement avec des éditeurs).

Balance en Maison X

Les qualités vénusiennes que la Balance apporte dans la Maison X sont de nature à favoriser la carrière du sujet en aplanissant son chemin. La sensibilité qu'il manifeste dans l'exercice de sa profession, son charme qui agit sur les gens avec lesquels son travail le met en contact, les relations que sa nature sociale le pousse à nouer avec ses collègues et ses chefs, sont autant d'atouts qui facilitent son évolution sociale. D'autant plus qu'ils se combinent de façon très heureuse avec la chance dispensée par Vénus.

Le mariage, une association, peuvent influer sur la carrière ; ils sont parfois l'occasion pour le sujet d'élargir le champ de ses activités ou même de changer de profession.

Balance en Maison XI

La Balance est aussi favorable en Maison XI qu'elle l'est en Maison V. En effet, comment ce signe, qui est éminemment sociable, ne créerait-il pas les meilleures conditions pour permettre au sujet de se faire des amis ? D'autre part, l'on sait que les contrats sont du ressort de la Balance. Enfin, la gentillesse, la délicatesse et le charme de ce signe contribuent efficacement à resserrer les liens d'amitié existants.

La Balance donne également une indication sur l'origine des amis. Ils pourraient venir d'un milieu où l'on cultive les arts, à moins qu'ils ne soient eux-mêmes artistes.

Balance en Maison XII

La Maison XII n'est pas une Maison de joie (comme la Maison V). Les seules joies qu'elle dispense sont les joies spirituelles. Mais nous venons de voir qu'on ne peut les atteindre qu'après avoir parcouru son « chemin de croix ». Il ne faut donc pas attendre de cette Maison beaucoup de bienfaits dans la vie ordinaire. Cependant, la présence de la Balance dans ce Secteur peut atténuer les chocs du destin. Même ici, Vénus, la déesse compatissante, ne renonce pas à étendre sur les humains son manteau protecteur. Aussi les ennemis cachés seront-ils moins virulents.

Le Scorpion dans les Maisons

Scorpion en Maison I

Le Scorpion en Maison I est à l'Ascendant. Même s'il est vide de planètes, il marque profondément le natif.

Le Scorpion en première Maison donne une bien plus grande énergie au natif ; il étoffe sa personnalité de cette âpreté, de cette persévérance, de cette volonté de puissance qu'ont les gens du signe. Le sujet lutte contre le groupe pour s'imposer. Actif, entreprenant, il tend à diriger les siens au point de devenir parfois tyrannique. Il profite des révolutions, des situations conflictuelles — qu'il sait, d'ailleurs, provoquer — pour en sortir vainqueur. Passionné mais très lucide, l'Ascendant Scorpion donne du réalisme, du courage... et le pardon difficile.

Scorpion en Maison II

Dans ce Secteur concernant les biens du natif et son aptitude à acquérir (ou à perdre), le Scorpion n'est pas trop mal placé. Son réalisme et son activité persévérante lui assurent souvent un bon job, assez stable, parfois même assez brillant. Réussite dans les professions de Mars et d'Uranus (militaires, ingénieurs, hommes politiques, inventeurs, aviateurs, techniciens dans les secteurs de pointe).

Le Scorpion n'est pas avare : il dépense à la fois de façon impulsive et sans arrière-pensée. Il est souvent généreux.

Scorpion en Maison III

Cette Maison renseigne l'astrologue sur l'intelligence du natif, sur ses capacités à établir des relations de cause à effet, sur son agilité d'esprit. Également dans cette Maison, les relations avec tout ce qui est proche : entourage, frères et sœurs, petits voyages...

Le Scorpion, dévoré de curiosité et malin comme un singe, n'est pas mal situé dans cette Maison. Curiosité scientifique, vocation de chercheur (chimie, biologie, parapsychologie...), aptitudes à la littérature, au journalisme, à l'enseignement, on peut trouver tout cela dans un Scorpion en Maison III.

Scorpion en Maison IV

Ici, est logé tout ce qui concerne le foyer du natif : sa famille d'origine, son père, sa mère, les biens de sa famille ascendante ; la famille dans laquelle il vit, son patrimoine et sa vieillesse.

Le Scorpion, dans cette Maison, donne une ambiance assez dure où le natif est contraint de refouler ses instincts. Ce n'est pas une position très favorable pour le foyer. A moins de très bons aspects, on peut craindre des divergences familiales très vives, toutes espèces de ruptures violentes, un divorce... Le foyer est malheureux ou négligé. Le natif peut être orphelin de père ou de mère, ou éprouver un deuil à son foyer. Les valeurs du Scorpion sont trop différentes de celles symbolisées par la Maison IV : notre animal n'est pas, en principe, très doué pour l'intimité bourgeoise. Le Scorpion en IV n'est pas favorable aux biens immobiliers et au patrimoine familial, qui souffre de l'ambiance tendue du foyer.

Scorpion en Maison V

Drôle de panier où la Tradition jette pêle-mêle les enfants, les amours (non légalisées), les spéculations boursières ou financières, les loisirs, les désirs, les réalisations, les publications, les jeux... Cela surprend notre logique rationaliste du XXe siècle, mais on constate tous les jours que la Tradition a ses raisons... et que cela marche très bien !

Le Scorpion lui, ne marche pas très bien dans cette Maison, trop légère pour lui. Ses enfants, s'ils sont brillants, sont parfois difficiles de caractère ou de santé fragile. En thème féminin, les mauvais aspects prédisposent aux grossesses et accouchements pénibles. La sexualité du Scorpion est puissante : passions intenses et jamais « platoniques ». Les impulsions sexuelles, violentes et incontrôlables, amènent des ruptures brusques après lesquelles l'amour peut se changer en haine.

Scorpion en Maison VI

La Maison VI n'est pas un palais, c'est plutôt une usine ou un hôpital... Le Scorpion, là-dedans, travaille bravement, le pauvre, à des travaux assez durs ; mais il finit par s'en sortir, surtout dans ses domaines préférés : médecine, chirurgie, pharmacie, psychiatrie, police, recherche scientifique... Cette situation astrale donne des subordonnés difficiles à commander et, pour le sujet, une peine infinie à s'élever jusqu'aux tout premiers postes. La santé n'est pas très brillante.

Scorpion en Maison VII

Le Scorpion en VII décrit un conjoint difficile, pas forcément du signe solaire du Scorpion, mais marqué par Mars, Pluton et Uranus. Ni souple, ni accommodant, jaloux et agressif. Beaucoup de discussions et de bagarres en perspective. Cependant le mariage tient, grâce à un attrait physique réciproque. Les conjoints ont des relations physiques fréquentes. Le partenaire indiqué par le Scorpion en Maison VII est très attaché à ses enfants. Finalement, le mariage est plus solide qu'on ne le croit, et le conjoint, fidèle et dévoué. Il se dissout plutôt par la mort de l'un des partenaires que par un divorce.

Scorpion en Maison VIII

Sur la carte du Ciel, chaque Maison correspond à un signe : ainsi, la Maison I correspond au Bélier. C'est le lieu où le Soleil se lève, le commencement du jour, qui correspond par analogie avec le commencement de l'année sous le Bélier. La Maison II correspond au Taureau, la Maison III au Gémeaux, etc. Ainsi de suite jusqu'à la Maison VIII, qui correspond analogiquement au Scorpion.

Dans cette Maison est localisé tout ce qui touche à la mort du natif et, aussi, tout ce qui se rattache à la mort des autres, lorsqu'elle le concerne : héritages, par exemple. Par analogie avec le Scorpion, cette Maison renseigne aussi sur la sexualité du natif (selon certains auteurs).

Scorpion en Maison IX

Tout ce qui est lointain. La Maison IX se comprend mieux par référence au Sagittaire, cet homme de désir, ce chevalier errant, qui a toujours envie d'être ailleurs, plus haut, plus loin, plus brillant...

Le Scorpion n'est pas si mal hébergé dans cette Maison qui oriente son esprit vers les sciences de la vie et de la mort : biologie, physique, thanatologie, occultisme et même astrologie ! Le Scorpion en Maison IX aime la recherche scientifique et s'y applique souvent avec passion. Mais ce qu'il adore par-dessus tout, ce sont les théories farfelues sur « la vie après la mort ». Cela peut le rendre mystique, rêveur, philosophe... Les voyages, dans cette Maison et pour lui, sont à hauts risques, mais il aime cela, justement.

Scorpion en Maison X

Le Milieu-du-Ciel est un « angle » important du thème, et toute planète, tout signe qui s'y trouve prend un relief particulier. On regarde le Milieu-du-Ciel en levant les yeux ; c'est le zénith, le point le plus haut où monte le Soleil dans sa course quotidienne : il indique les possibilités de réussite sociale et professionnelle du natif.

En opposition à la Maison IV — celle du père —, le Milieu-du-Ciel est aussi, accessoirement, la Maison de la mère du natif.

Les gens célèbres, ceux qui ont brillamment réussi dans leur entreprise, ont presque toujours un Milieu-du-Ciel soit habité par un amas de planètes soit occupé par une seule planète dignifiée et très aspectée ; ou encore, un signe, mis en valeur par le reste du thème, attire l'attention sur ce Milieu-du-Ciel.

Scorpion en Maison XI

Espace, liberté, égalité, fraternité... C'est le sens de la Maison XI, qui correspond analogiquement au signe du Verseau. Celui-ci est donc le signe de l'amitié, des mass média, des idées généreuses, plus ou moins révolutionnaires. Amitiés et désirs, projets et publicité, tout ce qui circule sur les ondes rentre dans cette Maison.

Le Scorpion apporte une coloration particulière à la Maison XI. Certains auteurs lui octroient peu de popularité mais cela dépend des planètes qui s'y trouvent hébergées, des aspects reçus, etc.

Scorpion en Maison XII

Le sujet est particulièrement vulnérable aux maladies du signe (voies génito-urinaires, maladies vénériennes), lesquelles entraînent ici, plus qu'en aucune autre Maison, des hospitalisations et des opérations (avec Mars mal aspecté). Risque de mort à l'hôpital, ou dans un endroit isolé et confiné. Les maladies chroniques sont, ici, particulièrement pesantes.

Pourtant, avec un bon thème et pas de mauvais aspect, cette position est très favorable à une brillante réussite professionnelle dans le domaine médical (chirurgie, biologie) ou paramédical (psychiatrie, psychologie).

Le Sagittaire dans les Maisons

Sagittaire en Maison I

C'est la force d'expansion, de démonstration solaire, de magnanimité, qui s'épanouit dans toute sa splendeur. L'individu est chaleureux, extériorisé, combatif et entreprenant. Il aime, sauf si des aspects contraires dans le thème viennent contrarier sa nature, entreprendre, se battre et gagner. Beaucoup de luminosité, de réussite et d'atouts « chance » dans cette combinaison.

Sagittaire en Maison II

C'est au domaine des biens et de l'argent que touche le Sagittaire : il facilite les gains, les spéculations financières, il donne des aptitudes extrêmement appréciables dans le domaine de la gestion de patrimoine ou d'entreprise. L'argent est aisé, aisément gagné ou bien il existait de toute éternité. Possibilité, également, d'héritages.

Sagittaire en Maison III

Il donne à la Maison de l'échange, de la communication, des petits voyages, des frères et sœurs, une richesse très particulière : le sujet est enclin à donner généreusement, tant du point de vue moral que du point de vue financier, à son entourage proche. Il cherche même souvent à devenir le Pygmalion des personnes qu'il aime, au risque de s'oublier lui-même. Configuration très bonne.

Sagittaire en Maison IV

Nous voici dans la Maison de la famille, du foyer, de l'ascendance et de la descendance du sujet. Peu d'affinités entre le signe et ce Secteur. Tiraillements entre le désir sagittarien de voyager de par le monde, d'occuper de son ambition de grands espaces, et la nécessité cancérienne (la Maison IV symbolise le Cancer) de s'enfermer, de se protéger dans un espace clos.

Sagittaire en Maison V

Donne trop d'attirance pour les distractions, les fêtes, les changements, les jeux, la chasse. C'est un organisateur-né de festivités, de grands jeux, de réceptions. Toutes les manifestations qui rassemblent les êtres humains pour les divertir ont la faveur de ce sujet. Chance et réussite en ce qui concerne les activités de ce Secteur.

Sagittaire en Maison VI

La Maison VI est celle des subordonnés, des petites tâches quotidiennes, des êtres et des choses qui dépendent du sujet dans ses activités journalières. Le Sagittaire ne s'y sent pas spécialement à son aise car c'est un signe d'espace, de grandeur, de mouvement, d'initiatives nouvelles, et le quotidien l'ennuie. Voilà une position qui lui donne de l'impatience dans la vie de tous les jours bien qu'elle rende ses relations très faciles et chaleureuses avec ses employés ou ses subordonnés, ainsi qu'avec ses animaux domestiques.

Sagittaire en Maison VII

Le Sagittaire, signe légaliste et respectueux des lois établies dans une Maison liée aux contrats, aux associations, aux alliances et au mariage, donne au sujet le goût d'officialiser toute association, de la rendre légale et de la faire reconnaître. L'expansion, la chaleur, la générosité du signe se trouvent en harmonie très heureuse avec les signifiants de la Maison : époux (ou épouse), associés, collaborateurs, etc.

Sagittaire en Maison VIII

Ce qui touche à la mort, aux héritages, est mal ressenti par un signe qui met au premier plan la vitalité, l'activité et l'efficacité en tous domaines. Pour le Sagittaire, la mort n'existe pas, et si le sujet s'y trouve confronté (mort des parents,du conjoint), il peut en être profondément perturbé.

Sagittaire en Maison IX

Ce Secteur est en accord parfait avec le signe. Les voyages, spirituels aussi bien que réels, marquent très fort cette combinaison. Largeur de vues, courage, sagesse, aspirations morales, religieuses ou philosophiques très élevées. Déploiement d'énergie et de volonté dans l'amélioration de la personnalité.

Sagittaire en Maison X

Brillante position. Recherche des honneurs, de la popularité, de distinctions dans tous les domaines. Le désir de réussite sociale est très fort et peut dominer l'ensemble du caractère. Cette configuration fait souvent des personnalités remarquables et remarquées.

Sagittaire en Maison XI

Ce Sagittaire dans la Maison de l'amitié, de la sagesse, du recueillement, du sens politique à long terme donne beaucoup de sérénité chaleureuse, de bienveillance calme au sujet. Les amitiés sont fortes et durables, protégées et protectrices.

Le temps joue un rôle important dans cet aspect, tant du point de vue social et professionnel que du point de vue privé.

Sagittaire en Maison XII

Rétraction du signe ouvert et expansif du Sagittaire dans une Maison d'isolement et de solitude. Peut faire faire beaucoup de voyages solitaires et provoquer de longues éclipses dans les amitiés. Comme c'est aussi la Maison de la transcendance, le signe permet de surmonter par son énergie la solitude, et de la transformer en atout.

Le Capricorne dans les Maisons

Capricorne en Maison I

Durcit la personnalité dans ses rapports avec les autres, donne une ambition forte, des possibilités de travail et de concentration exceptionnelles, de l'entêtement et une force de caractère qui confine à l'ascétisme.

Capricorne en Maison II

L'attitude du sujet envers les biens matériels, l'argent et son « territoire » est à la fois accapareuse et méfiante. Il ferme ses clôtures. Ce qui est à lui ne peut, en aucun cas, être prêté. C'est un épargnant-né. Souvent, des difficultés se présentent à lui dès qu'il cherche à faire fructifier ses acquis.

Capricorne en Maison III

Les contacts faciles et superficiels sont totalement rejetés. Grande exigence sur la qualité des relations. Rigueur morale, sévérité de jugement, réserve et laconisme dans tout ce qui concerne les rapports avec l'entourage proche, les frères, les sœurs, les cousins.

Capricorne en Maison IV

Les rapports du sujet avec sa famille sont froids, distants, réservés. Le détachement d'avec le foyer se fait très jeune, parfois dans l'enfance. Le caractère économe, austère et répressif du Capricorne donne à sa Maison les mêmes caractéristiques : un peu monacales.

Capricorne en Maison V

Les plaisirs sont dirigés vers une recherche méticuleuse dans un domaine choisi : la concentration de l'énergie vers un but austère pousse le sujet à l'érudition, aux durs travaux intellectuels réalisés dans les temps de loisir ; peu de complaisance à l'égard des « distractions » : le sujet fait du labeur son vrai plaisir.

Capricorne en Maison VI

Rapports durs et utilitaristes avec les subordonnés, les collaborateurs, les employés. Pas la moindre tendresse pour les animaux, les plantes, tout ce qui dépend du sujet. Comportement très égal, discipliné, dans le travail quotidien. La répression saturnienne apparaît dès que s'immisce à l'intérieur de tâches régulières la moindre fantaisie.

Capricorne en Maison VII

Les associations, les contrats, le mariage sont suspects : traités avec froideur, rationalisme, distance, calcul. De ce fait, grande est la difficulté du natif à s'engager. S'il s'y décide, c'est tard dans la vie. A ce moment-là il reste fidèle à la parole donnée (et dûment signée) quoi qu'il lui en coûte.

Capricorne en Maison VIII

La mort et la sexualité qui s'y rattachent sont traitées sur un mode cynique et glacé, dans une observation méticuleuse, précise, des phénomènes physiques, chimiques et biologiques. Froideur, dureté, hygiène dans tout ce qui se rapporte à ces sujets.

Capricorne en Maison IX

Les voyages ont toujours un but pratique et servent généralement l'ambition sociale et professionnelle du sujet. Lorsqu'ils revêtent un caractère gratuit, par exemple lors des vacances, ils sont malgré tout accomplis sous le signe du *devoir :* il *faut* voir tel musée ou tel vestige, il *faut* entrer dans tel restaurant, etc.

Capricorne en Maison X

Très bonne combinaison : ambition tenace et réussite obtenue par persévérance, concentration, travail personnel de longue haleine. Le Capricorne donne une très belle carrière dans ce Secteur, quoique tardive. Mais elle n'en a que plus de poids, de valeur et de pérennité.

Capricorne en Maison XI

La Maison de l'amitié est certes très gelée par le Capricorne qui n'a rien d'expansif ni de démonstratif dans ses attachements. Sait-on même s'ils existent ? En réalité, l'amitié est rare dans ce signe (rarement donnée, rarement reçue), mais, lorsqu'elle a pris racine dans l'individu, elle a les qualités capricorniennes de stabilité profonde, de présence durable, même si elle semble froide et plus que discrète. C'est quelqu'un sur qui l'on peut toujours compter.

Capricorne en Maison XII

Dans la Maison des épreuves et des grands obstacles, le Capricorne se trouve en pays connu : il les a, de toute éternité, prévus et « assumés ». Son détachement naturel, le frein systématique qu'il a mis à ses impulsions, lui donnent, face à l'adversité de l'existence, beaucoup de philosophie, de sang-froid et de maîtrise.

Le Verseau dans les Maisons

Verseau en Maison I

Dynamisme créateur, magnétisme, volonté d'innover, d'inventer, de précéder en toute chose. Intelligence exceptionnelle dans toutes les relations personnelles du sujet. Créations et destructions aussi rapides les unes que les autres. Immense faculté de recommencement.

Verseau en Maison II

Rapports très difficiles avec l'argent : ou bien on le dilapide ou l'on s'en passe complètement. Les biens matériels sont méprisés, parfois totalement rejetés. Ce n'est pas une très bonne position pour garder l'argent, le faire fructifier ou réussir des déplacements. Les spéculations financières sont soumises à des rudes « revers de fortune », à des hasards, chanceux ou pas, suivant la capacité du sujet à dominer les événements.

Verseau en Maison III

Changements touchant la famille proche, les sœurs et les frères ; rapports houleux, pleins de rebondissements heureux ou moins heureux, petits voyages imprévus ; changements intervenant aussi par l'écriture, la communication (orale ou écrite) et la littérature, d'une manière générale.

Verseau en Maison IV

Le père du sujet a pu marquer profondément par son intelligence et ses remises en question permanentes, son caractère profond. Sa vie familiale est soumise au climat Verseau, renouvelée, changeante, novatrice et parfois aussi destructrice. Bouleversements liés à la famille et à ses significateurs, par analogie : la mère patrie, les confréries, les groupes politiques ou sociaux.

Verseau en Maison V

Très bons rapports du signe avec le Secteur. La Maison de la création, des enfants, des distractions, des jeux, des inventions, est en affinité idéale avec le Verseau qui élargit les visées des domaines que concerne la Maison V, les rend dynamiques et agissants. Les plaisirs sont liés à la complicité et à l'amitié.

Verseau en Maison VI

Le Verseau est ici astreint à de petites tâches sans envergure et sans invention, ce qui le met très mal à l'aise. Il se crée quantité d'obligations inutiles pour ne pas avoir à faire face à celles qui existent. Il bâcle tout ce qui est quotidien et banal, l'expédie en un rien de temps, aux dépens, parfois, de la bonne administration de ses affaires.

Verseau en Maison VII

La fantaisie, l'originalité, l'invention règnent ici, dans le domaine de l'association, des contrats et des mariages. Donne, dans ce Secteur, un grand sens de la « rénovation », pas seulement par changement de partenaires ou d'associés, mais aussi dans une même relation : le sujet sait apporter du nouveau, créer une communication dynamique, un langage neuf, de nouveaux désirs et amener de nouvelles réalisations.

Verseau en Maison VIII

Ce qui a trait à la mort, à l'arrêt de toute chose est parfaitement dépassé par ce signe. Le Verseau voit des siècles à l'avance et ne se préoccupe guère de la fin humaine et corporelle. Celle-ci ne le touche pas profondément. Il peut donc avoir, à son endroit, une attitude détachée, voire indifférente, mais c'est qu'il se préoccupe davantage de la mort de l'âme, de l'esprit, et de l'humanité en général que de celle d'un individu, même très aimé.

Verseau en Maison IX

Le besoin de renouvellement, de progression et d'invention se manifeste dans les voyages : spirituels ou géographiques. Le sujet s'enrichit par l'exploration, la découverte de nouveaux espaces, la quête de nouveaux objectifs. Il aime les destinations lointaines et difficiles qui lui permettent d'exercer son insatiable curiosité. Grande affinité entre le signe et le Secteur.

Verseau en Maison X

La recherche de l'invention et du nouveau prend une motivation sociale et professionnelle. C'est de créer pour *faire carrière* que le sujet a besoin. Le goût du Verseau pour l'humanité le prédispose à agir dans ses activités professionnelles comme un mage, un messager, une sorte de prophète à vaste ambition, mais sans que l'intérêt financier ou matériel y soit mêlé. Souvent, cette position donne de la renommée sans aucun bien matériel.

Verseau en Maison XI

L'accord est parfait entre le signe et la Maison qu'il occupe. Sagesse, sérénité, créativité paisible, stabilité dans l'innovation et le renouvellement psychique. Les qualités s'appliquent tout particulièrement aux amitiés : le sujet a d'ailleurs tendance à transformer tout sentiment en amitié, par horreur des excès passionnels. Grandes satisfactions dans les affections durables et fidèles.

Verseau en Maison XII

Le Verseau adaptable prend les épreuves, les revers et les secousses graves de la Maison XII dans le bon sens : sans affolement, sans passion, sans paroxysmes. Sagesse, distance, souplesse psychique amènent le sujet à se conformer aux événements plutôt qu'à tenter de les orienter. Cette attitude le rend finalement peu vulnérable aux grandes difficultés qui se présentent.

Chapitre VI

D'autres influences à découvrir

Saturnien des Poissons, Ascendant Vierge, Nicolas Copernic s'acharna à défendre sa théorie malgré l'opposition farouche des théologiens.

Les Images Degrés

Le Zodiaque est un cercle de 360 degrés partagé en douze signes de 30 degrés chacun. Dans la Tradition à laquelle nous nous référons, chacun des degrés correspond à une image. Il y a donc trente images par signe. C'est ce qu'on appelle les images degrés.

Quelles sont les sources de cette Tradition ? Le mystère qui entoure l'origine de ces images est grand. Tel le Tarot qui, lui aussi, resurgi au Moyen Age, a des origines hermétiques, ces images degrés remontent à la nuit des temps. On suppose que ces extraordinaires symboles, qui faisaient partie du bagage initiatique des mages égyptiens, furent transmis de génération en génération, par voie orale, jusqu'à ce que certains sages les reproduisent. Il en existe malheureusement plusieurs listes. A quelle liste peut-on se fier ?

Faut-il, contre vents et marées, ne s'en tenir qu'à une seule liste et bannir tout le reste ? Faut-il tout prendre et accumuler un certain nombre de verdicts qui, vaille que vaille, permettront de fournir certaines correspondances ? Faut-il butiner çà et là, pour chaque thème, en se disant qu'après tout il y a peut-être dans tout ça quelque chose de vrai ? Selon A. Volguine, « les significations des degrés doivent être classées en trois groupes » : premièrement, *la liste traditionnelle, celle de la Volasfera.* Sa traduction en a été faite par Maurice Privat. Publiée aux *Cahiers astrologiques,* il en existe une version abrégée dans le *Manuel complet d'Astrologie scientifique et traditionnelle* de Hadès.

Deuxièmement, *le Calendrier thébaïque* comporte un certain nombre de versions, issues de cette même tradition. La liste de *l'Homme rouge des Tuileries* est très proche de celle donnée par P. Christian dans *Histoire de la magie* et peu différente de celle d'Eben Ezra. La liste de Costesèque relève de cette même filiation.

Troisièmement, un texte a été donné par Ely Star, dans son *Cours d'astrologie onomantique :* « les Mystères de l'horoscope ». Cette liste semble coïncider sensiblement avec celle de Scaliger commentant Firmicus Maternus.

Ce sont là des sources diversement retranscrites mais d'une indiscutable antiquité et qui ont l'avantage d'avoir été, du moins, longuement éprouvées. Il existe d'autres listes qui sont loin de faire l'unanimité. Peut-être, comme le font remarquer certains astrologues, semblent-elles avoir un peu trop « bon dos ». Disons qu'elles sont d'un abord beaucoup moins évident ; à ce type de liste se rattachent également celles auxquelles les traditionalistes reprochent leur origine médiumnique. Il s'agit là de listes beaucoup plus fantaisistes, mais qui n'en ont pas moins un certain intérêt. Telle celle de Charubel, popularisée par Janduz et qui résulte probablement d'une synthèse personnelle. C'est également le cas de celle d'Alan Léo. La liste de Marc Edmund Jones relèverait de la « pure clairvoyance ». Comme l'a noté l'astrologue Trogler : « A cette critique générale, on pourrait objecter que les listes traditionnelles, pour éprouvées qu'elles puissent être, n'en ont peut-être pas moins une origine fort semblable, par la façon dont elles furent réalisées. »

Liste de « la Volasfera »

0 à 1 degré : « Un homme et une femme debout, face à face, les mains jointes. » Degré d'union. A noter que dans la liste de Janduz, nous avons : « Un homme et une femme debout l'un contre l'autre et qui n'ont qu'une seule tête ». Il s'agit là d'un degré qui signifie entente conjugale ; c'est un *degré d'harmonie.*

1 à 2 degrés : « Un coffre flottant sur la mer. » Dans le texte de Janduz, nous avons : « Une étendue de mer calme sur laquelle flotte un beau coffre que le flux rapproche du rivage. Quelques pêcheurs s'activent à amasser du goémon, tandis que l'un d'eux assis sur le sable regarde le coffre, en faisant glisser le sable entre ses doigts inoccupés. » Il s'agit d'un *degré d'inspiration.* Un homme s'enrichit en exploitant une chose simple. Cet aspect peut évoquer aussi la pêche, la mer, le sable, les naufrages. On peut y voir également une allusion à l'argent, aux héritages. A noter que le roi Farouk avait ce degré dans son thème.

2 à 3 degrés : « La tête d'un sanglier sur un plat. » C'est ce qu'on appelle *le degré du joyeux convive.* Ce degré indique des dispositions sociables, généreuses et hospitalières. Il est l'indice d'une certaine générosité.

3 à 4 degrés : « Deux piliers de pierre avec un linteau également en pierre, une grille en fer s'y trouve enscellée. » Dans les degrés de Janduz, nous avons ici l'évocation d'un « petit sanctuaire » : c'est un aspect qui traduit en général la *réflexion, la méditation et la vie intérieure.* S'agit-il, comme le dit Hadès, d'un degré d'égoïsme et d'un degré de défense ? Chopin, Jean-Sébastien Bach, Thérèse Newman, et sainte Thérèse de Lisieux n'avaient-ils pas ce degré marquant dans leur thème ? Il est certain que l'interprétation donnée par Janduz paraît plus intéressante.

4 à 5 degrés : « Trois hommes, bras dessus, bras dessous. » Janduz donne : « Un homme aimable s'avance, encadré par deux jeunes filles, dont l'une est couronnée de fleurs et chante, tandis que l'autre est simple et modeste. » Il précise d'ailleurs : « Il tient la première par la taille et offre également le bras à la seconde, en approchant d'une table chargée de rafraîchissements, devant laquelle des amis l'attendent. » C'est dans les deux cas un *degré d'accord.* Ce degré indique que les rapports sociaux sont importants. Il donne aussi un amour du plaisir. Nous avons là en général un degré de séduction et de rapports avec le public. Juliette Gréco, Yves Montand, la reine Juliana, la Bégum, Georges Brassens, autant de célébrités qui doivent incontestablement leur succès à leur sociabilité.

5 à 6 degrés : « Une épave flottant sur une mer paisible. » Nous avons dans la description de cette image par Janduz : « Une tour en ruine, envahie par le lierre et les plantes grimpantes, domine une mer calme sur laquelle flotte une épave. Au bas de la tour, un homme essaie courageusement de remonter les pierres pour la reconstruire. » C'est un *degré de sauvetage.* S'agit-il d'une ruine, d'un naufrage, ou d'un effondrement de situation ? Toujours est-il que cet aspect implique un certain courage, une certaine persévérance. La protection peut être providentielle. Selon Hitchler, c'est là le degré de l'abbé Pierre, de Robespierre, de De Gaulle.

6 à 7 degrés : « Une niche où se trouvent placés une lampe et un livre ou un missel. » C'est un *degré d'éclat.* Ce degré signifie religion, philosophie, il donne en général une activité en rapport avec des préoccupations d'ordre religieux ou philosophique. Cet aspect est celui de Rudolf Steiner, de Nietzsche, de Pie XII...

7 à 8 degrés : « Un homme, les bras élevés, que l'eau submerge et sur qui tombe une grosse pluie. » *Degré d'incompétence.* Ce degré indique revers de fortune, inspiration, mais peu de sens pratique...

8 à 9 degrés : « Un vieillard portant un ballot sur le dos, un bâton à la main , et descendant une colline. » Cet aspect ressemble trait pour trait à celui que donne Janduz de ce degré monomère. Selon lui, on a : « Un vieillard à besace, pauvrement mais proprement mis, descend la colline.» La description continue, elle n'apporte rien de plus, mais nous avons ici presque trait pour trait le Mat (le Fol du Tarot). C'est un degré qui traduit un *esprit aventureux,* un destin lointain, mais une tranquille résignation si le succès ne vient pas.

9 à 10 degrés : « Des appareils de chimie, cornues, pilons et mortiers, sur une table. » C'est un degré qui révèle en général des *aptitudes scientifiques :* un destin tourné vers l'industrie, ou la science.

10 à 11 degrés : « Un cheval sauvage sautant par-dessus une barrière. *Degré de liberté.* Ce degré traduit un caractère libre et énergique, ne supportant aucune contrainte.

11 à 12 degrés : « Un cône tronqué. » L'image donnée par Janduz est beaucoup plus explicite : « A gauche, un cône droit ; à droite, un cône tronqué ; entre les deux est debout un jeune homme richement habillé qui joue négligemment avec sa montre, tout en regardant le cône droit. » Situation qui peut être élevée ; en général, mathématiques, géométrie, horlogerie, etc.
12 à 13 degrés : « Un cercle dans un cercle. » *Degré de protection.* On retrouve là la description exacte d'un degré de Janduz : « Un homme et une femme chevauchant à pas lents, leurs chevaux bien de front ; derrière eux, deux cercles concentriques l'un dans l'autre. » Malheureusement, ces degrés ne sont pas exactement les mêmes. S'agit-il d'une limitation ou d'une perfection ? C'est en tout cas le bonheur assuré dans le mariage.
13 à 14 degrés : « Un homme nu jusqu'à la ceinture et coupant du bois. » C'est un *degré de travail.* Nous avons, chez Janduz : « Un homme fend vigoureusement du bois dans une clairière ; des stères sont alignés et une ronde d'enfants semble encourager le travailleur dans sa tâche. » C'est un aspect qui signifie que l'on a généralement une certaine modestie dans l'existence, et des moyens modestes aussi, une vie laborieuse mais « simple et naturelle. »
14 à 15 degrés : « Une flèche volant à travers un nuage de fumée. » Janduz donne : « Une flèche traverse un nuage de fumée derrière lequel on aperçoit des cimes neigeuses et, en bas, le long d'un taillis, un homme marche, fortement courbé, un couteau ouvert dans la main. » Nous savons que cet aspect se recoupe avec ceux qui sont donnés par Joëlle de Gravelaine. Pour l'instant, contentons-nous de dire qu'il y a là un *degré de mouvement,* une forme d'énergie, un esprit incisif, ambitieux, qui connaît sa voie, et qui est porté, telle la flèche du Sagittaire, vers les grands voyages. Bien entendu, si le Sagittaire est important dans le thème, ce degré prend une valeur plus grande.
15 à 16 degrés : « Un tigre gardant sa portée. » C'est un *degré de vigilance.* Il indique la prudence, il marque en général qu'on a des charges de famille et qu'on cherche à assurer la sécurité des siens. Dans les degrés de Janduz, nous avons : « Dans la jungle, à l'abri d'une roche, un tigre allongé, mais attentif, monte la garde devant ses trois petits jouant ou dormant. » Nous avons là un degré remarquable dans le thème de Clemenceau, surnommé « le Tigre »... C'est un degré qui indique des attachements et un dévouement importants. On le note notamment dans les thèmes de gardiens, de policiers, de surveillants.
16 à 17 degrés : « Un homme tombant entre les bois séparés d'un tronc rompu. » C'est un *degré d'écroulement.* Dans les degrés de Janduz, nous avons : « Un homme tombe à l'eau, les bras levés, appelant au secours, épouvanté par l'effondrement du pont, tandis qu'en bas un homme court se jeter volontairement dans la rivière. » Cet aspect indique un effondrement, une noyade, un moment de panique. Il peut représenter la faillite d'une entreprise, une tentative de suicide. Ce degré était important dans le thème de Goering, qui s'est suicidé ; dans celui de Schumann, qui s'est suicidé en se jetant du haut d'un pont...
17 à 18 degrés : « Un cheval et son cavalier tombant en franchissant une haie. » C'est un *degré de chute,* de collision, d'accident. Dans les degrés de Janduz, nous avons une image presque semblable : « Un cheval portant son cavalier sans selle tombe en sautant une barrière, semant le désordre parmi les autres chevaux dans le pré, dont deux se jettent l'un sur l'autre pour se mordre. »
18 à 19 degrés : « Deux épées croisées. » *Degré de blessure.* Cet aspect indique une nature encline au combat, un esprit partial.
19 à 20 degrés : « Un rouleau en spirale. » C'est un *degré de divagation.* Il traduit un caractère indécis, volage et changeant. Il donne flottement, instabilité de caractère, inconséquence, caractère rêveur, nébuleux, influençable. Il fait les poètes, les psychologues ou les psychiatres, nous dit Hitschler, les buveurs, les gens mous qui manquent de volonté.
20 à 21 degrés : « Le croissant de la Lune émergeant d'un nuage et frappé par un éclair. » C'est un *degré d'éclatement.* On a là en général, selon Hadès : « conception mentale supérieure, inspiration et idées pénétrantes. »
21 à 22 degrés : « Une femme au visage sombre, debout au-dessus d'un homme prostré. » C'est un *degré de prostration.* Caractère subissant à son détriment l'influence pernicieuse de l'autre sexe. Faiblesse ou déshonneur. Janduz nous donne : « Une belle courtisane se penche sur un jeune homme inanimé ou endormi sur un divan dans un décor équivoque. »
22 à 23 degrés : « Un homme casqué tirant un grand arc à la flèche bien fixée. » C'est un *degré de spéculation.* Il indique un caractère fort, aux buts déterminés. Il donne puissance d'action...

23 à 24 degrés : « Une femme insuffisamment vêtue penchée sur un divan. » C'est un *degré de sensualité.* Il indique luxe et mollesse qui peuvent pervertir le caractère ; surtout dans un thème féminin. Nous avons là le degré de la célèbre Eva Perón...
24 à 25 degrés : « Une couronne et un glaive. » Janduz donne : « Une épée debout à laquelle est suspendue une couronne princière ; et un peu plus loin, un homme ordinaire lance des pierres. » C'est là un degré qui indique un meneur, un militaire, un sportif. C'est un *degré de force.* Par la conviction, on atteint de hauts sommets. Raspoutine était marqué par ce degré.Nous avons également trouvé ce degré dans le thème du général Kœnig.
25 à 26 degrés : « Homme en armure et bouclier. » Nous avons dans Janduz : « Un homme, armé d'une lance, se protège avec un bouclier, en voyant un mercenaire qui se penche vers une sentinelle endormie, dans l'intention de lui plonger son sabre court dans le corps. » Ce degré indique généralement une défense armée, un service de protection, tel que police, gardien, une garde, souvent un militaire. Nous avons le cas du général Dufour, celui de Pétain... Il traduit dans un thème, selon Hadès : esprit circonspect, pouvant vaincre les rivalités. *Fidélité et loyauté.*
26 à 27 degrés : « Un tremblement de terre. » Selon Janduz : « Un homme nu frappe pendant la nuit à la porte d'une maison discrète, au moment même où un tremblement de terre disloque la maison, entrouvre la terre, déracine les arbres... » C'est un *degré de renversement.* Il donne les catastrophes naturelles telles que séisme, tempête, éruption volcanique, éboulement, auxquelles le sujet pourra être mêlé. Il donne des actes étranges, destructifs. Il peut provoquer des scandales. C'est incontestablement un aspect violent. Il indique, selon Hadès : calamités soudaines et imprévues. Mais on peut sentir en soi de grandes forces...
27 à 28 degrés : « Un serpent debout dans un cercle de feu. » Il indique une rare intelligence, donc privilégiée. C'est un *degré de savoir.* Nous avons là un degré important dans le thème du recordman de plongée sous-marine Piccard. Nous avons ce degré important également dans le thème de Clemenceau et de Charles Maurras. Selon Hitschler, ce degré fait en général que l'on est mêlé à des troubles graves.
28 à 29 degrés : « Un homme sur un radeau qui flotte au milieu de la mer. » C'est un *degré d'isolement.* Il se traduit par un manque d'initiative, un tempérament vagabond et incertain.
29 à 30 degrés : « Une colonne et un chapiteau. » *Degré d'égoïsme.* Il donne manque de souplesse et de bonté, selon Hadès. Ce degré n'a rien à voir avec celui de Janduz. Dans ce degré, Janduz indique : « Dans une vaste antichambre dont une grande glace garnit jusqu'à terre un des panneaux, une jeune femme sanglée, bottée, l'allure cavalière, s'admire des pieds à la tête. » Ce degré donné par Janduz se rapproche de celui que donne notamment Joëlle de Gravelaine dans son ouvrage : *Une femme qui se regarde au miroir.*

Quant aux deux autres listes de degrés, celle de Firmicus Maternus et celle de l'Homme rouge des Tuileries, nous ne pouvons les reproduire ici. Les commentaires qui sont faits sur chaque image soulignent généralement la nécessité d'adapter l'image, la formule et de l'interpréter. Il s'agit en quelque sorte de paraboles. Il est certain que ce procédé présente un avantage : celui d'être extrêmement rapide et très simple. Par ailleurs, la représentation en images permet à la Tradition de se transmettre facilement ; elle évite que cette Tradition ne se détériore de façon excessive.

Crime et expiation *selon Grandville. Rêve baroque, fantastique, délire de l'imagination, expriment les angoisses profondes du dessinateur.*

Combattu par l'Inquisition, Galilée, grâce à l'influence de Neptune et Mars au carré du Soleil, défendra jusqu'à sa mort ses découvertes.

Les Etoiles Fixes

Les étoiles ont depuis la nuit des temps fait rêver l'homme. Elles l'ont confronté à l'infini... Pour les Anciens, il ne faisait aucun doute que « ce qui est en haut est comme ce qui est en bas ». Ce fameux précepte hermétique de la Table d'Emeraude était à la base de toutes leurs connaissances. Ils en tiraient des conséquences dans tous les domaines : il n'était pas question pour eux de se limiter, par conséquent, au système solaire, aux planètes. Cette théorie était évidemment applicable, du même coup, aux étoiles.

Ces étoiles fixes que la Bible appelle l'« Armée céleste » et que les Hébreux nommaient *Kakabim* (les Ardentes) sont des corps lumineux doués d'une perpétuelle activité. Mais l'adjectif « fixe » permet de les distinguer des planètes auxquelles les astrologues donnèrent le nom d'étoiles errantes. Ces corps célestes étincelants sont répandus dans le ciel. Pour les localiser, la voûte céleste a été partagée en régions comprenant des groupes d'étoiles qui constituent les constellations. Les plus belles étoiles de ces constellations sont dénommées par une lettre, un nombre ou par le nom de la constellation où elles se trouvent. Il existe des étoiles blanches, des étoiles jaunes, violettes, rouges, etc.

Dans le signe des Poissons, sept étoiles fixes ont été répertoriées. Le premier décan comporte quatre étoiles fixes particulièrement importantes. Le deuxième décan n'en comporte qu'une, le troisième deux. La Tradition leur accorde une réelle importance, mais il semble qu'elles agissent plus fortement quand le destin est exceptionnel.

« Ces Etoiles, écrit Ptolémée dans *le Centiloque,* produisent des fortunes surprenantes et prodigieuses qui, souvent, sombrent dans le malheur ou dans la catastrophe ; à moins que les planètes ne promettent par elles-mêmes, dans la nativité, le succès ou la fortune. » Elles signalent souvent le thème des « grands hommes » à leur naissance, quand elles sont sur un point clé du thème et si la conjonction est très précise. Si tout le thème va dans ce sens, la présence d'une étoile fixe dans un ciel de naissance, sur un point essentiel du thème, pourra donner un véritable « coup de pouce » : elle appuiera un pronostic ; elle renforcera une interprétation, la rendra plus précise.

Il y a d'ailleurs dans les traités d'astrologie nombre d'aphorismes et de règles plus ou moins obscures les concernant. Elles n'ont pas très bonne réputation, et pour cause ! Elles annoncent plus souvent des catastrophes qu'elles ne prédisent la richesse ou ne promettent les honneurs. Souvent, le sens est double, voire contradictoire.

De toute façon, ne généralisons pas hâtivement. La nature de l'étoile a été définie en correspondance avec une planète, parfois deux ou trois. Il faut également tenir compte de données astronomiques précises (arcs diurnes et nocturnes, notamment), et du lever et du coucher des étoiles pour déceler les zones zodiacales où elles jouent effectivement. Sinon, on pourrait leur prêter, à tort, une influence bénéfique ou maléfique inexacte.

Les sept étoiles fixes des Poissons

Dans le premier décan, deux des quatre étoiles fixes sont pratiquement à la même longitude mais complètement différentes :

Sadalmelik ou *Alpha Aquarii* (2°25' de longitude) : C'est la plus brillante des deux étoiles de Sad Al-Melik, la fortune du roi. C'est une étoile jaune. Elle signifie selon Julevno : obstacles, épreuves, déceptions. Selon Ptomélée, elle est de la nature de Saturne et de Mercure. Elle ne nuit donc pas aux études mais elle apporte des difficultés.

Fomalhaut ou *Alpha Piscis Australis* (2°51' de longitude) : C'est l'étoile de la bouche au commencement de l'eau de Fom-Al-Hut, la bouche du poisson. Elle donne fortune, haute renommée, chance. C'est une étoile puissante, surtout lorsqu'elle est au Milieu-du-Ciel : elle donne alors de grandes dignités. A l'Ascendant, elle rend célèbre mais n'a pas nécessairement un effet matériel : elle peut s'exprimer sur le plan spirituel. Sa nature est de l'ordre d'un Saturne bien aspecté et de Mercure, nous dit Ptolémée, mais également avec une note Vénus-Mercure.

Deneb Adige ou *Alpha Cygni* (4°24' de longitude) : La brillante de la queue de Dheneb-Al-Dajajeh, la queue de la poule, ou Al-Ridph ou Arided, (« qui sent le lis, la Rose, la Croix). Elle est de la nature de Vénus et de Mercure selon Ptolémée. Elle donne une nature ingénieuse, une intelligence subtile, prompte à apprendre. Elle rend l'homme apte à la connaissance des arts libéraux comme à l'étude. Comme Fomalhaut, elle appartient à la catégorie des étoiles blanches ou bleuâtres qui sont parmi les plus nombreuses.

Skat ou *Aquarii* (7°54' de longitude) : La plus méridionale des deux dans la jambre droite de Al-Shit-at. Elle donne, selon la Tradition, bonne fortune et bonheur durable. Ptolémée donne une note Mercure-Saturne à cette étoile. Fludd lui attribue Vénus-Saturne.

Dans le deuxième décan :

Acharnar ou *Eridani* (14°18' de longitude) : La brillante dernière du fleuve de Al-Ahir-Al-Nahr, la fin du fleuve. C'est la plus controversée des étoiles des Poissons. Selon Robson, elle donne succès dans un emploi public, bienfaisance et religion. Ptolémée attribue une note jupitérienne à cette étoile.

Dans le troisième décan :

Markab ou *Pegasi* (22°31' de longitude) : Celle qui est sous le col près de l'épaule et de l'aile de Yed Alpheras, Markabon, Markab, l'épaule de Pégase. Markab peut donner honneur, richesse et fortune selon Robson. Mais elle donne menace de coups, chocs, couteaux, feu ou mort violente également. Il y a avec cette étoile danger de blessures par coups, armes à feu ou électricité, nous dit Julevno. C'est donc une influence plus mitigée. C'est une étoile blanche.

Scheat ou *Pegasi* (28°24' de longitude) : Celle qui est sous l'épaule droite et à la naissance du pied de Seat-Al-pheras, ou Saidol Pharasé. Elle cause infortune extrême. Il peut y avoir danger de mort violente soit par eau, soit par suffocation, nous dit Julevno. Il peut y avoir suicide, voire meurtre, nous dit la Tradition.

La connaissance des étoiles permettra-t-elle de donner au thème une autre dimension ? Ces influx stellaires permettront-ils d'expliquer, comme le pensait le colonel Caslant, l'éclat exceptionnel de certaines nativités ? L'interprétation des thèmes sera certainement beaucoup plus complète et claire quand la connaissance des étoiles fixes sera plus poussée. En ce domaine, la voie est ouverte aux chercheurs. Nous sommes là en présence d'un langage symbolique prometteur. Mais il ne s'agit pas de « recettes de cuisines ». C'est un leg que la Tradition nous a laissé ; ne dédaignons pas cet héritage, reconnaissons sa valeur. Il ne s'agit pas de le suivre aveuglément, mais de l'utiliser à bon escient...

Le Verrier, natif des Poissons, calcula en 1847 la position d'une planète alors inconnue : il s'agissait de Neptune, qui fut attribuée symboliquement au signe.

Le soleil couchant sur la mer laisse la place aux forces nocturnes de la Lune, à sa magie, mais aussi au pouvoir de son opposé : la Lune Noire.

La Lune Noire

La Lune Noire n'est pas une planète. C'est un champ de forces, un point fictif ; on ne doit pas le confondre avec l'axe du Dragon, aussi appelé axe des Nœuds de la Lune, axe du libre choix auquel nous nous trouvons confrontés dans notre vie : c'est le point de rencontre de la trajectoire du Soleil et de celle de la Lune, porte qu'il nous faudra pousser, seuil qu'il nous faudra franchir. N'oublions pas que le Dragon chinois garde le seuil du temple.

La Lune Noire, elle, est tout autre chose. C'est un point qui correspond au second foyer de l'orbite lunaire, la Terre étant l'autre foyer. C'est une sorte d'« anti-astre ». C'est un point, mais un point magnétique.

L'anti-Lune

« La Lune représente la source précise, la régulation des mécanismes de la vie, de la physiologie, des fonctions organiques, aussi bien que, psychologiquement, de l'inspiration. Elle se voit opposée à la Lune Noire — ou Lilith —, source de dérèglements physiologiques, source de dégradations sensuelles, œil de la nuit de Seth » (Millat). La Lune Noire est aussi nécessaire au système orbital que l'est, par exemple, le pôle sud d'un barreau aimanté à l'existence du pôle nord : « comme les deux pôles de l'aimant, les deux foyers de l'orbite cœxistent nécessairement », a dit Don Néroman.

Face cachée de la Lune, aspect ambivalent, elle représente cette déesse du destin, cette Parque dont nous parle Jung dans *Racines de la Conscience* : c'est « l'aspect néfaste » de la Lune, « la sorcière et le Dragon, tout animal qui engloutit et enlace, comme le grand poisson et le grand serpent ; la tombe, le sarcophage, la profondeur des eaux, la mort, le cauchemar et l'épouvante des enfants ». Elle s'oppose à la Lune ; face noire de la Lune, elle est l'autre face de notre vie intérieure — celle qu'on ne s'avoue pas toujours —, la face obscure.

Toutes les traditions évoquent les déesses vierges, initiatrices, symbolisant non plus le reflet féminin du dieu masculin, l'épouse soumise, mais au contraire femmes redoutables, indomptables, indomptées.

On peut évoquer ici la Licorne, altière et fière, qui échappe au chasseur la poursuivant en vain. Il n'y a rien en elle de la vierge candide et pure. Elle n'est pas Seléné, reflet de la lumière créatrice que Marcelle Sénard apparente à la Lune croissante, mais la Lune « sous son aspect obscur », vénérée en Grèce sous le nom d'Hécate, qui régnait sur l'Hadès avec ses fantômes et ses démons qu'elle déchaînait sur terre. On l'associait à la magie et à l'amour sexuel ; son culte était célébré « du quinzième au dernier jour du mois, période décroissante de la Lune allant vers sa phase obscure » (Marcelle Sénard).

Le graphisme de la Lune Noire n'est-il pas, d'ailleurs, un poignard ? Celui-là même d'Hécate. Il rappelle que l'on devait sacrifier cent bœufs à cette terrible déesse. Mais s'il évoque les rites des sacrifices antiques, il est aussi le couperet meurtrier. Dans la tradition hébraïque apparaît nettement le visage de cette créature redoutable à laquelle a été donné le nom de Lilith. « Entité féminine » — car bien entendu il ne s'agit pas d'une femme de chair ! —, son immatérialité lui donne une grande puissance ésotérique. Selon la légende rabbinique, cette « femme », créée en même temps qu'Adam, réclama l'égalité, qui lui fut refusée. Elle s'enfuit alors et commença sa « carrière démoniaque ».

Aux Poissons, la Lune Noire prend l'apparence de la sirène ; elle a le visage de Lorelei. Elle est l'anima inaccessible qui hante le cœur de l'homme. Appel magique, rêves de l'inconscient, elle n'en est pas moins inquiétante.

La Lune Noire dans les Maisons

Lune Noire en Maison I

Destin mystérieux, sujet à des revirements. Personnalité inquiétante. Elle marque la personnalité et donne une certaine dureté. On refuse les concessions. On agit de façon marginale. L'homosexualité peut être latente ou vécue, si le thème va dans ce sens. Chez une femme, c'est un indice de solitude. Mais la réussite est certaine, au prix de renoncements. La féminité est le plus souvent mal vécue. Le Moi est touché. On s'intègre à la vie de façon peu conventionnelle.

Lune Noire en Maison II

L'argent est valorisé, survalorisé. Parfois même c'est là un indice de vénalité. La réussite matérielle est certaine si le thème est bien aspecté, mais toujours étrange. Prostitution parfois (si le thème va dans ce sens : tel celui de Casque d'Or).

Lune Noire en Maison III

Les sentiments sont troubles, notamment pour les frères et les sœurs (voire inceste). Les relations avec l'entourage sont difficiles : on castre les autres inconsciemment. On se refuse à des contacts. On refuse aussi parfois les études. On se castre mentalement.

Lune Noire en Maison IV

Elle marque la fin de la vie de même que les origines (nos racines). On fuit parfois le pays natal. C'est un aspect qui « insécurise » chez soi. On n'est pas bien dans sa maison. On se fuit peut-être soi-même ?

Lune Noire en Maison V

Cet aspect dans un thème féminin est celui d'une stérilité par refus inconscient d'être mère ou par ablation d'un organe par opération. Il indique également des avortements, des fausses-couches. Personnellement, nous avons trouvé cet aspect (fréquemment) dans le thème de sages-femmes et de femmes gynécologues. Enfin cet aspect maléficie les jeux et les spéculations qui seront troubles (prostitution notamment, ou femmes entretenues si le Secteur II ou l'axe II-VIII sont marquants et si le thème va dans ce sens).

Lune Noire en Maison VI

Elle marque la santé. Elle peut créer une névrose d'échec, être à l'origine d'un sentiment de culpabilité. On se brime soi-même, on se limite : cette Maison est celle des contraintes, où l'on s'enferme, où l'on s'emprisonne soi-même. Problèmes psychosomatiques avec cet aspect : asthme, allergies notamment. Vocation médicale ou para-médicale (E. Cayce, Poissons, Lune Noire en Maison VI).

Lune Noire en Maison VII

Les contrats, les associations et, par suite, le mariage, sont difficiles. On a le sentiment que les autres vous refusent. En fait, vous refusez aussi les autres. C'est un affrontement cruel, dans l'axe de la personnalité (axe I-VII). Les rapports avec les autres seront « marginaux ».

Lune Noire en Maison VIII

Les tendances autodestructrices sont très nettes. Elles peuvent conduire aux actes suicidaires, voire au suicide. La mort d'un être proche marque la vie, et l'évolution du natif. On est hanté par le problème de la survie, de « la vie après la vie ». On s'intéresse à la magie, à la sorcellerie, à l'occultisme, aux mystères, aux rites, etc. (Huysmans : Lune-Neptune aux Poissons, Lune Noire en Maison VIII opposée à Uranus maître de l'Ascendant et du Soleil).

Lune Noire en Maison IX

L'être est tiraillé entre le désir d'évoluer et le refus inconscient d'évoluer : il se paralyse. Si le thème est dissonant, il se « bloque ». Cet aspect le fait régresser, et le castre. Les voyages seront brusquement stoppés. Ils seront, néanmoins, souvent marquants dans l'évolution du Poissons.

Lune Noire en Maison X

Elle est à l'origine de coïncidences « bizarres », de faux « hasards »... Elle marque la destinée. Avec cet aspect, l'existence est peu commune. On sort des sentiers battus. On vit dans un milieu occulte. La réussite se fait dans un domaine psychologique, psychanalytique ou parapsychologique. Dons étranges que l'on utilisera, plus ou moins, dans la vie. Elle est en croix avec l'axe de la personnalité. Mal intégrée, elle détruit la vie (abbé Desnoyers).

Lune Noire en Maison XI

Les amitiés sont mystérieuses. Les relations amicales aussi. Parfois on a des amitiés dites « particulières »... Les projets sont tortueux... ou géniaux ! (Le Poissons Einstein : Lune Noire en Bélier en Maison XI).

Lune Noire en Maison XII

Dans le thème est renforcé le côté trouble, mystérieux, étrange et « paranormal » de cette Lune Noire inquiétante. On peut subir cet aspect (destinée paralysée brutalement de façon inexplicable), ou le transcender : on va vers une découverte de soi, dans un sens évolutif, mais dans un univers clos. C'est un symbole d'ascèse, de sacrifices consentis et de sublimation, une fois franchi un cap de frustrations. S'il y a refoulement, perte de contact avec le réel, l'être peut devenir la proie ou la victime de ses propres fantasmes. Cette position favorise les dons de voyance. Les expériences touchant au monde parallèle sont fréquentes ; occultisme également. On s'intéresse à la parapsychologie. Vocation médicale ou para-médicale. Dons de guérisseur. Si le thème n'est pas sublimé, la Lune Noire peut jouer un rôle pénible dans ce Secteur qui est celui de la prison morale ou physique (Eichmann, sinistre Poissons, donna à cet aspect sa plus atroce expression).

Les aspects de la Lune Noire avec les Planètes

La Lune Noire renforce le goût du signe pour toutes les fuites. Avec une Lune Noire valorisée par une planète affective, il y aura ainsi fuite de l'amour ou fuite devant l'amour : par peur de souffrir peut-être ? Par peur que le vécu ne corresponde pas aux rêves ? C'est toujours là l'autoprivation, l'autocastration de Lilith. L'aspect le plus fort est la conjonction. Bien entendu, pour conclure il faut étudier tout le thème.

Lune Noire-Soleil et Lune

Les aspects accentuent les problèmes liés à la bonne intégration du conscient (le Soleil) et de l'inconscient (la Lune). La vie affective risque d'être perverse ou confuse, voire inexistante, selon que l'aspect sadique ou masochiste l'emporte dans votre thème. Il peut y avoir frustration, ou absence de père dans une conjonction Lune Noire-Soleil ; frustration ou absence de mère dans une conjonction Lune-Lune Noire. Les problèmes d'affirmation de soi se poseront toujours. Il y aura parfois inversion même : hommes féminisés, femmes viriles. De toute façon, le conflit Animus-Anima sera très important. Insatisfaction ou mauvaise adaptation à la vie seront fréquentes. Refus de vivre plus ou moins conscient, ou de lutter.

Lune Noire-Mercure

Avec Mercure, planète d'échange, de communication, planète « mentale » également, les mécanismes de l'intelligence peuvent être faussés. On trouve, en cas de dissonances majeures, des déviations mentales, des blocages intellectuels, parfois un mental pervers. Mais, en bon aspect, cette association Lune Noire-Mercure donnera beaucoup de lucidité, un sens critique aiguisé, et le refus de se prendre au sérieux. Cet aspect prédisposera à l'introspection : la Lune Noire symbolisera alors tout ce qui éveille la conscience à la connaissance.

Lune Noire-Vénus et Mars

Avec Vénus et Mars, symboles de la tendresse et du désir, les problèmes sexuels se préciseront. La Lune Noire révèle en fait, dans un thème Poissons, une « dérobade ». Elle est révélatrice des blocages de l'inconscient. On se masque souvent plus ou moins inconsciemment les problèmes. Dans les anomalies sexuelles et les refus des amours normales, la Lune Noire intervient toujours de façon déterminante.

Dans une composante Poissons très féminine, elle donne une image paternelle déficiente. Emotivité très riche, mais mal structurée.

Dans un thème féminin, elle indique un blocage au niveau de la vie de femme ; quand ce n'est pas purement et simplement le refus des amours dites normales, elle est refus d'assumer sa féminité, d'assumer le rôle « traditionnel » de la femme. Ce qui peut aller jusqu'à la négation, plus ou moins consciente, de la maternité. Il y aura difficulté à être mère : au moment de l'accouchement, notamment. S'il y a stérilité, il semble qu'il faille parler dans ce cas d'une stérilité d'ordre psychologique. On notera qu'il peut y avoir aussi un indice de frigidité. Nous avons trouvé ces aspects dans le thème de femmes médecins spécialisées en gynécologie et obstétrique, de même pour la position en Secteur V (spécialistes de la stérilité).

Il y a refus d'aimer, autocastration plus ou moins douloureuse. Les frustrations affectives vénusiennes ou érotiques « martiennes » sont du ressort de cet aspect (voir aussi Saturne). Avec la Lune Noire, il y aura souvent « surcompensation » : on repart sans fin vers de nouvelles conquêtes pour se retrouver en fin de compte aussi seul. C'est un aspect de frustration féminine (la femme souffre dans sa féminité). La Lune Noire indique également le « refus de l'homme ». Elle se révèle importante dans les thèmes de lesbiennes. Dans les cas d'inceste, on trouve fréquemment la Lune Noire en Maison III — ou en Gémeaux. Le Gémeaux est le signe de l'adolescence qui s'éternise parfois bien au-delà de sa période normale. La planète des Gémeaux, Mercure, est dite hermaphrodite. L'aspect est particulièrement difficile dans un thème Poissons car le Gémeaux est en croix, dans ce cas, avec le signe solaire. Les valeurs lunaires (Cancer) ou mercuriennes (Gémeaux) interviennent toujours si l'homosexualité est vécue.

Composante « amorale », elle se conjuguera aux aspects Vénus-Neptune pour donner des tendances « nymphomaniaques » avec un fond de passivité, de soumission masochiste. Avec une Maison II importante (celle de l'argent) et avec de fortes valeurs neptuniennes de « brouillage », nous aurons le « back-street »... Mais la femme Poissons sera plutôt une femme entretenue qu'une prostituée ; elle sera faible, peut-être paresseuse, mais restera une « amoureuse ».

Dans un thème masculin, le comportement sexuel sera équivoque. L'homosexualité n'est pas forcément évidente. Mais elle est souvent latente. L'angoisse de castration apparaît généralement. La mère est d'ailleurs elle-même perçue comme castratrice. A noter qu'avec la Lune et Vénus, il peut y avoir là un indice de misogynie. Avec Mars, il y aura risque d'impuissance. Associée à Mercure elle donne des fantasmes.

Lune Noire-Jupiter

Ils sont pour le moins incertains. En cas de dissonances — et dans la conjonction, la Lune Noire brise les aspects positifs de Jupiter. L'expansion se désagrège dès le départ. Elle ne peut se faire, en tout cas, harmonieusement. Elle peut être carrément « déviée ». Aspect très disharmonieux dans les transits notamment, qu'elle « maléficie »...

En bon aspect : la chance peut être mystérieuse.

Lune Noire-Saturne

En cas de dissonance, les tendances à l'introversion, aux frustrations, les problèmes de culpabilité sont amplifiés.

En bon aspect, on a une volonté de puissance accrue, une puissance de concentration considérable. Cet aspect donne des Poissons plus autoritaires et plus dominateurs que ne le sont généralement les natifs de ce signe.

Lune Noire-Uranus

En bon aspect, la vie sera — comme l'être lui-même — anticonformiste. En cas de dissonance, les explosions uraniennes sont redoutables, terrifiantes, imprévisibles. On a là, les drames, les accidents les plus « stupides » qui soient.

Lune Noire-Neptune

Les déséquilibres sont amplifiés. La fuite des réalités est courante. On peut avoir tous les phénomènes de schizoïdie ou de schizophrénie. Les valeurs inconscientes peuvent être canalisées si le thème est harmonieux. Fréquemment, on aura des dons médiumniques.

Lune Noire-Pluton

L'être est obsédé par ses pulsions sexuelles. Les perversions sont fréquentes. Inconsciemment, les pulsions agressives refusées vont amener l'être à rechercher une certaine domination. Il y a alors une sorte de compensation par la réussite, par l'argent. A tout prix ! A n'importe quel prix... Il ne faut jamais perdre de vue qu'avec la Lune Noire apparaît ce double visage de la Licorne, à la fois douce et terrible : on trouve en elle vice et vertu. Elle est toujours dans un ciel une sorte de sphinx inquiétant.

Pour conclure

Ce livre a dû simplifier puisqu'il avait pour but de généraliser des traits communs à tous les natifs des Poissons. Mais j'ai tenté néanmoins d'y exprimer la complexité de l'astrologie. A travers ces pages, qui pour beaucoup auront été une première approche de l'astrologie, j'espère que le lecteur aura senti qu'il y a là une matière d'une infinie richesse, et que l'astrologie n'est pas — comme bien des gens le pensent encore — une croyance un peu simpliste, une approche rudimentaire, un « conte de bonnes femmes », mais bien au contraire le reflet de l'âme et de la vie.

J'aurais aimé parler plus longuement de certains aspects de l'astrologie peu connus, notamment de Cérès et de Minos. Mais j'ai dû me rendre à l'évidence : un livre ne peut être exhaustif, et il faut savoir se plier aux impératifs d'une collection ! Malgré cela, je me suis efforcée de montrer que l'astrologie ne s'arrête pas à ce premier regard, mais débouche sur une véritable philosophie de la vie. En effet, non seulement elle éclaire nos vies et permet de mieux comprendre les astres, mais elle nous révèle l'existence de liens qui nous unissent au monde, liens dont nous avons perdu le sens et qu'elle nous permet de retrouver. Je songe ici au « principe religieux » dans le vrai sens du terme.

Je terminerai en disant qu'il est souvent question de cette ère nouvelle qui succédera à la nôtre : peut-être alors, dans le monde de demain, pourra se réaliser le meilleur de notre signe, son message d'amour. Consciente des difficultés qui nous attendent dans les prochaines décennies, mais aussi confiante dans l'avenir, c'est sur une note d'espoir que je me dois de terminer ce livre des Poissons.

Couverture : Alain Meylan
Iconographie : Betty Jais
Maquette : Christine Gintz

Origine des illustrations

Alinari/Giraudon : 151, 216 - Anderson/Giraudon : 24, 36 - Eve Arnold/Magnum : 59 - Bibliothèque nationale : 160 - Bruno Barbey-Magnum : 60 - Bulloz : 19 (bibl. des Beaux-Arts), 23, 28 (Bibl. nat.), 32 (Louvre), 33, 126, 128 (bibl. de l'Opéra), 133, 155 *(en bas)*, 249, 257, 292 - Henri Cartier-Bresson : 86, 154 - Jean-Loup Charmet : 16, 21, 29, 30, 31, 142 *(haut droite, bas gauche)*, 146, 148, 149, 291, 295 - De Sazo/Rapho : 27 - Robert Doisneau/Rapho : 67 — Dessin Anne Gass : 56 - Michel Ginfray/Gamma : 137 - Giraudon : 14 (coll. Dr. Sabouraud) — Patrice Guichard : 202 - Uberto Guidotti/Parimage : 40 - Harlingue/Viollet : 144, 147, 286 - Léon Herschtritt/Parimage : 64 - J.-J. Languepin/Rapho: 20-*L'Autre Monde* : 145 - Pierre Michaud/Rapho : 258 - Jean-Pierre Moutin/Gamma : 82 - Parimage : 52, 78, 153, 157 - Norman Parkinson/Parimage : 156 - Phelps/Rapho : 296 - Presse Sports : 68 - Rapho : 136 - Ken Regan/Parimage : 90 - Roger-Viollet : 17, 142 *(haut gauche)* - Gérard Schachmes/Parimage : 46 - Christopher Smith/Parimage : 51 - Snark international : 224, coll. part. : 132, 143, 152 - Editions Stock : 210 — Jacques Vargues/Rapho : 26-Collection Viollet : 97, 129, 142 *(bas droite)*, 150, 155 *(haut)* - Patrick de Wilde : 72

© SPADEM pour le tableau d'Odilon Redon page 14.

Cet ouvrage
a été achevé d'imprimer
le 17 Avril 1989
sur les presses de l'imprimerie
Hérissey à Évreux
pour le compte des
Éditions Sand
6, rue du Mail, 75002 Paris

N° d'éditeur : 930
N° d'imprimeur : 48052
Dépôt légal : 2e trimestre 1989
ISBN 2-7107-0235-5
Imprimé en France